Office 2024

Die Anleitung in Bildern

von
Christine Peyton

Vierfarben

Wir hoffen, dass Sie Freude an diesem Buch haben und sich Ihre Erwartungen erfüllen. Ihre Anregungen und Kommentare sind uns jederzeit willkommen. Bitte bewerten Sie doch das Buch auf unserer Website unter **www.rheinwerk-verlag.de/feedback**.

An diesem Buch haben viele mitgewirkt, insbesondere:

Lektorat Erik Lipperts
Korrektorat Friederike Daenecke, Zülpich
Herstellung Vera Brauner
Typografie und Layout Vera Brauner
Einbandgestaltung Silke Braun
Coverbilder AdobeStock: 544056384© insta_photos;
Shutterstock: 2041846232©EkaterinaNovikova
Satz Christine Netzker
Druck mediaprint solutions, Paderborn

PEFC
PEFC/04-31-0810

Dieses Buch wurde gesetzt aus der Syntax Next LT Pro (10,25 pt/14,25 pt) in Adobe InDesign.

Gedruckt wurde es mit mineralölfreien Farben auf matt gestrichenem, PEFC®-zertifiziertem Bilderdruckpapier (115 g/m²).

Hergestellt in Deutschland.

Bibliografische Information der Deutschen Nationalbibliothek:
Die Deutsche Nationalbibliothek verzeichnet diese Publikation in der Deutschen Nationalbibliografie; detaillierte bibliografische Daten sind im Internet über *http://dnb.dnb.de* abrufbar.

ISBN 978-3-8421-1060-1

4., aktualisierte Auflage 2025

Rheinwerk Verlag GmbH • Rheinwerkallee 4 • 53227 Bonn
service@rheinwerk-verlag.de

Vierfarben ist eine Marke des Rheinwerk Verlags. Der Name Vierfarben spielt an auf den Vierfarbdruck, eine Technik zur Erstellung farbiger Bücher. Der Name steht für die Kunst, die Dinge einfach zu machen, um aus dem Einfachen das Ganze lebendig zur Anschauung zu bringen.

Informationen zu unserem Verlag und Kontaktmöglichkeiten finden Sie auf unserer Verlagswebsite **www.rheinwerk-verlag.de**. Dort können Sie sich auch umfassend über unser aktuelles Programm informieren und unsere Bücher und E-Books bestellen.

Liebe Leserin, lieber Leser,

ob nun im Studium, Beruf oder Alltag – mit den Office-Programmen ist so ziemlich alles möglich. Sie schreiben damit formvollendete Briefe oder organisieren Ihren E-Mail-Verkehr sowie all Ihre Kontakte und Termine, Sie gestalten damit ansprechende mehrseitige Dokumente, Referate und Präsentationen und erstellen einfache Berechnungen bis hin zu komplexen Kalkulationen. Für jede Aufgabe gibt es das ideale Programm und manchmal auch eine tolle Kombination von Programmen, etwa, z. B. wenn Sie die Serienbrieffunktion von Office mit einer als Datenquelle angelegten Adressliste nutzen wollen. Dabei spielt es keine Rolle, ob Sie das Softwarepaket auf Ihrem Computer installiert haben oder die Abo-Version Microsoft 365 nutzen.

Die erfahrene Autorin Christine Peyton zeigt Ihnen alles in leicht nachvollziehbaren Schritten und immer Bild für Bild. So müssen Sie sich nicht erst mit den kaum noch überschaubaren Möglichkeiten in Word, Excel, PowerPoint, Outlook und Teams auseinandersetzen, sondern können immer genau das nachschlagen, was bei Ihnen gerade ansteht.

Dieses Buch wurde mit größter Sorgfalt geschrieben und hergestellt. Sollten Sie dennoch einmal einen Fehler finden oder inhaltliche Anregungen haben, freue ich mich, wenn Sie mit mir in Kontakt treten. Für Kritik bin ich dabei ebenso offen wie für lobende Worte. Doch zunächst einmal wünsche ich Ihnen viel Freude beim Lesen und Ausprobieren!

Ihr Erik Lipperts
Lektorat Vierfarben

erik.lipperts@rheinwerk-verlag.de

Inhalt

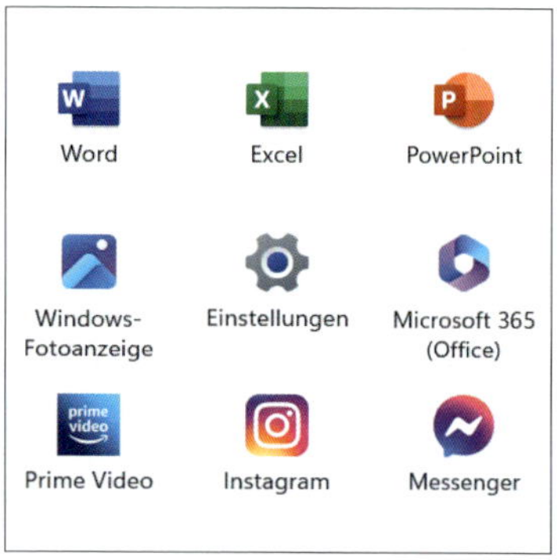

1 Start mit Office 10

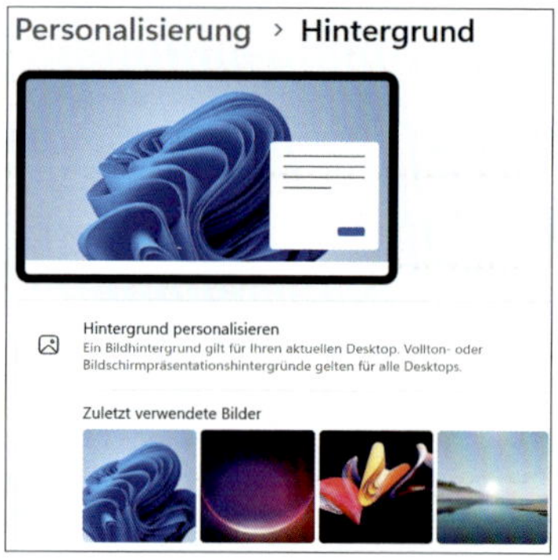

2 Texte schreiben in Word 38

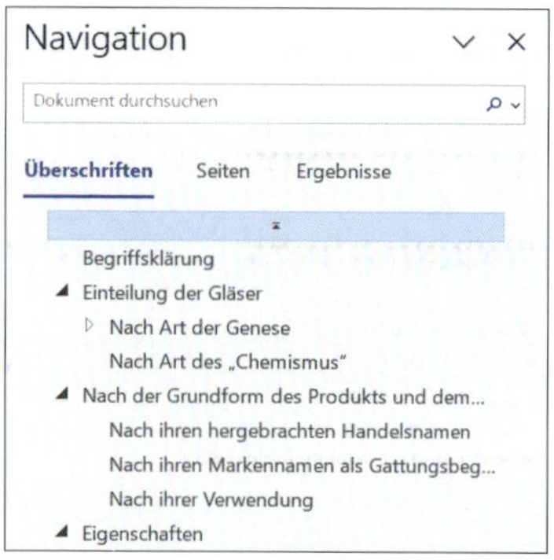

Inhalt

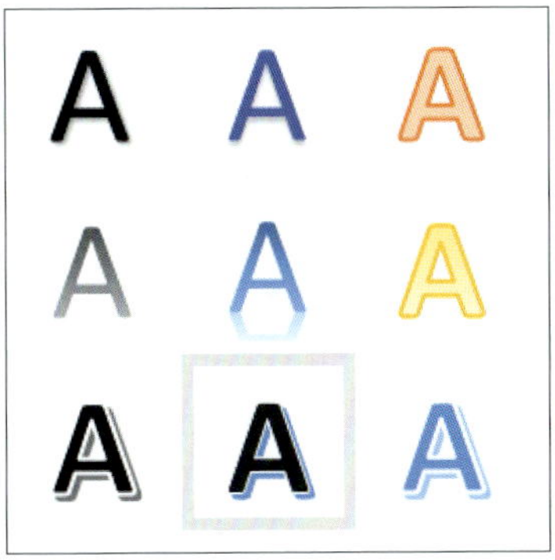

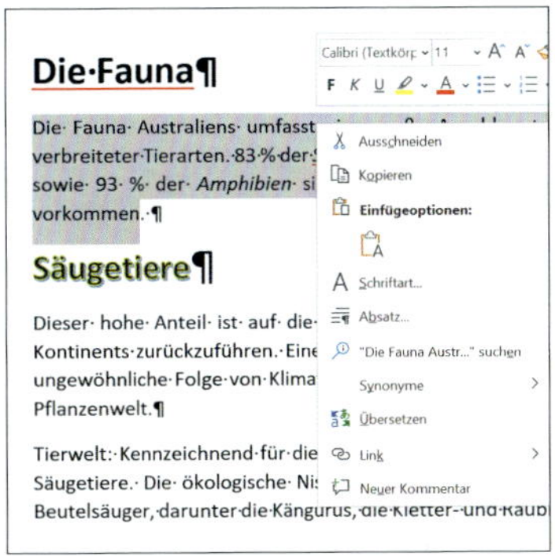

Die·Fauna¶
Die· Fauna· Australiens· umfasst
verbreiteter·Tierarten.·83·%·der
sowie· 93· %· der· Amphibien· si
vorkommen.·¶
Säugetiere¶
Dieser· hohe· Anteil· ist· auf· die
Kontinents·zurückzuführen.·Eine
ungewöhnliche·Folge·von·Klima
Pflanzenwelt.¶
Tierwelt:·Kennzeichnend·für·die
Säugetiere.· Die· ökologische· Ni
Beutelsäuger,·darunter·die·Kängurus,
Ausschneiden
Kopieren
Einfügeoptionen:
Schriftart...
Absatz...
"Die Fauna Austr..." suchen
Synonyme
Übersetzen
Link
Neuer Kommentar

Der·Fluss·Andalusiens,·der·Guadalquivir,·stellt·eine·Quelle·d
das·andalusische·Territorium·dar.¶
Layoutoptionen
Mit Text in Zeile
Mit Textumbruch
alpinen·Landschaft·hin·zu·einer·tropisch
Dieser·ganze·Komplex·bildet·eine·Mixtu
Monumentalität·der·großen·Städte·bis·h
eine·Quelle·der·Inspiration·für·jede·Art·v
Heutzutage·stellt·Andalusien·eine·mode
Weitere anzeigen...

Inhalt

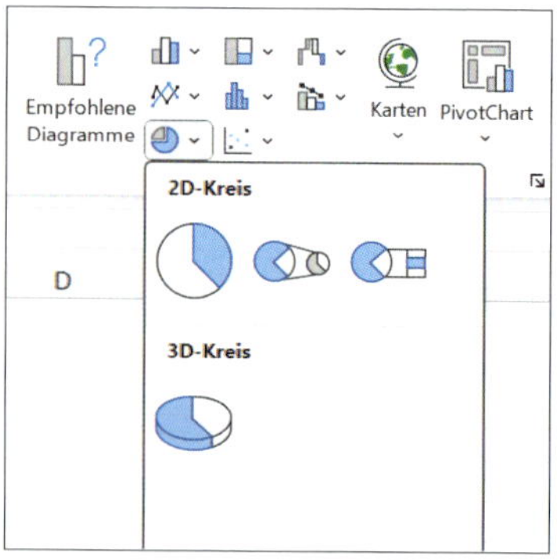

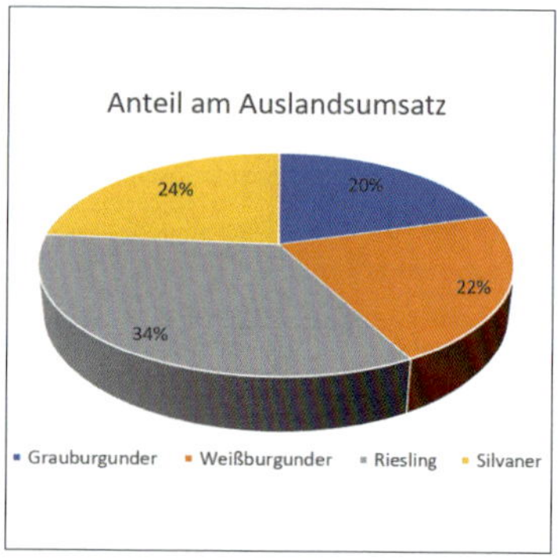

	A	B	C	D
1	Nachname	Vorname	Buchtitel	Verlag
2	Arenz	Ewald	Der große Sommer	DuMont
3	Erpenbeck	Jenny	Kairos	Penguin München
4	Kutscher	Volker	Der nasse Fisch	Piper Verlag
5	Menasse	Eva	Vienna	Kiepenheuer & Witsch
6	Menasse	Eva	Dunkelblum	Kiepenheuer & Witsch
7	Obama	Barack	A promised land	Penguin UK
8	Regener	Sven	Glitterschnee	Kiepenheuer & Witsch
9	Suter	Martin	Alle sind so ernst geworden	Diogenes
10				

Bücherliste

Inhalt

Kontoeinstellungen
Kontoeinstellungen
Ändern der Einstellungen für
weiterer Verbindungen.
Holen Sie sich die
Kontoeinstellungen...
Konten hinzufügen oder entfernen bzw. vorhandene Verbindungseinstellungen ändern.
Kennwort aktualisieren
Das in Outlook gespeicherte Kontokennwort aktualisieren.
Kontoname und Synchronisierungseinstellungen
Grundlegende Kontoeinstellungen aktualisieren wie Kontoname und Ordnersynchronisierungseinstellungen.
Servereinstellungen
Anmeldeinformationen aktualisieren, z. B. Servername, Port und Authentifizierungseinstellungen.

August 2022
MO DI MI DO FR SA SO
1 2 3 4 5 6 7
8 9 10 11 12 13 14
15 16 17 18 19 20 21
22 23 24 25 26 27 28
29 30 31 1 2 3 4
5 6 7 8 9 10 11

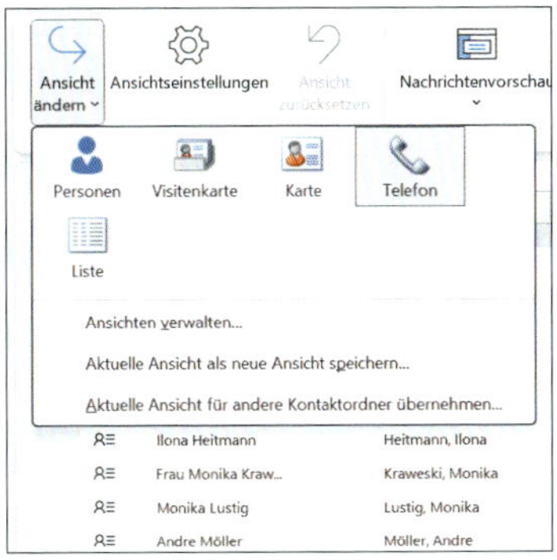

Ansicht ändern
Ansichtseinstellungen
Personen
Visitenkarte
Karte
Telefon
Liste
Ansichten verwalten...
Aktuelle Ansicht als neue Ansicht speichern...
Aktuelle Ansicht für andere Kontaktordner übernehmen...
Ilona Heitmann
Heitmann, Ilona
Frau Monika Kraw...
Kraweski, Monika
Monika Lustig
Lustig, Monika
Andre Möller
Möller, Andre

Inhalt

Datei
Start
Einfügen
Zeichnen
Entwurf
Diese Präsentation
Office

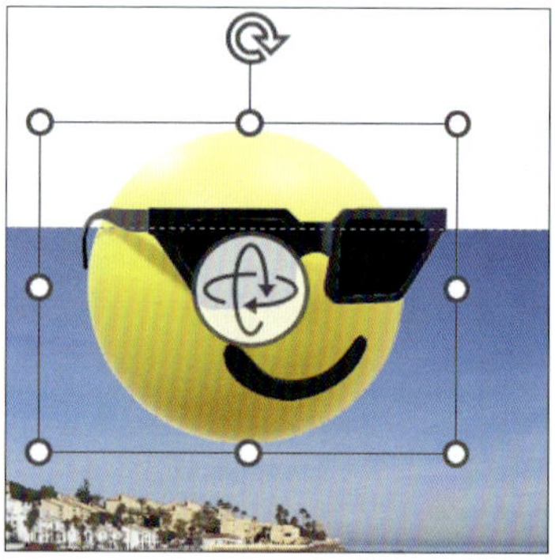

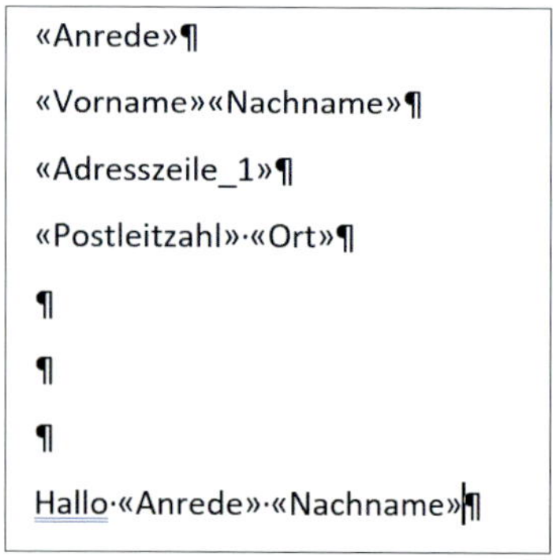
«Anrede»¶
«Vorname»«Nachname»¶
«Adresszeile_1»¶
«Postleitzahl»·«Ort»¶
¶
¶
¶
Hallo·«Anrede»·«Nachname»¶

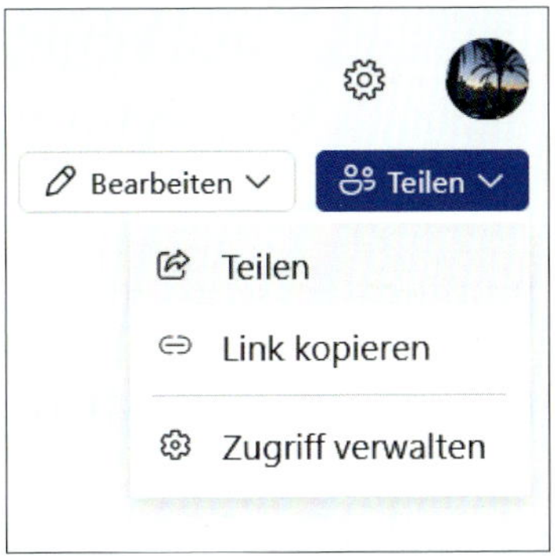

Bearbeiten
Teilen
Teilen
Link kopieren
Zugriff verwalten

Projektgruppe
Sie starten eine neue Unterhaltung
Geben Sie unten Ihre erste Nachricht ein.
An danielp@live.de wird eine E-Mail-Einladung gesendet.

Kapitel 1
Start mit Office

In diesem Kapitel geht es um grundlegende Handgriffe bei der Arbeit mit Office: Wie erstellen und speichern Sie Dokumente, und wie passen Sie das Aussehen der jeweiligen Programme an Ihre Wünsche an?

Dokumente anlegen, speichern und organisieren
Zu den ersten Schritten gehört das Öffnen der Programme. Ich zeige Ihnen, wie das auf verschiedenen Wegen möglich ist. Bei der Arbeit mit Office haben Sie es mit unterschiedlichen Dokumenten zu tun. Hier lernen Sie, wie Sie Dokumente anlegen, speichern ❶ und so organisieren, dass Sie sie ohne Probleme wiederfinden.

Bildschirme anpassen
Die Office-Programme präsentieren sich nach dem Aufruf mit einem Standardbildschirm. Diese Ansicht können Sie so anpassen ❷, dass sie Ihrer Arbeit und Ihren Bedürfnissen entspricht. Sie erfahren, welche Anpassungen möglich und sinnvoll sind.

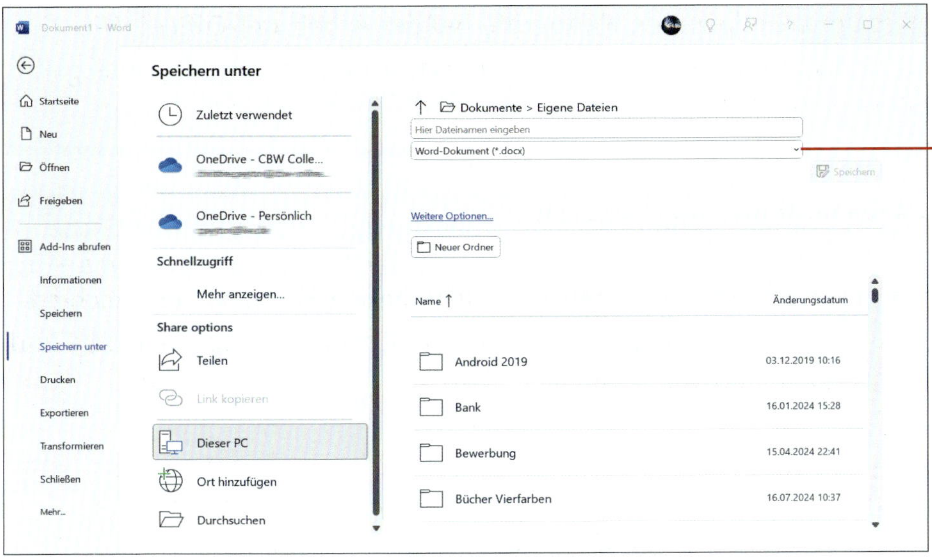

1 Im Dialog zum Speichern von Dateien können Sie unter anderem Ordner auswählen, Ordner anlegen und Dateiformate auswählen.

Stellen Sie eine praktische Bildschirmansicht ein. 2

Programme aufrufen und schließen

1

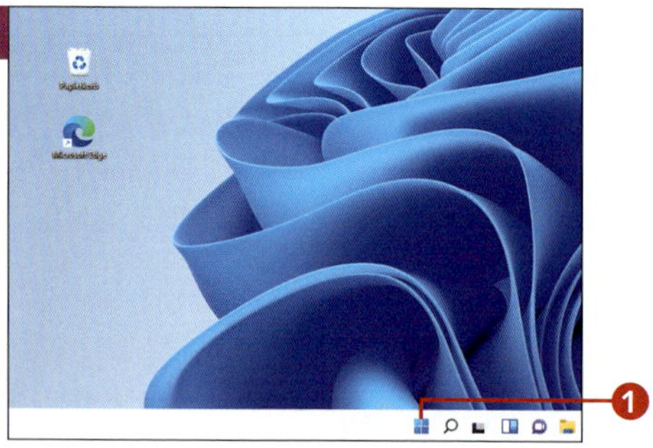

2

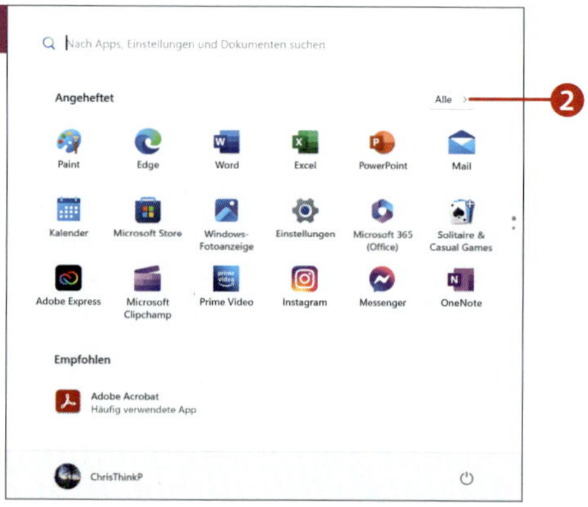

3

Viele Wege führen nach Rom und auch zur Arbeit mit den Office-Programmen. Die gängigsten Wege beschreibe ich in diesem Abschnitt.

Schritt 1

Nachdem der Computer hochgefahren ist, wird der Windows-Desktop angezeigt. Von dieser Oberfläche aus starten Sie alle Programme, Apps und Windows-Funktionen.

Schritt 2

In der Taskleiste (der Leiste mit den Symbolen ganz unten am Bildschirm) befindet sich ganz links das **Start**-Symbol ❶. Ein Klick auf dieses Symbol ruft das Startmenü auf. Hier sehen Sie unter der Überschrift **Angeheftet** die Symbole einiger gängiger Programme, Apps und Internet-Dienste, z. B. **Word**, **Excel** und den Webbrowser **Edge**.

Schritt 3

Klicken Sie auf den Pfeil neben **Alle** ❷, damit alle Programme und Apps, die zur Verfügung stehen, in alphabetischer Reihenfolge aufgelistet werden. Scrollen Sie zum gewünschten Eintrag, und klicken Sie ihn mit links an, um das Programm bzw. die App aufzurufen.

i

Im Startmenü blättern

Rechts am Startmenü gibt es einen sehr kleinen Pfeil (**Nächste Seite**). Wenn Sie darauf klicken, gelangen Sie zur nächsten Seite des Startmenüs mit weiteren Symbolen.

Schritt 4

Praktisch ist es, sich ein Programmsymbol in die Taskleiste des Desktops zu legen. So können Sie Programme bequem aufrufen. Klicken Sie den Programmeintrag in der Liste **Alle** mit der rechten Maustaste an. Im Kontextmenü klicken Sie auf **Mehr ▸ An Taskleiste anheften**.

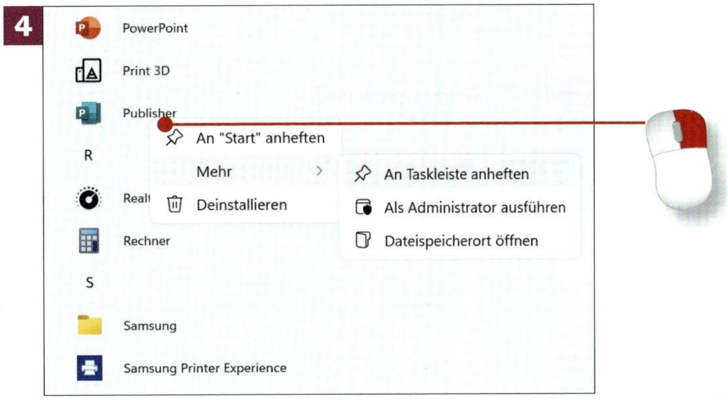

Schritt 5

Danach sehen Sie das Programmsymbol in der Taskleiste (hier: Publisher). Ein Mausklick oder – bei einem Touchscreen – eine Fingerberührung reicht nun, um das Programm aufzurufen.

Schritt 6

Das Startmenü von Windows 11 lässt sich mit weiteren Symbolen erweitern. Um ein Programm dorthin zu befördern, klicken Sie den Eintrag in der App-Liste mit der rechten Maustaste an und wählen **An „Start" anheften**.

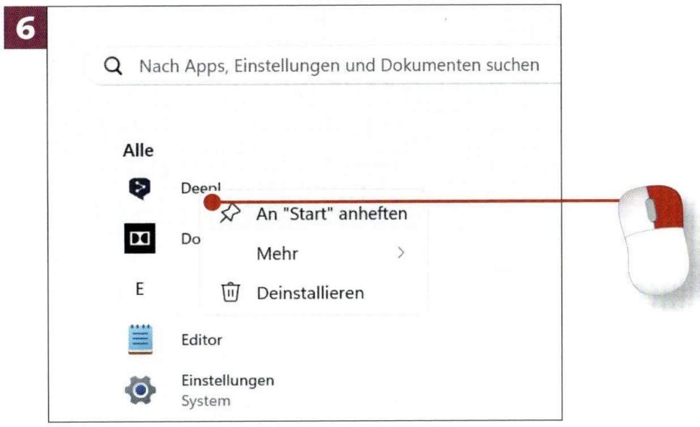

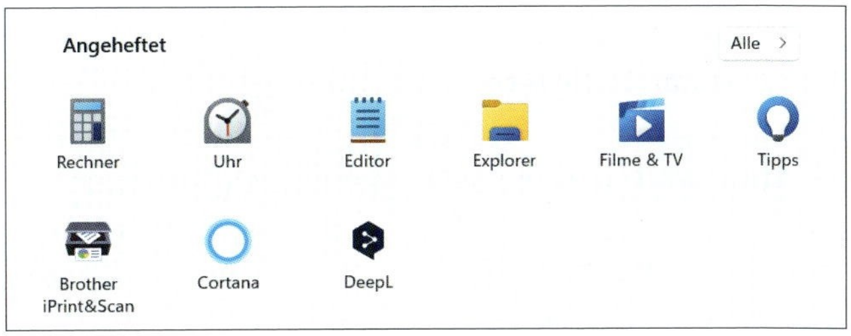

Apps

Heutzutage spricht man oft generell von *Apps* (kurz für Applikation = Anwendung) statt von *Programmen*. Im engeren Sinne versteht man darunter eine Anwendung, die auf mobilen Endgeräten wie Smartphones und Tablets läuft.

Programme aufrufen und schließen (Forts.)

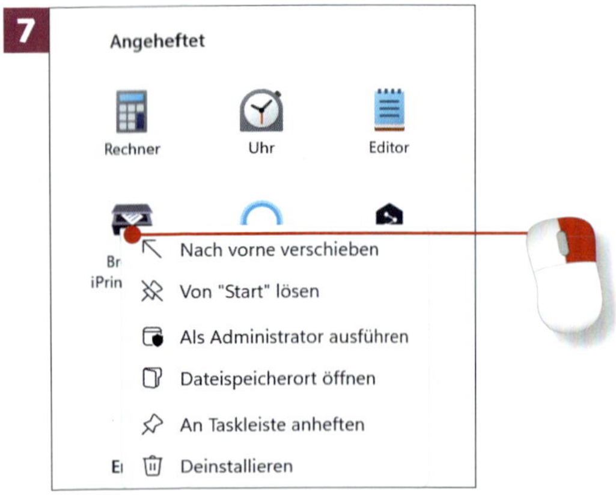

Schritt 7

Allerdings bietet das Startmenü selbst auf hochauflösenden Monitoren nur Platz für 18 Symbole, sodass Sie bei zu vielen angehefteten Symbolen scrollen müssen. Um das zu vermeiden, können Sie die am häufigsten genutzten Elemente nach oben schieben. Dazu klicken Sie die App, die Sie neu platzieren möchten, mit rechts an.

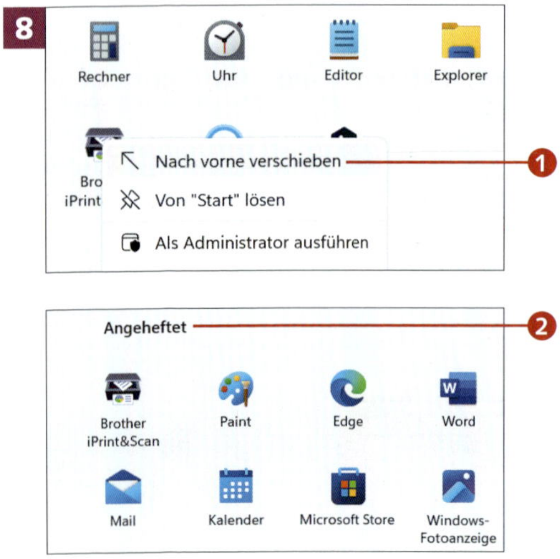

Schritt 8

Im Kontextmenü wählen Sie den Befehl **Nach vorne verschieben** ❶. Damit rutscht das Symbol auf Platz eins links oben im Bereich **Angeheftet** ❷.

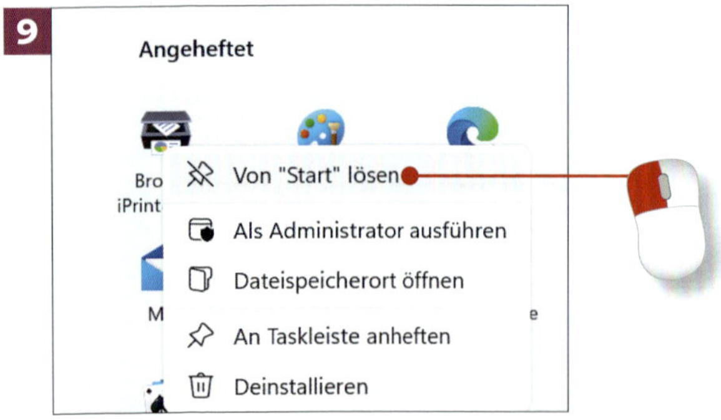

Schritt 9

Falls Sie ein Programm doch nicht oft benutzen, können Sie es wieder aus dem **Angeheftet**-Bereich entfernen. Dazu wählen Sie im Kontextmenü der App bzw. des Programms den Befehl **Von „Start" lösen**.

Schritt 10

Das Suchfeld, mit dem Sie nach Dateien, Ordnern und anderen Dingen auf Ihrem PC suchen können, befindet sich in Windows 11 oben im Startmenü. Geben Sie hier einfach einen Suchbegriff ein. Schon mit den ersten Buchstaben werden Treffer aufgelistet.

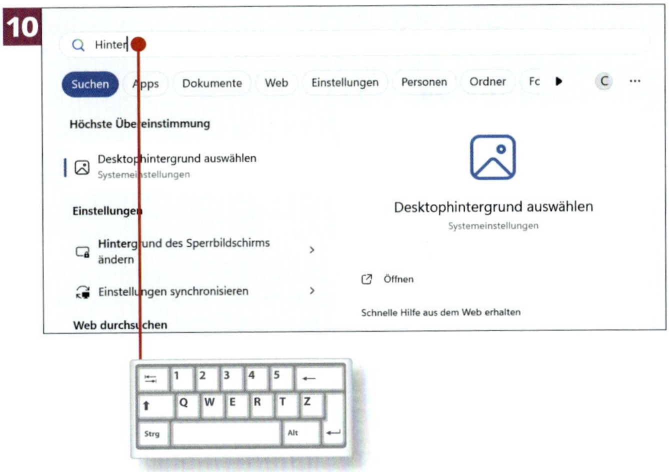

Schritt 11

Die Suchergebnisse sind in Kategorien unterteilt. Klicken Sie auf das gewünschte Element. Je nachdem, was Sie gesucht haben bzw. anklicken, wird eine App aufgerufen oder ein Ordner, eine Datei oder auch eine Website geöffnet. Im Beispiel würden Sie direkt zu den Einstellungen (**Einstellungen ▸ Personalisierung**) des Desktophintergrunds gelangen.

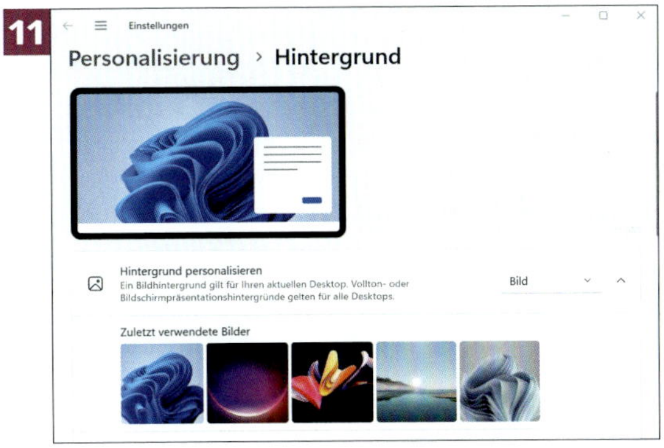

Schritt 12

Sie rufen ein Programm auch auf, indem Sie im Windows-Explorer eine Datei doppelt anklicken. Datei und Programm werden geöffnet.

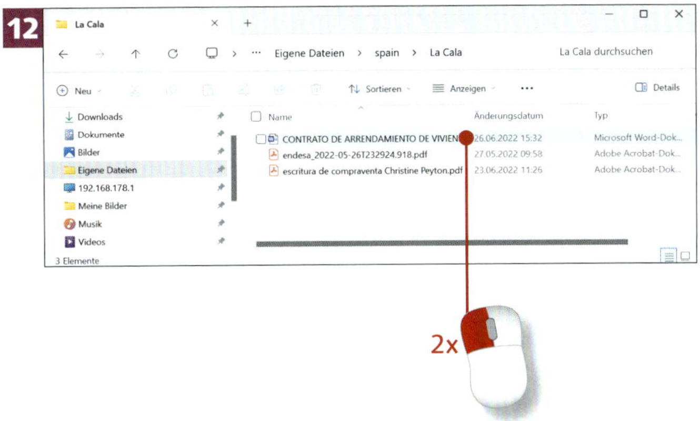

Suche einschränken

Achten Sie bei der Suche im Startmenü auf die Kategorien (**Apps**, **Dokumente** etc.), die auftauchen, sobald Sie einen Suchbegriff eingeben. Damit können Sie die Suche gezielt eingrenzen.

Programme aufrufen und schließen (Forts.)

13

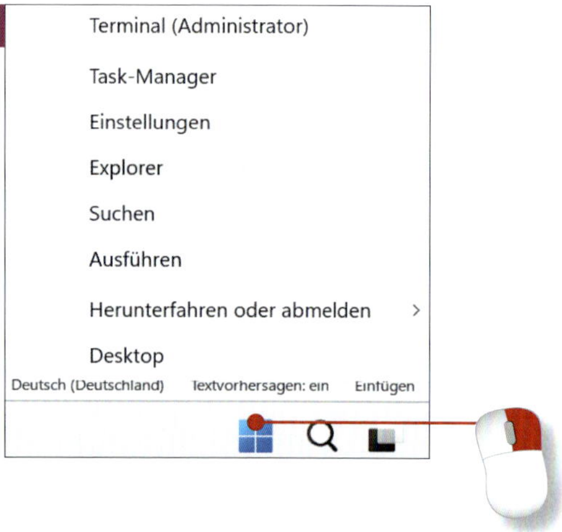

Schritt 13

Den Explorer rufen Sie unter Windows 11 schnell per Mausklick auf das Symbol in der Taskleiste auf. Sie können auch mit der rechten Maustaste auf das **Start**-Symbol klicken und im Menü den **Explorer** wählen. Dasselbe Menü öffnen Sie übrigens auch mit der Tastenkombination ⊞ + X.

14

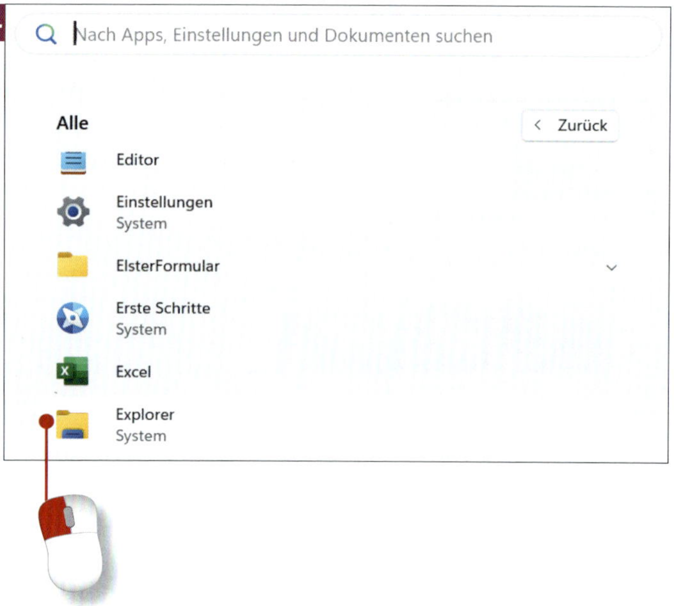

Schritt 14

Falls sich das Symbol für den Windows-Explorer noch nicht in der Taskleiste befindet, sollten Sie das nachholen. Sie finden den Eintrag **Explorer** in der Liste **Alle**. Danach gehen Sie so vor wie in Schritt 4 beschrieben.

15

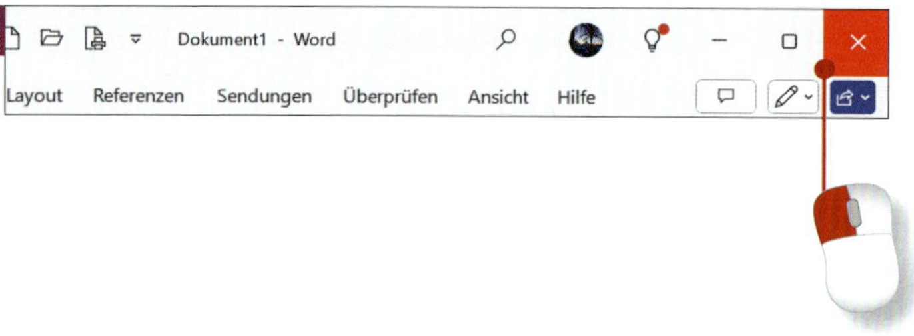

Schritt 15

In vielen geöffneten Programmfenstern (z. B. in Word oder Excel) sehen Sie ganz oben rechts das sogenannte *Schließkreuz*. Mit einem Klick darauf beenden Sie das Programm. In manchen Programmen, z. B. in Word, wird so zunächst nur das Dokument geschlossen, an dem Sie gerade arbeiten (falls mehrere Dokumente geöffnet sind).

Schritt 16

Nachdem Sie alle Programme beendet haben, fahren Sie Ihren Rechner herunter. Öffnen Sie über einen Klick auf das **Start**-Symbol das Startmenü, und klicken Sie auf das Symbol **Ein/Aus** unten rechts im Fenster.

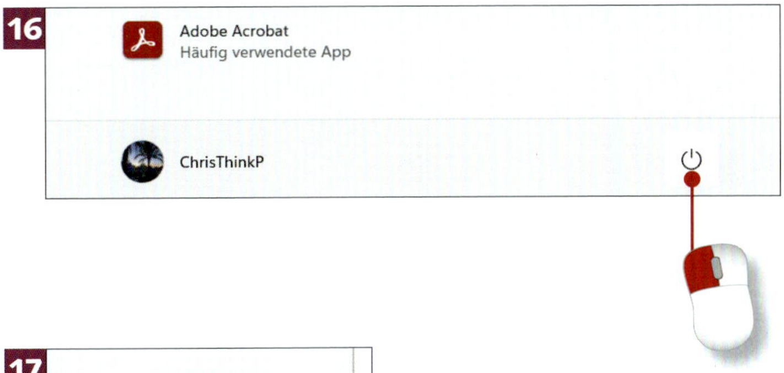

Schritt 17

Im folgenden Menü wählen Sie **Herunterfahren**, um den Rechner auszuschalten, oder **Neu starten**, wenn er kurz heruntergefahren und dann automatisch wieder gestartet werden soll.

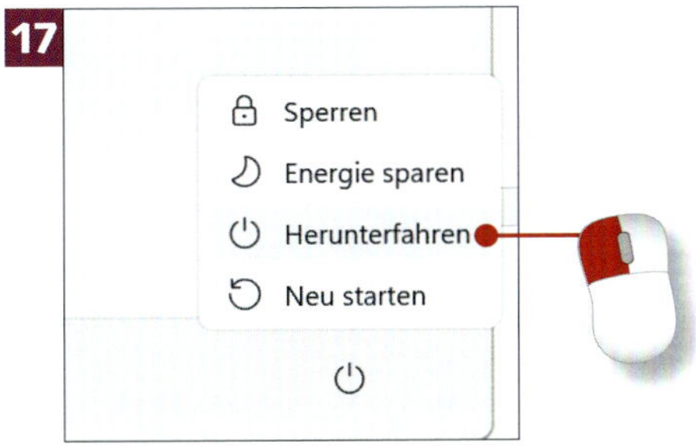

Schritt 18

Wenn Sie Ihren Rechner erneut hochfahren und ein Programm öffnen, können Sie die zuletzt verwendete Datei ruckzuck wieder öffnen. Klicken Sie einfach auf einen der Dateinamen in der Liste, die unter der Überschrift **Zuletzt verwendet** angezeigt wird.

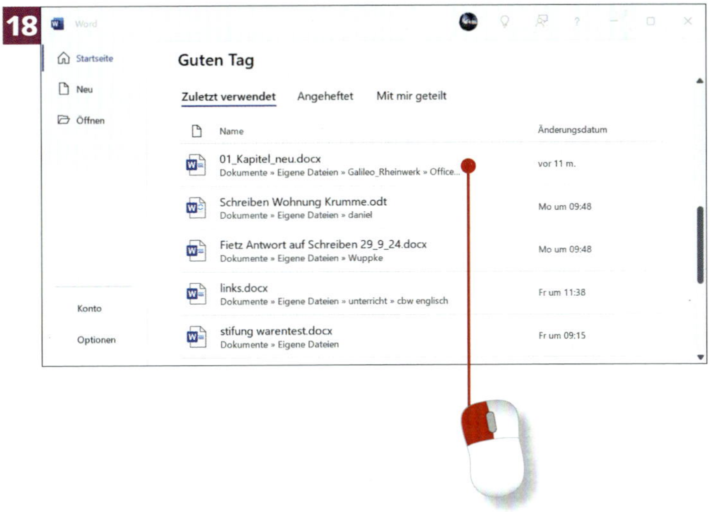

Das Office-Fenster kennenlernen

Zunächst sollten Sie sich im Programmfenster zurechtfinden. Ich helfe Ihnen bei der Orientierung.

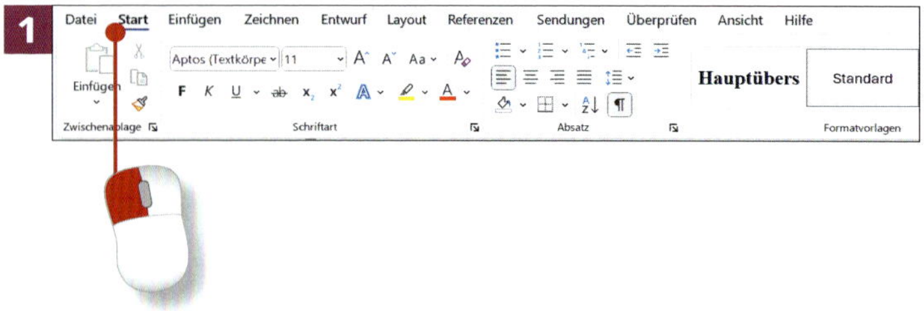

Schritt 1

Alle wichtigen Funktionen sind in *Registerkarten* zusammengestellt, die sich oben in der Symbolleiste bzw. Menüleiste befinden. Um sie zu öffnen, klicken Sie auf die jeweilige Bezeichnung, z. B. **Start** (hier am Beispiel von *Word*).

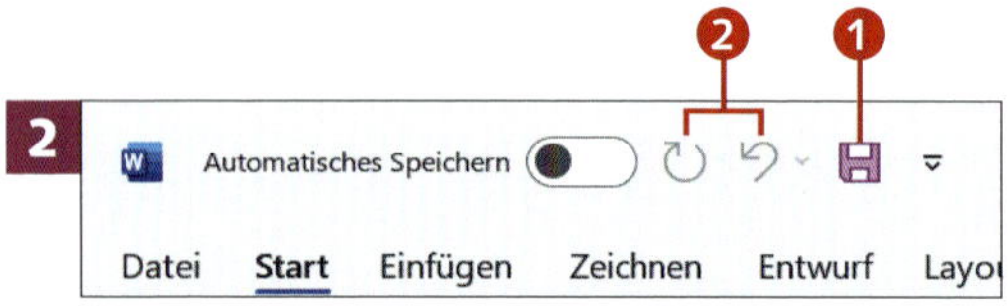

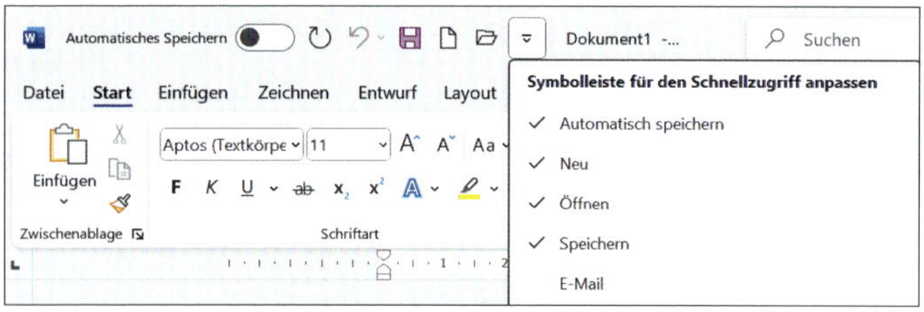

Schritt 2

Links oben befindet sich die *Symbolleiste für den Schnellzugriff*. Hier haben Sie Zugriff auf die Symbole **Speichern** ❶, **Rückgängig** und **Wiederholen** ❷. (Lesen Sie dazu den Kasten *Die Symbolleiste für den Schnellzugriff erweitern*.)

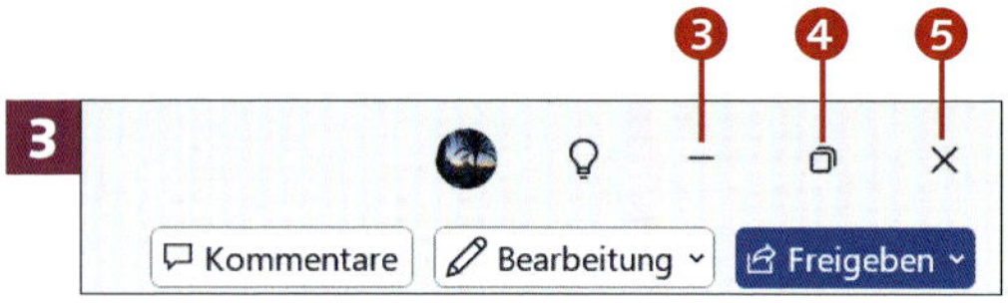

Schritt 3

Rechts oben auf dem Bildschirm sehen Sie (gegebenenfalls neben den Symbolen für Ihre Office-Anmeldung und **Meine Vorteile**) die Schaltflächen **Minimieren** ❸ (zum Ablegen des Programms in der Taskleiste), das Symbol zum Wechsel zwischen Vollbildschirm und Fenster ❹ sowie **Schließen** ❺.

Die Symbolleiste für den Schnellzugriff erweitern

Packen Sie ruhig weitere Symbole auf die *Symbolleiste für den Schnellzugriff*. Klicken Sie dazu auf den Pfeil rechts an der Leiste und im Menü auf die gewünschte Funktion, z. B. **Öffnen**. Fortan können Sie bequem ein leeres Dokument öffnen.

Schritt 4

Klicken Sie auf das Symbol zum Verkleinern, um das Programm in einem Fenster darzustellen. Dessen Größe können Sie verändern, indem Sie den Mauszeiger an den Rand oder eine der Ecken des Fensters führen und mit gedrückter Maustaste nach innen oder nach außen ziehen.

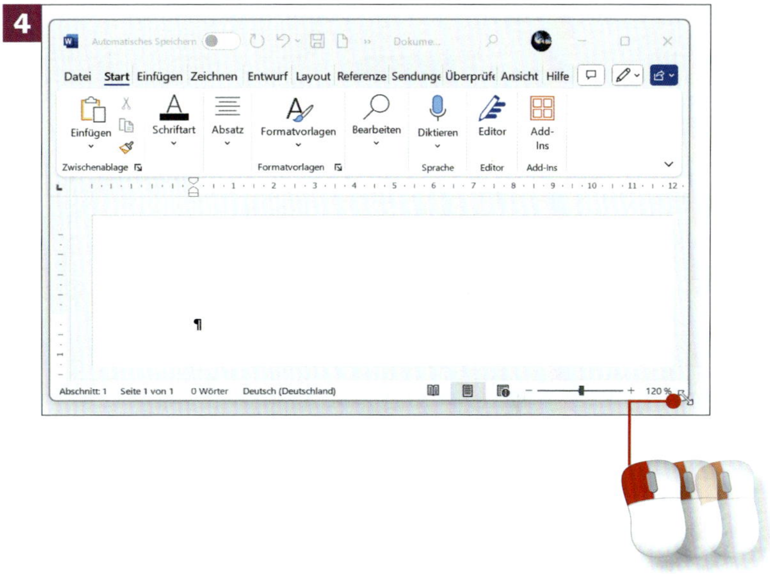

Schritt 5

Unterhalb des Arbeitsbereichs befindet sich die *Statusleiste* ❻, in der in Word z. B. die Seitenzahl des Dokuments angezeigt wird. Wenn dort **Seite 11 von 33** steht, ist der Cursor auf der elften Seite eines Dokuments mit dreiunddreißig Seiten. Wenn Sie hier klicken, wird der Navigationsbereich geöffnet, über den Sie schnell zwischen den Seiten des Dokuments wechseln können.

Schritt 6

Auf der rechten Seite der Statusleiste finden Sie die Schaltflächen zum Wechseln der Ansicht ❼ und den Regler bzw. die Plus- und Minuszeichen zum Verändern der Größe (*Zoom*) der Darstellung. Testen Sie ruhig einmal durch Verschieben des Reglers, wie sich die Anzeige des Dokuments ändert.

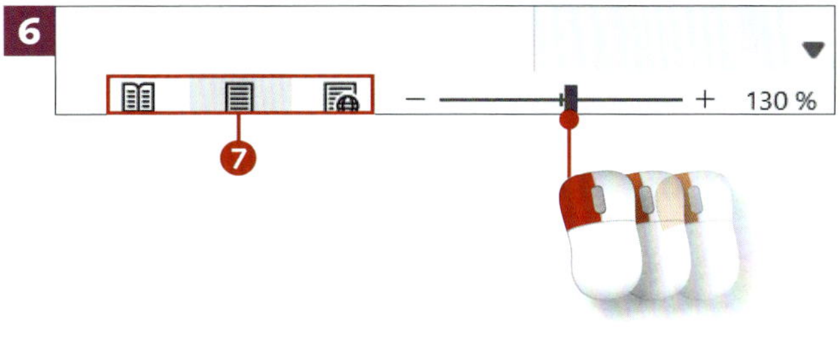

Weitere Schaltflächen

Unterhalb der Symbole für Minimieren etc. entdecken Sie weitere Schaltflächen, **Kommentare** (zum Einfügen von Kommentaren), **Bearbeitung** (zum Einstellen der Bearbeitungsberechtigungen) und **Freigeben** (zum Teilen der Datei mit anderen).

Das Fenster vergrößern und verkleinern

1

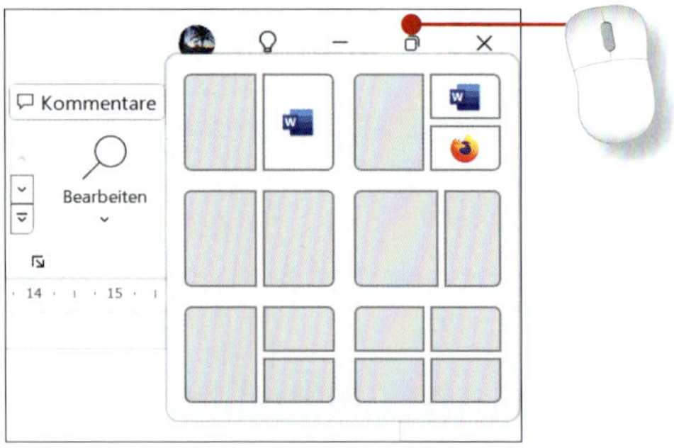

Die Office-Programme bzw. -Dateien können als Vollbild oder in einem Fenster angezeigt werden. Die Arbeit mit Fenstern bietet sich vor allem an, wenn Sie mehrere Dateien/Programme gleichzeitig geöffnet haben.

Schritt 1

Um ein Programm in einem Fenster anzuzeigen, klicken Sie oben rechts auf das Symbol zum Verkleinern ❶ oder auf einen der Anordnungsvorschläge für geöffnete Apps. Diese erscheinen, sobald Sie mit der Maus auf das Symbol zeigen.

2

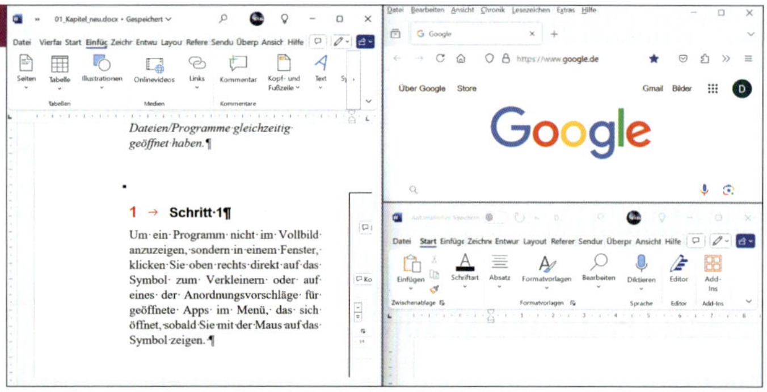

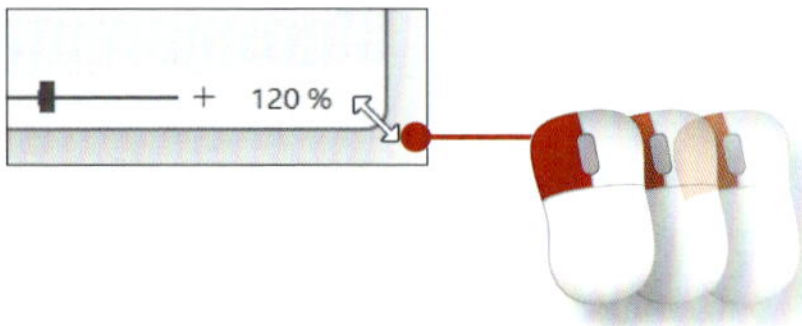

Schritt 2

Programme und Dateien werden in Fenstern angezeigt und durch Anklicken aktiviert. Um die Größe eines aktiven Fensters zu ändern, ziehen Sie dessen Ränder oder Ecken bei gedrückter Maustaste nach innen oder außen.

3

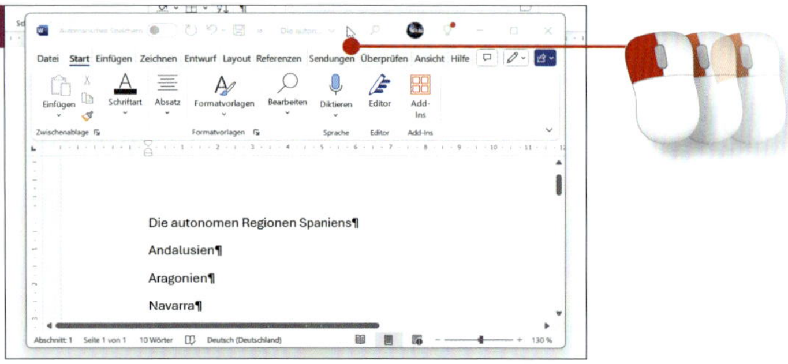

Schritt 3

Fenster lassen sich verschieben, indem Sie den oberen Fensterrand mit gedrückter Maustaste oder per Finger (bei Touchscreens) an die gewünschte Position ziehen.

Schritt 4

Um das Programm bzw. Fenster wieder im Vollbildmodus darzustellen, klicken Sie erneut auf das Symbol links neben dem Schließkreuz.

4

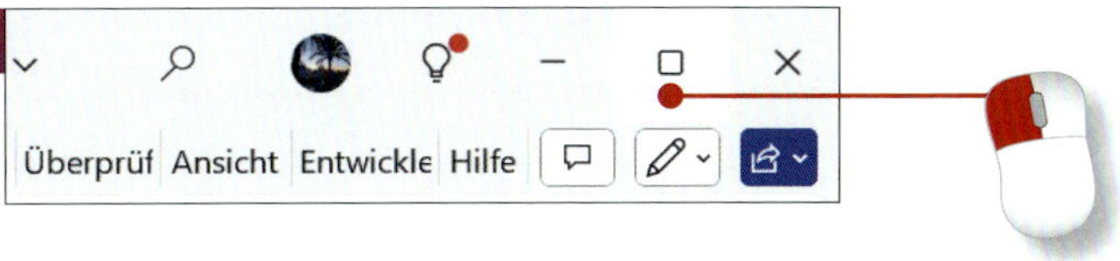

Schritt 5

Wenn Sie das Programm bzw. die Datei nicht schließen, sondern nur als Symbol in die Taskleiste legen möchten, klicken Sie auf das Symbol **Minimieren**.

5

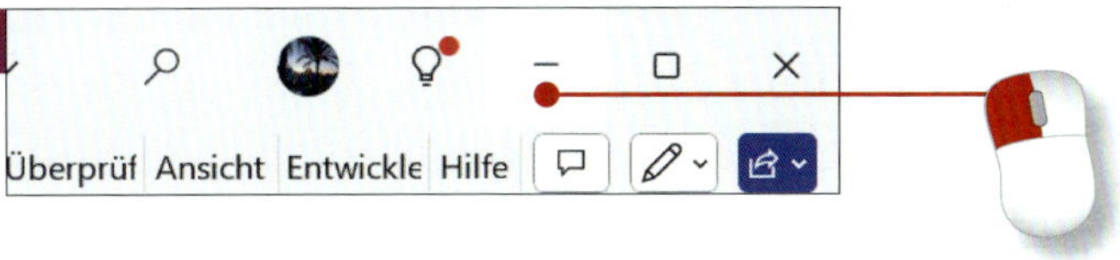

Schritt 6

Ein Klick auf das Symbol unten in der Taskleiste lässt das Programm bzw. die Datei dann wieder im Vollbild erscheinen. Wenn Sie mit der Maus nur darauf zeigen, ohne zu klicken, wird eine kleine Vorschau eingeblendet.

6

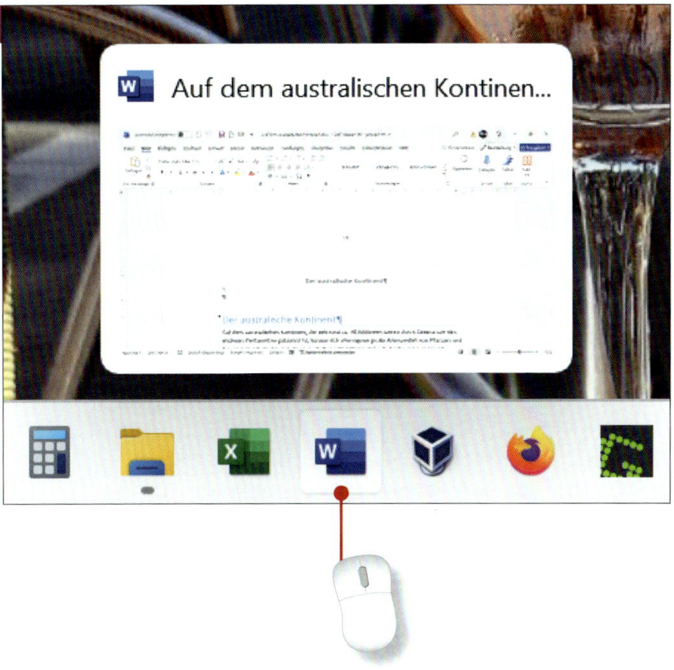

Ein neues Dokument anlegen

1

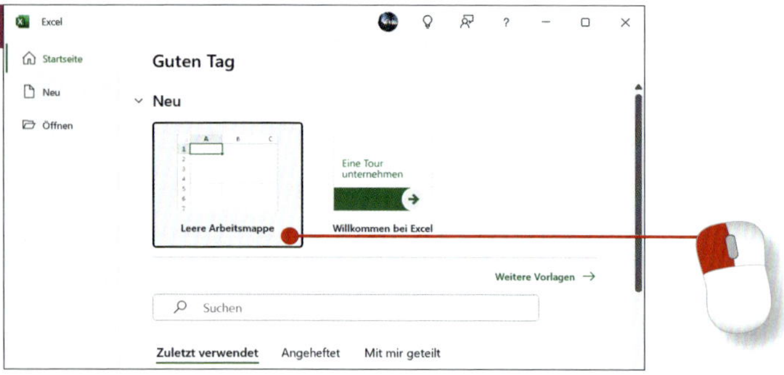

2

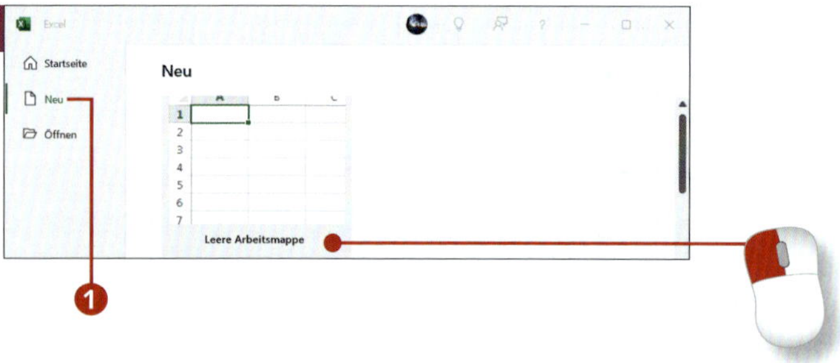

3

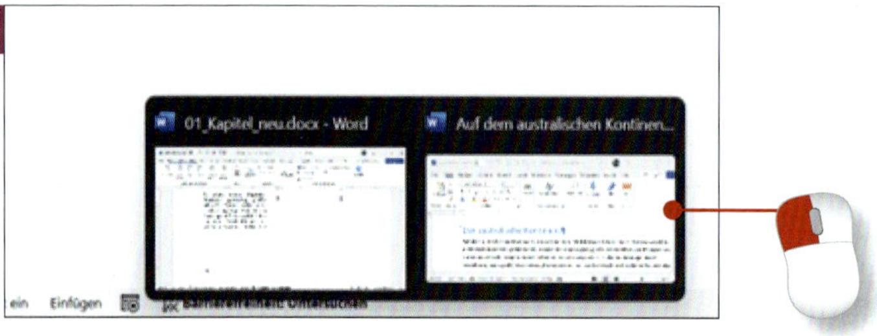

Wenn Sie ein Office-Programm aufrufen, können Sie sofort mit der Arbeit beginnen.

Schritt 1

Nach dem Aufruf eines Office-Programms sehen Sie ein Menü, aus dem heraus Sie ein leeres Dokument öffnen können. Klicken Sie auf die entsprechende Schaltfläche: in Word auf **Leeres Dokument**, in Excel auf **Leere Arbeitsmappe** und in PowerPoint auf **Leere Präsentation**.

Schritt 2

Wenn Sie während der Arbeit ein neues Dokument erstellen möchten, klicken Sie im *Backstage-Bereich* (Registerkarte **Datei**) auf **Neu** ❶. Im nächsten Menü klicken Sie auf **Leeres Dokument** (in Word), **Leere Arbeitsmappe** (in Excel) oder **Leere Präsentation** (in PowerPoint).

Schritt 3

Sie können mehrere Programme/Dokumente gleichzeitig geöffnet haben. Die Symbole werden in der Taskleiste angezeigt. Wenn Sie den Mauszeiger auf ein Symbol halten, erscheinen Vorschaubildchen der geöffneten Dokumente. Per Mausklick rufen Sie das jeweilige Dokument auf.

Schritt 4

Über Word, Excel und PowerPoint haben Sie Zugang zu vorbereiteten, teils ausgefüllten Dokumenten, die Sie als Basis für Ihr neues Dokument nutzen können. Öffnen Sie das Register **Datei ▸ Neu** ❷, und klicken Sie im nächsten Fenster auf eine Miniatur-Vorlage.

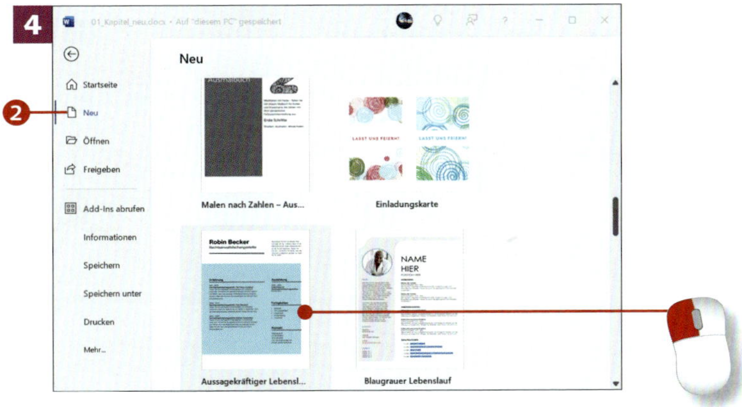

Schritt 5

Zunächst wird die Vorlage (hier: Word) näher beschrieben. Klicken Sie hier auf **Erstellen**. Daraufhin wird die Vorlage heruntergeladen und ein neues Dokument auf ihrer Basis erstellt.

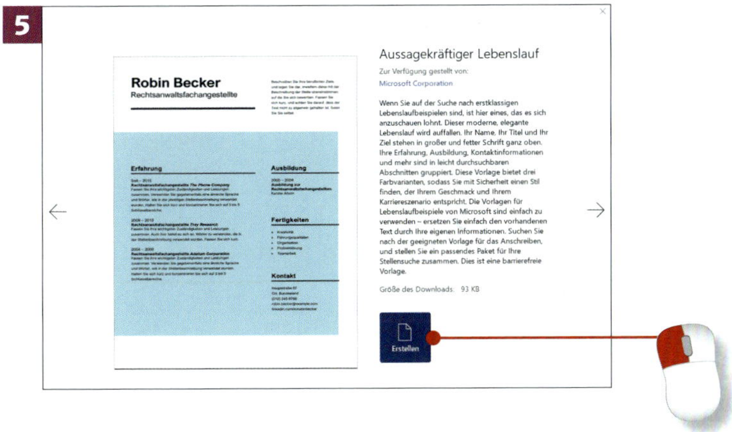

Schritt 6

Sie können auch gezielt nach weiteren Vorlagen suchen. Dazu klicken Sie auf eine der Kategorien oberhalb des Suchfeldes oder geben einen Begriff in das Suchfeld ein und klicken auf die Lupe ❸.

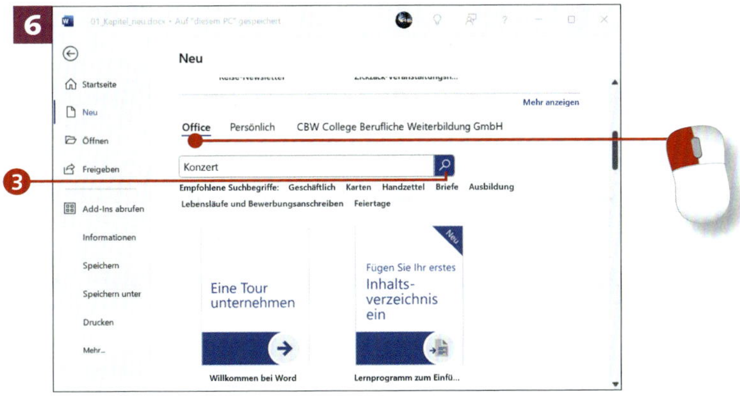

i

Eigene Dokumentvorlagen

In Kapitel 4, »Schicke Layouts mit Word«, ab Seite 116 erfahren Sie, wie Sie eigene Dokumentvorlagen erstellen. Sie werden in der Kategorie **Persönlich** gesammelt. Diese Kategorie gibt es aber erst, wenn Sie eigene Vorlagen erstellt haben.

Die Ansicht des Dokuments anpassen

Sie können den Standardbildschirm an Ihre individuellen Bedürfnisse anpassen.

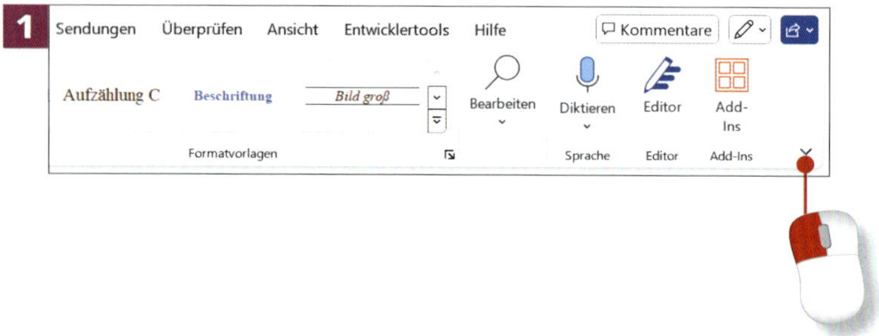

Schritt 1

Die Symbolleiste am oberen Rand des Bildschirms nimmt einen recht großen Bereich in Anspruch. Sie können sie aber auch ausblenden. Klicken Sie dazu auf den Pfeil ganz rechts in der Menüleiste (**Menüband-Anzeigeoptionen**). Im Menü finden Sie Optionen zum Umgang mit dem Menüband.

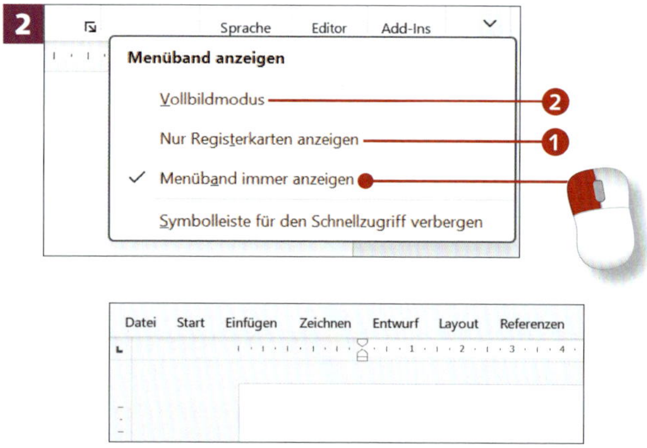

Schritt 2

Mit **Nur Registerkarten anzeigen** ❶ verschwindet die Symbolleiste, übrig bleiben die Registerreiter. Sobald Sie einen Reiter anklicken, wird das entsprechende Register mit allen Befehlen wieder eingeblendet und legt sich über den Text.

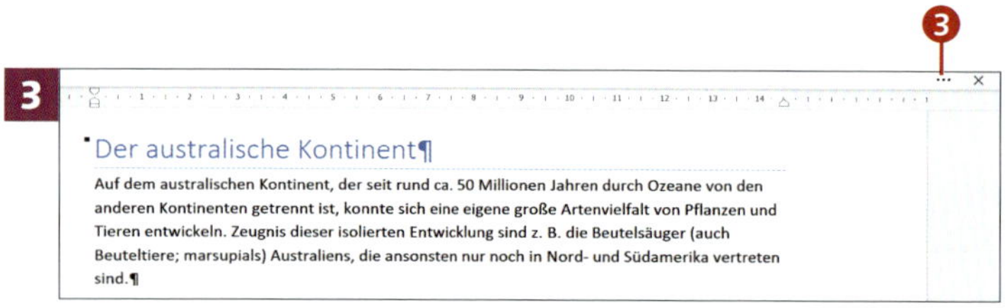

Schritt 3

Mit **Vollbildmodus** ❷ verschwinden die Menüleiste und die Registerreiter ganz. Klicken Sie auf die drei Punkte oben rechts ❸, um das Menüband wieder zu sehen. Mit einem Klick auf **Menüband immer anzeigen** blenden Sie sie wieder dauerhaft ein.

Schritt 4

Die Anzeigen des Dokuments ändern Sie mit dem *Zoom*. Den Faktor bestimmen Sie im Dialog **Zoom**, den Sie mit einem Klick auf die Schaltfläche **Zoom** auf der Registerkarte **Ansicht** aufrufen. Auch rechts in der Statusleiste gibt es einen Regler 4 zum Einstellen des Zooms.

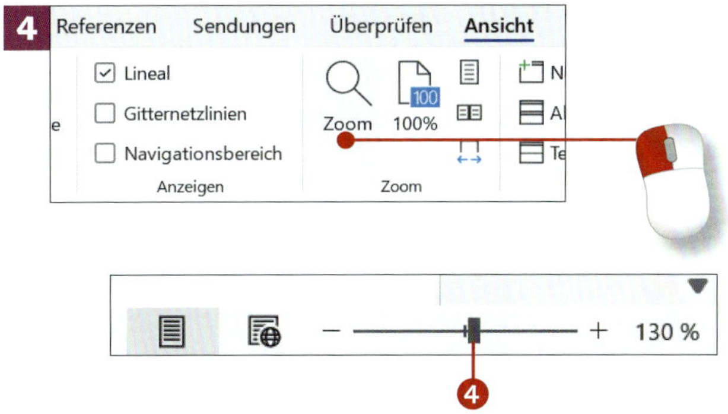

Schritt 5

Die meisten Office-Programme bieten unterschiedliche Ansichten. In Word gibt es z. B. das **Drucklayout** 5 oder den **Lesemodus**, in Excel z. B. die Ansicht **Umbruchvorschau** 6, in PowerPoint die Ansicht **Normal** oder die **Foliensortierung**. Über die Registerkarte **Ansicht** (gilt für alle Programme) wechseln Sie zwischen den Ansichten.

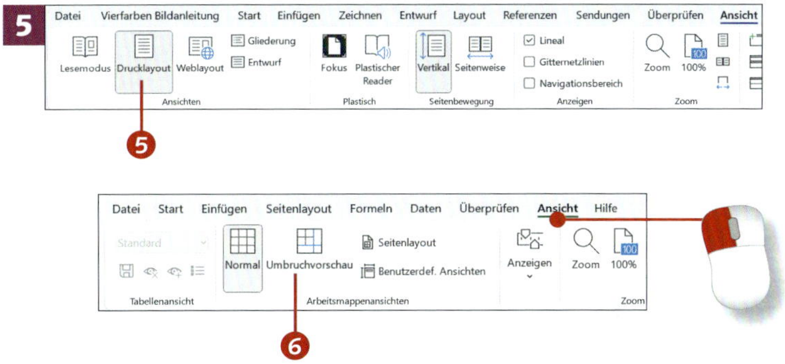

Schritt 6

Wenn Sie in einem Word-Dokument z. B. Textpassagen von einem Bereich in den anderen kopieren wollen, müssen Sie nicht jedes Mal durch den gesamten Text scrollen. Sie können das Fenster teilen und sich beide Bereiche des Dokuments anzeigen lassen. Klicken Sie dazu auf der Registerkarte **Ansicht** auf **Teilen**. In einem geteilten Fenster heißt die Schaltfläche **Teilung aufheben** 7.

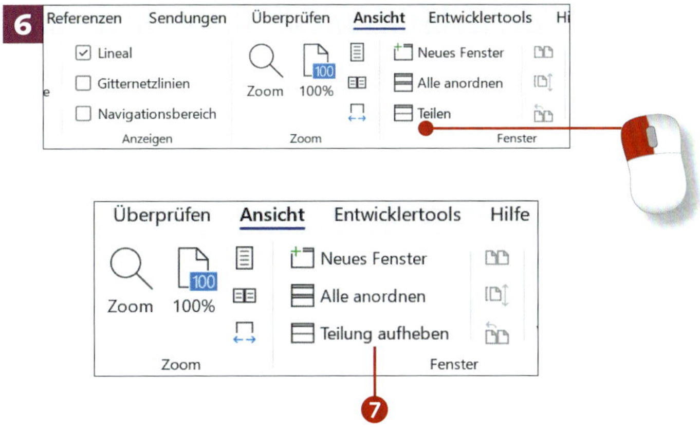

Ein Dokument speichern

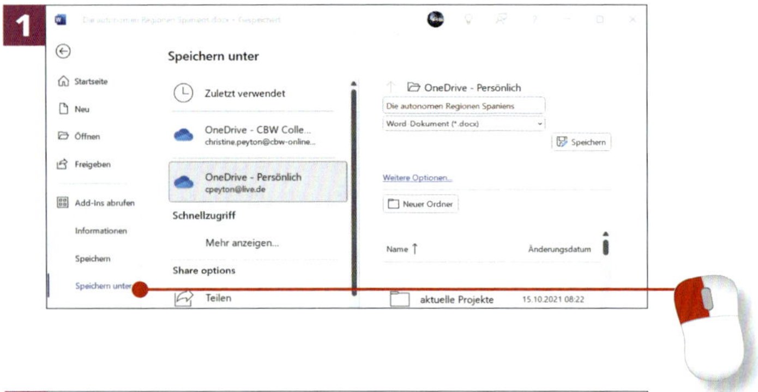

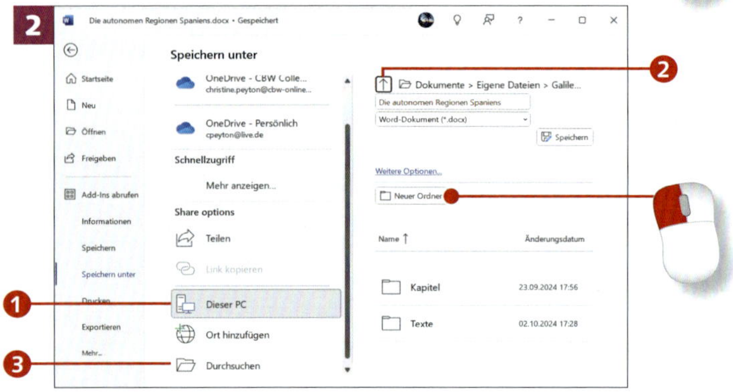

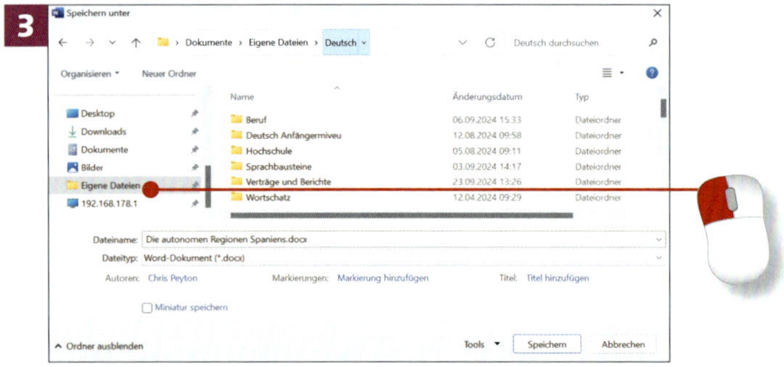

Speichern ist das A und O bei der Arbeit mit den Office-Programmen.

Schritt 1

Um ein noch nicht gespeichertes Dokument zu sichern, klicken Sie in der Backstage-Ansicht (Registerkarte **Datei**) auf **Speichern unter**. Rechts erscheint das gleichnamige Fenster.

Schritt 2

Markieren Sie **Dieser PC** ❶ mit einem Klick. Wählen Sie den gewünschten Ordner aus und geben Sie im obersten Feld einen Dateinamen ein. Zu anderen Ordnern (Ebene nach oben) wandern Sie mit dem nach oben weisenden Pfeil ❷. Für einen neuen Ordner klicken Sie auf **Neuer Ordner**, geben ihm einen Namen und klicken auf **OK**. Dann klicken Sie auf **Speichern**.

Schritt 3

Über **Durchsuchen** ❸ öffnen Sie den Dialog **Speichern unter**. Im Adressfeld oben können Sie durch die Ordnerstruktur navigieren – Ordner durch Klick auf den Namen öffnen, Unterordner über den Pfeil anzeigen und ebenfalls auswählen.

Nachspeichern

Nach dem ersten Speichern können Sie Änderungen durch Klick auf das Speichern-Symbol, über **Datei ▸ Speichern** oder mit Strg + S sichern.

Schritt 4

Das neue Dokument ist in einem neuen Ordner besser aufgehoben? Dann öffnen Sie den entsprechenden Überordner und klicken auf die Schaltfläche **Neuer Ordner**. Nun schreiben Sie einfach den Namen in das Feld ❹ und drücken [↵].

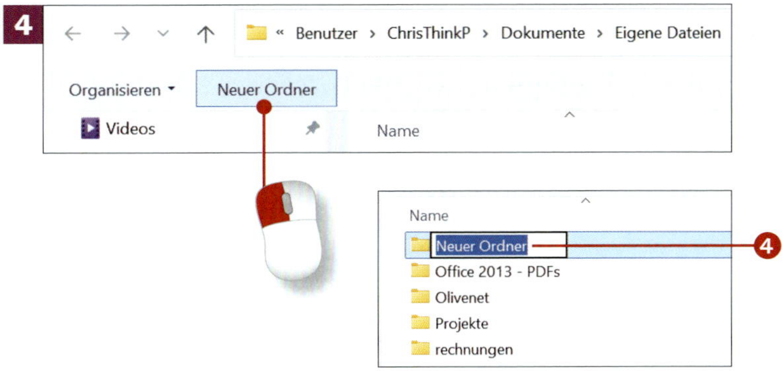

Schritt 5

Wählen Sie den gewünschten Ordner und geben Sie einen Dateinamen ein. Die Dateierweiterung (*.docx*, *.xslx*, *.pptx*) wird je nach Programm automatisch hinzugefügt. Klicken Sie auf **Speichern** ❺.

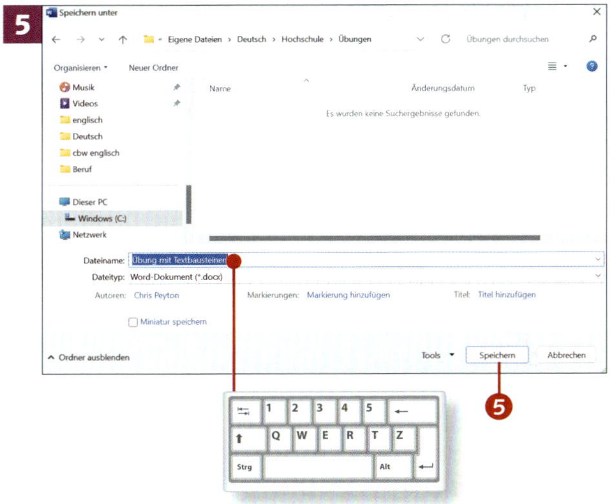

Schritt 6

Zum Speichern in anderen Formaten (z. B. PDF) klicken Sie im Feld Dateityp auf den Pfeil und wählen das gewünschte Format aus der Liste.

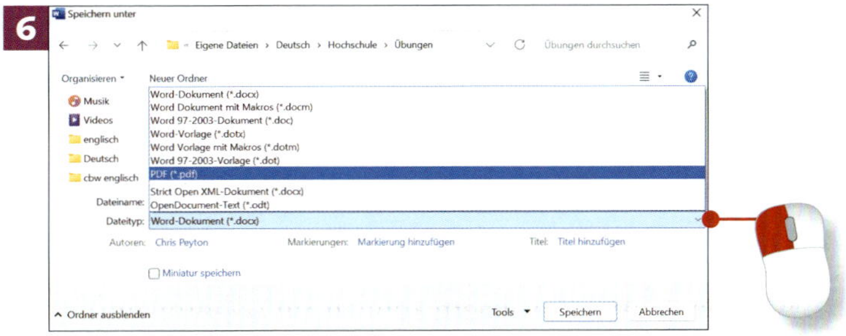

Infos in der Titelleiste

In der Titelleiste eines Dokuments können Sie den Speicherort/Ordner auf die Schnelle einsehen, wenn Sie auf den kleinen, nach unten weisenden Pfeil neben dem Dateinamen klicken.

Dokumente in der Cloud speichern

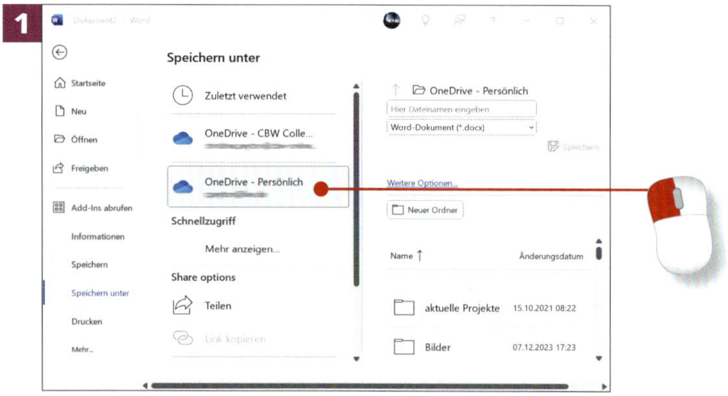

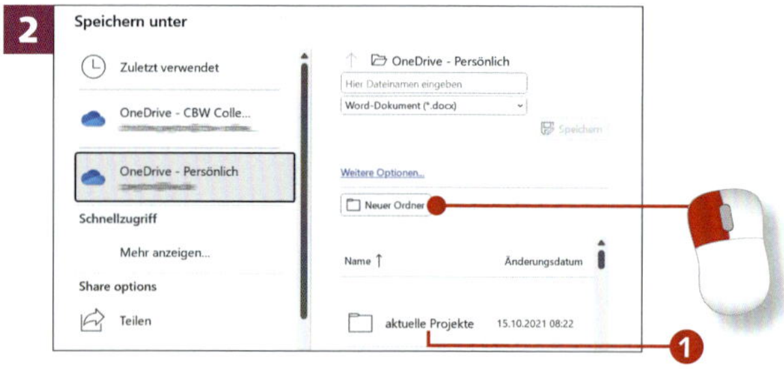

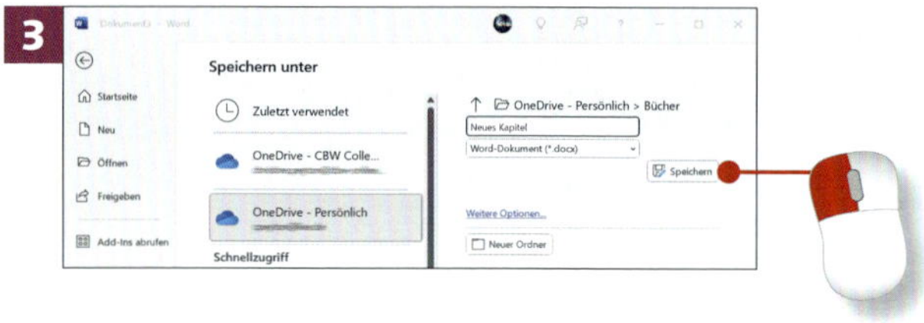

Das Speichern auf dem OneDrive ist nicht nur für Sie praktisch. Der Clou ist, dass Sie auch anderen Personen Zugriff auf Ihre Dokumente verschaffen können.

Schritt 1

Wenn Sie das Dokument auf dem Online-Speicher von Microsoft speichern möchten, verfahren Sie wie beim »normalen« Speichern, nur dass Sie im Fenster **Speichern unter** auf **OneDrive ▸ Persönlich** klicken.

Schritt 2

Rechts wählen Sie einen Online-Ordner für den Speichervorgang aus der Liste aus ❶ oder Sie kreieren einen neuen Ordner. Dazu klicken Sie auf die Schaltfläche **Neuer Ordner**, geben einen Namen ein und klicken auf **OK**.

Schritt 3

Im oberen Feld geben Sie der Datei einen Namen. Klicken Sie dann auf die Schaltfläche **Speichern**. Danach sieht alles aus wie sonst auch!

i

Ein Microsoft-Konto anmelden

Für OneDrive brauchen Sie ein Microsoft-Konto. Wenn Sie noch kein Konto haben, können Sie die Anmeldung auf *account.microsoft.com* erledigen. Klicken Sie rechts auf **Anmelden**. Oder Sie rufen im Startfenster die **Einstellungen** auf, aktivieren die Kategorie **Konten ▸ E-Mail & Konten** und klicken dann auf **Microsoft-Konto hinzufügen**.

Schritt 4

Damit auch andere Menschen auf eines Ihrer Dokumente zugreifen können, müssen sie dazu eingeladen werden. Um eine solche Einladung auszusprechen, klicken Sie auf **Datei ▸ Freigeben** ❷ oder direkt auf die Schaltfläche **Freigeben** oben rechts neben den Registerkartenbezeichnungen.

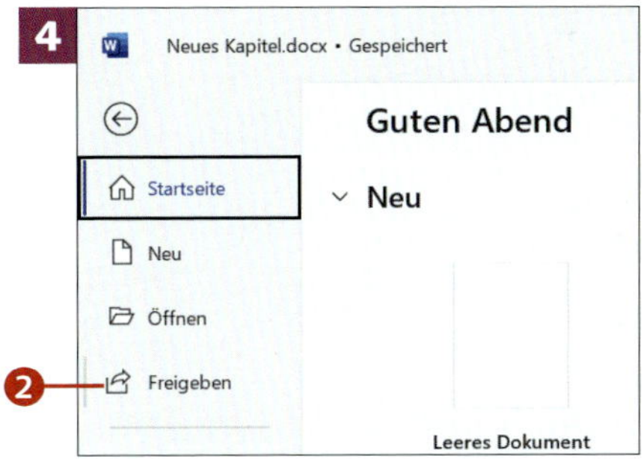

Schritt 5

Im Fenster **Link senden** geben Sie eine E-Mail-Adresse bzw. mehrere E-Mail-Adressen an ❸. Um festzulegen, ob der Empfänger das Dokument nur anzeigen oder auch bearbeiten darf, klicken Sie auf den Pfeil neben dem Stift. Dann klicken Sie auf **Senden** ❹.

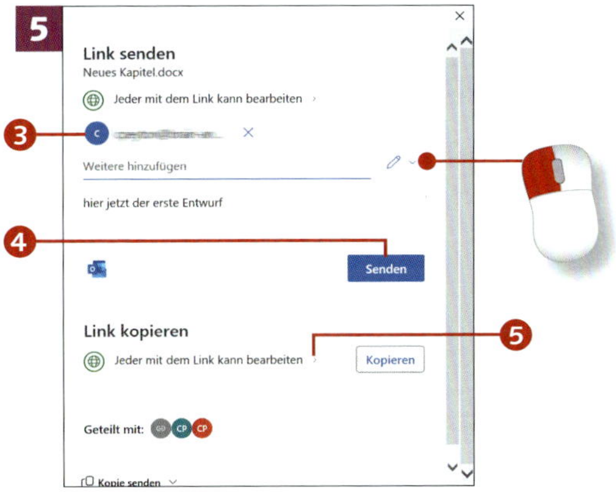

Schritt 6

Wenn Sie auf den nach rechts weisenden Pfeil am oberen Feld klicken ❺ (**Jeder mit dem Link kann bearbeiten**), können Sie aus Sicherheitsgründen vor dem Absenden noch ein Kennwort festlegen (das Sie dem Empfänger mitteilen müssen). Danach erscheint in dem Feld ein kleines Schloss.

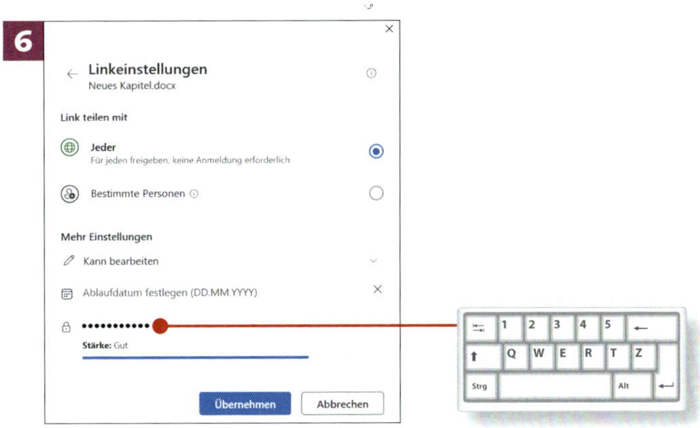

Dokumente in der Cloud speichern (Forts.)

7

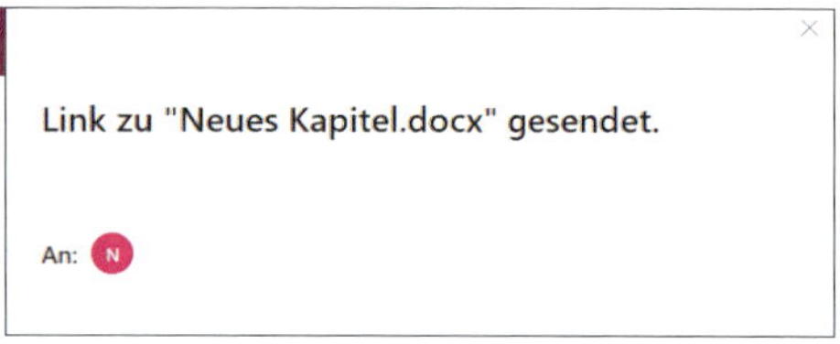

8

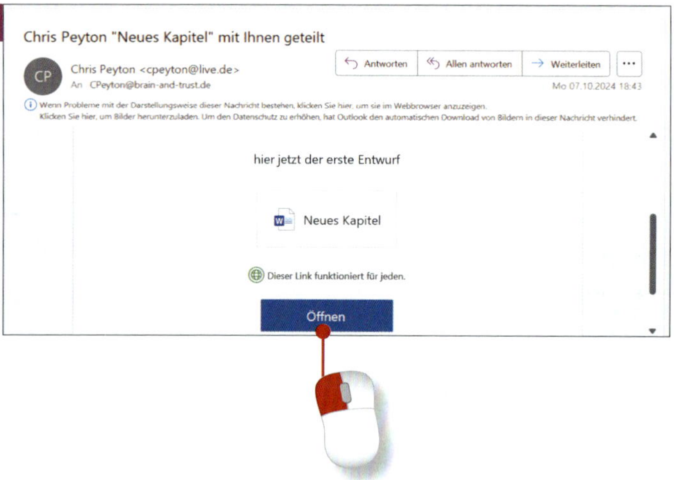

9

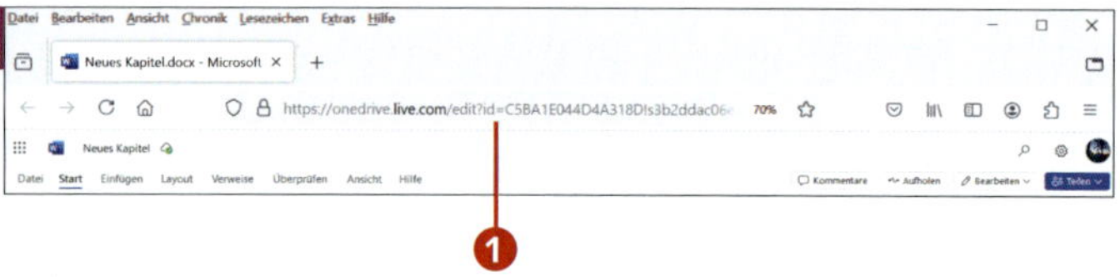

Schritt 7

Nach dem Versand der E-Mail erhalten Sie eine Bestätigung, dass Sie die Datei gesendet haben.

Schritt 8

Auf jeden Fall erhält der Empfänger eine E-Mail mit einer Schaltfläche zum Öffnen des Dokuments direkt aus OneDrive. Mit einem Klick auf **Öffnen** wird das Dokument geöffnet.

Schritt 9

Sie sehen das Dokument (im Beispiel ein Word-Dokument) nun in der Webversion von Word. Achten Sie auf die Adresse in der Adressleiste 1.

Schritt 10

Die Webversion bietet in etwa die gewohnten Registerkarten und Symbole zum Formatieren und Bearbeiten. Einige Registerkarten/Symbole sind aber etwas anders angeordnet als in der normalen Version, und manche fehlen.

10

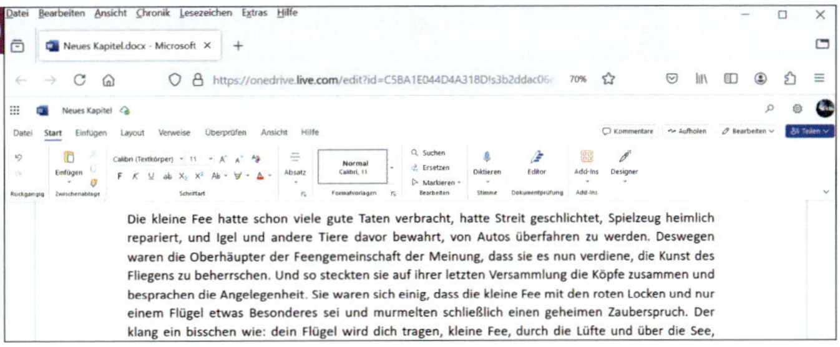

Schritt 11

Wenn Sie Änderungen vorgenommen haben, werden diese automatisch in der originalen geteilten Datei gespeichert. Sie brauchen sich also nicht um das Speichern zu kümmern. Klicken Sie einfach auf das Schließkreuz, wenn Sie die Arbeit am Dokument beenden möchten.

11

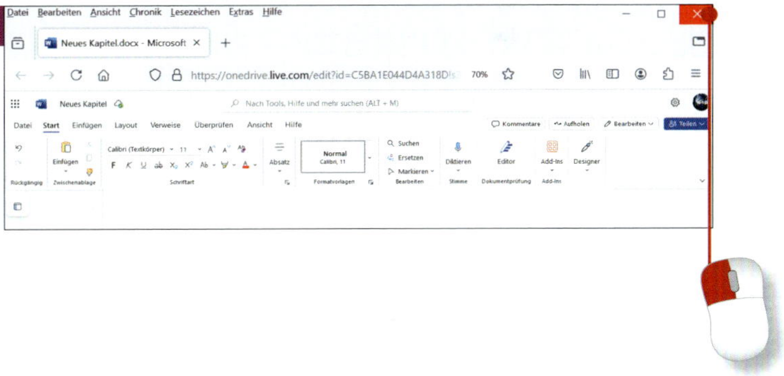

Schritt 12

Wenn Sie eine lokale Kopie der Datei erzeugen möchten, gehen Sie ähnlich vor wie beim normalen Speichern. Der Weg sieht jedoch ein bisschen anders aus. Klicken Sie auf **Datei** und dann auf **Kopie speichern**. Wählen Sie im Fenster **Kopie speichern** die Option **Dieser PC** oder **Durchsuchen**. Dann gehen Sie vor wie gehabt.

12

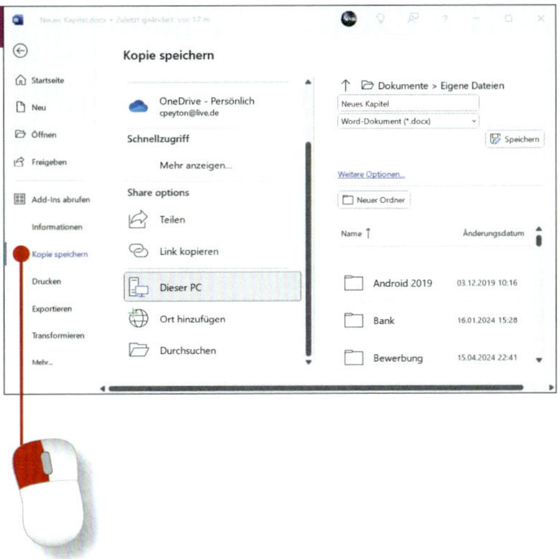

Dokumente drucken oder exportieren

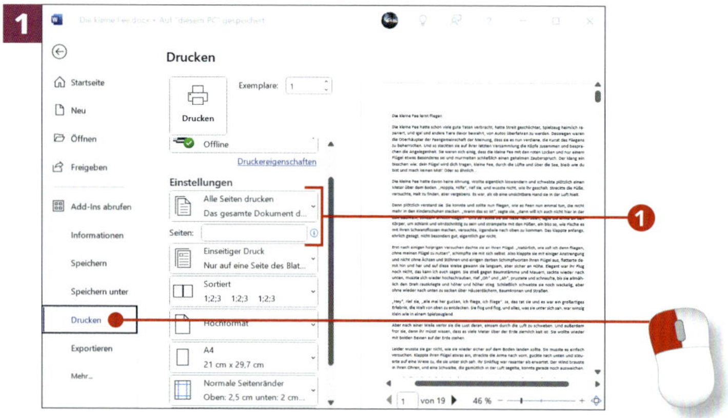

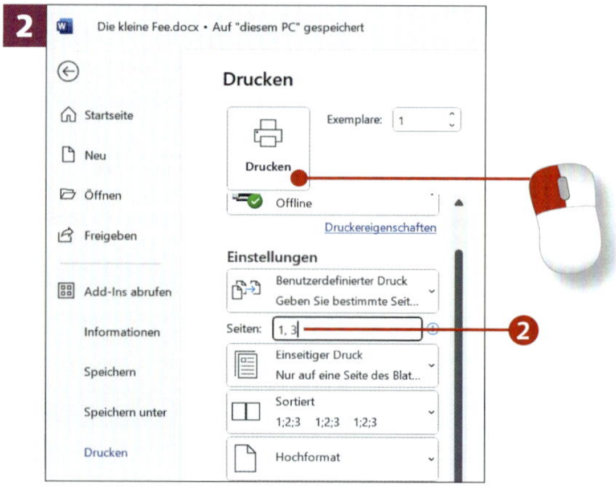

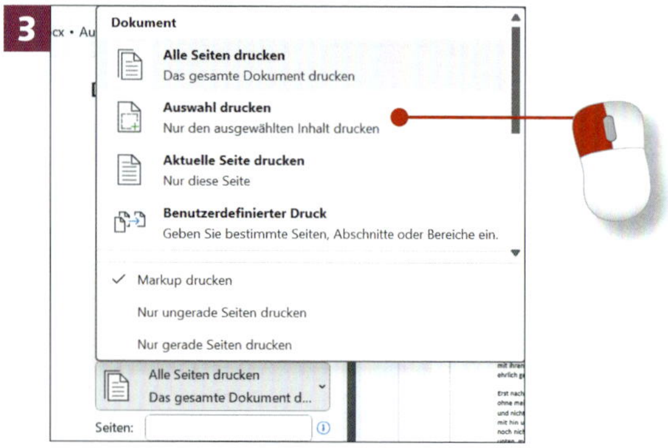

Viele Dokumente braucht man auch im digitalen Zeitalter auf Papier. Praktisch ist aber auch die Umwandlung in ein PDF-Dokument.

Schritt 1

Ein Klick auf den Befehl **Drucken** im Menü **Datei** öffnet den **Drucken**-Dialog. Hier finden Sie diverse Einstellungen für den Ausdruck, z. B. die Auswahl, ob das ganze Dokument oder nur bestimmte Seiten ausgedruckt werden sollen **1**. Rechts daneben sehen Sie eine Druckvorschau.

Schritt 2

Die Seitenzahlen geben Sie im Feld **Seiten** im Bereich **Einstellungen** jeweils durch Kommas oder Semikolons getrennt ein **2**. Wenn Sie alle Einstellungen vorgenommen haben, klicken Sie auf **Drucken**.

Schritt 3

Das Fenster bietet noch eine Reihe weiterer Einstellungen. Um nicht das gesamte Dokument, sondern einen zuvor markierten Bereich auszudrucken, klicken Sie dorthin, wo Sie normalerweise **Alle Seiten drucken** sehen. Im Menü wählen Sie dann **Auswahl drucken**.

Schritt 4

Wenn Ihnen das, was Ihnen die Vorschau zeigt, nicht hundertprozentig gefällt, können Sie auch von hier aus in den Dialog **Seite einrichten** springen, um z. B. die Einstellungen für die Seitenränder zu ändern oder Querformat statt Hochformat zu wählen. Klicken Sie auf den Link **Seite einrichten** ganz unten im Fenster.

Schritt 5

Über die Funktion **Exportieren** rufen Sie ein Menü auf, mit dessen Hilfe Sie das aktuelle Dokument in ein PDF-Dokument verwandeln ❸ oder einen anderen Dateityp, z. B. das alte *.doc*-Format früherer Word-Versionen, wählen können ❹.

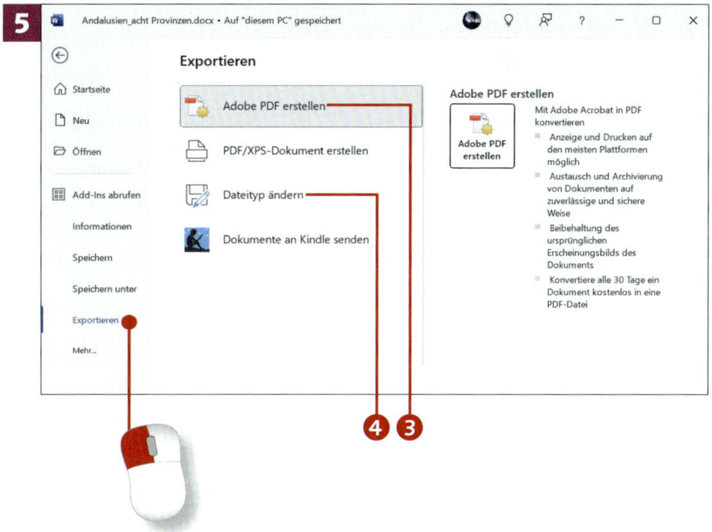

Schritt 6

Wenn Sie auf **Dateityp ändern** geklickt haben, können Sie das Format auswählen ❺. Dann klicken Sie auf die Schaltfläche **Speichern unter**.

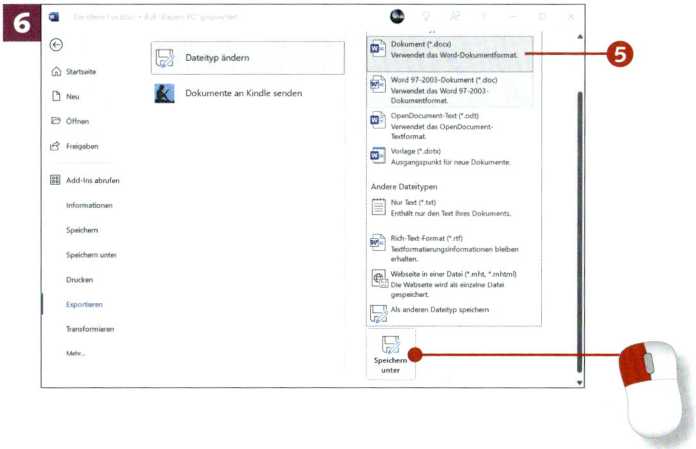

!

Speichern in anderen Formaten

Wie Sie wissen, können Sie auch im Dialog bzw. Fenster **Speichern unter** das Dateiformat ändern. Wählen Sie dort einfach den gewünschten Dateityp aus der Liste der Dateitypen aus.

Ein Dokument schließen

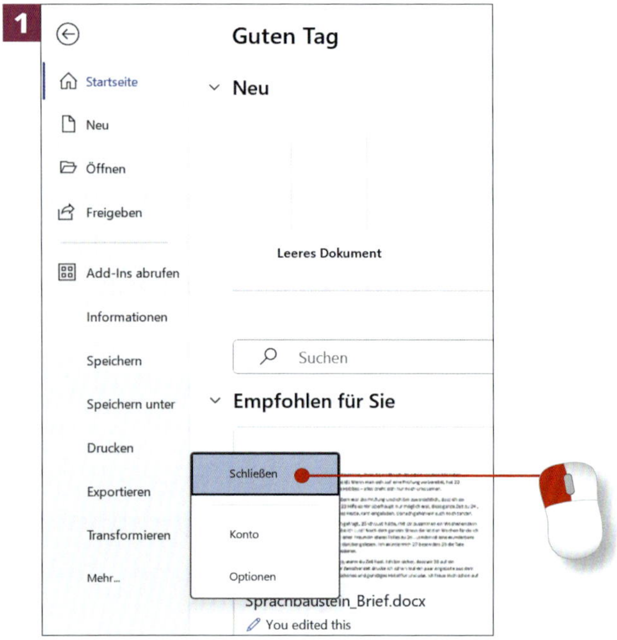

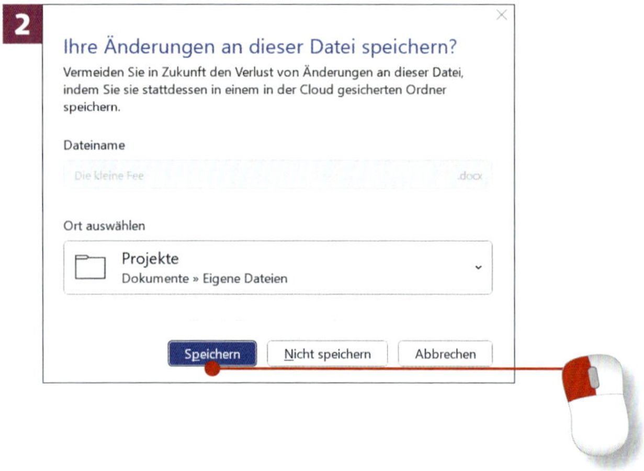

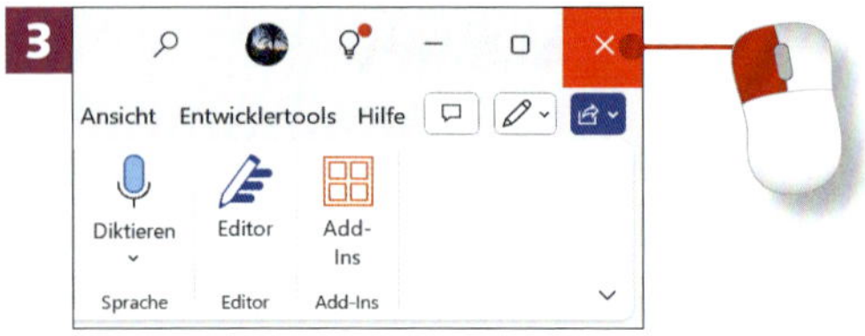

Es gibt verschiedene Wege, ein Dokument zu schließen. Doch egal, welchen Weg Sie gehen, Sie benötigen kaum mehr als einen oder zwei Mausklicks.

Schritt 1

Um ein Dokument zu schließen, aktivieren Sie die Registerkarte **Datei** und klicken hier auf die Option **Schließen**. Das Programm selbst wird dadurch nicht geschlossen, wenn weitere Dokumente geöffnet sind.

Schritt 2

Falls Sie Änderungen am Dokument vorgenommen haben, erscheint ein kleiner Dialog, in dem Sie gefragt werden, ob Sie sie speichern möchten. Im Regelfall klicken Sie hier auf **Speichern**. Die Änderungen werden gesichert, das Dokument wird geschlossen.

Schritt 3

Schnell und einfach schließen Sie ein Dokument mit einem Klick auf das *Schließkreuz* oben rechts auf dem Bildschirm. Wenn nur ein Dokument geöffnet ist, wird so auch das jeweilige Programm beendet.

Schritt 4

Um ein Dokument zu schließen, das geöffnet ist, aber nur in der Taskleiste angezeigt wird, zeigen Sie mit der Maus auf das Programmsymbol, sodass das Dokument als kleines Bildchen angezeigt wird, und klicken hier auf das Schließkreuz.

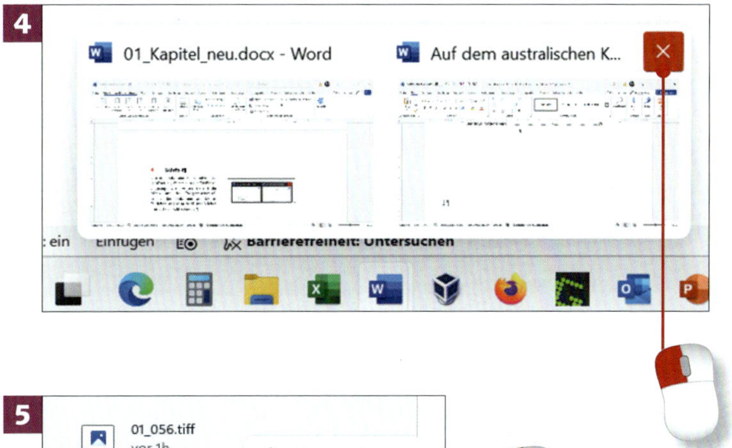

Schritt 5

Wenn Sie den Rechner herunterfahren – also im Startmenü auf das Symbol **Ein/Aus ▸ Herunterfahren** klicken – und einige Dateien/Programme nicht beendet haben, werden Sie mit einer großen Meldung am Bildschirm darauf hingewiesen.

Schritt 6

Sie können den Vorgang nun stoppen und auf **Abbrechen** klicken. Dann ist nichts passiert. Oder Sie klicken auf die Schaltfläche **Trotzdem herunterfahren**.

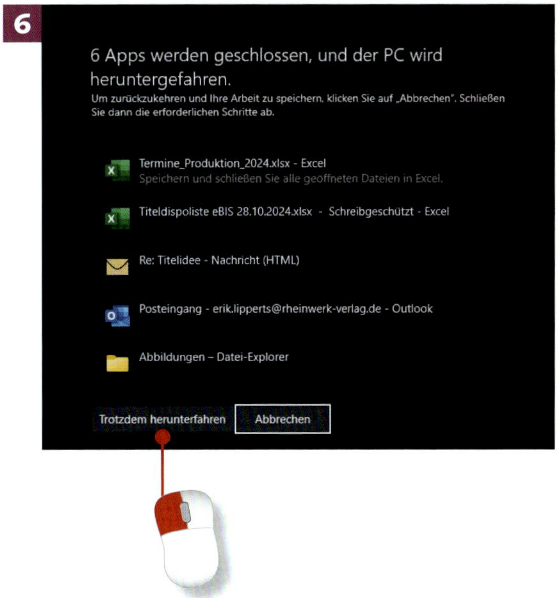

Dateien organisieren und wiederfinden

1

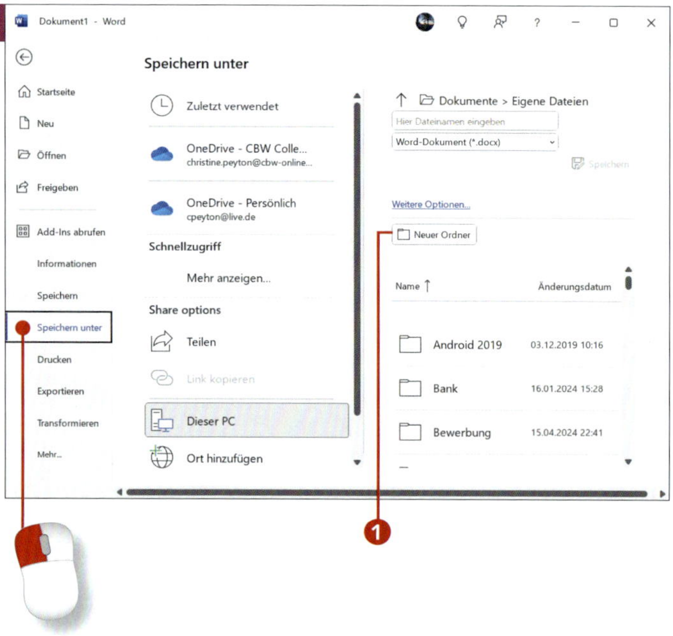

2

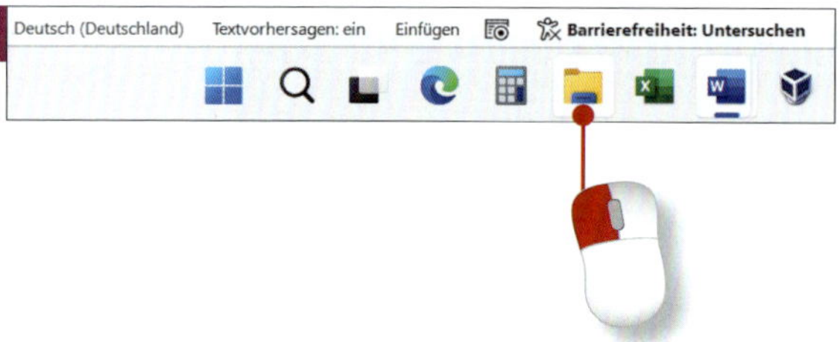

3

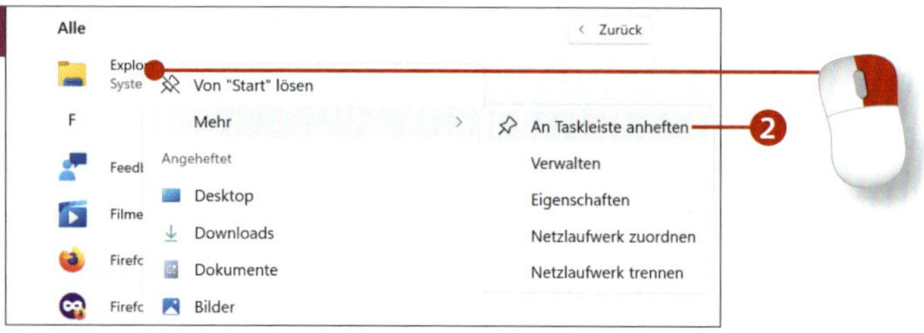

Die lästige Suche nach einer bestimmten Datei ersparen Sie sich, wenn Sie mit einer durchdachten Ordnerstruktur arbeiten.

Schritt 1

Sie können direkt im Fenster **Speichern unter** einen neuen Ordner erstellen. Klicken Sie einfach auf **Neuer Ordner** ❶, und vergeben Sie in dem Dialog einen Namen. Achten Sie darauf, dass Sie sich in dem Ordner befinden, in dem Sie den neuen Unterordner anlegen möchten.

Schritt 2

Der richtige Ort für Ihre Ordner- und Dateiverwaltung ist in der Regel der *Explorer*. Am bequemsten rufen Sie ihn mit einem Klick auf sein Symbol in der Taskleiste auf. Unter aktuell geöffneten Programmen sehen Sie einen kleinen blauen Strich (hier bei Word).

Schritt 3

So fügen Sie das Explorer-Symbol in die Taskleiste hinzu: Klicken Sie im Startmenü auf **Alle**. In der alphabetisch sortierten Liste klicken Sie mit rechts auf **Explorer** und im Kontextmenü auf **Mehr ▸ An Taskleiste anheften** ❷.

Schritt 4

Liegt eine Datei in einem »falschen« Ordner, können Sie sie im Explorer in den richtigen verschieben. Markieren Sie die Datei, und klicken Sie oben im Fenster oder im Kontextmenü auf **Ausschneiden** ❸. Öffnen Sie den Zielordner, und klicken Sie auf das Symbol oder den Eintrag **Einfügen** ❹.

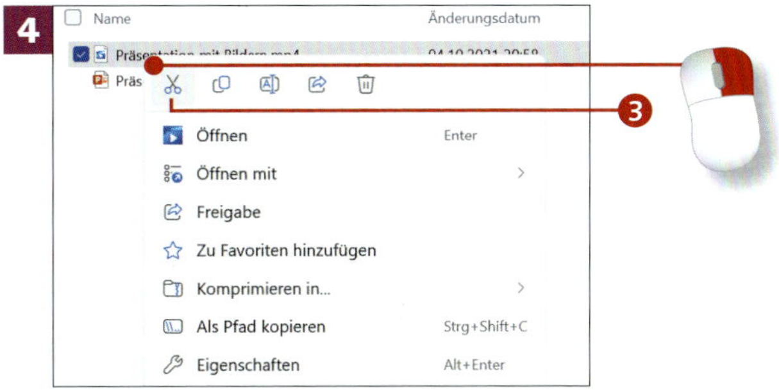

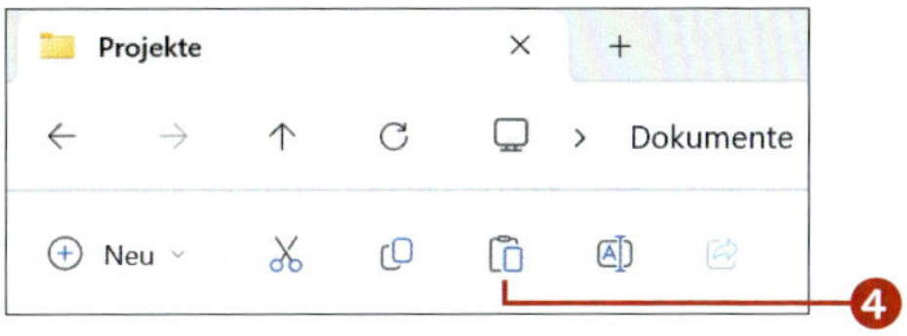

Schritt 5

Um eine Datei zu löschen, markieren Sie sie (im Explorer) und klicken im Fenster auf das Symbol **Löschen** (den kleinen Papierkorb). Genauso gut können Sie auf das Symbol **Löschen** im Menüband klicken oder einfach die `Entf`-Taste drücken. Das geht am schnellsten.

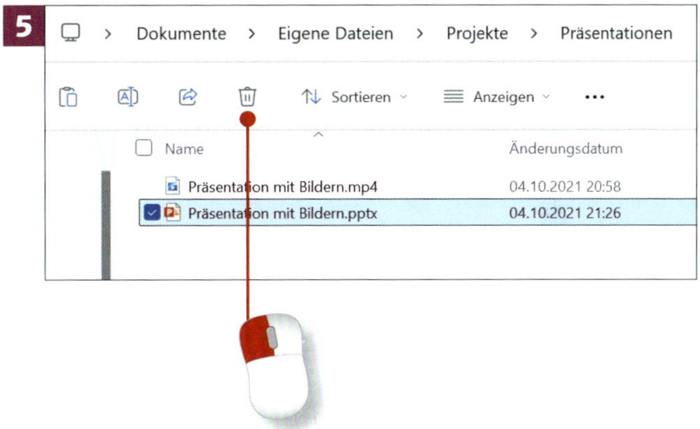

Schritt 6

Falls Ihnen auffällt, dass ein Dateiname nicht passt, benennen Sie die Datei einfach um. Dazu klicken Sie die Datei an und klicken oben am Fenster auf das Symbol **Umbenennen**. Geben Sie einen neuen Namen ein, und drücken Sie `↵`.

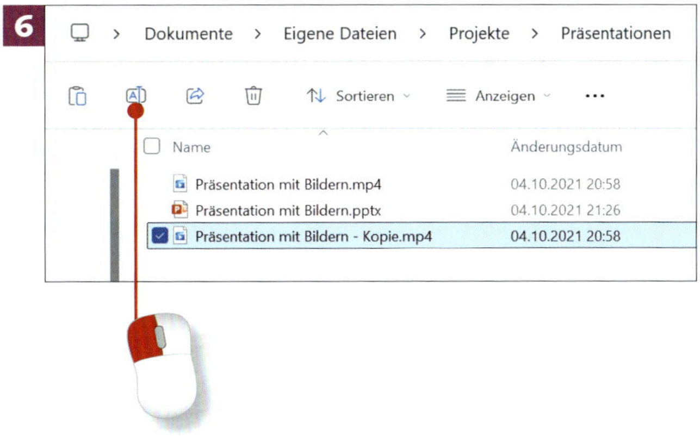

!

Arbeit im Kontextmenü
Alle wichtigen Befehle (**Ausschneiden**, **Kopieren**, **Löschen** etc.) finden Sie natürlich auch im Kontextmenü der jeweiligen Datei.

Kapitel 2
Texte schreiben in Word

Word ist ein Textverarbeitungsprogramm mit vielfältigen Möglichkeiten für die Eingabe und Bearbeitung von Texten. In diesem Kapitel erfahren Sie mehr über die optimale Einstellung des Bildschirms und über den Umgang mit Dokumenten.

Word einrichten

Zunächst geht es um die Grundlagen von Word: Wie richten Sie Word ein, wie stellen Sie den Bildschirm optimal ein oder ergänzen die Ansicht um Elemente, die die Arbeit erleichtern? Auf der Registerkarte **Layout** ❶ regeln Sie, wie das Blatt selbst aussehen soll: Wird es im Hoch- oder Querformat, mit schmaleren Seitenrändern oder beispielsweise mit mehreren Spalten gestaltet?

Texte bearbeiten, korrigieren, kopieren

Word ist ein Textverarbeitungsprogramm, es dreht sich also alles um die Eingabe von Text und dessen Gestaltung ❷. Ich erkläre u. a., wie Sie Texte verfassen, innerhalb von längeren Texten navigieren, Text ändern und korrigieren oder ganze Textpassagen kopieren.

Legen Sie fest, wie Ihr Blatt aussehen soll. ❶

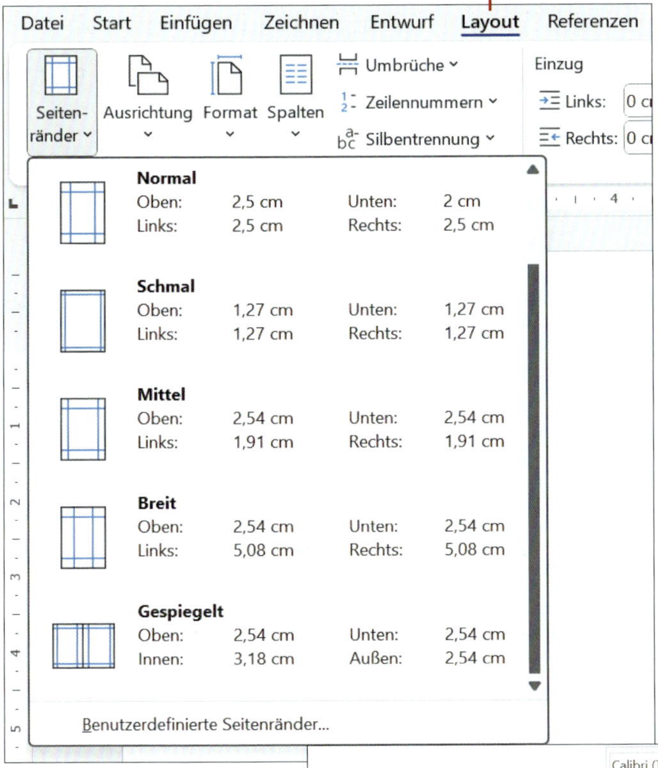

Geben Sie Text ein, und bearbeiten Sie ihn nach Belieben. ❷

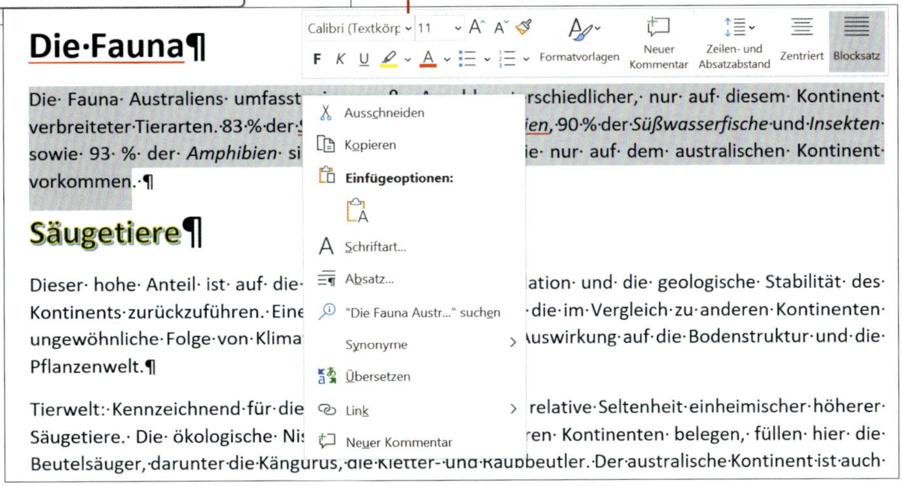

Word optimal einstellen

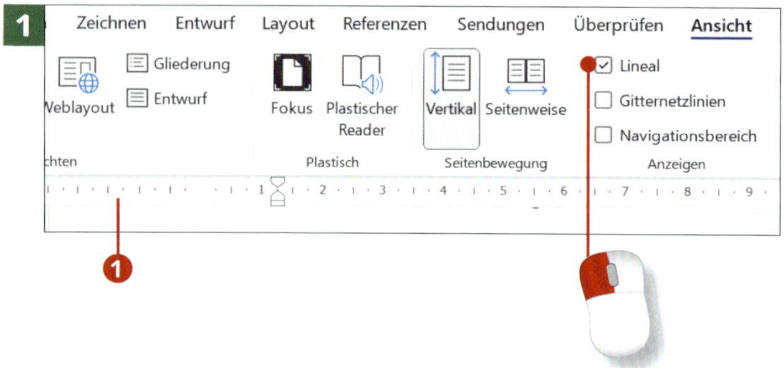

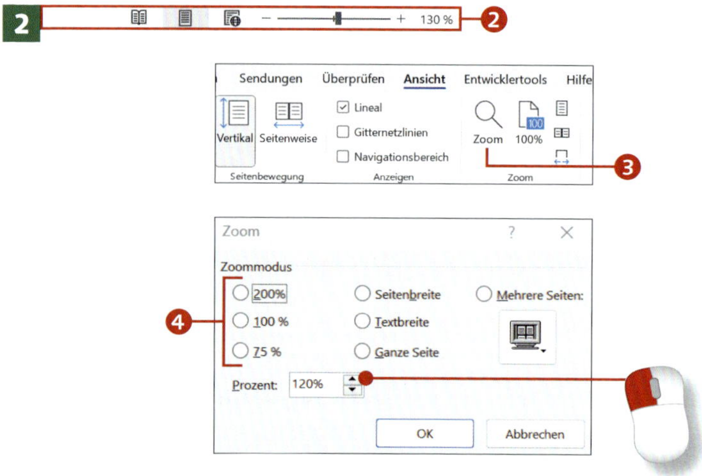

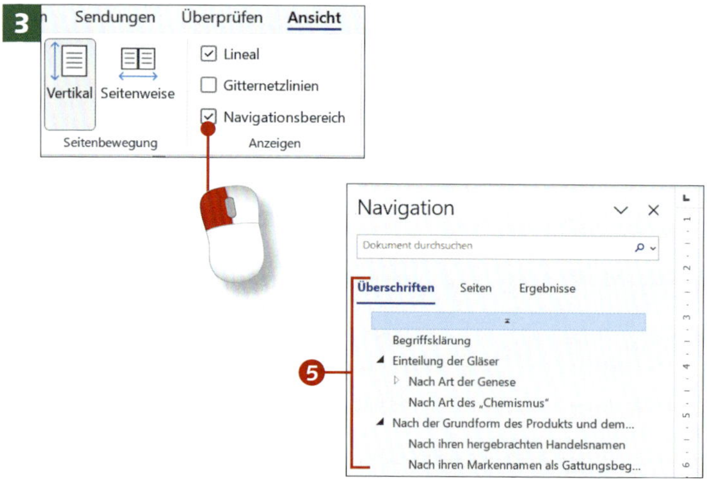

Wenn Sie Word aufrufen, wird Ihnen ein Standardbildschirm präsentiert, dessen Darstellung Sie anpassen können.

Schritt 1

Um die Lineale sowie Seitenränder und Einzüge anzuzeigen, aktivieren Sie auf der Registerkarte **Ansicht** die Option **Lineal**. Die Seitenränder werden grau angedeutet ❶.

Schritt 2

Die Größe des Dokuments ändern Sie mit der Zoomfunktion. Den Faktor bestimmen Sie in der Statusleiste ❷ oder auf der Registerkarte **Ansicht**. Klicken Sie auf **Zoom** ❸, um den gleichnamigen Dialog aufzurufen. Wählen Sie den Faktor ❹ aus, oder stellen Sie ihn im Feld **Prozent** ein.

Schritt 3

Wenn Sie auf **Navigationsbereich** klicken, öffnet er sich links, u. a. mit den Überschriften Ihres Dokuments ❺ (sofern die Überschriften mit Formatvorlagen formatiert sind, siehe Abschnitt »Mit Formatvorlagen arbeiten« auf Seite 96). Per Klick auf eine Überschrift springt der Cursor zur entsprechenden Stelle.

Schritt 4

Die Symbolleiste für den Schnellzugriff können Sie um Funktionen erweitern, die Sie häufig nutzen. Klicken Sie dazu auf den Pfeil, und aktivieren Sie im Menü die gewünschten Befehle, indem Sie mit einem Klick die Häkchen davor setzen.

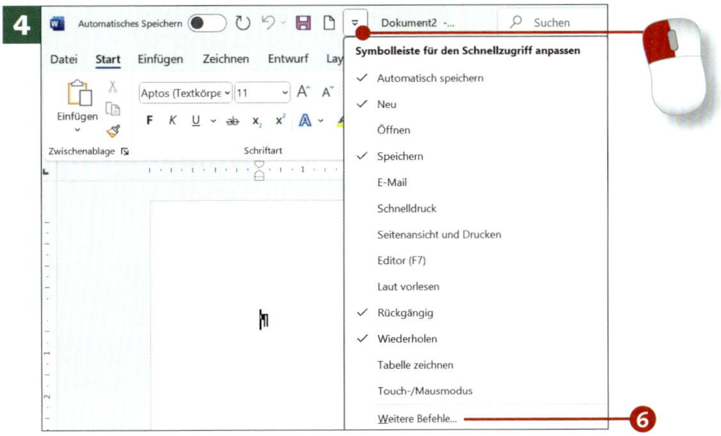

Schritt 5

Ein Klick auf den Eintrag **Weitere Befehle** 6 öffnet einen Dialog, der alle Word-Befehle enthält. Um die gesamte Auflistung der Befehle zu erhalten, klicken Sie auf den Pfeil am Feld **Befehle auswählen**. Hier wählen Sie **Alle Befehle**.

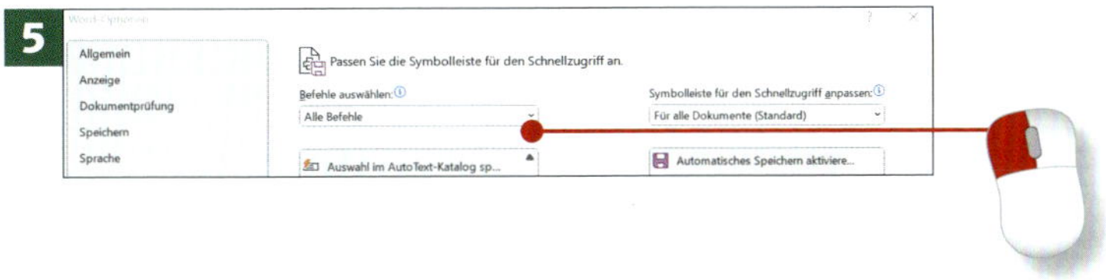

Schritt 6

Dann wandern Sie mit dem Scrollbalken 7 durch die Liste der Befehle und markieren den gewünschten Eintrag 8. Ein Klick auf **Hinzufügen** überträgt den Befehl auf die Symbolleiste. Bestätigen Sie die Aktion mit **OK** 9. Die Schaltfläche wird in die Symbolleiste aufgenommen.

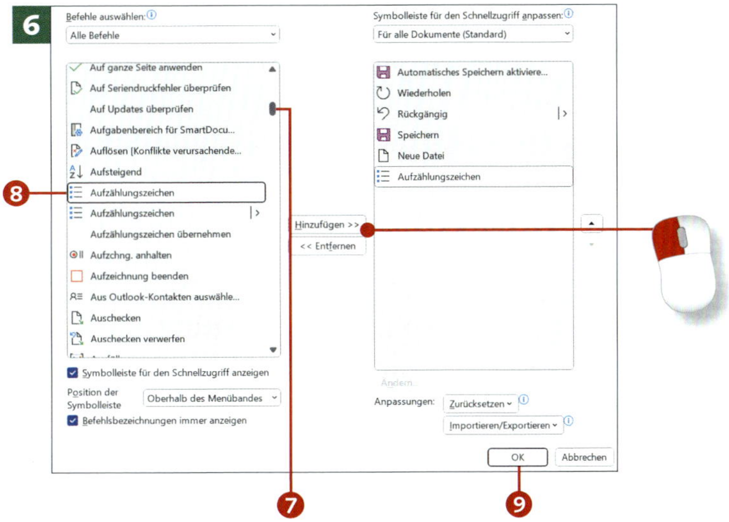

i

Die Symbolleiste anpassen

Den Dialog zum Anpassen der Symbolleiste rufen Sie auf, indem Sie die Symbolleiste für den Schnellzugriff mit der rechten Maustaste anklicken und **Die Symbolleiste für den Schnellzugriff anpassen** wählen.

Word optimal einstellen (Forts.)

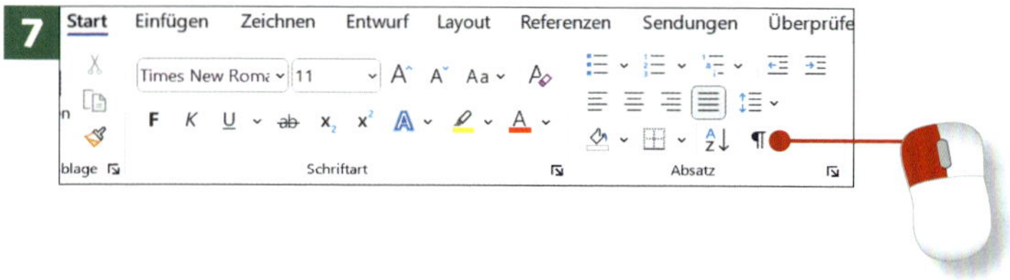

Schritt 7

Blenden Sie auf jeden Fall die *Formatierungszeichen* ein (u.a. Absatzmarken, Leerzeichen, Tabstopps). Sie helfen bei der Orientierung, machen das Leben leichter (leider nur bei der Arbeit mit Word), sind aber nur auf dem Bildschirm zu sehen. Klicken Sie auf der Registerkarte **Start** auf **Alle anzeigen**.

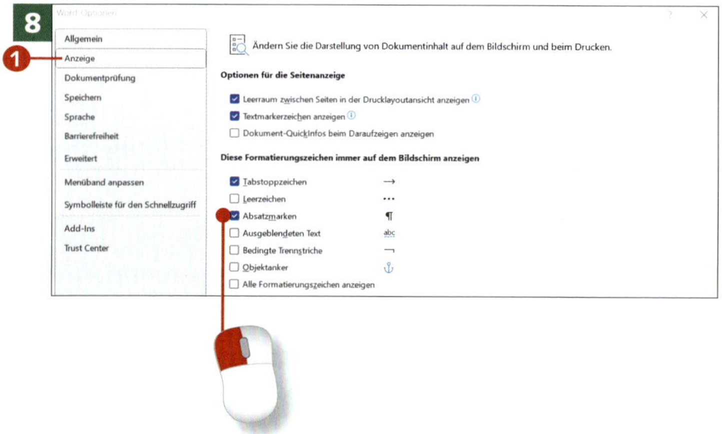

Schritt 8

Wenn Sie nicht alle, sondern nur bestimmte Formatierungszeichen sehen wollen, wählen Sie **Datei ▸ Optionen** (oder **Mehr ▸ Optionen**) **▸ Anzeige** ❶ und haken im Bereich **Diese Formatierungszeichen immer auf dem Bildschirm anzeigen** per Mausklick die gewünschten Formatierungszeichen an.

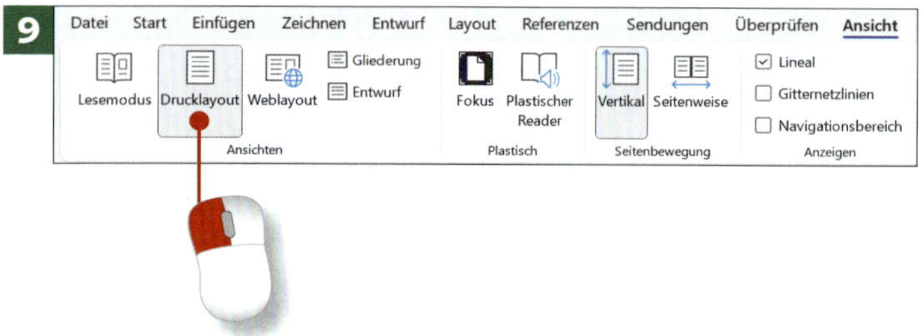

Schritt 9

Sie können in unterschiedlichen Ansichten arbeiten, die Sie auf der Registerkarte **Ansicht** wählen. Für die normale Arbeit bietet sich das **Drucklayout** an, zum Lesen und Überprüfen eines Dokuments die Ansicht **Lesemodus**. Relativ neu ist die Ansicht **Plastischer Reader** mit besonders großen Zeichen und Zeilenabständen.

i

Der Lesemodus

Im Lesemodus lassen sich keine Korrekturen vornehmen. Klicken Sie auf **Ansicht ▸ Dokument bearbeiten**. Damit oder einfach mit [Esc] beenden Sie den Lesemodus.

Schritt 10

Wenn Sie einen Touchbildschirm besitzen, können Sie Word auch mit dem Finger bedienen. Damit das gut funktioniert, legen Sie sich zunächst die Schaltfläche **Touch-/ Mausmodus** auf die Symbolleiste für den Schnellzugriff (siehe dazu Seite 41). In ihrem Menü wählen Sie **Fingereingabe**.

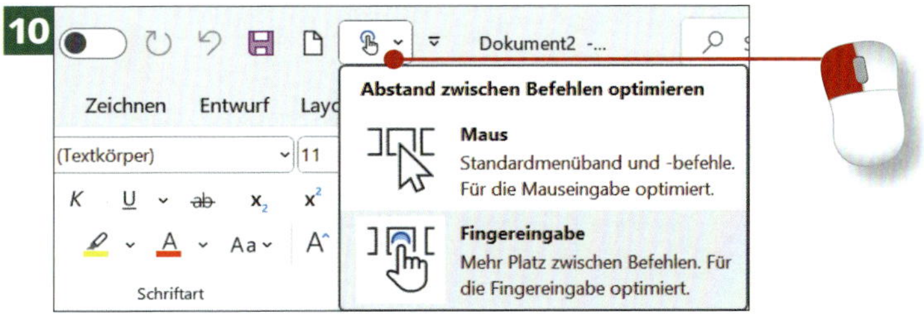

Schritt 11

Mit dieser Einstellung sind die Abstände zwischen den Symbolen auf den Registerkarten größer, sodass sie besser zu »treffen« sind.

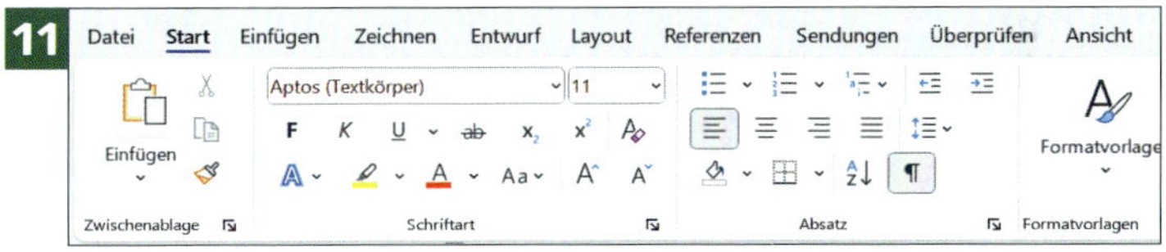

Schritt 12

Wenn Sie häufig Text oder Bilder zwischen Dokumenten hin und her kopieren, können Sie über **Datei ▸ Optionen ▸ Erweitert** ❷ im Bereich **Ausschneiden, Kopieren und Einfügen** dafür Vorlieben festlegen.

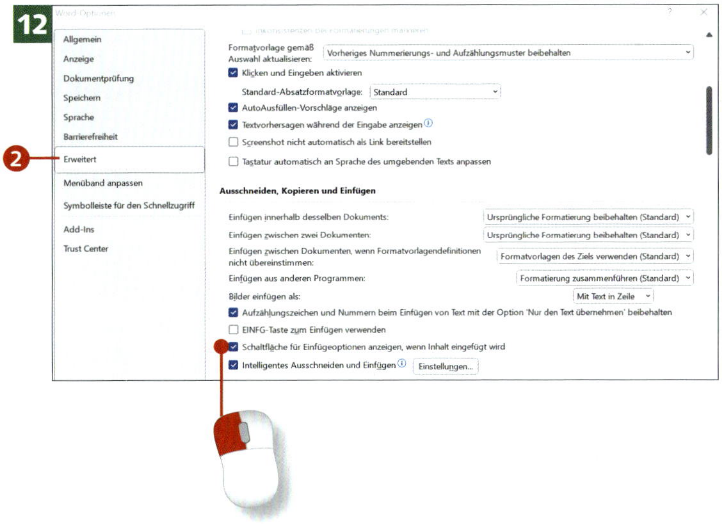

Lassen Sie vorlesen!

Sie können entspannt die Augen schließen und sich ein Dokument vorlesen lassen. Den Befehl **Laut vorlesen** finden Sie im Menü der *Symbolleiste für den Schnellgriff* oder auch in der Ansicht **Plastischer Reader**.

Der Bildschirm im Touchmodus

Mit einem Touchscreen lässt sich Word auch per Fingereingabe bedienen. Während es recht einfach ist, auf Schaltflächen zu tippen, sind manche der anderen Aktionen gewöhnungsbedürftig.

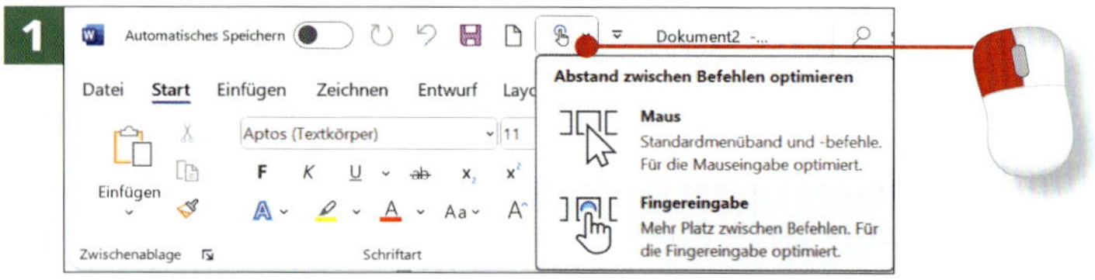

Schritt 1

Für die Fingereingabe gibt es einen speziellen Modus. Klicken Sie auf die Schaltfläche **Touch-/Mausmodus** in der Symbolleiste für den Schnellzugriff (siehe Schritt 10 im vorherigen Abschnitt), und wählen Sie **Fingereingabe**.

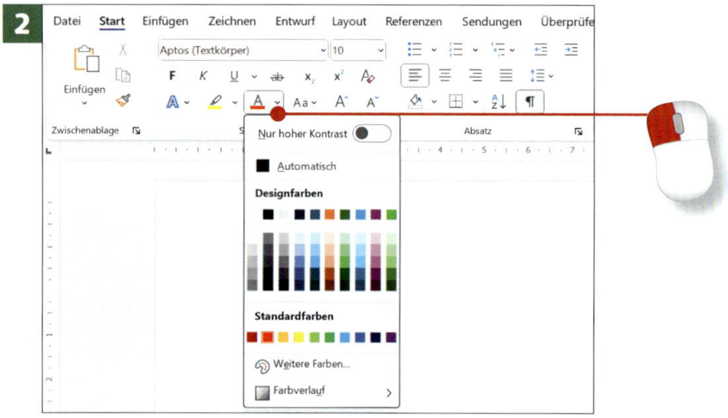

Schritt 2

Die Abstände zwischen den Schaltflächen werden zwecks bequemer Bedienung größer. In den meisten aufgeklappten Menüs bleibt allerdings alles beim Alten.

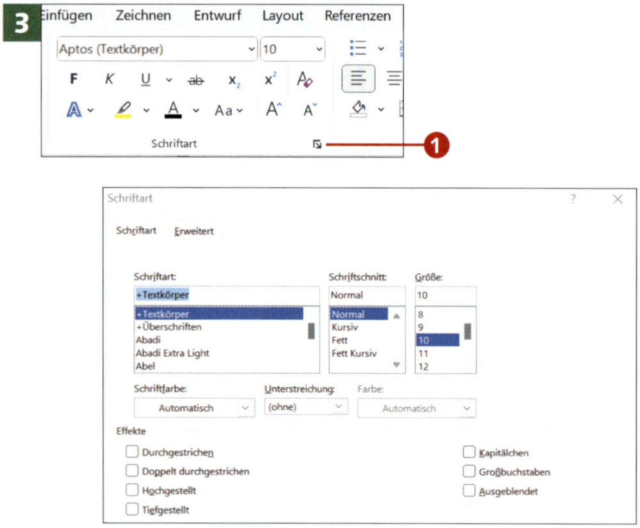

Schritt 3

Über die Pfeile an den Befehlsgruppen **1** öffnen Sie Arbeitsbereiche oder Dialoge wie z. B. den Dialog **Schriftart**. Innerhalb von Dialogen werden die Schaltflächen auch im Fingereingabe-Modus immer in der normalen Größe angezeigt.

Schritt 4

Etwas aufwendig ist das Öffnen des Kontextmenüs per Fingereingabe. Tippen Sie an den Anfang eines Textstückchens, und fahren Sie mit dem Finger über den Text, um ihn zu markieren.

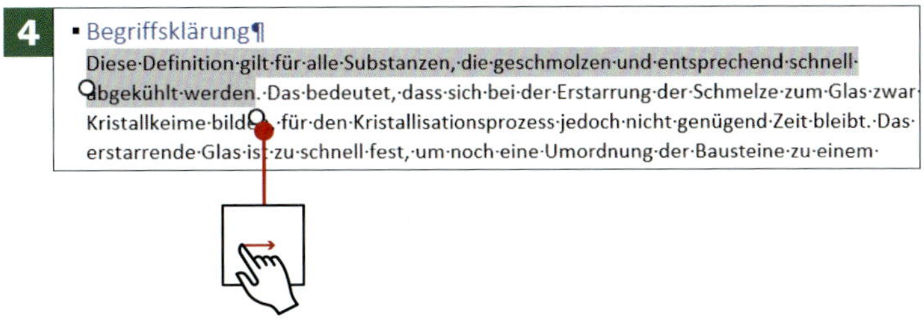

Schritt 5

Tippen Sie dann auf den Markierungskreis am Ende des markierten Textes. Nun erscheint die *Minisymbolleiste* mit einigen gängigen Befehlen.

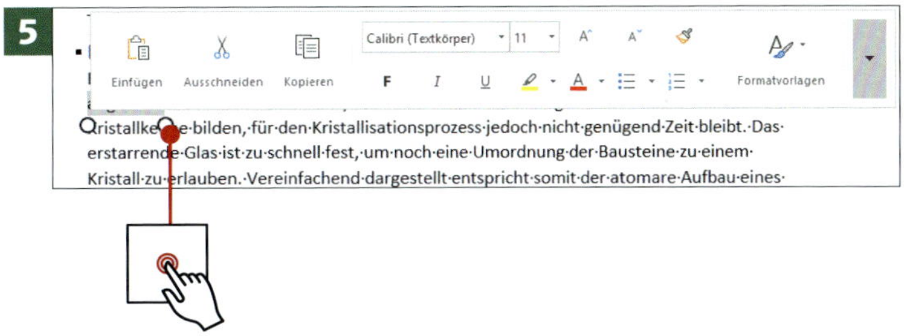

Schritt 6

Die Schaltfläche mit dem Pfeil ganz rechts öffnet das Kontextmenü. Tippen Sie darauf. Sodann wird das Kontextmenü angezeigt, das Sie sonst öffnen, indem Sie den markierten Text mit der rechten Maustaste anklicken.

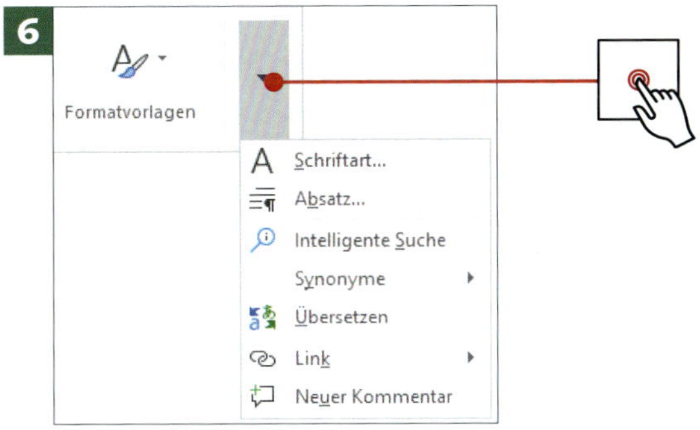

Papierformat und Seitenrand einstellen

Mit der Word-Standardseite können Sie in vielen Fällen ohne Änderungen arbeiten. Sie können sich eine Seite aber auch ganz nach Ihrem Geschmack einrichten.

1

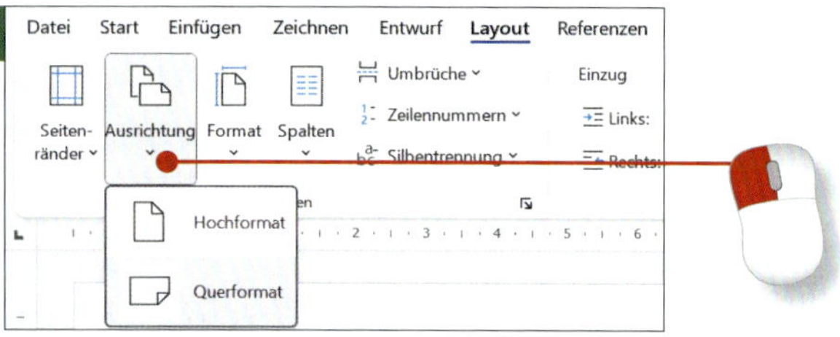

Schritt 1

Im Standard schreiben Sie auf einem Blatt im *Hochformat*. Mitunter passt das *Querformat* jedoch besser. Aktivieren Sie die Registerkarte **Layout**, und klicken Sie auf **Ausrichtung**. Wählen Sie **Querformat**.

2

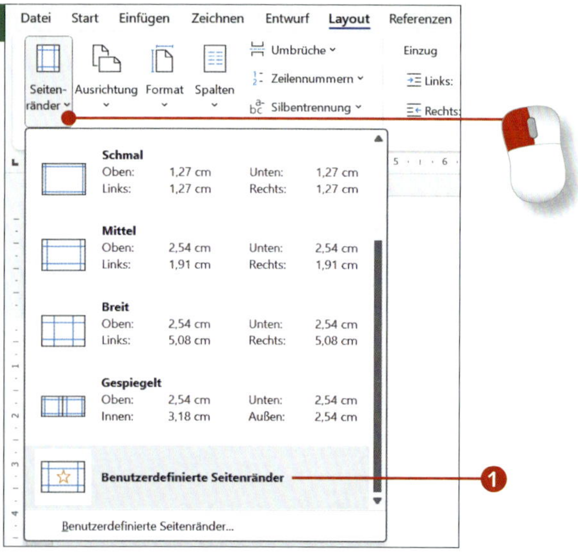

Schritt 2

Sie können die Standardseitenränder verändern. Aktivieren Sie die Registerkarte **Layout**, und klicken Sie auf **Seitenränder**. Im Menü werden Layouts mit unterschiedlichen Seitenrändern angeboten. Klicken Sie das passende Layout an.

3

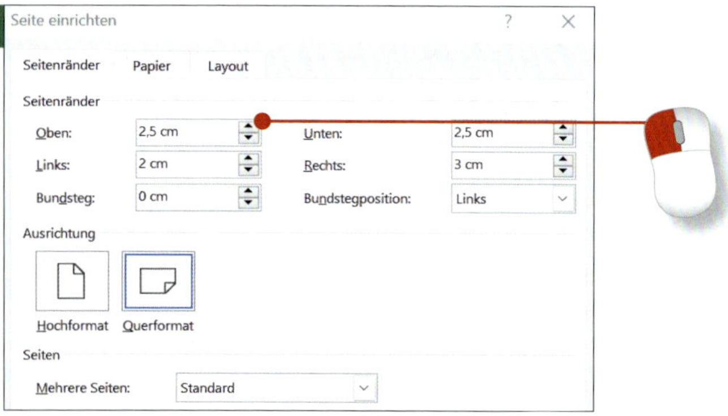

Schritt 3

Um die Breite der Seitenränder individuell festzulegen, wählen Sie die Option **Benutzerdefinierte Seitenränder** ❶. Im Dialog **Seite einrichten** geben Sie dann die passenden Maße in den entsprechenden Feldern ein. Diesen Dialog öffnen Sie auch mit dem Pfeil an der Gruppe **Seite einrichten**.

Schritt 4

In der Standardeinstellung schreiben Sie einspaltig. Um mehrere Spalten einzurichten (wie z. B. bei einer Zeitschrift), klicken Sie auf der Registerkarte **Layout** auf **Spalten** und wählen die Anzahl der Spalten.

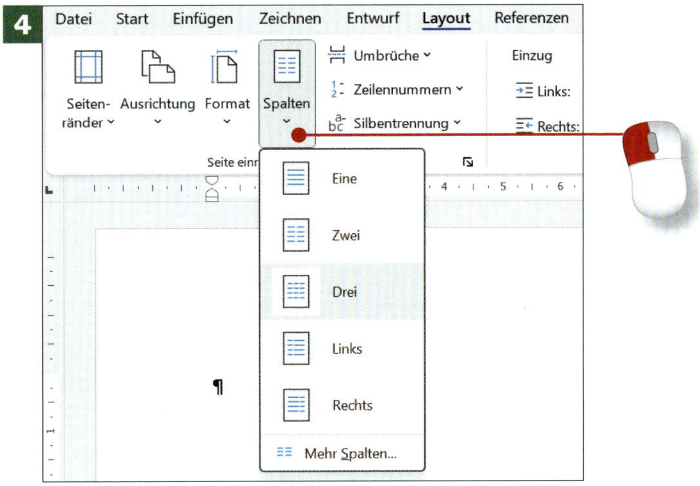

Schritt 5

Sie können die Spalten und Seitenränder im Lineal mit der Maus verändern. Blenden Sie auf der Registerkarte **Ansicht** die Lineale mit einem Klick auf **Lineal** ein.

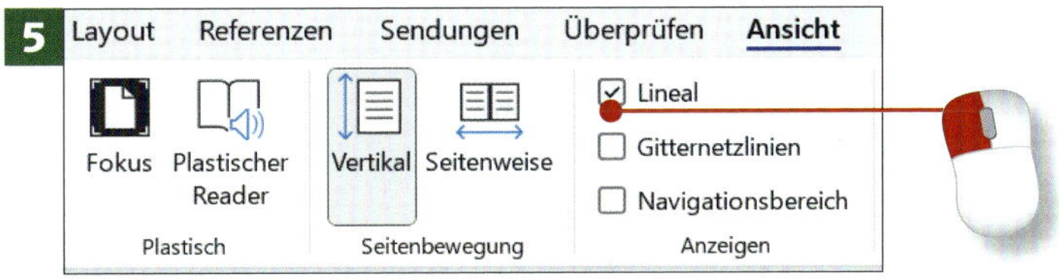

Schritt 6

Wenn Sie den Mauszeiger im vertikalen Lineal auf den grauen Rand setzen, der den oberen Seitenrand andeutet, wird der Zeiger zum Doppelpfeil und Sie können den Rand mit gedrückter Maustaste verschieben.

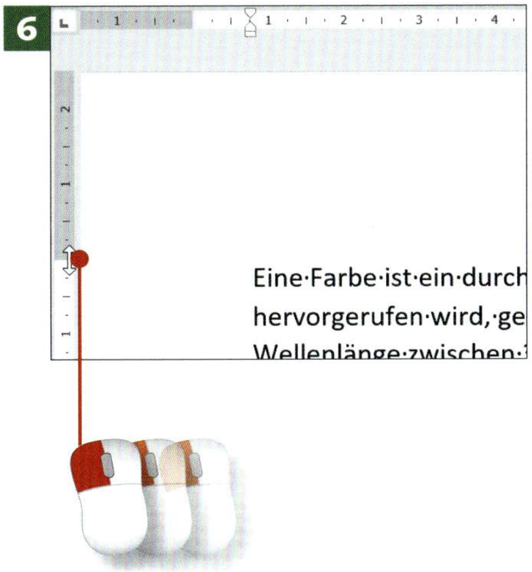

Seite einrichten

Im Dialog **Seite einrichten** können Sie nicht nur die Seitenränder anpassen, sondern auch die Ausrichtung festlegen. Auf der Registerkarte **Papier** legen Sie die Papiergröße für den Ausdruck fest.

Text eingeben

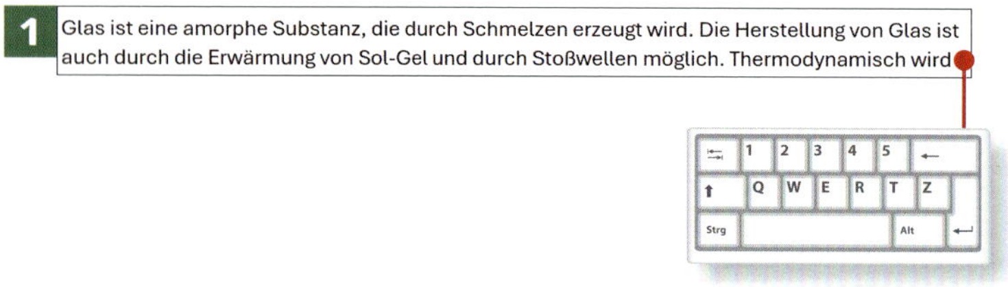

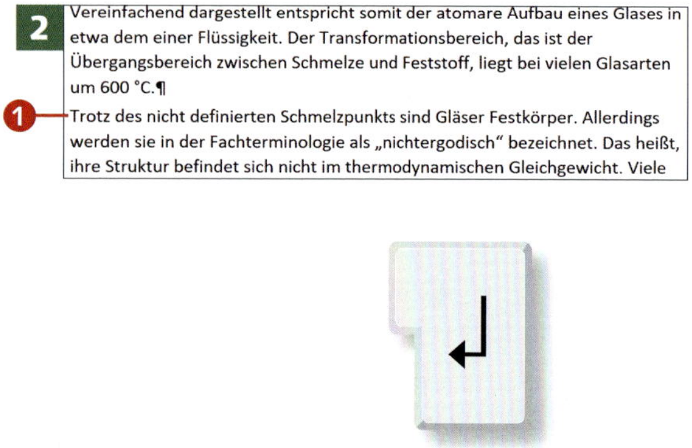

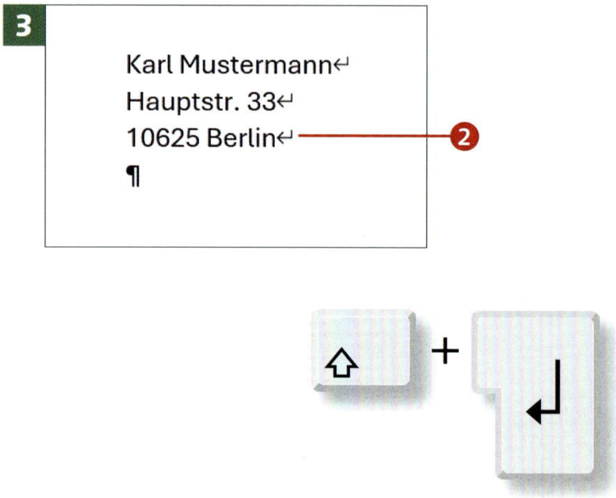

Bei der Arbeit mit Word geht es im Wesentlichen darum, Texte zu schreiben. Sehen Sie, was Word alles zu bieten hat.

Schritt 1

Fangen Sie einfach an zu schreiben – zwar nicht ohne Punkt und Komma, aber ohne am Zeilenende einen *Zeilenumbruch* mit der [↵]-Taste zu erzwingen. Word umbricht die Zeilen am rechten Rand automatisch.

Schritt 2

Nur wenn Sie einen Absatz benötigen, drücken Sie einmal die [↵]-Taste. Wenn Sie nun weiterschreiben, beginnt – mit einem gewissen Abstand – ein neuer Absatz ❶. (Sie werden noch sehen, dass sich manche Formatierungen nur auf Absätze auswirken.)

Schritt 3

Wenn Sie keinen neuen Absatz erzeugen, aber dennoch in einer neuen Zeile weiterschreiben möchten, hilft ein *weicher Zeilenumbruch* ❷. Drücken Sie dazu [⇧]+[↵]. Der Abstand ist in der Standardeinstellung dann nicht so groß wie bei einem Absatz.

Schritt 4

Word kümmert sich auch um den *Seitenumbruch*. Wenn der untere Rand erreicht ist, also am Ende einer Seite, wandert der Cursor auf die nächste Seite. In der Statuszeile steht jetzt **Seite 2 von 2** ❸.

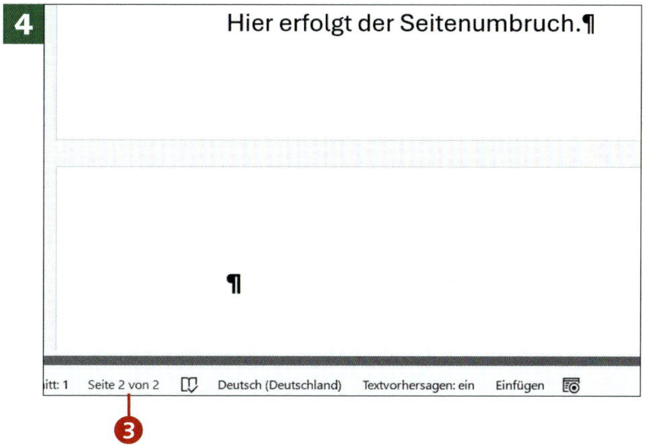

Schritt 5

Wenn Sie an einer bestimmten Stelle auf der nächsten Seite weiterschreiben möchten, können Sie einen Seitenumbruch »erzwingen«: Drücken Sie dazu [Strg]+[↵]. Der Seitenumbruch wird (in der Ansicht **Drucklayout** und mit angezeigten Formatierungszeichen) als gestrichelte Linie dargestellt.

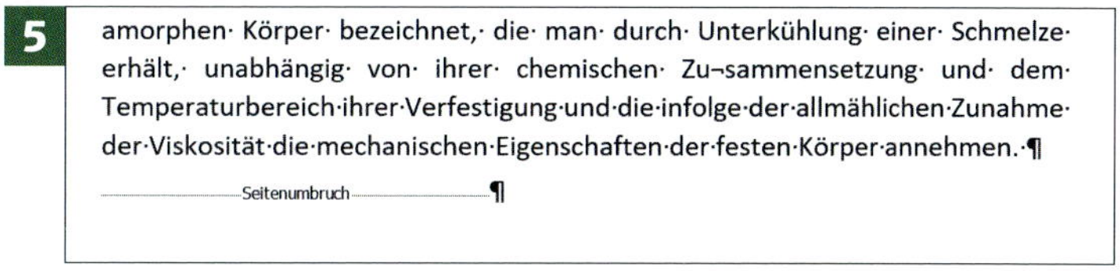

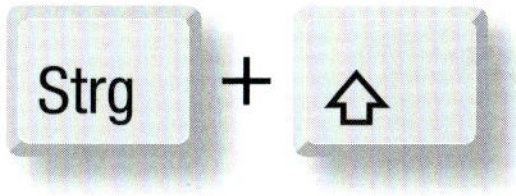

Schritt 6

Sie können verhindern, dass der Zeilenumbruch z. B. zwischen einer Zahl und einer Maßeinheit erfolgt. Fügen Sie ein *geschütztes Leerzeichen* ein: [Strg]+[⇧]+ Leertaste. Es wird als hochgestellter Kreis angezeigt ❹.

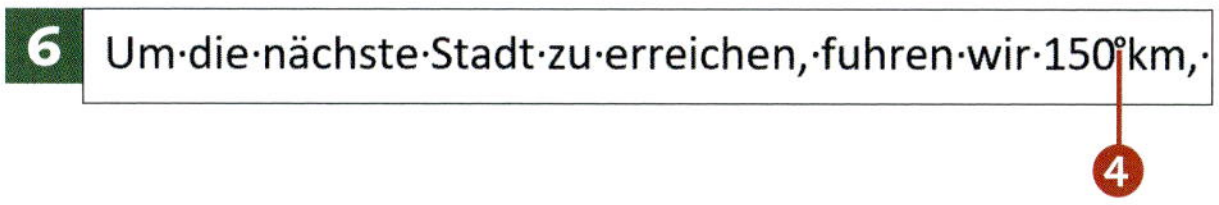

Das geschützte Leerzeichen

Sie sollten das geschützte Leerzeichen immer verwenden, wenn Zeichen nicht getrennt werden sollen (z. B. 10 € oder 10 km), selbst wenn die Angabe aktuell (noch) mitten in der Zeile steht.

Im Text bewegen – mit der Maus oder den Fingern

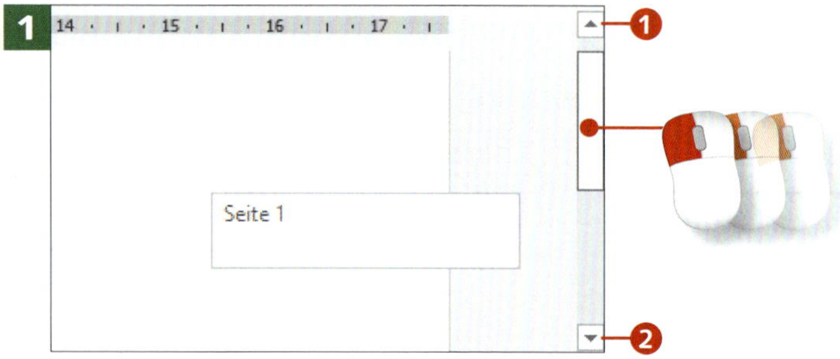

Wenn Sie in einem längeren Text zu einem bestimmten Abschnitt wandern wollen, wäre es lästig, den Text »durchscrollen« zu müssen. Es gibt elegantere Methoden der Navigation.

Schritt 1

Durch kürzere Texte bewegen Sie sich einfach, indem Sie nach unten oder oben *scrollen*. Sie können dazu auch die Bildlaufleiste benutzen: Klicken Sie auf die Pfeile oben ❶ oder unten ❷, oder ziehen Sie mit gedrückter Maustaste am *Scrollbalken*.

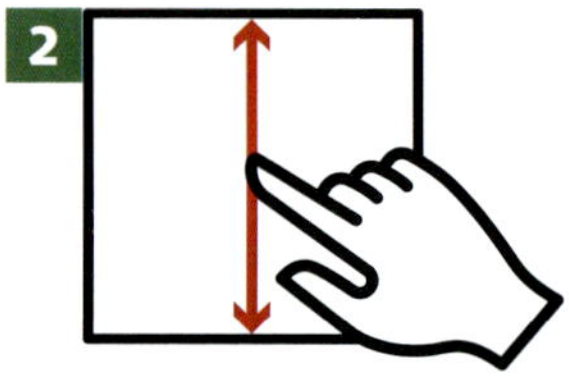

Schritt 2

Bei Verwendung eines Touchscreens ist die Navigation durch Dokumente ein Kinderspiel. Sie berühren den Bildschirm und streifen einfach nach oben oder unten.

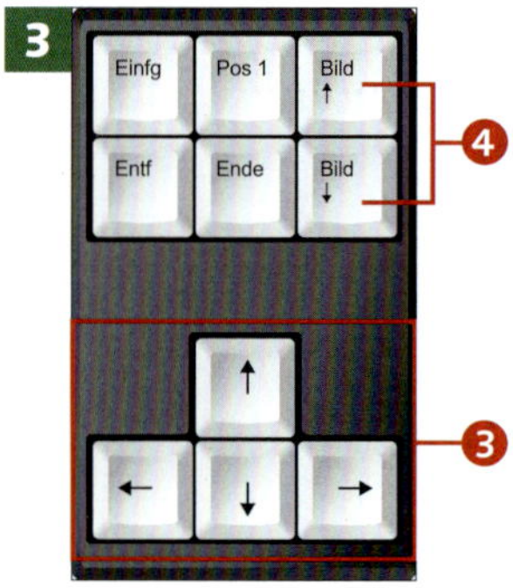

Schritt 3

Um sich durch den Text zu bewegen, können Sie auch die Pfeiltasten ❸ nutzen. Mit den Tasten [Bild ↑] und [Bild ↓] ❹ springen Sie eine Seite nach oben oder unten.

Zu Überschriften springen
Wenn Sie Überschriften mit Formatvorlagen formatieren (siehe dazu den Abschnitt »Mit Formatvorlagen arbeiten« auf Seite 96), können Sie im *Navigationsbereich* per Klick auf eine Überschrift genau an diese Stelle springen.

Schritt 4

Um an das Ende einer Zeile zu springen, drücken Sie Ende ❺. An den Anfang einer Zeile gelangen Sie, indem Sie die Pos1-Taste ❻ drücken.

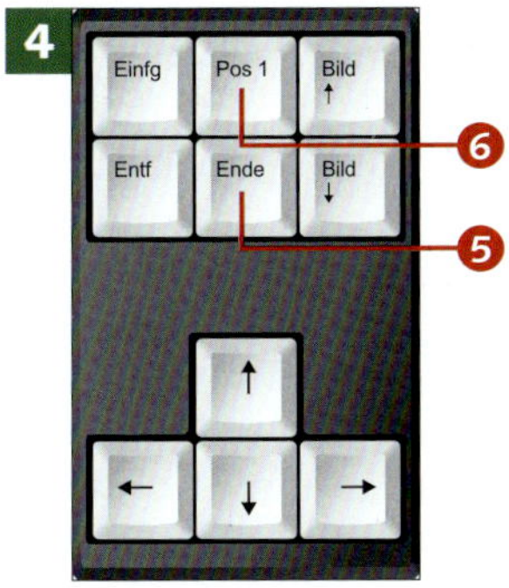

Schritt 5

Sie können auch zum Ende eines Dokuments springen. Halten Sie dazu die Strg-Taste gedrückt, und drücken Sie dann die Ende-Taste ❼. Mit der Tastenkombination Strg+Pos1 ❽ setzen Sie den Cursor an den Anfang des Textes.

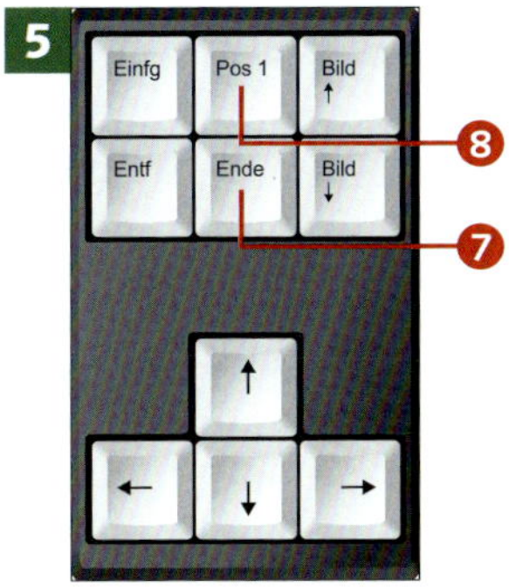

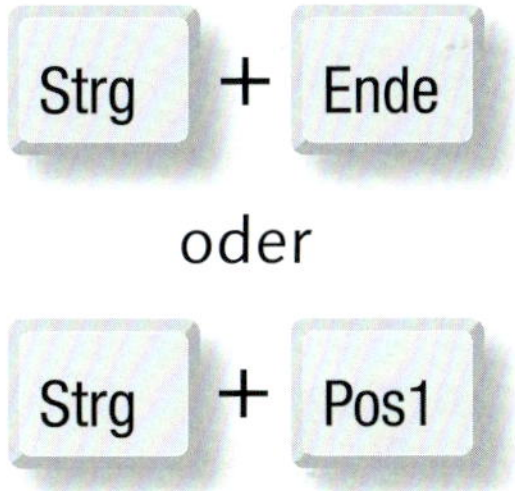

Schritt 6

Praktisch in sehr langen Dokumenten: Klicken Sie rechts auf der Registerkarte **Start** auf die Schaltfläche **Suchen** und im Menü auf **Gehe zu**. Dies öffnet den Dialog **Suchen und Ersetzen** mit der Registerkarte **Gehe zu**. Über diesen Dialog können Sie zu bestimmten Elementen springen, z. B. zu einer Seitenzahl ❾.

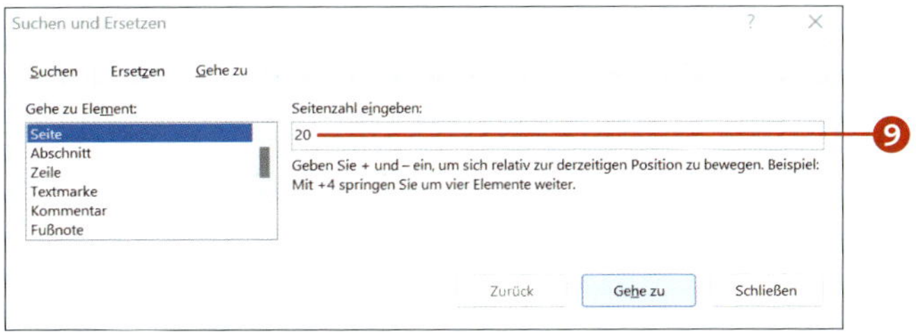

Zu Seiten springen

Ist im *Navigationsbereich* die Rubrik **Seiten** aktiviert, erscheinen die einzelnen Seiten des Dokuments als Miniaturvorschauen. Mit einem Klick oder durch Antippen steuern Sie die Seite an.

Textpassagen markieren

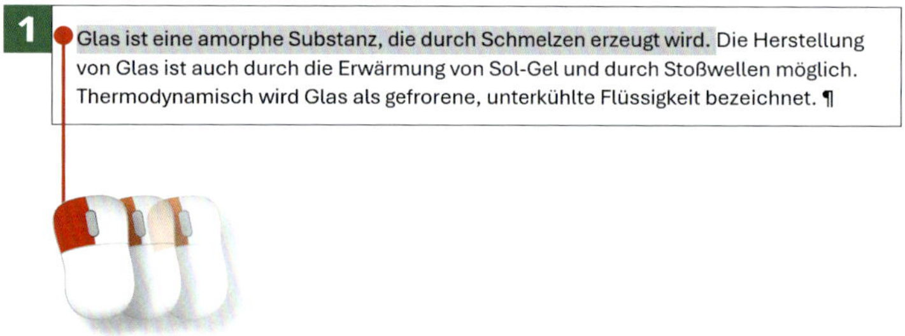

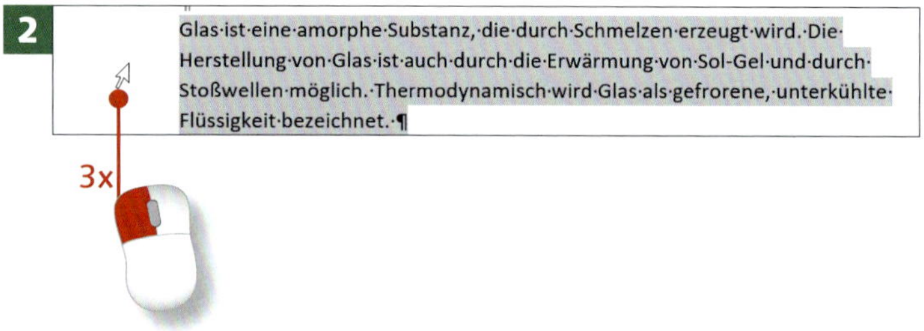

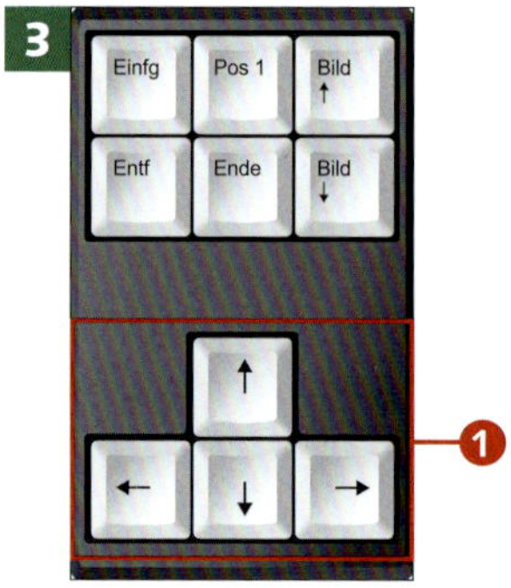

Bei vielen Aktionen müssen Sie den Text zunächst markieren, damit Word »weiß«, welche Passage Sie bearbeiten möchten.

Schritt 1

Die gängigste Methode, Text zu markieren, besteht darin, einfach mit gedrückter Maustaste über den Text zu fahren und die Maustaste dann loszulassen. Beginnen Sie die Markierung am Anfang der Textpassage (oder am Ende).

Schritt 2

Neben dieser einfachen Methode gibt es viele Tricks, um Textpassagen zu markieren: Ein Doppelklick auf ein Wort markiert es, ein Doppelklick links neben einem Absatz markiert den Absatz. Wenn Sie dreimal am linken Rand klicken, wird das gesamte Dokument markiert.

Schritt 3

Auch mit der Tastatur können Sie markieren. Halten Sie [⇧] gedrückt, und drücken Sie dann, abhängig von der Richtung, in die Sie markieren möchten, eine Pfeiltaste ❶.

Das gesamte Dokument markieren

Mit der Tastenkombination [Strg]+[A] markieren Sie das gesamte Dokument.

Schritt 4

Sie können zum Markieren auch Befehle einsetzen. Klicken Sie dazu auf der Registerkarte **Start** auf **Markieren** oder – je nach Größe des Monitors – auf **Bearbeiten ▸ Markieren**. Im Menü wählen Sie z. B. **Alles markieren**. Die Tastenkombination Strg + A bewirkt das Gleiche.

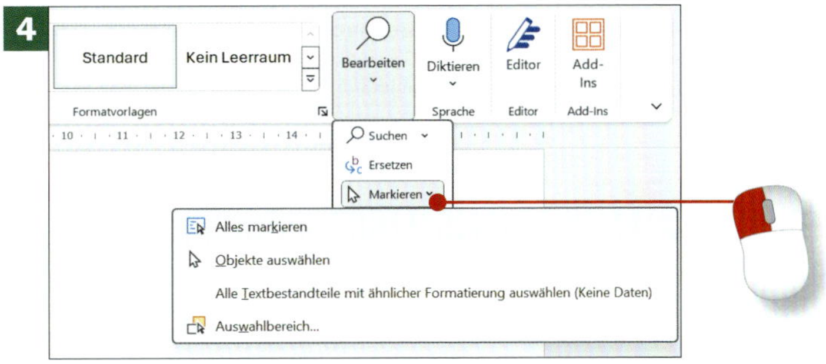

Schritt 5

Arbeiten Sie mit einem Touchscreen, berühren Sie die Stelle, an der die Markierung beginnen soll. Dort erscheint ein Kringel ❷. Ziehen Sie diesen Kringel bis zum Ende der Textpassage, die markiert werden soll. Dort erscheint ein weiterer Kringel.

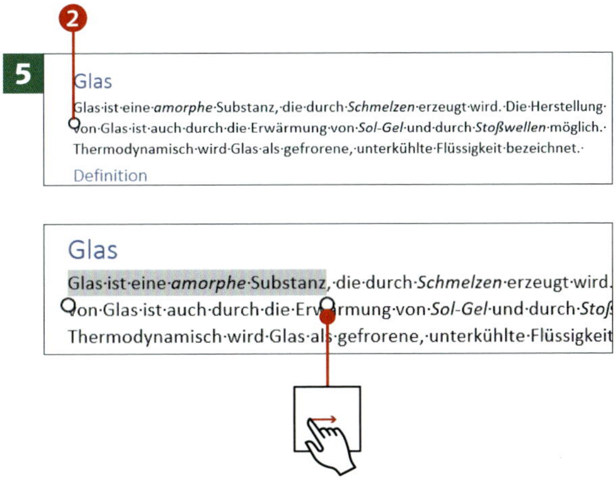

Schritt 6

Nachdem Sie den Text markiert haben, berühren Sie die Markierung mit dem Finger. Daraufhin wird die *Minisymbolleiste* mit den gängigen Symbolen zum Formatieren und Bearbeiten von Text eingeblendet.

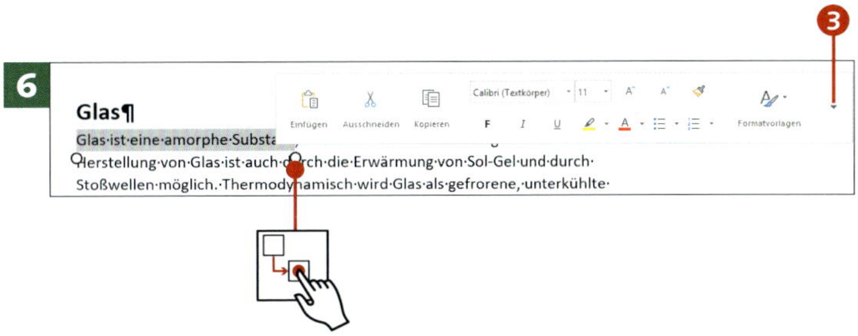

Das Kontextmenü aufrufen

Wenn Sie auf den Pfeil ❸ an der Minisymbolleiste tippen, wird das Kontextmenü aufgerufen.

Text löschen, ändern und ergänzen

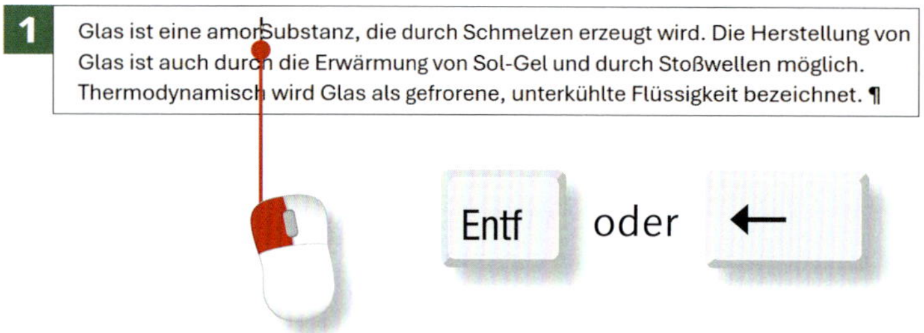

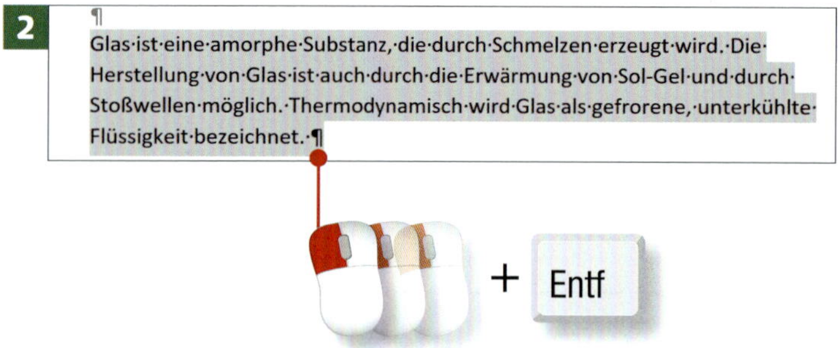

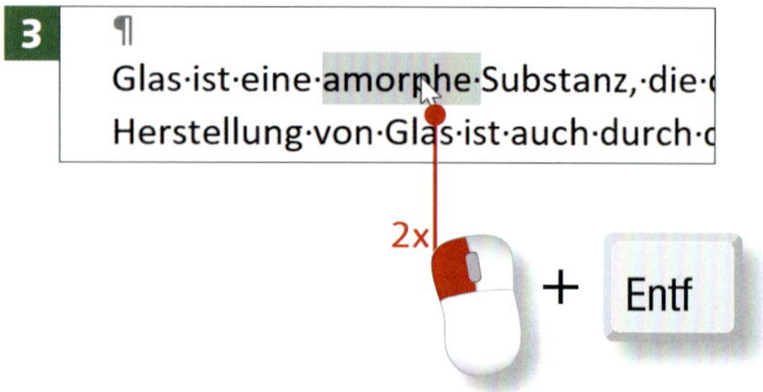

Dass zerknülltes Papier im Papierkorb landet, weil ein Stück Text vergessen wurde, kennt man nur noch aus Erzählungen. Ändern und korrigieren Sie nach Lust und Laune.

Schritt 1

Um Text zu löschen, setzen Sie den Cursor an die entsprechende Stelle und drücken entweder die Taste Entf (zum Löschen der Zeichen rechts vom Cursor) oder die Taste ← (zum Löschen der Zeichen links von ihm).

Schritt 2

Zum Löschen längerer Textpassagen ist es sinnvoll, den Text zuvor zu markieren. Achten Sie darauf, dass Sie vor dieser Aktion den Cursor an den Anfang des Textes (oder an das Ende, aber nicht mittig) setzen. Dann drücken Sie die Entf-Taste.

Schritt 3

Wenn Ihnen genau ein Wort ein Dorn im Auge ist und Sie es löschen möchten, können Sie dieses Wort per Doppelklick markieren und dann zum Löschen die Entf-Taste drücken.

Schritt 4

Haben Sie Zeichen vergessen, tippen Sie sie einfach nachträglich ein. Sie werden eingefügt, der alte Text rutscht weiter nach rechts.

4

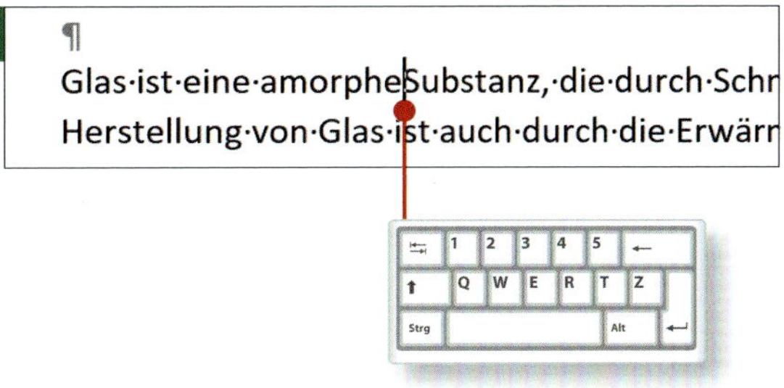

Schritt 5

Im *Überschreibmodus* wird der ursprüngliche Text überschrieben. Um ihn zu aktivieren, klicken Sie die Statusleiste mit rechts an und wählen im Menü **Überschreiben**. Damit befördern Sie die Schaltfläche **Einfügen** ❶ bzw. **Überschreiben** auf die Statusleiste. Per Mausklick schalten Sie zwischen den beiden Modi (also zwischen **Einfügen** und **Überschreiben**) hin und her.

5

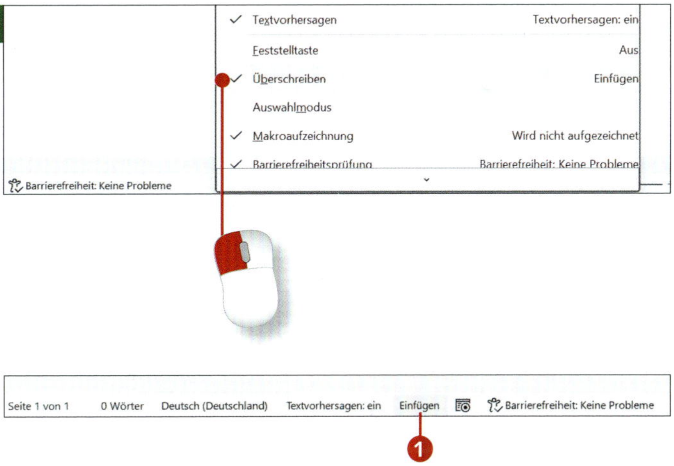

Schritt 6

Wenn Sie im Überschreibmodus innerhalb eines Textes neuen Text eingeben, werden die nächsten Zeichen »aufgefressen«. Praktisch ist dieser Überschreibmodus z. B. bei Vordrucken oder Formularen. Denken Sie daran, ihn gegebenenfalls wieder zu deaktivieren.

6

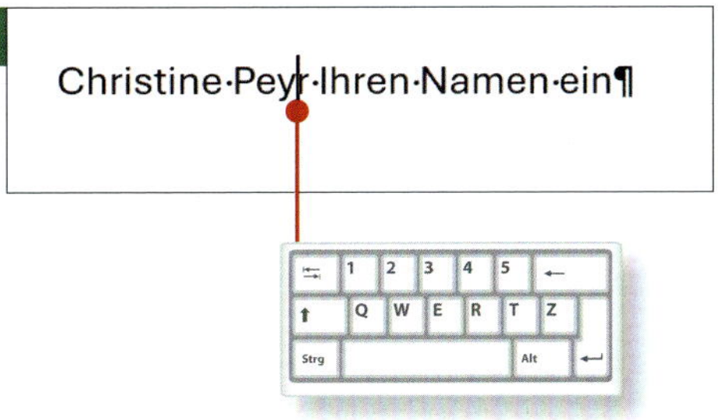

Text ausschneiden, kopieren und einfügen

1

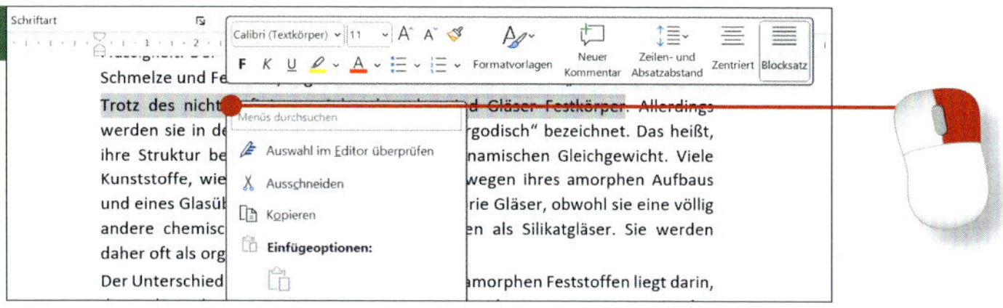

2

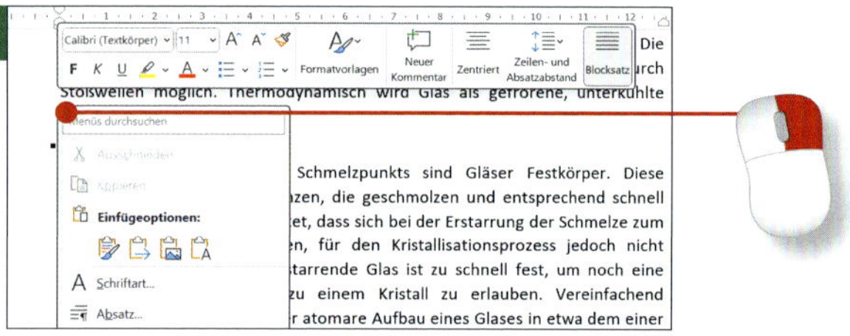

3

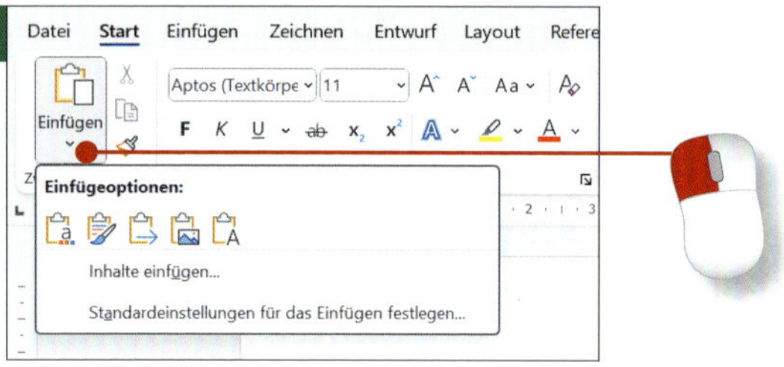

Einfügen, sooft Sie möchten

Sie können den ausgeschnittenen Text nicht nur einmal, sondern mehrmals einfügen. Es geht so lange, bis Sie einen anderen Text oder ein anderes Objekt (Ordner, Bild etc.) ausgeschnitten oder kopiert haben.

Textpassagen lassen sich ganz einfach an eine andere Position verschieben – Sie müssen nichts neu tippen!

Schritt 1

Markieren Sie die Textpassage, die Sie verschieben wollen. Dann klicken Sie auf der Registerkarte **Start** auf **Ausschneiden**. Sie können auch per Rechtsklick das Kontextmenü aufrufen und **Ausschneiden** wählen.

Schritt 2

Setzen Sie den Cursor an den »Zielort«, und klicken Sie auf der Registerkarte **Start** auf das Symbol **Einfügen**, oder wählen Sie im Kontextmenü eine der **Einfügeoptionen** (siehe dazu den Kasten auf Seite 57). Der Text wird an der ursprünglichen Stelle gelöscht und an der Cursorposition eingefügt.

Schritt 3

Wenn Sie die Formatierung des Textes bestimmen möchten, klicken Sie auf den Pfeil an der Schaltfläche **Einfügen**. Es werden (wie schon im Kontextmenü) mehrere Optionen angeboten. (Sie erhalten kurze Infos, wenn Sie mit der Maus auf die Symbole zeigen.) Klicken Sie auf eine.

Schritt 4

Direkt nach dem Einfügen erscheint ein kleines Symbol am eingefügten Text. Klicken Sie es an, erhalten Sie erneut ein Menü, mit dem Sie die Formatierung ändern können.

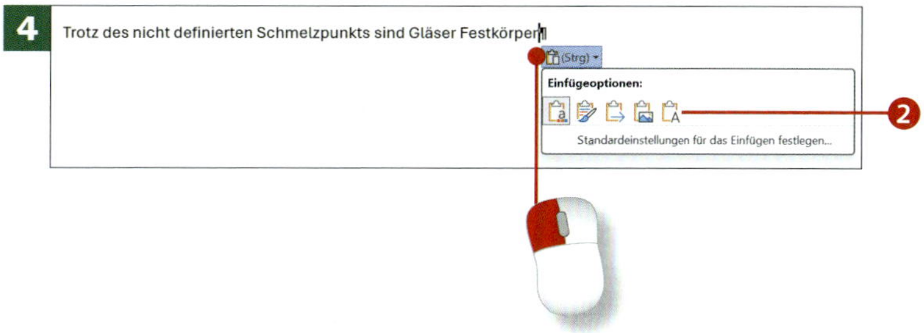

Schritt 5

Statt einen Text auszuschneiden, können Sie ihn auch kopieren und einfügen. Dann bleibt der kopierte Text an der ursprünglichen Stelle erhalten. Markieren Sie die Textpassage, und klicken Sie auf der Registerkarte **Start** oder nach einem rechten Mausklick im Kontextmenü auf **Kopieren**.

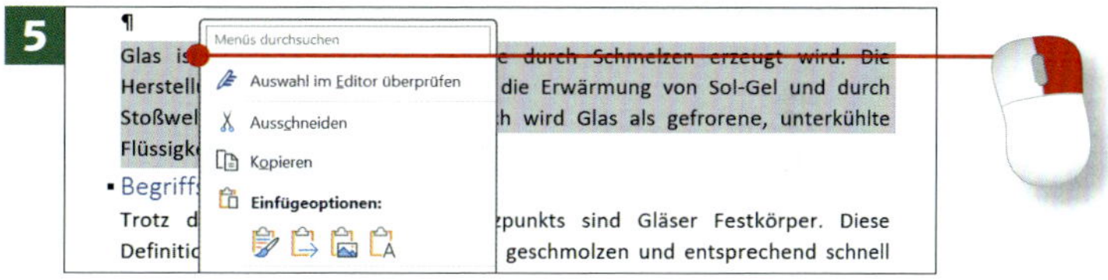

Schritt 6

Diese Aktionen lassen sich auch mit der Tastatur erledigen. Sie markieren den Text, drücken Strg+X (zum Ausschneiden) oder Strg+C (zum Kopieren), wandern zu der Stelle, an der der Text eingefügt werden soll, und drücken Strg+V. Der Text wird mit der ursprünglichen Formatierung eingefügt ❶.

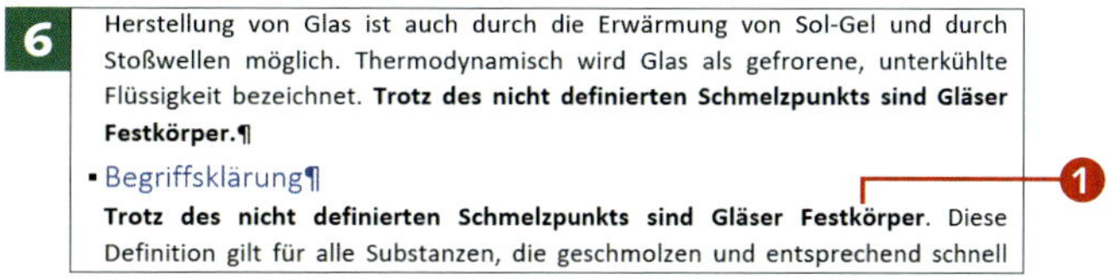

Einfügeoptionen

Es gibt verschiedene Einfügeoptionen (❷ in Bild 4). Wenn Sie den Mauszeiger auf sie halten, sehen Sie, was sie bewirken. Außerdem finden Sie im Menü des Symbols **Einfügen** die Option **Inhalte einfügen**. Wenn Sie im gleichnamigen Dialog **Verknüpfung** anhaken, werden Veränderungen am markierten Text an den eingefügten Text weitergegeben (die Textabschnitte sind miteinander verknüpft).

Verschieben und kopieren mit Drag & Drop

Bei der Methode Drag & Drop erledigen Sie das Ausschneiden/Kopieren/Einfügen einfach mit der Maus.

1

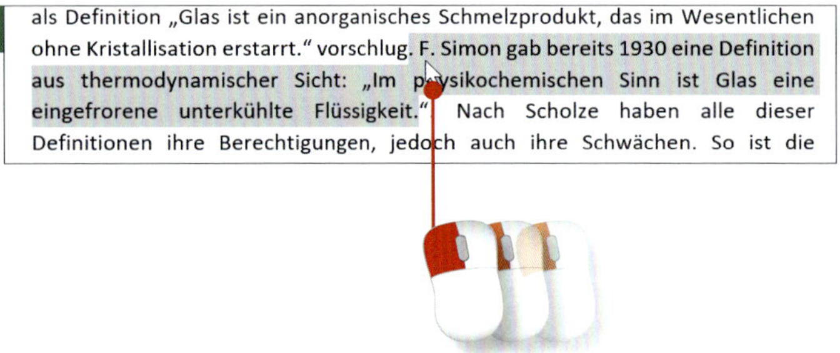

Schritt 1

Zuerst markieren Sie die Textpassage, die Sie ausschneiden möchten. Dann führen Sie den Mauszeiger an den markierten Bereich, drücken die Maustaste und halten sie gedrückt.

2

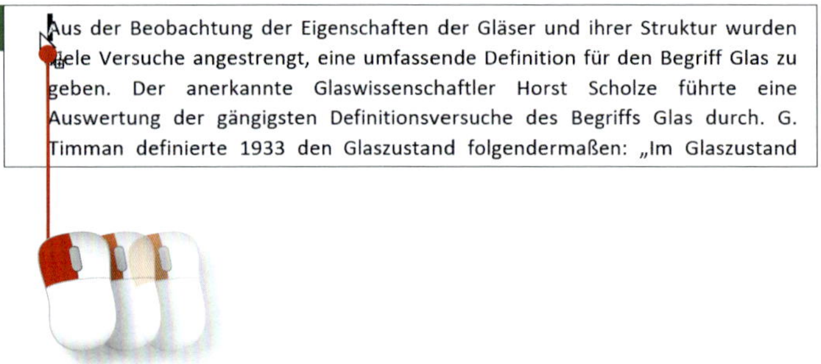

Schritt 2

Ziehen Sie den markierten Text zu der gewünschten Stelle im Dokument (englisch »to drag«). Ein kleiner vertikaler Strich zeigt, wo der Text eingefügt wird, wenn Sie die Maustaste loslassen – also den Text »fallen lassen« (englisch »to drop«).

3

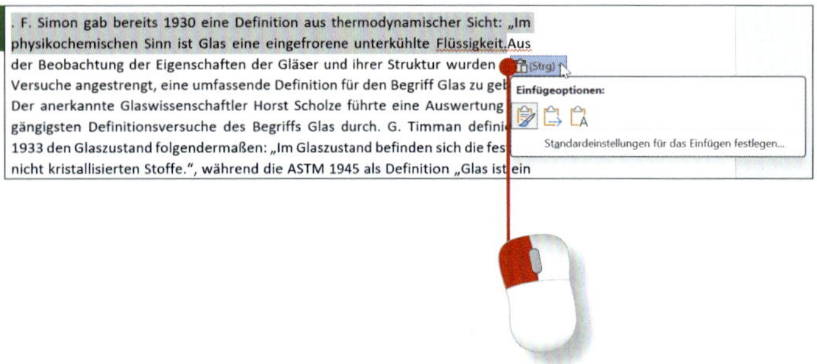

Schritt 3

Nachdem Sie den Text verschoben haben, erscheint ein kleines Symbol, über das Sie die Formatierung der Textpassage beeinflussen können. Klicken Sie auf den kleinen Pfeil, um das Menü zu öffnen.

Vorsicht bei Drag & Drop!

Für ungeübte Mausbenutzer ist die Drag-and-Drop-Methode nicht unbedingt zu empfehlen, da ein versehentliches Loslassen oft zu ungewollten Ergebnissen führt. Dann hilft nur ein schneller Klick auf **Rückgängig**.

Schritt 4

Sie entdecken in diesem Menü auch den Punkt **Standardeinstellungen für das Einfügen festlegen**. Ein Klick darauf führt zu den **Word-Optionen ▸ Erweitert**.

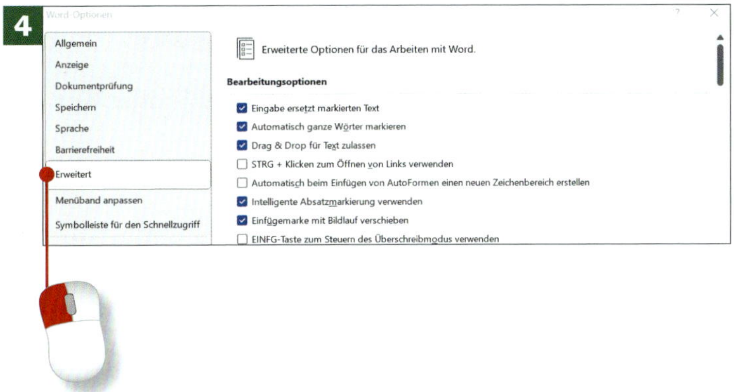

Schritt 5

Im Bereich **Ausschneiden, Kopieren und Einfügen** können Sie sehr differenziert festlegen, wie ausgeschnittene oder kopierte Passagen standardmäßig eingefügt werden sollen. Klicken Sie dazu jeweils auf den Pfeil, um die Optionen zu öffnen.

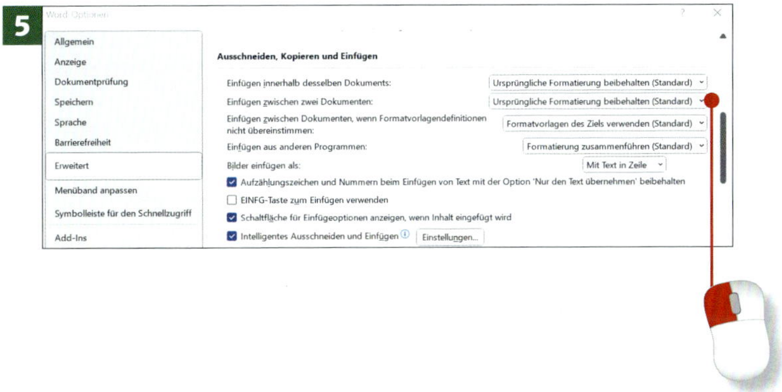

Schritt 6

Sie finden in diesem Bereich auch die Einstellung für das Einfügen von Bildern. Standardmäßig wird ein Bild als **Mit Text in Zeile** eingefügt, sodass es wie Text ausgerichtet (z. B. zentriert), aber nicht frei verschoben werden kann. Mit jeder anderen Einfügeart geht das.

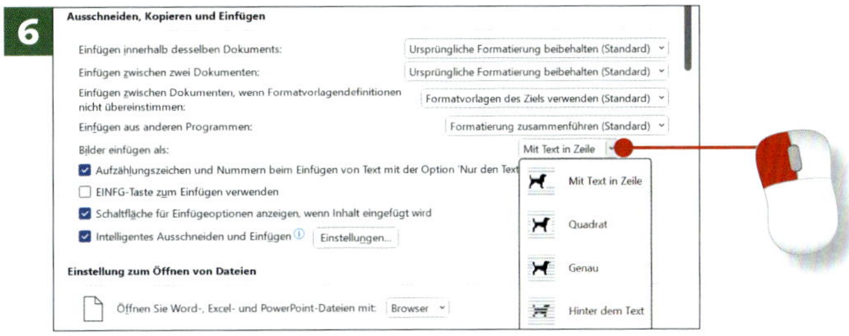

Text von Hand korrigieren

Tipp-Ex zum Korrigieren kennt heute selbst die ältere Generation kaum noch. Fehler und Buchstabendreher sind in Word leicht zu korrigieren.

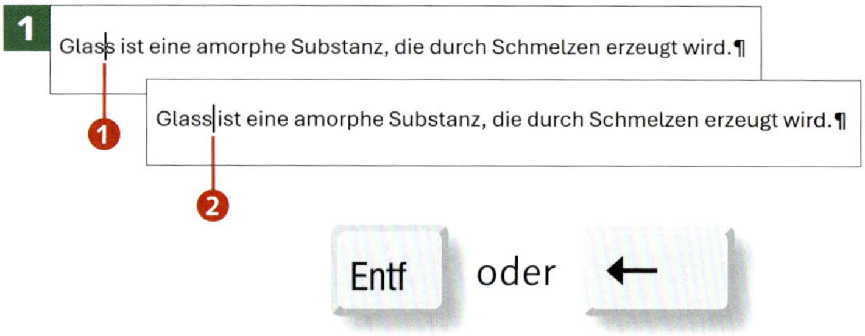

Schritt 1

Sie löschen Zeichen einfach mit Entf oder ←. Achten Sie darauf, wo der Cursor steht! Wenn Sie Entf drücken, wird das Zeichen rechts vom Cursor gelöscht ❶, während ← das Zeichen links vom Cursor tilgt ❷.

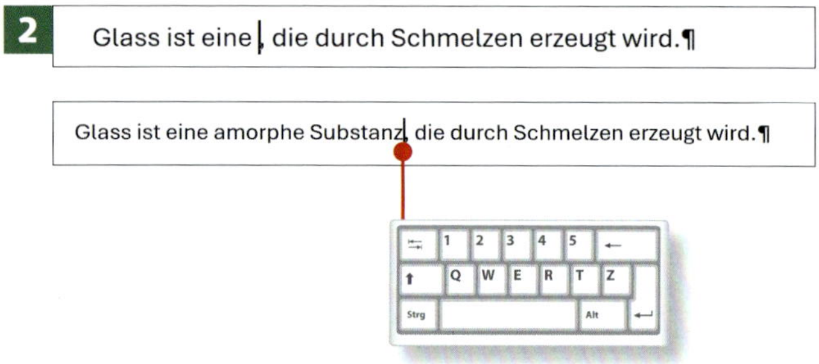

Schritt 2

Wenn Sie ein oder mehrere Zeichen vergessen haben, platzieren Sie den Cursor im Text und tippen das fehlende Zeichen ein. Der vorhandene Text rutscht – im normalen Einfügemodus – nach rechts und schafft Platz für die Zeichen, die Sie einfügen.

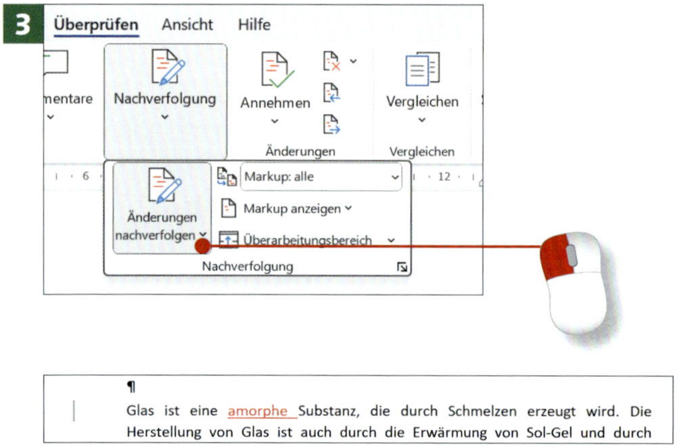

Schritt 3

Sie können Korrekturen auch sichtbar machen. Auf der Registerkarte **Überprüfen** klicken Sie auf **Nachverfolgung ▸ Änderungen nachverfolgen**. Sie sehen gelöschte Zeichen durchgestrichen und eingefügten Text farblich hervorgehoben.

Im Änderungsmodus arbeiten

Der Modus **Änderungen nachverfolgen** ist dann sinnvoll, wenn Dritte Ihr Dokument bearbeiten und Sie deren Korrekturen sehen möchten. Sie können die Änderungen annehmen oder ablehnen.

Schritt 4

Es kommt vor, dass Sie Ihren Text nachträglich durch Absätze strukturieren möchten. Dann setzen Sie den Cursor an die Stelle, an der ein neuer Absatz beginnen soll ❸, und drücken die [↵]-Taste.

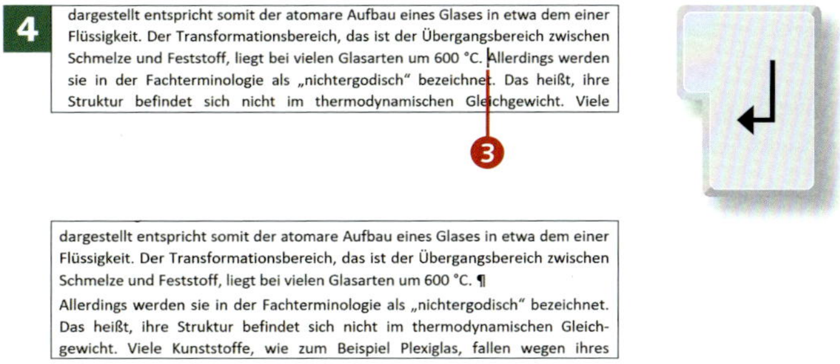

Schritt 5

Ebenso einfach lassen sich Absatzschaltungen auch wieder entfernen. Setzen Sie den Cursor vor die Absatzmarke ❹ (sie ist nur zu sehen, wenn die Formatierungszeichen angezeigt werden, siehe Schritt 6), und drücken Sie die [Entf]-Taste.

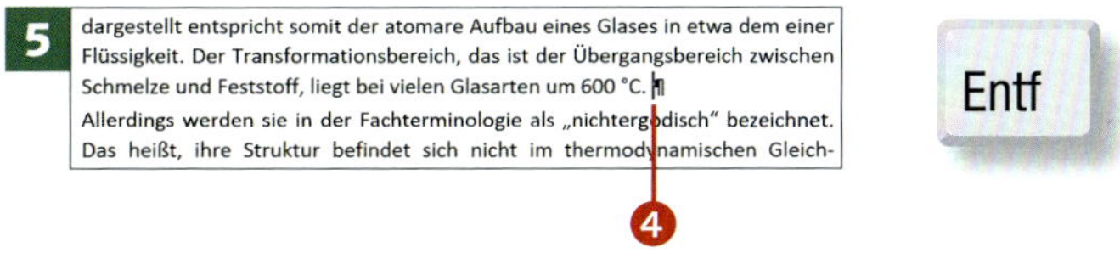

Schritt 6

Die Anzeige dieser Zeichen (per Klick auf das Symbol **Alle anzeigen** auf der Registerkarte **Start**) ist auch für andere Korrekturen wichtig. Mithilfe dieser Zeichen können Sie beispielsweise erkennen, ob Sie zwei Leerzeichen hintereinander getippt haben, da diese durch Punkte angezeigt werden ❺.

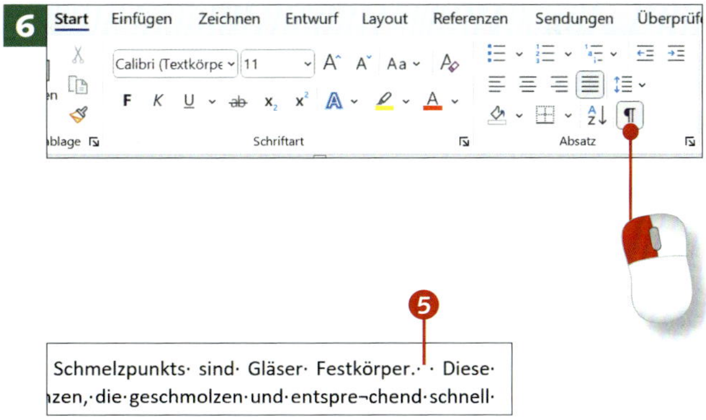

Die Rechtschreibprüfung einsetzen

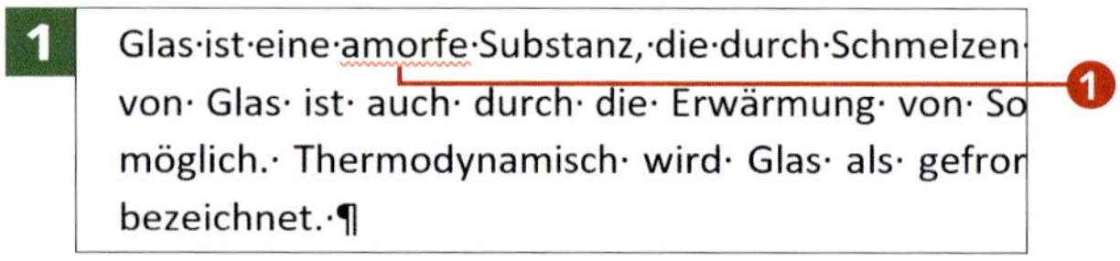

Ihre Schulzeit liegt schon etwas zurück und Sie fragen sich, wie man dieses oder jenes Wort schreibt? Die Rechtschreibprüfung von Word hilft Ihnen.

Schritt 1

Word weist Sie mithilfe von roten Wellenlinien ❶ mitten im Text auf Rechtschreibfehler hin. Mitunter ist auch einfach ein überflüssiges oder fehlendes Leerzeichen der Grund für die Wellenlinie.

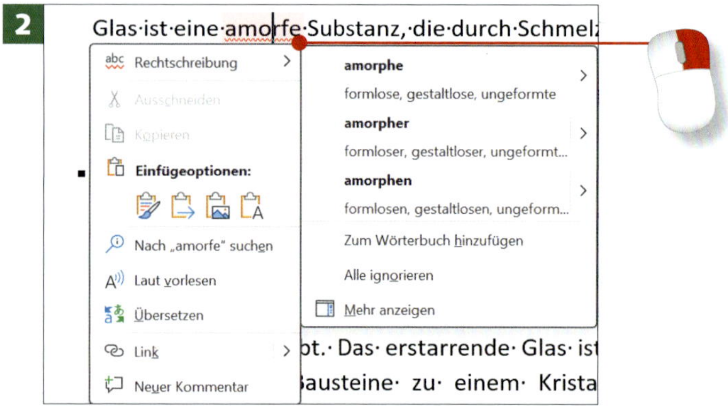

Schritt 2

Um ein rot unterstrichenes Wort zu korrigieren, können Sie die Rechtschreibprüfung nutzen. Klicken Sie das unterstrichene Wort mit der rechten Maustaste an, um das Kontextmenü zu öffnen, und übernehmen Sie den Korrekturvorschlag, wenn er passt.

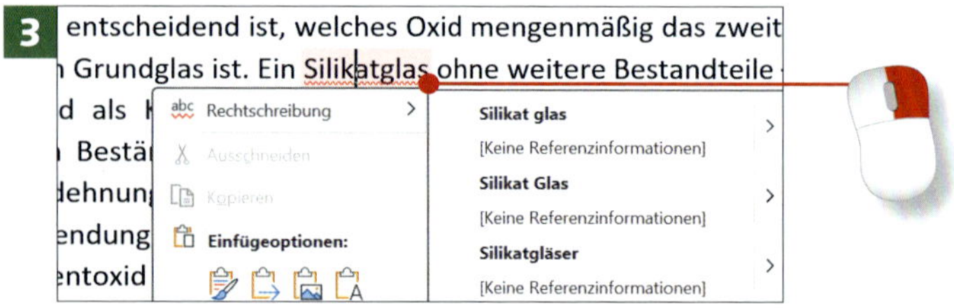

Schritt 3

Nicht immer liegt Word mit seinem Korrekturvorschlag richtig. Übernehmen Sie den Vorschlag im Kontextmenü also nicht blindlings.

Schritt 4

Falls ein Wort trotz richtiger Schreibweise rot unterstrichen wurde (z. B. ein Eigenname), rufen Sie per Rechtsklick das Kontextmenü auf und wählen hier **Alle ignorieren**. Die Wellenlinie unter dem Wort verschwindet.

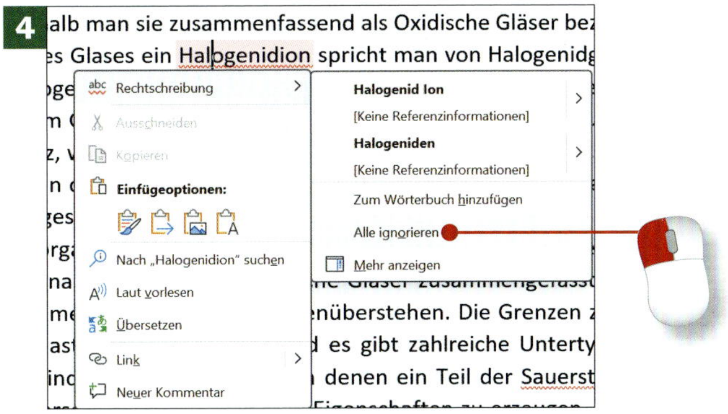

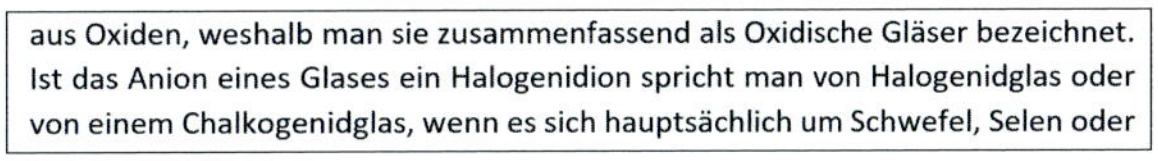
aus Oxiden, weshalb man sie zusammenfassend als Oxidische Gläser bezeichnet. Ist das Anion eines Glases ein Halogenidion spricht man von Halogenidglas oder von einem Chalkogenidglas, wenn es sich hauptsächlich um Schwefel, Selen oder

Schritt 5

Wenn Sie einen Begriff häufig benutzen, den das interne Wörterbuch nicht kennt, sollten Sie diesen Begriff in das Wörterbuch aufnehmen. Klicken Sie ihn mit der rechten Maustaste an, und wählen Sie **Zum Wörterbuch hinzufügen** ❷.

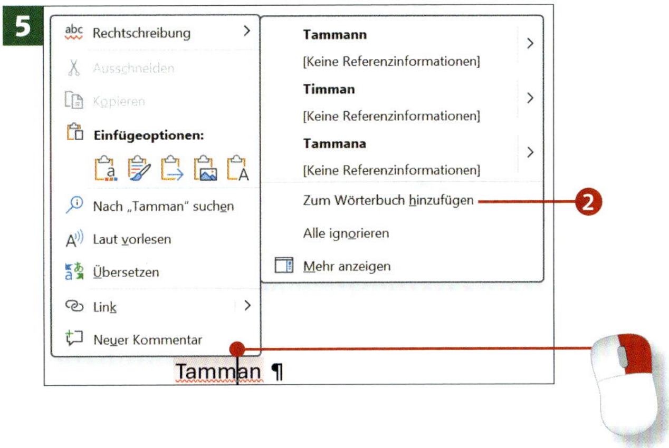

Schritt 6

Daraufhin wird der Begriff nicht mehr bemängelt ❸. Rot unterstrichen wird er nun nur noch dann, wenn Sie den Begriff nicht so schreiben, wie Sie ihn in das Wörterbuch aufgenommen haben.

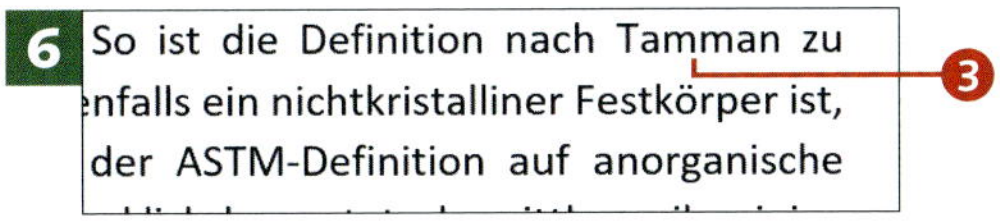

Was wird geprüft?

Die Rechtschreibprüfung funktioniert so: Word vergleicht alle Wörter mit dem internen Wörterbuch und markiert diejenigen als falsch, die in diesem Wörterbuch nicht aufgeführt sind.

Die Rechtschreibprüfung einsetzen (Forts.)

7
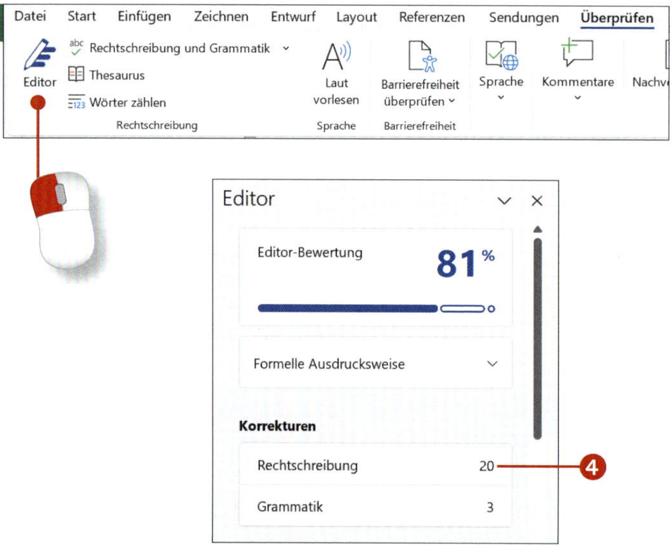

8
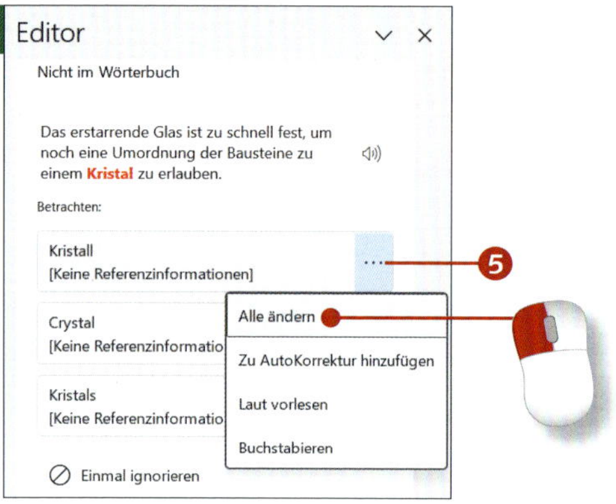

9
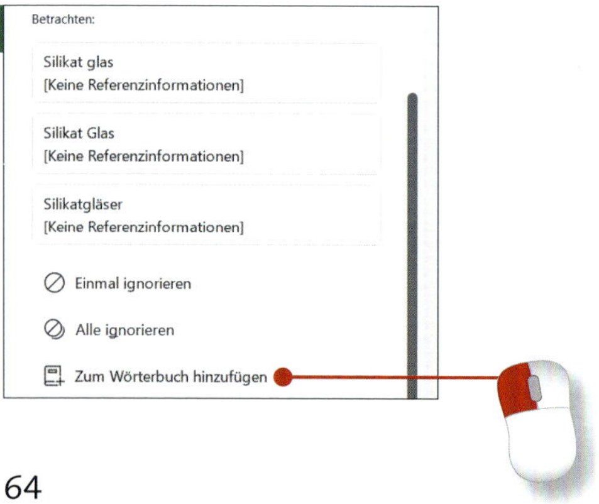

Schritt 7

Sie können ein Dokument auch »durchkorrigieren«. Klicken Sie auf der Registerkarte **Überprüfen** auf **Editor**, um den gleichnamigen Aufgabenbereich zu öffnen. Hier klicken Sie unter **Korrekturen** auf den Eintrag **Rechtschreibung** 4.

Schritt 8

Oben wird das erste Wort angezeigt, das Word bemängelt. Klicken Sie auf die drei Punkte 5 neben dem richtigen Vorschlag, und übernehmen Sie ihn mit **Alle ändern**. Handelt es sich um ein richtig geschriebenes Wort, das Word nicht kennt, klicken Sie weiter unten auf **Einmal ignorieren**. Danach wird dann das nächste fehlerhafte Wort angezeigt.

Schritt 9

Auch hier können Sie Begriffe **Zum Wörterbuch hinzufügen**. Sie finden die Option ganz unten im Editor.

Rechtschreibung und Grammatik
Generelle Einstellungen zur Rechtschreibprüfung nehmen Sie im Dialog **Datei ▸ Optionen ▸ Dokumentprüfung** vor.

Schritt 10

Mitunter zeigt Word auch blaue Linien an. Sie weisen darauf hin, dass mit der Grammatik etwas nicht stimmt. Klicken Sie mit der rechten Maustaste auf die Markierung, um einen Korrekturvorschlag zu erhalten. Per Klick wählen Sie ihn aus.

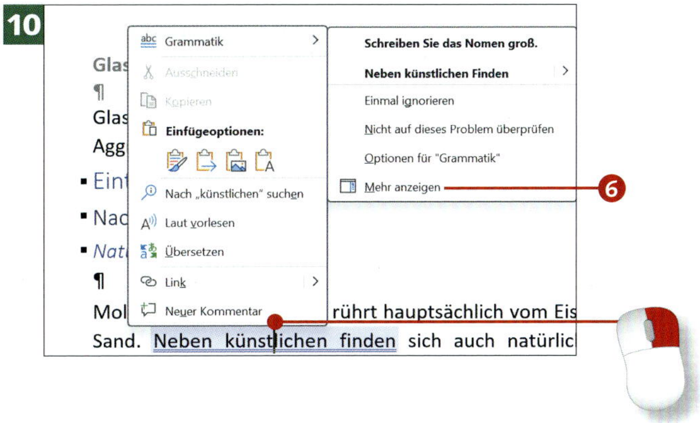

Schritt 11

Wenn Sie im Kontextmenü auf **Mehr anzeigen** 6 klicken, wird rechts im Aufgabenbereich der Editor mit dem Punkt **Grammatik** eingeblendet, der eine Erklärung zu dem Fehler liefert. Mitunter müssen Sie im Bereich **Korrektur** auf **Grammatik** klicken.

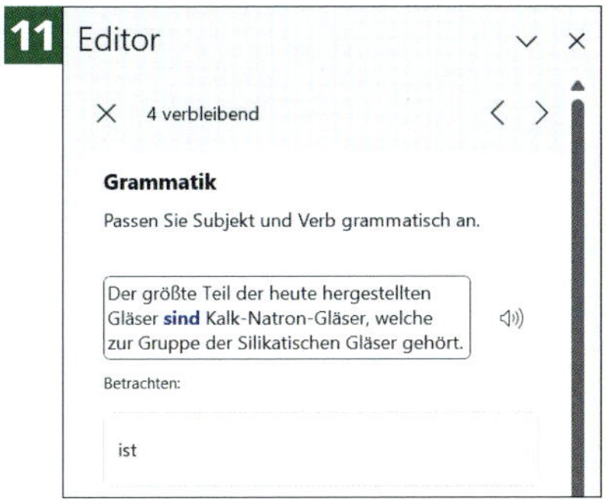

Schritt 12

Wenn keine blauen Linien auftauchen, ist die Grammatikprüfung vermutlich nicht eingeschaltet (oder Sie sind perfekt). Überprüfen Sie dies über **Datei ▸ Optionen ▸ Dokumentprüfung** 7. Aktivieren Sie die Optionen **Grammatikfehler während der Eingabe markieren** 8.

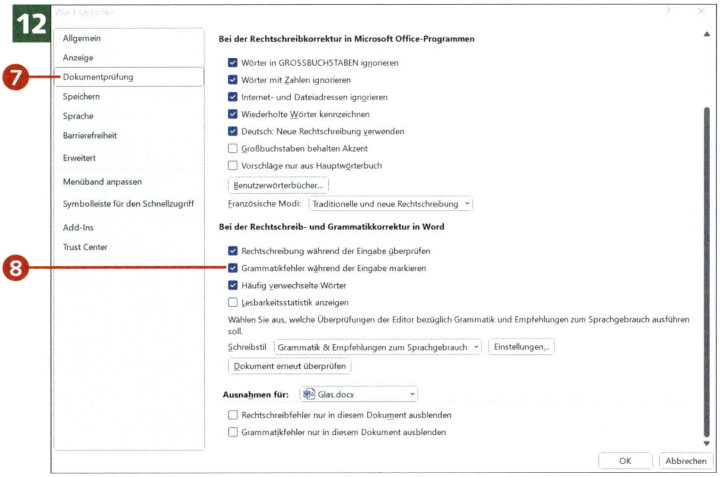

!

Grammatikprüfung

Vertrauen Sie der Kritik von Word nicht blind! Bei grammatikalisch komplizierten Sätzen kreidet Word oft richtige Strukturen an und übersieht gleichzeitig echte Fehler.

Arbeitserleichterung durch die AutoKorrektur

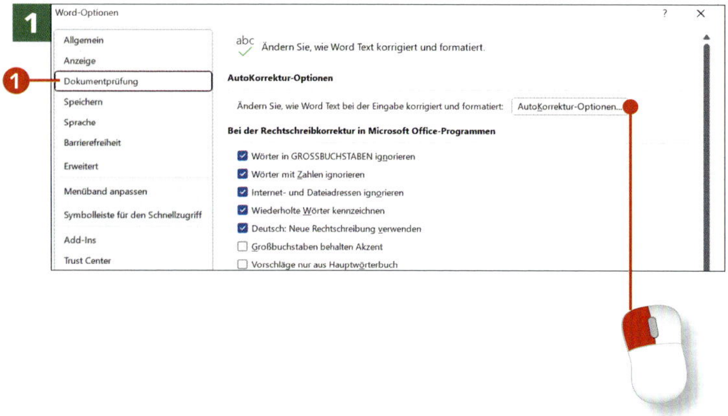

Manche Fehler werden wie von Zauberhand korrigiert. Dies ist keine Magie, sondern die Arbeit der AutoKorrektur.

Schritt 1

Überprüfen Sie als Erstes die Einstellungen der AutoKorrektur. Wählen Sie dazu **Datei ▸ Optionen ▸ Dokumentprüfung** ❶. Hier klicken Sie auf die Schaltfläche **AutoKorrektur-Optionen**.

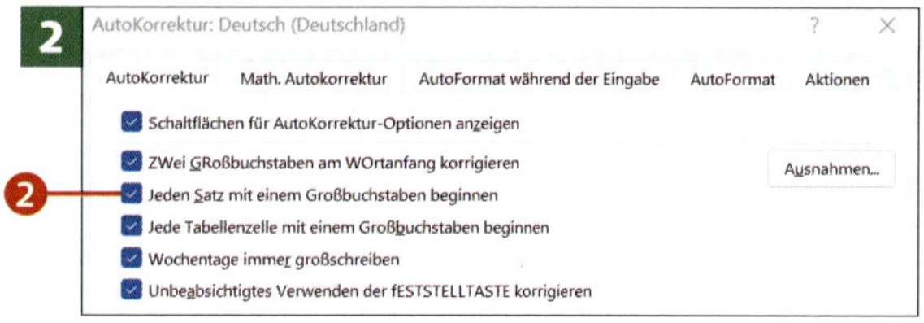

Schritt 2

Der zugehörige Dialog zeigt Ihnen, was in der Standardeinstellung automatisch korrigiert wird. In der Regel ist z. B. die Option **Jeden Satz mit einem Großbuchstaben beginnen** ❷ aktiviert. Dadurch geschieht genau das: Nach einem Punkt schreibt Word automatisch groß.

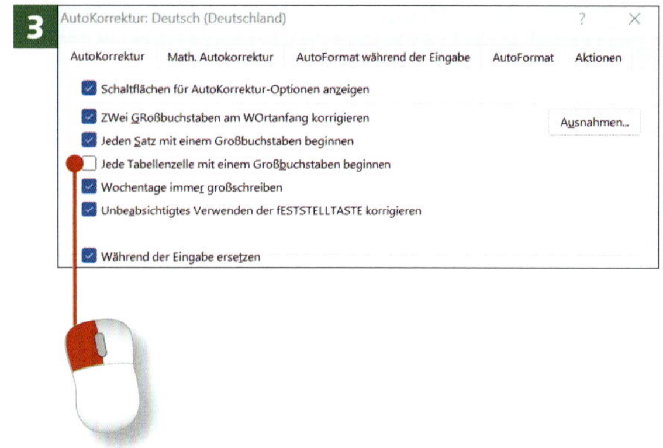

Schritt 3

Wenn Sie z. B. mit Tabellen arbeiten, ist es oft lästig, dass jeder Eintrag in einer Tabellenzelle großgeschrieben wird. Um dies zu verhindern, deaktivieren Sie die Option **Jede Tabellenzelle mit einem Großbuchstaben beginnen**.

Schritt 4

Die AutoKorrektur hilft auch bei typischen Tippfehlern. Geben Sie einen Buchstaben in das Feld **Ersetzen** ein, öffnet sich darunter eine Liste mit Tippfehlern, die standardmäßig korrigiert werden.

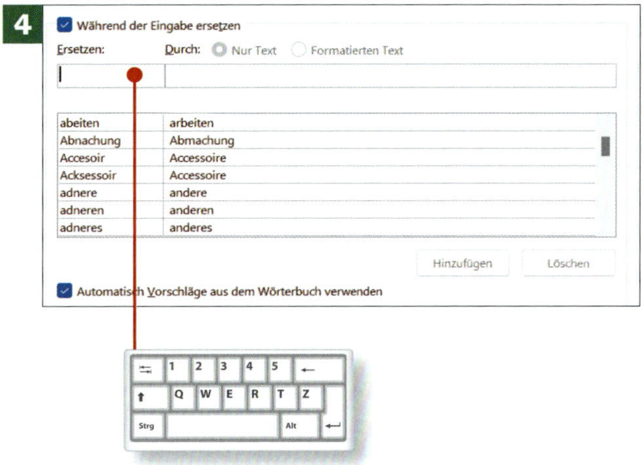

Schritt 5

Sie können auch selbst dafür sorgen, dass ein bestimmter Fehler sofort korrigiert wird. Schreiben Sie ein Wort, das Sie oft falsch schreiben, in das Feld **Ersetzen** ❸. Im Feld **Durch** geben Sie das Wort korrekt geschrieben ein. Klicken Sie dann auf **Hinzufügen** ❹ und **OK** ❺.

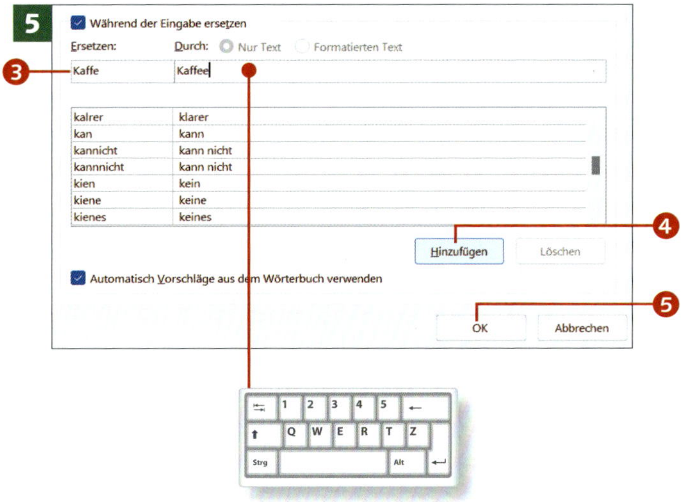

Schritt 6

Testen Sie Ihren Eintrag, indem Sie das Wort falsch schreiben. Schreiben Sie weiter. Sie werden sehen: Aus »Kaffe« wird automatisch »Kaffee« ❻.

AutoFormat

Sie können u.a. deaktivieren, dass Absätze, die mit einer Ziffer beginnen, automatisch in eine nummerierte Liste verwandelt werden. Diese Einstellungen nehmen Sie auf der Registerkarte **AutoFormat während der Eingabe** vor.

Schnellbausteine nutzen

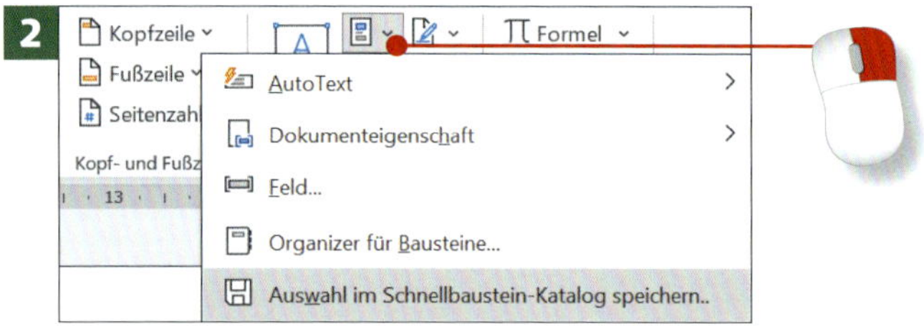

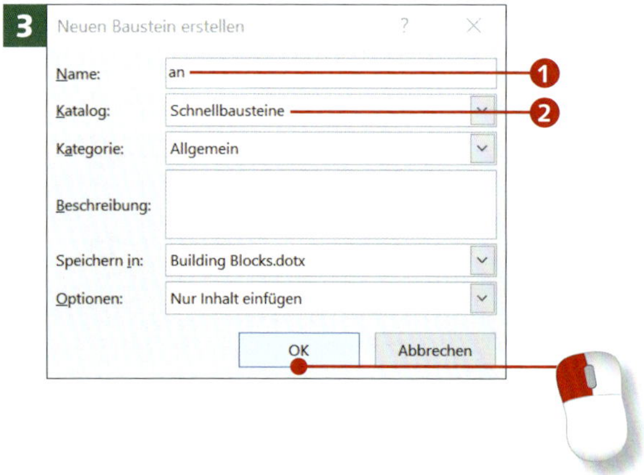

Wenn Sie bestimmte Textpassagen immer wieder schreiben müssen, bietet es sich an, Schnellbausteine anzulegen. Dann müssen Sie diesen Text nie wieder tippen.

Schritt 1

Um für ein paar (fertig formatierte) Textzeilen, die Sie häufig verwenden, einen Schnellbaustein zu erstellen, müssen Sie den Text einmal schreiben und dann markieren.

Schritt 2

Wechseln Sie zur Registerkarte **Einfügen**, und klicken Sie hier auf den Pfeil an der Schaltfläche **Schnellbausteine durchsuchen**. Im Menü wählen Sie **Auswahl im Schnellbaustein-Katalog speichern**.

Schritt 3

Daraufhin wird der Dialog **Neuen Baustein erstellen** geöffnet. Überschreiben Sie die im Feld **Name** ❶ vorgeschlagene Bezeichnung (die ersten Wörter des markierten Textes) mit einem Kürzel. Merken Sie sich das Kürzel. Im Feld **Katalog** ❷ belassen Sie es bei **Schnellbausteine**. Dann klicken Sie auf **OK**.

Länge der Bausteine

Bausteine können entweder nur ein Wort umfassen – z. B. ein langes, das Sie ungern tippen – oder mehrere Zeilen oder Absätze. Im Prinzip kann ein Baustein beliebig lang sein.

Schritt 4

Probieren Sie nun den Baustein aus. Öffnen Sie ein leeres Dokument, und setzen Sie den Cursor an die Stelle, an der der Text des Bausteins eingefügt werden soll ❸. Dort geben Sie das Kürzel aus Schritt 3 ein und drücken F3 bzw. die Tastenkombination Fn + F3. Der Text wird eingefügt ❹.

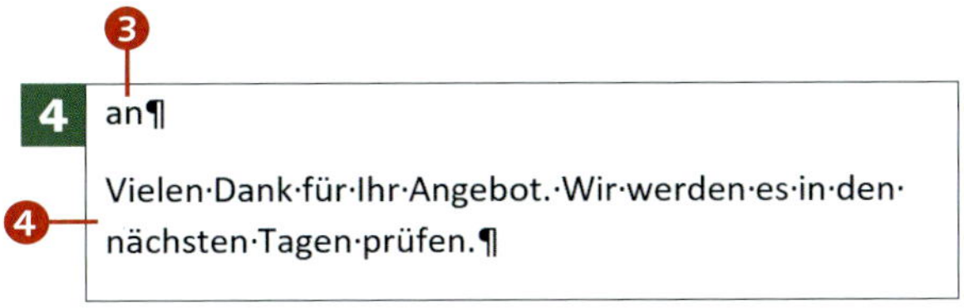

Schritt 5

Diese schnelle Methode setzt natürlich voraus, dass Sie das richtige Kürzel wissen. Im Zweifelsfall klicken Sie auf die Schaltfläche **Schnellbausteine** und dann im Menü auf den Baustein, den Sie einfügen möchten.

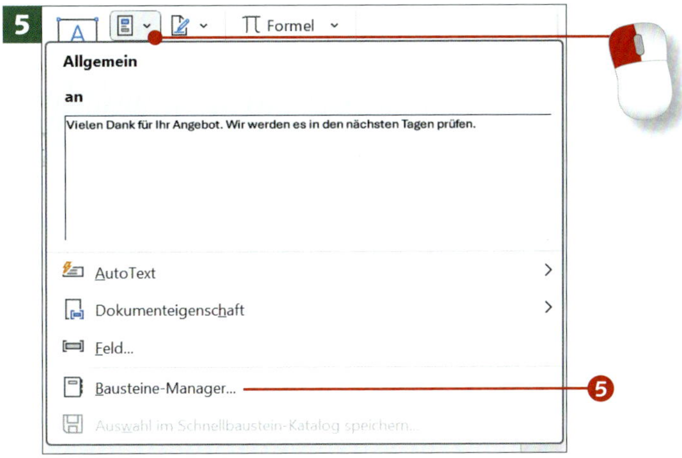

Schritt 6

Sie können Bausteine auch wieder löschen. Klicken Sie auf **Schnellbausteine ▸ Bausteine-Manager** ❺. Markieren Sie den zu löschenden Baustein in der Liste ❻, und klicken Sie auf **Löschen**.

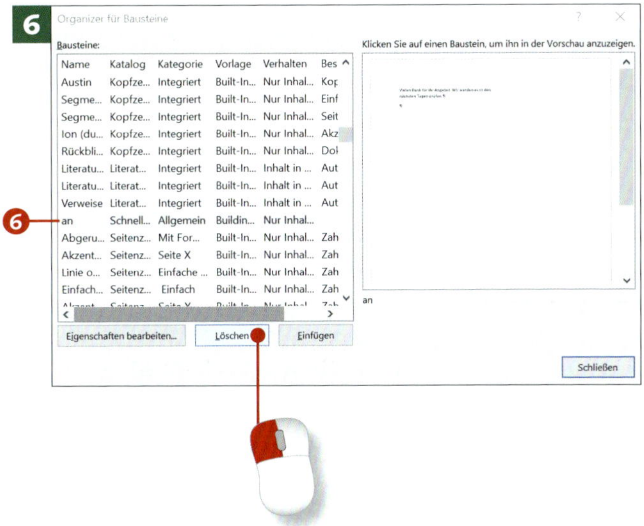

Speicherort

Die Dokumentvorlage *Building Block.dotx* ist der Standardspeicherort für Schnellbausteine. Sie können im Dialog **Neuen Baustein erstellen** im Feld **Speichern in** aber auch eine andere Dokumentvorlage wählen, in der der Baustein gespeichert werden soll.

Datum per Tabulator ausrichten

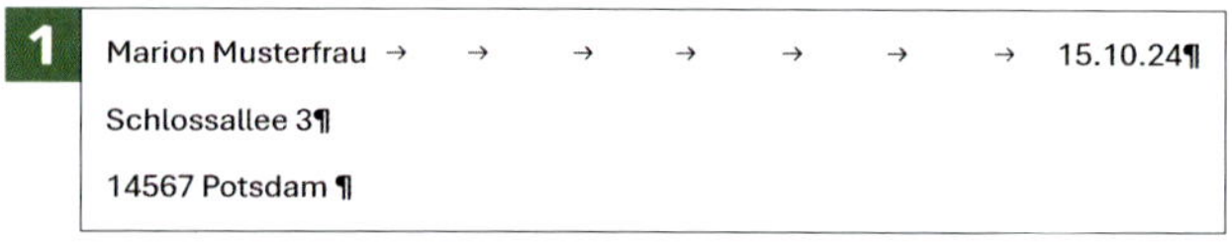

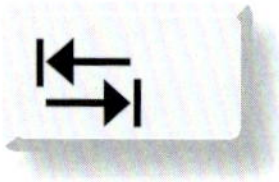

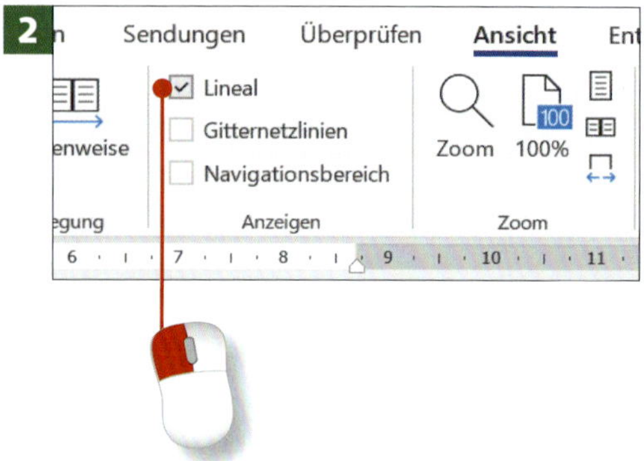

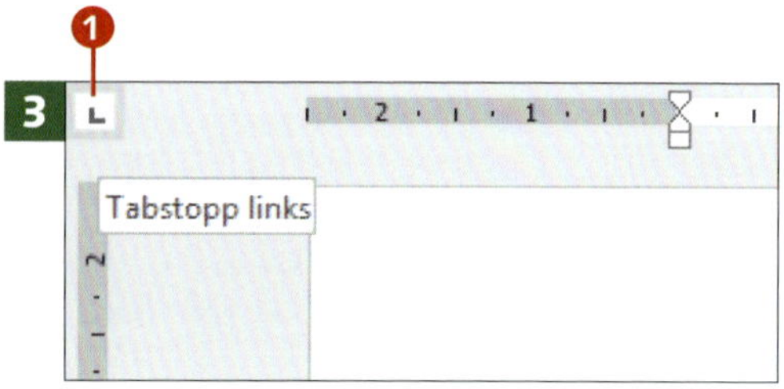

Tabstopps per Dialog einfügen

Für ganz präzise Tabstopp-Positionen nutzen Sie den Dialog **Tabstopps**. Dazu öffnen Sie über den Pfeil an der Gruppe **Absatz** auf der Registerkarte **Start** zunächst den Dialog **Absatz**. Hier klicken Sie auf **Tabstopps**. Im zugehörigen Dialog geben Sie die gewünschte Position ein und klicken auf **Festlegen**.

Wenn das Datum rechts auf dem Blatt stehen soll, benutzen ungeübte Word-User dafür häufig die Leertaste. Geschickter ist es, das Datum per Tabulator auszurichten.

Schritt 1

Um das Datum z. B. in einem Brief schnell auf die rechte Seite zu rücken, können Sie die Taste ⭾ nutzen. Schreiben Sie das Datum, z. B. »15.10.24«, und setzen Sie den Cursor genau vor die 1. Drücken Sie dann mehrere Male ⭾.

Schritt 2

Anstelle der Standard-Tabstopps können Sie auch einen Tabstopp genau an der Stelle einfügen, an der das Datum erscheinen soll. Wechseln Sie zur Registerkarte **Ansicht**, und aktivieren Sie hier die Option **Lineal** – sofern sie noch nicht aktiviert ist.

Schritt 3

Ganz links am Lineal sehen Sie das Symbol **Tabstopp** bzw. **Tabstopp links** ❶, mit dem Sie die Ausrichtung des Tabstopps ändern. Die Ausrichtung am linken Rand des Tabstopps ist die Standardeinstellung.

Schritt 4

Klicken Sie so oft auf das kleine Symbol, bis sich das Zeichen zu einem nach rechts weisenden Häkchen verändert (wenn Sie mit der Maus auf das Symbol zeigen, steht in einer kleinen QuickInfo **Tabstopp rechts** ❷).

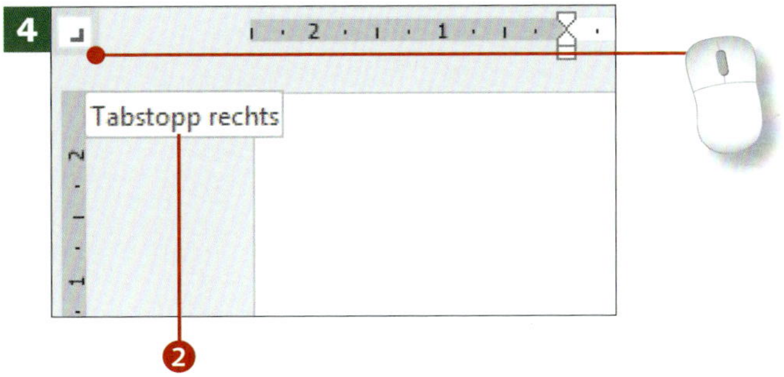

Schritt 5

Setzen Sie den Cursor in die richtige Zeile, und klicken Sie bei ca. 14 cm in den unteren Bereich des Lineals. Im Lineal erscheint das Symbol für einen rechtsbündigen Tabstopp ❸. Nun drücken Sie ↹. Der Cursor springt zu dem neuen Tabstopp.

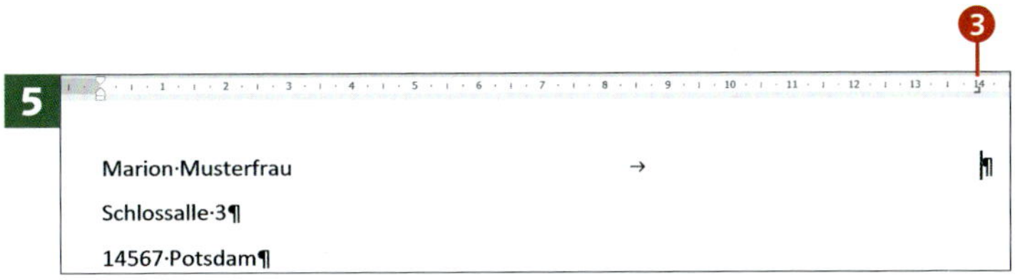

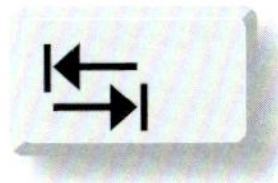

Schritt 6

Schreiben Sie jetzt das Datum (oder fügen Sie es ein). Sie sehen, dass Sie »nach links schreiben«, da bei einem rechtsbündigen Tabstopp immer das letzte Zeichen der Zeile an dem Tabstopp ausgerichtet wird.

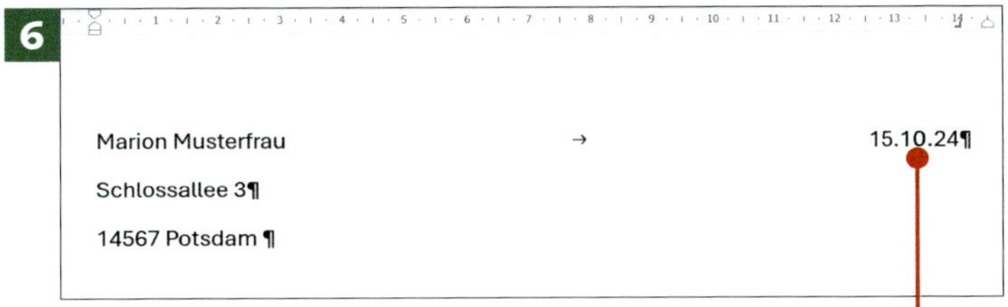

Tabstopps löschen oder verschieben

Um Tabstopps wieder aus dem Lineal zu entfernen, ziehen Sie das Tabstopp-Symbol einfach mit gedrückter Maustaste aus dem Lineal. Zum Verschieben ziehen Sie es im Lineal nach links oder rechts.

Automatisches Datum per Feldbefehl

1

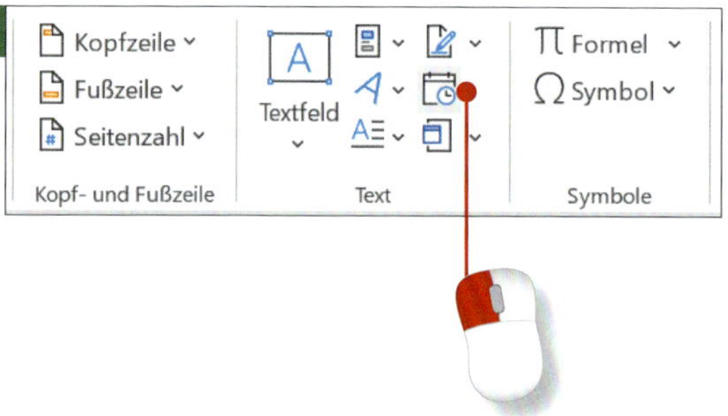

2

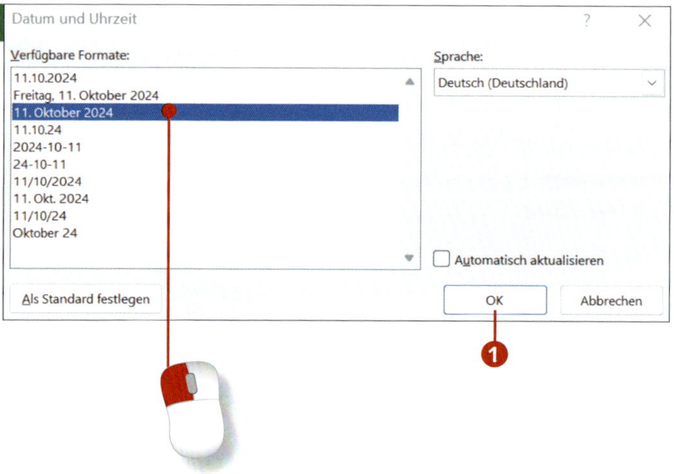

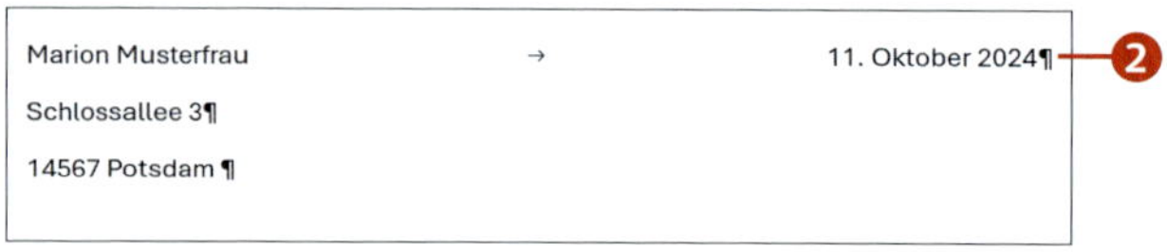

3

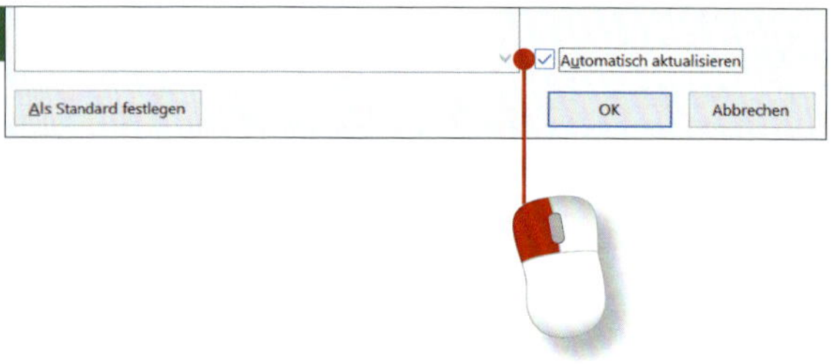

Besonders praktisch ist es, das Datum als Feldbefehl einzufügen. Nicht nur, dass Sie dann immer das richtige Datum erwischen, Sie können es auf diese Weise auch automatisch aktualisieren lassen.

Schritt 1

Um das Datum einzufügen, wechseln Sie zur Registerkarte **Einfügen**. Hier finden Sie in der Gruppe **Text** die Schaltfläche **Datum und Uhrzeit**. Klicken Sie darauf.

Schritt 2

Im zugehörigen Dialog werden diverse numerische und alphanumerische Datumsformate angeboten. Wählen Sie per Mausklick das gewünschte Format aus, und klicken Sie auf **OK** ❶. Das Datum wird an der Cursorposition eingefügt ❷.

Schritt 3

Sie können auch dafür sorgen, dass das eingefügte Datum bei jedem Öffnen der Datei aktualisiert wird. Dazu aktivieren Sie im Dialog **Datum und Uhrzeit** die Option **Automatisch aktualisieren**.

Schritt 4

Das Datum wurde nun als *Feld* in das Dokument eingefügt. Wenn Sie den Cursor in das Datum setzen, sehen Sie – in der Standardeinstellung – die Feldschattierung, es ist also grau unterlegt (aber nicht markiert).

Schritt 5

Für internationale Korrespondenz können Sie für die Datumsanzeige Formate einstellen, die im englischsprachigen Bereich üblich sind. Klicken Sie im Dialog **Datum und Uhrzeit** auf den Pfeil am Feld **Sprache**, und wählen Sie **Englisch**.

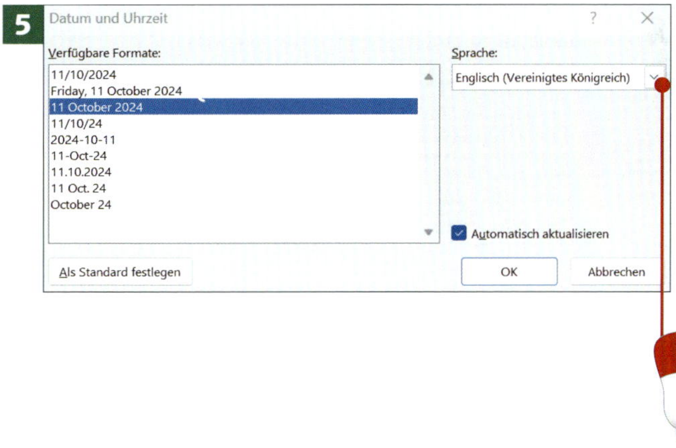

Schritt 6

Auch auf der Registerkarte **Kopf- und Fußzeile** ❸, die eingeblendet wird, wenn Sie eine Kopf- oder Fußzeile einfügen (siehe dazu auch den Abschnitt »Kopf- und Fußzeilen anlegen« auf Seite 104), finden Sie die Schaltfläche **Datum und Uhrzeit**, mit der Sie den beschriebenen Dialog öffnen.

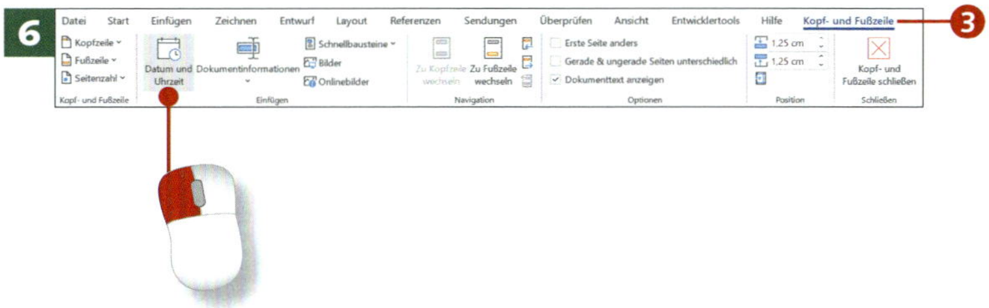

Fest oder aktualisierbar?
Überlegen Sie sich gut, ob das Datum jeweils aktualisiert werden oder statisch bleiben soll. Rechnungen z. B. brauchen ein festes Datum.

Dokumente im Team bearbeiten

1

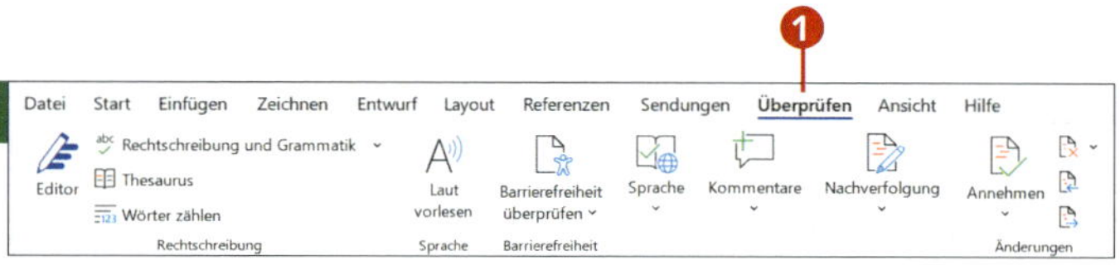

Teamarbeit wird überall großgeschrieben. Word bietet praktische Funktionen für die gemeinsame Bearbeitung von Dokumenten an.

2

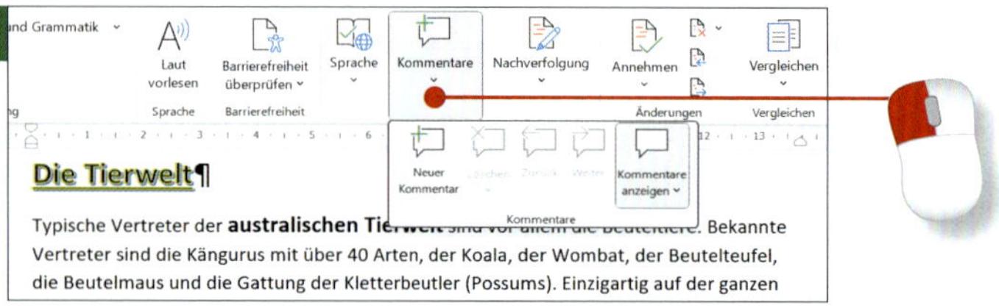

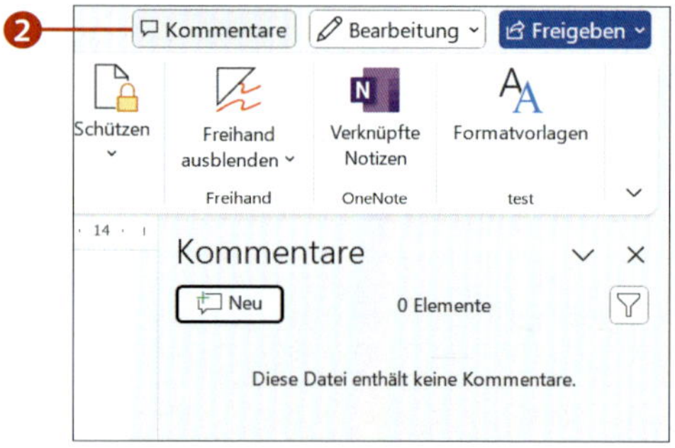

Schritt 1

Um bestimmte Textstellen in einem Dokument zu kommentieren, nutzen Sie am besten *Kommentare*. Diese Kommentare werden am Seitenrand angezeigt, aber nicht mitten im Text, wo sie stören würden. Aktivieren Sie die Registerkarte **Überprüfen** ①.

Schritt 2

Setzen Sie den Cursor an die Textstelle, zu der Sie einen Kommentar schreiben möchten. Dann klicken Sie auf das Symbol **Neuer Kommentar**. Alternativ klicken Sie auf die Schaltfläche **Kommentare** ② oberhalb der Menüleiste und dann auf **Neu**.

3

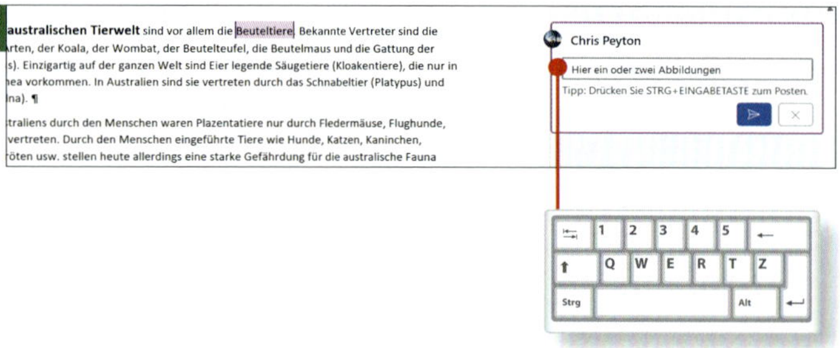

Schritt 3

Sofort erscheint – mit einer Spur zum Cursor – am rechten Seitenrand ein umrandeter Bereich, in dem Sie schreiben können. Klicken Sie dann auf **Kommentar posten**.

Schritt 4

Wenn Sie ein Dokument mit Kommentaren erhalten, können Sie auch auf die Kommentare antworten, wenn Sie möchten. Klicken Sie dazu einfach auf **Antworten**, und schreiben Sie Ihre Antwort. Mit dem berühmten »Gefällt mir«-Daumen können Sie einen Kommentar auch »liken«.

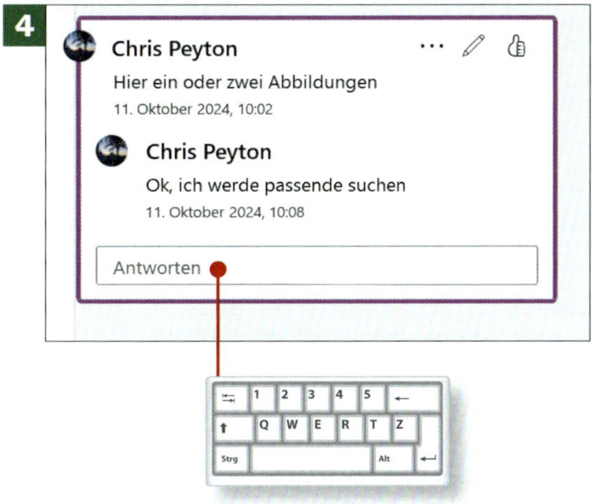

Schritt 5

Um in einem Dokument ohne langwieriges Scrollen von Kommentar zu Kommentar zu hüpfen, klicken Sie auf der Registerkarte **Überprüfen** auf **Weiter**.

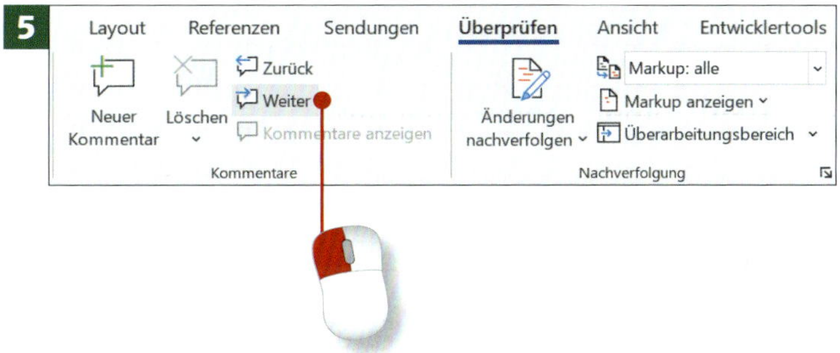

Schritt 6

Sofern die Kommentare nicht mehr im Dokument erscheinen sollen, löschen Sie sie. Klicken Sie auf die drei Punkte im Kommentar und dann auf **Thread löschen**. Genauso gut können Sie auf der Registerkarte **Überprüfen** auf **Löschen** klicken.

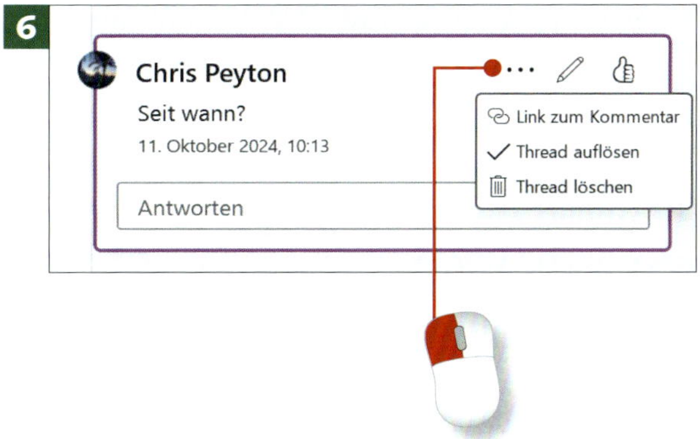

Alle Kommentare löschen

Im Menü des Symbols **Löschen** gibt es auch den Befehl **Alle Kommentare im Dokument löschen** – der geeignete Befehl, wenn Sie sich von besserwissenden Kollegen nicht reinreden lassen möchten!

Dokumente im Team bearbeiten (Forts.)

7

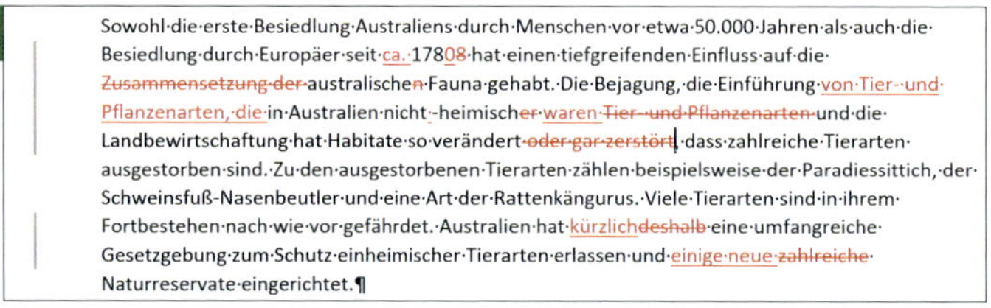
Sowohl·die·erste·Besiedlung·Australiens·durch·Menschen·vor·etwa·50.000·Jahren·als·auch·die·Besiedlung·durch·Europäer·seit·ca.·17808·hat·einen·tiefgreifenden·Einfluss·auf·die·Zusammensetzung·der·australischen·Fauna·gehabt.·Die·Bejagung,·die·Einführung·von·Tier-·und·Pflanzenarten,·die·in·Australien·nicht·-heimischer·waren·Tier-·und·Pflanzenarten·und·die·Landbewirtschaftung·hat·Habitate·so·verändert·oder·gar·zerstört,·dass·zahlreiche·Tierarten·ausgestorben·sind.·Zu·den·ausgestorbenen·Tierarten·zählen·beispielsweise·der·Paradiessittich,·der·Schweinsfuß-Nasenbeutler·und·eine·Art·der·Rattenkängurus.·Viele·Tierarten·sind·in·ihrem·Fortbestehen·nach·wie·vor·gefährdet.·Australien·hat·kürzlichdeshalb·eine·umfangreiche·Gesetzgebung·zum·Schutz·einheimischer·Tierarten·erlassen·und·einige·neue·zahlreiche·Naturreservate·eingerichtet.¶

Schritt 7

Abgesehen von Kommentaren bietet Word die Möglichkeit, alle Änderungen und Korrekturen eines Textes sichtbar zu machen, ein bisschen so, als ob Sie ein Blatt Papier vor Augen haben und Textstellen durchstreichen und neue Sätze hinzuschreiben.

8

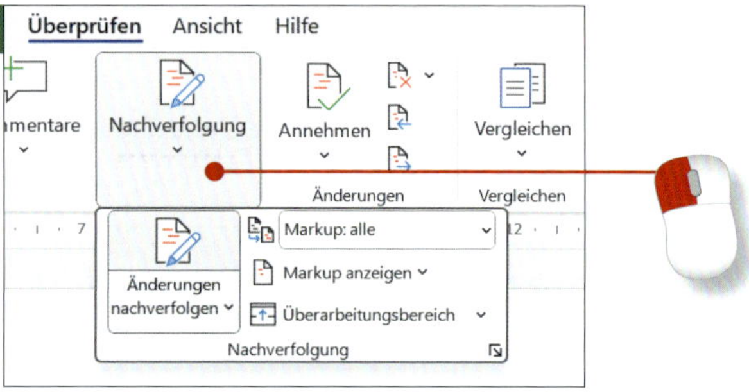

Schritt 8

Um diesen Änderungsmodus zu aktivieren, klicken Sie auf der Registerkarte **Überprüfen** auf **Nachverfolgung** und im Menü auf **Änderungen nachverfolgen**.

9

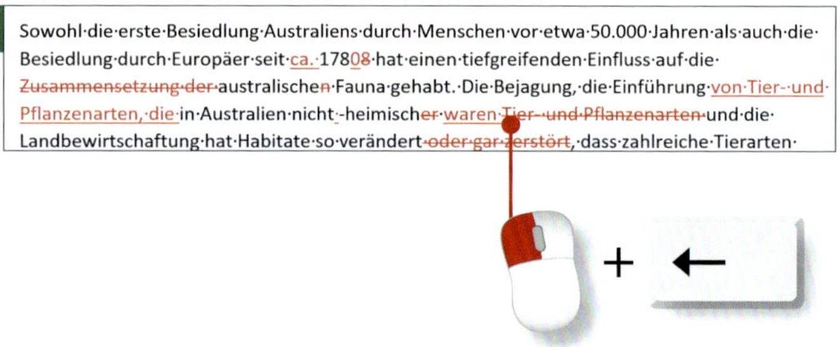
Sowohl·die·erste·Besiedlung·Australiens·durch·Menschen·vor·etwa·50.000·Jahren·als·auch·die·Besiedlung·durch·Europäer·seit·ca.·17808·hat·einen·tiefgreifenden·Einfluss·auf·die·Zusammensetzung·der·australischen·Fauna·gehabt.·Die·Bejagung,·die·Einführung·von·Tier-·und·Pflanzenarten,·die·in·Australien·nicht·-heimischer·waren·Tier-·und·Pflanzenarten·und·die·Landbewirtschaftung·hat·Habitate·so·verändert·oder·gar·zerstört,·dass·zahlreiche·Tierarten·

Schritt 9

Nehmen Sie nun Änderungen an dem geöffneten Dokument vor. Löschen Sie beispielsweise ein Stück Text. Sie werden sehen, dass der Text nicht einfach gelöscht, sondern durchgestrichen wird. Neuer Text wird farbig und mit Unterstreichung eingefügt.

Schritt 10

Wenn Sie ein Dokument mit diesen Änderungsmarkierungen vor sich haben, können Sie auf unterschiedliche Weise damit umgehen. Um die Änderung zu akzeptieren, setzen Sie den Cursor in die Textstelle und klicken (Registerkarte **Überprüfen**) auf **Annehmen ▸ Annehmen und weiter** (um zur nächsten Änderung zu springen).

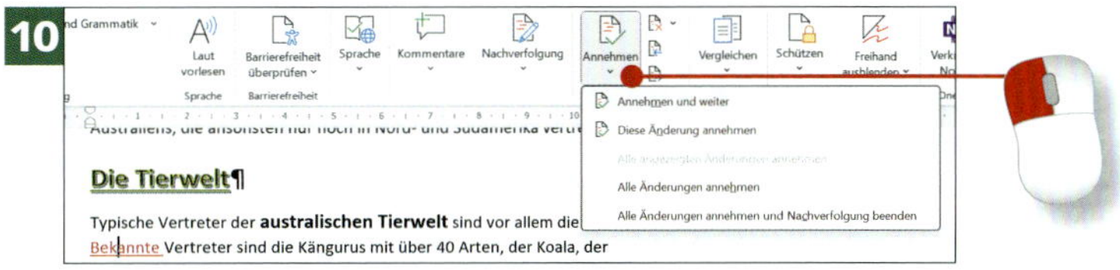

Typische Vertreter der **australischen Tierwelt** sind vor allem die Beuteltiere. Bekannte Vertreter sind die Kängurus mit über 40 Arten, der Koala, der Wombat, der Beutelteufel, die Beutelmaus und die Gattung der Kletterbeutler

Schritt 11

Gefällt Ihnen eine Überarbeitung nicht, verfahren Sie ähnlich, nur dass Sie auf das Symbol **Ablehnen** klicken und im Menü auf **Änderung ablehnen** bzw. auf **Ablehnen und weiter**, um zur nächsten Textstelle mit Änderungsmarkierung zu springen.

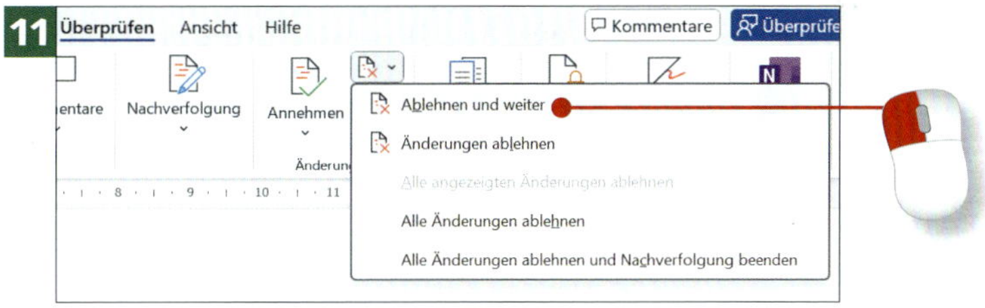

Schritt 12

Damit die Überarbeitungen wie beschrieben im Text angezeigt werden, müssen Sie darauf achten, dass Sie im Feld **Markup** (das Symbol heißt **Anzeige zur Überarbeitung**) die Option **Markup: alle** einstellen. Bei **Einfaches Markup** taucht an Stellen mit Korrekturvorschlägen nur ein vertikaler Strich am Rand auf.

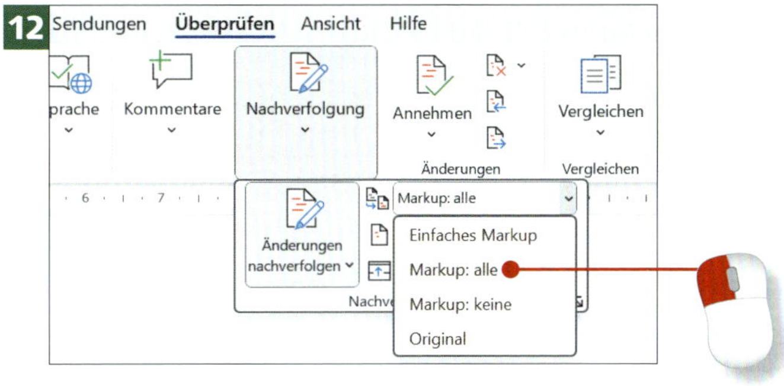

Alle Änderungen ablehnen

Sofern Sie sicher sind, dass Ihr Text der beste ist und Sie nicht mit Vorschlägen belästigt werden möchten, klicken Sie einfach im Menü **Ablehnen** auf **Alle Änderungen ablehnen**.

Kapitel 3
Texte in Word perfekt formatieren

In diesem Kapitel stehen die Gestaltung und die detaillierte Bearbeitung von Texten im Mittelpunkt. Sie lernen einiges zu Schriftformaten, Texteffekten, über die Arbeit mit Tabellen sowie über Kopf- und Fußzeilen.

Text und Absätze formatieren

Über die Registerkarte **Start** ❶ lassen sich wesentliche Formatierungseinstellungen vornehmen. Hier richten Sie Absätze aus, rücken Text ein und weisen die klassischen Schriftformate wie fett oder kursiv, aber auch raffinierte Texteffekte zu. Ich zeige Ihnen auch, welche speziellen Einstellungen im Dialog **Drucken** für den Ausdruck zur Verfügung stehen.

Tabellen einfügen und bearbeiten

Wenn Text sauber untereinanderstehen soll, sind Tabellen das Mittel der Wahl. Sie erfahren, wie Sie Tabellen ❷ einfügen, sie über die Registerkarte **Tabellentools** bearbeiten und ihnen auf diese Weise ein schickes Aussehen verpassen.

Inhaltsverzeichnis und Kopf- und Fußzeilen

Längere Dokumente wie wissenschaftliche Arbeiten oder Aufsätze brauchen ein Inhaltsverzeichnis ❸ und Kopf- bzw. Fußzeilen, die z. B. Kapitelüberschriften oder Seitenzahlen enthalten. Ich zeige Ihnen den Umgang mit diesen Funktionen.

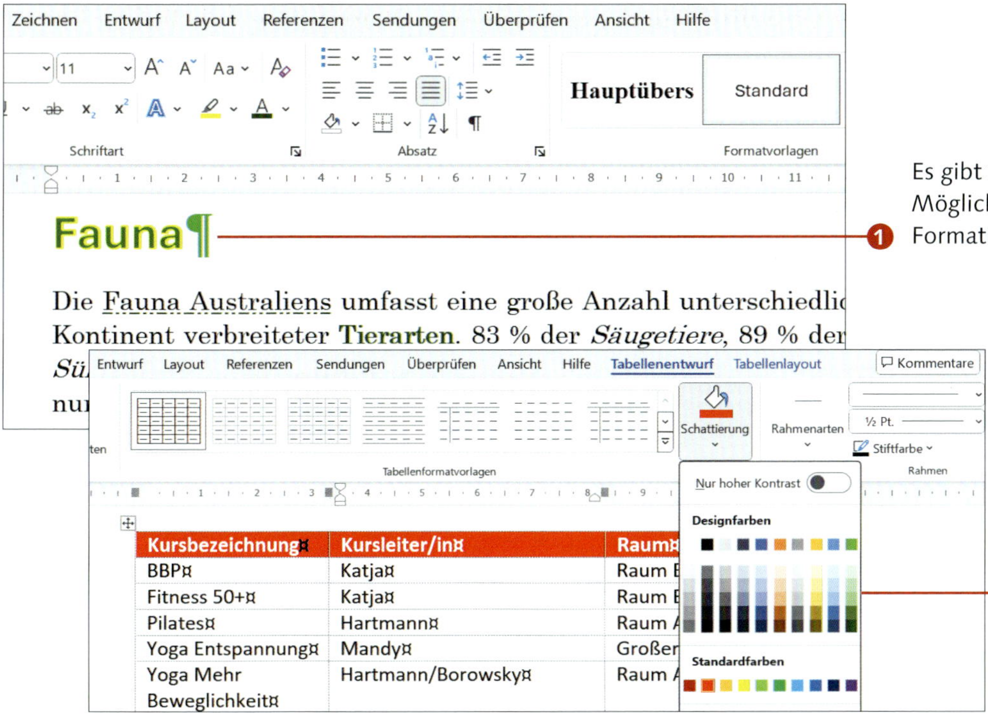

1 Es gibt zahlreiche Möglichkeiten zur Formatierung von Text.

2 Fügen Sie Tabellen ein, und gestalten Sie sie.

3 Inhaltsverzeichnis und Seitenzahlen dürfen natürlich nicht fehlen.

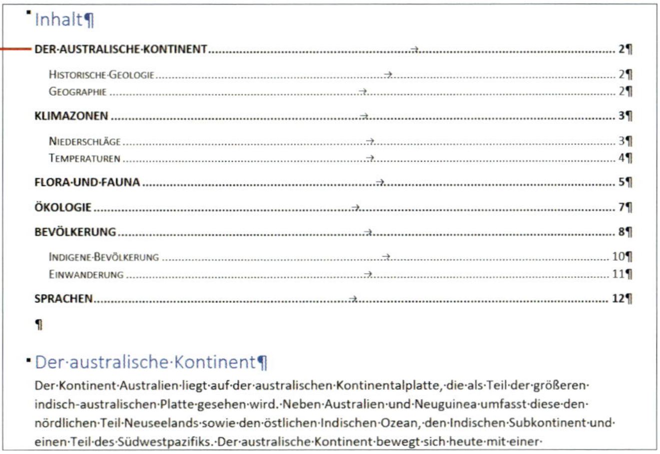

Text ausrichten: rechts, links oder zentriert

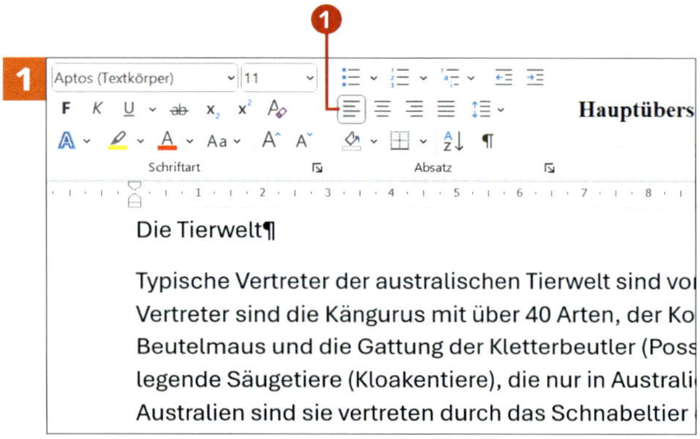

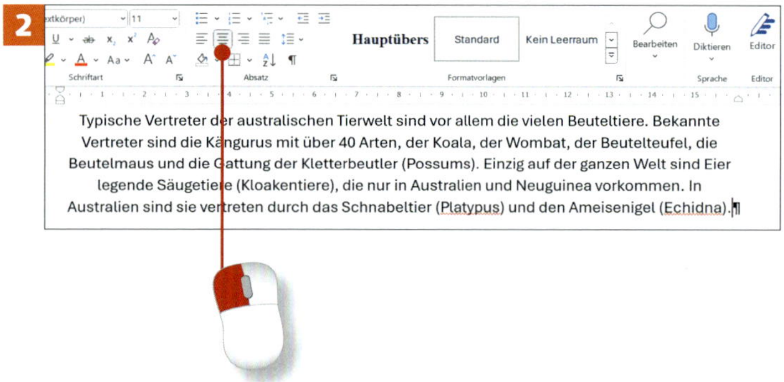

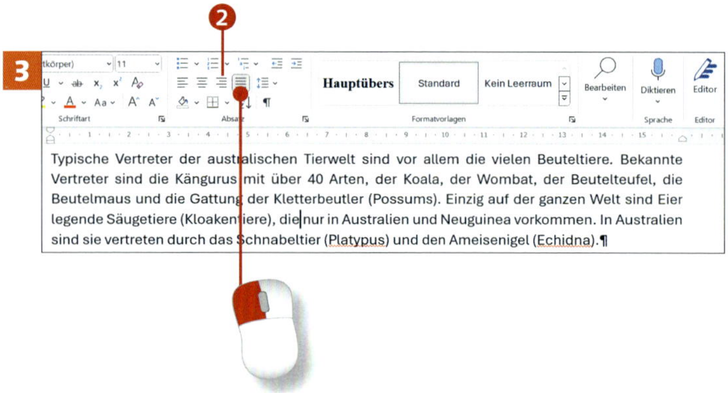

Überschriften zentrieren, einen Absatz linksbündig oder in Blocksatz setzen? Alles kein Problem.

Schritt 1

Standardmäßig sind die Absätze in einem Dokument linksbündig ausgerichtet, das heißt, die ersten Zeichen jeder Zeile stehen untereinander. Werfen Sie einen Blick auf die Gruppe **Absatz** auf der Registerkarte **Start**. Das Symbol **Linksbündig ausrichten** ❶ ist aktiviert.

Schritt 2

Um einen Absatz zu zentrieren, setzen Sie den Cursor (irgendwo) in den Absatz und klicken auf **Zentriert**. Jede Zeile rutscht in die Mitte der Seite (deshalb wirken die Ränder »ausgefranst«).

Schritt 3

Wenn Sie einen Absatz rechtsbündig oder in Blocksatz setzen möchten, positionieren Sie den Cursor und klicken auf **Text rechtsbündig ausrichten** ❷ bzw. auf **Blocksatz**.

Geschickt markieren

Ein Dreifachklick im linken Randbereich markiert den ganzen Text, ein Doppelklick einen Absatz.

Schritt 4

Wenn mehrere Absätze gleichzeitig ausgerichtet werden sollen, müssen Sie die Absätze zunächst markieren. Danach klicken Sie auf das Symbol für die gewünschte Ausrichtung.

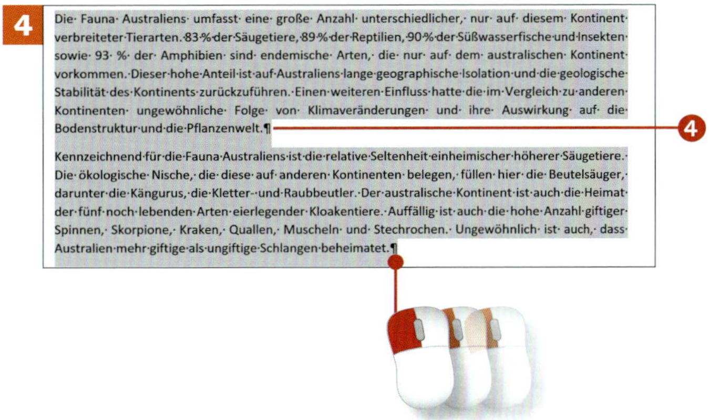

Schritt 5

Sie können die Ausrichtung auch in einem Dialog einstellen. Den Dialog **Absatz** öffnen Sie, indem Sie auf den Pfeil unten rechts an der Gruppe **Absatz** ❸ klicken oder im Kontextmenü **Absatz** wählen. In der Auswahlliste des Feldes **Ausrichtung** wählen Sie eine Option.

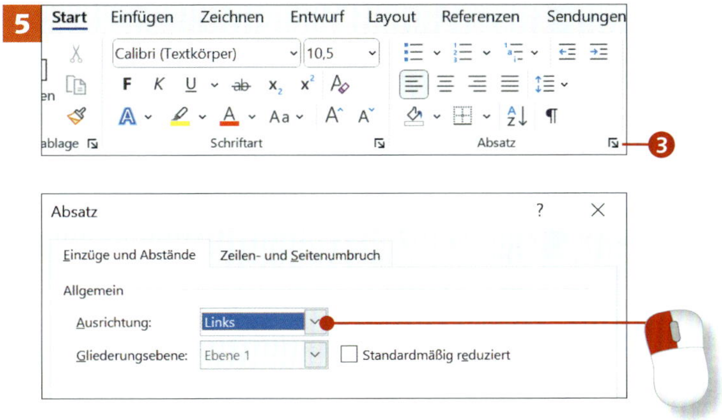

Schritt 6

Um wieder zur linksbündigen Standardeinstellung zurückzukehren, setzen Sie den Cursor in den Absatz und klicken auf **Linksbündig ausrichten**.

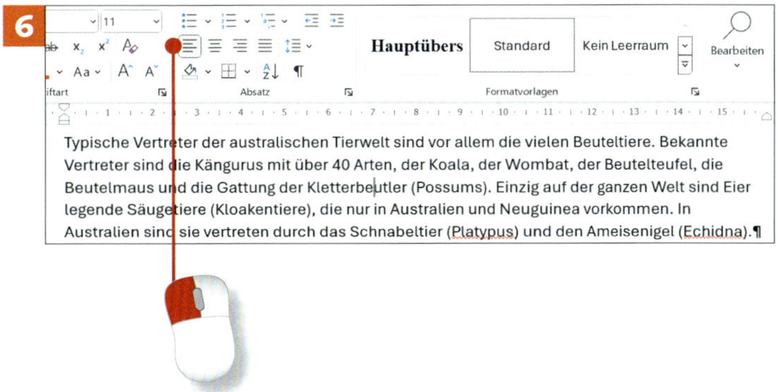

i

Absatzformat

Die Ausrichtung gehört zu den Absatzformaten, also zu Formateinstellungen, die sich auf einen oder mehrere Absätze beziehen. Als Absatz versteht Word den Text zwischen zwei Absatzmarken ❹ (das Formatierungszeichen, das aussieht wie ein Klavierhammer), unabhängig davon, ob Sie sie anzeigen lassen oder nicht.

Schriftart und -größe einstellen

Word bietet eine große Anzahl unterschiedlicher Schriftarten. Für jeden Geschmack und jeden Zweck ist etwas dabei. Und auch die Schriftgröße können Sie punktgenau einstellen.

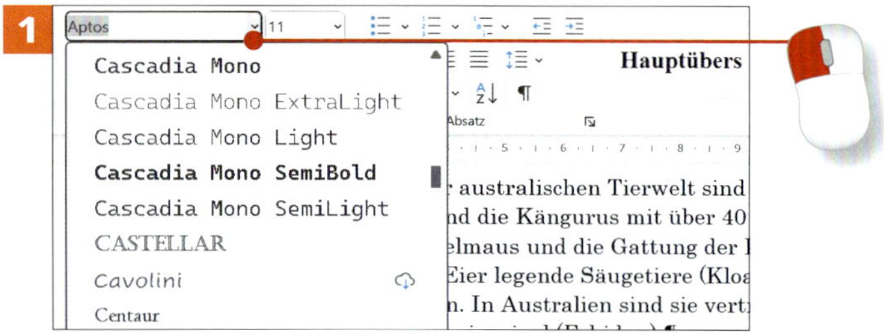

Schritt 1

Markieren Sie den Text. Um seine Schriftart zu verändern, klicken Sie auf der Registerkarte **Start** auf den Pfeil am Feld **Schriftart**. Per Mausklick können Sie eine passende Schrift aus der Liste wählen.

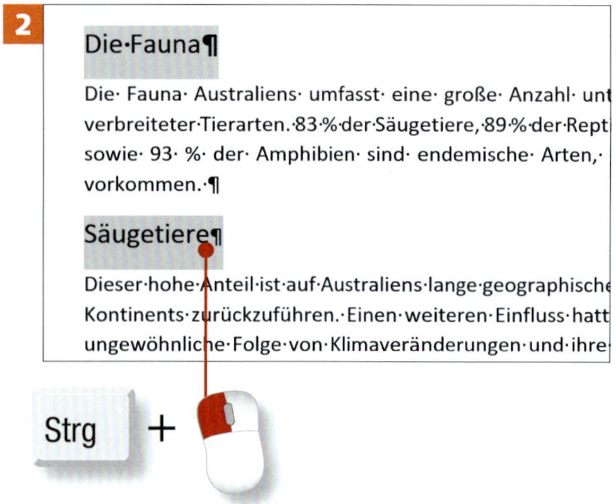

Schritt 2

Um die Schriftgröße zu verändern, markieren Sie zunächst den betreffenden Text. Nicht zusammenhängende Textpassagen können Sie markieren, indem Sie beim Anklicken die Taste [Strg] gedrückt halten.

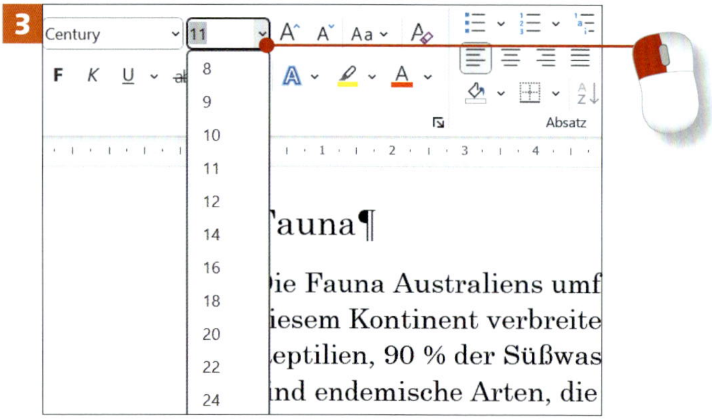

Schritt 3

Dann klicken Sie auf den Pfeil am Feld **Schriftgrad** (ebenfalls auf der Registerkarte **Start**). Suchen Sie sich per Mausklick eine passende Schriftgröße aus der Liste aus.

Schritt 4

Auch mit **Schriftart vergrößern** und **Schriftart verkleinern** ❶ lässt sich die Schriftgröße verändern. Klicken Sie einfach so oft auf eine der beiden Schaltflächen, bis der Text die gewünschte Größe hat.

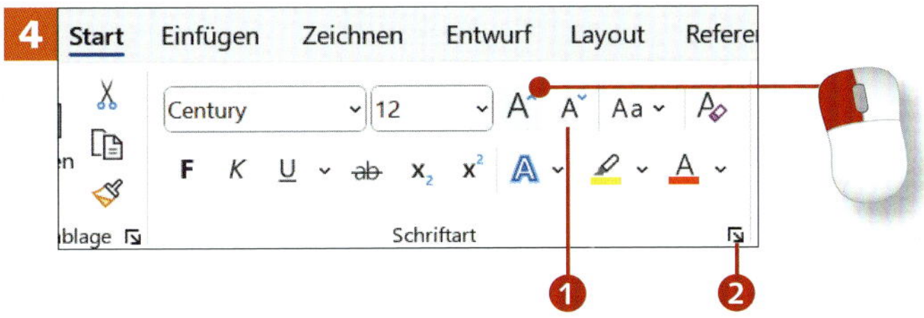

Schritt 5

Sie können Schriftart und Schriftgröße auch zusammen in einem Dialog einstellen. Klicken Sie auf der Registerkarte **Start** auf den Pfeil ❷ an der Gruppe **Schriftart** oder im Kontextmenü auf **Schriftart**. Wählen Sie im Dialog **Schriftart** die **Schriftart** ❸ und die **Größe** aus.

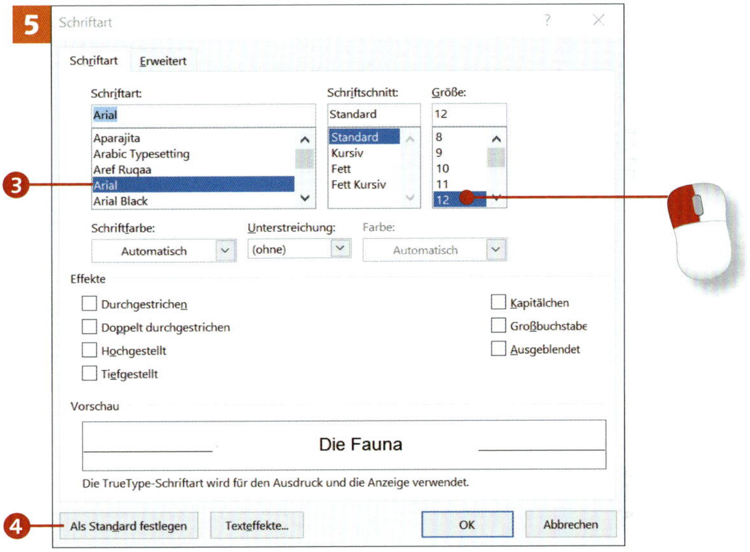

Schritt 6

Wenn Sie möchten, nehmen Sie eigene Einstellungen vor und klicken auf die Schaltfläche **Als Standard festlegen** ❹. Im zugehörigen Dialog aktivieren Sie **Alle Dokumente basierend auf der Vorlage Normal.dotm?** und klicken auf **OK**.

Den Standard ändern

Wenn Sie mit Schritt 6 die Standardeinstellung ändern, wird jedes neue Dokument, das Sie öffnen, diese Einstellungen haben.

Schriftformate festlegen: fett, kursiv und unterstrichen

Die Auszeichnungen fett, kursiv und unterstrichen gehören zu den klassischen Formatierungen, die Word zum Hervorheben bestimmter Textpassagen anbietet. Sie sind im Nu zugewiesen.

1

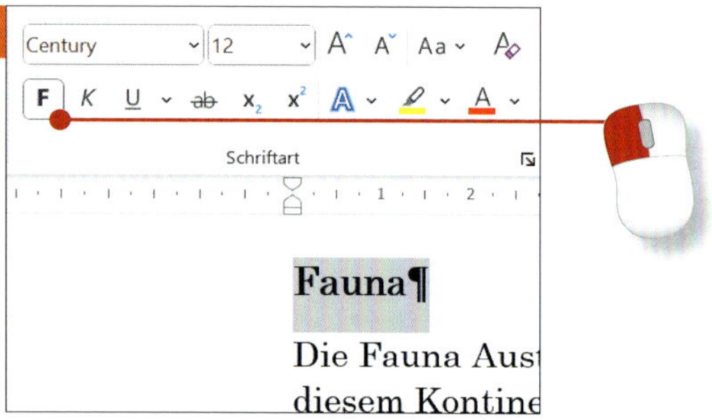

Schritt 1

Überschriften oder wichtige Begriffe werden gerne fett formatiert. Markieren Sie dazu das Wort oder die Textpassage, und klicken Sie auf der Registerkarte **Start** auf **F** (**Fett**).

2

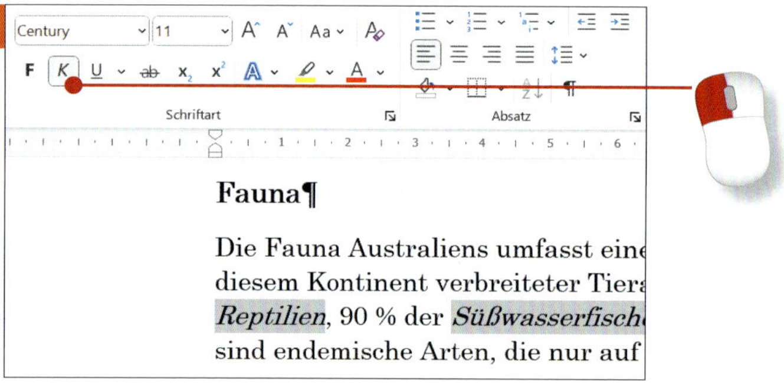

Schritt 2

Genauso fix gestalten Sie Textpassagen kursiv. Markieren Sie den Text, und klicken Sie auf **K** (**Kursiv**). Das Schriftformat lässt die Zeichen nach rechts geneigt erscheinen.

3

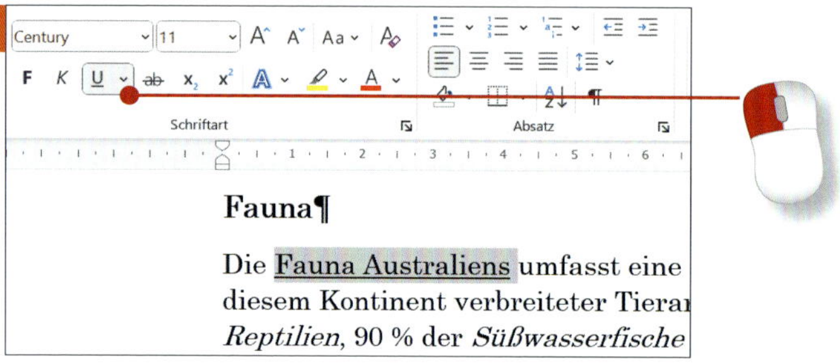

Schritt 3

Um ein Wort oder eine Zeile zu unterstreichen, markieren Sie die Textpassage und klicken auf **U** (**Unterstreichen**). Standardmäßig handelt es sich um eine Unterstreichung mit einer einfachen Linie. Allerdings wird jeweils die zuletzt angewandte Linienart verwendet.

Mehrere Begriffe markieren

Um mehrere nicht zusammenhängende Begriffe oder Textpassagen zu markieren, klicken Sie auf den ersten Begriff, halten `Strg` gedrückt und fahren mit gedrückter Maustaste über die nächsten Wörter.

Schritt 4

Um einem Text z. B. eine gestrichelte Linie zuzuweisen, klicken Sie auf den Pfeil an der Schaltfläche **U**. Im Menü wählen Sie die Linienart.

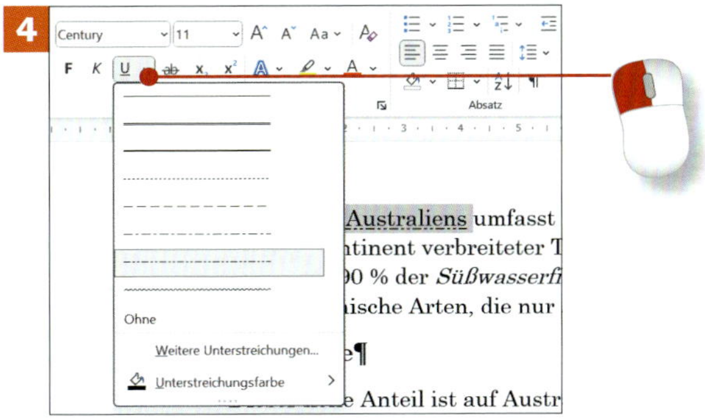

Schritt 5

Sie können auch farbig unterstreichen. Klicken Sie auf **Unterstreichungsfarbe** und dann auf eine Kachel in der Farbpalette. Die Farbe können Sie vor oder nach der Unterstreichung einstellen.

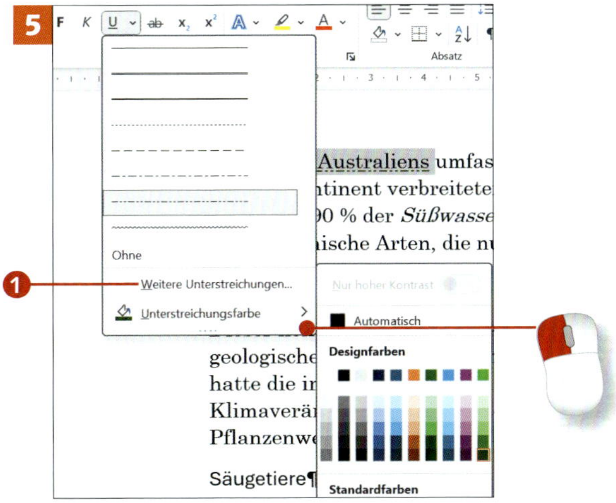

Schritt 6

Die Option **Weitere Unterstreichungen** ❶ öffnet den Dialog **Schriftart** (den Sie auch mit dem Pfeil an der Gruppe **Schriftart** aufrufen). Im Feld **Unterstreichung** bestimmen Sie den Unterstreichungstyp. Danach können Sie eine Farbe ❷ für die gewählte Unterstreichung einstellen (ohne diese Auswahl ist das Feld nicht aktiv).

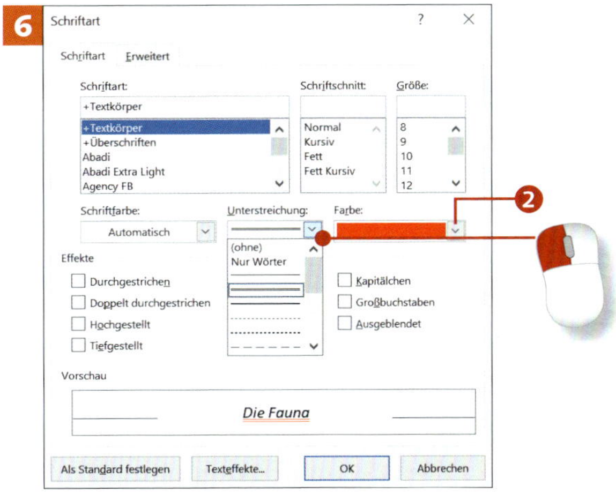

Ohne Markierung formatieren

Wenn die Option **Datei ▸ Mehr ▸ Optionen ▸ Erweitert ▸ Bearbeitungsoptionen ▸ Automatisch ganze Wörter markieren** aktiviert ist, reicht es, den Cursor in ein Wort zu setzen, bevor Sie es mit einem Zeichenformat versehen.

Schriftzüge mit Farben und Texteffekten gestalten

1

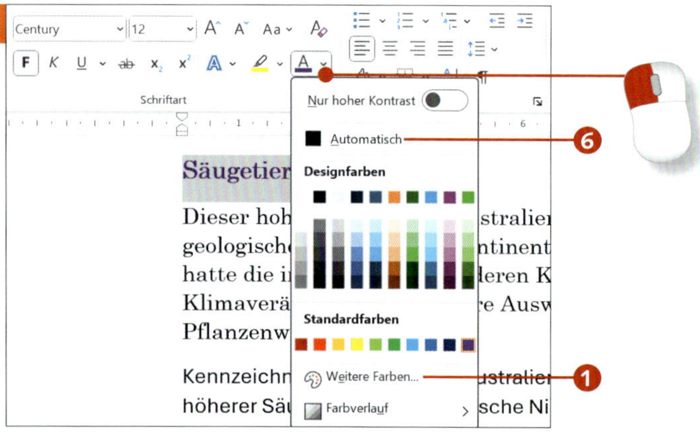

2

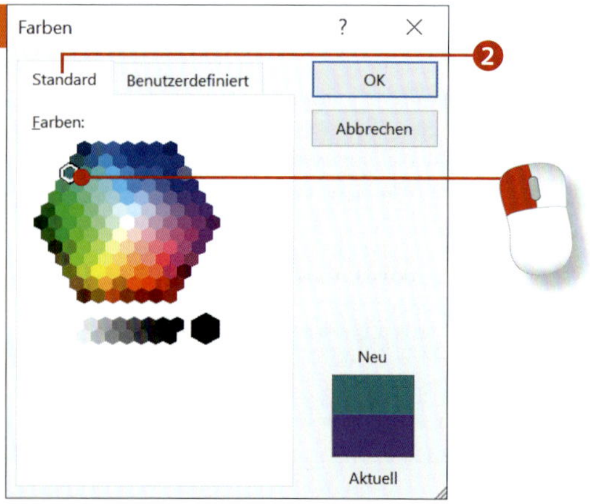

3

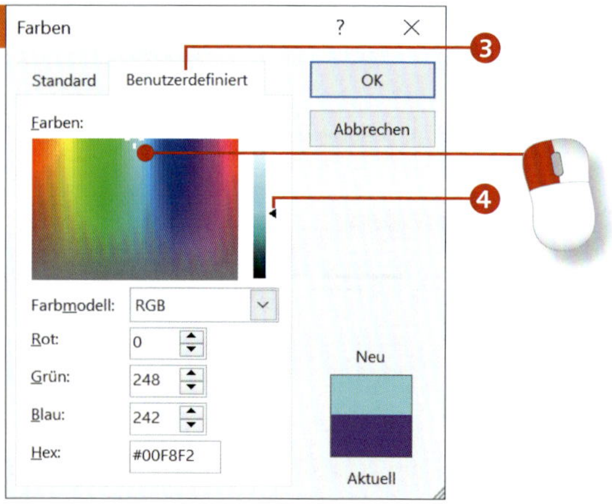

Es gibt viele Möglichkeiten, einen Text optisch aufzuwerten. Mitunter reicht es, eine andere Schriftfarbe zu wählen. Dann gibt es noch Texteffekte, die Schattierungen, Spiegelungen und einiges mehr bieten.

Schritt 1

Zunächst müssen Sie den Text markieren. Klicken Sie dann auf der Registerkarte **Start** auf den Pfeil an der Schaltfläche **Schriftfarbe**, und wählen Sie per Klick eine Farbe aus der Palette aus.

Schritt 2

Wenn Sie im Menü auf die Option **Weitere Farben** ❶ klicken, sehen Sie eine noch größere Auswahl an Farbtönen. Auf der Registerkarte **Standard** ❷ wählen Sie per Mausklick auf eine der Kacheln des Sechsecks eine Farbe aus.

Schritt 3

Noch genauer als zuvor können Sie eine Farbe auf der Registerkarte **Benutzerdefiniert** ❸ einstellen. Per Klick auf das Farbfeld stellen Sie die Grundfarbe ein. Ziehen Sie dann mit gedrückter Maustaste am Pfeil ❹ neben dem Farbbalken, um die Auswahl zu verfeinern.

Schritt 4

Um Texteffekte anzuwenden, markieren Sie den Text und klicken auf der Registerkarte **Start** auf den Pfeil an der Schaltfläche **Texteffekte und Typografie**. Das Menü bietet Füllvarianten, die Sie per Mausklick auf den ausgewählten Text übertragen.

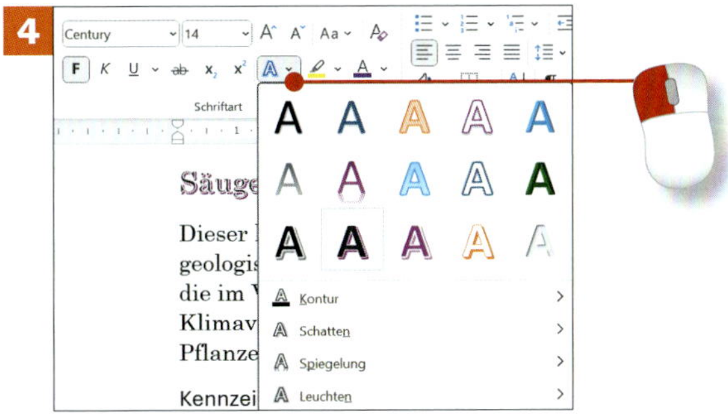

Schritt 5

Sie finden hier eine Menge weiterer Effekte. Wenn Sie den Mauszeiger z. B. auf **Kontur** führen, erhalten Sie eine Farbpalette, in der Sie eine Farbe für die Kontur der Zeichen auswählen. Auch für die Art der Kontur werden Optionen angeboten (unter **Striche** ❺).

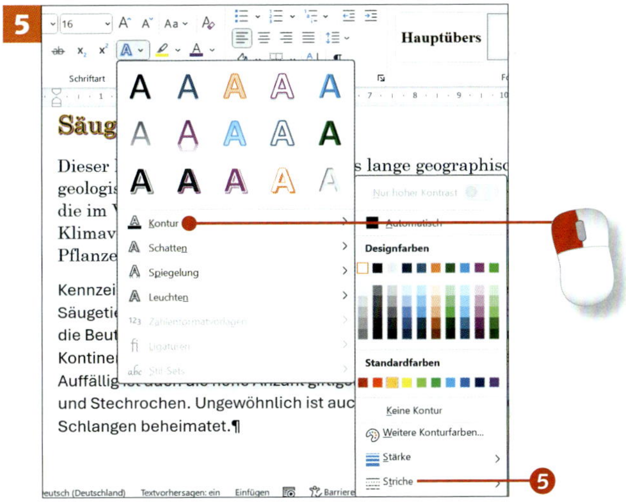

Schritt 6

Besonders interessant wirkt es, wenn der Text noch einmal als Spiegelung auftaucht. Klicken Sie auf **Spiegelung**, und wählen Sie eine Variante aus.

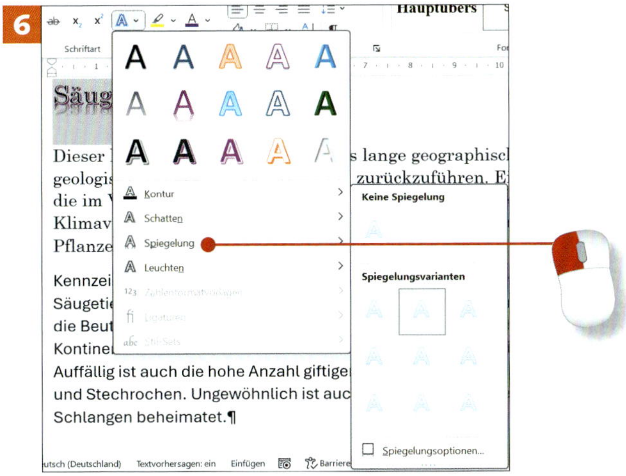

Schriftfarben wieder entfernen

Wählen Sie im Menü der Schaltfläche **Schriftfarbe** die Option **Automatisch** (❻ in Bild 1), um alle Farbeinstellungen wieder loszuwerden.

Textpassagen einrücken

1

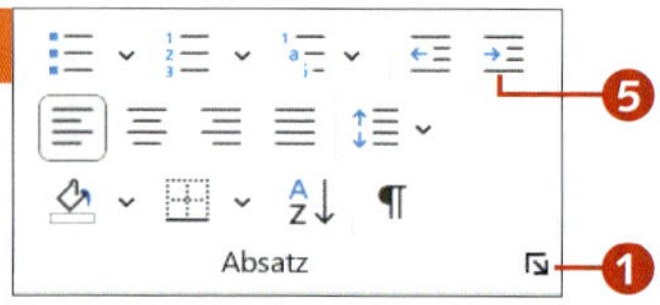

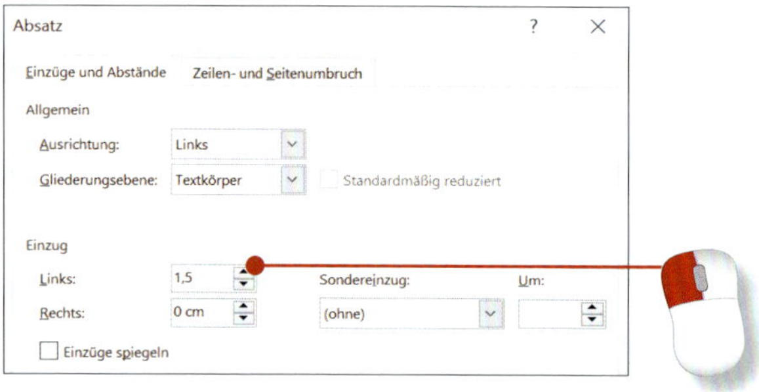

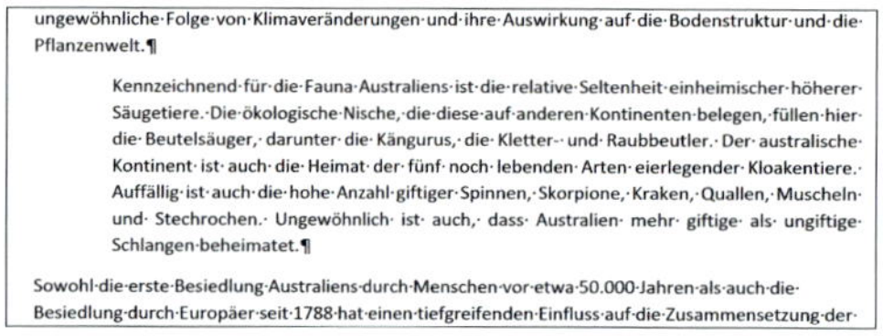
ungewöhnliche Folge von Klimaveränderungen und ihre Auswirkung auf die Bodenstruktur und die Pflanzenwelt.¶

Kennzeichnend für die Fauna Australiens ist die relative Seltenheit einheimischer höherer Säugetiere. Die ökologische Nische, die diese auf anderen Kontinenten belegen, füllen hier die Beutelsäuger, darunter die Kängurus, die Kletter- und Raubbeutler. Der australische Kontinent ist auch die Heimat der fünf noch lebenden Arten eierlegender Kloakentiere. Auffällig ist auch die hohe Anzahl giftiger Spinnen, Skorpione, Kraken, Quallen, Muscheln und Stechrochen. Ungewöhnlich ist auch, dass Australien mehr giftige als ungiftige Schlangen beheimatet.¶

Sowohl die erste Besiedlung Australiens durch Menschen vor etwa 50.000 Jahren als auch die Besiedlung durch Europäer seit 1788 hat einen tiefgreifenden Einfluss auf die Zusammensetzung der

2

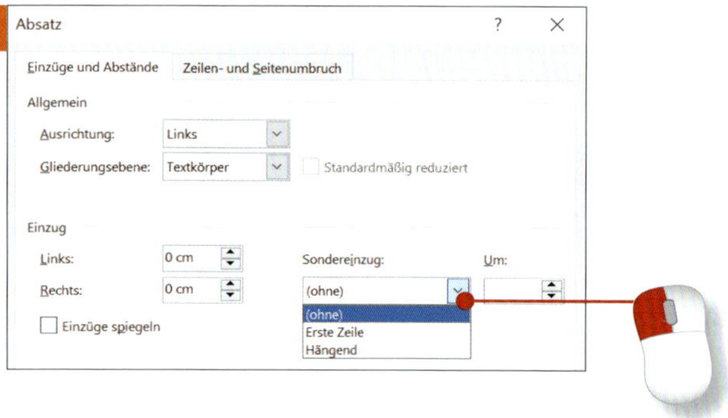

3

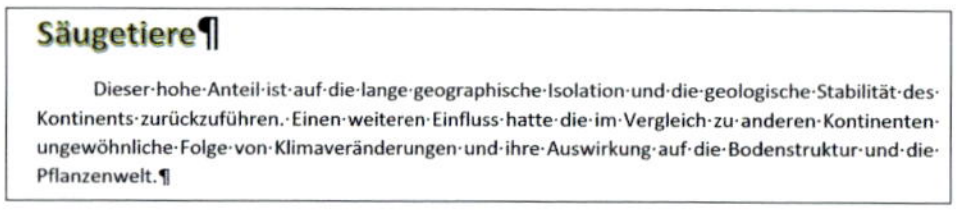
Säugetiere¶

Dieser hohe Anteil ist auf die lange geographische Isolation und die geologische Stabilität des Kontinents zurückzuführen. Einen weiteren Einfluss hatte die im Vergleich zu anderen Kontinenten ungewöhnliche Folge von Klimaveränderungen und ihre Auswirkung auf die Bodenstruktur und die Pflanzenwelt.¶

Absatzeinzüge sind ein bewährtes Mittel, um Textabschnitte hervorzuheben. Word ermöglicht dies mit wenigen Klicks.

Schritt 1

Für einen Absatzeinzug setzen Sie den Cursor in den Absatz und öffnen über den Pfeil der Gruppe **Absatz** ❶ den Dialog **Absatz**. Geben Sie unter **Einzug ▸ Links** ein Maß (z. B. 1,5 cm) ein. Die Einzugsfelder finden Sie auch auf der Registerkarte **Layout**.

Schritt 2

Word bietet aber auch *Sondereinzüge*. Dahinter verbergen sich der *Erstzeileneinzug* (nur die erste Zeile des Absatzes wird eingerückt) und ein *hängender Einzug* (alle Zeilen des Absatzes außer der ersten Zeile werden eingerückt).

Schritt 3

Für den Erstzeileneinzug wählen Sie im Dialog **Absatz** im Feld **Sondereinzug** die Option **Erste Zeile** ❷. Dann geben Sie im Feld **Um** direkt daneben an, um viele Zentimeter die erste Zeile eingerückt werden soll.

Schritt 4

Für einen hängenden Einzug wählen Sie im Feld **Sondereinzug** die Option **Hängend** ❸. Geben Sie im Feld **Um** an, um wie viele Zentimeter die Zeilen des Absatzes (außer der ersten) eingerückt werden sollen.

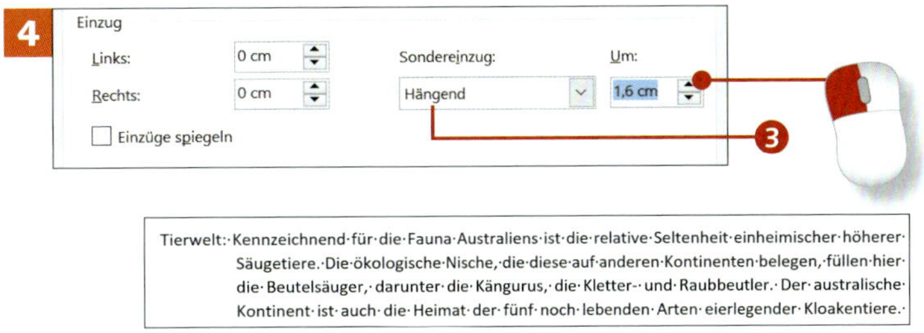

Schritt 5

Sie können die Einzüge auch im Lineal einstellen (dieses aktivieren Sie auf der Registerkarte **Ansicht**, siehe Seite 70). Links am Lineal finden Sie eine Art Sanduhr ❹, die aus drei Teilen besteht.

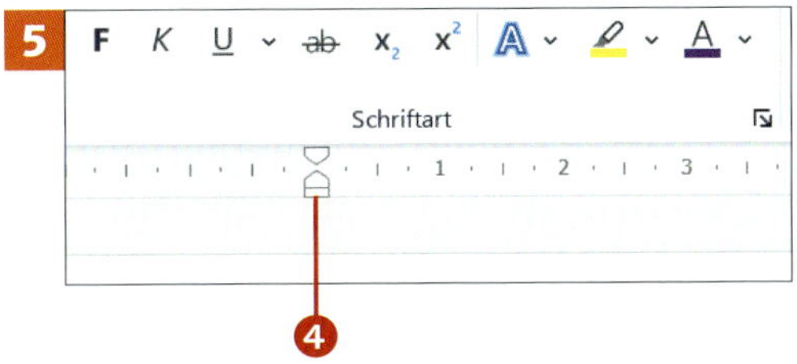

Schritt 6

Um einen »normalen« Einzug für den ganzen Absatz festzulegen, ziehen Sie den unteren Teil der Sanduhr mit gedrückter Maustaste bis zur gewünschten Zentimetermarke. Auf die gleiche Weise bewirkt der obere Teil einen Erstzeileneinzug und der mittlere Teil einen hängenden Einzug. Achten Sie darauf, dass der Cursor im Absatz steht.

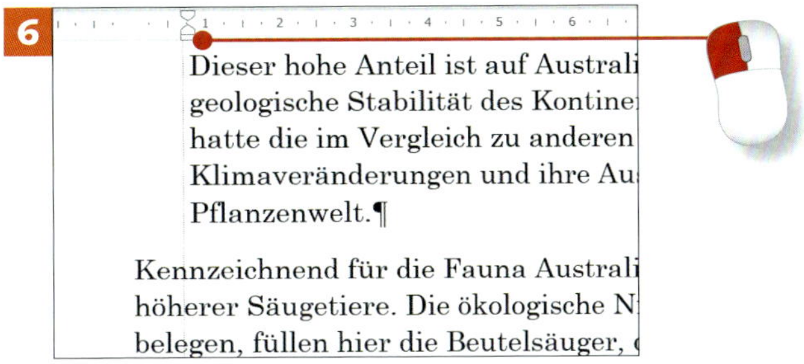

Einzug vergrößern

Einen linken Einzug von 1,25 cm können Sie auch einfach über die Schaltfläche **Einzug vergrößern** (❺ in Bild 1) einstellen, die Sie in der Gruppe **Absatz** finden.

Eine Tabelle einfügen

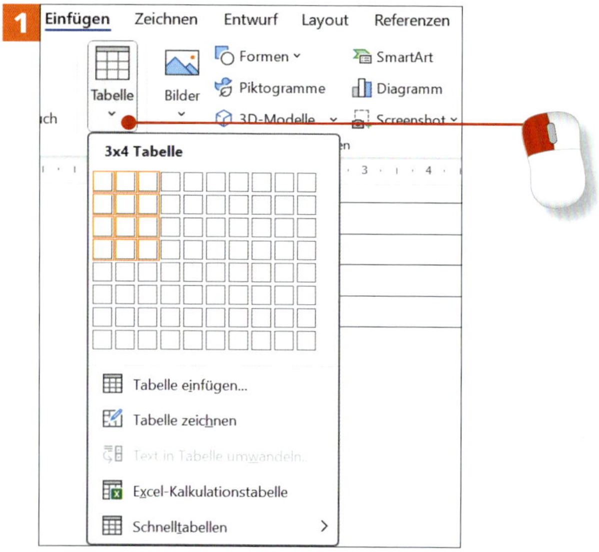

Sollen Texteinträge geordnet untereinander und nebeneinander in Zeilen und Spalten stehen, sind Tabellen dafür das geeignete Mittel.

Schritt 1

Klicken Sie auf der Registerkarte **Einfügen** auf **Tabelle**. Fahren Sie mit der Maus über so viele Spalten und Zeilen, wie Sie einfügen möchten, und klicken Sie auf das letzte Kästchen. Die Tabelle wird eingefügt.

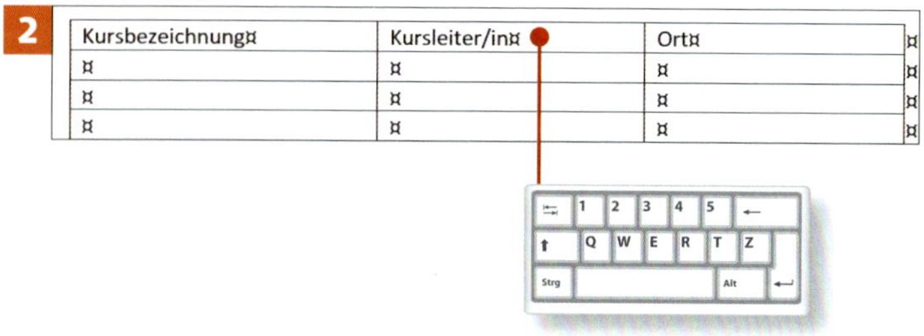

Schritt 2

Sie können sofort losschreiben. In die jeweils nächste Zelle gelangen Sie mit ⇥ oder →, aber Sie können auch einfach in eine andere Zelle klicken oder sie antippen.

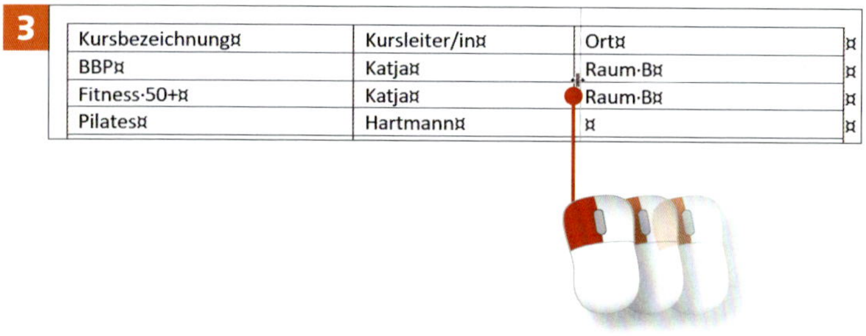

Schritt 3

Sie verändern die Spaltenbreite, indem Sie die Linie zwischen zwei Spalten mit gedrückter Maustaste verschieben. Genauso verändern Sie die Zeilenhöhe: Verschieben Sie die horizontale Linie.

Tabstopps in Zellen

Haben Sie einen Tabstopp in einer Tabellenzelle gesetzt, drücken Sie Strg + ⇥, um in der Zelle zu diesem Tabstopp zu springen.

Schritt 4

Um die Größe festzulegen, nutzen Sie die Felder **Tabellenzeilenhöhe** und **Tabellenspaltenbreite** ❶ auf der Registerkarte **Tabellenlayout**. Setzen Sie den Cursor in die Spalte bzw. Zeile, deren Breite bzw. Höhe Sie anpassen möchten, und geben Sie Maße ein, oder nutzen Sie die kleinen Pfeile.

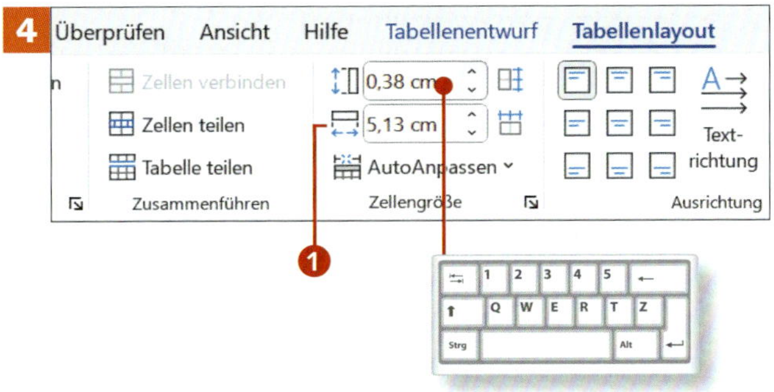

Schritt 5

Standardmäßig haben die Tabellen eine feste Spaltenbreite. Die Spaltenbreite lässt sich aber auch an den Text anpassen. Dazu klicken Sie auf der Registerkarte **Tabellenlayout** auf **AutoAnpassen** und wählen **Automatisch an Inhalt anpassen**.

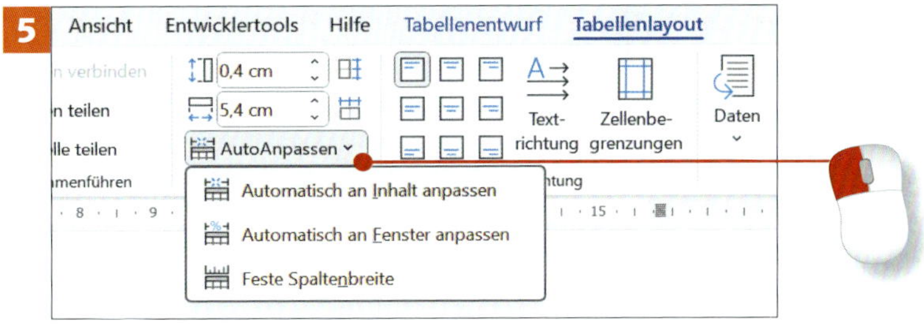

Schritt 6

Klicken Sie auf der Registerkarte **Tabellenlayout** ganz links auf **Eigenschaften**, um den Dialog **Tabelleneigenschaften** zu öffnen, in dem Sie z. B. die Spaltenbreite ❷, die Zeilenhöhe oder die Ausrichtung des Textes festlegen können. Mit dem Befehl **Tabelleneigenschaften** im Kontextmenü der Tabelle rufen Sie diesen Dialog ebenfalls auf.

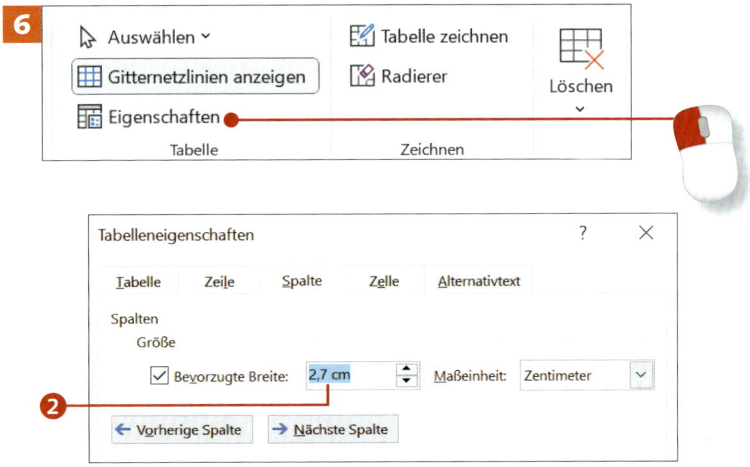

Eine Tabelle bearbeiten und attraktiv gestalten

1

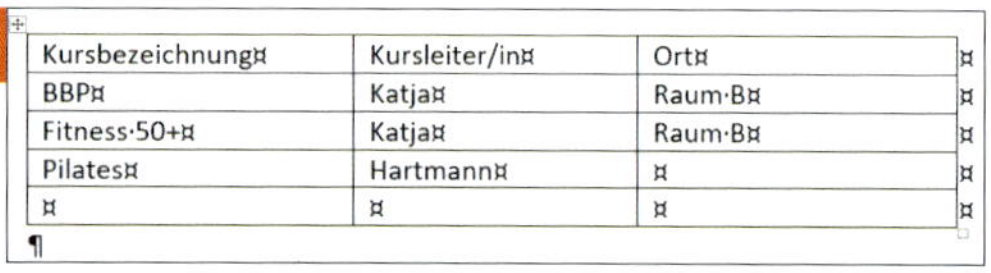

Kursbezeichnung¤	Kursleiter/in¤	Ort¤
BBP¤	Katja¤	Raum·B¤
Fitness·50+¤	Katja¤	Raum·B¤
Pilates¤	Hartmann¤	¤
¤	¤	¤

2

Kursbezeichnung¤	Kursleiter/in¤	Ort¤
BBP¤	Katja¤	Raum·B¤
Fitness·50+¤	Katja¤	Raum·B¤
Pilates¤	Hartmann¤	¤
¤	¤	¤

Kursbezeichnung¤	Kursleiter/in¤	Ort¤
BBP¤	Katja¤	Raum·B¤
¤	¤	¤
Fitness·50+¤	Katja¤	Raum·B¤
Pilates¤	Hartmann¤	¤
¤	¤	¤

3

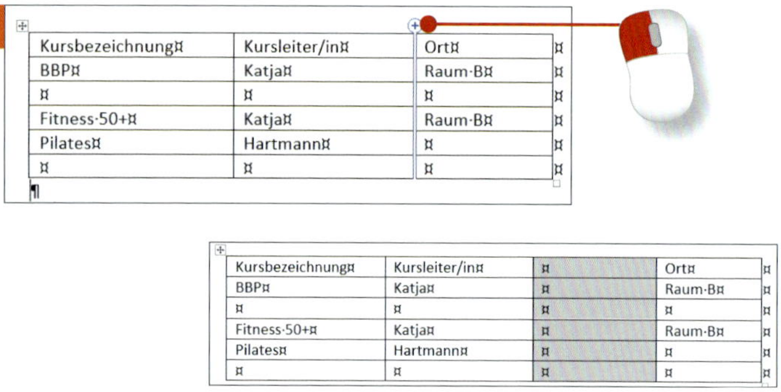

Kursbezeichnung¤	Kursleiter/in¤	Ort¤
BBP¤	Katja¤	Raum·B¤
¤	¤	¤
Fitness·50+¤	Katja¤	Raum·B¤
Pilates¤	Hartmann¤	¤
¤	¤	¤

Kursbezeichnung¤	Kursleiter/in¤	¤	Ort¤
BBP¤	Katja¤	¤	Raum·B¤
¤	¤	¤	¤
Fitness·50+¤	Katja¤	¤	Raum·B¤
Pilates¤	Hartmann¤	¤	¤
¤	¤	¤	¤

Wenn Sie feststellen, dass Sie mehr Spalten oder Zeilen benötigen, müssen Sie nicht von vorn beginnen. Sie können die vorhandene Tabelle problemlos erweitern. Und mit wenigen Handgriffen zaubern Sie aus einer schlichten Tabelle ein schickes Werk.

Schritt 1

Es ist einfach, die Tabelle um Zeilen zu ergänzen. Setzen Sie den Cursor in die letzte Zelle der Tabelle, und drücken Sie [⇆]. Die Tabelle wird um eine Zeile verlängert.

Schritt 2

Um Zeilen innerhalb der Tabelle einzufügen, setzen Sie den Cursor in die Zeile, unter der Sie eine neue Zeile brauchen, und zeigen mit dem Mauszeiger auf den Rand der Tabelle. Es erscheint eine Linie mit einem Pluszeichen. Klicken Sie darauf.

Schritt 3

So fügen Sie auch eine Spalte ein: Setzen Sie den Cursor in die Spalte, neben der Sie eine weitere einfügen möchten, und zeigen Sie mit der Maus auf den oberen Rand der Zelle. Klicken Sie dann auf das Plus.

i

Befehle zum Einfügen

Sie können Zeilen oder Spalten auch über die Befehle in der Gruppe **Zeilen und Spalten** auf der Registerkarte **Tabellenlayout** einfügen.

Schritt 4

Um Zeilen oder Spalten zu entfernen, setzen Sie den Cursor in die zu löschende Zeile/Spalte, klicken auf der Registerkarte **Tabellenlayout** auf **Löschen** und wählen eine Option.

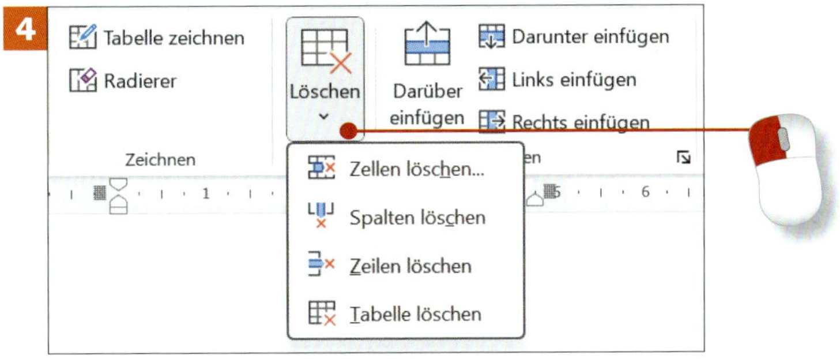

Schritt 5

Zellen lassen sich weiter aufteilen. Setzen Sie den Cursor in die Zelle, und klicken Sie auf **Zellen teilen**. Im Fenster geben Sie an, in wie viele Spalten (oder Zeilen) die Zelle unterteilt werden soll ❶.

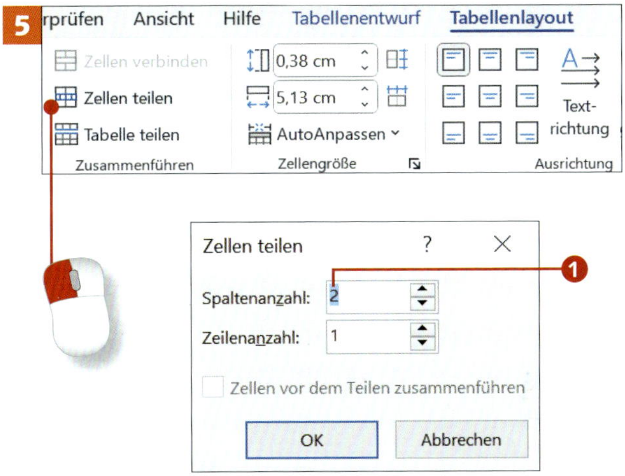

Schritt 6

Um Zeilen oder Spalten zu formatieren, müssen Sie sie markieren. Das geht mit gedrückter Maustaste oder so: Zeigen Sie mit der Maus links neben den Rand der Zeile oder auf den oberen Rand der Spalte; wenn Sie den weißen Mauszeiger ❷ bzw. den schwarzen Pfeil ❸ sehen, klicken Sie.

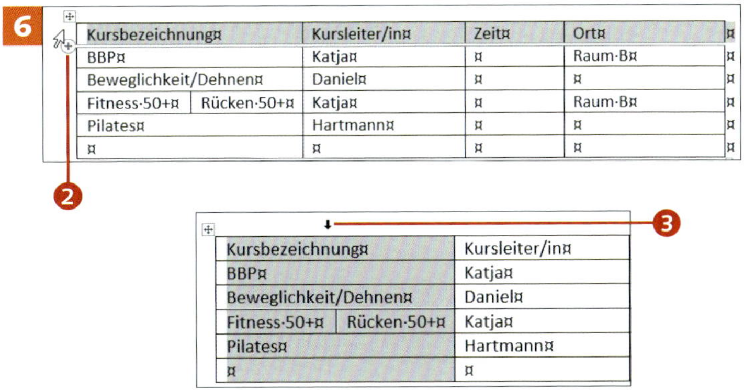

Markieren in der Tabelle

Zellen, Zeilen oder Spalten einer Tabelle lassen sich auch bequem markieren, wenn Sie auf der Registerkarte **Tabellenlayout** ganz links auf den Pfeil an der Schaltfläche **Auswählen** klicken und im Menü Ihre Auswahl treffen.

Eine Tabelle bearbeiten und attraktiv gestalten (Forts.)

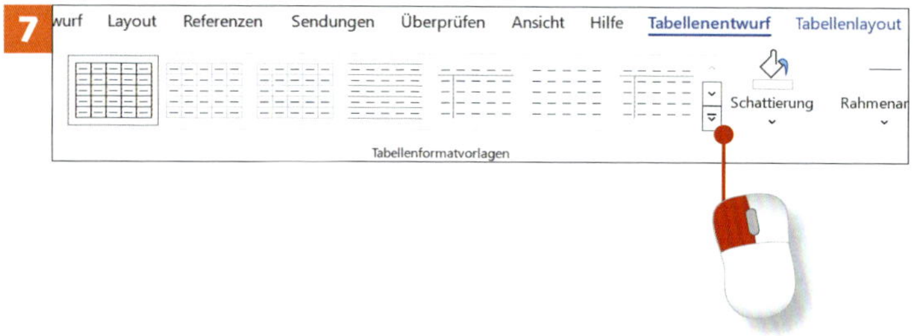

Schritt 7

Zum Gestalten können Sie Vorlagen nutzen. Setzen Sie den Cursor in die Tabelle, und aktivieren Sie die Registerkarte **Tabellenentwurf**. Hier werden *Tabellenformatvorlagen* angeboten. Um alle Vorlagen zu sehen, klicken Sie auf den Pfeil. Per Mausklick übertragen Sie eine Vorlage auf Ihre Tabelle.

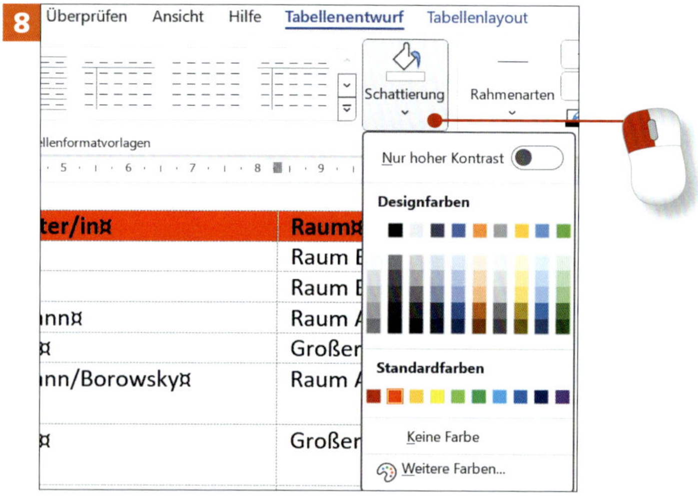

Schritt 8

Natürlich können Sie die Tabelle auch eigenhändig gestalten. Geben Sie markierten Zellen z. B. einen farbigen Hintergrund, indem Sie das Menü **Schattierung** öffnen und daraus eine Farbe wählen. Ändern Sie bei einem dunklen Hintergrund gegebenenfalls die Schriftfarbe.

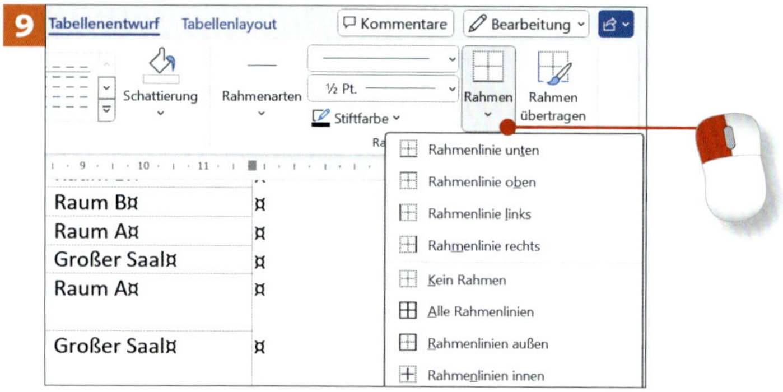

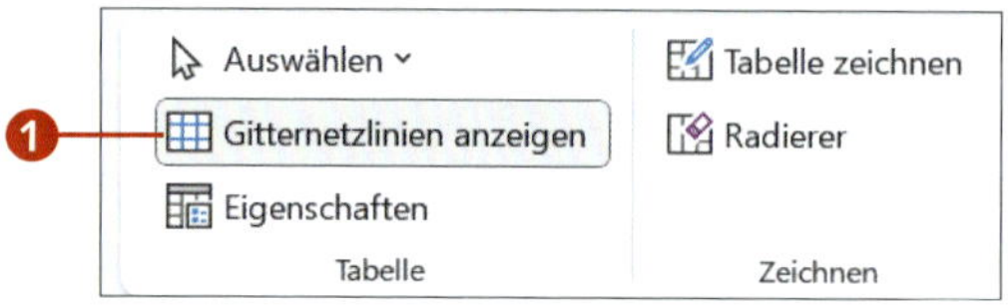

Schritt 9

Die eingefügte Tabelle hat innen und außen Rahmenlinien. Sie können diese teilweise oder komplett entfernen. Markieren Sie die betreffenden Zellen, und klicken Sie auf der Registerkarte **Tabellenentwurf** auf **Rahmen ▸ Kein Rahmen**. Die feinen Linien sind Hilfslinien, die nicht ausgedruckt werden. Sie können sie über **Tabellenlayout ▸ Gitternetzlinien anzeigen** ❶ ausblenden (bzw. einblenden).

Schritt 10

Einzelne Linien setzen Sie – wenn Sie vorher **Kein Rahmen** gewählt haben – folgendermaßen: Markieren Sie z. B. die oberste Zeile. Klicken Sie auf der Registerkarte **Tabellenentwurf** auf **Rahmen ▸ Rahmenlinie unten** (das heißt im Klartext: eine Linie unterhalb der Markierung).

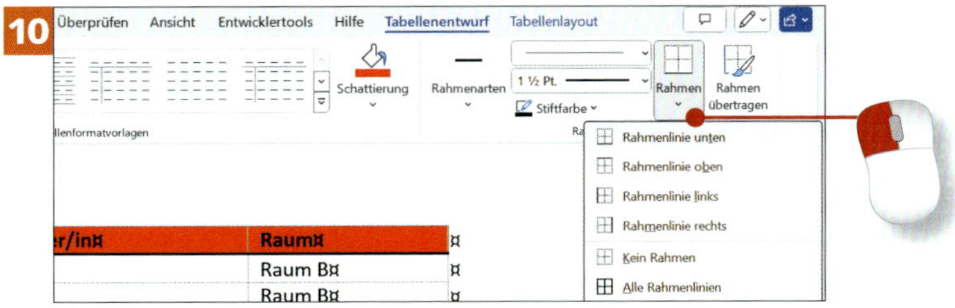

Schritt 11

Für farbige Rahmenlinien oder andere Linienarten öffnen Sie über **Rahmen ▸ Rahmen und Schattierung** den gleichnamigen Dialog. In diesem Dialog können Sie die Art, Farbe ❷ und Breite ❸ der Linie(n) wählen.

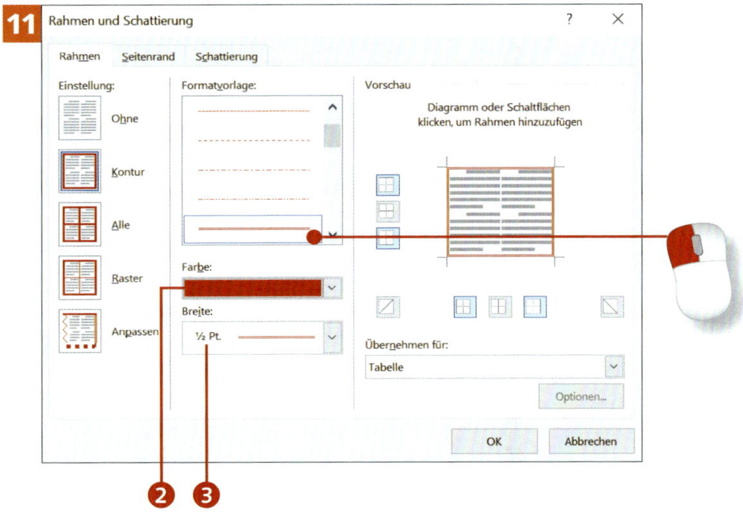

Schritt 12

Eine zentrierte Überschrift für die Tabelle erzeugen Sie mit einer verbundenen Zelle. Markieren Sie die oberste Zeile (fügen Sie gegebenenfalls zuerst eine neue Zeile ganz oben ein), und klicken Sie auf **Tabellenlayout ▸ Zellen verbinden**. Nun können Sie die Überschrift zentrieren. Die Symbole dafür finden Sie auf der Registerkarte **Tabellenlayout** (und natürlich auf der Registerkarte **Start**).

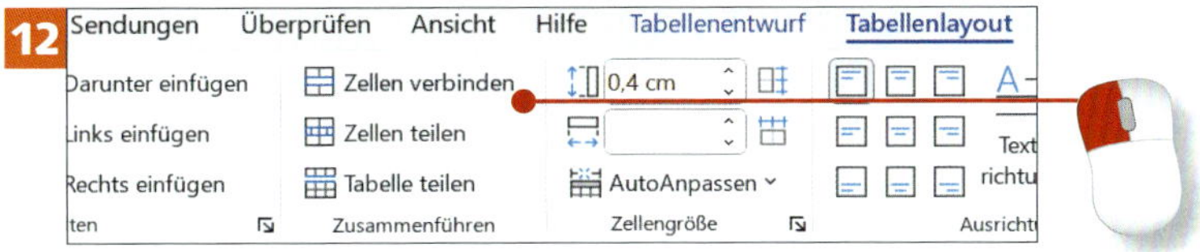

Unsere Kurse im November		
Kursbeschreibung	Kursleiter/in	Raum
BBP	Katja	Raum B
Fitness 50+	Katja	Raum B
Pilates	Hartmann	Raum A
Yoga-Entspannung	Mandy	Großer Saal

Mit Formatvorlagen arbeiten

Formatvorlagen bündeln diverse Formatierungen in Vorlagen, die Sie Absätzen oder markierten Textstellen einfach per Mausklick zuweisen können. Eine praktische Sache, die ich Ihnen hier zeige.

Schritt 1

Um eine Formatvorlage zuzuweisen, setzen Sie den Cursor in den entsprechenden Absatz und klicken auf der Registerkarte **Start** direkt auf eine Formatvorlage oder auf den Pfeil am Auswahlfeld **Formatvorlagen** ❶. Im Menü sehen Sie die *Schnellformatvorlagen*.

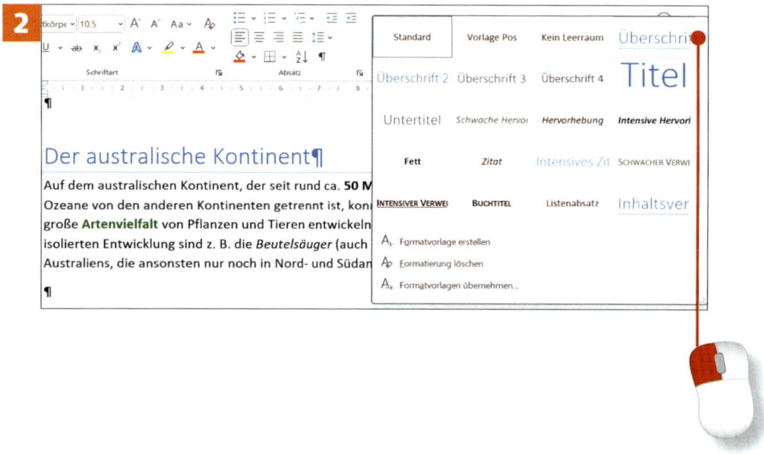

Schritt 2

Wenn Sie mit der Maus über die Vorlagen fahren, sehen Sie die Auswirkung direkt im Text. Klicken Sie auf eine Vorlage, um sie für den Absatz zu übernehmen.

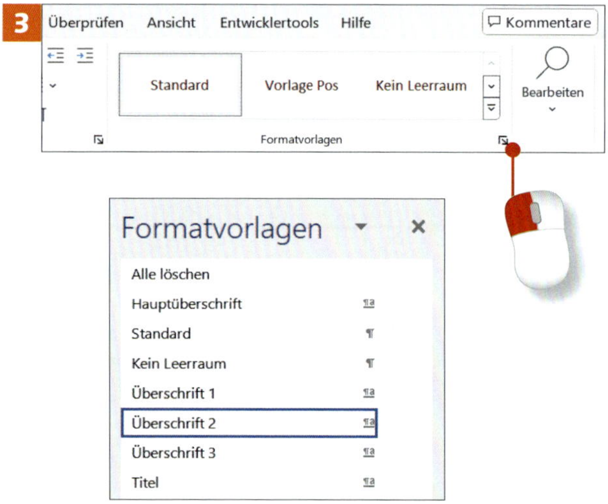

Schritt 3

Um das gesamte Angebot an Formatvorlagen zu sehen, klicken Sie zunächst auf den Pfeil an der Gruppe **Formatvorlagen**. Daraufhin wird im rechten Bereich der Aufgabenbereich **Formatvorlagen** eingeblendet.

Schritt 4

Damit alle vorhandenen Formatvorlagen eingeblendet werden, klicken Sie ganz unten auf den Link **Optionen** ❷. Im Dialog wählen Sie im Feld **Anzuzeigende Formatvorlagen auswählen** die Option **Alle Formatvorlagen**.

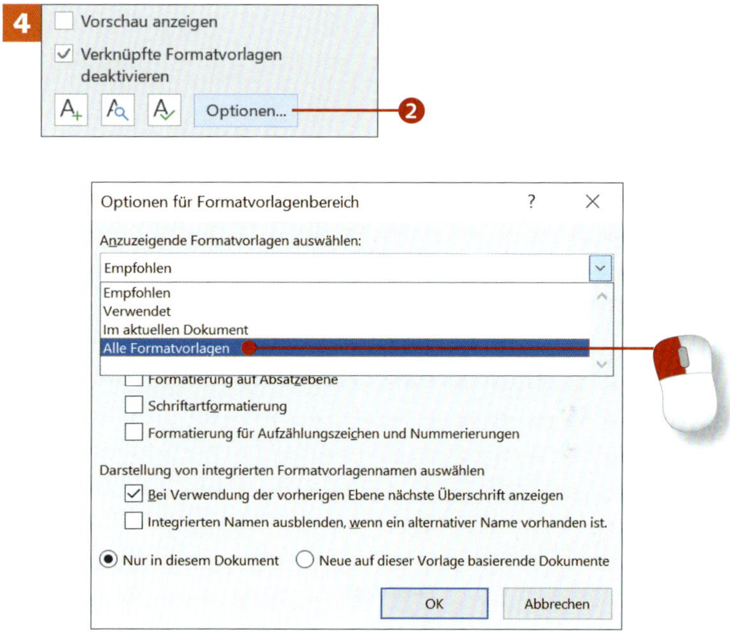

Schritt 5

Sie können eine Formatvorlage, auf die Sie schnell zugreifen möchten, auch in den Formatvorlagenkatalog befördern. Dazu zeigen Sie mit der Maus auf einen Formatvorlagennamen und klicken auf den Pfeil. Im Menü wählen Sie **Zum Formatvorlagenkatalog hinzufügen**.

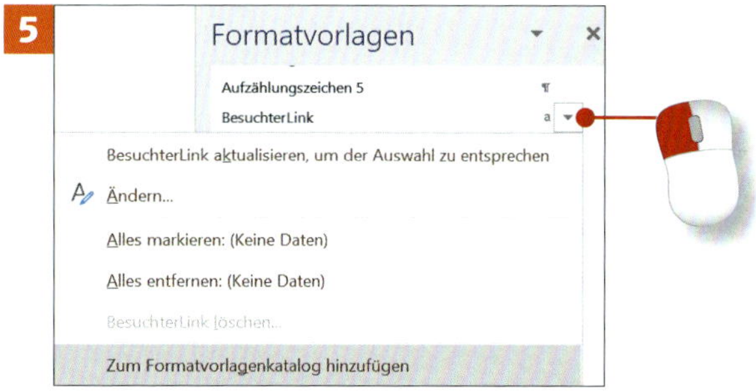

Schritt 6

Sobald Sie mit der Maus auf eine Formatvorlage im Aufgabenbereich zeigen, werden die zugehörigen Einstellungen eingeblendet.

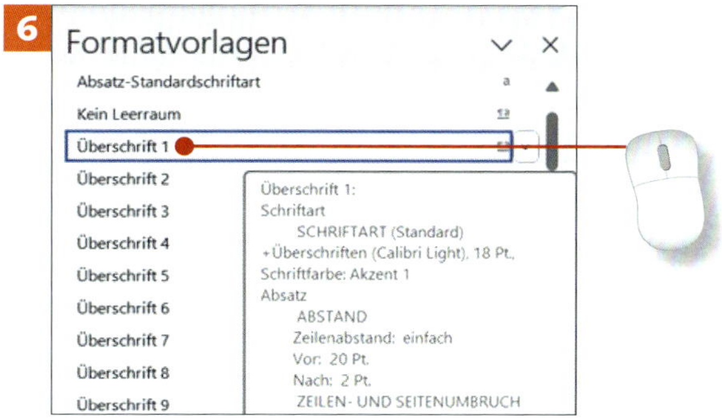

Formatvorlagen nutzen

Insbesondere bei längeren Dokumenten sind Formatvorlagen nützlich, weil sich wiederkehrende Formatierungen mit einem Mausklick zuweisen lassen. Auch das Ändern z. B. aller Überschriften geht schnell: Sie müssen nur die entsprechende Formatvorlage anpassen.

Formatvorlagen anpassen

Entsprechen die Eigenschaften einer Formatvorlage nicht Ihren Vorstellungen? Das ist kein Problem, Sie können sie an Ihre Wünsche anpassen.

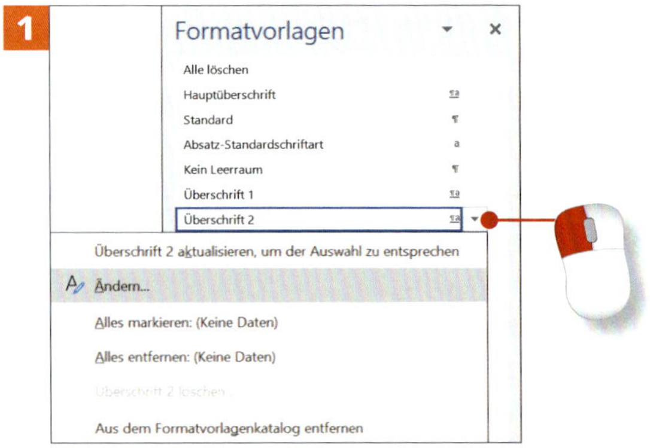

Schritt 1

Wenn Sie auf den Pfeil an der Gruppe **Formatvorlagen** klicken (siehe Schritt 3 auf Seite 96), werden rechts die Formatvorlagen angezeigt. In der Liste klicken Sie auf den Pfeil an der Vorlage, die Sie ändern möchten. Im Menü wählen Sie **Ändern**.

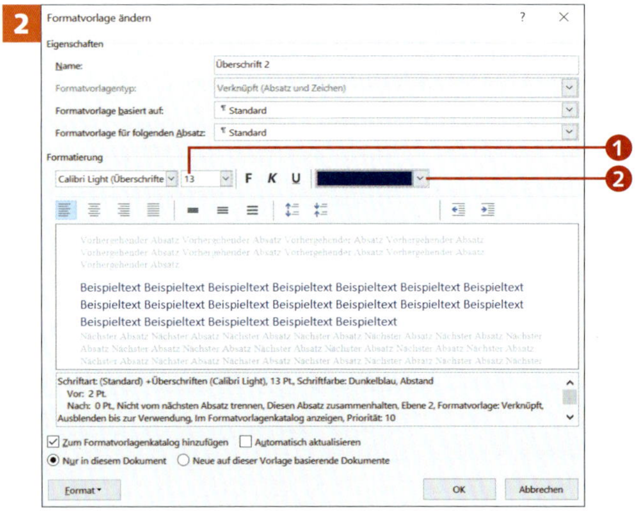

Schritt 2

Der Dialog **Formatvorlage ändern** öffnet sich. Einige Formatierungseinstellungen können Sie direkt hier ändern, z. B. die Schriftgröße ❶ und/oder die Farbe ❷.

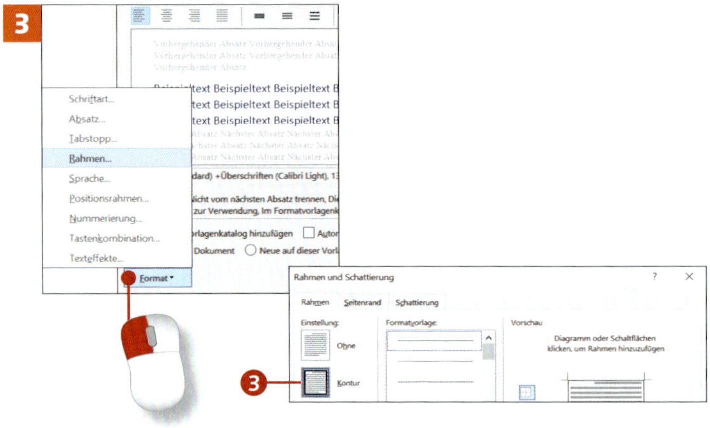

Schritt 3

Manche Einstellungen finden Sie nicht unmittelbar im Dialog. Um beispielsweise einen Rahmen festzulegen, klicken Sie auf **Format** und wählen im Menü **Rahmen**. Dies öffnet den Dialog **Rahmen und Schattierung**, wo Sie per Klick auf die Schaltfläche **Kontur** ❸ einen Rahmen für den Absatz einstellen.

Schritt 4

Wenn Sie auf den Pfeil am Feld **Formatvorlage für folgenden Absatz** klicken, legen Sie fest, mit welchem Format Sie weiterschreiben, nachdem Sie [↵] gedrückt und so einen neuen Absatz erzeugt haben.

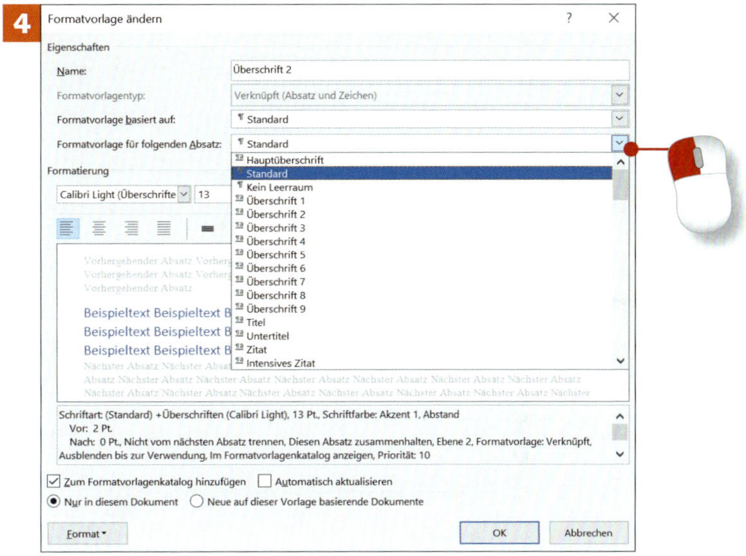

Schritt 5

Wenn die Veränderungen an der Formatvorlage lediglich im aktuellen Dokument gelten sollen, setzen Sie das Häkchen vor **Nur in diesem Dokument**. In neuen Dokumenten hat die Formatvorlage dann wieder die Standardeinstellungen (wie in der Dokumentvorlage).

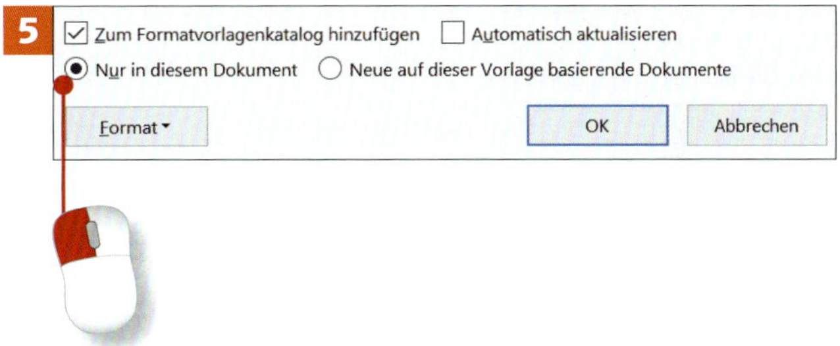

Schritt 6

Ein Klick auf die Schaltfläche **Neue Formatvorlage** ganz unten im Aufgabenbereich **Formatvorlagen** öffnet den eben beschriebenen Dialog, nur dass er nun **Neue Formatvorlage erstellen** heißt. Anstatt eine Formatvorlage zu ändern, können Sie hier eine neue Formatvorlage mit einem eigenen Namen ❹ anlegen.

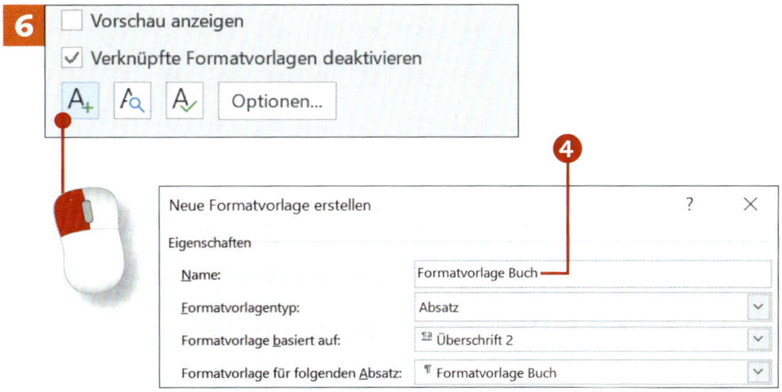

Überschriften nummerieren

In längeren Dokumenten ist es üblich, den Text mit Überschriften und Unterpunkten zu gliedern.

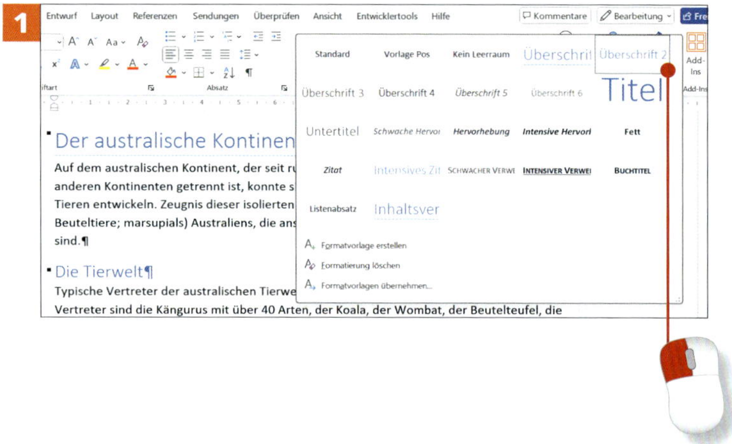

Schritt 1

Als Erstes weisen Sie Ihren Überschriften Formatvorlagen zu, also **Überschrift 1** (für eine Hauptüberschrift), **Überschrift 2** (für eine Unterüberschrift) etc. Setzen Sie dazu den Cursor in die jeweilige Überschrift, und klicken Sie auf der Registerkarte **Start** im Menü **Formatvorlagen** auf die passende Formatvorlage.

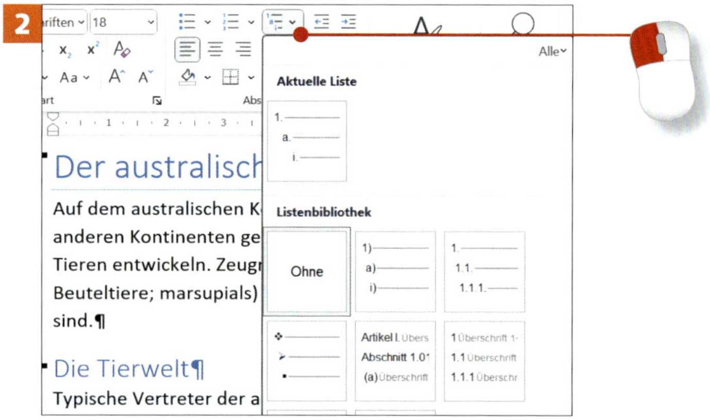

Schritt 2

Danach setzen Sie den Cursor in eine Überschrift (z. B. Ebene 1) und klicken auf den Pfeil an der Schaltfläche **Liste mit mehreren Ebenen**. In der Bibliothek finden Sie mehrere Nummerierungsformate.

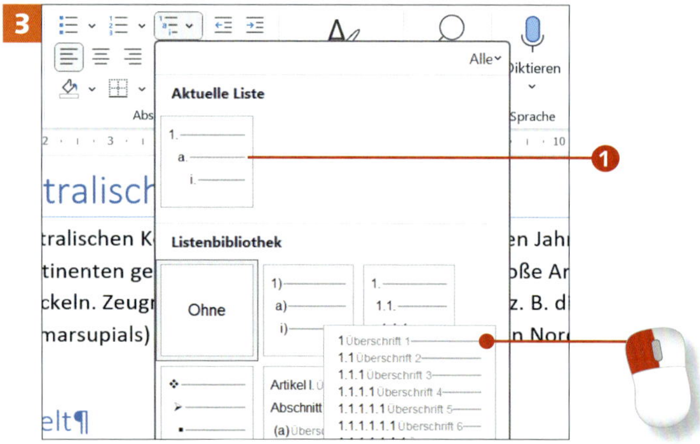

Schritt 3

Wenn Sie die Nummerierung automatisch im gesamten Dokument zuweisen möchten, wählen Sie ein Format, in dem das Wort »Überschrift« in der Vorschau auftaucht. Bei einem Format, das nur einen Strich zeigt **1**, erhält nur die aktuelle Überschrift eine Nummerierung.

Schritt 4

Sofort werden alle Überschriften im Dokument nummeriert. Wenn die Überschriften niedriger Ebenen (z. B. Ebene 3) nicht nummeriert werden sollen, klicken Sie im Menü der Schaltfläche **Liste mit mehreren Ebenen** auf den Eintrag **Neue Liste mit mehreren Ebenen definieren**. Achten Sie darauf, dass der Cursor in einer der Überschriften steht.

4

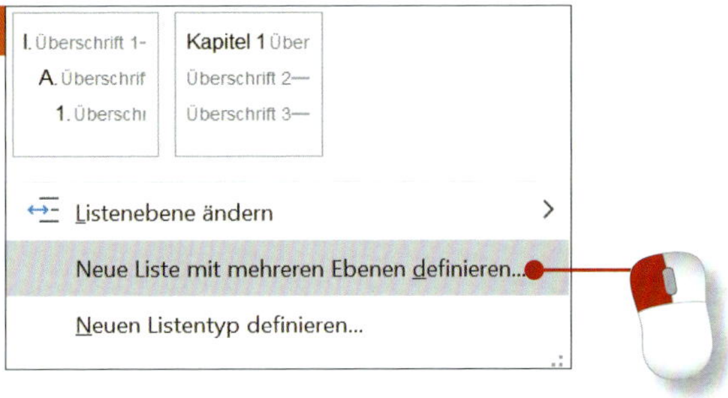

Schritt 5

Im zugehörigen Dialog klicken Sie als Erstes ganz unten auf **Erweitern**, um den kompletten Dialog zu sehen. Dann markieren Sie in der Liste links die Überschriftenebene, die Sie bearbeiten möchten, z. B. **3**.

5

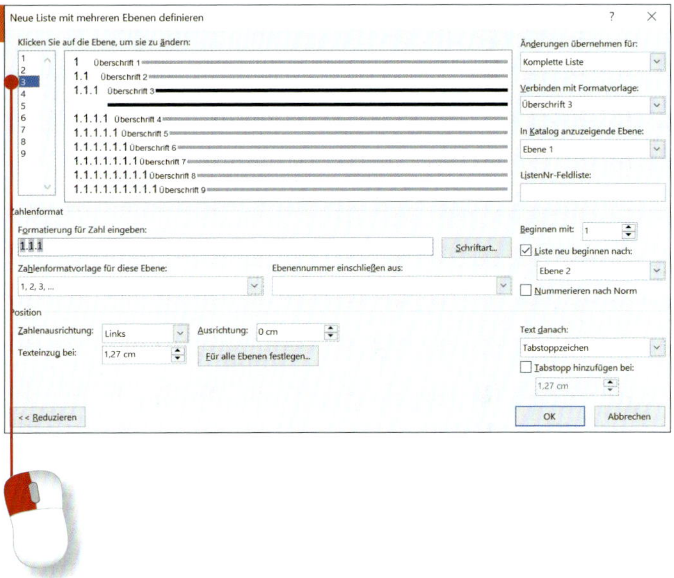

Schritt 6

Klicken Sie dann rechts auf den Pfeil am Feld **Verbinden mit Formatvorlage**, und wählen Sie **Keine Formatvorlage**. Sie sehen den Erfolg der Aktion unmittelbar in der Vorschau: Die Ebene wird nur noch mit einem Strich dargestellt ❷. Wiederholen Sie dies gegebenenfalls für andere Unterüberschriften.

6

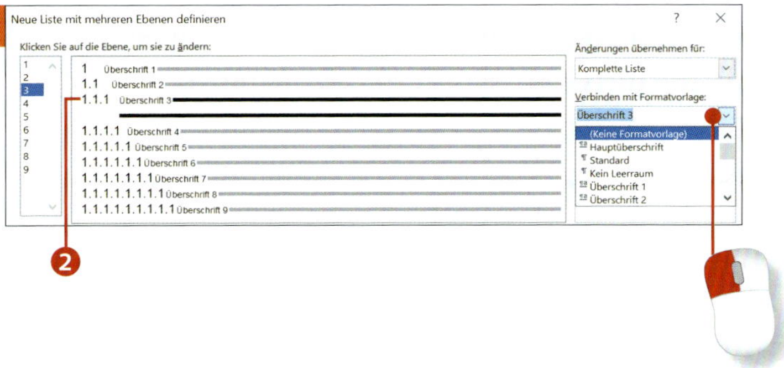

Ein Inhaltsverzeichnis erstellen

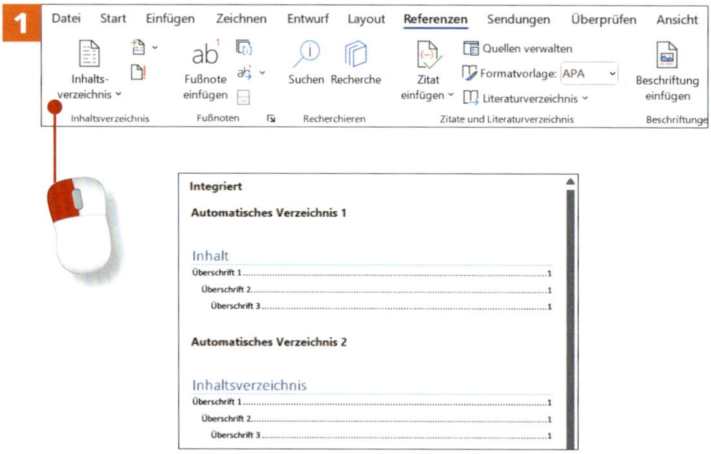

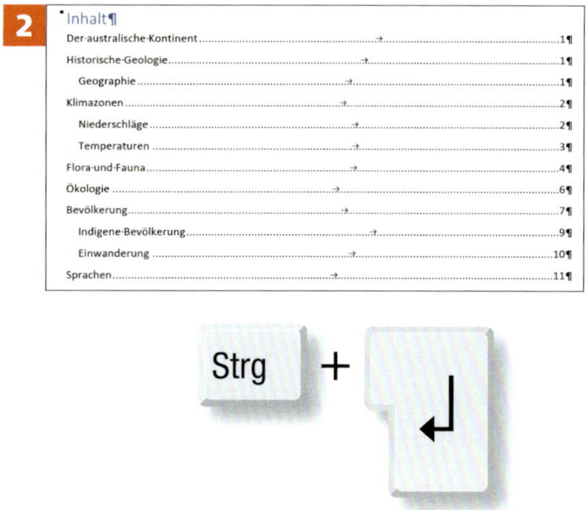

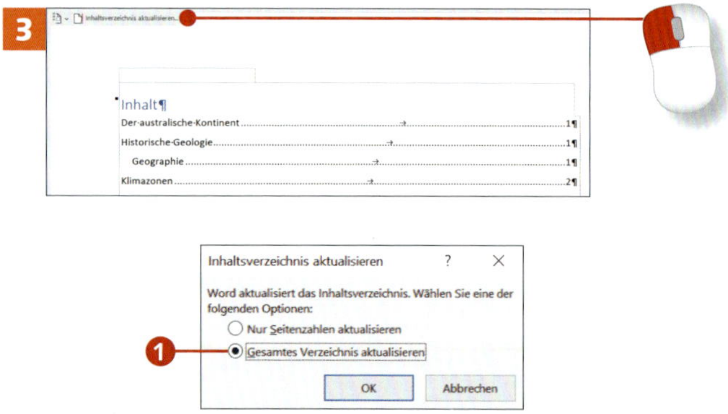

Gerade bei umfangreichen Dokumenten ist ein Inhaltsverzeichnis unerlässlich. Mit Word erstellen Sie es im Nu. Voraussetzung sind Überschriften, die mit Formatvorlagen (»Überschrift 1« etc.) formatiert wurden.

Schritt 1

Setzen Sie den Cursor an den Anfang des Dokuments, und drücken Sie [↵], um oberhalb der Überschrift einen Absatz zu erzeugen. Auf der Registerkarte **Referenzen** klicken Sie auf **Inhaltsverzeichnis**. Wählen Sie **Automatisches Verzeichnis 1** oder **Automatisches Verzeichnis 2**.

Schritt 2

Word erstellt das Inhaltsverzeichnis auf Basis der Überschriften. Damit es auf einer leeren Seite steht, drücken Sie unterhalb des Verzeichnisses [Strg]+[↵], um einen Seitenumbruch einzufügen.

Schritt 3

Um das Verzeichnis zu aktualisieren (also z. B. Änderungen an Überschriften zu übernehmen), setzen Sie den Cursor hinein und klicken auf **Inhaltsverzeichnis aktualisieren**. Im Dialog wählen Sie die zweite Option ❶ und klicken auf **OK**.

Schritt 4

Statt im Menü ein Verzeichnisformat zu wählen (Schritt 1), können Sie auch einen Dialog öffnen, in dem Sie mehr Einstellungen vornehmen können. Dazu klicken Sie auf **Benutzerdefiniertes Inhaltsverzeichnis**.

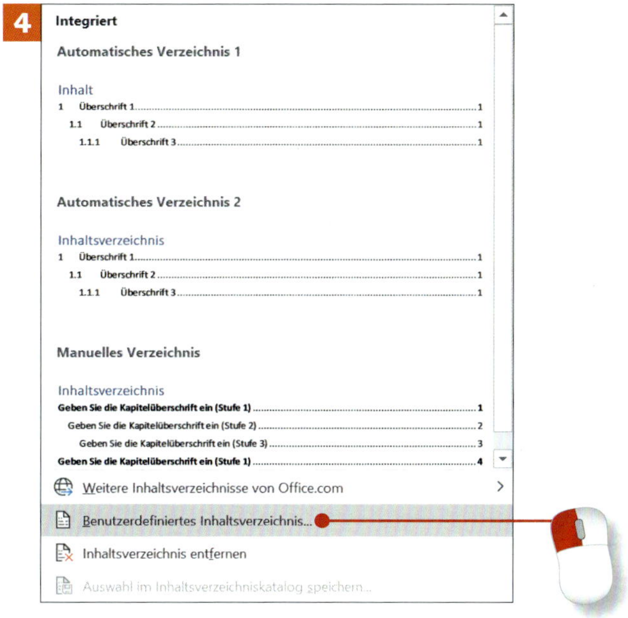

Schritt 5

Im Dialog **Inhaltsverzeichnis** können Sie ein Format für das Verzeichnis auswählen ❷, das **Füllzeichen** ❸ ändern, die Hyperlinks ❹ deaktivieren und die einbezogenen Ebenen verändern ❺. Klicken Sie abschließend auf **OK**.

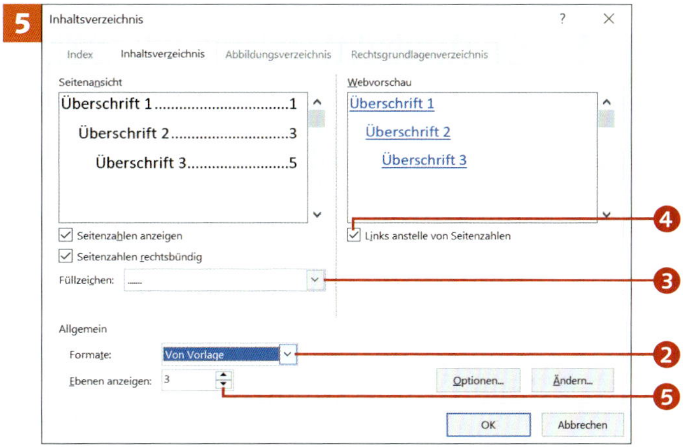

Schritt 6

Wenn Sie bereits ein Inhaltsverzeichnis im Dokument hatten, fragt Word, ob es ersetzt werden soll. Klicken Sie auf **Ja**. Anschließend sehen Sie die Änderung in Ihrem Dokument.

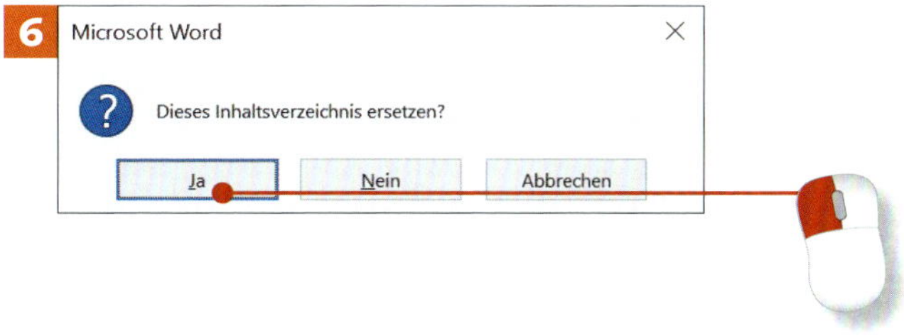

Hyperlinks im Inhaltsverzeichnis
Die Überschriften im Inhaltsverzeichnis sind *Hyperlinks*. Das bedeutet, dass Sie per Mausklick auf eine Überschrift direkt zur jeweiligen Stelle im Dokument springen können.

Kopf- und Fußzeilen anlegen

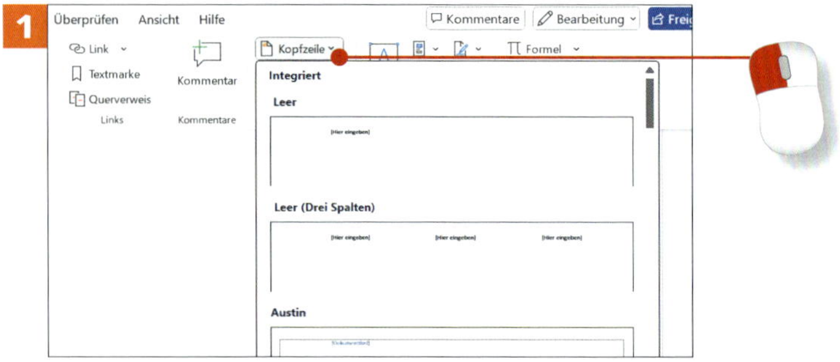

Kopf- und Fußzeilen zu setzen, ist eine praktische Funktion von Word. Einmal angelegt, taucht der Text automatisch auf jeder Seite des Dokuments auf.

Schritt 1

Um eine Kopf- oder Fußzeile einzufügen, klicken Sie auf der Registerkarte **Einfügen** auf **Kopfzeile** bzw. **Fußzeile**. Für eine schlichte Kopfzeile klicken Sie im Menü auf **Leer**. Der Bereich für die Kopfzeile mit dem Feld **Hier eingeben** öffnet sich. Geben Sie hier Ihren Text ein.

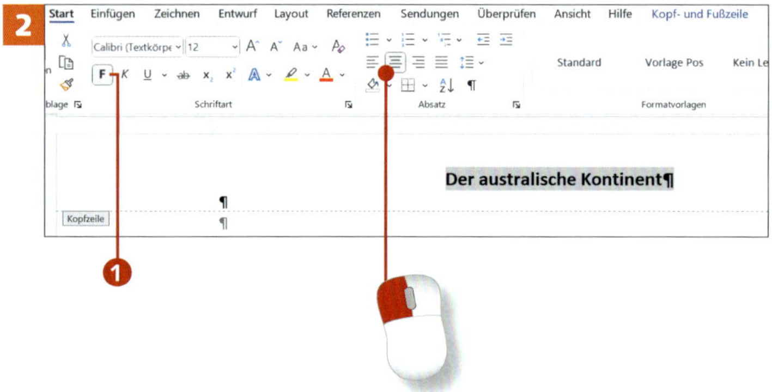

Schritt 2

Um den Text der Kopfzeile zu formatieren, können Sie die üblichen Befehle auf der Registerkarte **Start** nutzen. Formatieren Sie den Text, z. B. **Fett** ❶, und setzen Sie ihn in die Mitte, indem Sie auf **Zentriert** klicken.

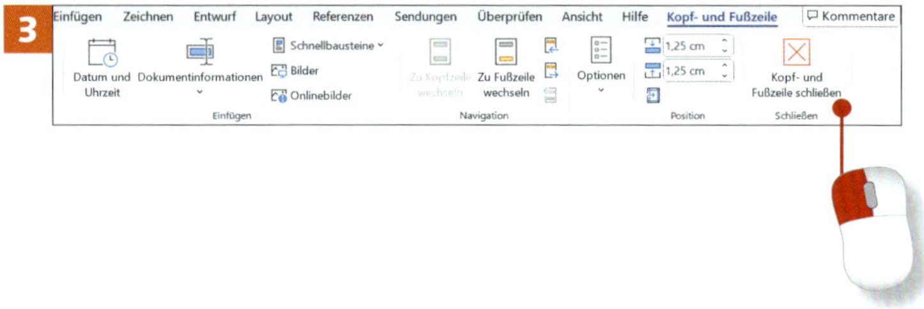

Schritt 3

Solange sich der Cursor im Bereich der Kopfzeile (oder Fußzeile) befindet, wird die Registerkarte **Kopf- und Fußzeile** eingeblendet, wo Sie viele Funktionen für die Bearbeitung finden. Den Bereich verlassen Sie mit **Kopf- und Fußzeile schließen**.

Kopf- und Fußzeile entfernen

Um eine Kopfzeile zu löschen, öffnen Sie das Menü der Schaltfläche **Kopfzeile** und wählen hier **Kopfzeile entfernen**. Mit der Fußzeile funktioniert das genauso.

Schritt 4

Um das Datum in die Kopfzeile einzufügen, klicken Sie auf **Datum und Uhrzeit** ❷. Im gleichnamigen Dialog wählen Sie ein Format und klicken auf **OK**. Das Datum wird in die Kopfzeile eingefügt. Im Bereich **Einfügen** gibt es auch die Symbole zum Einfügen von Bildern oder Schnellbausteinen.

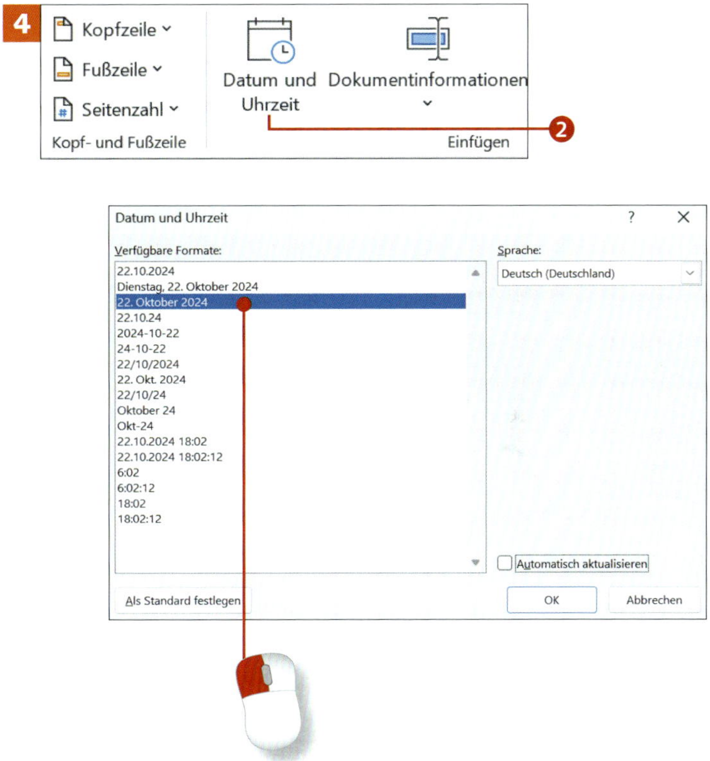

Schritt 5

Den Abstand der Kopf- oder Fußzeile zum Seitenrand regeln Sie in den Feldern **Kopfzeile von oben** und **Fußzeile von unten**. Der Effekt stellt sich unmittelbar ein.

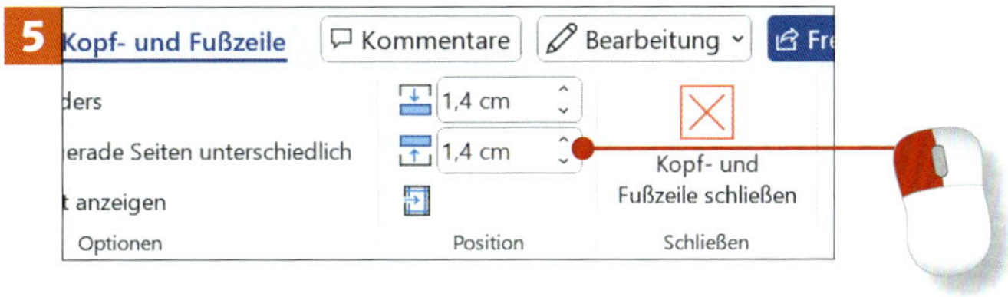

Schritt 6

Oft soll auf der ersten Seite des Dokuments keine Kopfzeile erscheinen, z. B. weil es sich um ein Deckblatt oder Ähnliches handelt. Um das zu erreichen, setzen Sie ein Häkchen an der Option **Erste Seite anders**.

Öffnen und Schließen der Kopfzeile

Auch mit einem Doppelklick auf den Textbereich kehren Sie zum Textbereich zurück. Umgekehrt gelangen Sie per Doppelklick auf die Kopfzeile bzw. Fußzeile in diese Bereiche.

Seitenzahlen einfügen

1

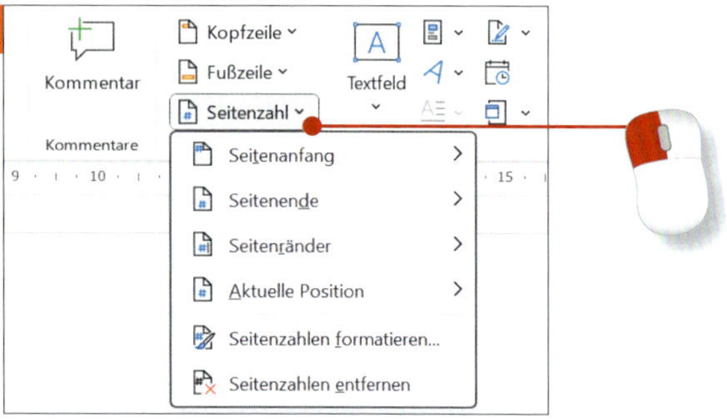

2

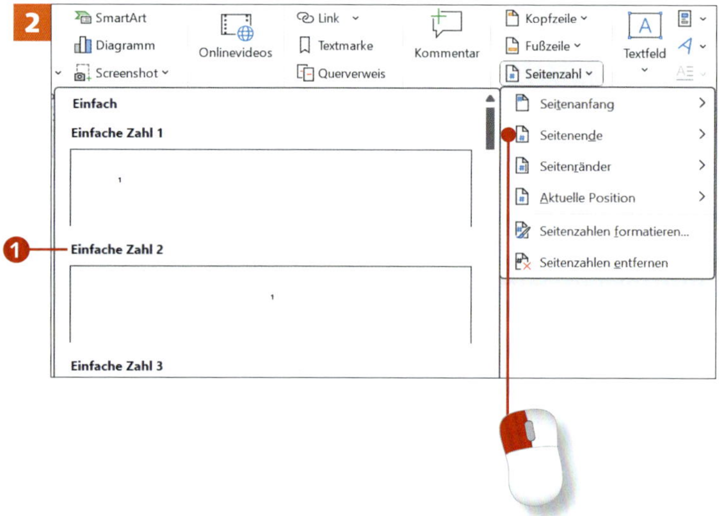

3

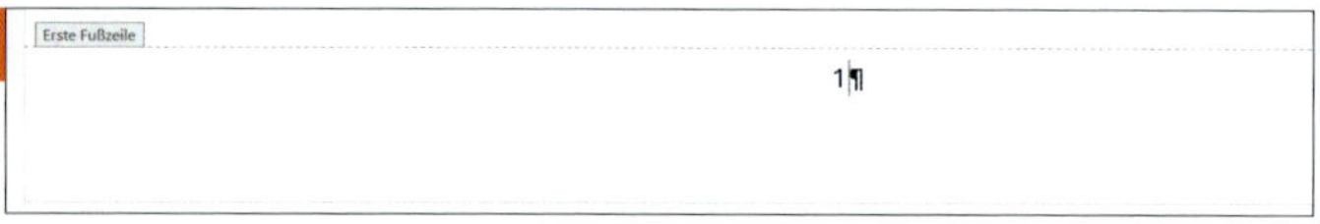

Längere Dokumente sollten seitenweise durchnummeriert sein. Diese Aufgabe erledigen Sie mit der entsprechenden Word-Funktion. So werden die Seitenzahlen bei Veränderungen stets angepasst.

Schritt 1

Seitenzahlen tauchen in der Regel am Fuß einer Seite auf und werden daher auch in eine Fußzeile eingefügt. Klicken Sie auf der Registerkarte **Einfügen** auf **Seitenzahl**.

Schritt 2

In dem Menü führen Sie den Mauszeiger auf **Seitenende**. Im Untermenü wird eine Reihe unterschiedlicher Formate für Seitenzahlen angezeigt.

Schritt 3

Klicken Sie beispielsweise auf den Bereich **Einfache Zahl 2** ❶, um in einer Fußzeile Seitenzahlen einzufügen, die zentriert in der Mitte der Seite stehen. Auch die Fußzeile wird durch eine gestrichelte Linie von dem normalen Text abgegrenzt.

Seitenzahlen gestalten

Markieren Sie die Seitenzahl, und wählen Sie auf der Registerkarte **Start** die gewünschte Formatierung. Statt schlichter Seitenzahlen können Sie aber auch gleich Seitenzahlen mit Formatierung und/oder Design einfügen. Scrollen Sie im Menü **Seitenzahl ▸ Seitenende** durch die Auswahl.

Schritt 4

Sie verlassen den Fußzeilenbereich durch einen Doppelklick auf die »normale« Seite oder indem Sie auf der Registerkarte **Kopf- und Fußzeile** auf das Symbol **Kopf- und Fußzeile schließen** klicken.

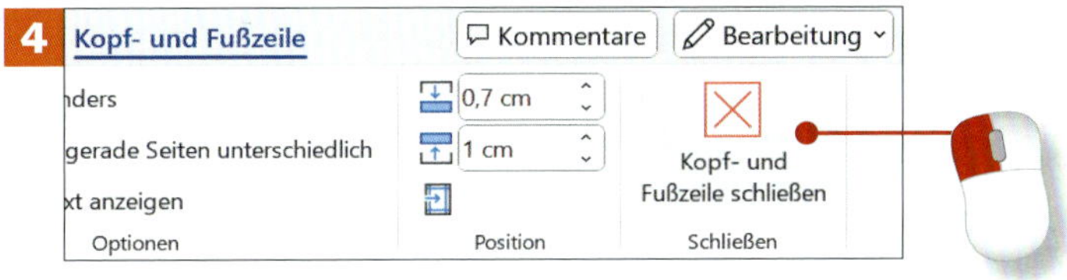

Schritt 5

Sollen die Seitenzahlen weiter unten am Rand erscheinen, verringern Sie die Höhe des Fußzeilenbereichs. Klicken Sie dazu auf den nach unten zeigenden Pfeil an der Schaltfläche **Fußzeilenposition von unten**.

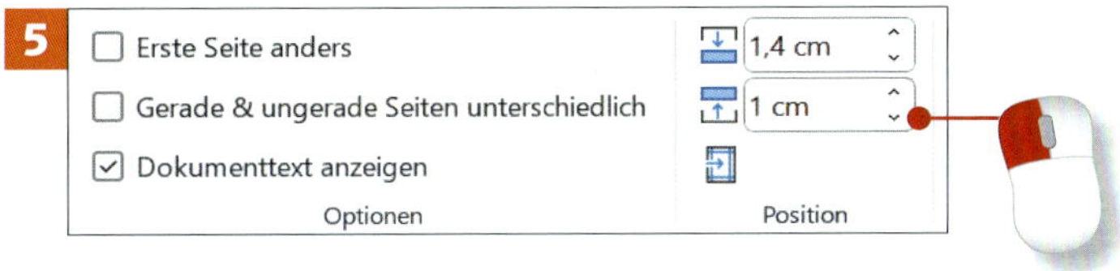

Schritt 6

Wenn auf der ersten Seite keine Seitenzahl erscheinen soll, setzen Sie ein Häkchen vor die Option **Erste Seite anders** ❷. Für eine »1« auf der zweiten Seite öffnen Sie über **Seitenzahl ▸ Seitenzahlen formatieren** (die Schaltfläche finden Sie ganz links) den Dialog **Seitenzahlenformat**. Hier tragen Sie im Feld **Beginnen bei** »0« ein.

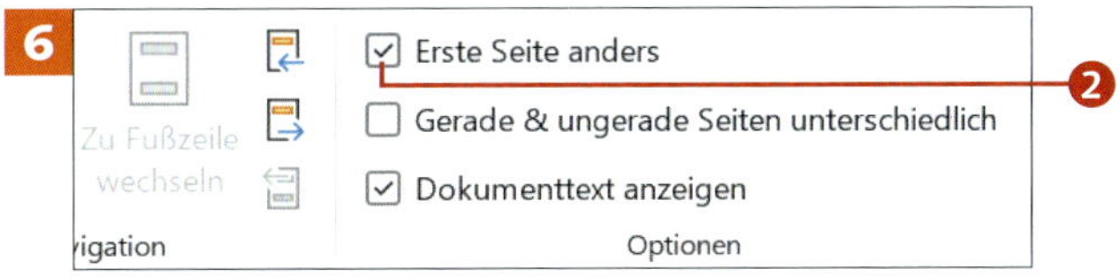

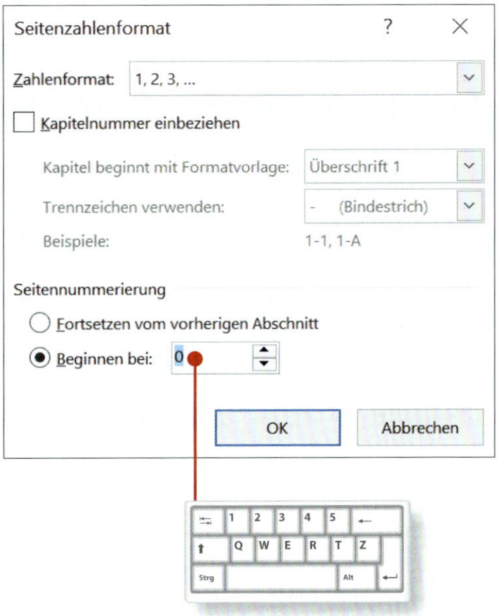

Das aktuelle Datum per Feldbefehl einfügen

1

2
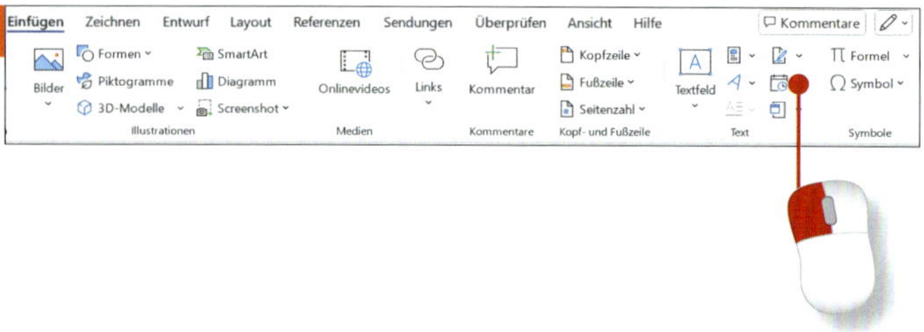

3
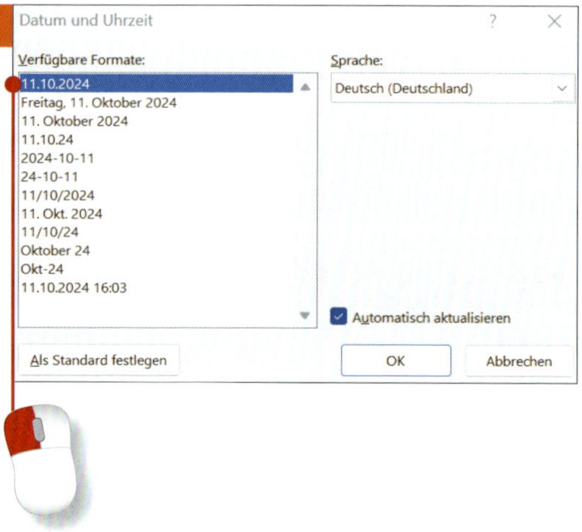

Felder sind ein wichtiger Bestandteil von Word und besonders zweckmäßig, wenn Sie Platzhalter für Daten benötigen, die sich in einem Dokument ändern können. Ich zeige Ihnen, wie Sie das Datum als Feld einfügen, sodass im Dokument jeweils das aktuelle Datum stehen wird.

Schritt 1

Setzen Sie als Erstes den Cursor an die Stelle im Dokument, an der das Datum eingefügt werden soll.

Schritt 2

Statt das Datum nun einzutippen, wechseln Sie auf die Registerkarte **Einfügen** und klicken hier auf das Symbol **Datum und Uhrzeit**. Sie finden es ganz rechts in der Gruppe **Text**.

Schritt 3

Dies öffnet den Dialog **Datum und Uhrzeit**. Wählen Sie im linken Bereich zunächst das gewünschte Format für das Datum aus, indem Sie den entsprechenden Eintrag markieren.

Was sind Felder?

In Word sind Felder nicht grün, sondern dazu da, Word einfache Programmanweisungen zu geben, z. B. »Berechne die Summe einer Tabellenspalte« oder »Gib ein Feld eines Seriendrucks aus«.

Schritt 4

Achten Sie auf den rechten Bereich. Ganz unten entdecken Sie die Option **Automatisch aktualisieren**. Aktivieren Sie diese Option, falls sie nicht aktiviert ist. Schließen Sie dann den Dialog mit **OK**.

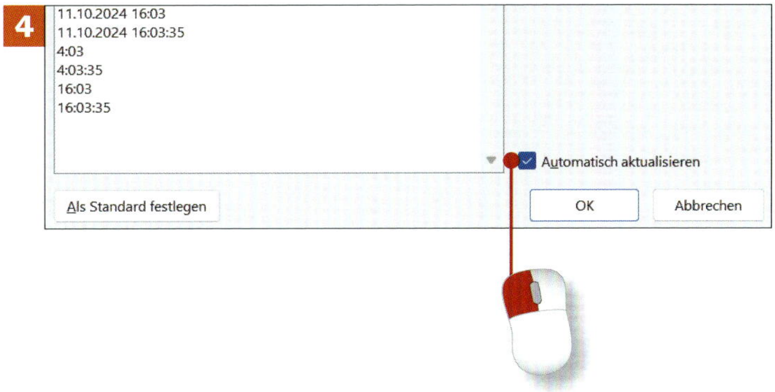

Schritt 5

Sie sehen nun das Datum in Ihrem Dokument. Wenn Sie den Cursor in das Datum setzen, wird es grau schattiert. Dies ist die sogenannte *Feldschattierung*, an der zu erkennen ist, dass es sich um ein Feld handelt.

Schritt 6

Sie können sich die etwas kryptisch wirkende Feldfunktion auch im Klartext anzeigen lassen. Klicken Sie das Datum mit der rechten Maustaste an. Im Kontextmenü wählen Sie **Feldfunktionen ein/aus**.

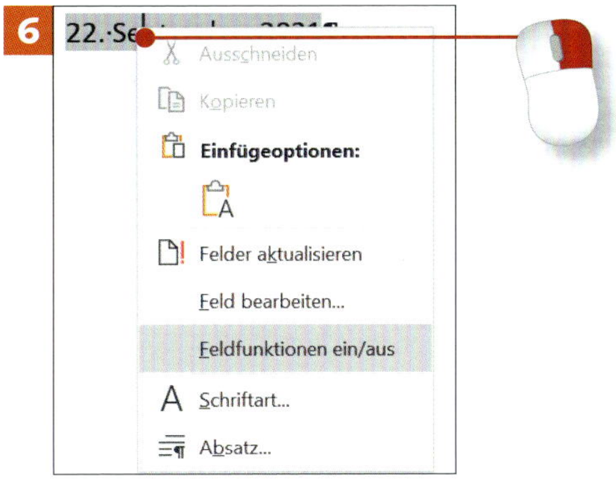

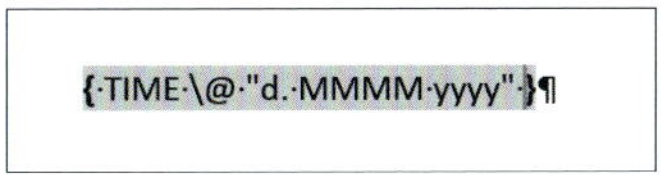

Datumsformate

Über das Feld **Sprache** des Dialogs **Datum und Uhrzeit** können Sie sich z. B. auch englische bzw. amerikanische Formate anzeigen lassen. Diese sind in der Geschäftswelt heutzutage sehr verbreitet.

Silbentrennung

1

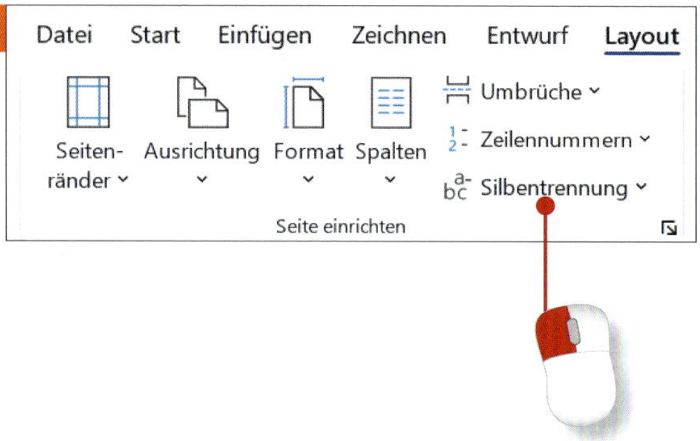

2

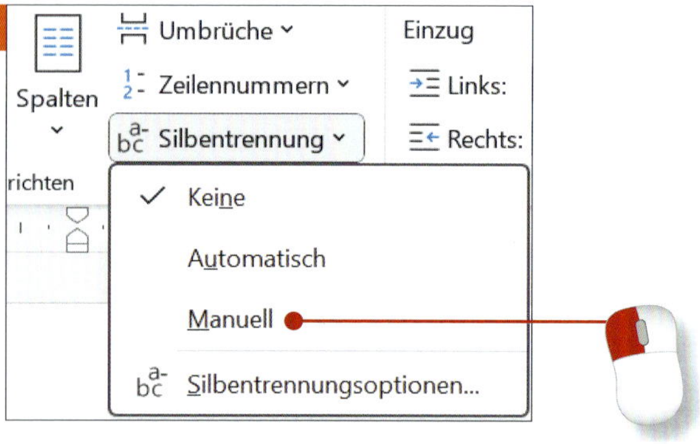

3

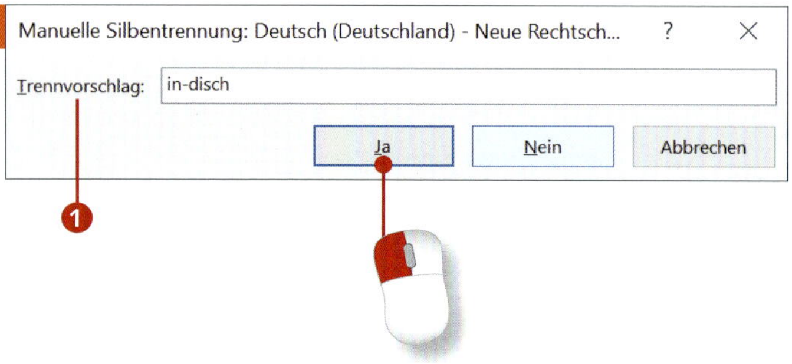

Es gibt eine praktische Funktion für die Silbentrennung: Mithilfe von bedingten Trennstrichen werden Vorschläge zum Trennen gemacht, die nur zum Tragen kommen, wenn das Wort wirklich getrennt werden muss.

Schritt 1

Setzen Sie den Cursor an den Anfang des Dokuments bzw. dorthin, wo die Silbentrennung beginnen soll. Wechseln Sie zur Registerkarte **Layout**, und klicken Sie auf **Silbentrennung**.

Schritt 2

Wie Sie sehen, gibt es zwei Optionen: **Automatisch** und **Manuell**. Nur mit **Manuell** können Sie selbst entscheiden, welche Wörter getrennt werden sollen. Klicken Sie also darauf. Word macht in einem kleinen Dialog sofort den ersten **Trennvorschlag** 1.

Schritt 3

Wenn Sie mit dem Vorschlag einverstanden sind, klicken Sie auf **Ja**. Daraufhin wird der nächste Trennvorschlag angezeigt. Wenn Ihnen nicht gefällt, wo Word trennen will, können Sie den Trennstrich versetzen, oder Sie ignorieren den Trennvorschlag und klicken auf **Nein**.

Schritt 4

Auf diese Weise prüfen Sie das gesamte Dokument. Zum Schluss sehen Sie einen kleinen Dialog, der Ihnen mitteilt, dass die Silbentrennung abgeschlossen ist. Bestätigen Sie mit **OK**.

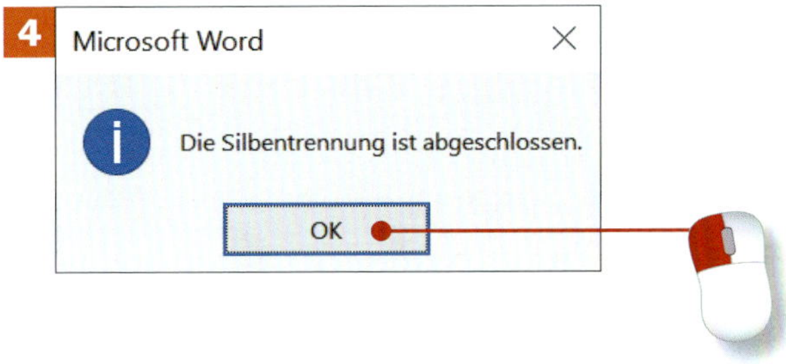

Schritt 5

In Ihrem Dokument sehen Sie nun Trennstriche am rechten Rand ❷. Es handelt sich um bedingte Trennstriche, das heißt, Word wird das Wort nur trennen, wenn es am rechten Rand der Seite steht.

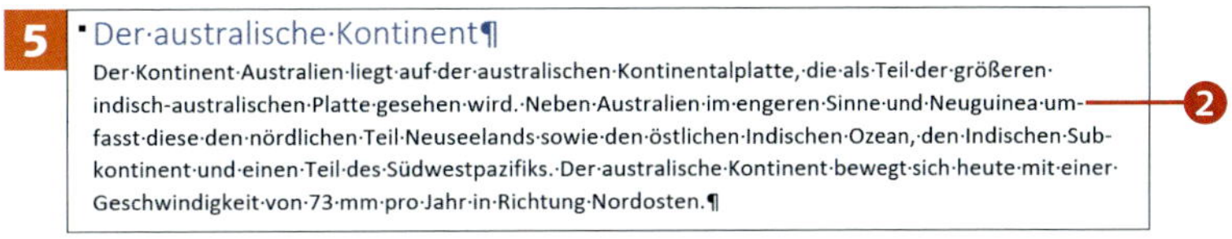

Schritt 6

Wenn das Wort durch Text- oder Layoutänderungen in die Mitte der Zeile rutscht, wird nicht getrennt. Der bedingte Trennstrich bleibt als ein nicht druckbares Zeichen erhalten ❸. Um es zu sehen, müssen Sie entweder alle Formatierungszeichen einblenden (siehe Seite 42) oder über **Datei ▸ Optionen ▸ Anzeige** zumindest die Option **Bedingte Trennstriche** aktivieren.

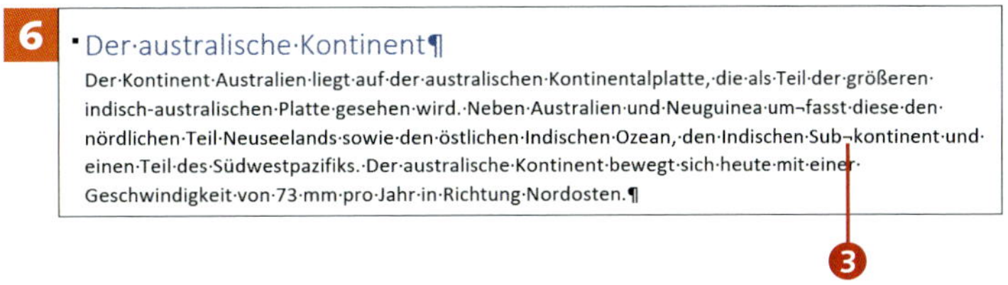

Ein Dokument ausdrucken

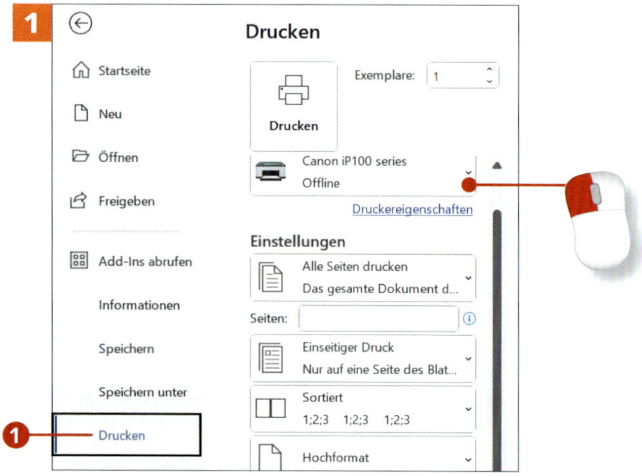

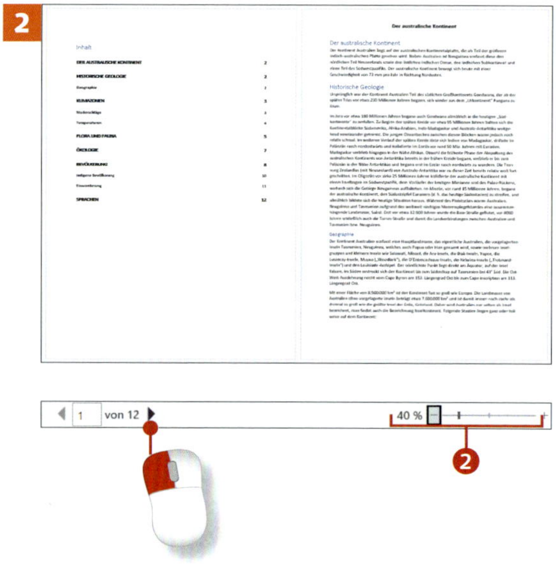

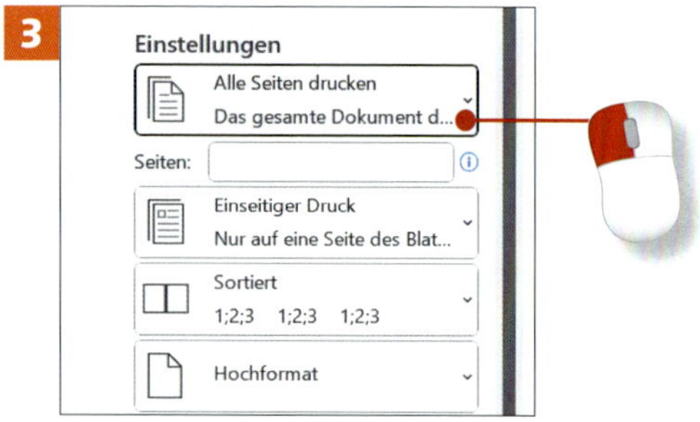

Der Dialog »Drucken« bietet eine Menge praktischer Möglichkeiten. Die wichtigsten Einstellungen stelle ich Ihnen in diesem Abschnitt vor.

Schritt 1

Rufen Sie das Fenster zum Drucken auf, indem Sie **Datei ▸ Drucken** ❶ wählen. Prüfen Sie zunächst, ob der richtige Drucker eingestellt ist. Über den Pfeil am Feld **Drucker** wählen Sie bei Bedarf einen anderen Drucker aus.

Schritt 2

Im rechten Bereich sehen Sie eine Vorschau auf den Ausdruck. Mit den Pfeilen in der unteren Leiste können Sie durch das Dokument blättern. Beachten Sie auch den Zoom ❷, mit dem Sie die Größe der Ansicht verändern.

Schritt 3

Standardmäßig werden alle Seiten des geöffneten Dokuments gedruckt. Klicken Sie nun im Bereich **Einstellungen** auf den Pfeil am Feld **Alle Seiten drucken**. Mit den Optionen der Auswahl legen Sie fest, was gedruckt werden soll.

Schritt 4

Um einen zuvor markierten Bereich zu drucken, wählen Sie die Option **Auswahl drucken** (die ausgegraut ist, wenn nichts markiert ist). Mit **Aktuelle Seite drucken** ❸ wird nur die Seite gedruckt, auf der der Cursor steht.

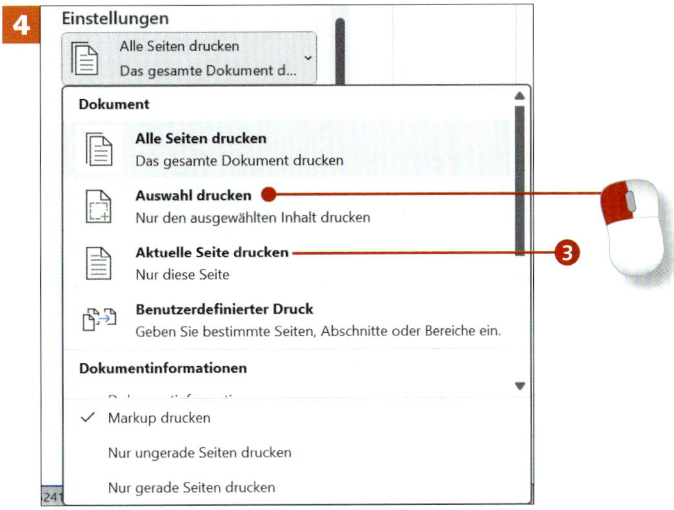

Schritt 5

Sie können auch einzelne Seiten ausdrucken. Geben Sie im Feld **Seiten** die Seitenzahlen durch Komma oder Semikolon getrennt ein, z. B. »1;3;5«. Auch die Eingabe »1-3« (die Seiten 1 bis 3) funktioniert.

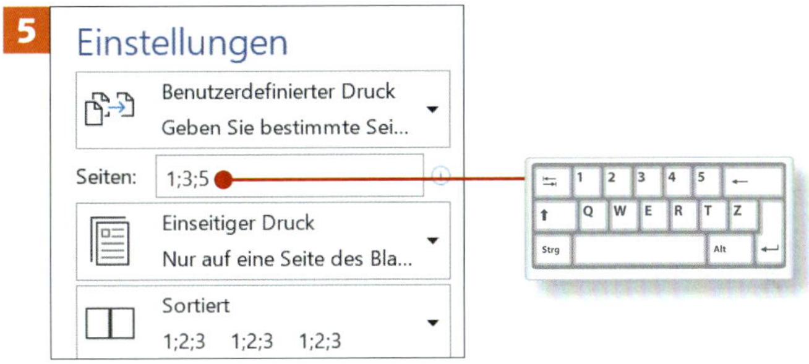

Schritt 6

Sie können auch mehrere Seiten auf einem Blatt ausdrucken. Klicken Sie dazu auf den Pfeil am Feld **1 Seite pro Blatt**. Wählen Sie eine Einstellung aus. Abschließend klicken Sie ganz oben auf **Drucken** ❹, um den Druckauftrag an Ihren Drucker zu schicken.

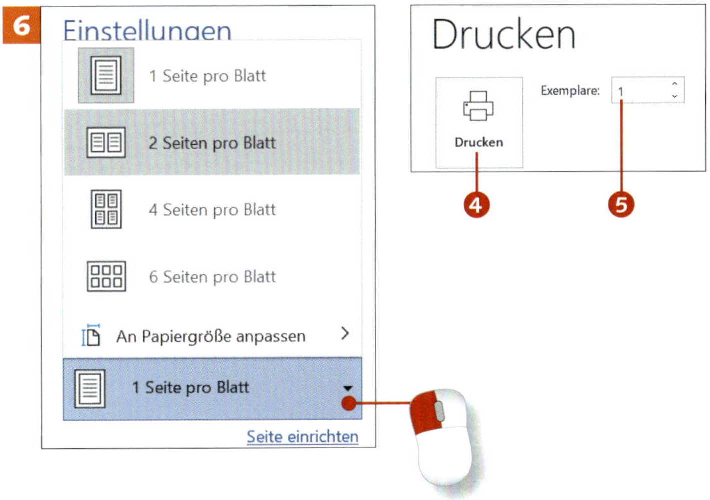

Anzahl der Exemplare

Wie oft ein Dokument oder eine Seite ausgedruckt werden soll, legen Sie im Feld **Exemplare** ❺ fest.

PDF-Dateien in Word öffnen und bearbeiten

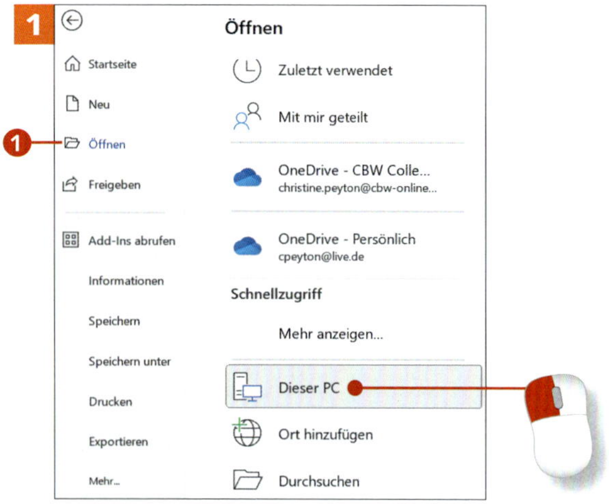

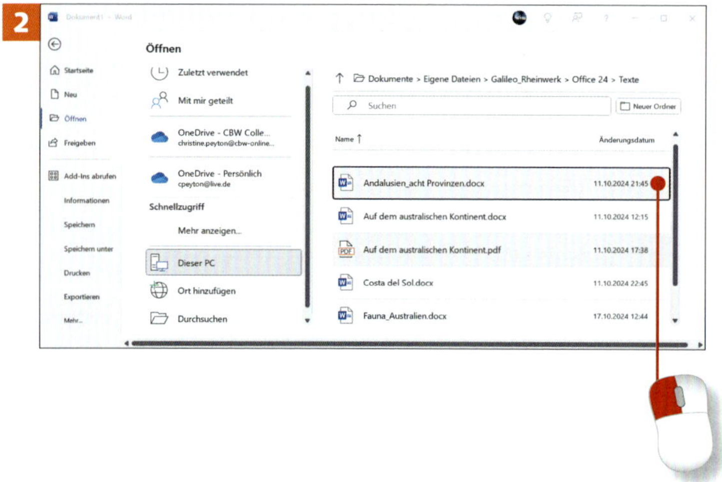

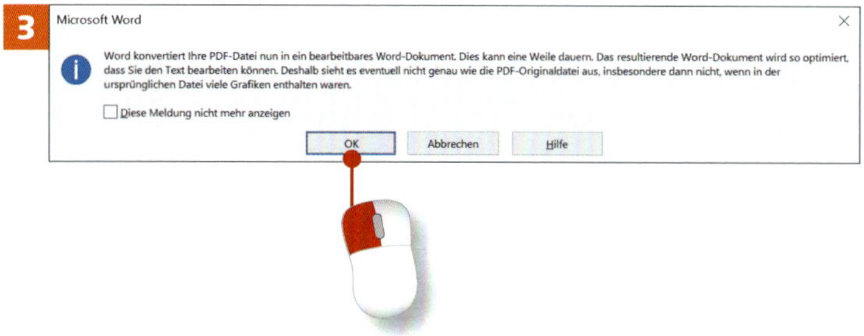

Diese Möglichkeit haben Sie vielleicht schon mal vermisst: PDF-Dateien einfach in Word zu öffnen und zu bearbeiten. Aber schon seit Word 2013 steht diese Funktion bereit.

Schritt 1

Um eine PDF-Datei zu öffnen, rufen Sie in Word über **Datei ▸ Öffnen** ❶ das Fenster **Öffnen** auf und klicken hier auf **Dieser PC**.

Schritt 2

Öffnen Sie per Klick den Ordner, in dem die gesuchte PDF-Datei liegt. Nutzen Sie gegebenenfalls den nach oben weisenden Pfeil, um eine Ebene nach oben zu wandern. Klicken Sie die Datei dann an.

Schritt 3

Eine Meldung erscheint, die besagt, dass das Dokument konvertiert wird und vermutlich nicht genauso aussehen wird wie das PDF-Dokument. Bestätigen Sie die Meldung mit **OK**.

Alle Word-Formate

Beim klassischen Dialog (über **Durchsuchen**) sollten Sie im Dateityp-Feld unten rechts **Alle Word-Dokumente** ausgewählt haben.

Schritt 4

Das Dokument wird in Word angezeigt. Sie können es »normal« bearbeiten, alle Befehle von Word stehen zur Verfügung. In der Titelleiste wird das Dokument weiter als PDF-Datei ausgewiesen ❷.

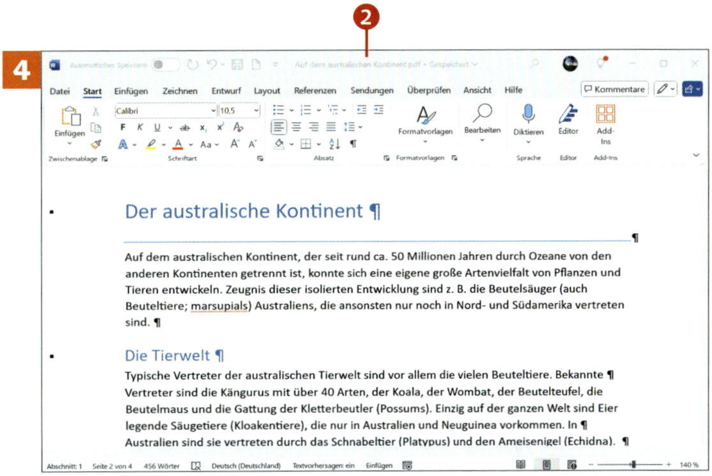

Schritt 5

Wenn Sie Veränderungen über das Fenster **Speichern unter** sichern (oder das Dokument neu speichern möchten), sehen Sie aber, dass automatisch das Word-Format *.docx* eingestellt ist.

Schritt 6

Um ein PDF-Dokument als PDF zu öffnen, klicken Sie die Datei im Explorer doppelt an. Daraufhin wird das Dokument in Ihrem installierten PDF-Programm angezeigt.

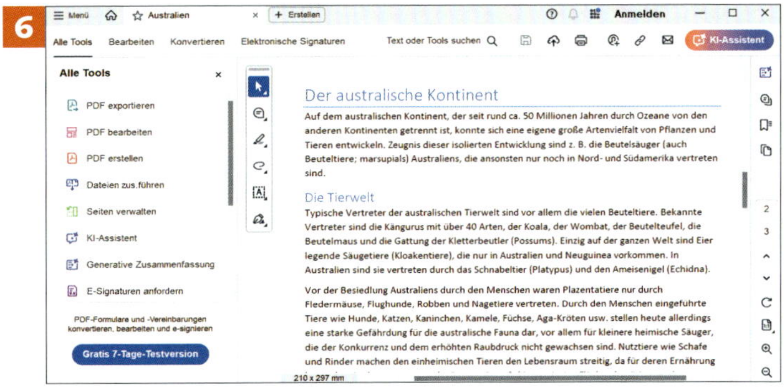

Programm zum Öffnen

Um zu bestimmen, mit welchem Programm ein PDF-Dokument geöffnet wird, klicken Sie es im Explorer mit der rechten Maustaste an. Wählen Sie im Kontextmenü über **Öffnen mit** ein passendes Programm.

Kapitel 4
Schicke Layouts mit Word

Word ist zwar ein Textverarbeitungsprogramm, bietet aber auch viele Möglichkeiten für eine grafische Gestaltung. In diesem Kapitel zeige ich Ihnen den Umgang mit Bildern und erläutern, wie Sie mithilfe von Aufzählungszeichen, Rahmenlinien und Designs schicke Layouts erzeugen.

Aufzählungszeichen und Nummerierungen
Zunächst geht es darum, einen Text mit Aufzählungszeichen zu versehen und Absätze auf diese Weise durchzunummerieren. Sie erfahren unter anderem, wie Sie über den Dialog **Symbol** ❶ auch eher ungewöhnliche Aufzählungszeichen nutzen.

Dokumente verschönern
Die meisten Dokumente wirken mit Fotos einfach lebendiger. Sobald Sie ein Foto eingefügt haben ❷, lässt es sich mit den Befehlen der Registerkarte **Bildtools** bearbeiten und korrigieren. Auch die Funktion **WordArt** ist nicht neu, aber immer wieder verblüffend. Sie erfahren, wie aus einfachen Textzeilen dekorative Schriftzüge werden.

Dokumentvorlagen anlegen und nutzen
Auf Basis von Dokumentvorlagen ❸ können Sie neue Dokumente erstellen, die wichtige Elemente bereits enthalten. Die Vorlagen können ganze Textpassagen, Bilder oder Formateinstellungen umfassen.

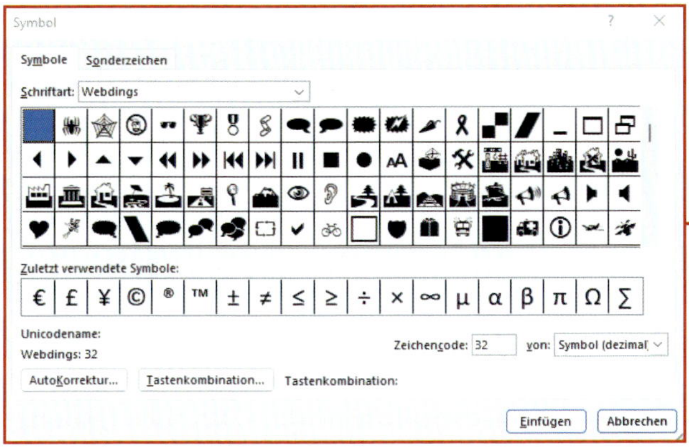

❶ Wählen Sie aus einem großen Fundus an Aufzählungszeichen aus.

Mit Bildern und WordArt lässt sich Text ansprechend gestalten. ❷

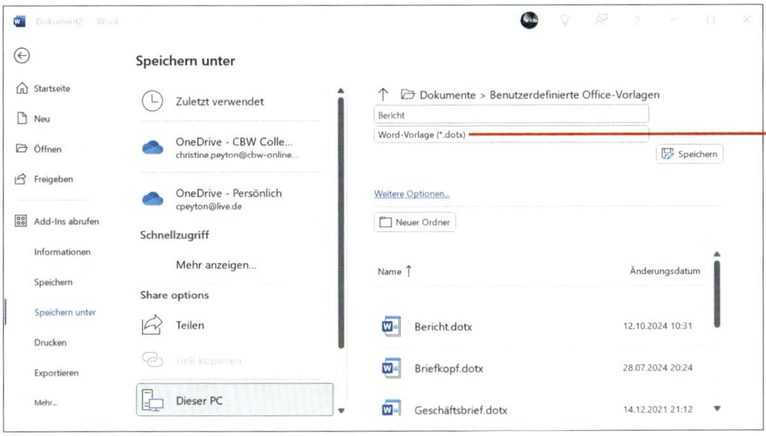

❸ Legen Sie sich Dokumentvorlagen an.

Aufzählungen und Listen formatieren

Wenn Text in einer Liste untereinandergeschrieben werden soll, sind Aufzählungszeichen eine gute Methode, um die Aufmerksamkeit des Lesers auf diese Zeilen zu lenken.

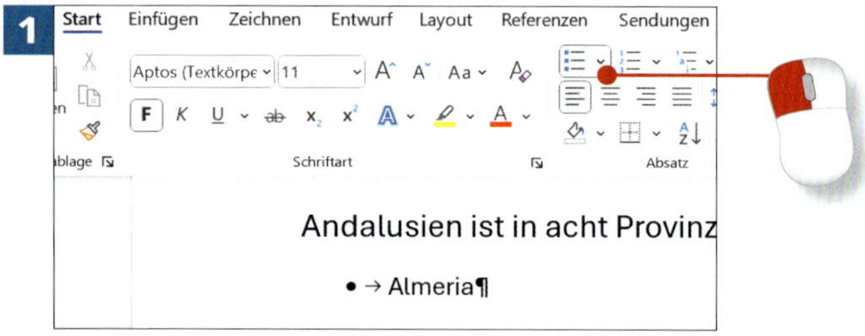

Schritt 1

Auf der Registerkarte **Start** gibt es die Schaltfläche **Aufzählungszeichen**. Wenn Sie auf sie klicken, wird Ihrem Text (dem aktuellen Absatz) ein Standard-Aufzählungszeichen zugewiesen. Der nächste Aufzählungspunkt erscheint, sobald Sie [↵] drücken.

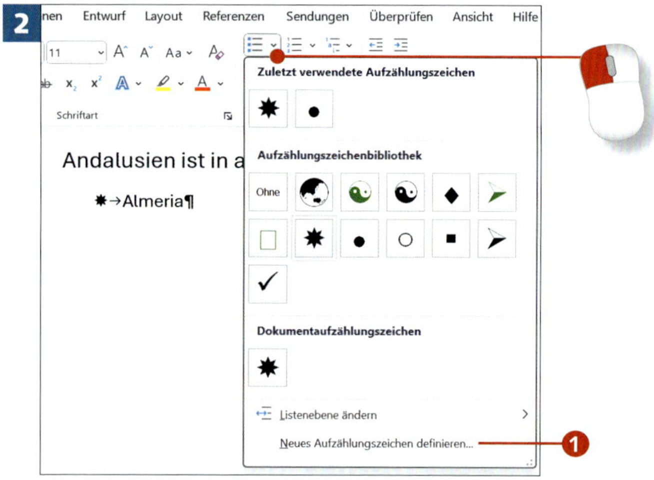

Schritt 2

Um ein anderes Zeichen einzufügen, klicken Sie auf den Pfeil an der Schaltfläche **Aufzählungszeichen**. Wählen Sie ein Zeichen aus dem Menübereich **Aufzählungszeichenbibliothek**, wo die zuletzt genutzten Zeichen aufgeführt sind.

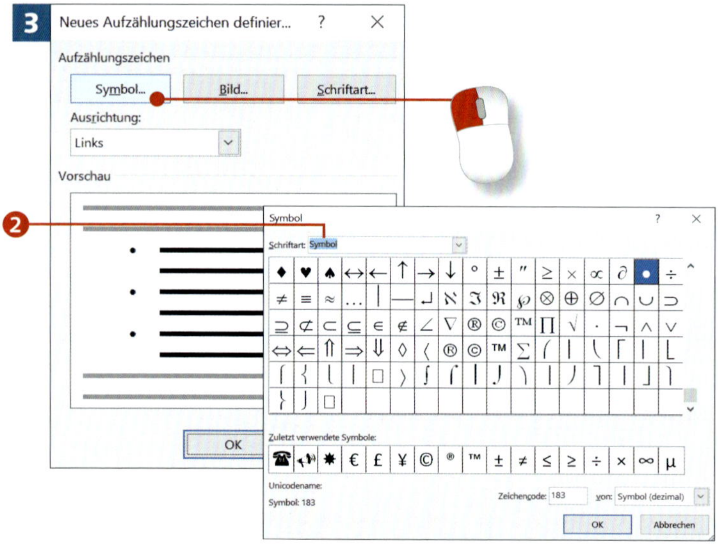

Schritt 3

Um aus einem noch größeren Fundus zu wählen, klicken Sie im Menü auf **Neues Aufzählungszeichen definieren** ❶ und im nächsten Fenster auf **Symbol**. Der gleichnamige Dialog bietet je nach eingestellter Schriftart ❷ eine Fülle unterschiedlichster Zeichen.

Schritt 4

Wenn Sie eine Liste nachträglich mit Aufzählungszeichen versehen möchten, müssen Sie sie zunächst markieren; dann wählen Sie wie beschrieben das Aufzählungszeichen.

Schritt 5

Für eine einfache Nummerierung klicken Sie auf der Registerkarte **Start** auf **Nummerierung**. Wo der Cursor steht, erscheint eine eingerückte »1«. Schreiben Sie Ihren Text. Sobald Sie [↵] gedrückt haben, wird die Nummerierung fortgesetzt.

Schritt 6

Sowohl Zahl als auch Text werden etwas eingerückt (0,63 cm). Sie können die Einzüge mithilfe der Markierungen im Lineal verändern. Verschieben Sie einfach die Symbole für den Einzug. Denken Sie daran, die Liste zuvor zu markieren.

Andere Zahlenformate

Sie können auch andere Zahlenformate einstellen. Klicken Sie dazu im Menü der Schaltfläche **Nummerierung** auf die Option **Neues Zahlenformat definieren**. Im gleichnamigen Dialog wählen Sie im Feld **Zahlenformatvorlage** z. B. römische Ziffern.

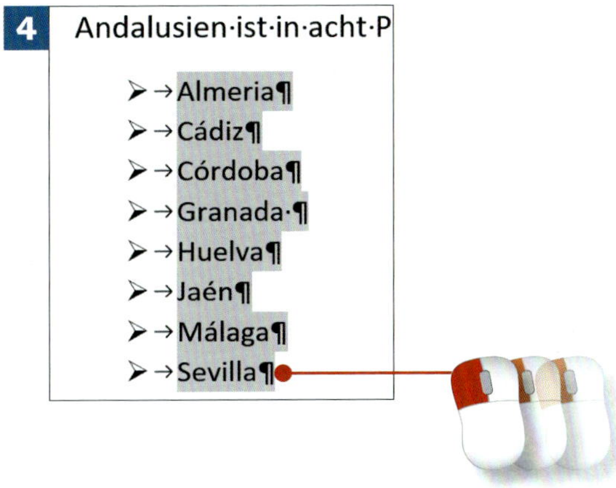

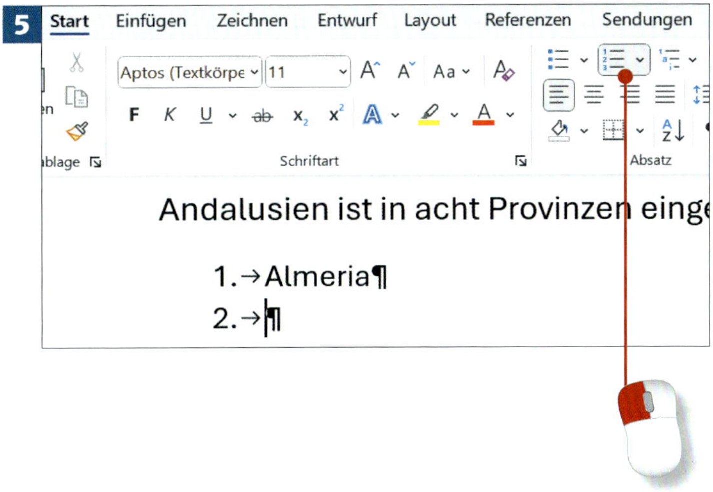

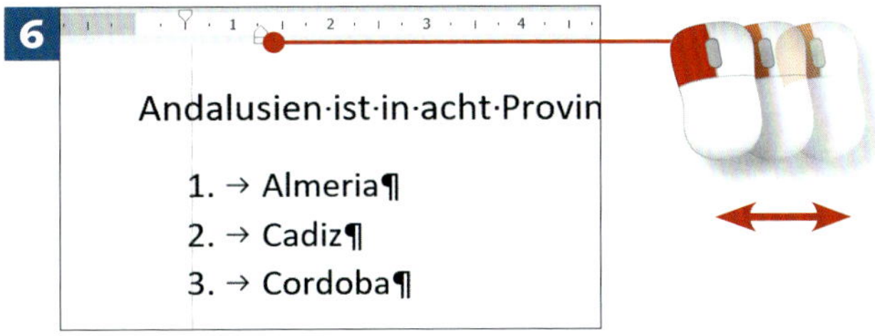

7

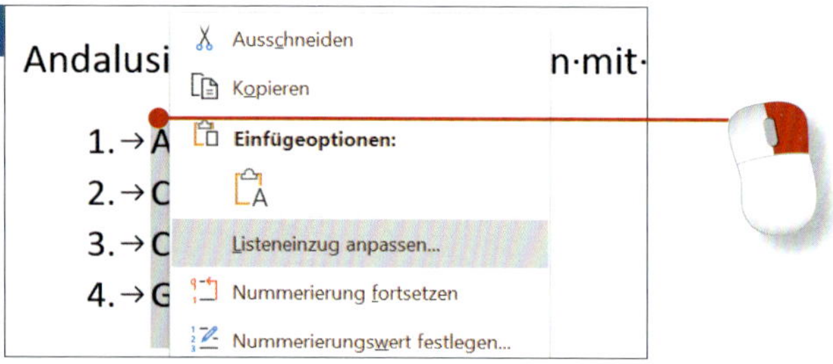

Schritt 7

Die Einzüge lassen sich auch in einem Dialog ändern. Markieren Sie die Liste, und klicken Sie sie mit rechts an. Wählen Sie im Kontextmenü **Listeneinzug anpassen**.

8

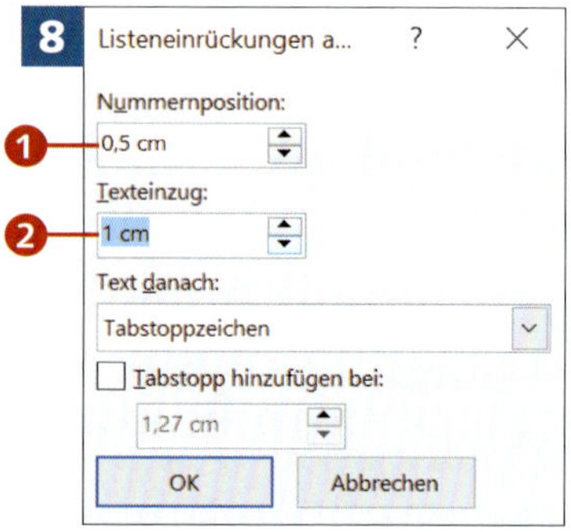

Schritt 8

Im Dialog **Listeneinrückungen anpassen** können Sie die Position der Ziffer ❶ und den Einzug des Textes ❷ in den entsprechenden Feldern anpassen.

9

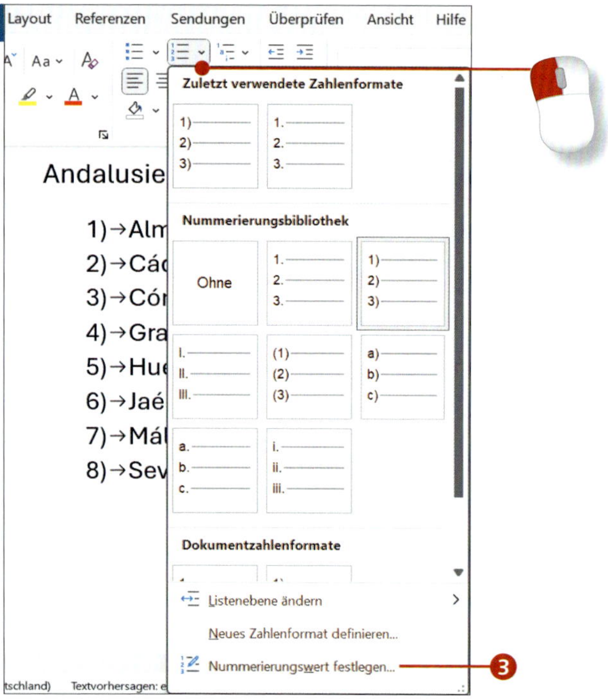

Schritt 9

Um ein anderes Nummerierungszeichen auszusuchen, klicken Sie auf den Pfeil am Symbol **Nummerierung**. In der Rubrik **Nummerierungsbibliothek** klicken Sie auf die gewünschte Nummerierung, z. B. eine Ziffer mit Klammer.

Farbige Ziffern

Die Farbe der Ziffern der Nummerierung ändern Sie, indem Sie im Dialog **Neues Zahlenformat definieren** auf die Schaltfläche **Schriftart** klicken. Im Dialog **Schriftart** wählen Sie im Feld **Schriftfarbe** eine Farbe aus.

Schritt 10

Word nummeriert von 1 an fortlaufend. Für einen anderen Anfangswert klicken Sie auf den Pfeil an der Schaltfläche **Nummerierung** und wählen **Nummerierungswert festlegen** (❸ in Bild 9). Im Dialog geben Sie im Feld **Wert festlegen auf** die Anfangszahl ein.

Schritt 11

Word formatiert Text automatisch als Nummerierung, sobald Sie »1.« schreiben und die Leertaste drücken. Sie können diese automatische Nummerierung ausschalten. Dazu öffnen Sie über **Datei ▸ Optionen** das Fenster **Word-Optionen** und wählen hier die Kategorie **Dokumentprüfung** ❹. Dann klicken Sie auf die Schaltfläche **AutoKorrektur-Optionen**.

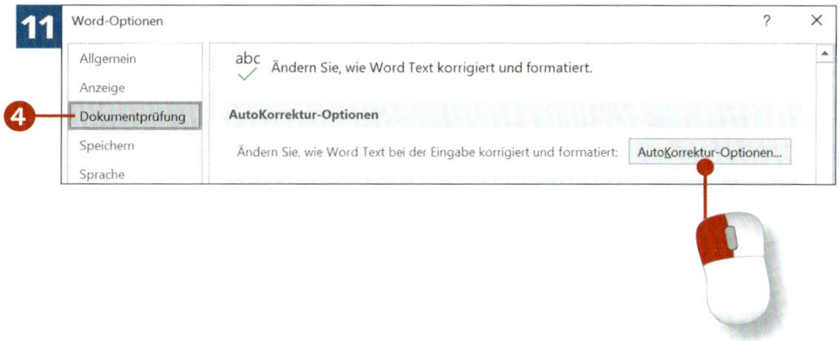

Schritt 12

Im Dialog **AutoKorrektur** aktivieren Sie die Registerkarte **AutoFormat während der Eingabe** ❺. Hier deaktivieren Sie per Mausklick die Option **Automatische Nummerierung** und klicken dann auf **OK**.

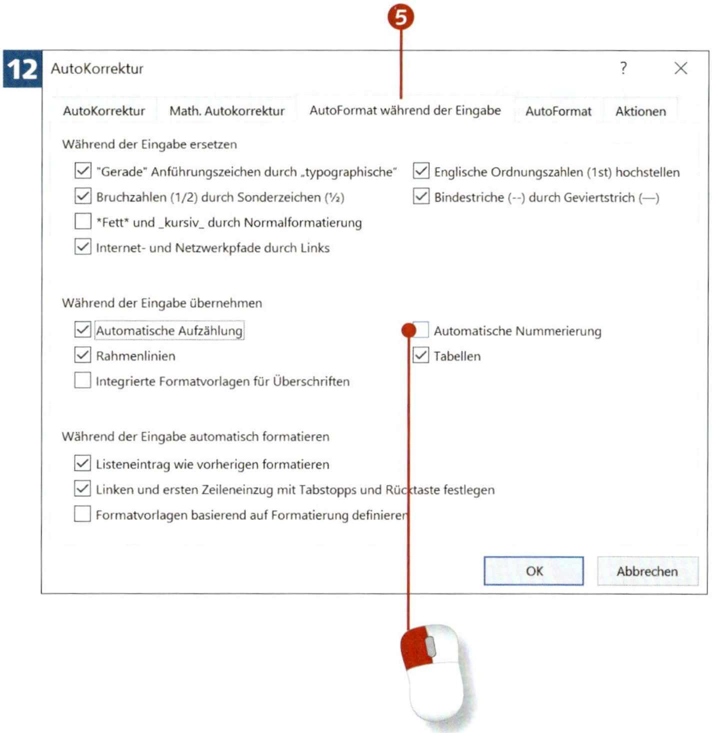

Rahmen und Rahmenlinien einfügen

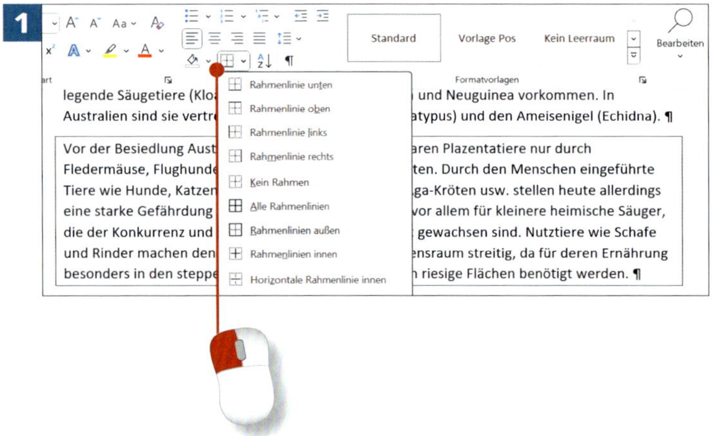

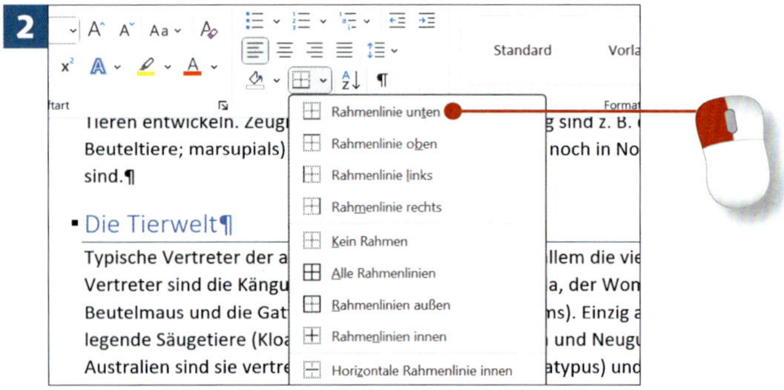

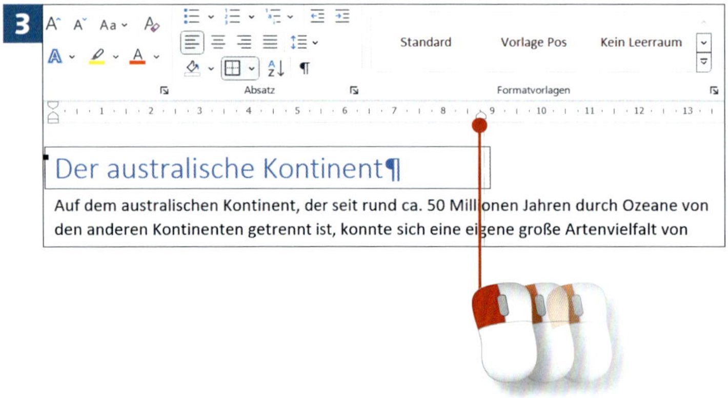

Text zu umranden oder einzelne Linien zu setzen sind effektive Mittel, um bestimmte Passagen vom Rest des Textes abzuheben.

Schritt 1

Um einen Rahmen um einen Absatz zu ziehen, setzen Sie den Cursor in den Absatz. Dann klicken Sie auf der Registerkarte **Start** auf den Pfeil an der Schaltfläche **Rahmen**. Im Menü wählen Sie **Rahmenlinien außen** oder **Alle Rahmenlinien**. Um einen Rahmen wieder loszuwerden, wählen Sie **Kein Rahmen**.

Schritt 2

Mit der Schaltfläche **Rahmen** können Sie nicht nur einen geschlossenen Rahmen um eine Textpassage legen, sondern auch einzelne Linien ziehen. Um z. B. eine Linie unterhalb eines Absatzes zu erzeugen, klicken Sie auf **Rahmenlinie unten**.

Schritt 3

Sie rahmen eine linksbündige Überschrift ein und stellen fest, dass der Rahmen zu lang ist? Dieses Problem lösen Sie mit einem Einzug. Ziehen Sie im Lineal das Symbol für einen rechten Einzug mit gedrückter Maustaste ein wenig nach links.

Schritt 4

Um einen Rahmen exakt um ein Stück Text zu legen, markieren Sie diesen Text und klicken auf **Rahmenlinien außen**. Soll ein solcher Rahmen entfernt werden, markieren Sie den Text und wählen im Menü **Kein Rahmen** ❶.

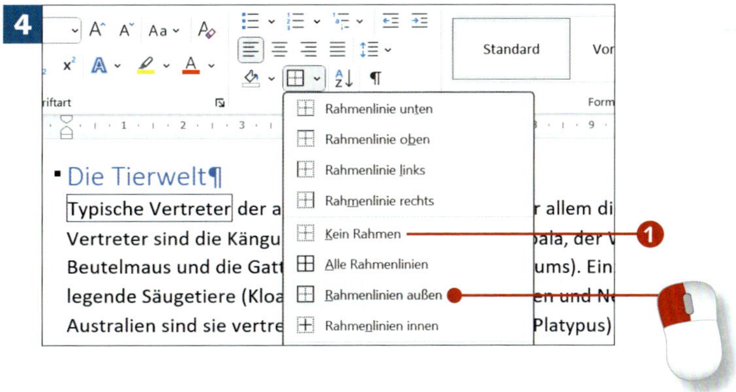

Schritt 5

Wenn Sie im Menü ganz unten auf **Rahmen und Schattierung** klicken, können Sie im zugehörigen Dialog die Linienart, die Farbe des Rahmens ❷ und/oder die Position einer Linie einstellen (mit den Symbolen im Vorschaubereich ❸ oder den Linien selbst ❹).

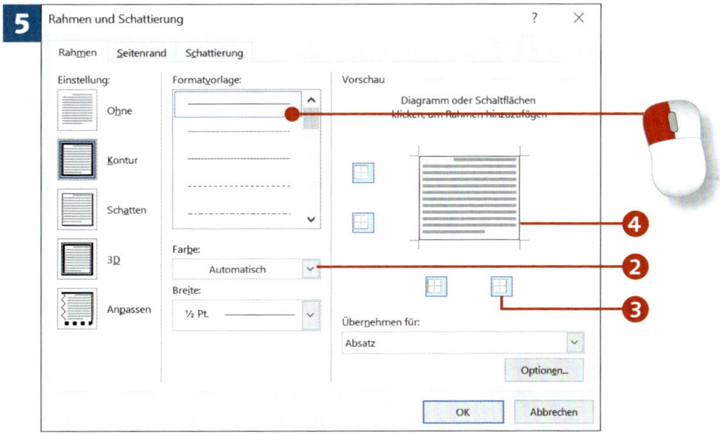

Schritt 6

Im Dialog **Rahmen und Schattierung** sehen Sie die Registerkarte **Schattierung** ❺ (das Symbol **Schattierung** gibt es auch auf der Registerkarte **Start**). Per Klick auf den Pfeil am Feld **Füllung** blenden Sie eine Palette ein, in der Sie eine Hintergrundfarbe für den Rahmen bzw. den markierten Bereich auswählen, in dem der Cursor steht.

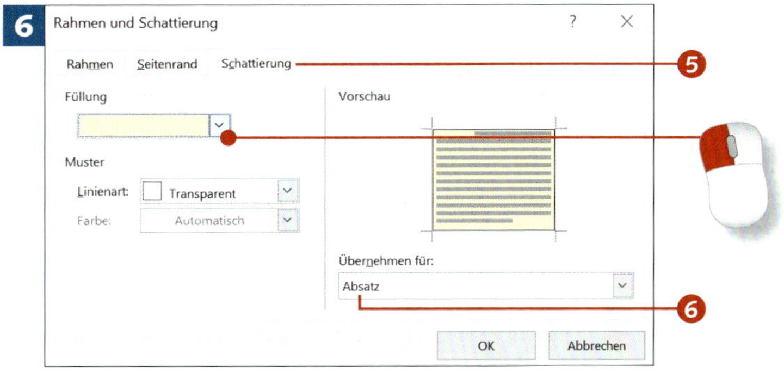

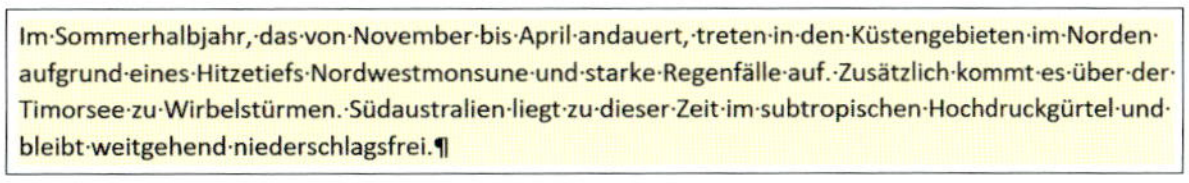

!

Absatz oder Text?

Im Feld **Übernehmen für** ❻ legen Sie fest, auf welchen Bereich sich die Einstellungen beziehen.

Dokumente mit Design

Mit den fertigen Designs von Word gestalten Sie Dokumente »aus einem Guss«.

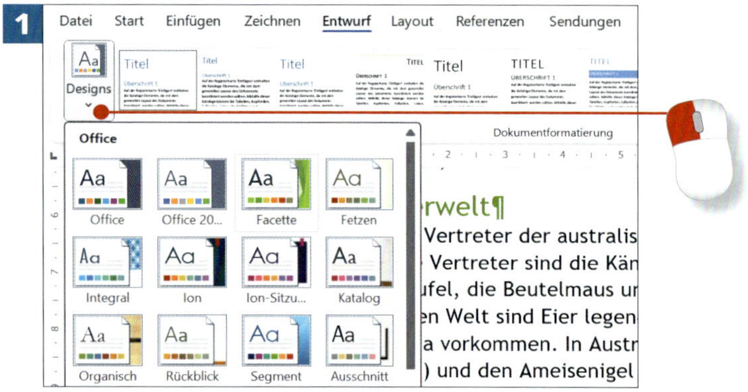

Schritt 1

Sie können einem Word-Dokument ein neues Design geben. Aktivieren Sie die Registerkarte **Entwurf**, und öffnen Sie das Menü **Designs**. Wenn Sie mit der Maus auf ein Design zeigen, sehen Sie den Effekt direkt im Dokument. Per Mausklick weisen Sie das Design zu.

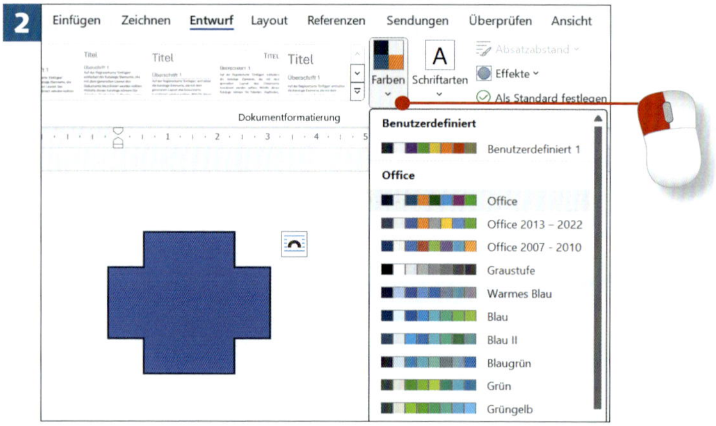

Schritt 2

Das Design legt z. B. die Farbe für eingefügte bzw. gezeichnete Formen fest. Wenn Sie diese Farbe ändern möchten, klicken Sie auf **Farben** und wählen im Menü eine andere Farbkombination.

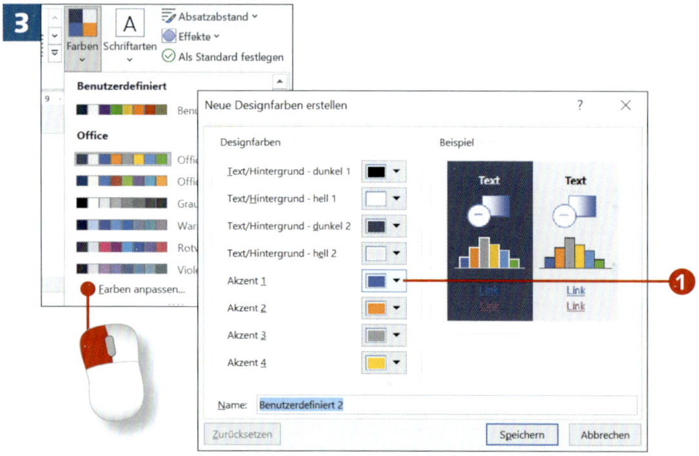

Schritt 3

Die differenzierte Anpassung können Sie in einem Dialog steuern. Klicken Sie im Menü ganz unten auf **Farben anpassen**. Im Dialog **Neue Designfarben erstellen** legen Sie z. B. über den Pfeil am Feld **Akzent 1** ❶ (für Formen) eine neue Farbe fest. Die Einstellung bestätigen Sie mit **Speichern**.

Schritt 4

Die Schriftart des Designs ändern Sie, indem Sie auf der Registerkarte **Entwurf** auf **Schriftarten** klicken. Im Menü wählen Sie die gewünschte Kombination von Schriftarten für Überschriften und normalen Text.

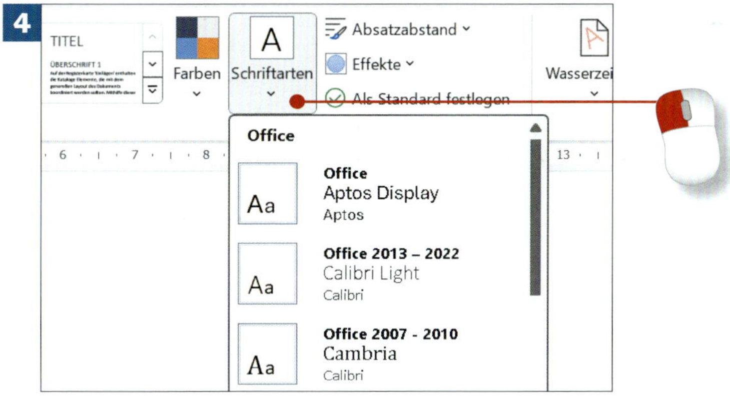

Schritt 5

Klicken Sie im Menü auf **Schriftarten anpassen**. Im Dialog **Neue Designschriftarten erstellen** legen Sie in den entsprechenden Feldern die Schriftart für Überschriften ❷ und Textkörper ❸ fest und klicken dann auf **Speichern**.

Schritt 6

Um ein Design wieder zu entfernen und zum ursprünglichen Design der verwendeten Dokumentvorlage zurückzukehren, klicken Sie im Menü der Schaltfläche **Designs** auf den Eintrag **Auf das Design aus der Vorlage zurücksetzen**.

Das gleiche Design

Mit Designs können Sie auch Office-übergreifend Dokumente ähnlich gestalten, da auch die anderen Office-Programme diese Designs anbieten.

Fotos einfügen und anordnen

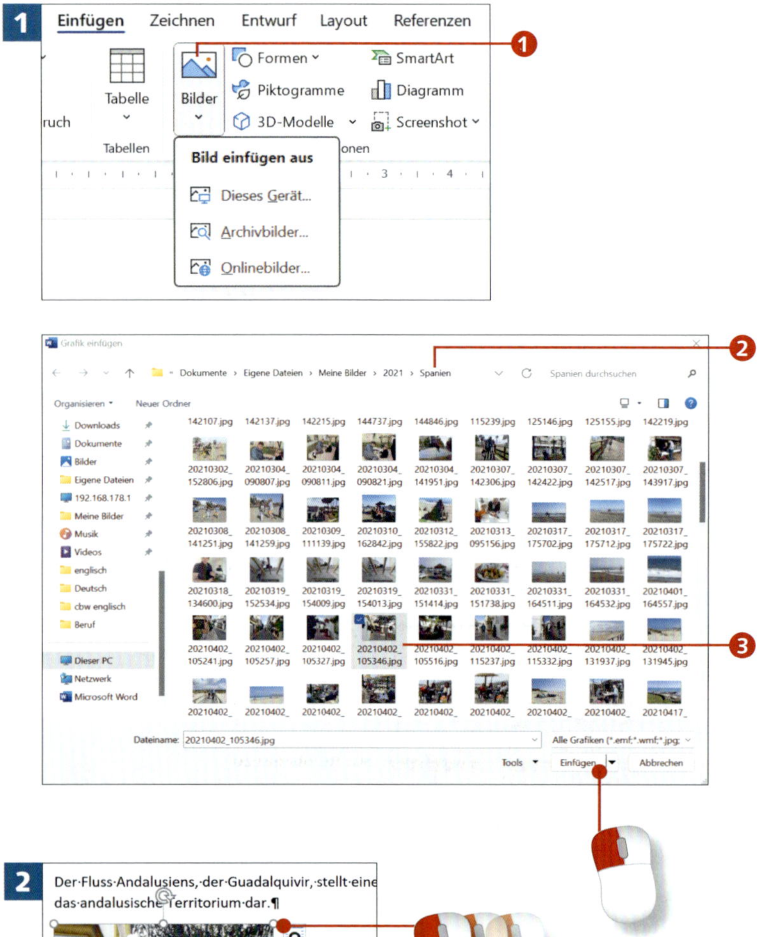

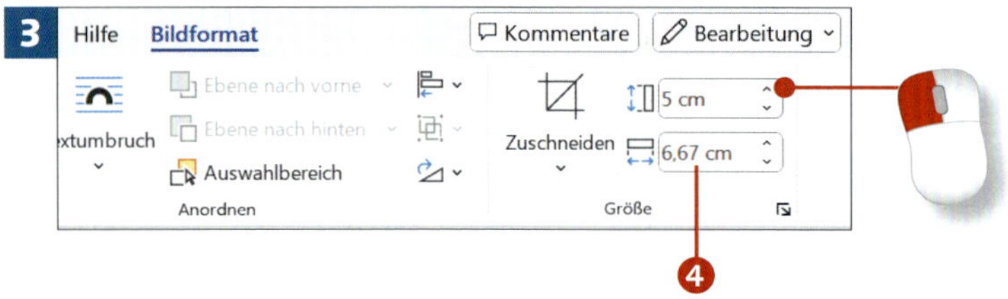

Sie sind in Word nicht darauf beschränkt, mit Texten zu arbeiten. Das Programm kann auch bestens mit Bildern umgehen.

Schritt 1

Um ein Foto einzufügen, klicken Sie auf der Registerkarte **Einfügen** auf **Bilder** ❶. Sofern Sie ein Bild einfügen möchten, das Sie lokal gespeichert haben, wählen Sie im Menü **Dieses Gerät**. Im Dialog **Grafik einfügen** öffnen Sie den Ordner ❷, in dem das Bild liegt, markieren es ❸ und klicken auf **Einfügen**.

Schritt 2

Um die Größe des Bildes zu ändern, klicken Sie es an. Sie sehen acht Ziehpunkte. Um die Proportionen beizubehalten, ziehen Sie einen Eckpunkt mit gedrückter Maustaste nach innen oder außen.

Schritt 3

Sie können die Bildgröße auch exakt angeben. Klicken Sie das Bild an, und legen Sie auf der Registerkarte **Bildformat** (die eingeblendet wird, wenn ein Bild markiert ist) in den Feldern **Formenhöhe** und **Formenbreite** ❹ die Größe fest.

Schritt 4

Mit der Textumbruchart legen Sie fest, wie sich das Bild zum Text verhält. Klicken Sie auf die Schaltfläche **Layoutoptionen** (das kleine Symbol rechts neben dem Bild). Der Standard ist **Mit Text in Zeile** ❺. Damit lässt sich ein Bild behandeln wie ein Textzeichen. Sie können es also zentrieren, rechtsbündig ausrichten und innerhalb von Text bewegen.

4

Schritt 5

Um das Bild mit gedrückter Maustaste an jede beliebige Stelle ziehen zu können, ändern Sie die Textumbruchart, z. B. in **Quadrat** ❻ oder **Eng** ❼.

5

Schritt 6

Wenn sich das Bild nicht mit dem Absatz verschieben soll, müssen Sie in den **Layoutoptionen** seine **Position auf der Seite fixieren**. Dann »wandert« es nicht mit, wenn Sie ↵ drücken.

6

Textumbruchart

Die Textumbruchart (manchmal auch **Zeilenumbruch** genannt) entscheidet über das Zusammenspiel zwischen Text und Grafik. Ein Text kann z. B. genau um das Bild fließen (**Eng**) oder als Hintergrund erscheinen (**Hinter den Text**).

Fotos einfügen und anordnen (Forts.)

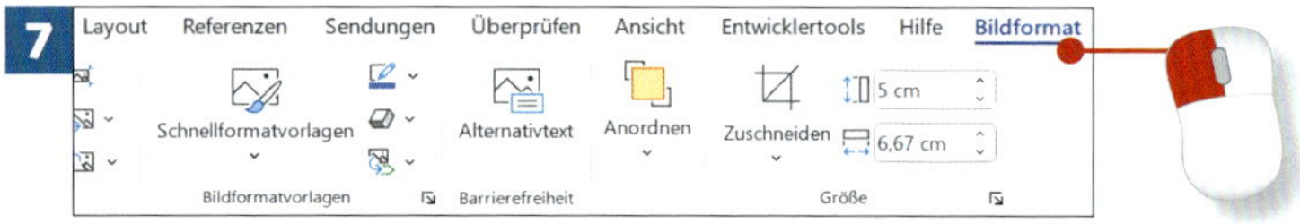

Schritt 7

Die Registerkarte **Bildformat** bietet eine Menge Bearbeitungsmöglichkeiten. Unterschiedliche Formen mit oder ohne Rahmen etc. können Sie über die Gruppe **Bildformatvorlagen** zuweisen.

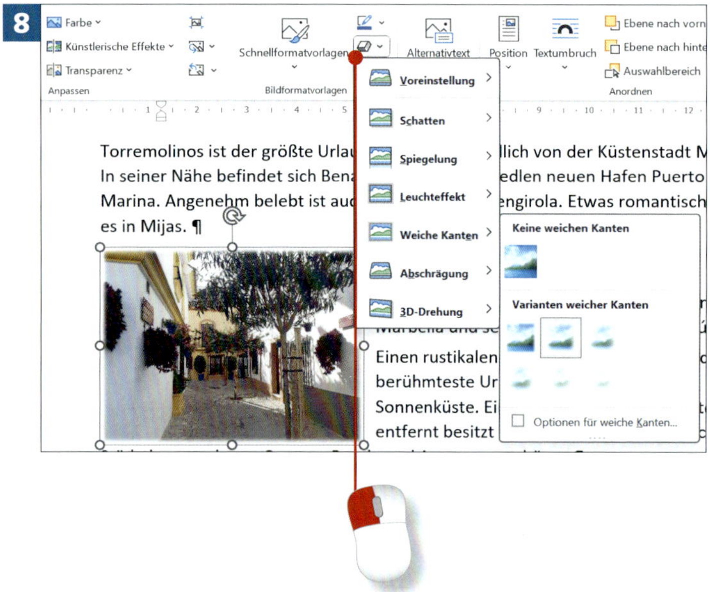

Schritt 8

Auch im Menü **Bildeffekte** gibt es interessante Effekte, z. B. diverse Spiegelungsvarianten, **Weiche Kanten** und Schatteneinstellungen.

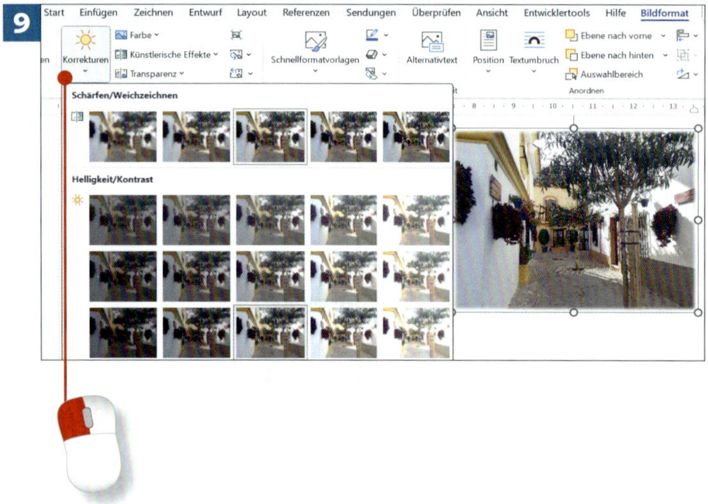

Schritt 9

Wenn dem Bild, das Sie eingefügt haben, Schärfe, Kontrast oder Helligkeit fehlen, können Sie es über **Korrekturen** nachbessern. Fahren Sie mit dem Mauszeiger einfach über die Vorschaubildchen, um den jeweiligen Effekt zu sehen.

i

Bilder verankern

Wenn ein Bild immer an Ort und Stelle bleiben soll, müssen Sie es verankern. Wählen Sie dazu auf der Registerkarte **Bildformat** den Punkt **Position ▸ Weitere Layoutoptionen ▸ Position**. Aktivieren Sie hier im Bereich **Optionen** den Punkt **Verankern**. Am blauen Objektanker (siehe Bild zu Schritt 5) erscheint dann ein kleines Schloss.

Schritt 10

Um dem Bild eine andere Farbe zuzuweisen, nutzen Sie die Schaltfläche **Farbe**. Hier finden Sie die Option **Ausgeblichen** ❶, die sich gut eignet, wenn Sie ein Bild hinter den Text legen wollen.

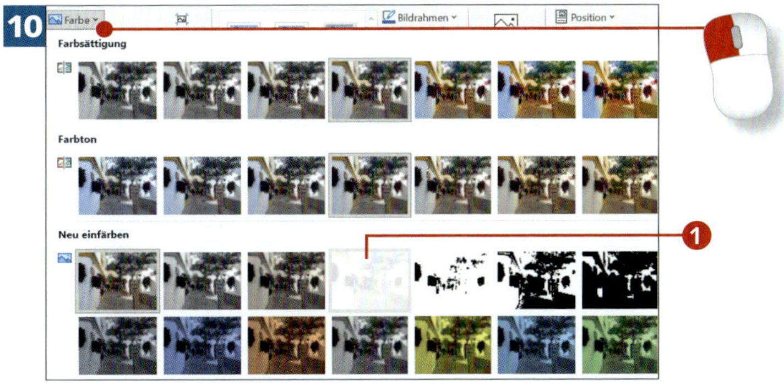

Schritt 11

Mit der Option **Künstlerische Effekte** wird ein Bild regelrecht zu einem »Kunstwerk«. Im Menü stehen Ihnen **Weichzeichnen**, **Bleistiftskizze**, **Mosaik**, **Glas-Effekt** und einige Effekte mehr zur Verfügung.

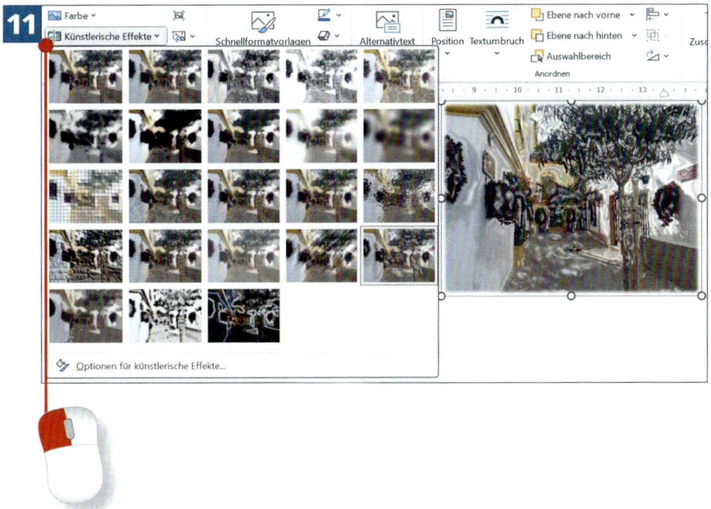

Schritt 12

Wenn Sie auf der Registerkarte **Bildformat** auf **Zuschneiden** ❷ klicken, können Sie ein Bild passend beschneiden. Ziehen Sie eine der Zuschneidemarken am Bild mit gedrückter Maustaste nach innen. Zur Bestätigung klicken Sie außerhalb des Bildes.

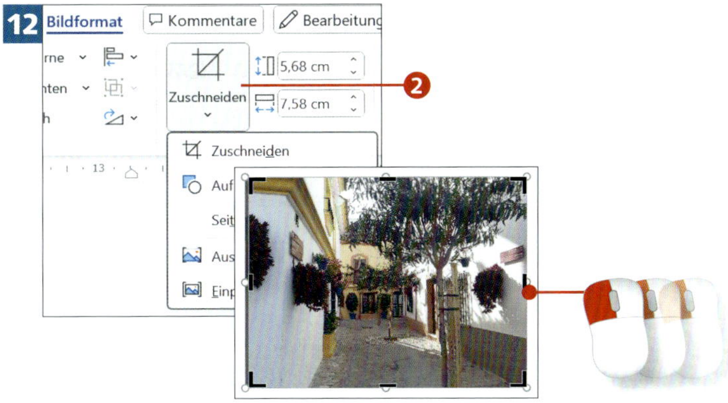

Zuschnitt rückgängig machen

Um ein Bild wieder auf die Originalgröße zu bringen, klicken Sie erneut auf **Zuschneiden**. Sie sehen den abgeschnittenen grauen Bereich und können das Bild wieder zurechtziehen. Oder nutzen Sie das Symbol **Bild zurücksetzen** in der Gruppe **Anpassen**.

3D-Modelle einfügen

Auch das bietet Word: 3D-Modelle, die Sie von allen Seiten betrachten können.

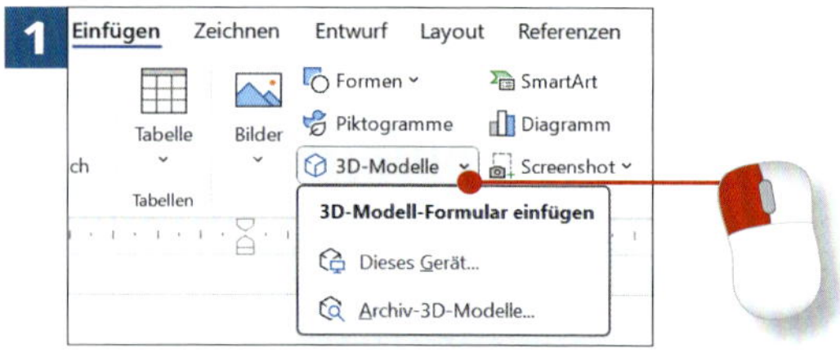

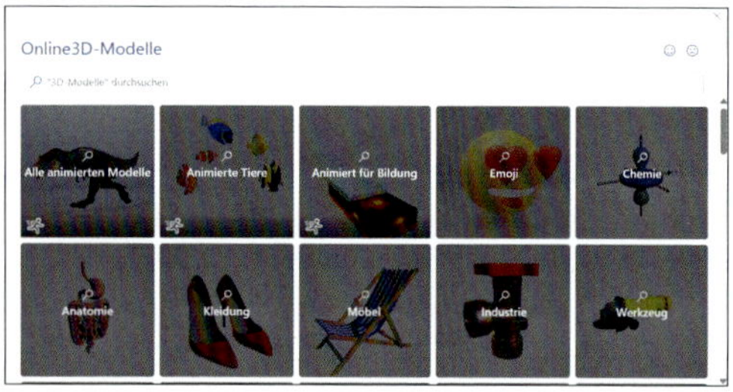

Schritt 1

Auf der Registerkarte **Einfügen** klicken Sie auf **3D-Modelle**. Klicken Sie im Menü auf **Archiv-3D-Modelle**, Im nächsten Fenster klicken Sie auf eine der angebotenen Kategorien (im Beispiel **Möbel**).

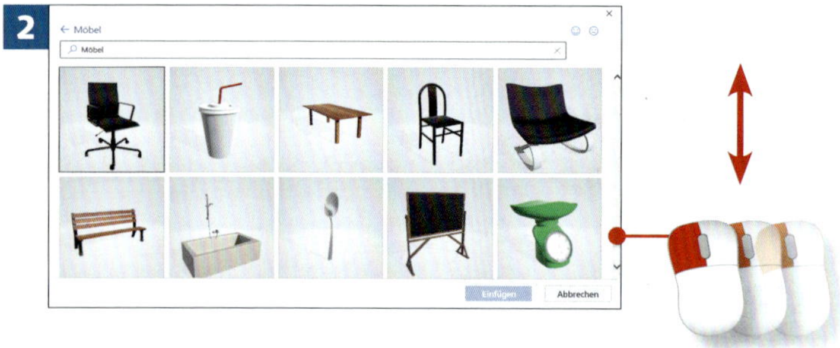

Schritt 2

Anschließend erhalten Sie eine – je nach Kategorie – unterschiedlich lange Auswahl gefundener Objekte. Scrollen Sie mithilfe der Bildlaufleiste durch die Auswahl, wählen Sie ein Modell und klicken Sie auf **Einfügen**.

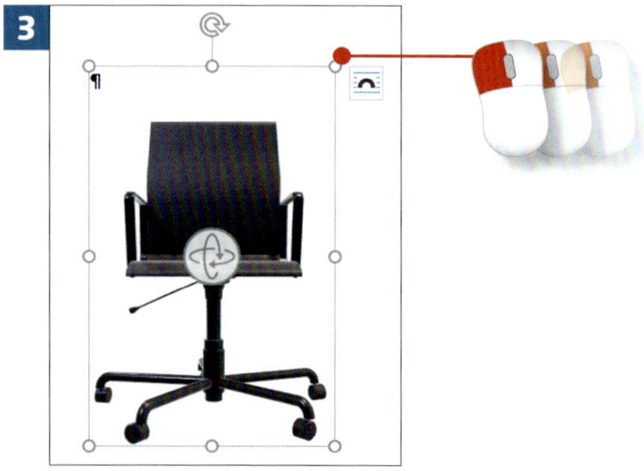

Schritt 3

Im Nu landet das Objekt mit Zieh- und Drehpunkten in Ihrem Word-Dokument.

Schritt 4

Wenn Sie es anklicken, sehen Sie die üblichen Ziehpunkte zum Verkleinern oder Vergrößern. Um einen Textumbruch einzustellen, klicken Sie auf die Schaltfläche **Layoutoptionen** rechts neben dem Bild.

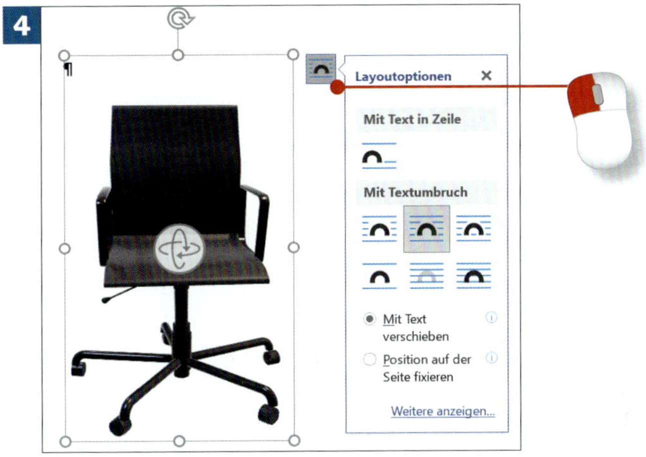

Schritt 5

Der Dreh- und Angelpunkt ist das Symbol, das in der Mitte des Bildes prangt. Hiermit können Sie das Objekt – mit gedrückter Maustaste – in alle Himmelsrichtungen drehen.

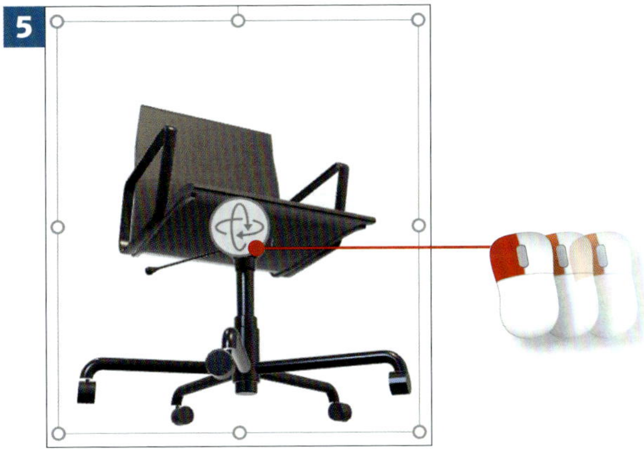

Schritt 6

Auf der Registerkarte **3D-Modell** finden Sie »fertige« Modellansichten. Klicken Sie auf den Pfeil am kleinen Scrollbalken, um alle Ansichten zu sehen.

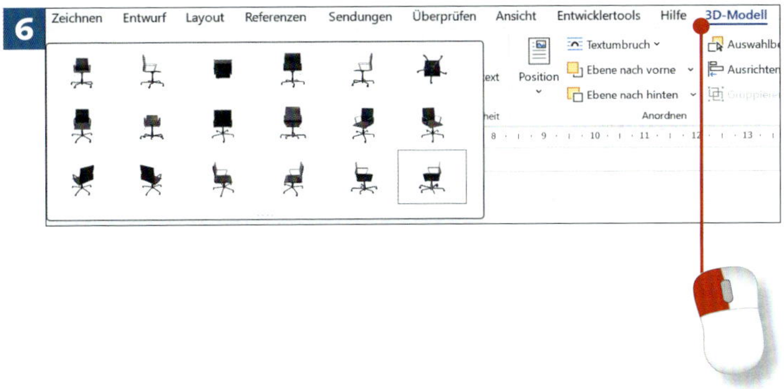

Das Original

Zur Originalansicht kehren Sie zurück, wenn Sie auf der Registerkarte **3D-Modell** auf **3D-Modell zurücksetzen** klicken.

Mehr Pep mit WordArt und SmartArt

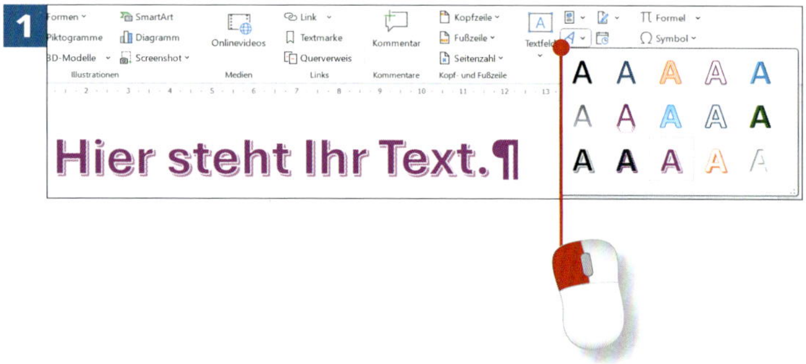

Mit WordArt wird aus einer Textzeile ein dekorativer Schriftzug. SmartArts stellen auf einen Blick Strukturen und/oder Hierarchien dar.

Schritt 1

Klicken Sie auf der Registerkarte **Einfügen** in der Gruppe **Text** auf **WordArt einfügen**, und entscheiden Sie sich im Menü für ein Design. Nun wird eine Grafik in Ihr Dokument eingefügt, in der »Hier steht Ihr Text« zu lesen ist. Überschreiben Sie diesen Text mit Ihrem eigenen.

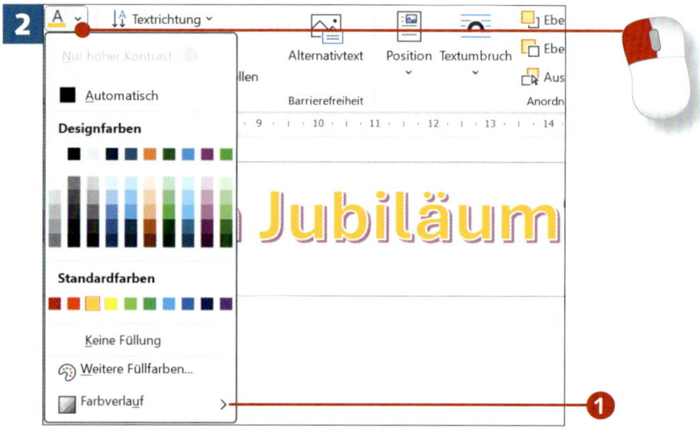

Schritt 2

Die WordArt können Sie mit den Befehlen der Registerkarte **Formformat** (die eingeblendet wird, wenn eine Form bzw. WordArt markiert ist) bearbeiten und verändern. Um den Text z. B. mit einer anderen Farbe zu füllen, klicken Sie auf den Pfeil neben **Textfüllung**. Im Menü wählen Sie eine Farbe oder eine Variante unter **Farbverlauf** ❶.

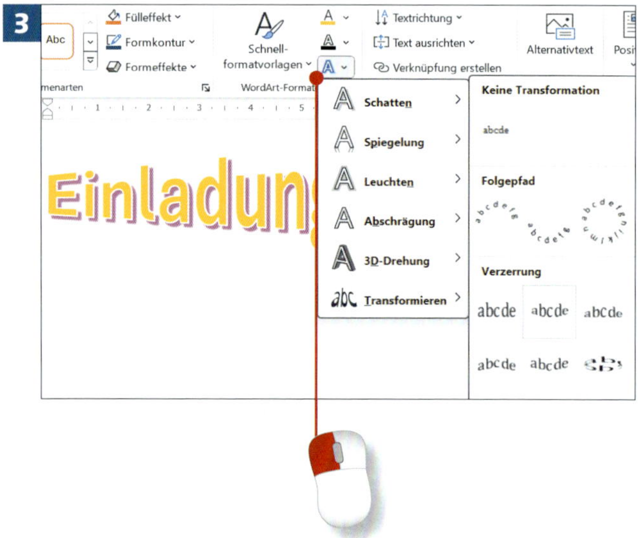

Schritt 3

Um dem Schriftzug selbst eine andere Form zu geben, klicken Sie auf **Texteffekte ▸ Transformieren**. Das Untermenü bietet viele Formen (**Kreis**, **Bogen**, **Wellen** etc.).

Schritt 4

Um eine SmartArt-Grafik einzufügen, klicken Sie auf **SmartArt**. Wählen Sie eine Kategorie aus, z. B. **Hierarchie** ❷. Klicken Sie auf eine passende Vorlage ❸.

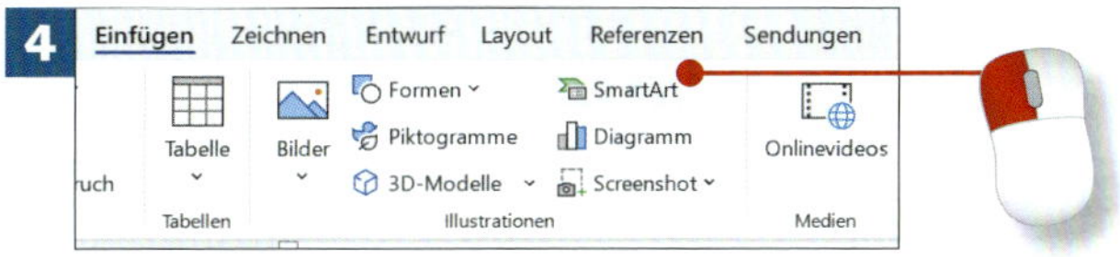

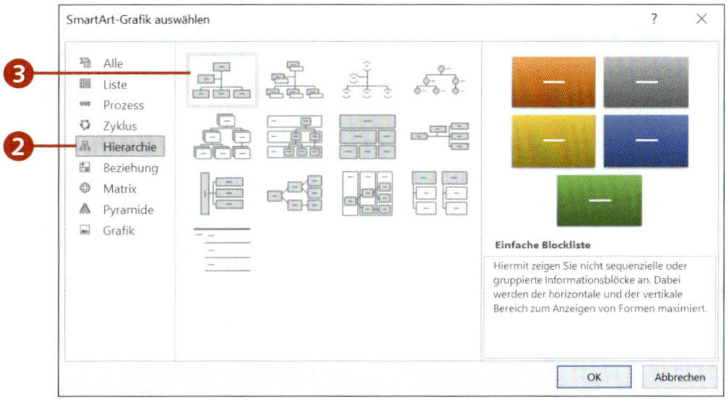

Schritt 5

Nachdem Sie die Vorlage mit **OK** eingefügt haben, füllen Sie die Felder des Organigramms mit Ihrem Text. Überschreiben Sie den Platzhaltertext. Die Schriftgröße wird automatisch angepasst. Mit einem Klick auf den kleinen Pfeil ❹ öffnen Sie den Textbereich, in dem Sie den Text ebenfalls bearbeiten können.

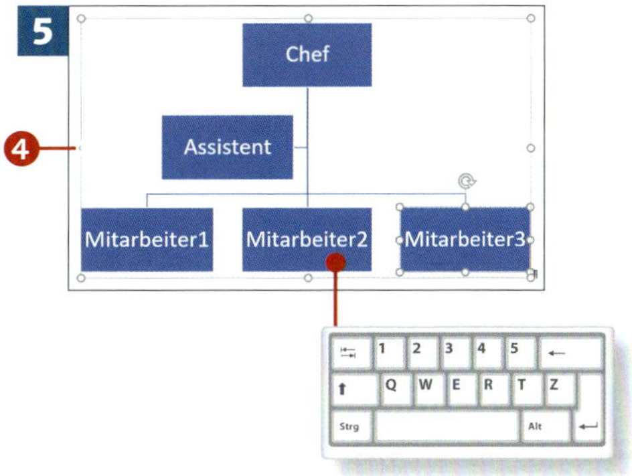

Schritt 6

Auf der Registerkarte **SmartArt-Design** verändern Sie die Struktur des Organigramms. Um eine neue Form einzufügen, markieren Sie die (letzte) Form und klicken auf den Pfeil neben **Form hinzufügen**. Wählen Sie, was Sie brauchen.

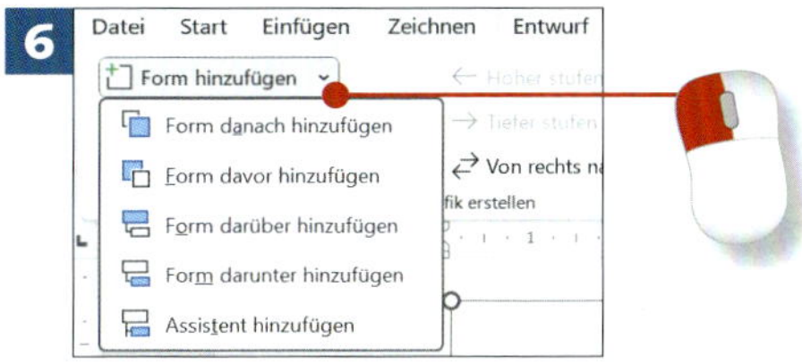

Die Hierarchie ändern

Um die Position einer SmartArt-Form zu verändern, markieren Sie sie und wählen entweder **Höher stufen**, **Tiefer stufen**, **Von rechts nach links**, **Nach oben** oder **Nach unten**.

Eine eigene Dokumentvorlage erstellen

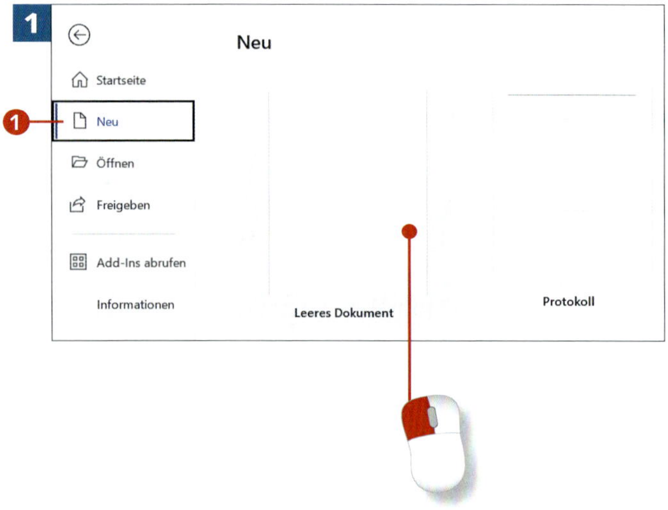

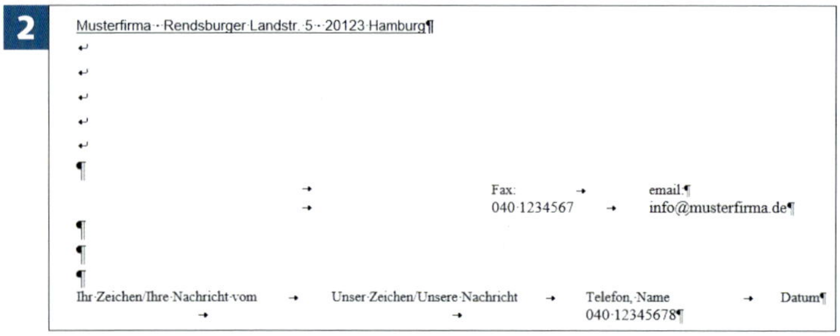

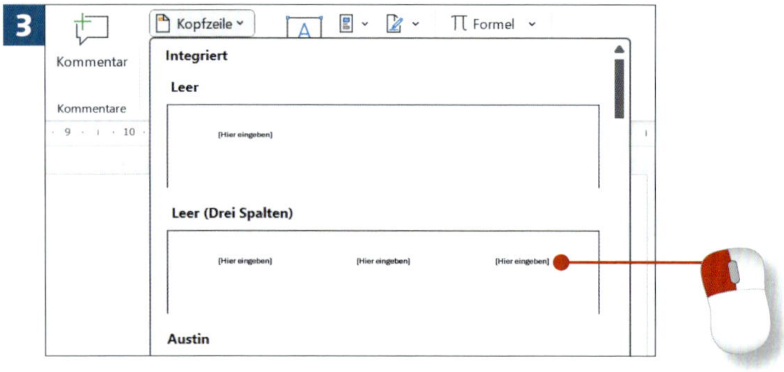

Eine Dokumentvorlage enthält alle Einstellungen, die Sie für die Erstellung eines Dokuments benötigen: Seitenlayout, Formatierungen, Formatvorlagen etc. So nimmt ein neues Dokument im Nu Form an.

Schritt 1

Für Dokumente, die Sie häufig schreiben und die immer das gleiche Layout haben, sparen Sie sich mit einer Dokumentvorlage als Grundgerüst viel Arbeit. Um eine neue Vorlage anzulegen, beginnen Sie mit einem neuen Dokument (**Datei ▸ Neu** 1 ▸ **Leeres Dokument**).

Schritt 2

In dem Dokument nehmen Sie nun alle Einstellungen vor. Sie können z. B. Texte einfügen und Formatierungen vorgeben. All diese Elemente sind später in den Dokumenten vorhanden, die auf dieser Vorlage basieren.

Schritt 3

Sie können eine Vorlage auch mit einer Kopfzeile versehen. Klicken Sie auf der Registerkarte **Einfügen** auf **Kopfzeile**, und wählen Sie ein Layout, z. B. **Leer (Drei Spalten)**.

Schritt 4

In der Gruppe **Einfügen** der Registerkarte **Kopf- und Fußzeile** finden Sie Symbole, mit denen Sie Inhalte in eine Kopfzeile einfügen können, z. B. das Datum oder ein Bild.

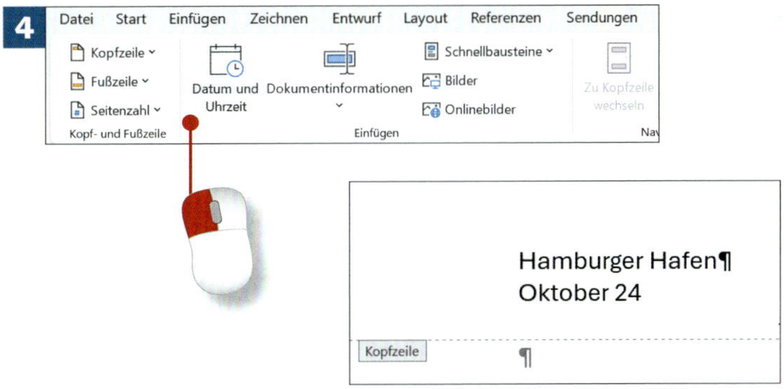

Schritt 5

Rufen Sie das Fenster **Speichern unter** auf. Wählen Sie **Dieser PC** (um die Vorlage lokal zu speichern). Klicken Sie auf den Pfeil unterhalb des Feldes für den Dateinamen und wählen Sie **Word-Vorlage (*.dotx)**. Der Ordner **Benutzerdefinierte Office-Vorlagen** ❷ sollte bereits geöffnet sein. Vergeben Sie einen Namen ❸, und klicken Sie auf **Speichern**.

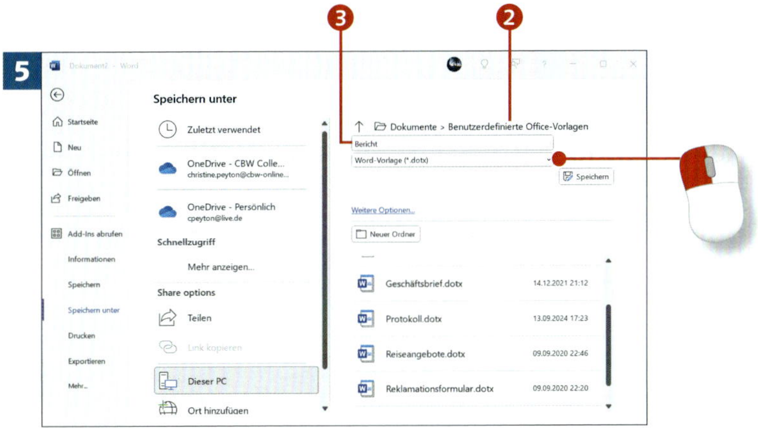

Schritt 6

Um eine Dokumentvorlage zu nutzen, klicken Sie auf **Datei ▸ Neu**. Sie sehen diverse Vorlagen, die Word anbietet. Um zu Ihrer eignen Vorlage zu gelangen und sie per Klick öffnen zu können, klicken Sie auf den Link **Persönlich**.

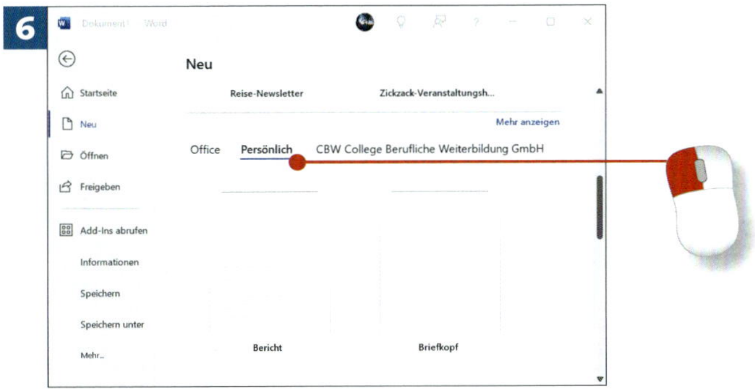

i

Speicherort
Dokumentvorlagen werden im Ordner **Benutzerdefinierte Office-Vorlagen** gespeichert. Den Pfad finden Sie unter **Datei ▸ Optionen ▸ Speichern ▸ Standardspeicherort für persönliche Vorlagen**.

Kapitel 5
Mit Excel rechnen

Bei der Arbeit mit Excel stehen natürlich Tabellen sowie Berechnungen mithilfe dieser Tabellen im Vordergrund. In diesem Kapitel erfahren Sie, wie Sie Text und Zahlen in Excel eingeben und wie Sie mit dem Programm einfache Rechnungen anstellen.

Text und Zahlen eingeben und formatieren

In den ersten Abschnitten führe ich Sie in die Grundlagen des Umgangs mit Excel ein. Ich zeige Ihnen, wie Sie Text und Zahlen eingeben ❶, sich in einer Tabelle bewegen, Zellinhalte löschen, korrigieren und formatieren sowie Spalten oder Zeilen einfügen.

Berechnungen durchführen

Bei der Arbeit mit Excel geht es in erster Linie um Berechnungen. Daher erkläre ich Ihnen, wie Sie Summen ❷ bilden und andere Grundrechenarten mithilfe von Excel-Funktionen anwenden.

Werte und Formeln ausfüllen

Mit dem **AutoAusfüllen** ❸ bietet Excel eine tolle Möglichkeit, Text oder Zahlen in andere Zellen zu übertragen, ohne alles von Hand eingeben zu müssen. Sie werden sehen, dass sich auf diese Weise auch Formeln vervielfältigen lassen.

1 Geben Sie Ihren Text auf dem Tabellenblatt ein.

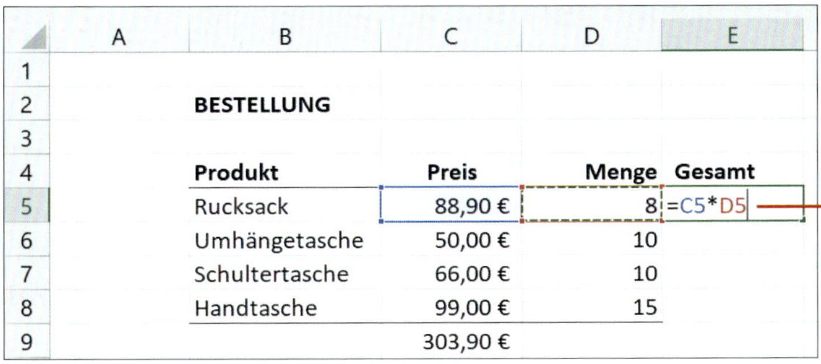

2 Auch Berechnungen fallen Ihnen mit Excel ganz leicht.

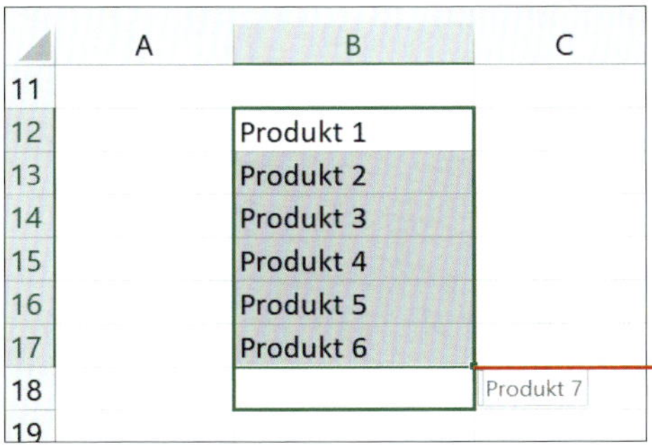

3 Mit der *AutoAusfüllen*-Funktion sparen Sie sich viel Tipparbeit.

Der Excel-Bildschirm

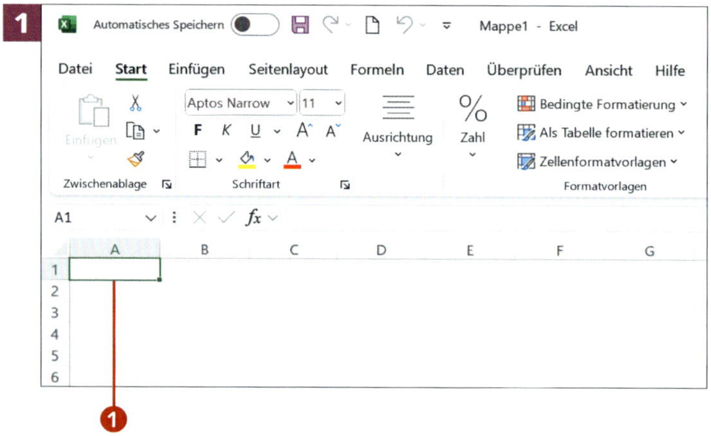

Schauen Sie sich zunächst auf dem Excel-Bildschirm um. Einige Registerkarten sind fast identisch mit denen in Word, aber es gibt auch spezielle Excel-Funktionen zu entdecken.

Schritt 1

Das Excel-Fenster ist in Zeilen und Spalten eingeteilt. Die Kästchen sind sogenannte *Zellen*, in die Sie Text oder Zahlen eintragen. Deren »Adressen« ergeben sich aus den Buchstaben am oberen und den Zahlen am linken Rand. Die Zelle ganz links oben ❶ ist also die Zelle A1.

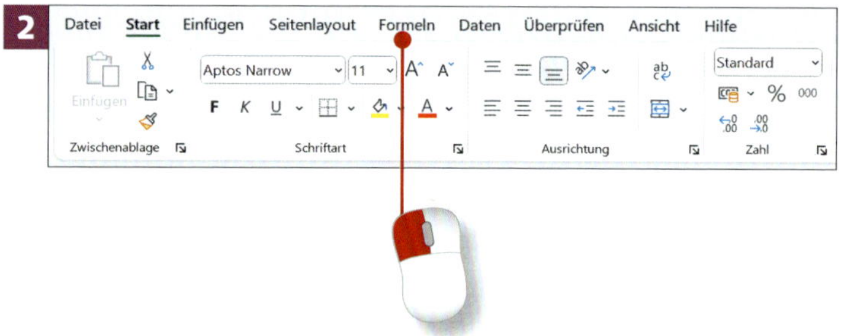

Schritt 2

Wie in Word sind die Funktionen auf Registerkarten gesammelt. Viele sind fast identisch mit denen in Word, aber es gibt auch Registerkarten, auf denen Sie nur Excel-spezifische Befehle finden, z. B. **Formeln**.

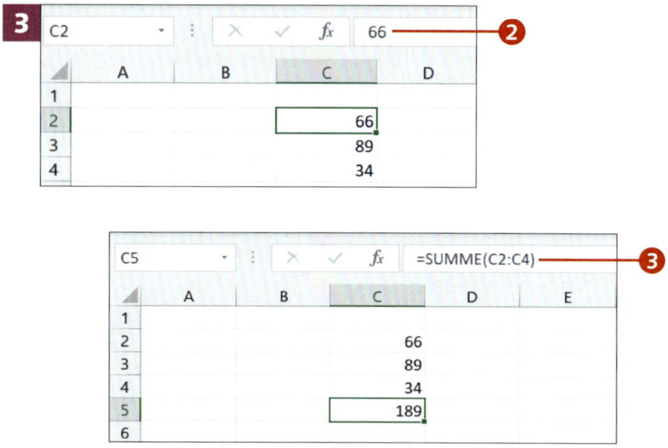

Schritt 3

Unterhalb der Registerkarten liegt die *Bearbeitungsleiste*. Hier wird der Inhalt der aktiven Zelle angezeigt ❷. Er kann auf dem üblichen Wege bearbeitet werden. Besteht der Inhalt aus einer Formel, ist in der Bearbeitungsleiste die Formel zu sehen ❸ und nicht der Wert.

Schritt 4

Am unteren Rand des Bildschirms befinden sich die Reiter für die Tabellenblätter, in der Standardeinstellung nur **Tabelle1**. Weitere Tabellenblätter fügen Sie über das Pluszeichen hinzu.

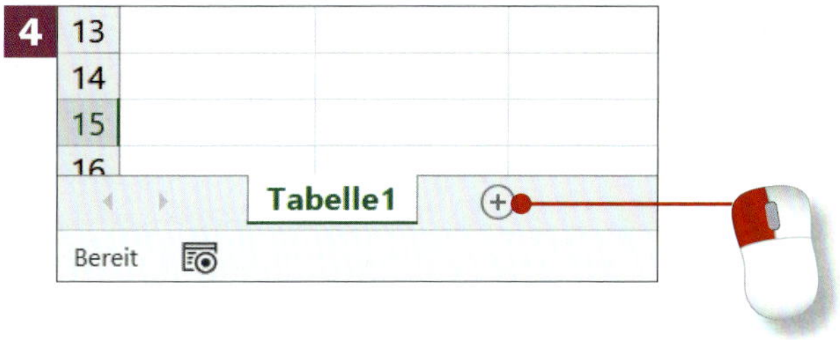

Schritt 5

In der Statusleiste finden Sie – wie in Word – rechts den Schieberegler, um den Zoom einzustellen. Links daneben gibt es die Symbole für die verschiedenen Ansichten des Excel-Bildschirms: **Normal**, **Seitenlayout** und **Umbruchvorschau** ❹.

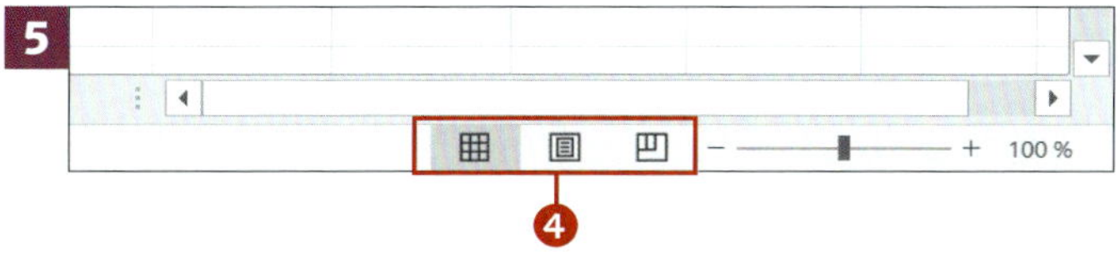

Schritt 6

Auf der linken Seite des Bildschirms befindet sich am oberen Rand (der Titelleiste) die *Symbolleiste für den Schnellzugriff* ❺. Rechts neben dem Glühbirnen-Symbol (**Meine Vorteile**) finden Sie die Schaltflächen zum Umgang mit dem Excel-Fenster: **Minimieren**, das Symbol zum Verkleinern und **Schließen** ❻.

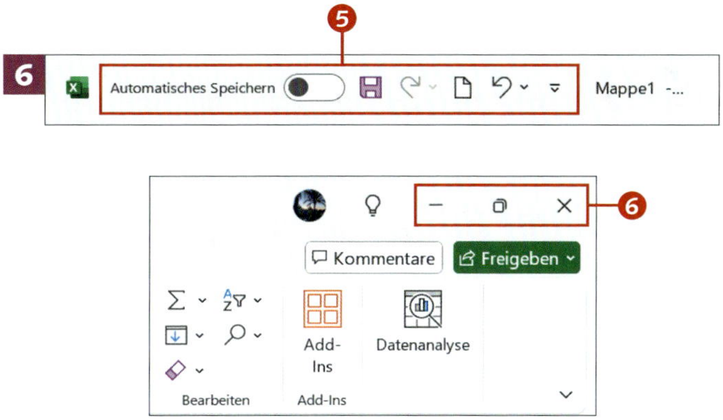

Text und Zahlen in Zellen eingeben

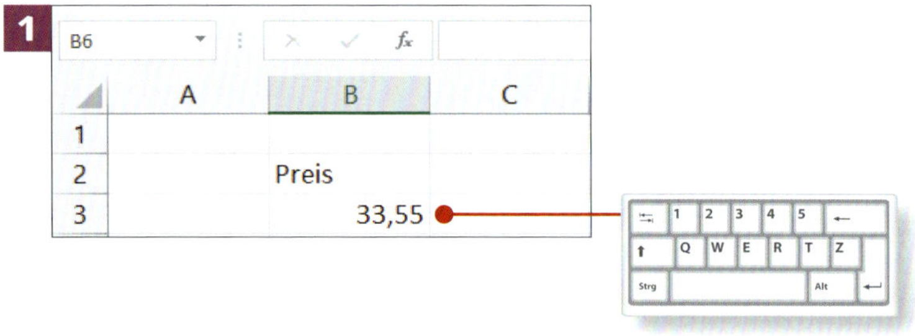

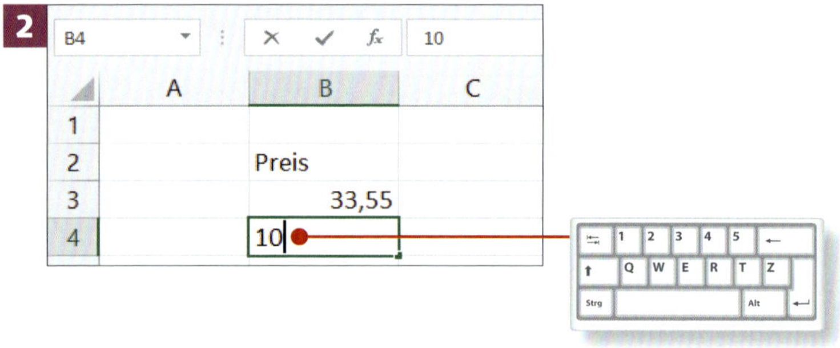

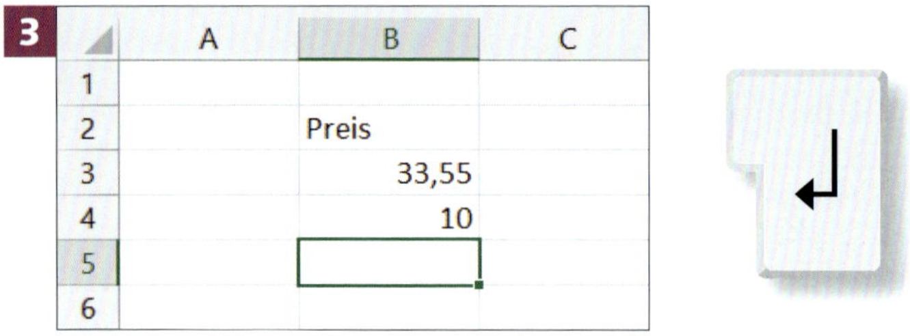

Der Excel-Bildschirm ist automatisch in Spalten und Zeilen eingeteilt. Aus den Schnittpunkten ergeben sich die sogenannten Zellen. In diese Zellen tragen Sie Zahlen oder auch Text ein.

Schritt 1

Klicken Sie in die Zelle, in die Sie Text oder Zahlen eingeben möchten. Dann können Sie drauflosschreiben. Bei Zahlen mit Dezimalstellen nutzen Sie als Trennzeichen ein Komma. Drücken Sie nach der Eingabe ↵.

Schritt 2

Für einen Wert wie »10,00« schreiben Sie einfach »10«. Die Nullen nach dem Komma werden über ein Zahlenformat eingestellt (siehe den Abschnitt »Markieren und gestalten« auf Seite 146).

Schritt 3

Die eingegebenen Zahlen werden nach dem Drücken der ↵-Taste automatisch rechtsbündig gesetzt. Text bleibt in der Standardeinstellung linksbündig stehen.

Das Eingabehäkchen nutzen

Anstatt nach der Eingabe von Text oder Zahlen die ↵-Taste zu drücken, können Sie auch auf das Symbol **Eingeben** ❶ in der Bearbeitungsleiste klicken.

Schritt 4

Zum Korrigieren setzen Sie den Cursor in die Bearbeitungsleiste und ändern den Text oder die Zahl so, wie Sie es auch in einem Textdokument tun würden.

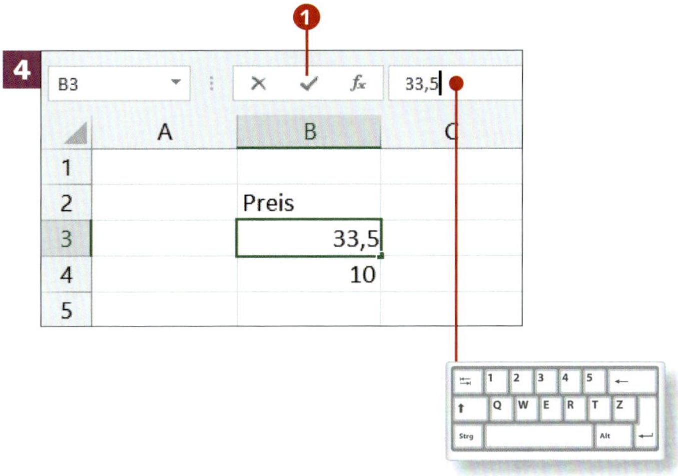

Schritt 5

Sie können Zahlen oder Text auch direkt in einer Zelle korrigieren (»öffnen« Sie sie dazu per Doppelklick). Einträge können über die Spaltenbreite hinausgehen, falls die Zelle rechts daneben leer ist. Sonst wird die Anzeige gekürzt; der Inhalt ist aber weiterhin in der Zelle vorhanden.

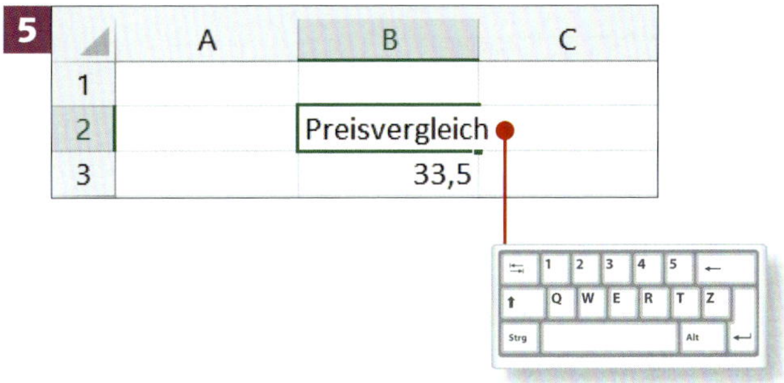

Schritt 6

Sie können die Spalte verbreitern. Dazu setzen Sie den Mauszeiger genau an die Trennlinie zwischen den Buchstaben in der Kopfleiste. Der Mauszeiger verwandelt sich in ein Kreuz. Nun ziehen Sie mit gedrückter Maustaste nach rechts.

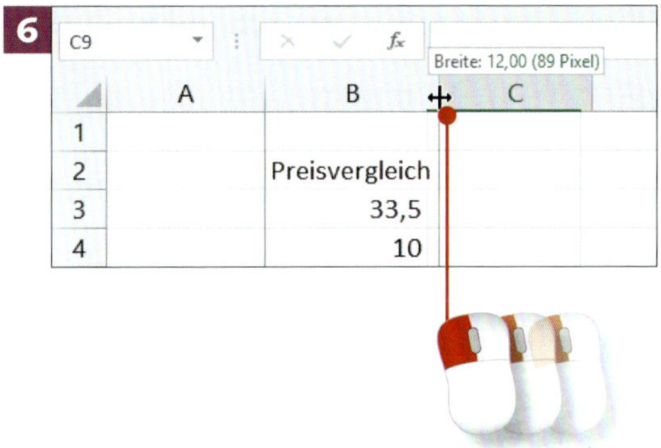

Spaltenbreite anpassen

Wenn Sie doppelt auf die Trennlinie klicken, wird die Breite der Spalte automatisch an den längsten Eintrag in der Spalte angepasst.

Tabellenblätter nutzen

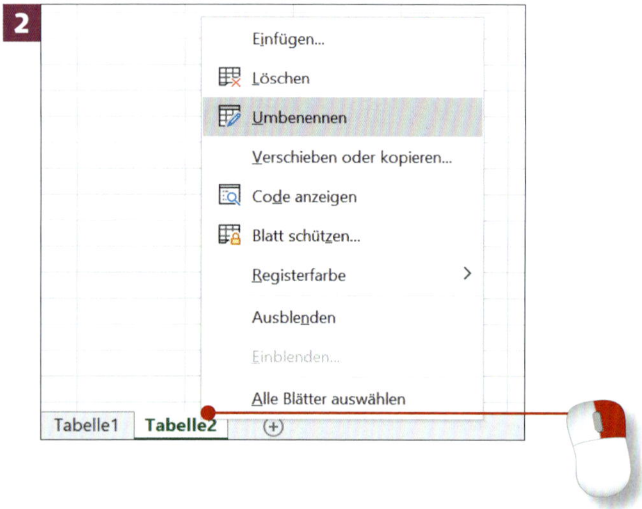

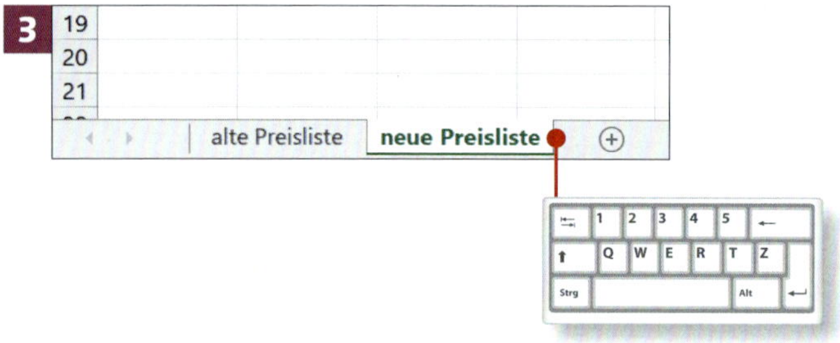

Excel-Dokumente können aus mehreren Tabellenblättern bestehen. Auf diese Weise können Sie Daten eingeben, die inhaltlich zusammengehören, aber auf getrennten Blättern stehen.

Schritt 1

Excel bietet standardmäßig nur ein Tabellenblatt an. Um ein weiteres einzufügen, klicken Sie einfach auf das Plus neben dem Reiter **Tabelle1**.

Schritt 2

Per Mausklick wechseln Sie zwischen den Tabellenblättern. Damit Sie gezielt zum richtigen Tabellenblatt springen, ist es sinnvoll, den Blättern einen passenden Namen zu geben. Dazu klicken Sie den Reiter mit rechts an und wählen **Umbenennen**. Alternativ können Sie einen Tabellenreiter auch doppelt anklicken.

Schritt 3

Nun geben Sie einfach den neuen Namen ein. Drücken Sie nach der Eingabe [↵].

Mehrere Tabellenblätter

Sie können über **Datei ▸ Optionen ▸ Allgemein** im Feld **So viele Arbeitsblätter einfügen** festlegen, wie viele Tabellenblätter eine neue Arbeitsmappe zu Anfang enthält.

Schritt 4

Die Reiter der Tabellenblätter lassen sich auch hübsch einfärben. Klicken Sie mit rechts auf den Reiter, zeigen Sie auf **Registerfarbe**, und wählen Sie im Untermenü eine Farbe.

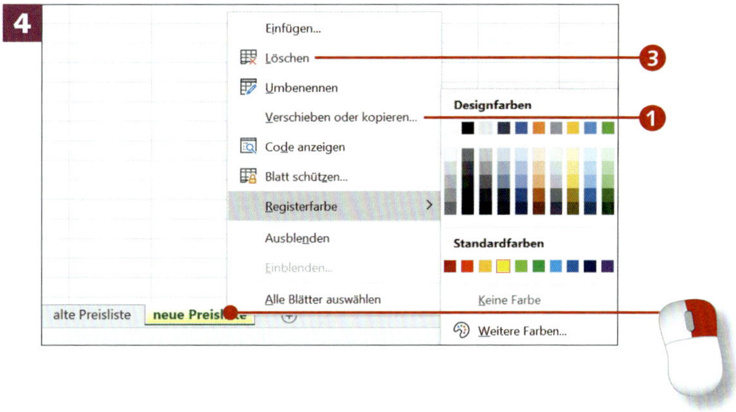

Schritt 5

Die Reihenfolge der Tabellenblätter lässt sich ebenfalls ändern. Klicken Sie im Kontextmenü des zu verschiebenden Tabellenblattes auf **Verschieben oder kopieren** ❶. Im Dialog markieren Sie das Tabellenblatt, *vor* dem Sie das aktuelle Blatt einfügen möchten, und klicken auf **OK**.

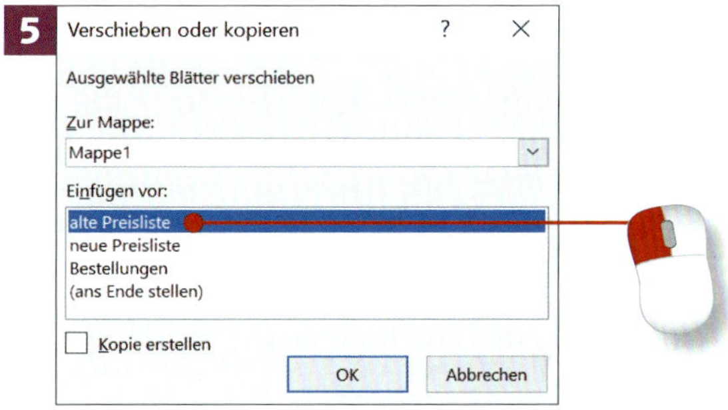

Schritt 6

Wenn Sie ein Excel-Dokument speichern, werden alle Tabellenblätter gespeichert. Beim Ausdrucken (**Datei ▸ Drucken** ❷) können Sie bestimmen, ob Sie nur die aktiven (markierten) Blätter drucken möchten oder die gesamte Arbeitsmappe.

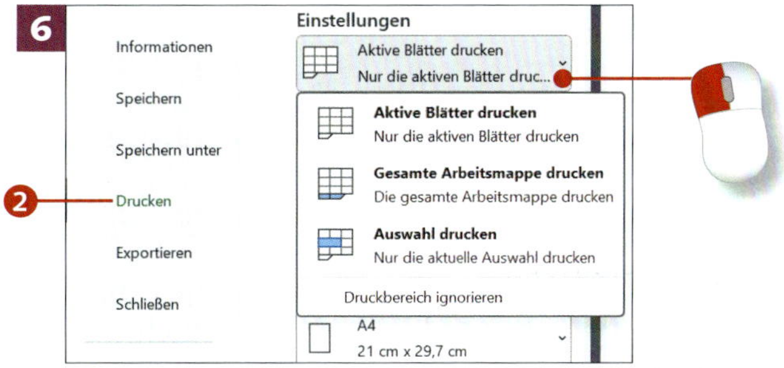

i

Tabellenblatt löschen

Um ein Tabellenblatt wieder loszuwerden, klicken Sie es mit rechts an und wählen im Kontextmenü **Löschen** (❸ in Bild 4).

Datenreihen für die rationelle Dateneingabe

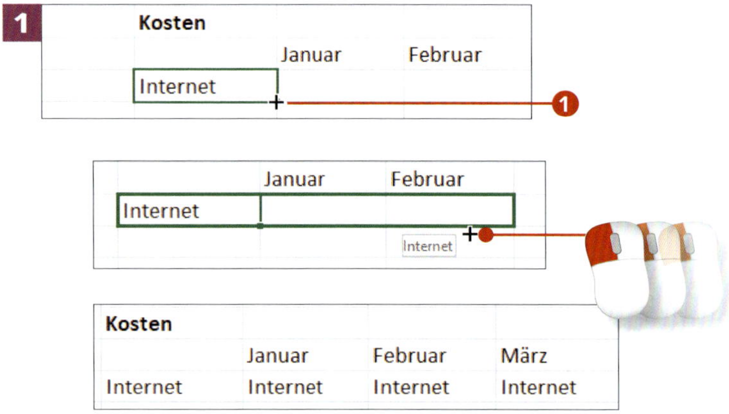

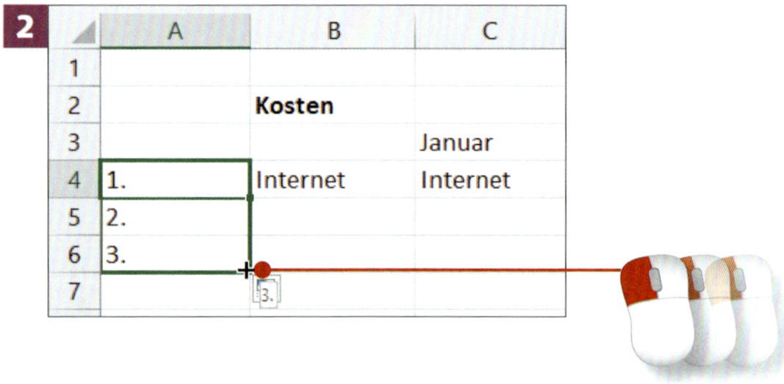

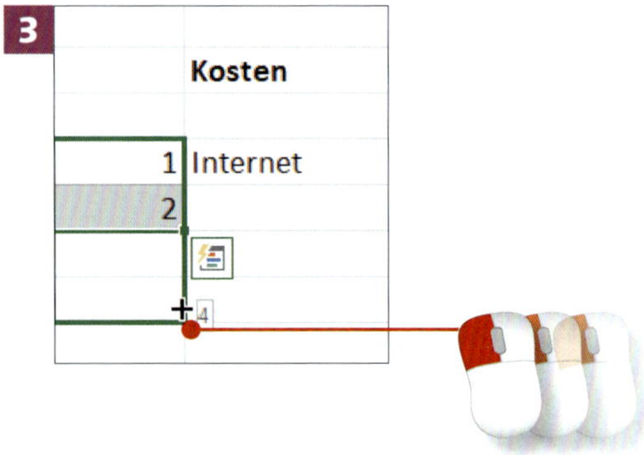

Mit dem »AutoAusfüllen« lässt sich in Excel viel Tipparbeit sparen.

Schritt 1

Wenn sich ein Eintrag über mehrere Spalten oder Zeilen wiederholt, können Sie ihn leicht kopieren. Aktivieren Sie die erste Zelle, und führen Sie den Mauszeiger genau an die rechte untere Ecke (er wird zu einem Kreuz 1). Halten Sie die Maustaste gedrückt, und ziehen Sie den Rahmen über die nächsten Spalten oder Zeilen.

Schritt 2

Ebenso einfach erzeugen Sie eine aufsteigende Reihe. Schreiben Sie z. B. »1.« in die erste Zelle. Dann füllen Sie wie eben beschrieben die Spalte oder Zeile aus. Der Anfangswert der Reihe ist übrigens beliebig, sie muss nicht mit »1.« beginnen.

Schritt 3

Wenn Sie nicht »1.«, sondern nur »1« eingeben und daraus eine Reihe erzeugen möchten, müssen Sie Excel die ersten beiden Werte mitteilen. Sie tragen also »1« und in die nächste Zelle »2« ein, markieren die beiden Zellen und füllen dann die nächsten Zellen durch Ziehen aus.

Schritt 4

Auch bei dieser Methode ermittelt Excel anhand der ersten beiden Werte die nächsten Schritte. Sie können beispielsweise auch »3« und »6« eingeben, Excel zählt dann weiter mit 9 etc.

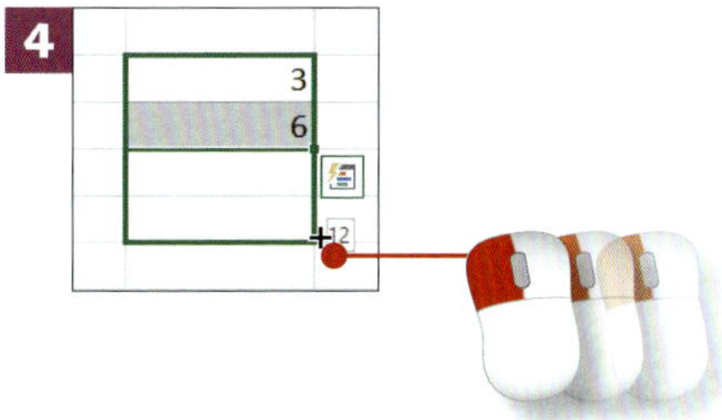

Schritt 5

Das Ausfüllen klappt nicht nur mit Zahlen. Um z. B. die Wochentage ausfüllen zu lassen, schreiben Sie einfach »Montag« in die erste Zelle, setzen den Cursor an die rechte untere Ecke und ziehen den Rahmen über die nächsten Zellen. Sobald Sie die Maustaste loslassen, sind die Zellen mit den Wochentagen gefüllt.

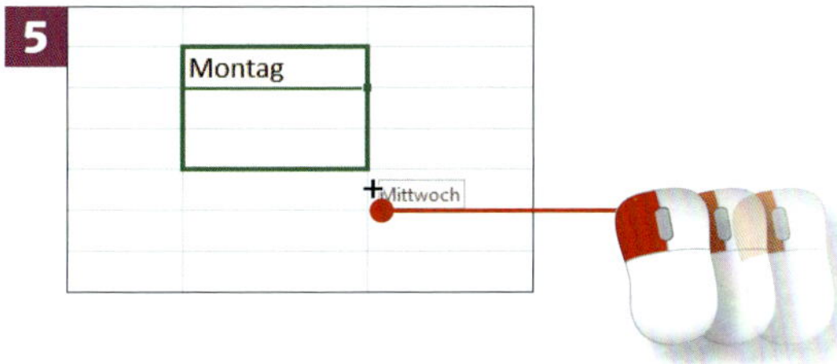

Schritt 6

Sie können überprüfen, welche Listen Excel anbietet. Klicken Sie auf **Datei** ▸ **Optionen** (oder auf **Mehr** ▸ **Optionen**) ▸ **Erweitert** ❷, und scrollen Sie bis zur Kategorie **Allgemein**. Hier klicken Sie auf **Benutzerdefinierte Listen bearbeiten**. Links sehen Sie die vorhandenen Listen.

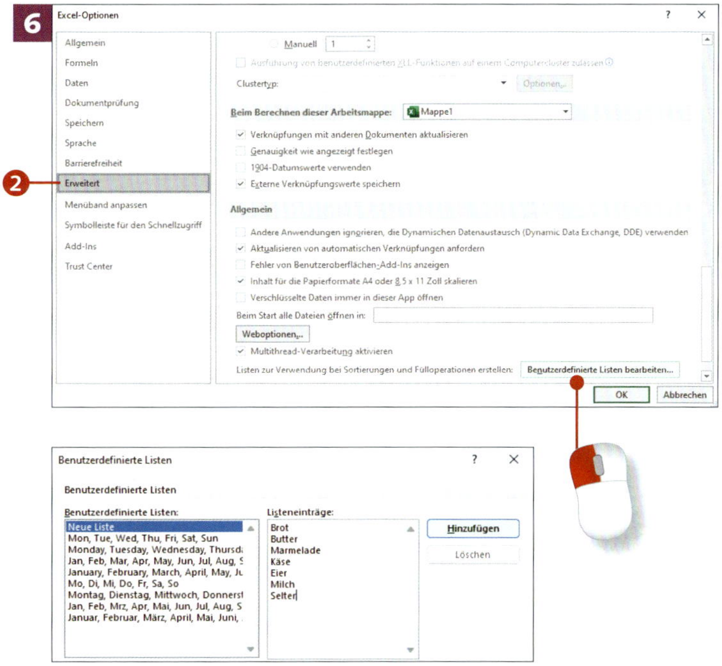

Eigene Listen

Für eine neue Liste tragen Sie die Werte unter **Listeneinträge** untereinander ein und klicken auf **Hinzufügen**.

Markieren und gestalten

Es gibt viele Möglichkeiten, Zellen bzw. Spalten und Zeilen zu markieren und zu formatieren. Ich zeige Ihnen in diesem Abschnitt diverse Kniffe.

1

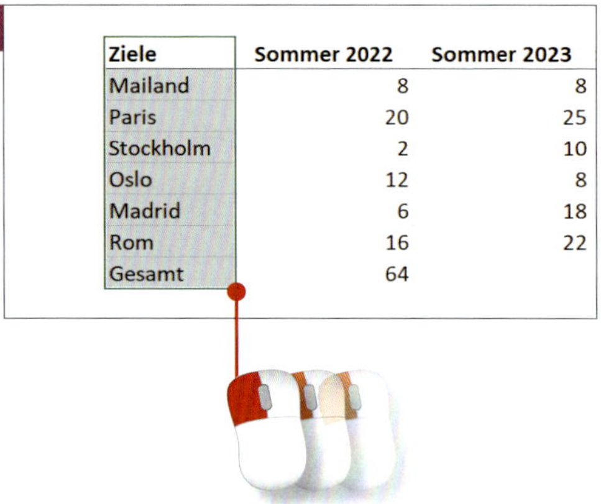

Schritt 1

Zum Markieren von Spalten oder Zeilen können Sie einfach mit gedrückter Maustaste über den zu markierenden Bereich fahren. Auch wenn die erste Zelle des Bereichs nicht dunkler unterlegt wird, ist sie dennoch markiert.

2

Schritt 2

Sie können auch sehr bequem mit den Pfeiltasten **1** markieren. Halten Sie ⇧ gedrückt, und wandern Sie mit einer der Pfeiltasten nach rechts, links, oben oder unten. Der Bereich wird entsprechend spalten- oder zeilenweise markiert.

3

Schritt 3

Eine ganze Spalte markieren Sie, indem Sie den Mauszeiger auf die Spaltenbezeichnung in der Kopfleiste führen (der Mauszeiger wird zu einem nach unten weisenden Pfeil) und klicken. Analog funktioniert dies beim Markieren einer Zeile.

Schritt 4

Zum Formatieren markierter Zellbereiche (oder einer einzelnen Zelle) nutzen Sie die Befehle auf der Registerkarte **Start**. In der Gruppe **Schriftart** ❷ finden Sie die Einstellungen für die Schrift, in der Gruppe **Ausrichtung** ❸ können Sie den (markierten) Zellinhalt zentriert oder rechtsbündig setzen.

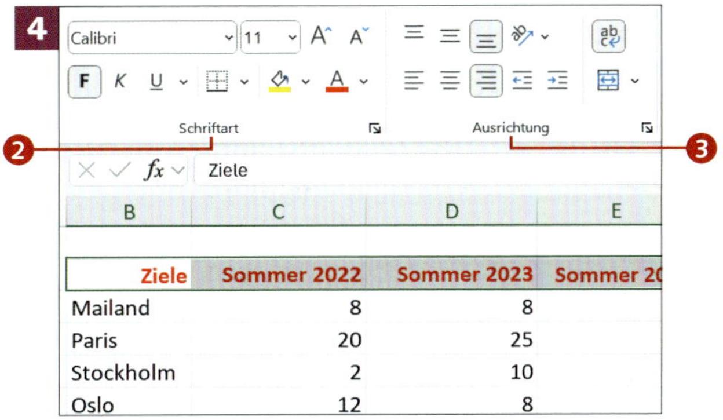

Schritt 5

Um die vertikale Ausrichtung in den Zellen zu verändern, klicken Sie auf **Oben ausrichten** (der Inhalt der Zelle rutscht an den oberen Zellenrand) oder **Zentriert ausrichten** ❹.

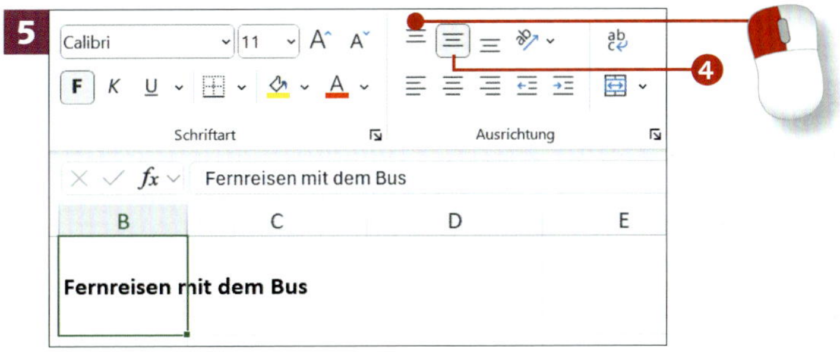

Schritt 6

In der Gruppe **Ausrichtung** finden Sie auch die Schaltfläche **Ausrichtung**. Ein Klick auf den Pfeil bietet die Möglichkeit, Text oder Zahlen im gewünschten Winkel zu drehen, z. B. mit **Gegen den Uhrzeigersinn drehen**.

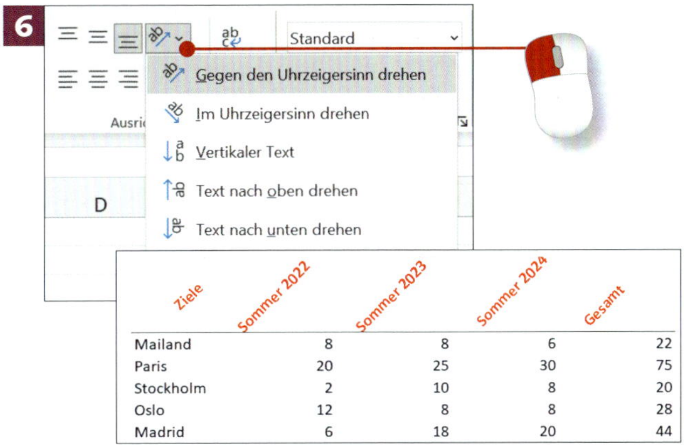

Markieren und gestalten (Forts.)

Schritt 7

Um die Drehung selbst zu bestimmen, klicken Sie auf **Zellenausrichtung formatieren** ❶. Dadurch öffnet sich der Dialog **Zellen formatieren** mit der Registerkarte **Ausrichtung**. Ziehen Sie hier mit gedrückter Maustaste an dem Zeiger im Bereich **Ausrichtung**.

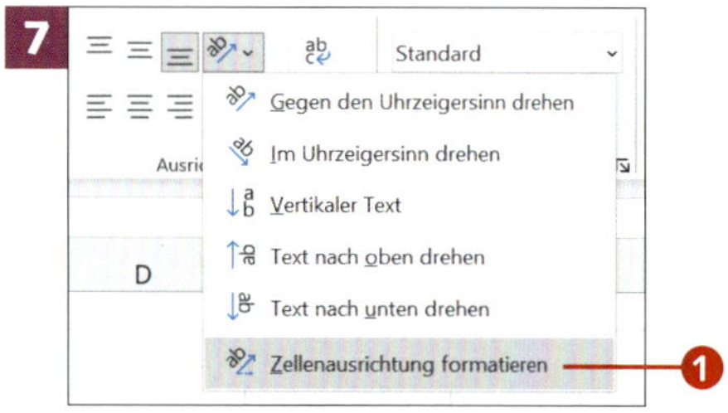

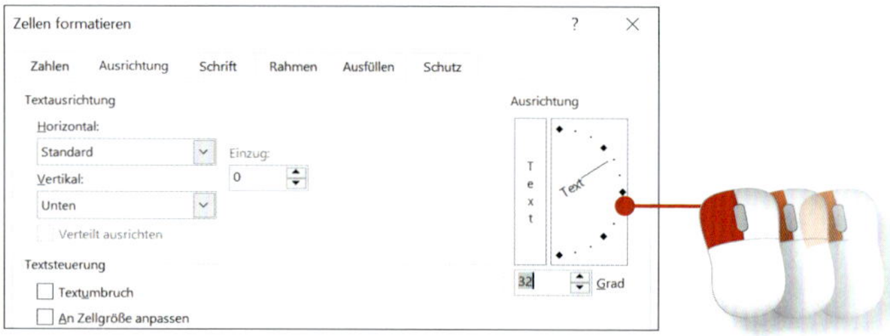

Schritt 8

Sie haben diverse Möglichkeiten, Zahlen zu formatieren. Ein Klick auf **Start ▸ Buchhaltungszahlenformat** (in der Gruppe **Zahl**) weist einer Zahl z. B. zwei Nachkommastellen und das Euro-Zeichen zu.

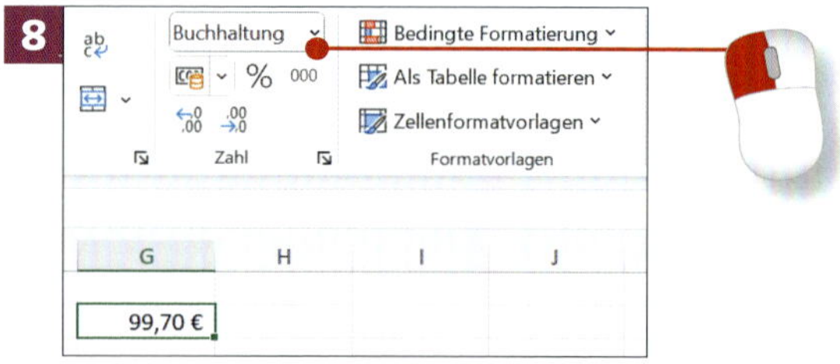

Schritt 9

Weitere Zahlenformate finden Sie im Menü der Schaltfläche **Zahlenformat** (wo Sie zunächst **Standard** lesen) und im Dialog **Zellen formatieren**. Um ihn aufzurufen, klicken Sie auf den Pfeil ❷ an der Gruppe **Zahl**, auf **Weitere Buchhaltungsformate** im Menü des Symbols **Buchhaltungszahlenformat**.

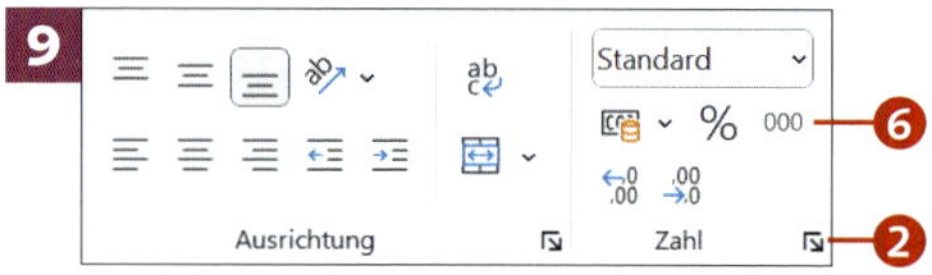

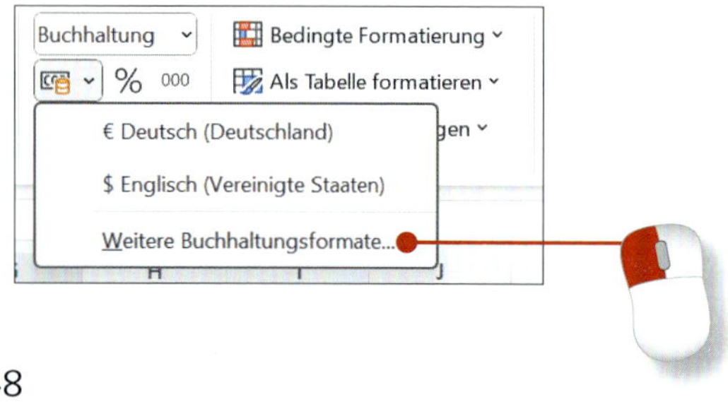

Den Grad eingeben

Anstatt in Schritt 7 an dem Zeiger zu ziehen, um den Zellinhalt diagonal auszurichten, können Sie im Feld darunter auch eine genaue Gradzahl eingeben.

Schritt 10

Im Dialog **Zellen formatieren** wählen Sie auf der Registerkarte **Zahlen** ❸ zunächst die Kategorie, z. B. **Zahl** ❹. Fügen Sie dann das 1000er-Trennzeichen ❺ hinzu – eine entsprechende Schaltfläche gibt es auch in der Gruppe **Zahl** (❻ in Bild 9) –, und bestimmen Sie die Formatierung für negative Werte.

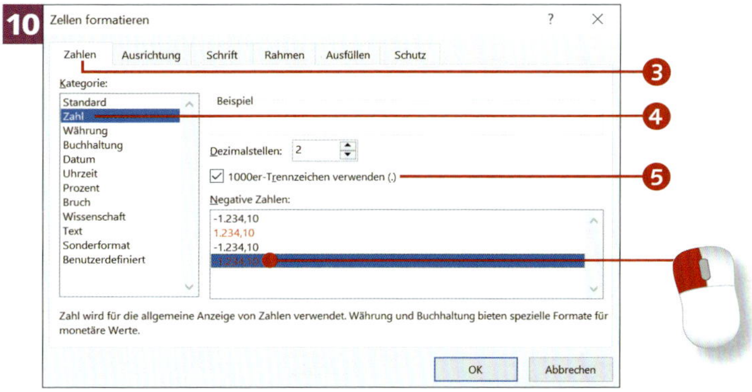

Schritt 11

Im Dialog **Zellen formatieren** gibt es auch die Registerkarte **Rahmen** ❼. Klicken Sie links auf eine Linie ❽ und dann z. B. auf **Außen** und/oder **Innen**, um einen zuvor markierten Zellbereich mit einem Rahmen zu versehen.

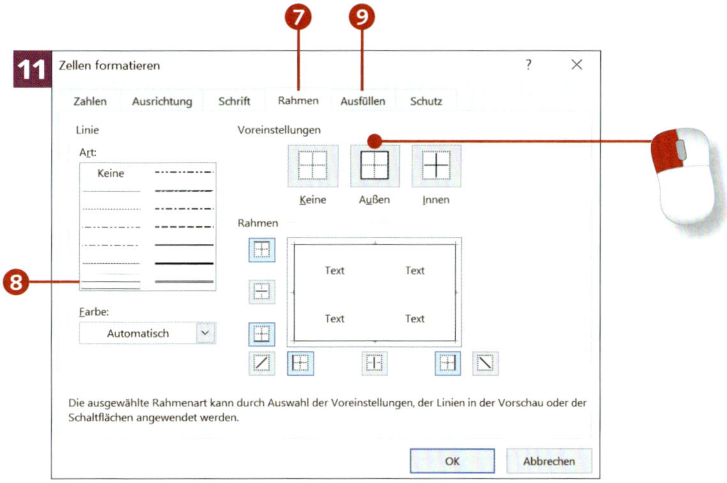

Schritt 12

Beachten Sie zum Formatieren von Tabellen auch die **Zellenformatvorlagen** auf der Registerkarte **Start**. Im Menü können Sie eine Vorlage für die markierte Tabelle auswählen.

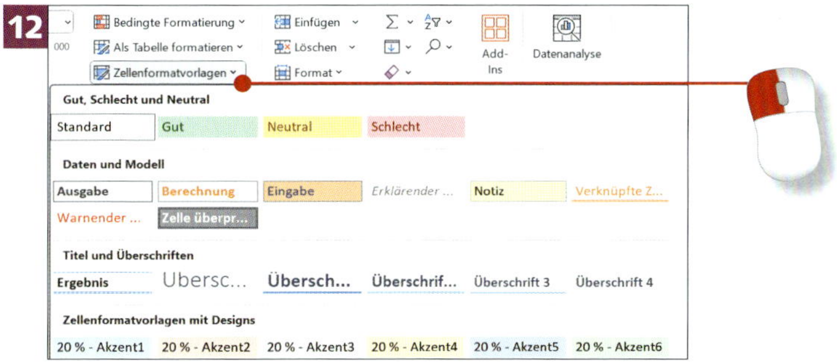

i

Währung und Farben

Wenn Sie in Schritt 10 links die Kategorie **Währung** aufrufen, können Sie rechts eine passende Währung wählen. Über die Farbpalette auf der Registerkarte **Ausfüllen** (❾ in Bild 11) erhalten Zellen einen farbigen Hintergrund.

Zellinhalte löschen und korrigieren

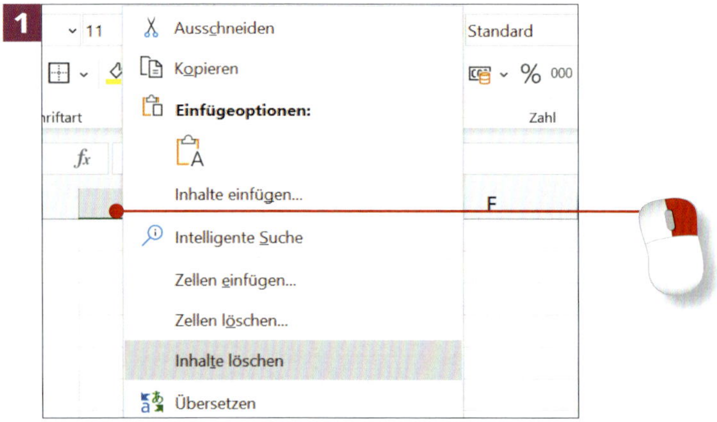

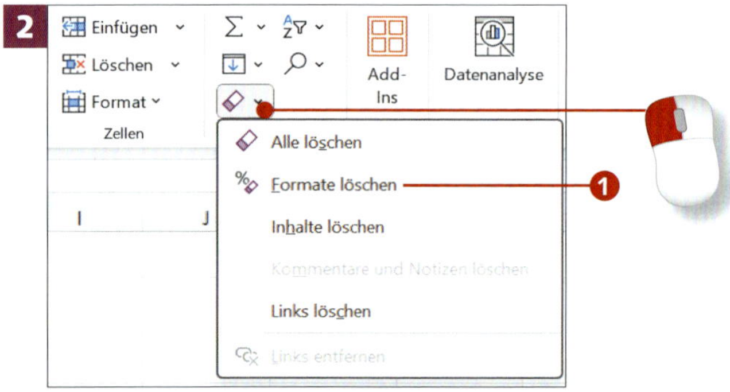

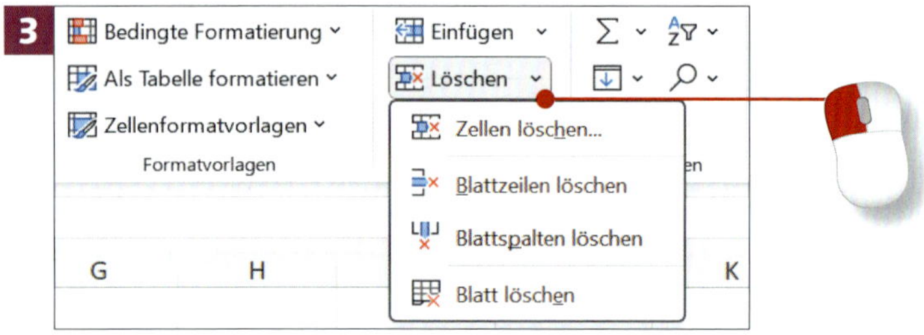

!

Zeilen oder Spalten löschen

Mit den Befehlen **Blattzeilen löschen** bzw. **Blattspalten löschen** im Menü **Löschen** werden die Zeilen bzw. Spalten ohne weitere Nachfrage entfernt.

Es gibt viele Möglichkeiten, Zellinhalte zu löschen oder zu korrigieren. Dafür ist die Bearbeitungsleiste wichtig.

Schritt 1

Um den Inhalt einer oder mehrerer Zellen zu löschen, markieren Sie den Bereich und drücken `Entf`. Alternativ rufen Sie mit der rechten Maustaste das Kontextmenü auf und wählen **Inhalte löschen**. Rahmen und Linien bleiben erhalten.

Schritt 2

Sie können auch die Schaltfläche **Löschen** (Gruppe **Bearbeiten** der Registerkarte **Start**) nutzen. Klicken Sie auf den Pfeil und auf **Alle löschen**. Um nur die Formatierung zu entfernen, klicken Sie auf **Formate löschen** ❶.

Schritt 3

Wenn Sie eine Zeile oder eine Spalte (inklusive Inhalt) entfernen möchten, klicken Sie hinein. Um mehrere Zeilen oder Spalten auf einmal zu löschen, müssen Sie sie vorher markieren. Dann klicken Sie in der Gruppe **Zellen** auf den Pfeil neben **Löschen** und wählen eine Option.

Schritt 4

Wenn Sie auf **Löschen ▸ Zellen löschen** klicken, öffnet sich ein kleiner Dialog, in dem Sie wählen können, was gelöscht werden soll ❷.

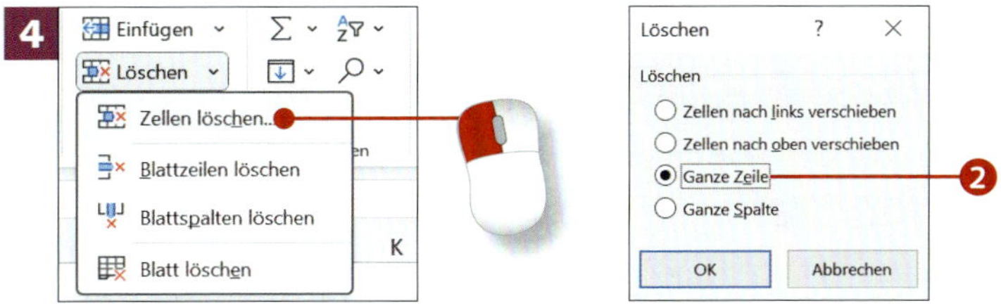

Schritt 5

Zum Korrigieren nutzen Sie die Bearbeitungsleiste, in der der Inhalt der aktiven Zelle steht. Setzen Sie den Cursor in die Leiste, und löschen Sie die Zeichen je nach Cursorposition mit `Entf` oder `←`. Fehlende Zeichen fügen Sie einfach ein.

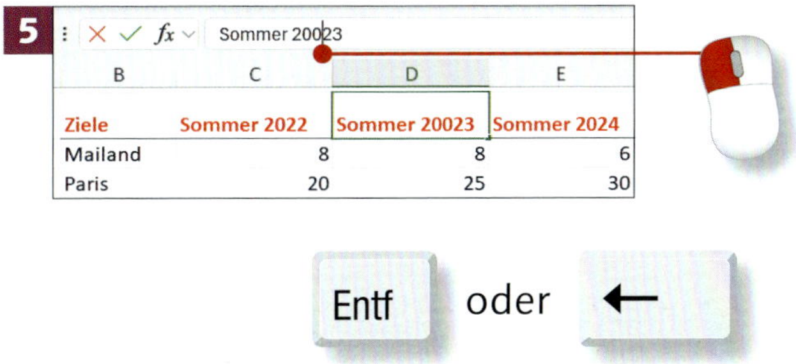

Schritt 6

Texteingaben können Sie leicht korrigieren. Aktivieren Sie die erste Zelle der Tabelle, und klicken Sie auf der Registerkarte **Überprüfen** auf **Rechtschreibung** ❸. Im zugehörigen Dialog werden falsch geschriebene Wörter angezeigt. Markieren Sie den richtigen Vorschlag ❹, und klicken Sie auf **Ändern**.

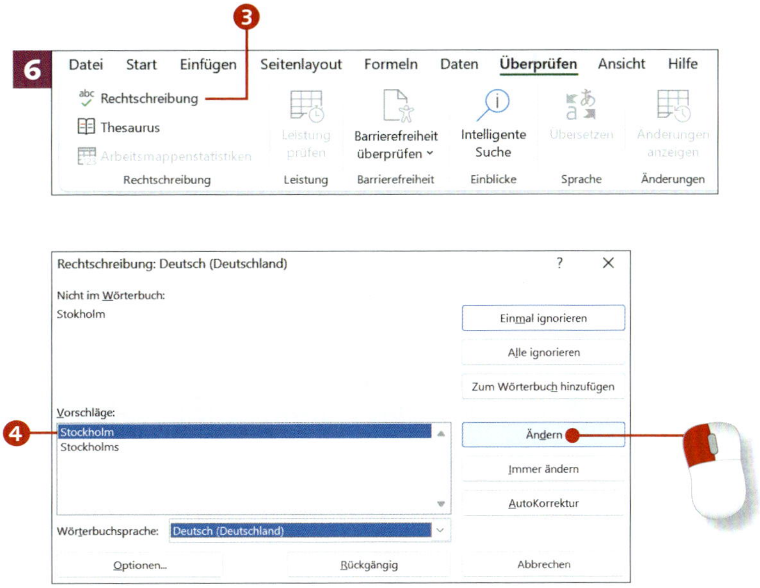

Korrektur in der Zelle

Anstatt Korrekturen in der Bearbeitungsleiste vorzunehmen, können Sie den Cursor auch per Doppelklick in die Zelle setzen oder `F2` drücken und die Eingaben dann wie üblich korrigieren.

Zeilen und Spalten einfügen

1

Es kommt vor, dass Sie innerhalb einer bereits geschriebenen Tabelle eine weitere Spalte oder Zeile benötigen. Das ist kein Problem, Sie können beides nachträglich einfügen.

Schritt 1

Um eine zusätzliche Zeile einzufügen, aktivieren Sie die Zeile, *über der* die neue Zeile eingefügt werden soll. Klicken Sie dann auf der Registerkarte **Start** in der Gruppe **Zellen** auf den Pfeil an der Schaltfläche **Einfügen**.

2

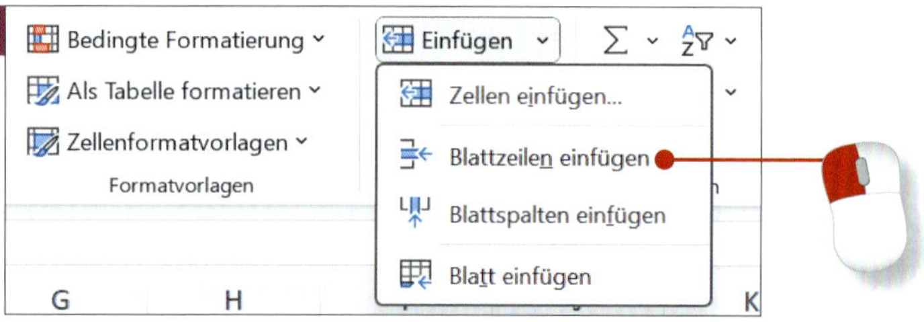

Schritt 2

Wählen Sie die Option **Blattzeilen einfügen**. Die neue Zeile wird ergänzt. Um mehrere Zeilen gleichzeitig einzufügen, markieren Sie so viele Zeilen, wie Sie benötigen, bevor Sie auf **Blattzeilen einfügen** klicken.

3

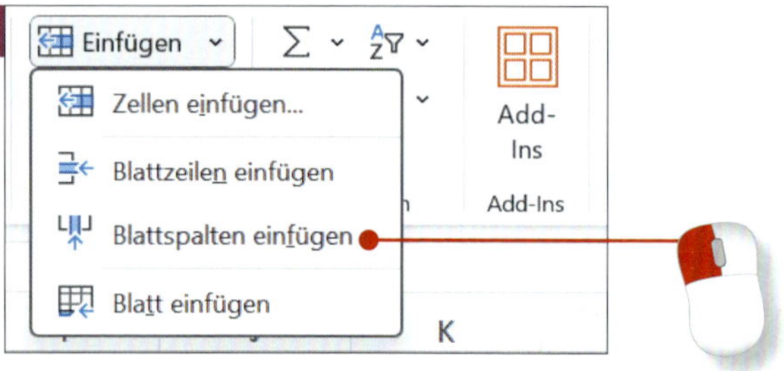

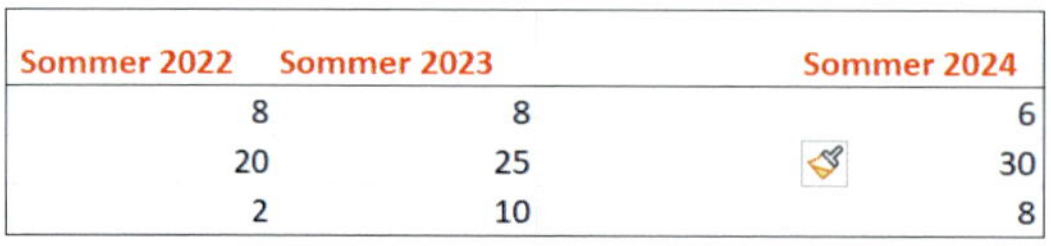

Schritt 3

Spalten einzufügen ist genauso einfach. Aktivieren Sie die Spalte, neben der *links* eine neue Spalte eingefügt werden soll. Klicken Sie dann auf der Registerkarte **Start** im Menü **Einfügen** auf **Blattspalten einfügen**.

Schritt 4

Anstatt Spalten oder Zeilen direkt einzufügen, können Sie auch einen Dialog aufrufen und dann festlegen, ob Sie eine Spalte oder Zeile einfügen möchten. Klicken Sie dazu auf **Zellen einfügen** im Menü der Schaltfläche **Einfügen**.

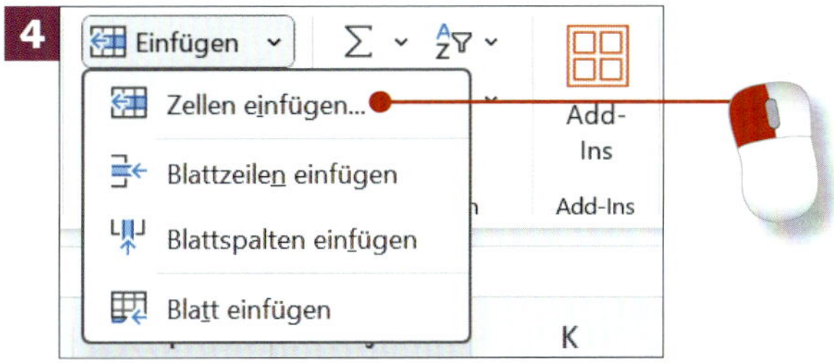

Schritt 5

In dem kleinen Dialog **Zellen einfügen** aktivieren Sie die Option **Ganze Zeile** oder **Ganze Spalte** 1 und klicken auf **OK**. Eine Zeile wird oberhalb der aktuellen Zeile eingefügt, eine Spalte links von der aktuellen Spalte.

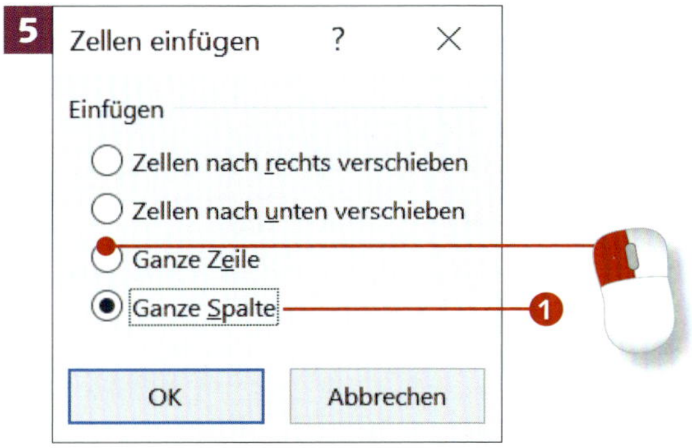

Schritt 6

Den Dialog **Zellen einfügen** können Sie auch über das Kontextmenü einer Zelle aufrufen. Klicken Sie die Zelle mit der rechten Maustaste an, und wählen Sie **Zellen einfügen**.

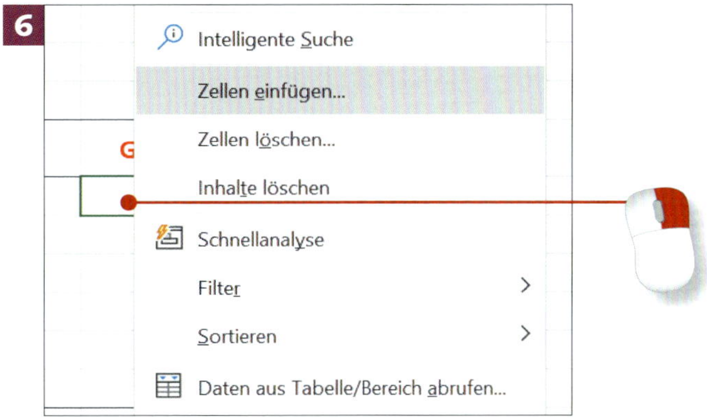

i

Kopf- und Fußzeilen einfügen

Um Kopf- oder Fußzeilen einzufügen (Informationen, die auf jeder gedruckten Seite angezeigt werden), klicken Sie auf der Registerkarte **Einfügen** in der Gruppe **Text** auf **Kopf- und Fußzeile**. Nach dieser Aktion wechselt Excel automatisch in die Ansicht **Seitenlayout**.

Tabellen mit Flash Fill vervollständigen lassen

Excel hat eine praktische Funktion an Bord: »Flash Fill« oder auch »Blitzvorschau«. Mit dieser Funktion lassen Sie Spalten nach einem bestimmten Muster ausfüllen.

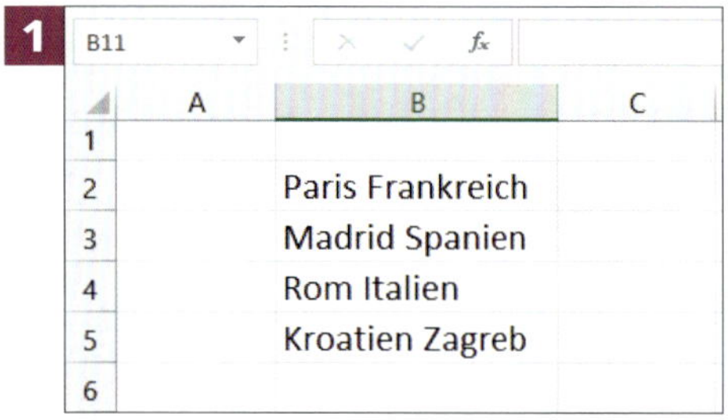

Schritt 1

Sie haben in einer Städteliste die Stadt und das Land in eine Spalte geschrieben, für die Auswertung brauchen Sie die Daten aber getrennt. Mit der Funktion *Flash Fill* geht das ganz schnell.

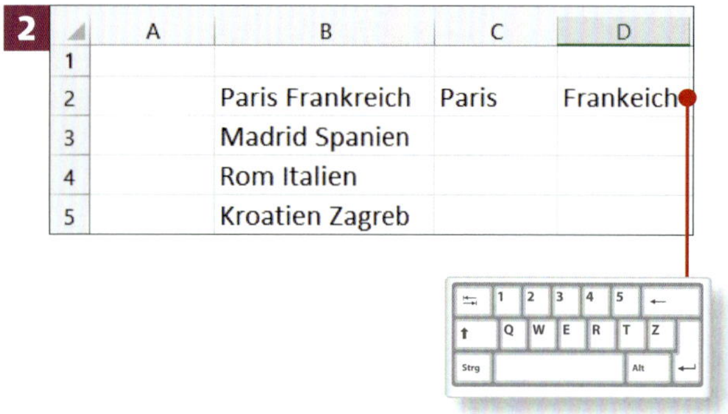

Schritt 2

Schreiben Sie in den Spalten rechts neben der Liste die Daten der ersten Zeile so, wie Sie sie brauchen, also die Stadt und das Land in getrennten Spalten.

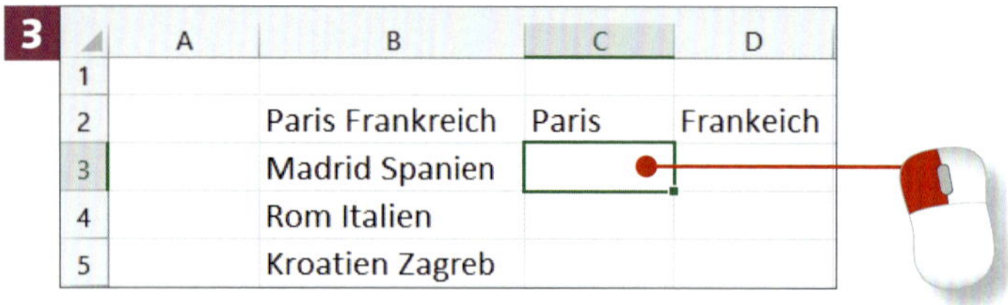

Schritt 3

Um nun die erste dieser Spalten mit den Städten ausfüllen zu lassen, markieren Sie die Zelle unter der ersten Stadt mit einem Klick.

Schritt 4

Dann wechseln Sie zur Registerkarte **Daten** und klicken hier in der Gruppe **Datentools** auf **Blitzvorschau**. Die Spalte wird »blitzartig« ausgefüllt.

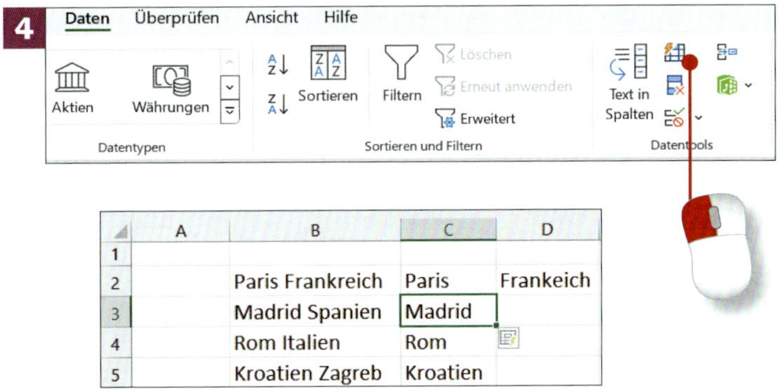

Schritt 5

Um die Spalte mit den Ländern ausfüllen zu lassen, verfahren Sie genauso. Markieren Sie die leere Zelle unter dem ersten Land, und klicken Sie auf **Blitzvorschau**.

Schritt 6

Nach dem Ausfüllen erscheint ein kleines Symbol mit Optionen für die Blitzvorschau. Klicken Sie darauf. Im zugehörigen Menü können Sie die Blitzvorschau rückgängig machen ❶ oder die ausgefüllten Zellen zur weiteren Bearbeitung markieren ❷.

Viele Spalten ausfüllen lassen

Sie sind bei der Verwendung der Blitzvorschau nicht (wie im Beispiel) auf zwei Werte beschränkt. Sie können beliebig viele Spalten ausfüllen lassen, z. B. Stadt, Land, Region usw.

Summen erzeugen

Zum Addieren von Zahlen bietet Excel ein besonderes Symbol, mit dem Sie eine Summe blitzschnell errechnen können.

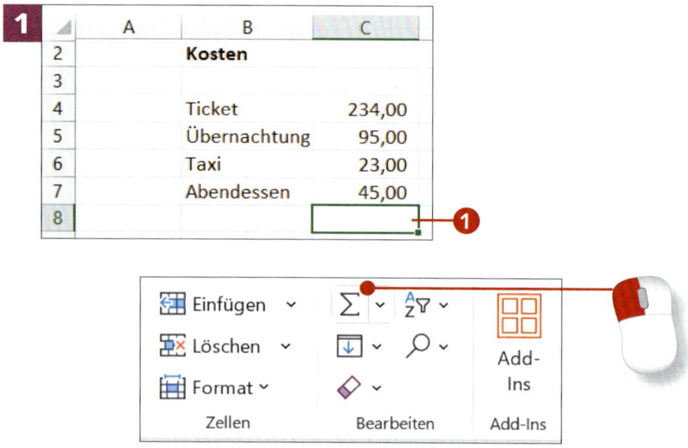

Schritt 1

Um eine Zahlenreihe in einer Spalte zu addieren, markieren Sie die leere Zelle unterhalb der Zahlenkolonne ❶ und klicken auf die Schaltfläche **AutoSumme** bzw. **Summe** in der Gruppe **Bearbeiten** der Registerkarte **Start**.

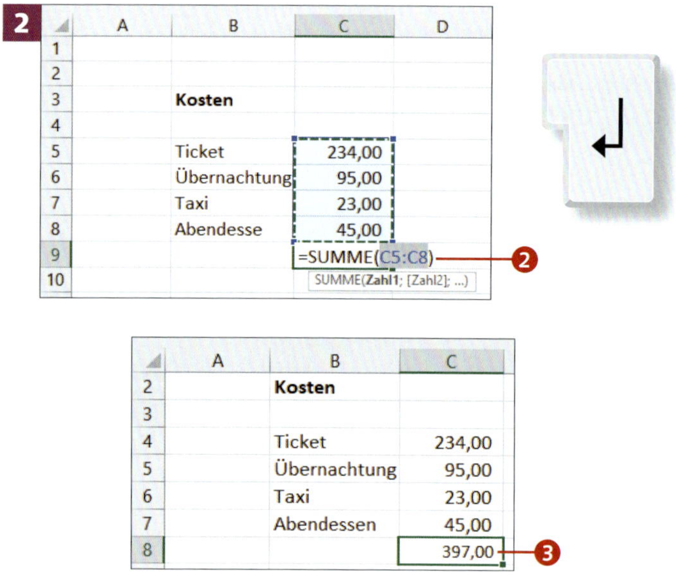

Schritt 2

Sie sehen einen Laufrahmen, der die Zahlen umschließt. In der Ergebniszelle erscheint die Summenfunktion ❷ (der Doppelpunkt in der Klammer bedeutet hier *bis*). Drücken Sie jetzt die [↵]-Taste. Das Ergebnis erscheint in der Zelle ❸.

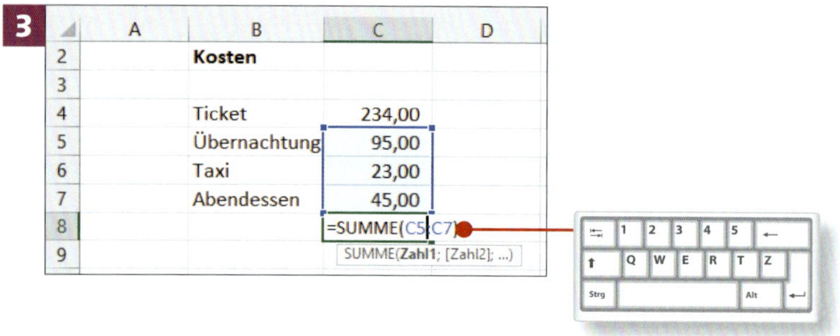

Schritt 3

Sie können den Bereich, der addiert werden soll, verändern. Klicken Sie doppelt in die Zelle mit der Summenformel, und korrigieren Sie manuell die Zelladressen. Alternativ ziehen Sie mit der Maustaste über den gewünschten Bereich. Dann drücken Sie die [↵]-Taste.

Schritt 4

Sofern es sich um einen zusammenhängenden Bereich handelt, können Sie die zu addierenden Zahlen auch zuerst markieren und dann auf **AutoSumme** (siehe Bild zu Schritt 1) klicken; das Ergebnis erscheint unterhalb ❹ oder – bei einer Zeile – rechts neben den markierten Zahlen.

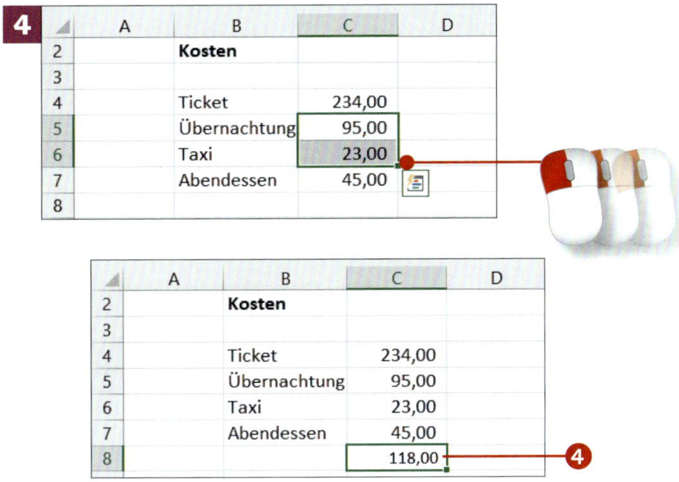

Schritt 5

Achten Sie nach der Summenbildung auf die Bearbeitungsleiste. Wenn Sie die Zelle mit dem Ergebnis markieren, erscheint in der Bearbeitungsleiste die Formel für die Summe ❺ und nicht das Ergebnis. So können Sie auch zukünftig nachvollziehen, mit welchen Zellen Sie gerechnet haben.

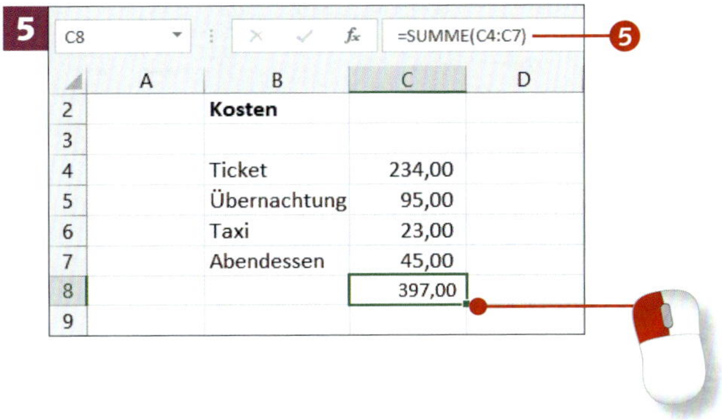

Schritt 6

Sie können auch in einem Rutsch Zahlen einer ganzen Tabelle mit der Summenfunktion addieren. Aktivieren Sie die Zelle, in der die Gesamtsumme stehen soll, und klicken Sie auf das Symbol **AutoSumme**. Markieren Sie dann den Bereich, und drücken Sie [↵].

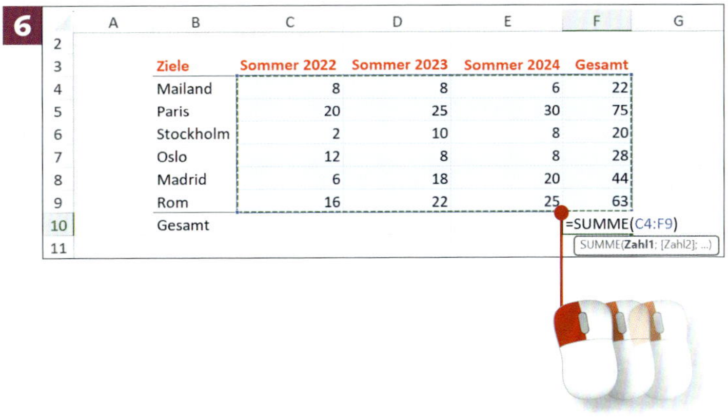

Formeln für die Grundrechenarten

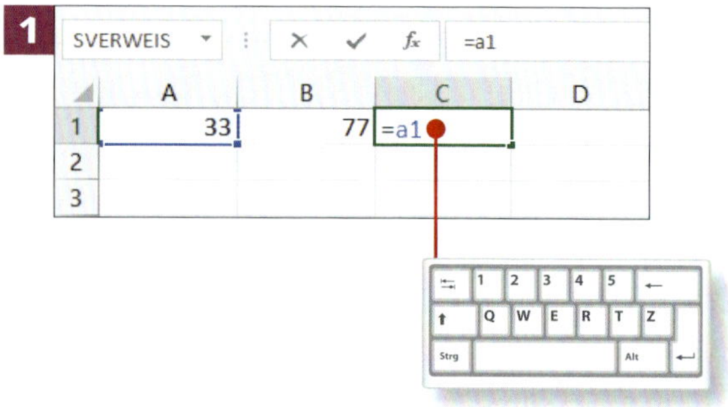

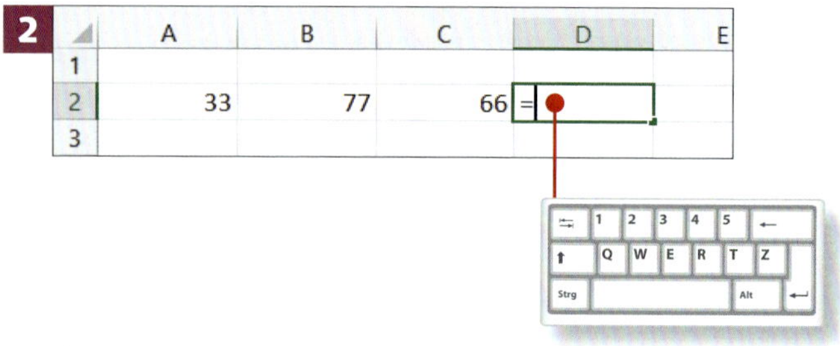

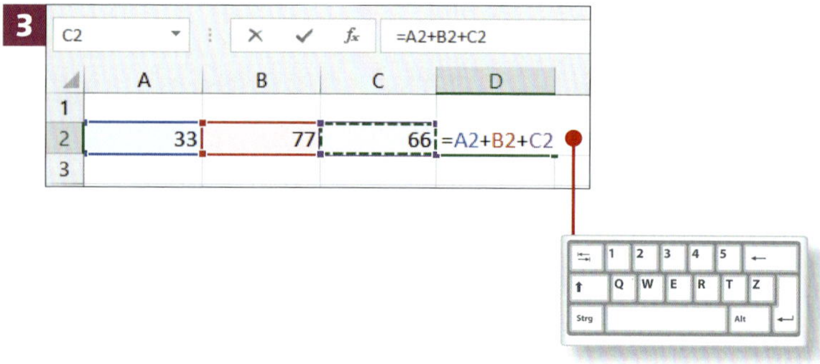

Excel ist ein toller Rechenkünstler, aber entscheidend sind die Formeln/Funktionen, die Sie eingeben. Ist die Formel falsch, werden Sie auch ein falsches Ergebnis erhalten.

Schritt 1

Wenn Sie die Formel in die Ergebniszelle schreiben, nutzen Sie die *Zelladressen* und nicht die konkreten Zahlen. Die Zelladressen setzen sich aus den Spalten- und Zeilenüberschriften zusammen (z. B. A1).

Schritt 2

Um wenige Zahlen zu addieren, geht das auch ohne die Funktion **Summe**. Aktivieren Sie die Ergebniszelle, und tippen Sie das Gleichheitszeichen (⇧+0) ein, um die Formel zu beginnen.

Schritt 3

Sie müssen die Zelladressen nicht von Hand eintragen. Klicken Sie die erste Zahl bzw. Zelle an, und drücken Sie die +-Taste. Dann klicken Sie die nächste Zahl bzw. Zelle an. Sollen nur diese beiden Zellen addiert werden, drücken Sie ↵. Ansonsten wiederholen Sie den Vorgang mit weiteren Zellen.

Mit Zelladressen rechnen

Durch die Verwendung von Zelladressen bleiben Formeln flexibel. Verändern Sie in der Tabelle einen Wert, wird das Ergebnis aktualisiert (weil Excel mit dem aktuellen Inhalt der Zelle rechnet). Falls Sie Zelladressen manuell eingeben (also nicht anklicken), spielt es übrigens keine Rolle, ob Sie große oder kleine Buchstaben tippen.

Schritt 4

Ähnlich bilden Sie auch die Formeln für andere Grundrechenarten. Für eine Subtraktion nutzen Sie anstelle der [+]-Taste den normalen Bindestrich auf der Tastatur oder das Minuszeichen auf dem Nummernblock.

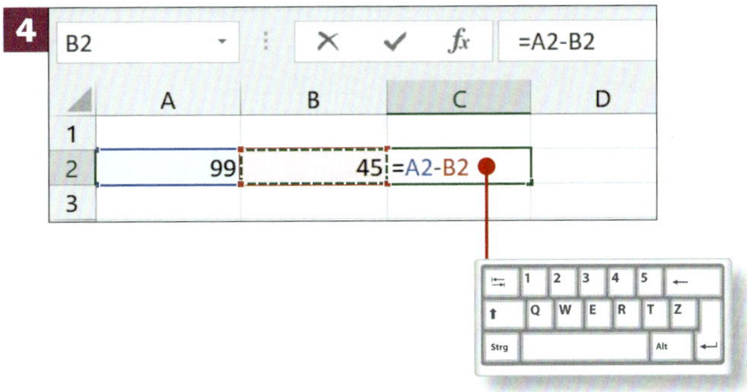

Schritt 5

Sie wollen Zahlen multiplizieren? Schreiben Sie das Gleichheitszeichen in die Ergebniszelle, klicken Sie die erste Zelle an, und drücken Sie entweder das Sternchen auf der Tastatur ([⇧]+[+]) oder das Mal-Zeichen auf dem Nummernblock. Dann klicken Sie die zweite Zelle an und drücken [↵].

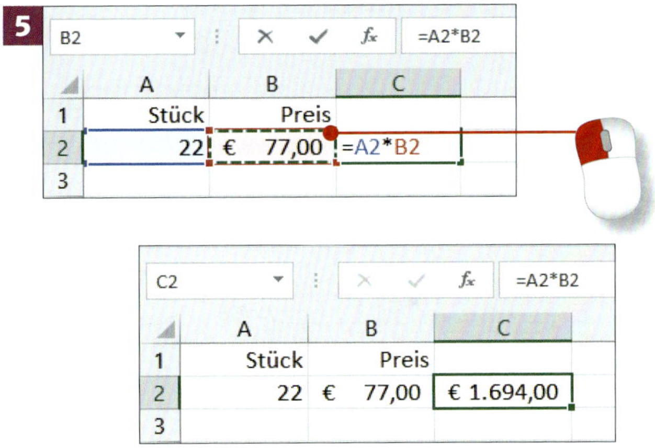

Schritt 6

Um eine Zahl durch eine andere zu teilen, verwenden Sie den Schrägstrich ([⇧]+[7]) oder das Teilungszeichen auf dem Nummernblock; ansonsten gehen Sie vor wie bei den anderen Grundrechenarten. Löschen Sie, wenn nötig, einige Dezimalstellen des Ergebnisses (**Start ▸ Zahl ▸ Dezimalstelle entfernen** ❶).

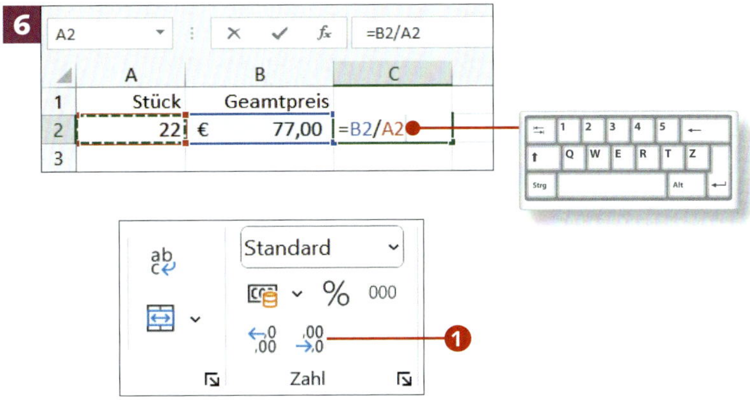

Formeln für die Grundrechenarten (Forts.)

7

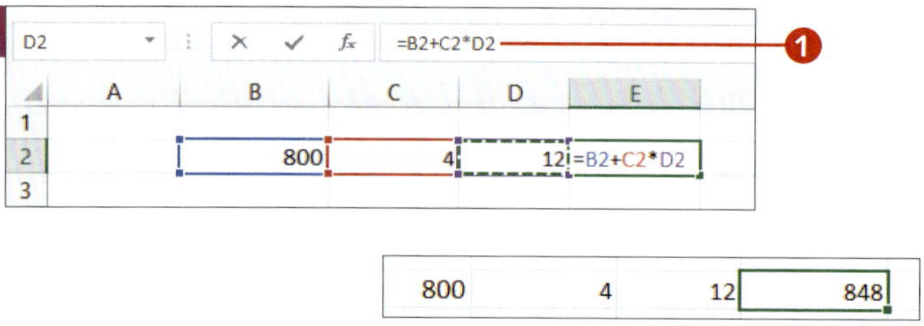

8

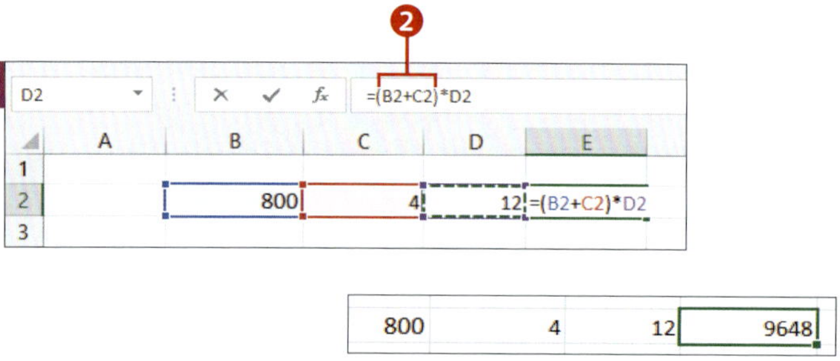

9

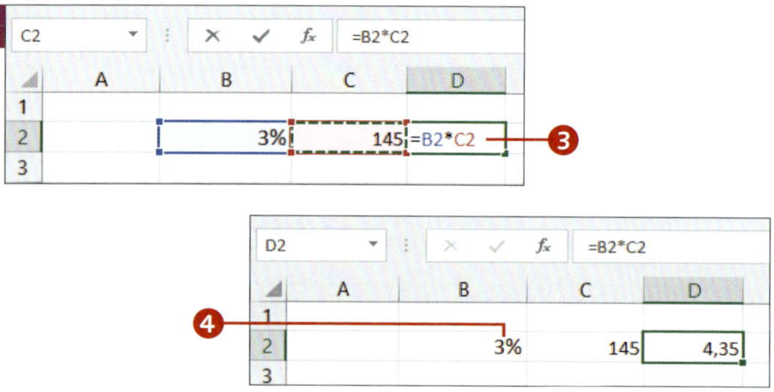

Schritt 7

Sie wenden beim Rechnen »normale« mathematische Regeln an. Vor allem gilt: Punkt- geht vor Strichrechnung. Wenn Sie z. B. »800+4*12« (bzw. die passenden Zelladressen) eingeben ❶, wird erst 4 mal 12 gerechnet und dann 800 addiert.

Schritt 8

Sie müssen also unter Umständen Klammern ❷ in der Formel verwenden. Diese bewirken dann, dass zuerst die ersten beiden Zahlen addiert werden und dann die Multiplikation folgt.

Schritt 9

Auch Prozentrechnung ist in Excel einfach. Wenn Sie 3 % von 145 errechnen möchten, schreiben Sie »3%« in eine Zelle, »145« in eine andere. In der Ergebniszelle multiplizieren Sie die beiden Zellen einfach ❸. Das Prozentzeichen sorgt für die Teilung durch 100 ❹.

!

Zellinhalte ohne Text

Achten Sie beim Rechnen mit Zellinhalten darauf, dass in diesen Zellen kein Text steht. Schreiben Sie z. B. nicht »19% MwSt.« in eine Zelle, sondern den Wert in eine Zelle und »MwSt.« in die Zelle daneben. Das geht nur mit einem speziellen Zahlenformat. Wählen Sie auf der Registerkarte **Zahlen** des Dialogs **Zellen formatieren** die Option **Benutzerdefiniert**, und schreiben Sie »MwSt.« als **Typ** neben **0%**.

Schritt 10

Zum Errechnen eines Prozentsatzes ist es am einfachsten, für die Ergebniszelle ein Prozentformat einzustellen. Klicken Sie auf der Registerkarte **Start** in der Gruppe **Zahl** auf die Schaltfläche **Prozentformat** (das Symbol mit dem Prozentzeichen). Dieses Format sorgt dafür, dass der Zellinhalt mit 100 multipliziert wird.

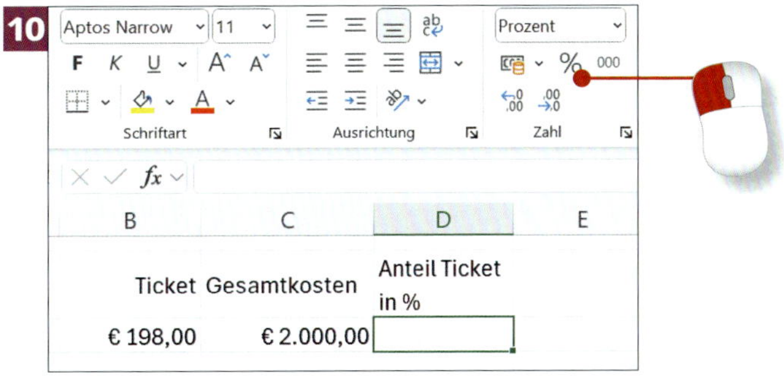

Schritt 11

Wenn z. B. die Ausgaben für Ihr Bahnticket in Zelle B3 stehen und Ihre Gesamtausgaben in Zelle C3, lautet die Formel zur Berechnung des Fahrtkostenanteils in Prozent dann einfach: »=B3/C3« (vorausgesetzt, dass die Ergebniszelle das Zahlenformat **Prozent** hat). Drücken Sie [↵], um das Ergebnis zu erhalten.

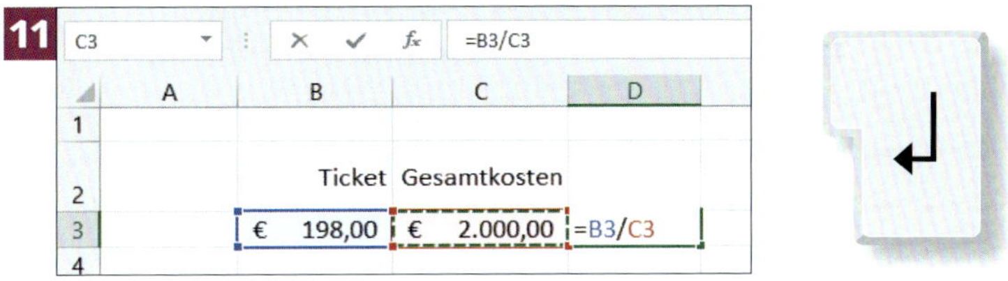

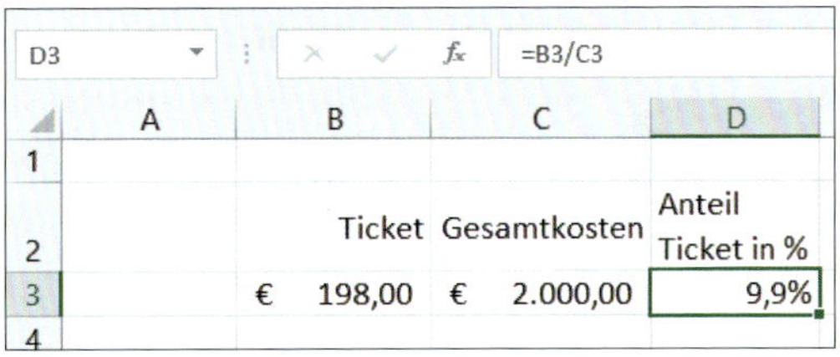

Schritt 12

Ist die Ergebniszelle bei einer solchen Berechnung nicht mit dem Zahlenformat **Prozent** versehen, müssten Sie die Formel um »*100« ergänzen ❺. Das Ergebnis erscheint dann allerdings auch ohne Prozentzeichen.

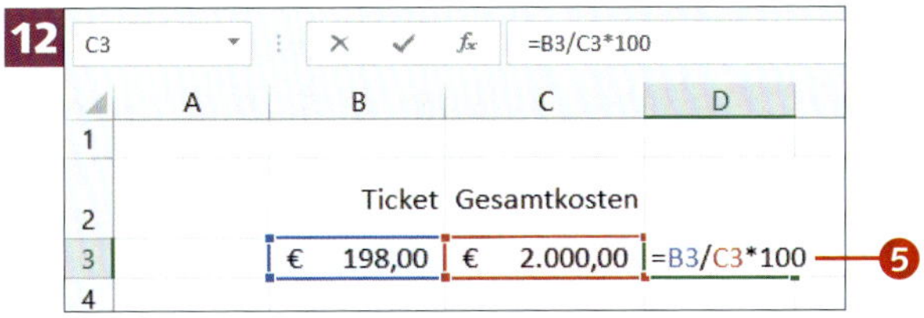

Mittelwert und Minimal-/Maximalwerte

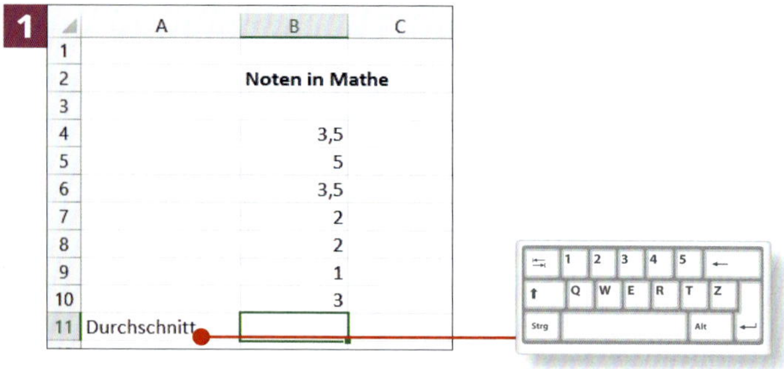

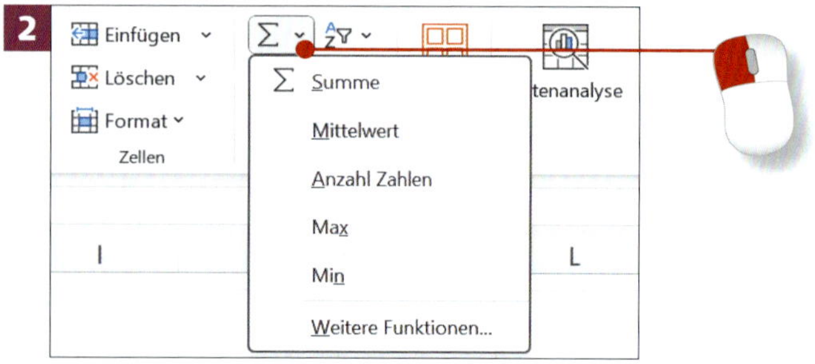

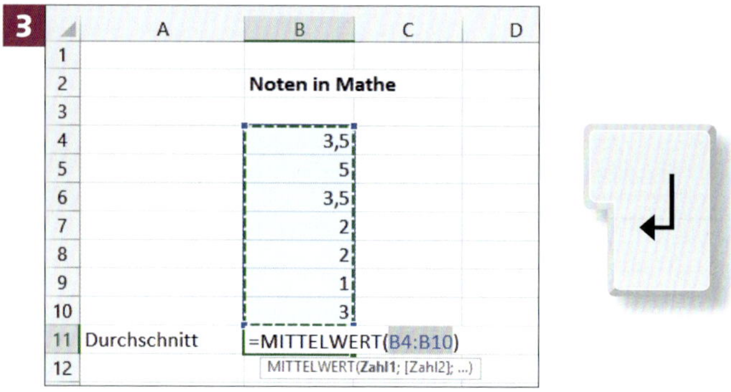

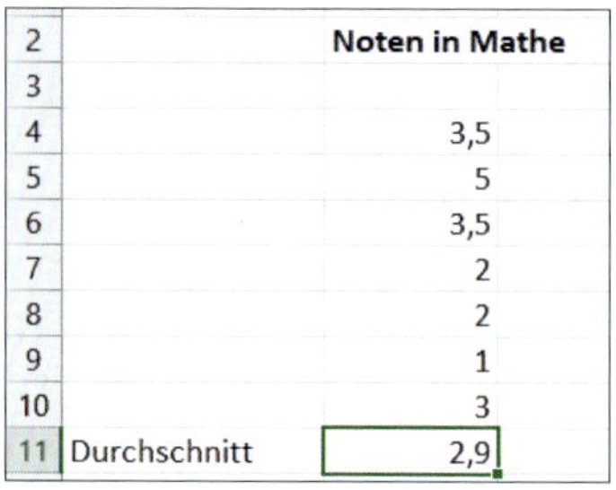

Wenn Sie den Notendurchschnitt Ihres Kindes errechnen möchten, greifen Sie einfach zur Funktion »Mittelwert«. Mit »Min« und »Max« sehen Sie im Nu die kleinsten oder größten Werte einer Liste.

Schritt 1

Erstellen Sie eine Tabelle, in der Sie die entsprechenden Noten auflisten. Schreiben Sie die Noten einfach untereinander in die Spalte. In eine Zelle schreiben Sie »Durchschnitt«.

Schritt 2

Markieren Sie die Zelle, in der das Ergebnis stehen soll, und öffnen Sie das Menü der Schaltfläche **Auto-Summe** auf der Registerkarte **Start**. Klicken Sie darin auf **Mittelwert**.

Schritt 3

Daraufhin wird ein Rahmen um den zu errechnenden Bereich gelegt und die Funktion in der Ergebniszelle angezeigt. Drücken Sie nun ↵. Das Ergebnis ist ein Mittelwert, der Sie hoffentlich zufrieden stimmt.

Schritt 4

Genauso einfach ist es, den größten Wert anzeigen zu lassen. Bei einer kleinen Liste erkennen Sie ihn sofort, aber nicht bei Listen, die sich über mehrere Seiten erstrecken, z. B. Artikellisten. Markieren Sie die Ergebniszelle ❶, und klicken Sie im Menü der Schaltfläche **AutoSumme** auf **Max**.

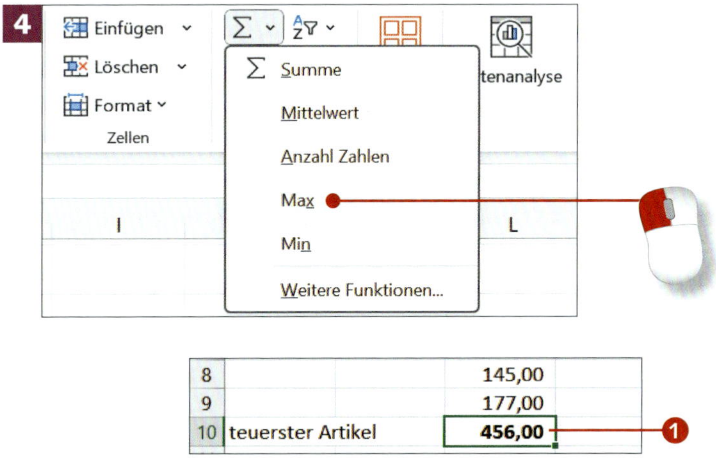

Schritt 5

Um sich den kleinsten Wert einer Liste anzeigen zu lassen, verfahren Sie ebenso, nur dass Sie im Menü der Schaltfläche **AutoSumme** auf **Min** klicken.

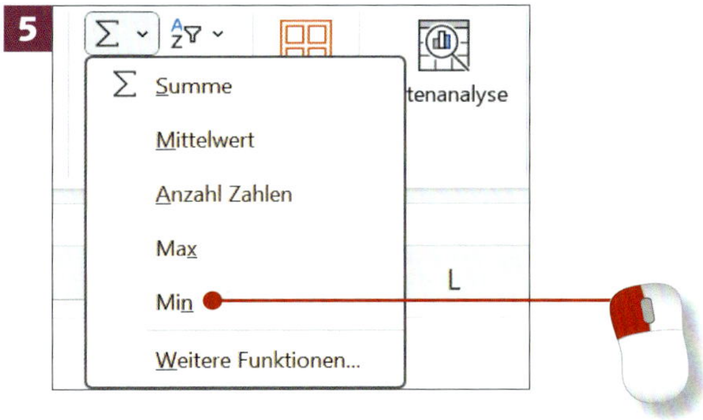

Schritt 6

Theoretisch können Sie Funktionen wie **Mittelwert**, **Max** und **Min** auch per Hand eingeben. Sie schreiben die Formel nach dem Muster: »=mittelwert(Zelladresse1:Zelladresse2)«, und drücken dann die ↵-Taste.

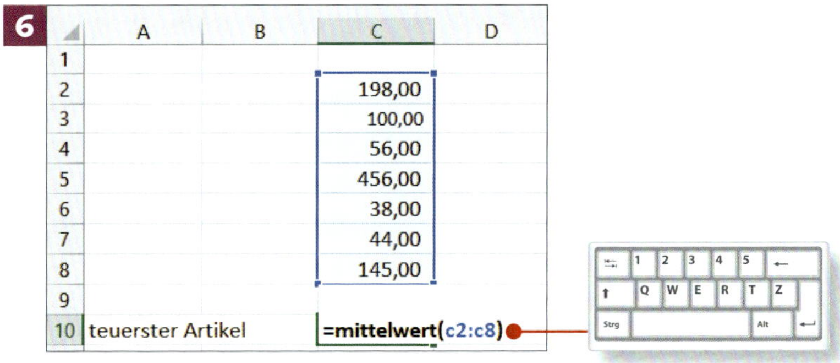

Schreibweise von Funktionen
Der zu berechnende Zellbereich wird in Klammern gesetzt. Der Doppelpunkt zwischen zwei Zelladressen bedeutet im Klartext *bis*.

Die WENN-Funktion nutzen

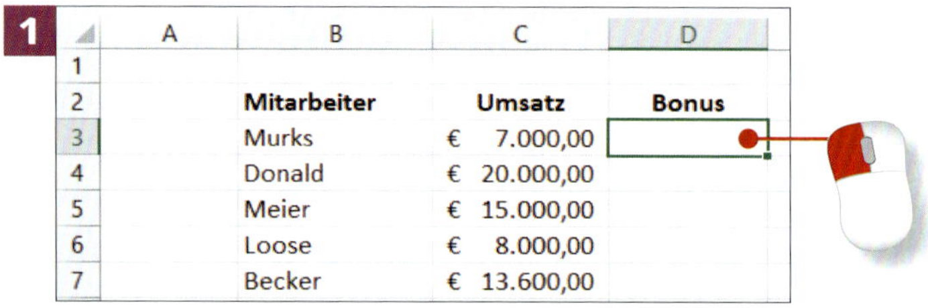

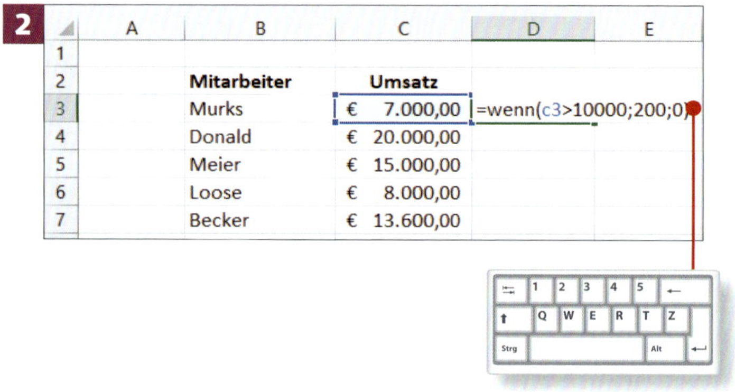

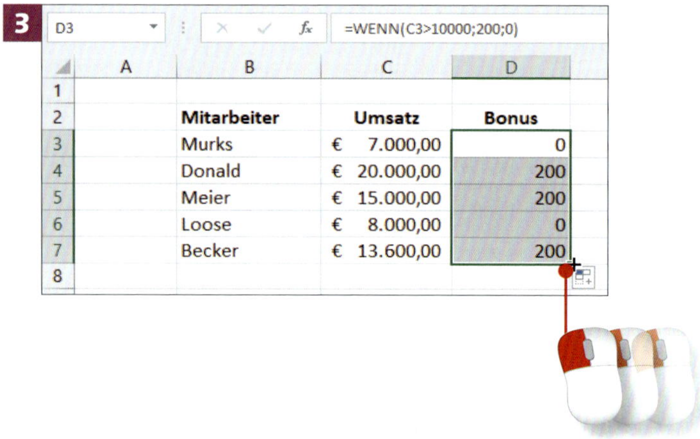

Zu den »klassischen« Funktionen gehört die vielfältig einsetzbare Wenn-dann-sonst-Funktion.

Schritt 1

Zunächst ein einfaches Beispiel: Alle Mitarbeiter, die einen Umsatz über 10.000 € erreicht haben, erhalten einen Sonderbonus von 200 €. Aktivieren Sie die erste Zelle der Spalte *Bonus*.

Schritt 2

Schreiben Sie nun »=WENN(C3>10000;200;0)«. Die Funktion beginnt mit »Wenn«; in der Klammer steht die Referenzzelle, hier also die erste Zelle in der Spalte *Umsatz*, dann das Zeichen für »größer als«, dann ein Semikolon, gefolgt von der Dann-Anweisung, also 200, dann ein zweites Semikolon, gefolgt von der Sonst-Anweisung. Schließen Sie die Klammer, und drücken Sie [↵].

Schritt 3

In der ersten Ergebniszelle steht nun »0«, da die Bedingung nicht erfüllt wird. Übertragen Sie die Funktion in die übrigen Zellen, indem Sie das kleine Quadrat an der rechten Ecke der Zelle mit gedrückter Maustaste nach unten ziehen.

Größer gleich

Nutzen Sie statt > (größer als) das Zeichen >= (größer gleich), wenn auch der exakte Wert – im Beispiel 10.000 – die Bedingung erfüllen soll.

Schritt 4

Wenn je nach Bedingung ein Text erscheinen soll, müssen Sie diesen Text in Anführungszeichen setzen. Sie schreiben dann z. B. »=WENN(C3>10000;200;"kein Bonus")«. Sobald Sie [↵] drücken, erscheint der Text in der Zelle.

Schritt 5

Die Wenn-dann-sonst-Funktion kann auch geschachtelt werden: Mitarbeiter, deren Umsatz höher als 15.000 € ist, erhalten einen Bonus von 300 €. Beginnen Sie mit dieser Bedingung. Nach der ersten Dann-Definition setzen Sie ein Semikolon, schreiben erneut »WENN(« und formulieren die zweite Bedingung.

Schritt 6

Sie schreiben also »=WENN(C3>15000;300;WENN(C3>10000;200;"kein Bonus"))«. Da Sie zwei Klammern geöffnet haben, müssen Sie am Ende auch zwei Klammern schließen.

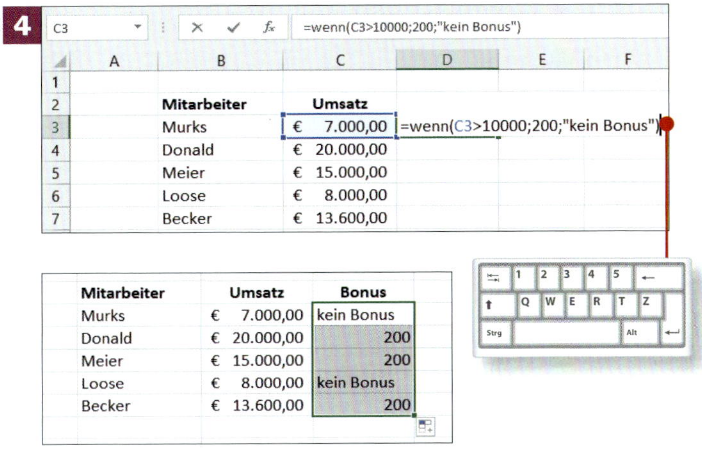

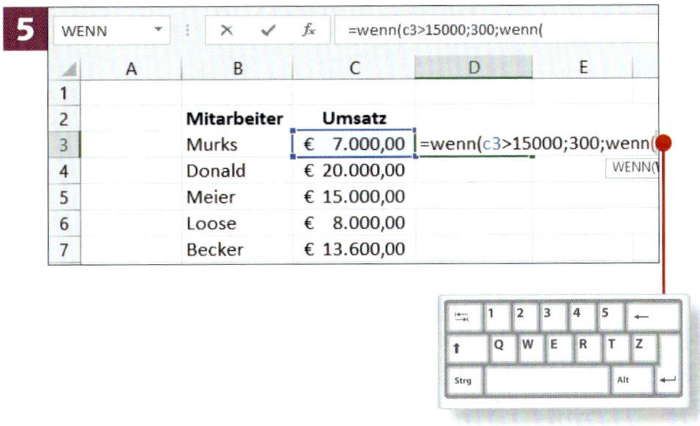

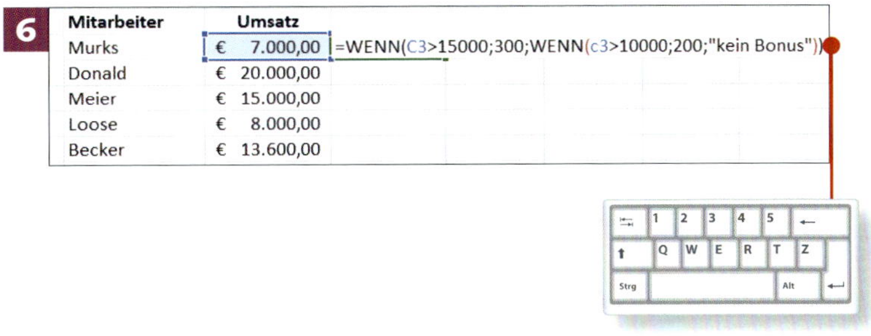

Manuelle Eingabe

Wir zeigen hier die manuelle Eingabe, damit Sie den Funktionsaufbau verstehen. Außerdem funktionieren geschachtelte Wenn-dann-Funktionen nur manuell. Aber keine Sorge, ich beschreibe die Eingabe per Dialog in Schritt 11 und 12.

Die WENN-Funktion nutzen (Forts.)

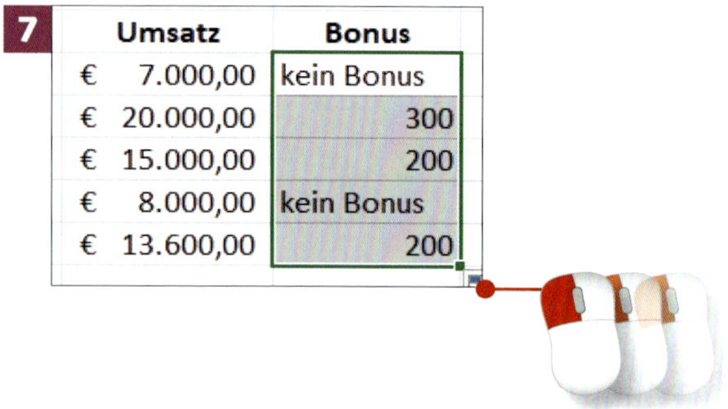

Umsatz	Bonus
€ 7.000,00	kein Bonus
€ 20.000,00	300
€ 15.000,00	200
€ 8.000,00	kein Bonus
€ 13.600,00	200

Schritt 7

Dann verfahren Sie wie gehabt: Nach der Eingabe der Funktion drücken Sie die [↵]-Taste und füllen die übrigen Zellen mit der Funktion, indem Sie mit gedrückter Maustaste über sie ziehen.

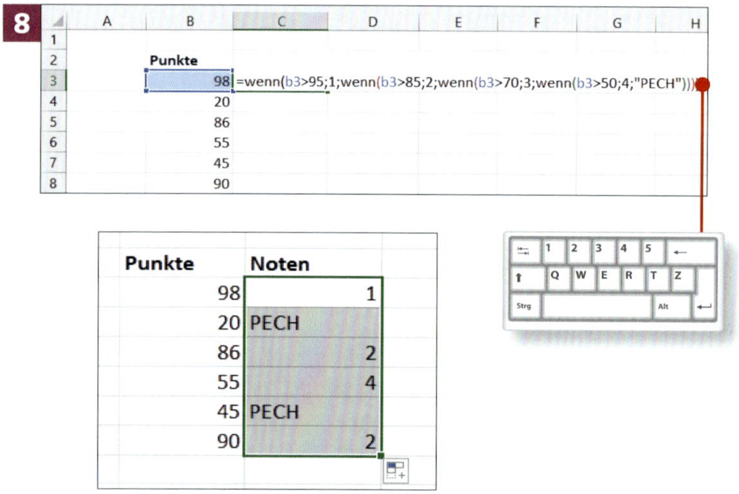

	A	B	C
1			
2		Punkte	
3		98	=wenn(b3>95;1;wenn(b3>85;2;wenn(b3>70;3;wenn(b3>50;4;"PECH"))))
4		20	
5		86	
6		55	
7		45	
8		90	

Punkte	Noten
98	1
20	PECH
86	2
55	4
45	PECH
90	2

Schritt 8

Solche Schachtelungen sind theoretisch endlos möglich. Jede neue Bedingung beginnt wieder mit »WENN(«. Noch ein Beispiel: Je nach erreichter Punktzahl in einem Test werden die Noten errechnet. Sie beginnen die Definition mit dem höchsten Wert, am Ende schließen Sie hintereinander so viele Klammern, wie Sie vorher geöffnet haben.

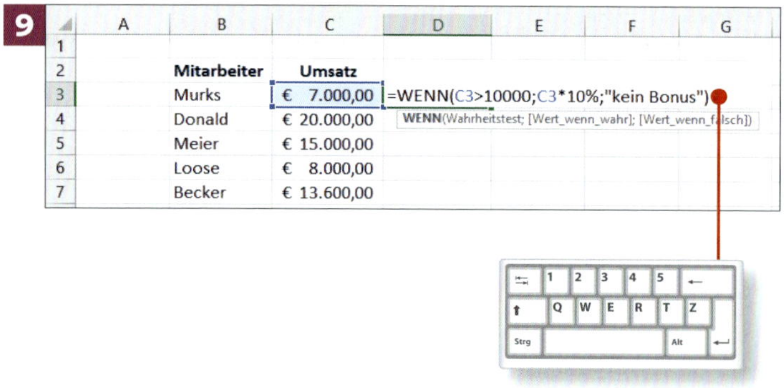

	A	B	C	D
1				
2		Mitarbeiter	Umsatz	
3		Murks	€ 7.000,00	=WENN(C3>10000;C3*10%;"kein Bonus")
4		Donald	€ 20.000,00	WENN(Wahrheitstest; [Wert_wenn_wahr]; [Wert_wenn_falsch])
5		Meier	€ 15.000,00	
6		Loose	€ 8.000,00	
7		Becker	€ 13.600,00	

Schritt 9

Sie können in der Dann-Anweisung auch eine Berechnung formulieren, beispielsweise einen prozentualen Bonus. Statt eines absoluten Wertes geben Sie dann die Berechnung ein, z. B. den Umsatz mal 10%: »=WENN(C3>10000;C3*10%;"kein Bonus")«.

Schritt 10

Verschachtelte Bedingungen müssen Sie manuell eingeben. Ansonsten können Sie die WENN-Funktion auch per Befehl einfügen. Markieren Sie die Zelle, in der die Funktion stehen soll, und klicken Sie auf das Symbol **Funktion einfügen** (**fx**) links neben der Bearbeitungsleiste.

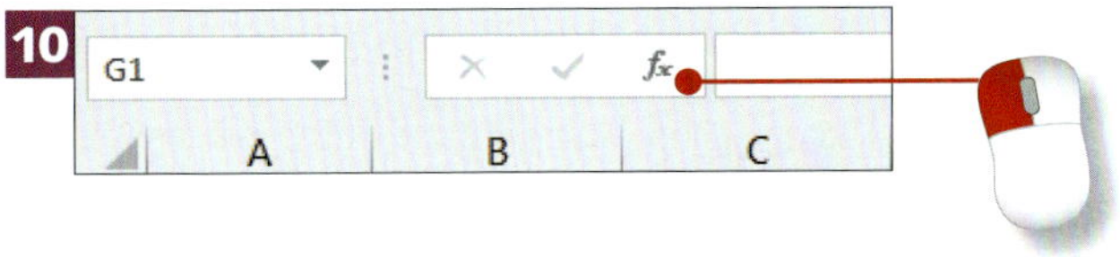

Schritt 11

Dies öffnet den Dialog **Funktion einfügen**. Wählen Sie im Feld **Kategorie auswählen** die Option **Alle** ❶, und scrollen Sie in der Liste **Funktion auswählen** bis zum Eintrag **WENN**. Klicken Sie dann auf **OK**.

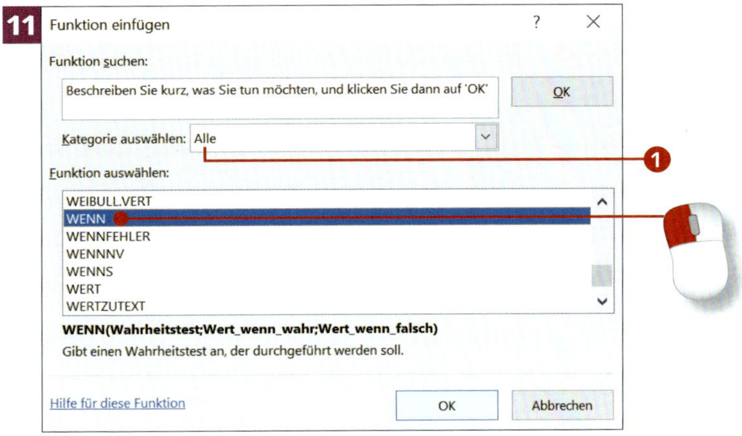

Schritt 12

Im Dialog **Funktionsargumente** tragen Sie die einzelnen Bedingungen für die Funktion in die drei Felder ein: oben ❷ die Wenn-Bedingung, im zweiten Feld, was passieren soll, wenn die Bedingung erfüllt wird ❸, und im dritten Feld die Sonst-Anweisung. Text muss hier nicht in Anführungszeichen gesetzt werden. Dann klicken Sie auf **OK**.

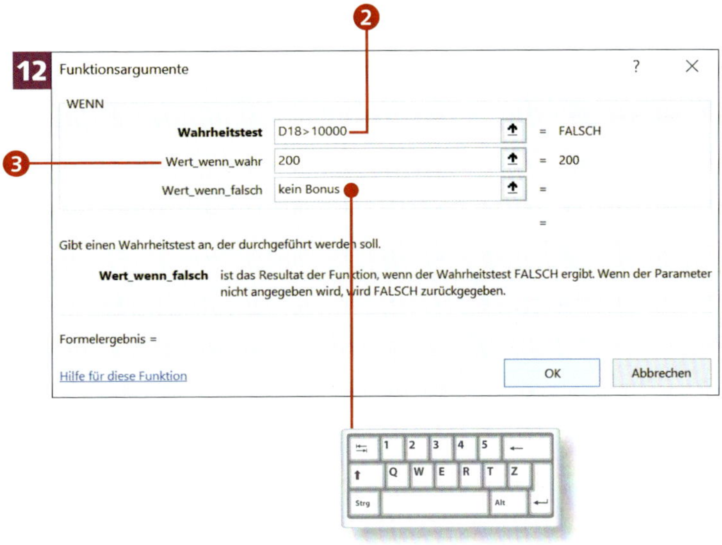

Funktionen für Datum und Uhrzeit

Sie können in Excel-Tabellen Datumsangaben und Uhrzeiten eingeben und mit diesen Angaben auch rechnen.

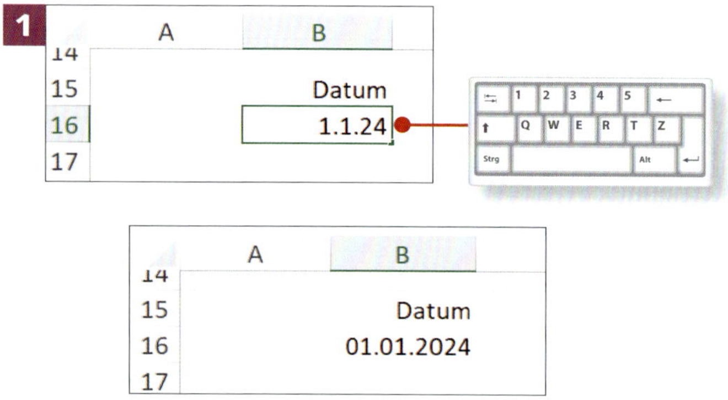

Schritt 1

Normalerweise erkennt Excel, wenn Sie ein Datum eingeben, und formatiert die Zelle automatisch nach dem Muster *tt.mm.jjjj*. Aus der Eingabe »1.1.24« wird »01.01.2024«, sobald Sie die [↵]-Taste gedrückt haben.

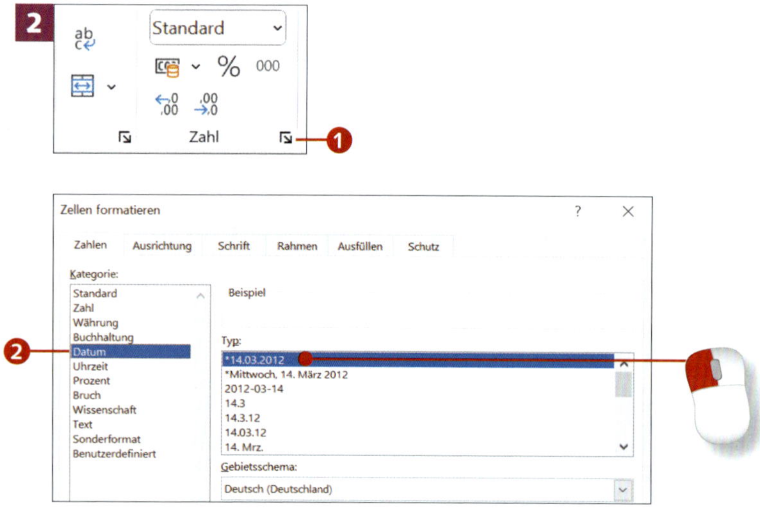

Schritt 2

Um ein anderes Format einzustellen, klicken Sie auf den kleinen Pfeil **1** an der Gruppe **Zahl** der Registerkarte **Start**. Im Dialog **Zellen formatieren** wählen Sie **Datum** **2** und unter **Typ** ein Format für die Datumsanzeige. Mit **OK** fügen Sie es ein.

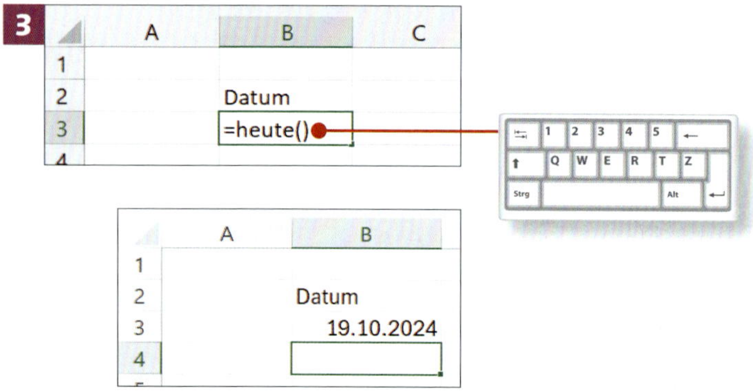

Schritt 3

Sie können das Datum auch mit einer Funktion eingeben. Damit bewirken Sie, dass es bei jedem Öffnen des Dokuments aktualisiert wird. Schreiben Sie »=heute()« in die Zelle, und drücken Sie [↵] (oder klicken Sie in einen anderen Bereich).

Schritt 4

Uhrzeiten geben Sie mit einem Doppelpunkt ein, z. B. »8:15«. Excel ändert diese Eingabe in »08:15«. Überprüfen Sie das Format (**hh:mm** 3) für Stunden (hh) und Minuten (mm) im Dialog **Zellen formatieren** auf der Registerkarte **Zahlen**.

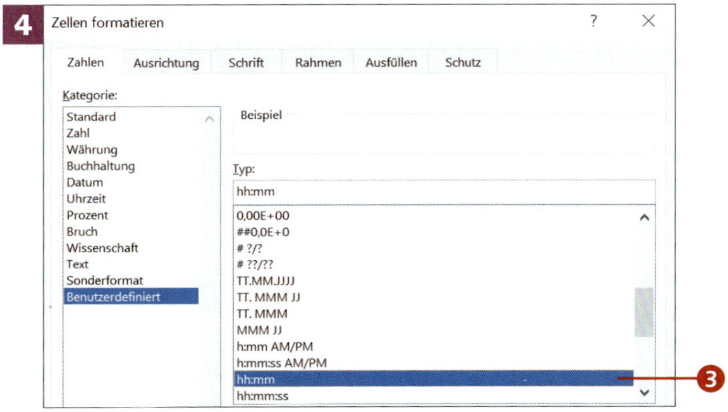

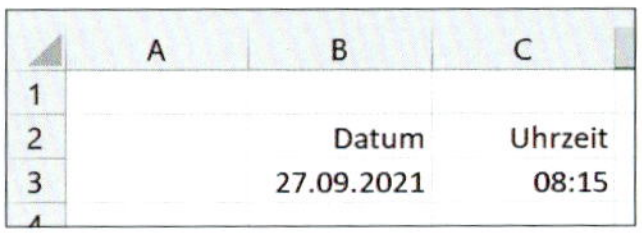

Schritt 5

Um eine Anzahl von Stunden zu berechnen, erstellen Sie eine Tabelle mit der Anfangszeit (*Von*) und der Endzeit (*Bis*). In der Zelle, in der Sie die Stundenanzahl errechnen möchten, geben Sie die Formel ein: »=(ZelladresseBis-Zelladresse-Von)*24«. Drücken Sie nach der Eingabe der Formel die ↵-Taste.

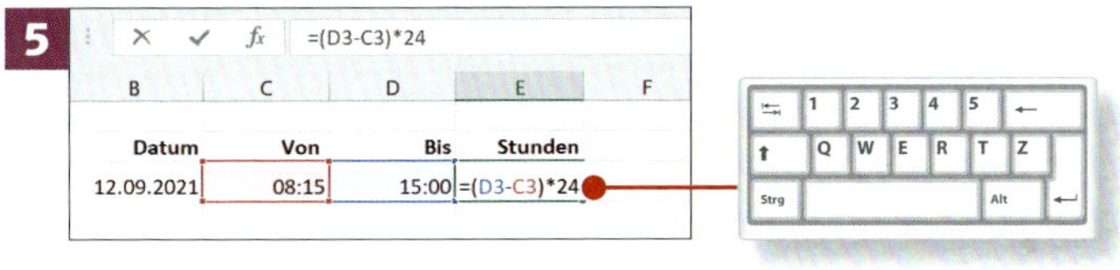

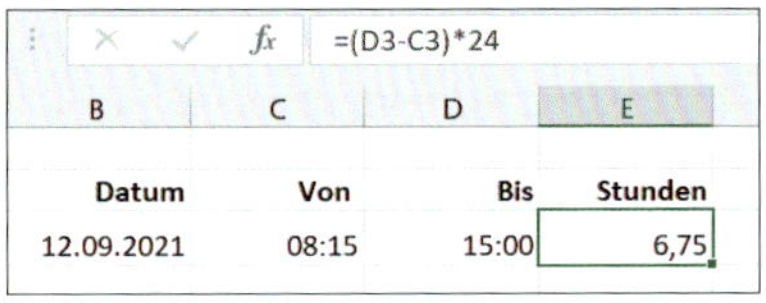

Schritt 6

Wichtig: Achten Sie darauf, dass die Ergebniszelle das richtige Format hat (nicht **Benutzerdefiniert**). Wählen Sie im Auswahlfeld **Zahlenformat** das Format **Standard** oder **Zahl**, oder öffnen Sie den Dialog **Zellen formatieren** und klicken hier auf **Standard** bzw. **Zahl** und dann auf **OK**.

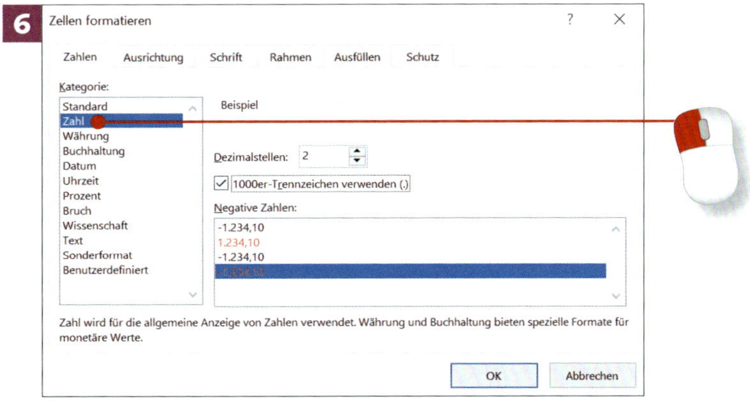

Das Ergebnis als Dezimalzahl

Wenn Sie in der Formel für die Berechnung der Stundenzahl den Teil »*24« weglassen, erhalten Sie das Ergebnis nicht in Dezimaleinheiten, sondern im Format *hh:mm*.

Absolute und relative Zellbezüge

1

2
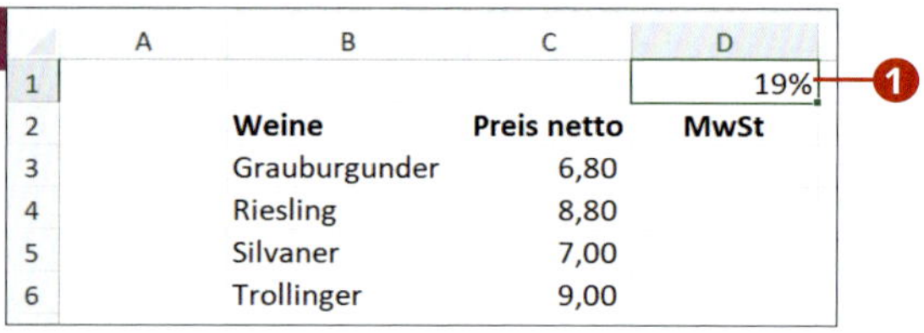

3
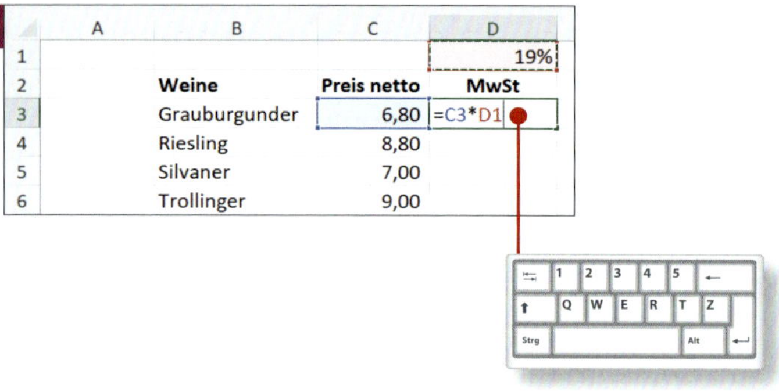

In diesem Abschnitt geht es um Berechnungen mit absoluten Bezügen. Sie erfahren auch, wie Sie bei solchen Rechenoperationen Formeln für andere Zellen übernehmen.

Schritt 1

In vielen Berechnungen können Sie eine Formel problemlos durch Ziehen mit der Maus auf andere Zellen übertragen, weil mit Zelladressen gerechnet wird, die durch das Ausfüllen einfach »weitergezählt« werden, z. B. von » C3+D3« in Zeile 3 zu »C4+D4« in Zeile 4 usw. (*relativer Bezug*).

Schritt 2

Es gibt aber Rechenoperationen, bei denen ein Wert »fest« ist; dann handelt es sich um einen *absoluten Bezug*. Ein Beispiel: Der Mehrwertsteuersatz für eine Liste mit Nettobeträgen steht in einer Extrazelle 1.

Schritt 3

Da das Prozentzeichen die Teilung durch Hundert bewirkt, ist es ein Kinderspiel, die Mehrwertsteuer zu berechnen: Nettobetrag mal 19 %. Im Beispiel geben Sie also die Formel »=C3*D1« in die erste Ergebniszelle ein.

Schritt 4

Auch für die übrigen Formeln benötigen Sie jedes Mal die Zelladresse, in der »19%« steht (*absoluter Bezug*). Damit die Formel korrekt bleibt, müssen Sie die Zeile »fixieren«, indem Sie ein Dollarzeichen davorsetzen: »D$1«. Die Spaltennummer bleibt in diesem Beispiel sowieso unverändert.

4

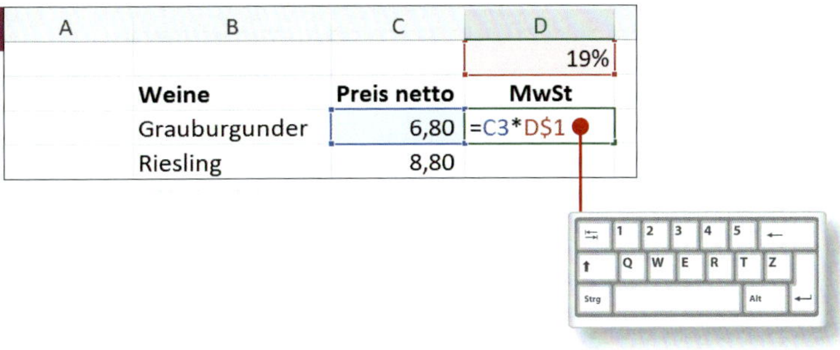

Schritt 5

Durch das Dollarzeichen erkennt Excel, dass es sich bei dieser Zellenangabe um einen festen (absoluten) Wert handelt. Bestätigen Sie die geänderte Formel mit der [↵]-Taste. Die Berechnung wird jetzt funktionieren wie gewünscht.

5

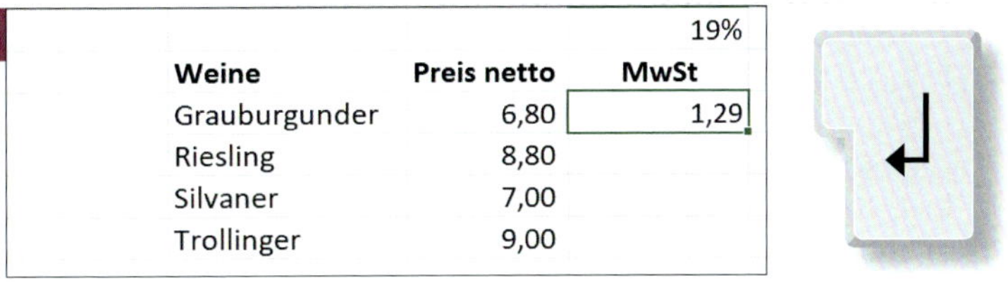

Schritt 6

Klicken Sie auf das kleine Quadrat, und übertragen Sie die Formel durch Ziehen auf die nächsten Zellen. Die Berechnung wird in jeder Zeile korrekt durchgeführt, da der Mehrwertsteuersatz für jede Zeile aus Zelle D1 genommen wird ❷.

6

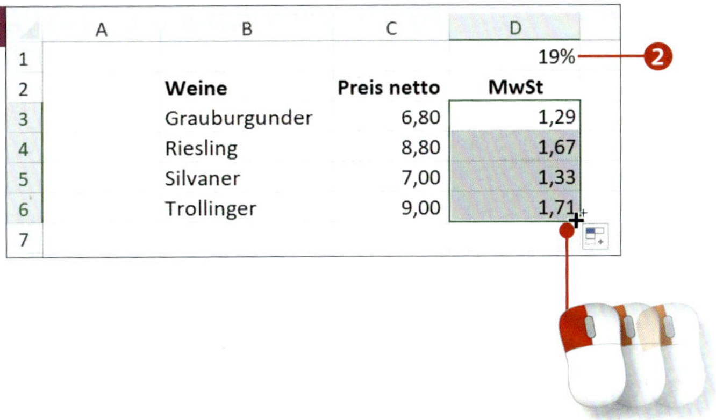

Absolute/relative Bezüge

Wenn Sie den Cursor in der Bearbeitungsleiste vor die Zelladresse setzen und [F4] drücken, wird eine relative Zelladresse zu einer absoluten und umgekehrt.

Zellinhalte verknüpfen

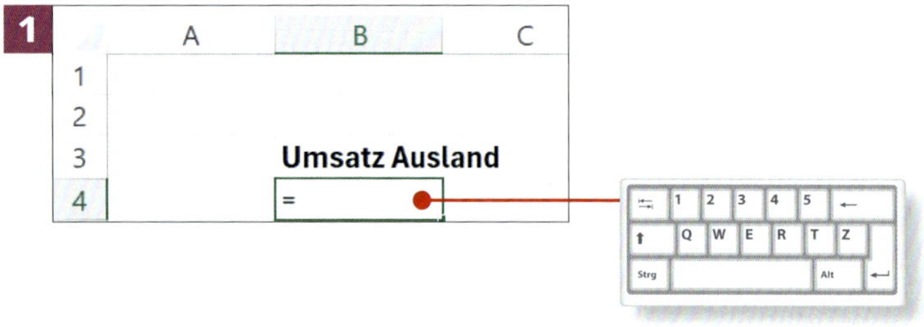

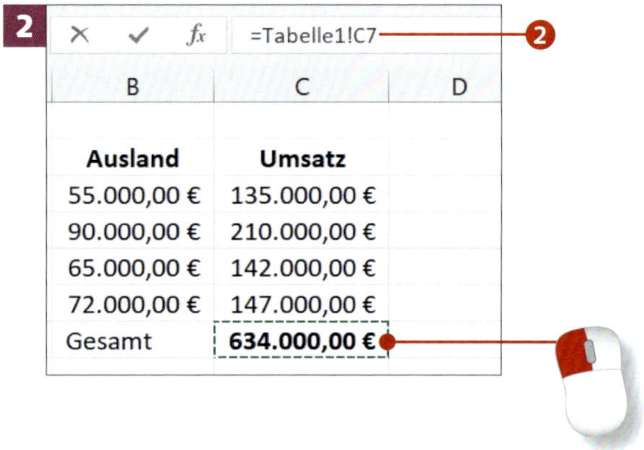

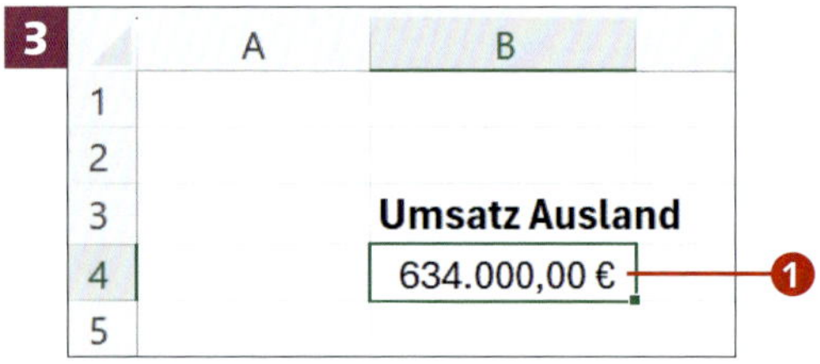

In Excel können Sie auch Werte miteinander verknüpfen, die auf verschiedenen Tabellenblättern oder in verschiedenen Dateien liegen. Dies bewirkt, dass Änderungen automatisch übernommen werden.

Schritt 1

Um eine Zelle mit dem Wert einer Zelle auf einem anderen Tabellenblatt zu verknüpfen, tippen Sie zunächst ein Gleichheitszeichen in die Zelle für die Verknüpfung.

Schritt 2

Dann wechseln Sie zu dem Tabellenblatt, auf dem der Wert steht, den Sie verknüpfen möchten. Markieren Sie hier die entsprechende Zelle. (In der Bearbeitungsleiste sehen Sie den neuen Namen der Zelle: Name des Tabellenblatts, dahinter ein Ausrufezeichen und die Zelladresse.) Drücken Sie [↵].

Schritt 3

Daraufhin wird automatisch wieder das ursprüngliche Tabellenblatt aktiviert. Der Wert des zweiten Tabellenblatts steht nun in der Zelle ❶. In der Bearbeitungsleiste wird die Herkunft des Wertes (Tabelle1!C7) angezeigt ❷.

Verknüpfungen zwischen Excel-Mappen

Verknüpfungen funktionieren auch zwischen verschiedenen Arbeitsmappen. Öffnen Sie dazu am besten beide Arbeitsmappen, und verfahren Sie dann so wie eben beschrieben. Der Dateiname taucht in der Verknüpfung in eckigen Klammern auf, z. B. als [Budget.xlsx].

Schritt 4

Die beiden Zellen sind nun miteinander verknüpft, Änderungen in der Ursprungszelle werden also an die Zelle mit der Verknüpfung weitergegeben. Verändern Sie einmal einen der Werte, über den die Summe berechnet wurde. Auch in der Verknüpfung erscheint dann die neue Summe ❸.

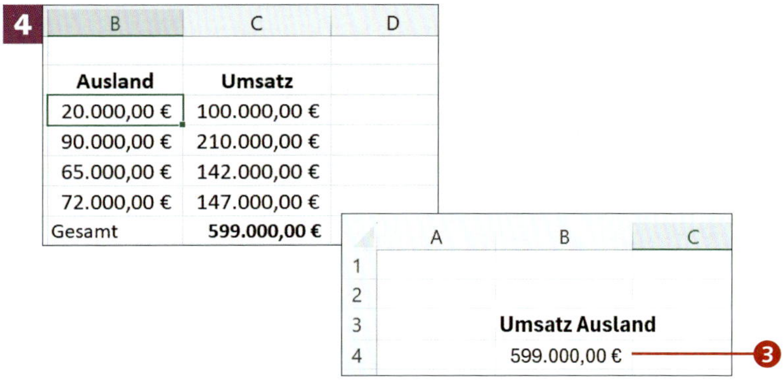

Schritt 5

Sie können den verknüpften Wert auch um eine Berechnung ergänzen. Dazu setzen Sie den Cursor in die Bearbeitungsleiste und geben die Formel ein.

Schritt 6

Wenn Sie eine Arbeitsmappe öffnen möchten, die eine Verknüpfung enthält, deren Quelle verschoben wurde (z. B. in einen anderen Ordner), erhalten Sie einen Hinweis. Klicken Sie auf **Weiter** (wenn die Werte nicht aktualisiert werden müssen) oder auf **Verknüpfungen bearbeiten**. Im gleichnamigen Dialog markieren Sie die Quelle, die nicht gefunden wurde ❹, und klicken auf **Quelle ändern**, um ihren neuen Speicherort anzugeben.

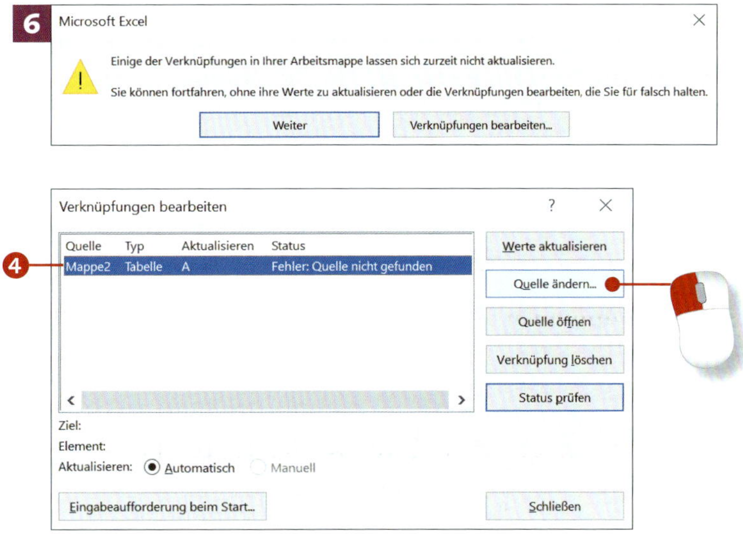

Kapitel 6
Diagramme mit Excel erstellen

Diagramme sind eine gute Methode, um Zahlenmaterial interessant und anschaulich darzustellen. Sehen Sie in diesem Kapitel selbst, wie einfach das geht und wie Sie Diagramme weiterbearbeiten können.

Ein Diagramm erstellen

Die klassischen Diagrammformen stehen Ihnen in Excel mit einem Klick zur Verfügung. Auf der Basis einer Tabelle erstellen Sie beispielsweise im Nu ein Säulendiagramm ❶.

Die Diagrammtools

Mit den Mitteln der Registerkarte **Diagrammentwurf** ❷ lässt sich jedes Diagramm ganz leicht bearbeiten und formatieren. Weisen Sie ihm z. B. einen anderen Aufbau (ein anderes Layout) oder eine neue Farbgebung zu.

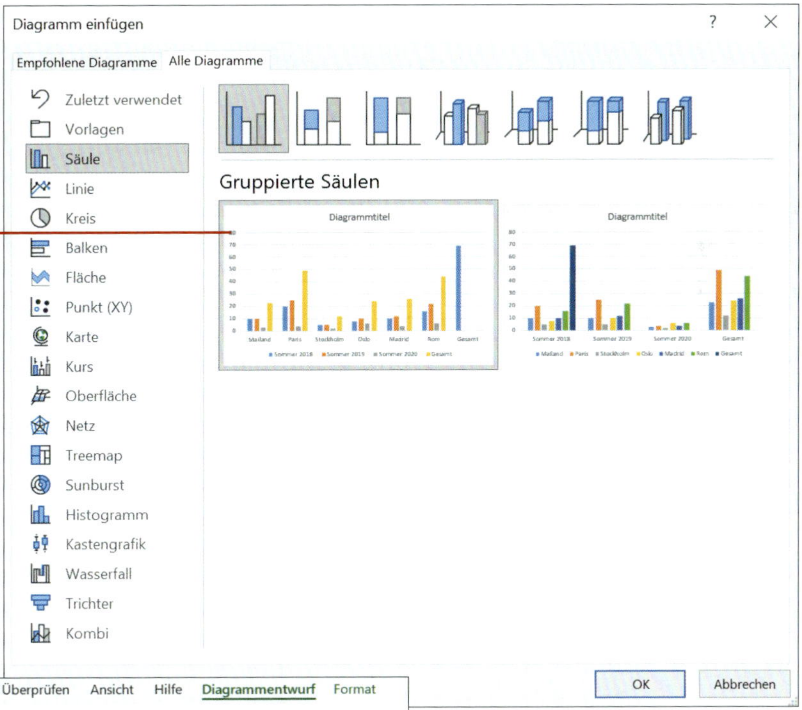

❶ Excel bietet eine Fülle von Diagrammtypen an, darunter Säulendiagramme.

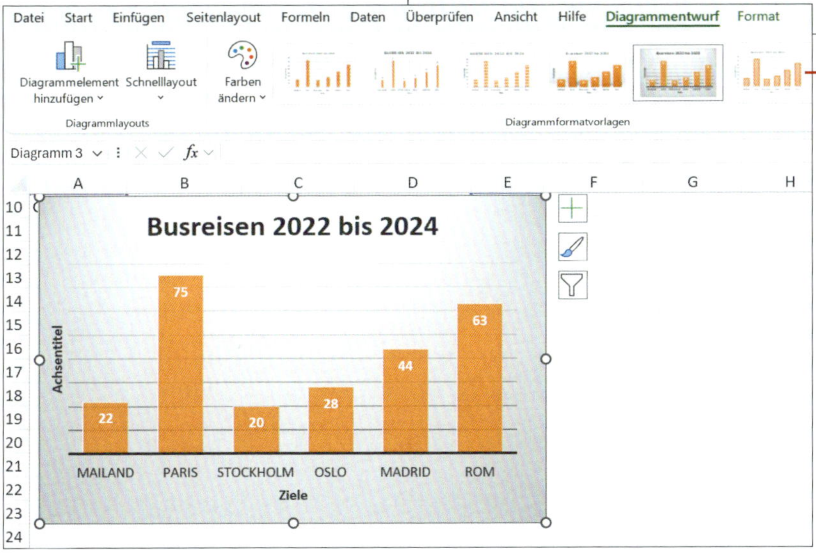

❷ Sie können das Aussehen Ihrer Diagramme leicht verändern.

Ein Säulendiagramm erzeugen

Diagramme sind ein probates Mittel, um Zahlenmaterial anschaulich darzustellen. Mit Excel können Sie in wenigen Schritten beeindruckende Diagramme erstellen.

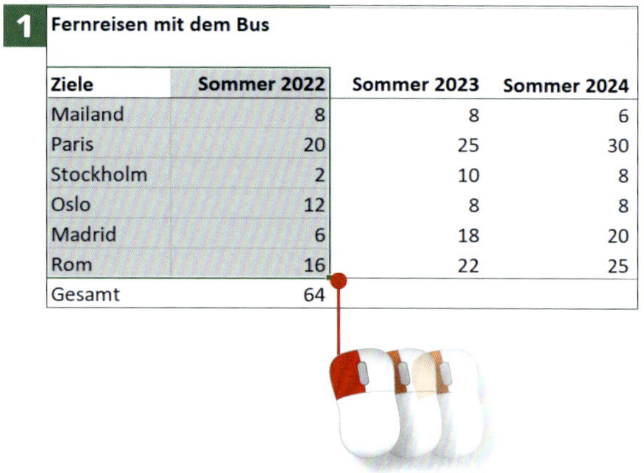

1

Fernreisen mit dem Bus

Ziele	Sommer 2022	Sommer 2023	Sommer 2024
Mailand	8	8	6
Paris	20	25	30
Stockholm	2	10	8
Oslo	12	8	8
Madrid	6	18	20
Rom	16	22	25
Gesamt	64		

Schritt 1

Ein Diagramm basiert zunächst immer auf einer Tabelle. In dieser Tabelle markieren Sie die Spalten und/oder Zeilen, die (bzw. deren Zellinhalt) Sie für das Diagramm nutzen wollen.

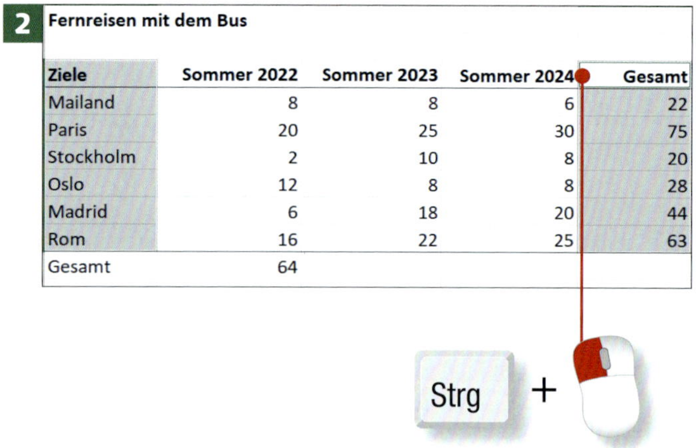

2

Fernreisen mit dem Bus

Ziele	Sommer 2022	Sommer 2023	Sommer 2024	Gesamt
Mailand	8	8	6	22
Paris	20	25	30	75
Stockholm	2	10	8	20
Oslo	12	8	8	28
Madrid	6	18	20	44
Rom	16	22	25	63
Gesamt	64			

Schritt 2

Wenn nur einzelne, nicht zusammenhängende Spalten bzw. Zeilen der Tabelle für das Diagramm wichtig sind, nutzen Sie die Möglichkeit der Mehrfachmarkierung: Halten Sie Strg gedrückt, und klicken Sie nacheinander auf die benötigten Spalten oder Zeilen.

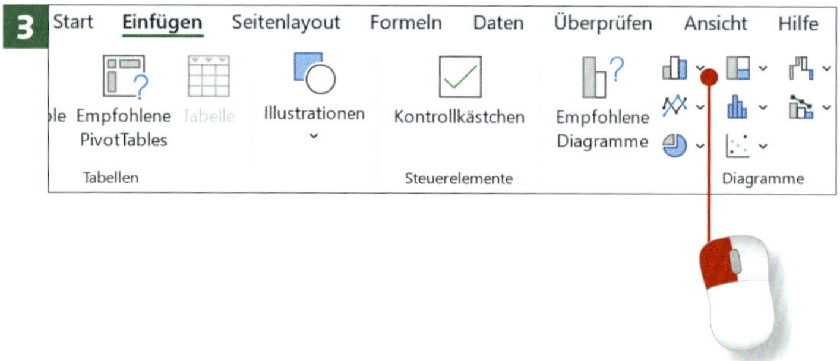

Schritt 3

In unserem Beispiel erstellen wir ein Säulendiagramm. Nachdem Sie die Spalten und Zeilen mit den Daten markiert haben, aktivieren Sie die Registerkarte **Einfügen**. Hier klicken Sie auf den Pfeil an der Schaltfläche **Säulen- oder Balkendiagramm einfügen**.

Schritt 4

Das Menü bietet eine Reihe unterschiedlicher Varianten des Typs **Säule**. Um ein eher schlichtes Diagramm einzufügen, klicken Sie im Bereich **2D-Säule** auf die Variante **Gruppierte Säulen**.

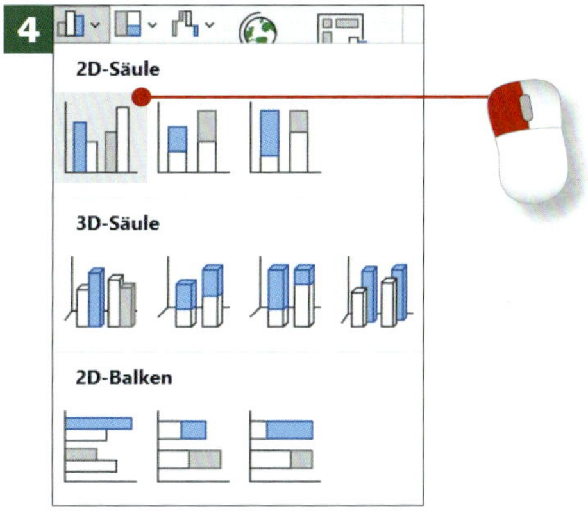

Schritt 5

Das Ergebnis lässt nicht lange auf sich warten. Sofort erscheint das entsprechende Diagramm als Grafik auf Ihrem Tabellenblatt.

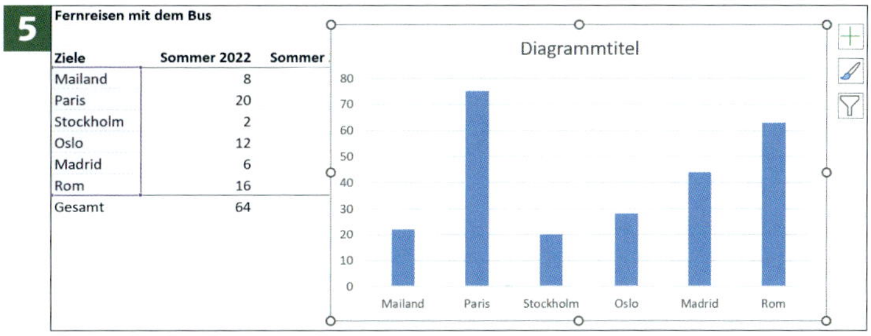

Schritt 6

Um das Diagramm zu verschieben, führen Sie den Mauszeiger darauf. Sobald Sie den Vierfachpfeil sehen, können Sie das Diagramm mit gedrückter Maustaste bewegen – bei einem Touchscreen verschieben Sie das Diagramm einfach mit dem Finger.

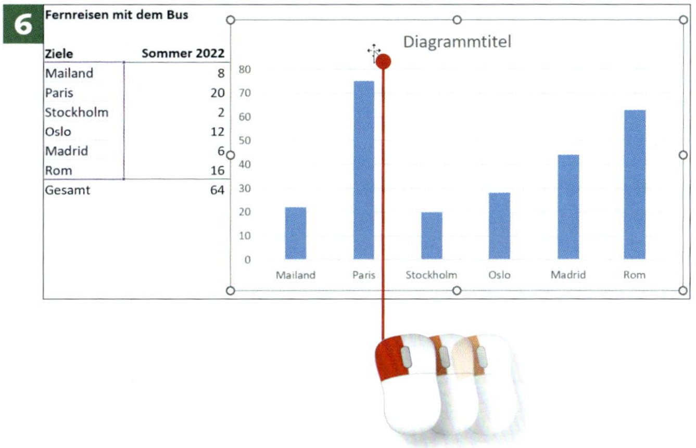

Welcher Diagrammtyp passt?
Die Wahl des Diagrammtyps hängt davon ab, was Sie ausdrücken wollen. Während Säulendiagramme z. B. für den Vergleich von Werten geeignet sind, zeigen Kreisdiagramme anteilige Werte an einem Ganzen.

Ein Säulendiagramm nachbearbeiten

Wie Sie gesehen haben, ist ein Diagramm im Nu erstellt. Vielleicht genügt es aber Ihren optischen Ansprüchen noch nicht. Dann können Sie es auf verschiedene Arten bearbeiten und formatieren.

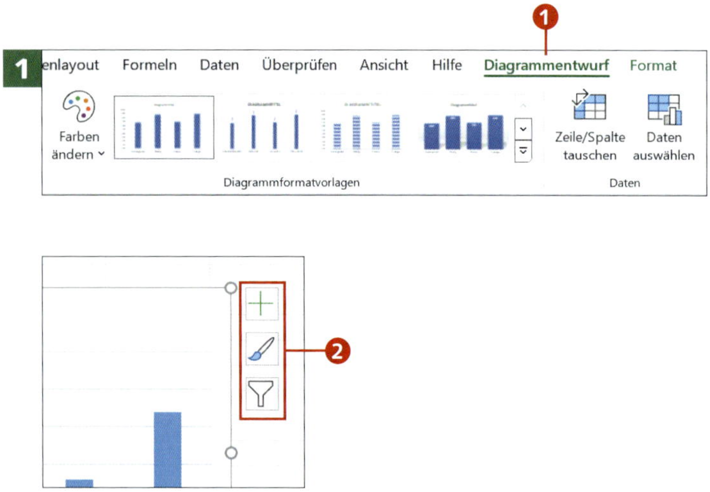

Schritt 1

Klicken Sie das Diagramm an, um die Registerkarten **Diagrammentwurf** und **Format** ❶ einzublenden. Auf diesen Registerkarten finden Sie alle Funktionen zur weiteren Bearbeitung. Weitere Möglichkeiten bieten die drei Schaltflächen ❷ neben dem Diagramm.

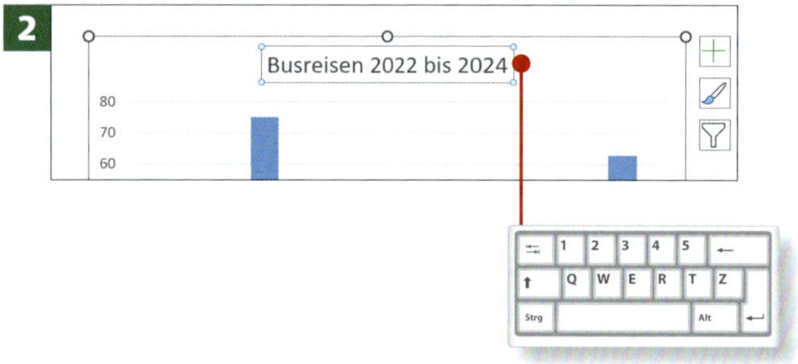

Schritt 2

Als Erstes soll der Diagrammtitel geändert werden, damit man sofort erkennt, worum es geht. Klicken Sie das Textfeld an, setzen Sie den Cursor an den Anfang des Textes, und geben Sie den Titel ein. Löschen Sie den Platzhaltertext.

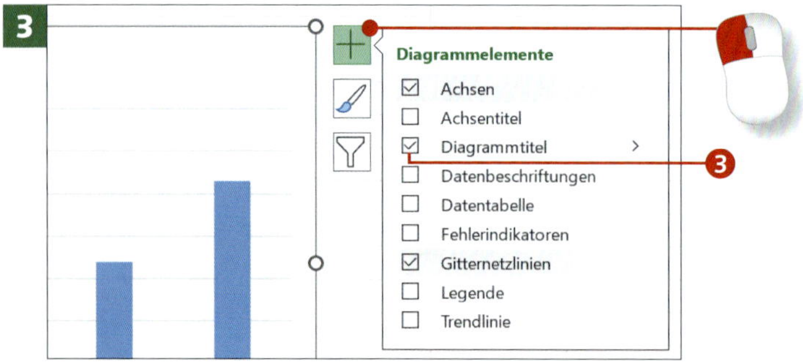

Schritt 3

Falls gar kein Diagrammtitel angezeigt wird, klicken Sie auf die Schaltfläche **Diagrammelemente** und setzen im Untermenü ein Häkchen vor der Option **Diagrammtitel** ❸.

Schritt 4

Auch die Achsen sollen eine Beschriftung erhalten. Dazu klicken Sie auf **Diagrammelemente** und aktivieren die Option **Achsentitel** ❹.

Schritt 5

Sowohl an der vertikalen als auch an der horizontalen Achse erscheinen Textfelder mit dem Platzhaltertext »Achsentitel«. Setzen Sie den Cursor in ein solches Textfeld, und geben Sie einen passenden Achsentitel ein.

Schritt 6

Sie können auch bestimmen, wie die *Gitternetzlinien* auf dem Diagramm verlaufen. Dazu öffnen Sie das Menü **Diagrammelemente** und klicken hier auf den Pfeil neben der Option **Gitternetzlinien**. Im Untermenü setzen Sie z. B. ein Häkchen vor **Primäres Hauptgitter vertikal**.

4

5

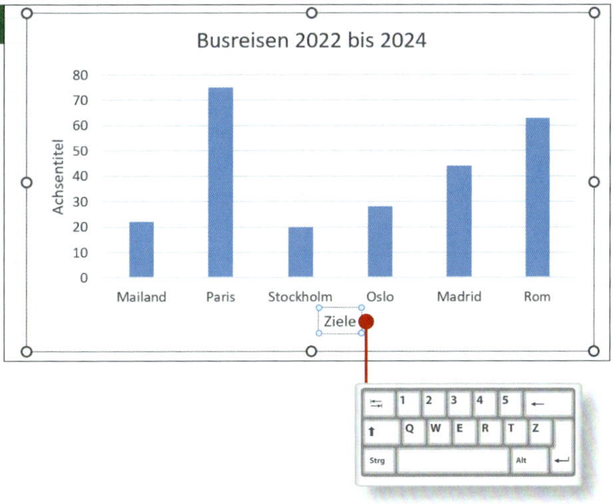

6

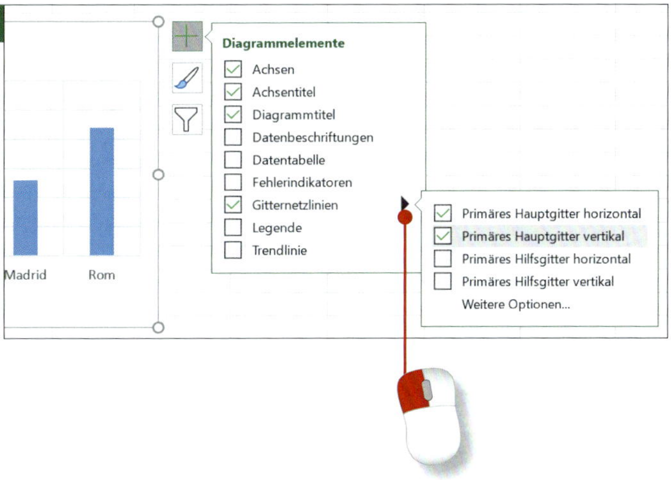

Textfelder formatieren

Um die Textfelder für die Beschriftungen zu bearbeiten, können Sie die Schaltflächen auf der Registerkarte **Format** nutzen, z. B. **Fülleffekt** (siehe dazu auch die folgenden Schritte dieser Anleitung).

Ein Säulendiagramm nachbearbeiten (Forts.)

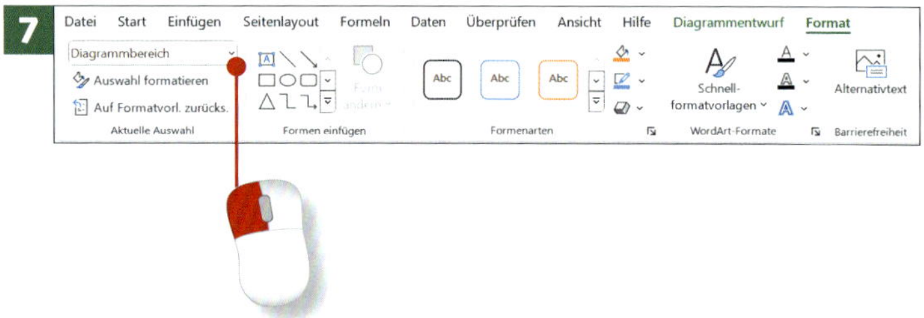

Schritt 7

Ein Diagramm besteht aus diversen Elementen (*Diagrammbereich*, *Zeichnungsfläche*, *Datenreihen*). All diese Elemente können Sie gesondert formatieren. Markieren Sie dazu das Element per Mausklick. Es lässt sich aber auch bequem über das Menü der Schaltfläche **Diagrammelemente** (auf der Registerkarte **Format** ganz links) auswählen.

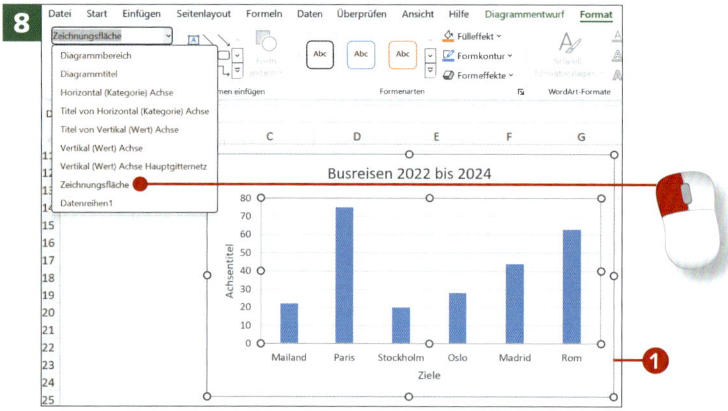

Schritt 8

Klicken Sie auf den Pfeil, und markieren Sie im Menü das Element, das Sie bearbeiten möchten, z. B. **Zeichnungsfläche**. Ein Markierungsrahmen legt sich um diese Fläche im Diagramm ❶.

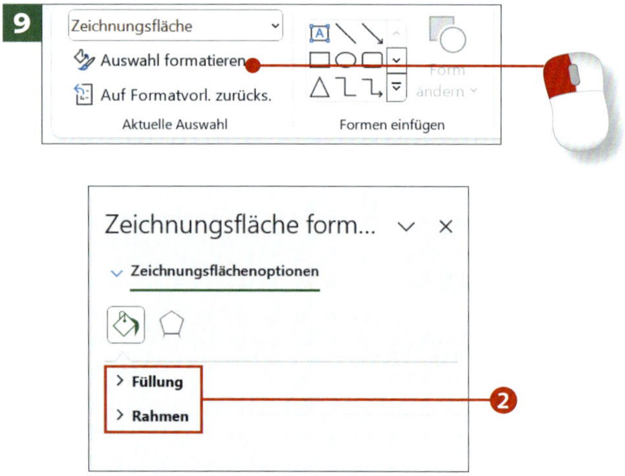

Schritt 9

Zum Formatieren klicken Sie auf **Auswahl formatieren** oder im Kontextmenü auf **<Diagrammelement> formatieren**. Beides ruft rechts den Aufgabenbereich für die Formatierung des jeweiligen Diagrammelements auf; für die Bearbeitung der Zeichnungsfläche finden Sie hier die Optionen **Füllung** und **Rahmen** ❷.

Schritt 10

Um die Zeichnungsfläche mit einer Hintergrundfarbe zu versehen, klicken Sie auf **Füllung** ❸ und aktivieren die Option **Einfarbige Füllung** ❹. Wählen Sie dann per Klick auf das Feld **Farbe** eine Farbe aus.

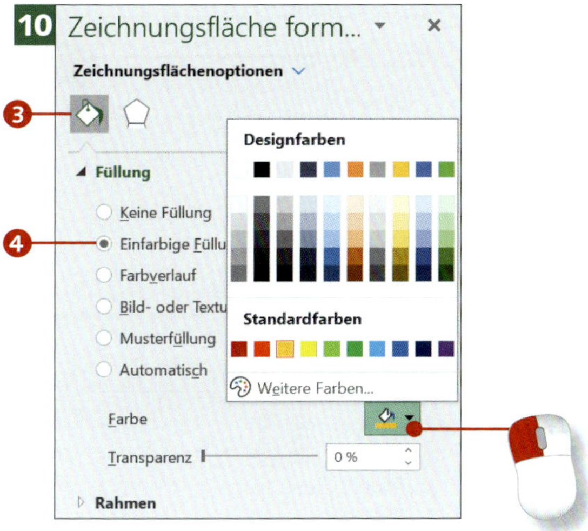

Schritt 11

Sie können auch Vorlagen zur Formatierung nutzen. Aktivieren Sie die Registerkarte **Diagrammentwurf**. Fahren Sie hier mit der Maus über die Auswahl **Diagrammformatvorlagen**. Sobald Sie eine Vorlage anklicken, wird das Format auf Ihr Diagramm übertragen.

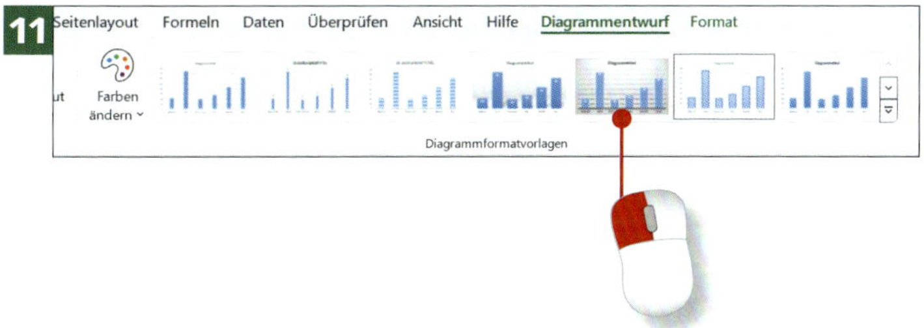

Schritt 12

Eine Vorlage lässt sich mit einfachen Handgriffen variieren. Klicken Sie auf die Schaltfläche **Farben ändern**, und wählen Sie im Menü eine Farbkombination aus. Bei einem Säulendiagramm bestimmt die linke Kachel die Farbe der Säulen. Weitere Säulen würden die Farben von links nach rechts annehmen.

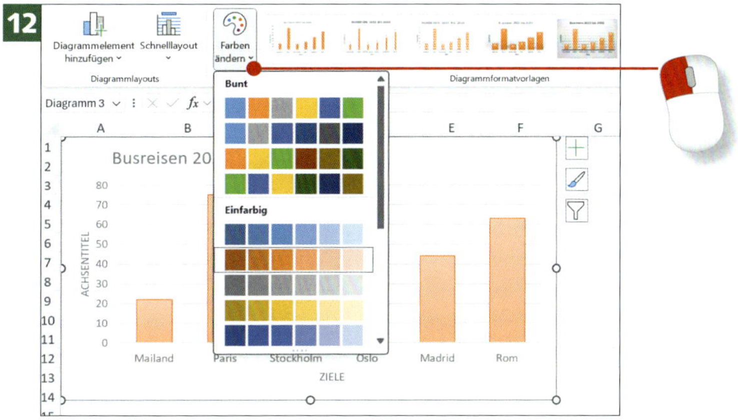

Diagrammformatvorlagen

Mit der Zuweisung einer Diagrammformatvorlage werden alle zuvor manuell vorgenommenen Einstellungen überlagert.

Anteile in Kreisdiagrammen darstellen

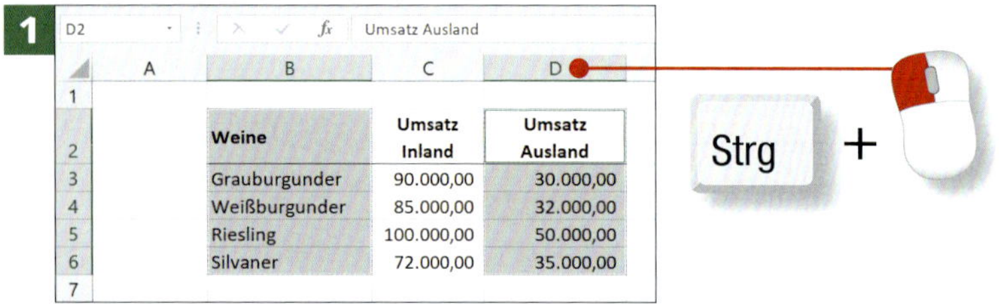

Kreisdiagramme – auch als »Tortendiagramme« bekannt – lassen auf einen Blick bestimmte Anteile an einem Ganzen erkennen. Selbst Prozentzahlen können hinzugefügt werden, ohne dass Sie Ihre Rechenkünste bemühen müssen.

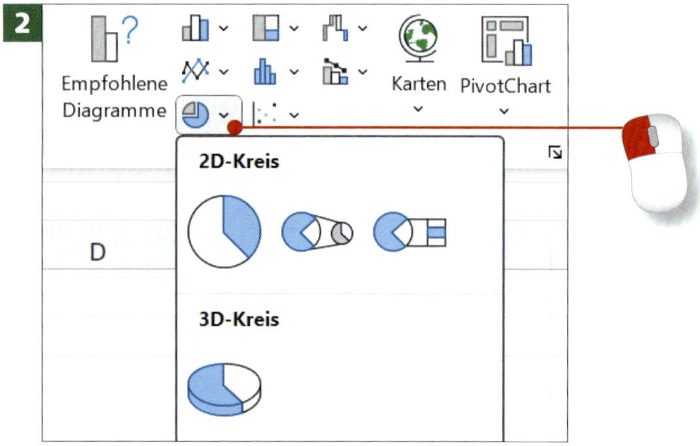

Schritt 1

In einem Kreisdiagramm soll angezeigt werden, welchen Anteil die einzelnen Produkte am Umsatz im Ausland haben. Folglich müssen im Beispiel die Spalten *Weine* und *Umsatz Ausland* markiert werden (mit gedrückter Strg-Taste).

Schritt 2

Wenn beide Spalten markiert sind, klicken Sie auf der Registerkarte **Einfügen** auf den Pfeil an der Schaltfläche **Kreis- oder Ringdiagramm einfügen**. Im Menü klicken Sie auf **3D-Kreis**.

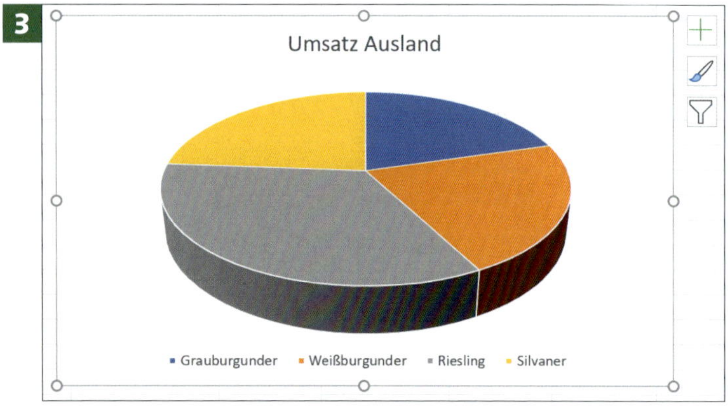

Schritt 3

Wieder hat Excel blitzschnell ein Diagramm erstellt. Die einzelnen Produkte bilden die Legende. Die »Tortenstücke« symbolisieren in unterschiedlichen Farben den jeweiligen Anteil am Umsatz.

Schritt 4

Die Überschrift soll geändert werden. Markieren Sie das Textfeld, und setzen Sie den Cursor vor den Text. Dann schreiben Sie die Überschrift »Anteil am Auslandsumsatz« und löschen den ursprünglichen Text.

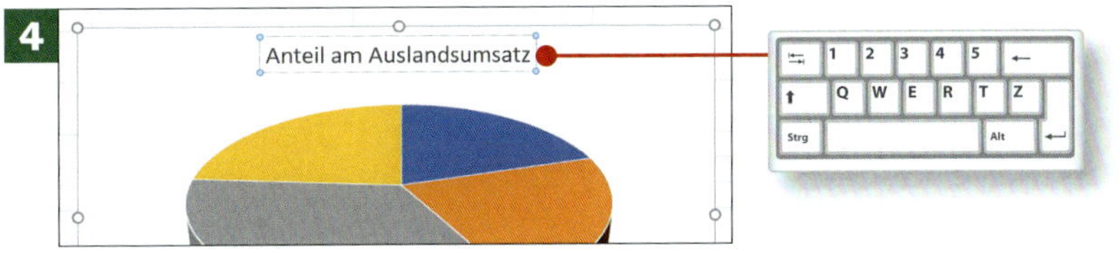

Schritt 5

Die Prozentanteile können Sie ebenfalls leicht anzeigen lassen. Klicken Sie auf das Plus neben dem Diagramm und im Menü auf den kleinen Pfeil am Eintrag **Datenbeschriftungen**.

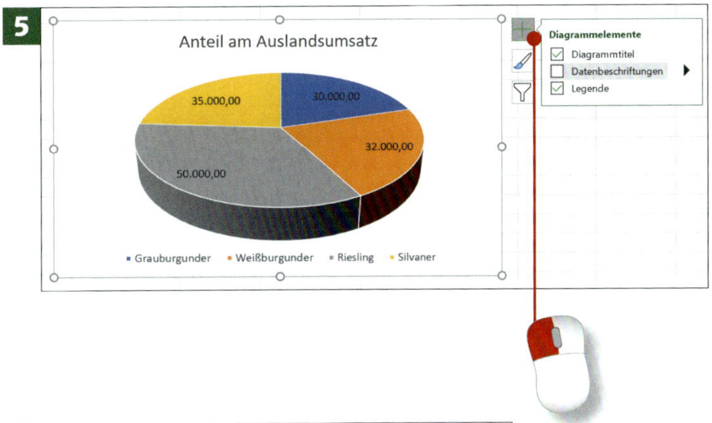

Schritt 6

Im Untermenü klicken Sie auf **Weitere Optionen**. Im Aufgabenbereich **Datenbeschriftungen formatieren** setzen Sie schließlich ein Häkchen vor die Option **Prozentsatz** ❶.

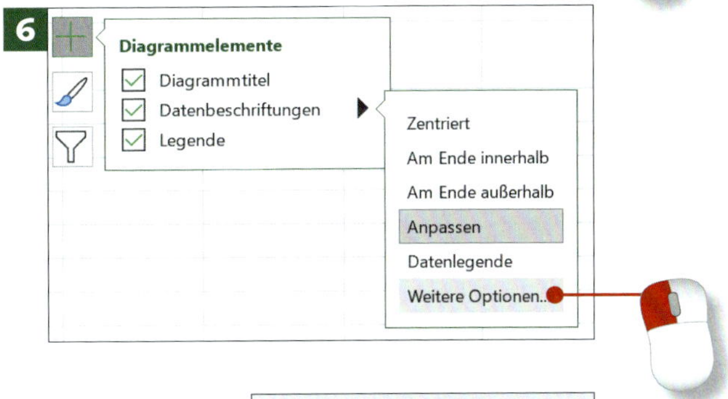

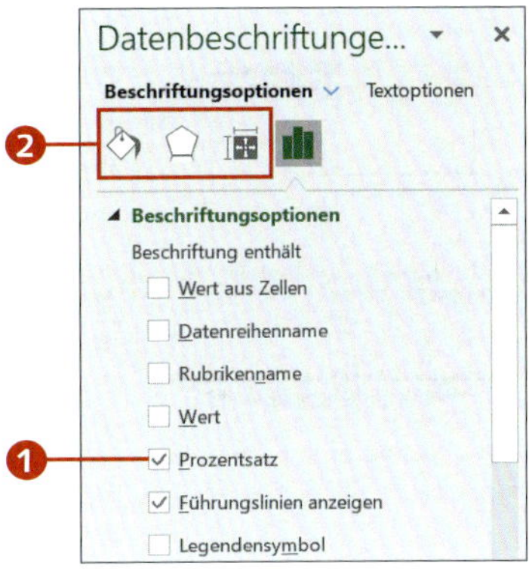

Textfelder formatieren

In den Menüs **Füllung und Linie**, **Effekte** und **Größe und Eigenschaften** ❷ finden Sie eine Fülle von Gestaltungs- und Einstellungsmöglichkeiten für Textfelder.

Anteile in Kreisdiagrammen darstellen (Forts.)

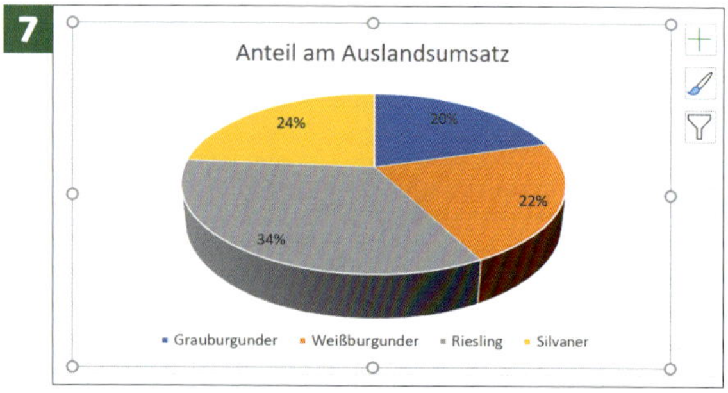

Schritt 7

Deaktivieren Sie gegebenenfalls die Option **Wert** (❶ in Bild 8), damit die Anzeige übersichtlich bleibt. Sie sehen nun die Tortenstücke mit entsprechenden Prozentsätzen. Auf diese Weise können Sie auf den ersten Blick erkennen, welches Produkt am erfolgreichsten war.

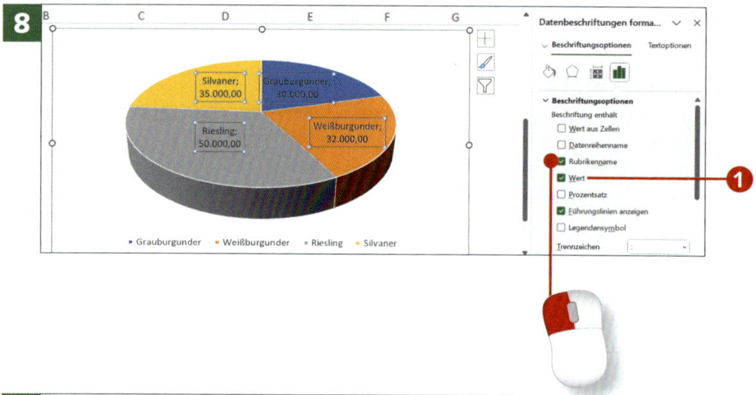

Schritt 8

Für Produktbezeichnungen auf den Segmenten aktivieren Sie im Aufgabenbereich **Datenbeschriftungen formatieren** die Option **Rubrikenname**. Bei unschönem Textumbruch lässt sich der Textrahmen mit der Maus verschieben.

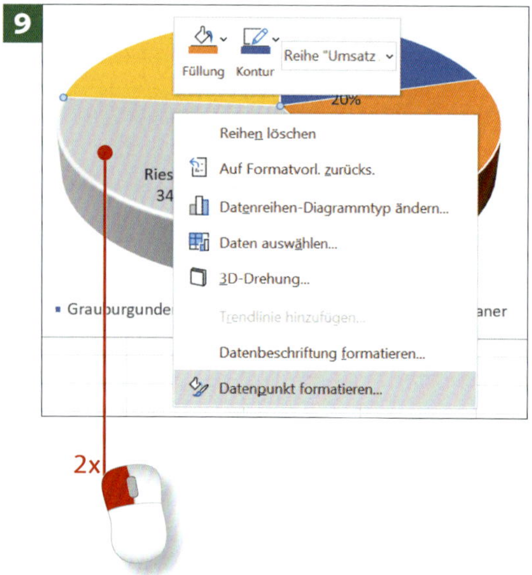

Schritt 9

Für individuelle Segmentfarben klicken Sie zweimal (nicht als Doppelklick) auf das gewünschte Segment und wählen im Kontextmenü Datenpunkt formatieren.

Das Diagramm ist verknüpft

Das Diagramm ist direkt mit der zugrunde liegenden Tabelle verbunden. Wenn Sie einen Wert in der Tabelle ändern, ändert sich auch die Größe des Tortenstücks (der Prozentsatz).

Schritt 10

Im rechts eingeblendeten Aufgabenbereich **Datenpunkt formatieren** klicken Sie auf **Füllung und Linie**.

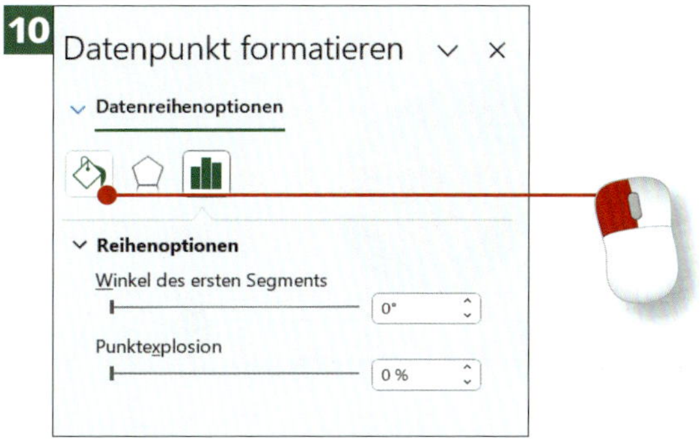

Schritt 11

Dann aktivieren Sie die Option **Einfarbige Füllung** ❷. Klicken Sie auf den Auswahlpfeil am Feld **Füllfarbe**, und entscheiden Sie sich für eine kräftige Kontrastfarbe.

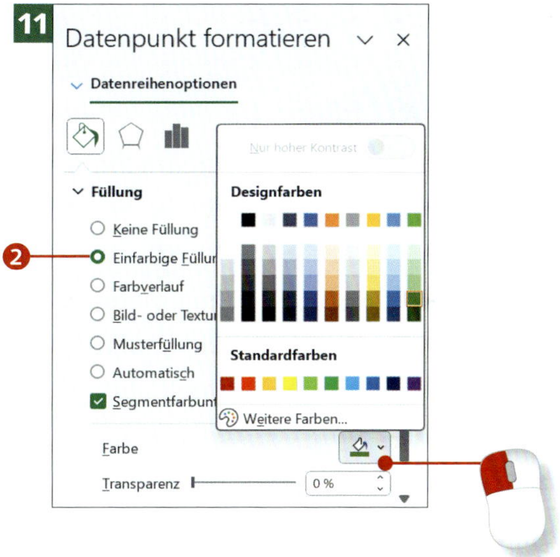

Schritt 12

Sie können das Diagramm auf ein anderes Tabellenblatt verschieben. Dazu klicken Sie auf der Registerkarte **Diagrammentwurf** auf **Diagramm verschieben**. Im Dialog markieren Sie dann **Neues Blatt** ❸ oder wählen im Menü des Feldes **Objekt in** ❹ das gewünschte Tabellenblatt.

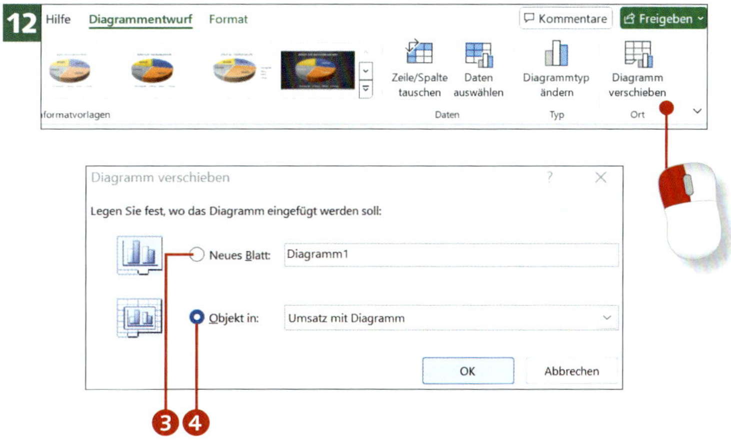

Neues Tabellenblatt

Wenn Sie das Diagramm verschieben und im Dialog **Neues Blatt** wählen, wird automatisch ein neues Tabellenblatt mit dem Namen *Diagramm1* erzeugt, das lediglich das Diagramm enthält.

Ein »Tortenstück« herausrücken

1

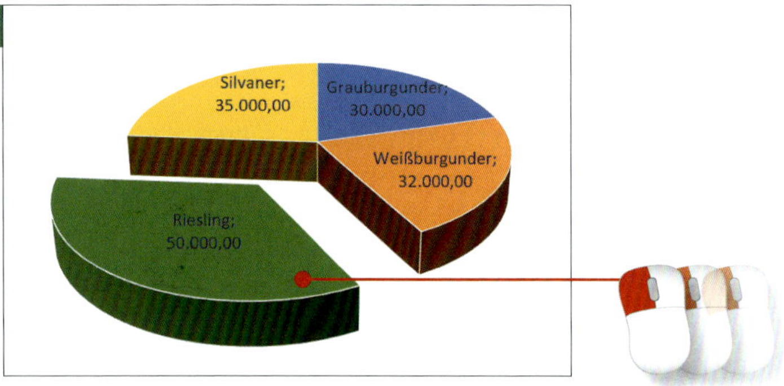

2

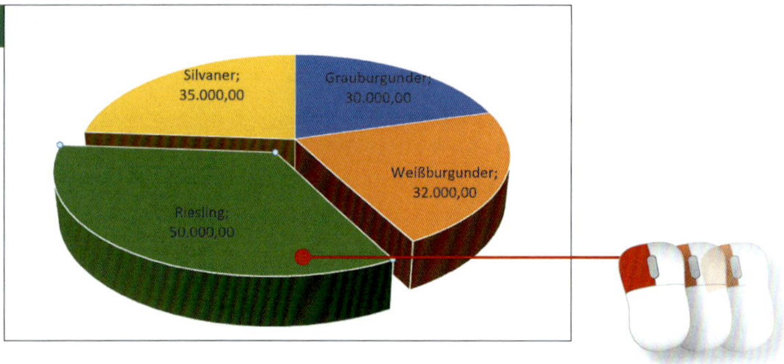

3

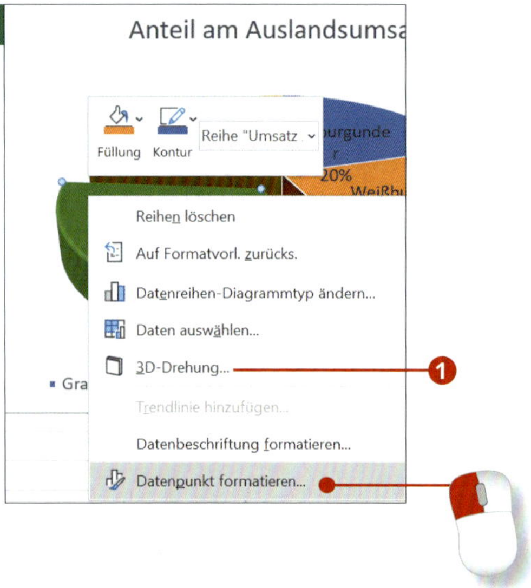

Um den Blick auf wichtige Informationen zu lenken, können Sie ein »Tortenstück« aus dem Diagramm herausziehen und das betreffende Segment auf diese Weise besonders hervorheben.

Schritt 1

Markieren Sie das Segment, das Sie herausziehen möchten, mit zwei Klicks hintereinander (kein Doppelklick). Ziehen Sie es nun mit gedrückter Maustaste ein wenig aus der »Torte« heraus.

Schritt 2

Auf diese Weise, also mit gedrückter linker Maustaste, können Sie das Segment auch wieder in die »Torte« hineinschieben, wenn Sie die Hervorhebung nicht mehr benötigen.

Schritt 3

Um das herausgezogene »Tortenstück« weiter zu formatieren, klicken Sie es mit rechts an (achten Sie darauf, dass es markiert ist) und wählen Sie **Datenpunkt formatieren** im Kontextmenü.

Schritt 4

Der Aufgabenbereich **Datenpunkt formatieren** bietet diverse Einstellungsmöglichkeiten. Klicken Sie z. B. auf die Schaltfläche **Effekte** ❷ und dann auf den Eintrag **3D-Format** (sofern Sie ein 3D-Kreisdiagramm eingefügt haben).

Schritt 5

Mit den Optionen dieser Kategorie lässt sich das Aussehen des Segments in vielerlei Hinsicht verändern. Stellen Sie z. B. eine andere Abschrägung ein ❸ und über das Menü des Feldes **Material** einen anderen Effekt für die Oberfläche.

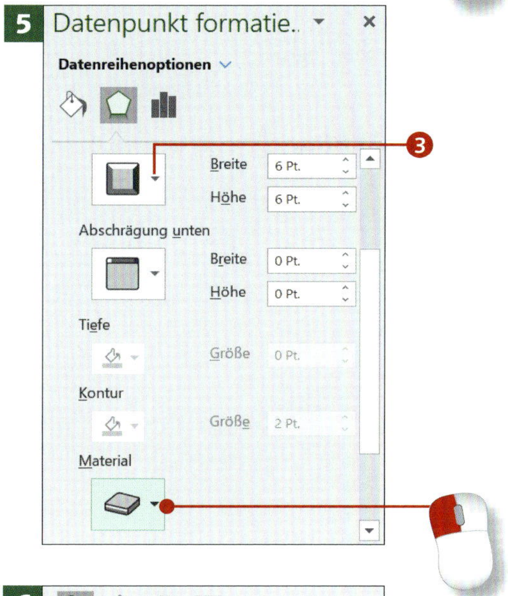

Schritt 6

Effektvoll ist ein Bild als Hintergrund. Wählen Sie die Kategorie **Füllung und Linie ▸ Bild- oder Texturfüllung** ❹ ▸ **Einfügen**. Im nächsten Fenster bestimmen Sie die Bildquelle (Onlinebilder oder Bilder, die auf Ihrem Computer gespeichert sind) und wählen danach das gewünschte Bild aus.

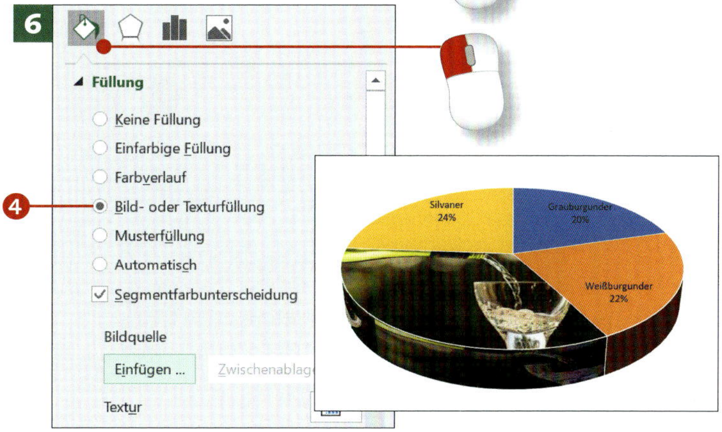

3D-Drehung

Sie können die Einstellungen für die 3D-Drehung auch direkt aufrufen, indem Sie im Kontextmenü eines Segments auf **3D-Drehung** (❶ in Bild 3) klicken.

Kleine Diagramme mit Sparklines

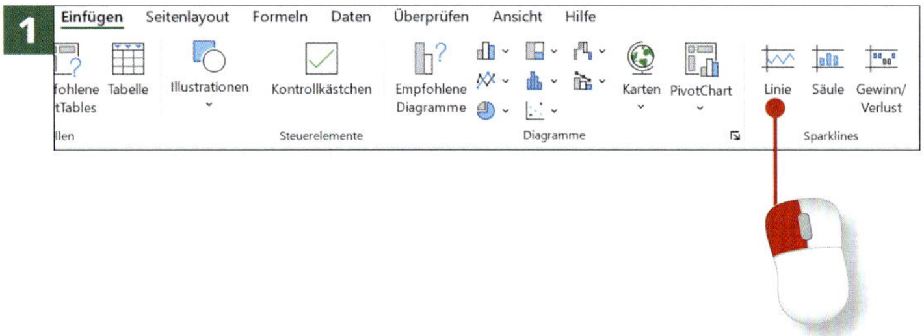

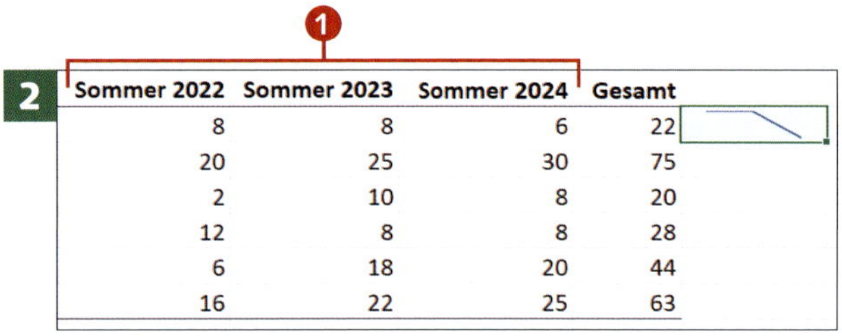

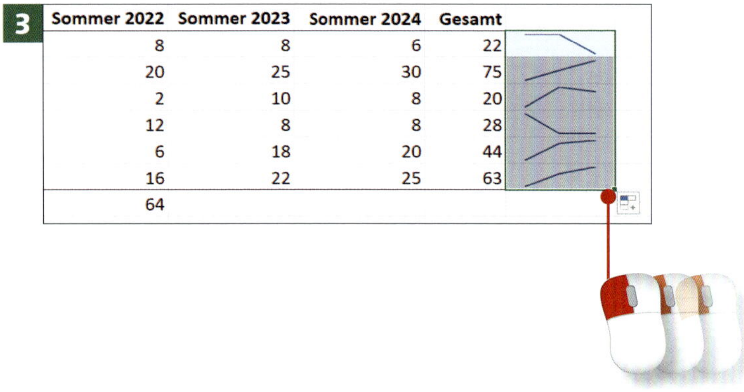

Hinter Sparklines verbergen sich kleine Diagramme, die Sie direkt in eine Zelle einfügen.

Schritt 1

Markieren Sie die Zelle, in der das Minidiagramm erscheinen soll, und klicken Sie auf der Registerkarte **Einfügen** in der Gruppe **Sparklines** z. B. auf **Linie**.

Schritt 2

Ein kleiner Dialog öffnet sich. Markieren Sie in der Tabelle den Bereich mit den Daten, die im Sparkline-Diagramm dargestellt werden sollen (hier die Anzahl der Fahrten für drei Jahre 1). Die Zelladressen werden in den Dialog übernommen. Klicken Sie auf **OK**, um das Sparkline einzufügen.

Schritt 3

Für die nächsten Produkte können Sie die Zellen bequem ausfüllen. Setzen Sie den Cursor an die untere rechte Ecke der ersten Zelle mit dem Sparkline, und ziehen Sie den Rahmen nach unten. Im Nu tauchen in allen Zellen kleine Sparklines auf.

!

Sparklines – schmückendes Beiwerk!

Erwarten Sie nicht zu viel von Sparklines: Sie sind nicht sehr aussagekräftig und zeigen lediglich grob einen Trend oder die einzelnen Werte.

Schritt 4

Sie können die kleinen Sparklines bearbeiten. Markieren Sie die Zellen, und aktivieren Sie auf der Registerkarte **Sparkline** z. B. die Option **Höchstpunkt**. Dadurch erscheinen am höchsten Punkt kleine Markierungspunkte in den Sparklines.

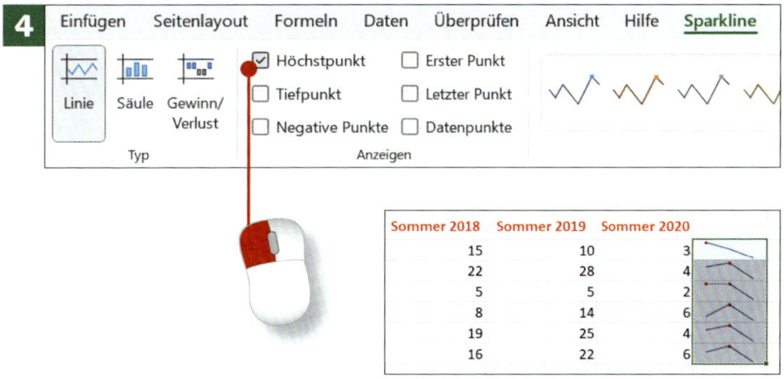

Schritt 5

Die Farbe der Höchstpunkte und der Sparklines lässt sich auch ändern. Klicken Sie auf **Sparklinefarbe** bzw. auf **Datenpunktfarbe**, und zeigen Sie hier auf **Höchstpunkt** ❷. In der Farbpalette wählen Sie eine Farbe für diesen Punkt aus.

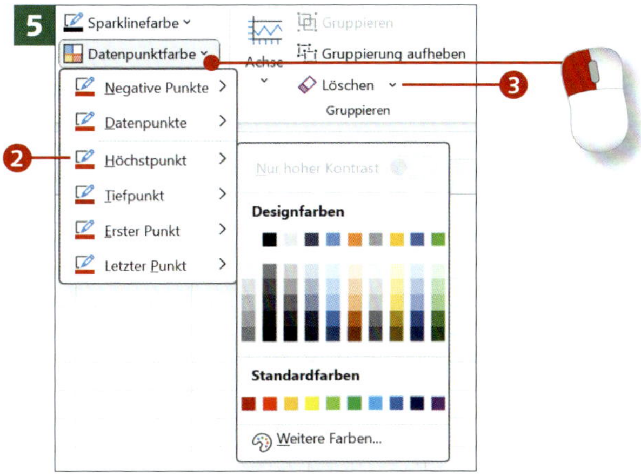

Schritt 6

Sie können den zunächst gewählten Sparklinetyp auch ändern. Klicken Sie auf der Registerkarte **Sparkline** in der Gruppe **Typ** z. B. auf **Säule**.

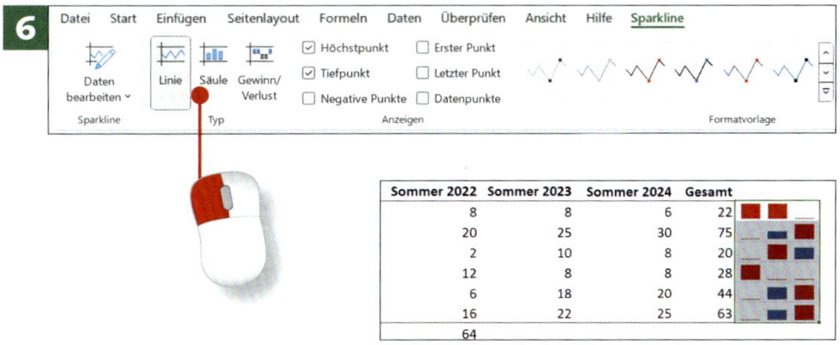

Sparklines löschen

Auf der Registerkarte **Sparkline** finden Sie auch die Schaltfläche **Löschen** (❸ in Bild 5) zum Entfernen ausgewählter Sparklines.

Kapitel 7
Listen und Datenbanken in Excel

Excel kann auch als Datenbankprogramm genutzt werden. Wie Sie Listen erstellen oder Daten sortieren und filtern, erfahren Sie in diesem Kapitel.

Listen und Datenbanken anlegen

Ich beschreibe zunächst, wie Sie eine einfache Liste anlegen, wie Sie diese Liste formatieren und Ihre Einträge alphabetisch sortieren. Darüber hinaus lernen Sie die Filterfunktion ❶ von Excel kennen und erfahren, wie Sie Ihre Datenbanken am besten planen.

Formate für den Export

Außerdem gehe ich auf gängige Formate ein, in denen Sie Excel-Dateien für den Datenaustausch speichern können ❷. Im Dialog **Speichern unter** können Sie als Dateityp beispielsweise das Format *.xls* einstellen, damit sich die Datei auch mit älteren Excel-Versionen als 2013 öffnen lässt.

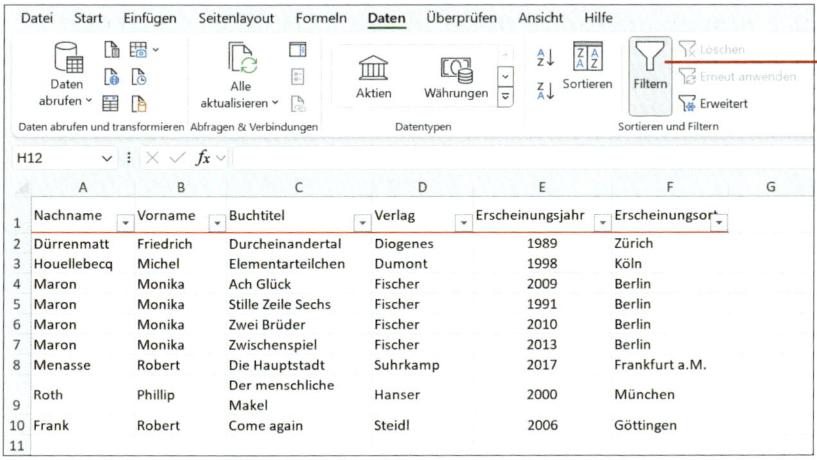

1 Legen Sie Listen an, und filtern Sie die Daten.

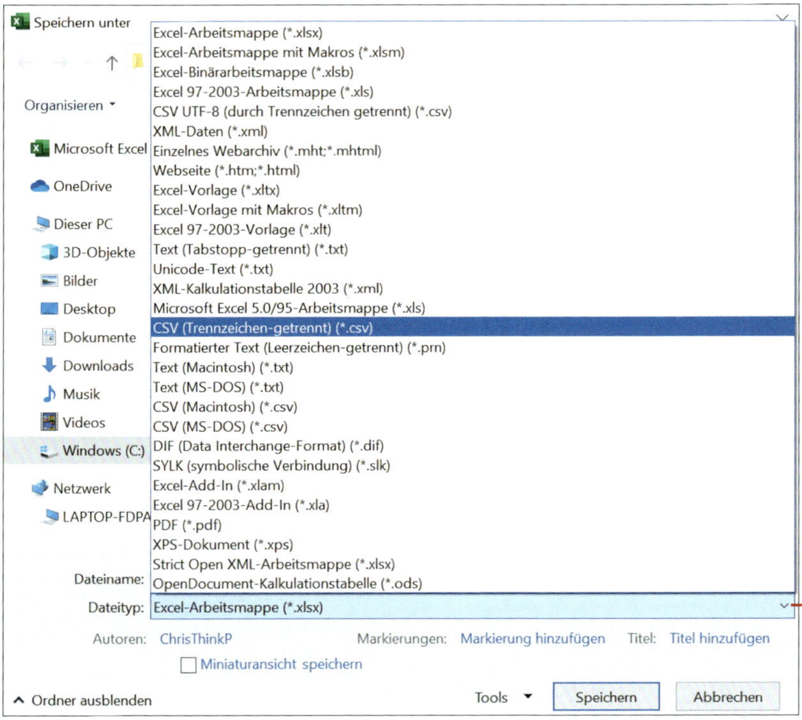

2 Ihnen stehen viele verschiedene Formate zur Verfügung.

Daten in eine Liste eintragen

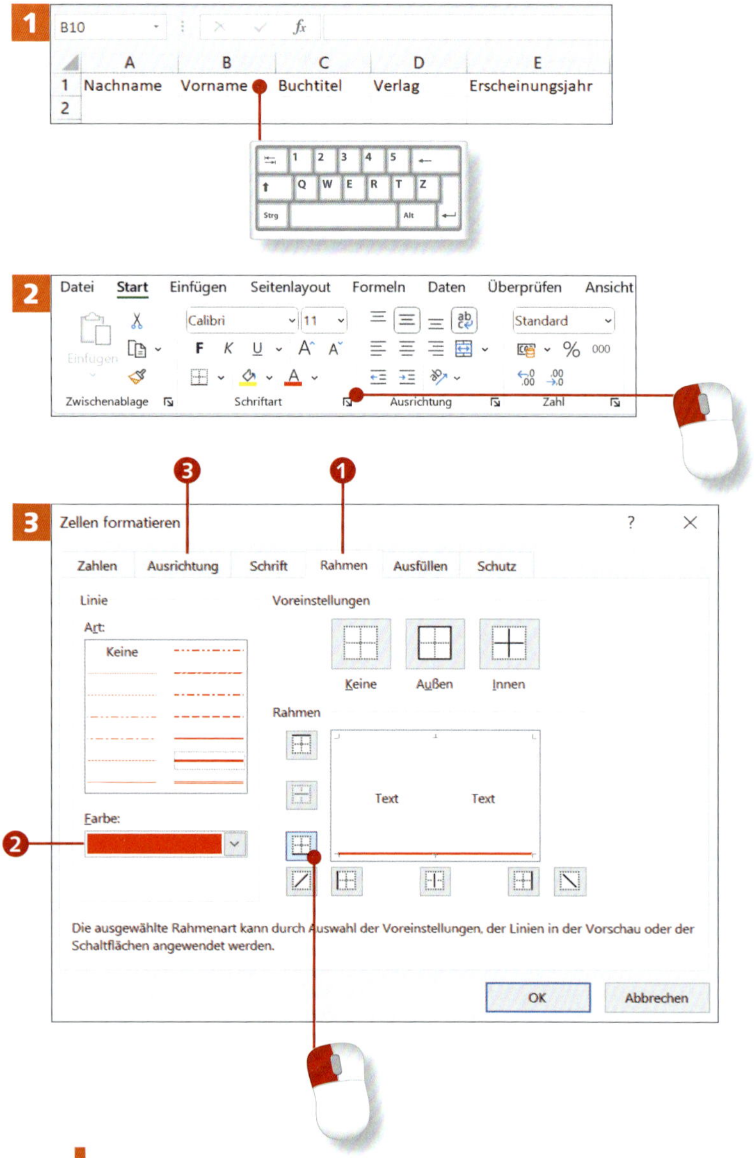

Excel ist zwar kein Datenbankprogramm, aber es bietet gewisse Funktionen, mit denen Sie Listen verwalten und ähnlich nutzen können.

Schritt 1

Da der Bildschirm in Spalten und Zeilen eingeteilt ist, ist es einfach, eine tabellarische Liste zu erstellen. Schreiben Sie die Überschriften der Liste Spalte für Spalte in eine Zeile. Im Beispiel erstellen wir eine Bücherliste. Passen Sie die Spaltenbreiten an (siehe den Kasten »Spaltenbreite anpassen« auf Seite 141).

Schritt 2

Die Überschriften lauten: *Nachname*, *Vorname*, *Buchtitel*, *Verlag*, *Erscheinungsjahr*. Markieren Sie die Zeile, und öffnen Sie den Dialog **Zellen formatieren** mit einem Klick auf den Pfeil an der Gruppe **Schriftart** (bzw. **Ausrichtung** oder **Zahl**) oder über das Kontextmenü.

Schritt 3

Im Dialog **Zellen formatieren** aktivieren Sie die Registerkarte **Rahmen** ❶. Wählen Sie eine Linienfarbe ❷, und klicken Sie dann auf die Schaltfläche, die eine Linie unterhalb der Zelle symbolisiert.

Rahmenlinien

Auch im Menü des Symbols **Rahmen** (Registerkarte **Start**) finden Sie die Optionen **Rahmenlinie unten** bzw. **Rahmenlinie oben** etc.

Schritt 4

Für die Eingabe der Daten ist es sinnvoll, dafür zu sorgen, dass der Text in den Zellen umbrochen wird. Markieren Sie mehrere Zeilen, und klicken Sie auf der Registerkarte **Start** in der Gruppe **Ausrichtung** auf die Schaltfläche **Textumbruch**.

4

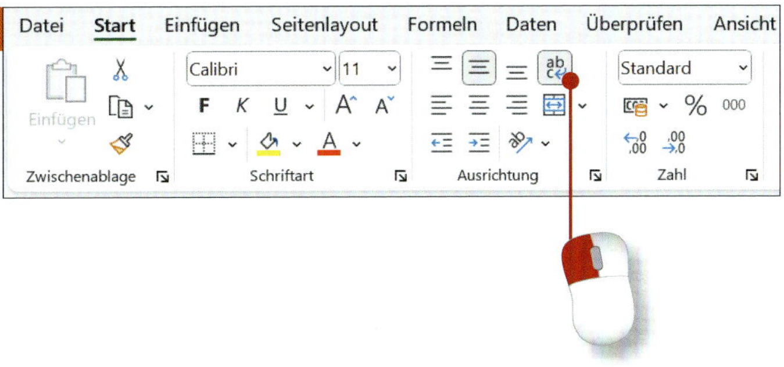

Schritt 5

Füllen Sie nun die Tabelle mit Daten. Sie werden sehen, dass längere Eingaben am Ende der Zelle dank des Zeilenumbruchs in die nächste Zeile rutschen. Passen Sie bei Bedarf die Spaltenbreite und Zeilenhöhe (**Start ▸ Format ▸ Zeilenhöhe**) erneut an.

5

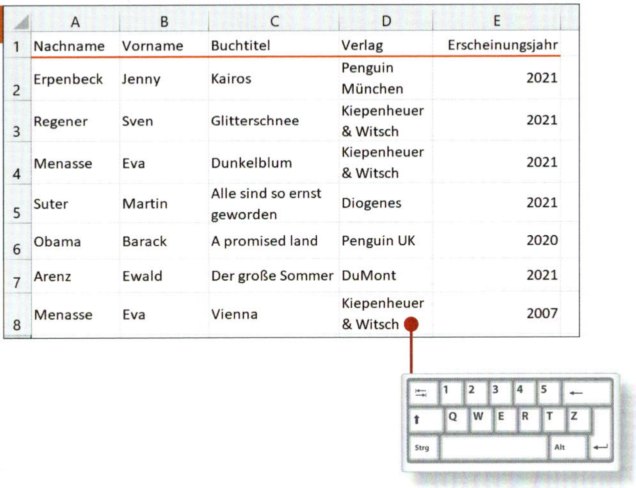

	A	B	C	D	E
1	Nachname	Vorname	Buchtitel	Verlag	Erscheinungsjahr
2	Erpenbeck	Jenny	Kairos	Penguin München	2021
3	Regener	Sven	Glitterschnee	Kiepenheuer & Witsch	2021
4	Menasse	Eva	Dunkelblum	Kiepenheuer & Witsch	2021
5	Suter	Martin	Alle sind so ernst geworden	Diogenes	2021
6	Obama	Barack	A promised land	Penguin UK	2020
7	Arenz	Ewald	Der große Sommer	DuMont	2021
8	Menasse	Eva	Vienna	Kiepenheuer & Witsch	2007

Schritt 6

Ändern Sie gegebenenfalls auch die Ausrichtung des Textes in den Zellen. (Standardmäßig steht der Text am unteren Rand.) Markieren Sie die Zellen, für die Sie die Ausrichtung ändern möchten, und klicken Sie z. B. auf **Zentriert ausrichten**, um den Text mittig zwischen oberem und unterem Rand zu positionieren.

6

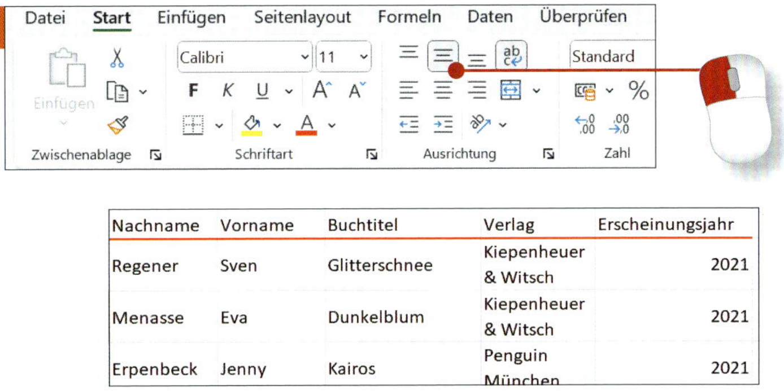

Nachname	Vorname	Buchtitel	Verlag	Erscheinungsjahr
Regener	Sven	Glitterschnee	Kiepenheuer & Witsch	2021
Menasse	Eva	Dunkelblum	Kiepenheuer & Witsch	2021
Erpenbeck	Jenny	Kairos	Penguin München	2021

Zeilenumbrüche einfügen

Einen Zeilenumbruch können Sie auch im Dialog **Zellen formatieren** auf der Registerkarte **Ausrichtung** (❸ in Bild 3) festlegen.

Daten in Listen sortieren

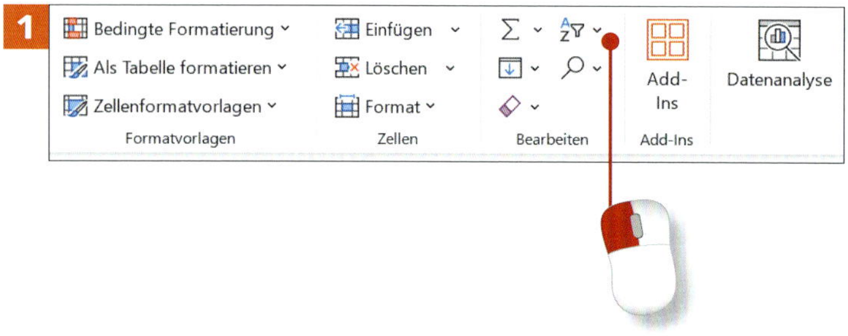

Ignorieren Sie bei der Eingabe von Daten ruhig die alphabetische (oder auch eine numerische) Reihenfolge. Excel kann die Sortierung im Nu für Sie erledigen.

Schritt 1

Um alphabetisch zu sortieren, setzen Sie den Cursor in die Spalte, deren Eingaben geordnet werden sollen. Klicken Sie dann auf der Registerkarte **Start** auf die Schaltfläche **Sortieren und Filtern**.

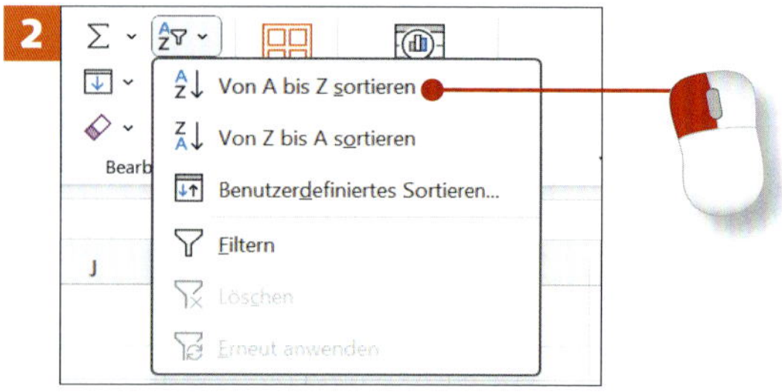

Schritt 2

Im zugehörigen Menü wählen Sie die Option **Von A bis Z sortieren**. Der Erfolg zeigt sich unmittelbar: Die Eingaben werden in eine alphabetische Reihenfolge gebracht (natürlich nicht nur die Einträge der aktiven Spalte, sondern alle Datensätze).

	A	B	C	D	E
1	Nachname	Vorname	Buchtitel	Verlag	Erscheinungsjahr
2	Arenz	Ewald	Der große Sommer	DuMont	2021
3	Erpenbeck	Jenny	Kairos	Penguin München	2021
4	Menasse	Eva	Dunkelblum	Kiepenheuer & Witsch	2021
5	Obama	Barack	A promised land	Penguin UK	2020

3

	A	B	C	D	E
1	Nachname	Vorname	Buchtitel	Verlag	Erscheinungsjahr
2	Arenz	Ewald	Der große Sommer	DuMont	2021
3	Erpenbeck	Jenny	Kairos	Penguin München	2021
4	Kutscher	Volker	Der nasse Fisch	Piper Verlag	2020
5	Menasse	Eva	Vienna	Kiepenheuer & Witsch	2007
6	Menasse	Eva	Dunkelblum	Kiepenheuer & Witsch	2021
7	Obama	Barack	A promised land	Penguin UK	2020

(1)

Schritt 3

Wenn Sie z. B. nach dem Nachnamen sortieren möchten und ein Name mehrfach auftaucht, guckt Excel zum Sortieren nicht automatisch in das nächste oder übernächste Feld. »Eva Menasse – Vienna« bleibt auch nach der Sortierung vor »Eva Menasse – Dunkelblum« (1).

Schritt 4

In solchen Fällen müssen Sie eine bestimmte Sortierreihenfolge vorgeben. Wenn neben dem Namen nach Titel (oder z. B. nach Erscheinungsjahr) sortiert werden soll, setzen Sie den Cursor in die Spalte *Nachname* und klicken im Menü **Sortieren und Filtern** auf **Benutzerdefiniertes Sortieren**.

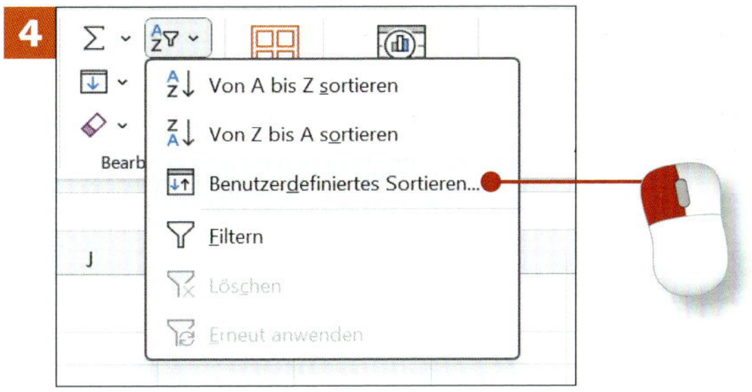

Schritt 5

Im Dialog **Sortieren** wählen Sie im Feld **Sortieren nach** ❷ den Eintrag **Nachname**. In den anderen beiden Feldern belassen Sie es bei **Zellwerte** ❸ und **A bis Z** ❹. Für das zweite Sortierkriterium klicken Sie auf **Ebene hinzufügen** ❺ und wählen im Feld **Dann nach** den Eintrag **Titel** (oder – je nach Absicht – **Erscheinungsjahr**). Nach einem Klick auf **OK** erhalten Sie das Ergebnis.

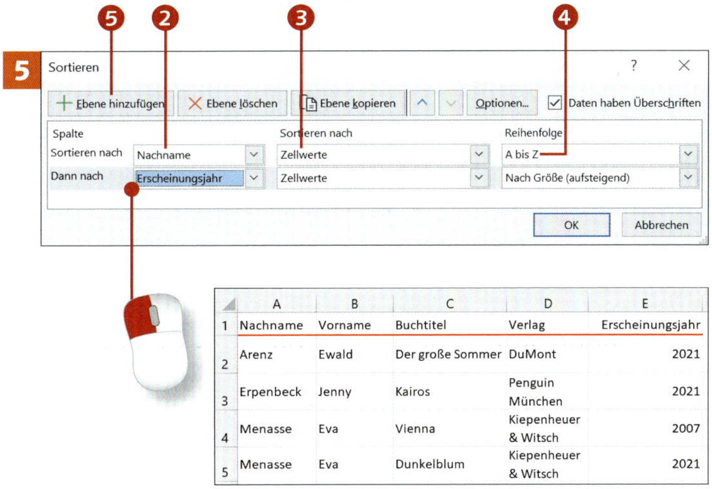

Schritt 6

Um nur nach dem Erscheinungsjahr zu sortieren, setzen Sie den Cursor in die entsprechende Spalte und klicken im Menü der Schaltfläche **Sortieren und Filtern** auf **Nach Größe sortieren (aufsteigend)**. So steht das am frühesten erschienene Buch am Anfang der Liste.

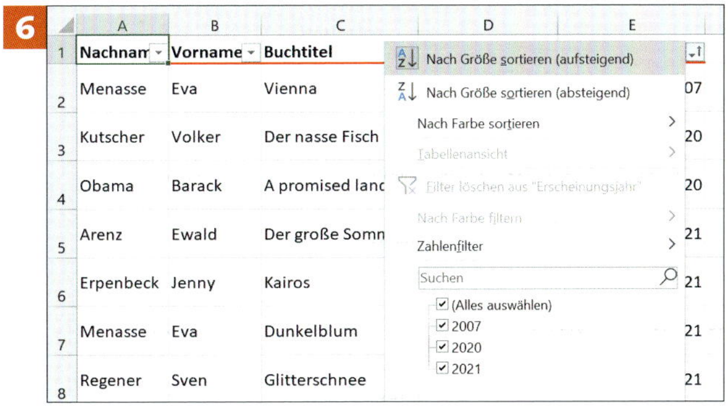

Auswählen und filtern

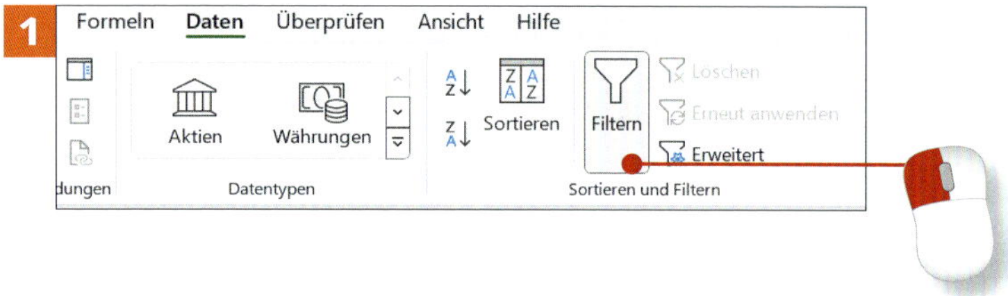

Excel bietet ein paar einfache Wege zur Filterung von Datensätzen; außerdem können Sie Bedingungen definieren und Ihre Auswahl mit UND oder ODER einschränken.

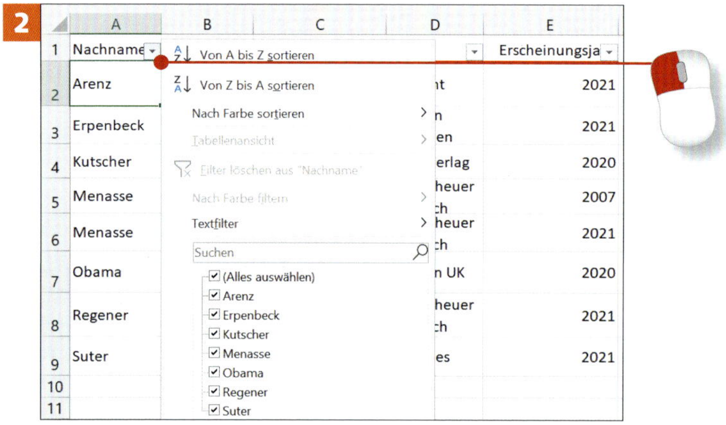

Schritt 1

Markieren Sie eine beliebige Zelle in der Liste, und aktivieren Sie die Registerkarte **Daten**. Hier klicken Sie auf die Schaltfläche **Filtern**.

Schritt 2

Die Überschriften der Spalten erhalten daraufhin Auswahlpfeile. Wenn Sie auf einen dieser Pfeile klicken, öffnet sich ein Menü, in dem die Einträge der entsprechenden Spalte jeweils mit einem Auswahlkästchen angezeigt werden.

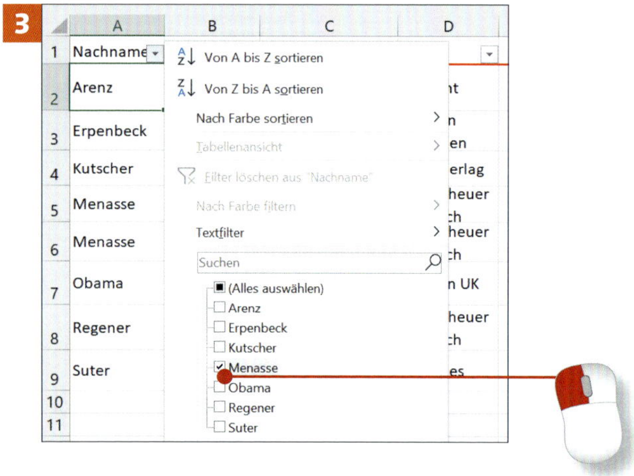

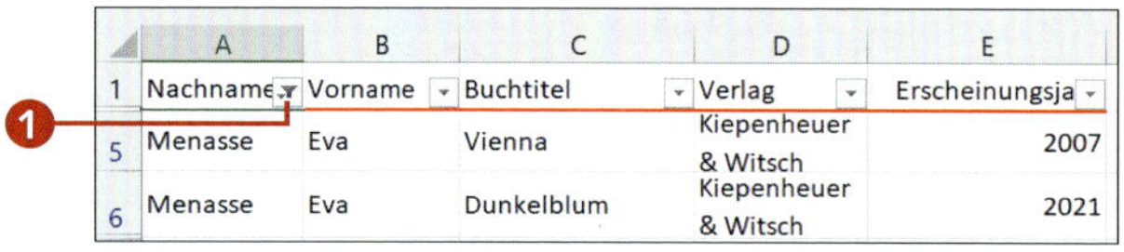

Schritt 3

Um den Filter anzuwenden, deaktivieren Sie die Einträge, die nicht angezeigt werden sollen. Um nur Bücher von Menasse anzeigen zu lassen, deaktivieren Sie alle anderen Häkchen und bestätigen Ihre Auswahl mit **OK**. Das Symbol ❶ am Feld verändert sich.

Schritt 4

Um den Filter bzw. alle Filter aufzuheben und wieder alle Datensätze anzeigen zu lassen, klicken Sie auf das kleine Filtersymbol ❷ an der jeweiligen Überschrift, aktivieren im Menü den Eintrag **(Alles auswählen)** und klicken auf **OK**. Alternativ löschen Sie den Filter mit **Filter löschen aus „Nachname“**.

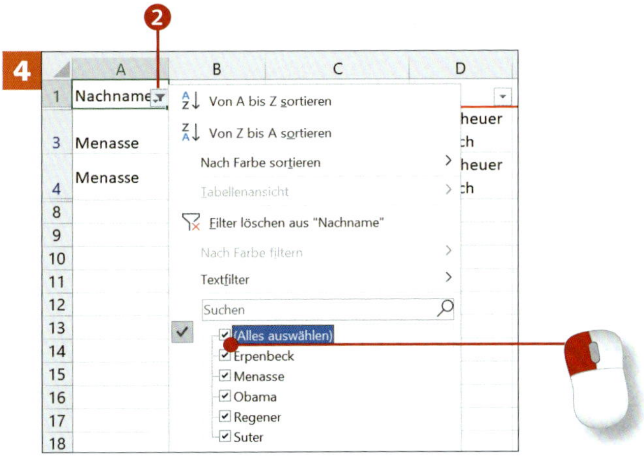

Schritt 5

Excel bietet die Möglichkeit, Filterkriterien selbst zu definieren. Klicken Sie auf den Auswahlpfeil der zu durchsuchenden Spalte, und wählen Sie **Textfilter** (bzw. **Zahlenfilter**) ▸ **Benutzerdefinierter Filter** im Menü.

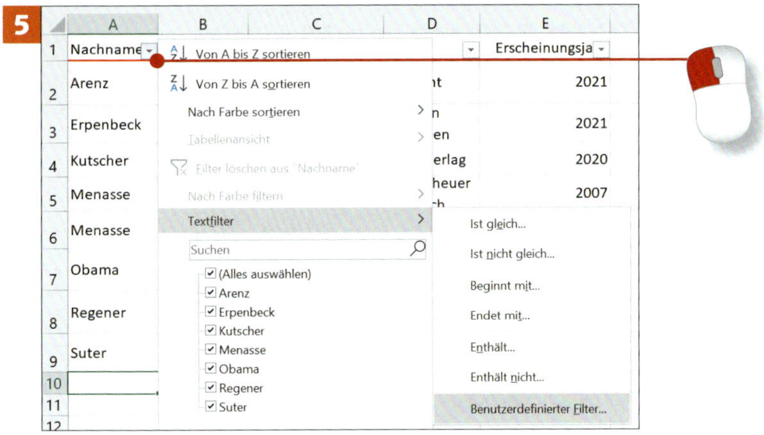

Schritt 6

Im Dialog **Benutzerdefinierter AutoFilter** können Sie Bedingungen für die Auswahl der Datensätze festlegen. Möchten Sie sich beispielsweise alle Verlage mit dem Anfangsbuchstaben »P« anzeigen lassen? In diesem Fall wählen Sie **entspricht** ❸ und geben im Feld daneben »P*« ein.

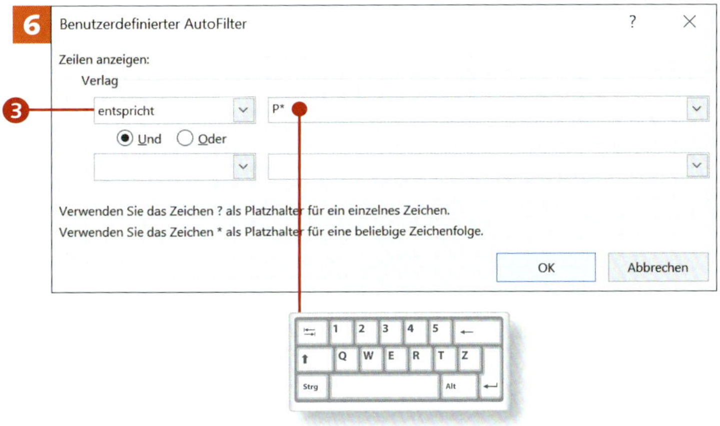

Auswählen und filtern (Forts.)

7

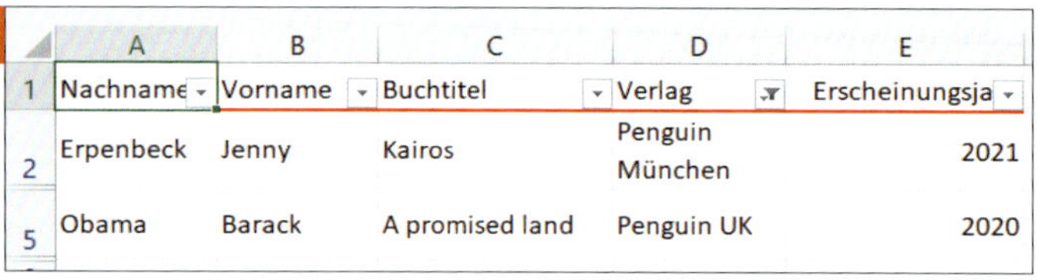

Schritt 7

Das Sternchen steht für eine beliebige Zeichenfolge. Nachdem Sie auf **OK** geklickt haben, erhalten Sie eine Liste, in der nur die Datensätze auftauchen, deren Verlagseintrag mit »P« beginnt.

8

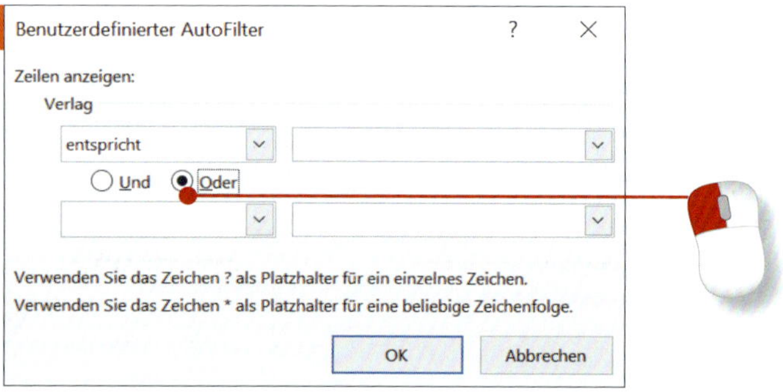

Schritt 8

Kriterien lassen sich auch kombinieren. Sollen z. B. nicht nur alle Verlage mit »P« angezeigt werden, sondern auch alle Verlage mit »K«, erstellen Sie eine *Oder-Abfrage*. Rufen Sie den Dialog **Benutzerdefinierter AutoFilter** auf, und aktivieren Sie die Option **Oder**.

9

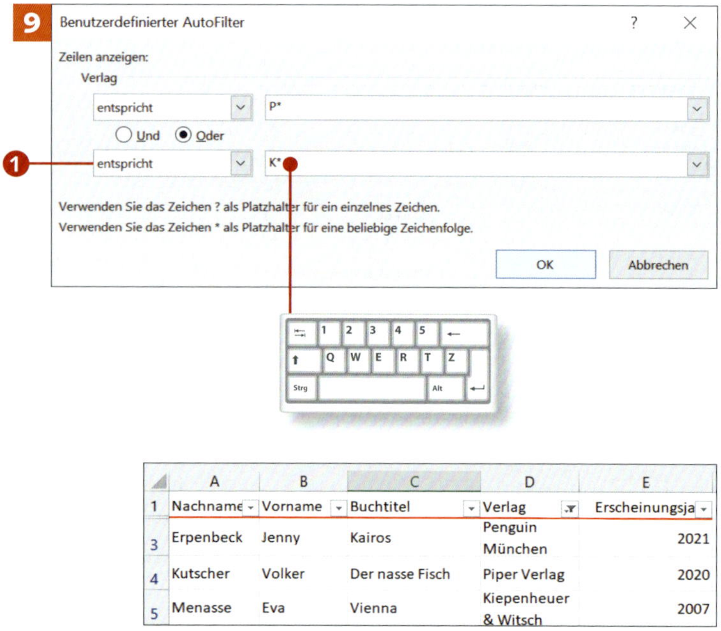

Schritt 9

In den beiden ersten Feldern definieren Sie die Auswahl wie in Schritt 6. In der zweiten Zeile wählen Sie im ersten Feld wieder **entspricht** ❶, und im Feld daneben geben Sie »K*« ein. In der Liste sehen Sie nun alle Verlagseinträge, die entweder mit »P« oder mit »K« beginnen.

Schritt 10

Anders funktioniert die *Und-Abfrage*. Wenn Sie die Option **Und** wählen, werden nur die Datensätze angezeigt, die beide Kriterien erfüllen. Ein Beispiel: Geben Sie unter **Buchtitel** das Kriterium **beginnt mit** ❷ und den Anfangsbuchstaben »D« ❸ ein. Dann klicken Sie auf **Und**.

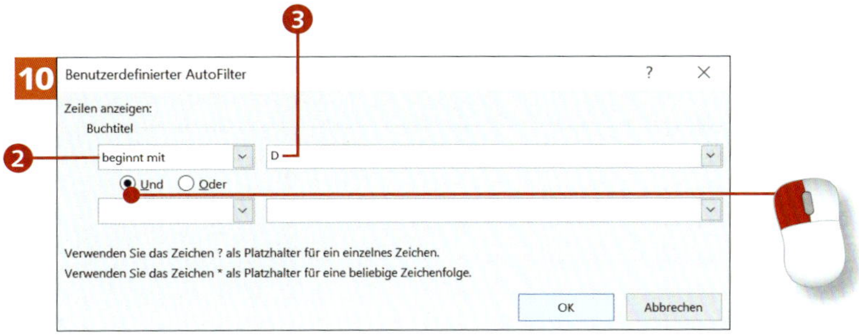

Schritt 11

Um alle Buchtitel mit »D« anzuzeigen, aber nicht die, die mit »Du« beginnen, stellen Sie in der **Und**-Zeile **beginnt nicht mit** ❹ ein und schreiben ins Feld daneben »Du«.

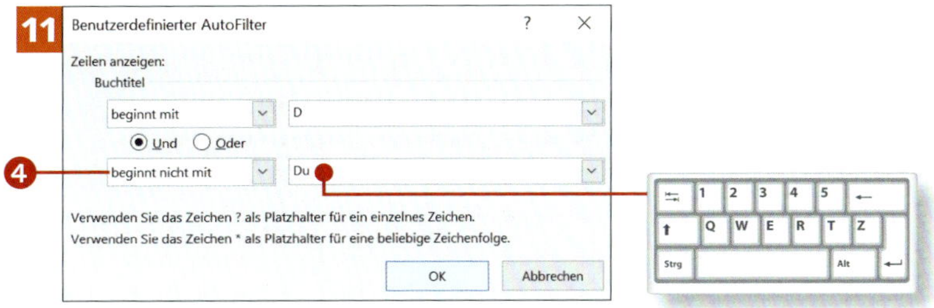

Nachname	Vorname	Buchtitel	Verlag	Erscheinungsjahr
Arndt	Erik	Der große Sommer	DuMont	2021
Kutscher	Volker	Der nasse Fisch	Piper Verlag	2020

Schritt 12

Wenn Sie nach dem Erscheinungsjahr filtern möchten, deaktivieren Sie im Filtermenü die entsprechenden Jahreszahlen ❺ oder klicken auf **Zahlenfilter ▸ Größer als**. Im Dialog geben Sie im rechten Feld z. B. »2020« ein ❻.

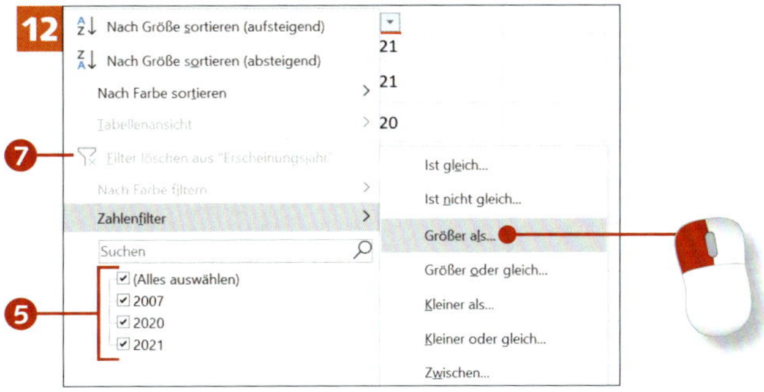

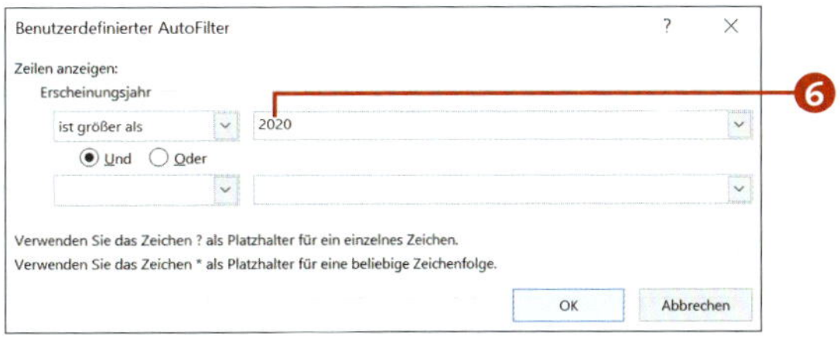

Filter löschen

Um alle Filter loszuwerden, klicken Sie im Menü des Filters auf **Filter löschen aus »<Überschrift>«** ❼.

Eine Datenbanktabelle planen

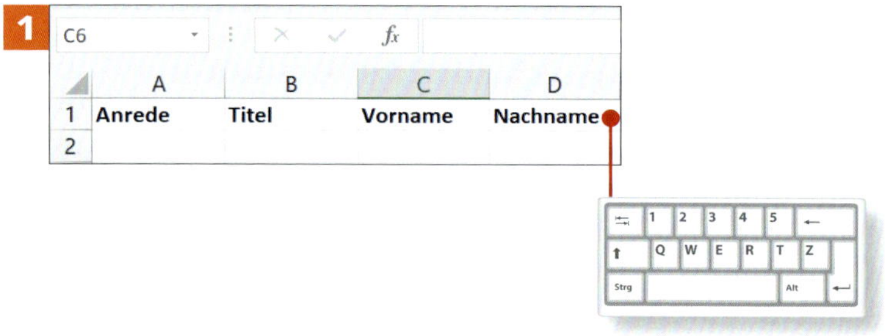

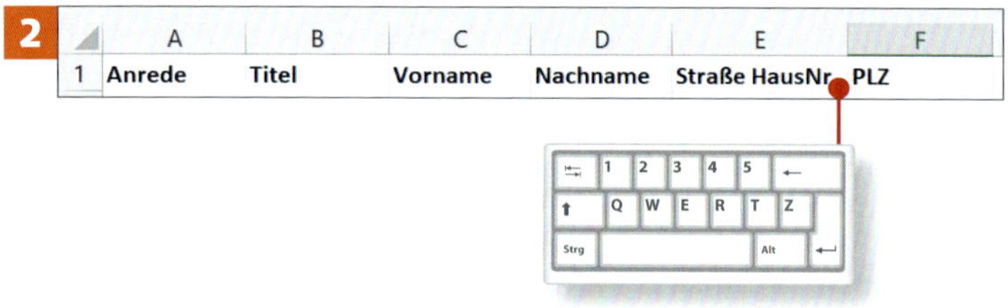

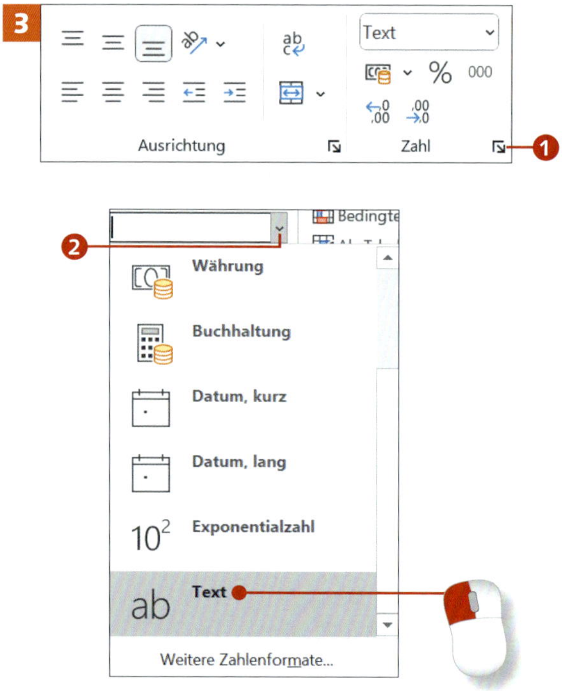

Der Umgang mit Datenbanktabellen fällt leichter, wenn Sie sich vorher ein paar Gedanken machen. Am Beispiel einer einfachen Adressliste zeige ich Ihnen die wichtigsten Schritte.

Schritt 1

Sammeln Sie die Informationen, die Sie erfassen möchten, z. B. *Anrede*, *Titel*, *Vorname*, *Nachname*, *Straße*, *HausNr* etc. Schreiben Sie sie jeweils in eine Spalte.

Schritt 2

Fassen Sie Informationen zusammen, die Sie bei der zukünftigen Verwendung der Daten nicht einzeln einsetzen werden; Sie können demnach *Straße* und *HausNr* in einer Spalte zusammenfassen.

Schritt 3

Je nachdem, welcher Datentyp in den Spalten erwartet wird, passen Sie die Formatierung nach einem Klick auf den kleinen Pfeil ❶ im Dialog **Zellen formatieren** an. Damit auch Postleitzahlen, die mit einer Null beginnen, richtig erscheinen, weisen Sie dieser Spalte explizit das Format **Text** zu (am schnellsten über das Menü der Schaltfläche **Zahlenformat** ❷).

Schritt 4

Mitunter sind Eingabebeschränkungen sinnvoll. Im Beispiel könnten wir die Spalte *Anrede* auf »Herr« und »Frau« und die Spalte *Titel* auf »Dr.« und »Prof.« beschränken. Dazu markieren Sie die Spalte und klicken auf der Registerkarte **Daten** auf **Datenüberprüfung**.

4

Schritt 5

Im Dialog **Datenüberprüfung** klicken Sie auf den Pfeil am Feld **Zulassen** und wählen im Menü **Liste**.

5

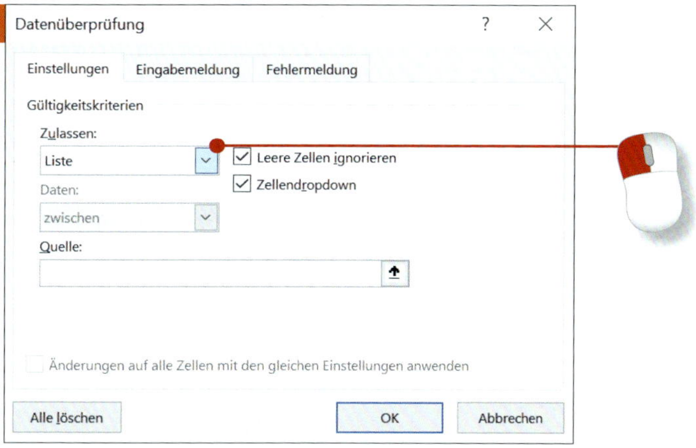

Schritt 6

Setzen Sie den Cursor in das Feld **Quelle**, und tippen Sie die zulässigen Werte durch ein Semikolon getrennt ein.

6

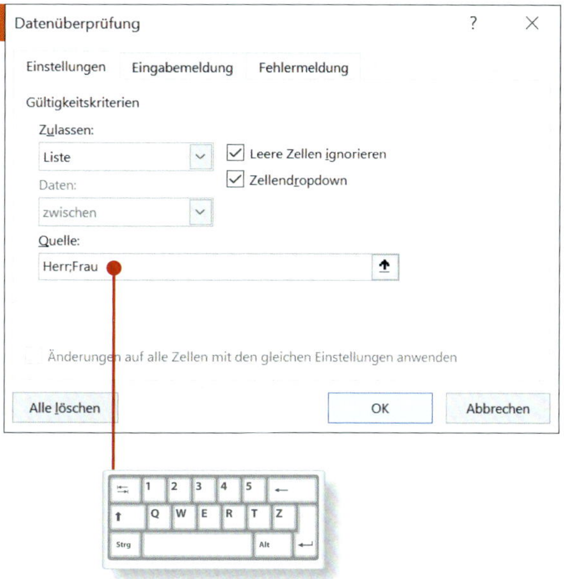

Datenüberprüfung

Mit der Datenüberprüfung sorgen Sie dafür, dass nur bestimmte Werte in eine Zelle eingegeben werden dürfen. Sie haben die Möglichkeit, eine Eingabemeldung zu formulieren, die erscheint, wenn die Zelle aktiviert wird. Bei nicht gültigen Werten erscheint ein kleiner Dialog mit einer Fehlermeldung.

Eine Datenbanktabelle planen (Forts.)

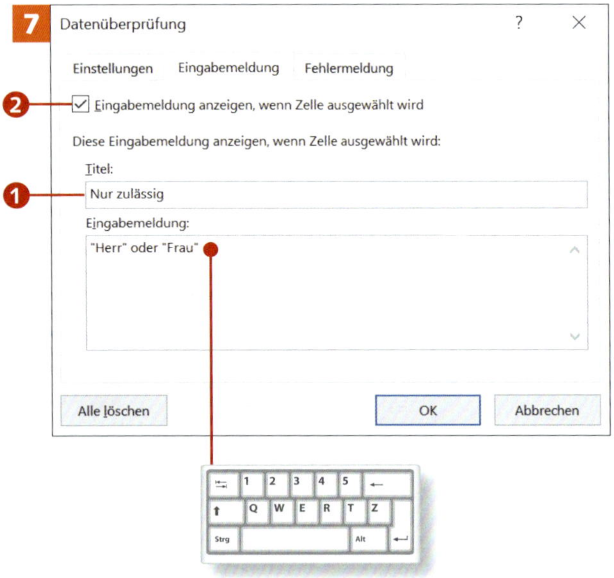

Schritt 7

Wechseln Sie jetzt zur Registerkarte **Eingabemeldung**. Geben Sie einen **Titel** für die Meldung ❶ und einen Text im Feld **Eingabemeldung** ein. Wenn Sie auf die Eingabemeldung verzichten möchten, deaktivieren Sie die oberste Option ❷.

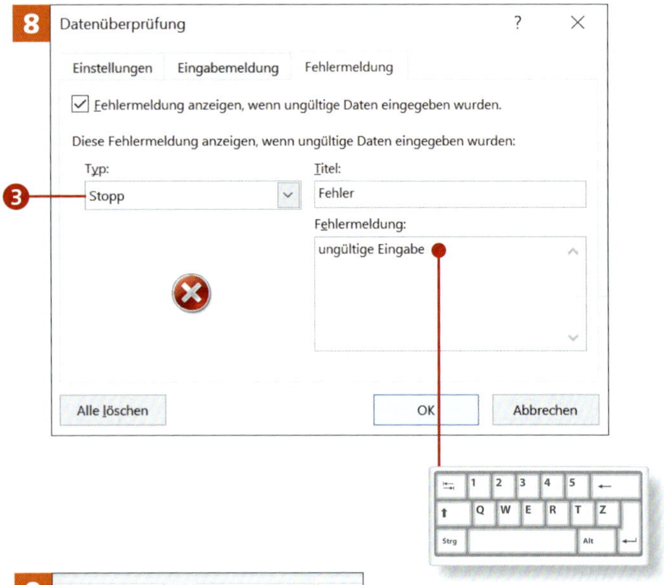

Schritt 8

Aktivieren Sie die Registerkarte **Fehlermeldung**. Hier entscheiden Sie sich über das Menü des Feldes **Typ** für ein Symbol ❸ und geben einen Text für die **Fehlermeldung** ein, die erscheinen soll, wenn ungültige Werte eingegeben werden.

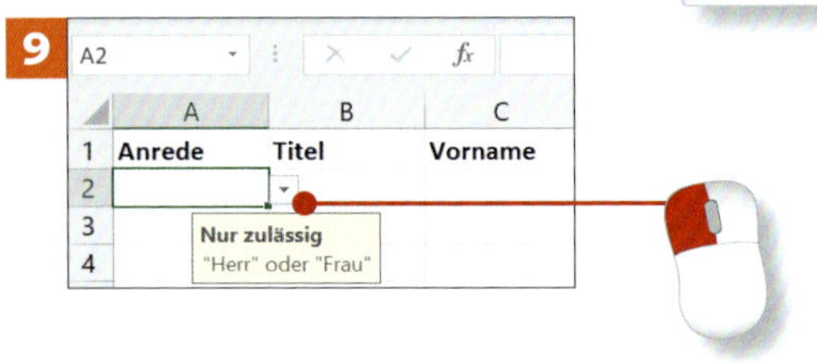

Schritt 9

An der Zelle befindet sich nun ein Auswahlpfeil, über den Sie die zulässigen Werte auswählen können.

Gültigkeitskriterien

Statt einer Liste können Sie im Dialog **Datenüberprüfung** auch andere Gültigkeitskriterien festlegen, z. B. einen Zahlen- oder Datumsbereich.

Schritt 10

Sie können einen ungültigen Wert eingeben. Aber sobald Sie die Zelle verlassen, beispielsweise indem Sie mit der Maus in eine andere Zelle klicken, erscheint eine Fehlermeldung.

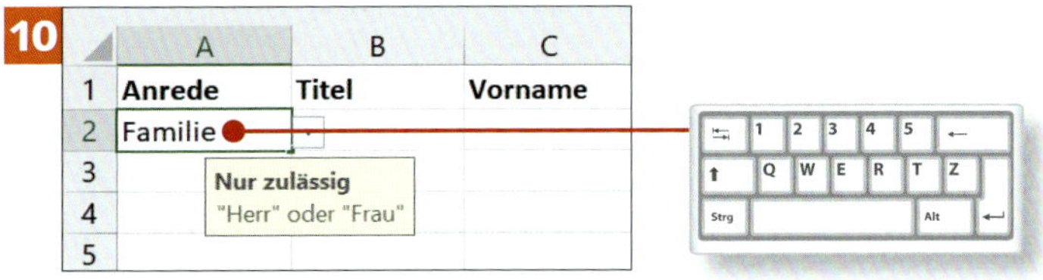

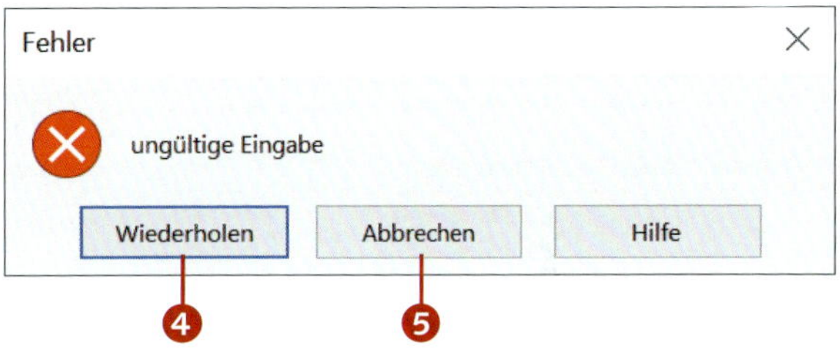

Schritt 11

Wenn Sie auf **Wiederholen** ❹ klicken, ist die fragliche Zelle mit dem ungültigen Wert wieder aktiviert. Mit **Abbrechen** ❺ wird wieder die leere Zelle angezeigt, und Sie können eine Eingabe aus der Liste auswählen.

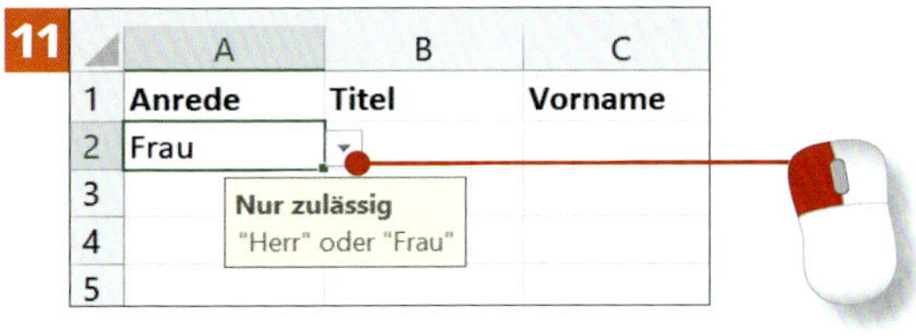

Schritt 12

Auf die gleiche Weise (also so, wie ab Schritt 5 beschrieben) können Sie die Eingabemöglichkeiten in der Spalte *Titel* beschränken und eine Auswahlliste zur Verfügung stellen.

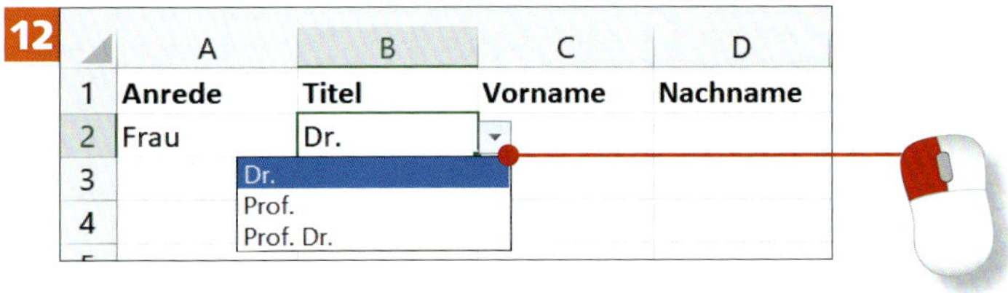

Hinweismeldungen

Auf der Registerkarte **Fehlermeldung** des Dialogs **Datenüberprüfung** (siehe Schritt 8) können Sie zwischen drei Typen wählen. **Warnung** und **Information** lassen ungültige Werte zu, weisen aber unterschiedlich »streng« auf den Fehler hin; der Typ **Stopp** verhindert jegliche fehlerhafte Eingabe.

Daten in ein Universalformat exportieren

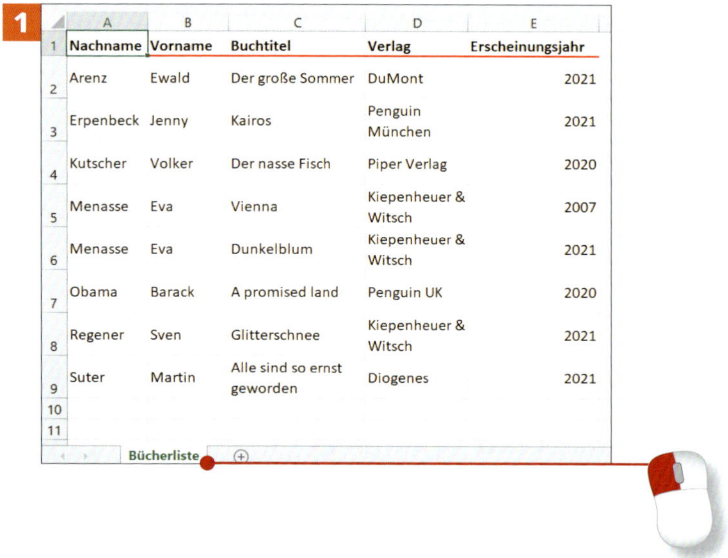

	A	B	C	D	E
1	Nachname	Vorname	Buchtitel	Verlag	Erscheinungsjahr
2	Arenz	Ewald	Der große Sommer	DuMont	2021
3	Erpenbeck	Jenny	Kairos	Penguin München	2021
4	Kutscher	Volker	Der nasse Fisch	Piper Verlag	2020
5	Menasse	Eva	Vienna	Kiepenheuer & Witsch	2007
6	Menasse	Eva	Dunkelblum	Kiepenheuer & Witsch	2021
7	Obama	Barack	A promised land	Penguin UK	2020
8	Regener	Sven	Glitterschnee	Kiepenheuer & Witsch	2021
9	Suter	Martin	Alle sind so ernst geworden	Diogenes	2021
10					
11					

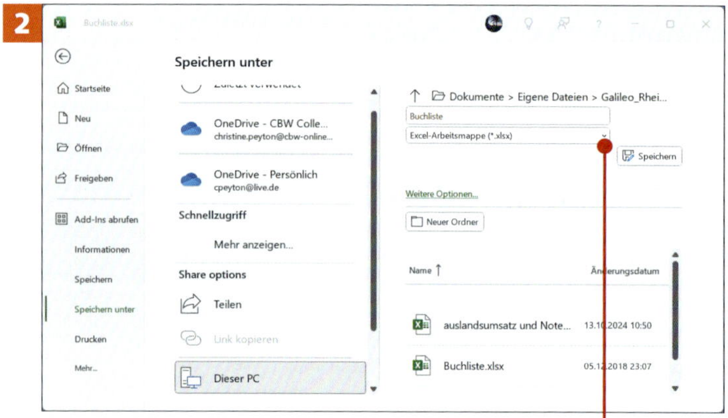

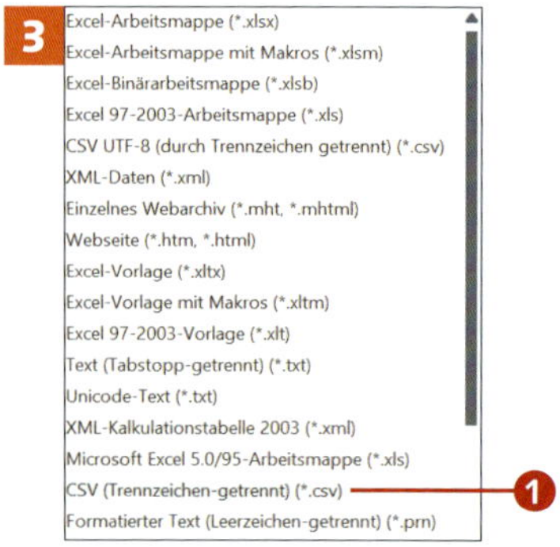

Wenn Sie Ihre Daten in Excel gesammelt haben, können Sie sie problemlos in gängige Formate für den Datenaustausch speichern. Ich zeige Ihnen hier die Schritte.

Schritt 1

Aktivieren Sie das Tabellenblatt, auf dem sich Ihre Datenliste befindet. Dies ist notwendig, weil einige Exportformate nur mit einem Arbeitsblatt umgehen können.

Schritt 2

Klicken Sie auf **Datei ▸ Speichern unter**. Klicken Sie auf **Dieser PC**. Im Fenster **Speichern unter** klicken Sie auf den Pfeil am Feld unterhalb des Feldes für den Dateinamen. In der Liste sehen Sie alle Dateitypen, die Excel beim Speichern unterstützt.

Schritt 3

Wählen Sie ein Format. Sehr gängig ist **CSV (Trennzeichen-getrennt) (*.csv)** ❶. Es speichert jeden Datensatz in einer Zeile, wobei alle Felder durch ein Semikolon getrennt werden. Vergeben Sie gegebenenfalls einen anderen Dateinamen, und klicken Sie auf **Speichern**.

Schritt 4

Anschließend weist Excel Sie darauf hin, dass der ausgewählte Dateityp nur ein Arbeitsblatt speichern kann. Klicken Sie in diesem Dialog auf **OK**. Der Export wird durchgeführt.

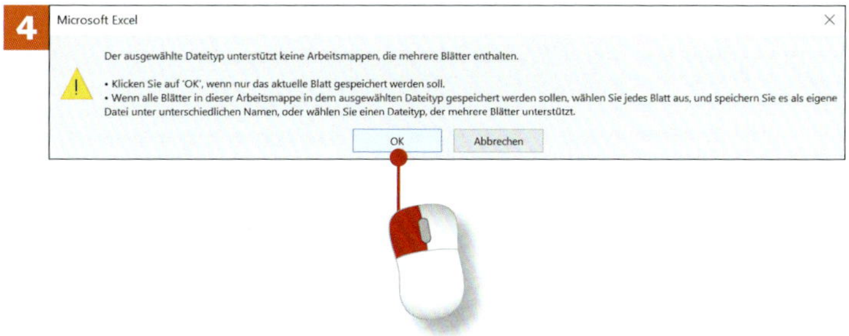

Schritt 5

Daraufhin erhalten Sie den Hinweis, dass einige Funktionen durch den Export verloren gehen könnten. Falls Sie die Mappe noch nicht »normal« im *.xlsx*-Format gespeichert haben, klicken Sie hier auf **Speichern unter**. Ansonsten schließen Sie die Meldung mit einem Klick auf das Kreuz ❷.

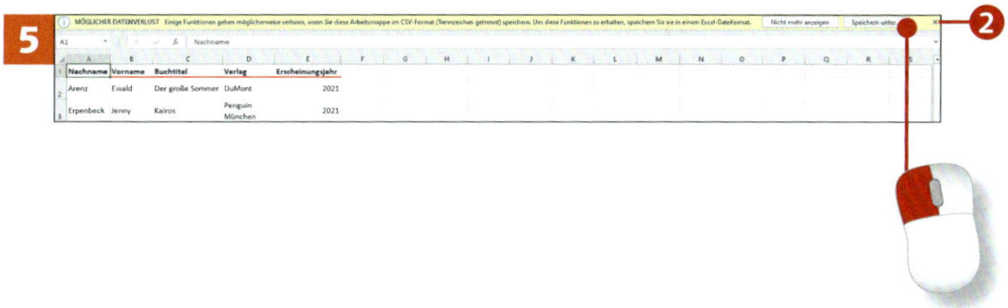

Schritt 6

Sie erkennen den Export daran, dass in der Titelleiste als Dateiformat nun *.csv* steht (klicken Sie notfalls auf den kleinen Pfeil ❸). Ansonsten sieht alles so aus wie zuvor. Den Unterschied sehen Sie erst, wenn Sie die Datei schließen und anschließend wieder öffnen.

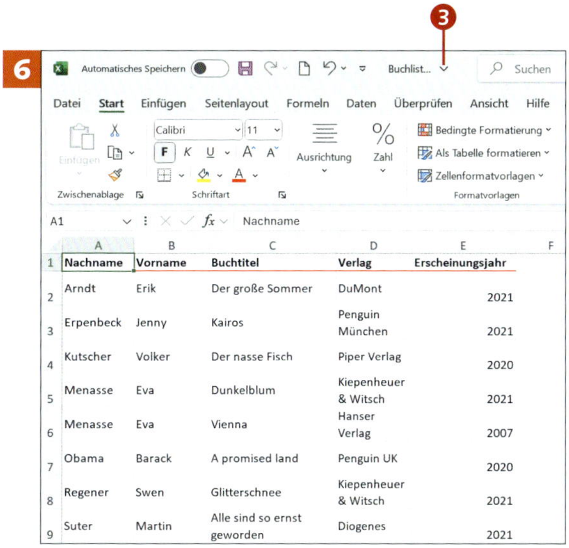

Das CSV-Format

CSV ist ein gängiges Format, um Daten zwischen Programmen auszutauschen. Es lässt sich problemlos in die meisten Datenbankprogramme importieren. Auch Excel unterstützt den Import von CSV-Dateien.

Daten in ein Universalformat exportieren (Forts.)

Schritt 7

Schließen Sie die Datei. Die Nachfrage, ob Sie die Änderungen speichern möchten, können Sie mit **Nicht speichern** beantworten, da Sie ja die aktuelle Fassung der Datei exportiert haben.

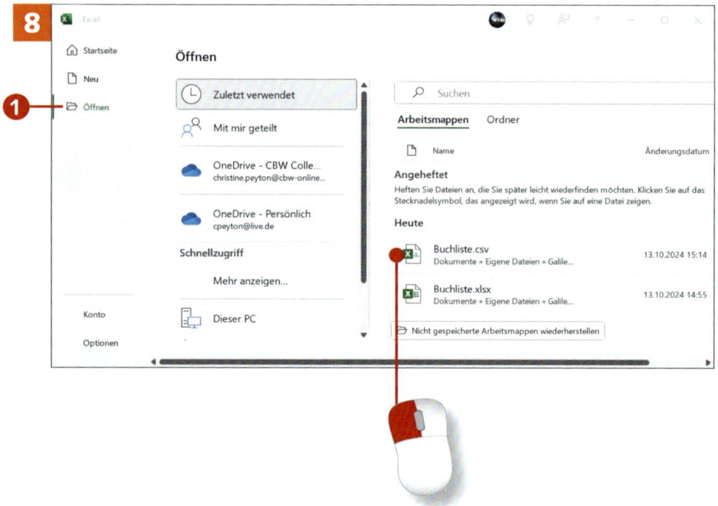

Schritt 8

Klicken Sie auf **Datei ▸ Öffnen** ❶. Womöglich finden Sie die CSV-Datei gleich in der Kategorie **Zuletzt verwendet**, von wo aus Sie sie einfach per Mausklick öffnen können.

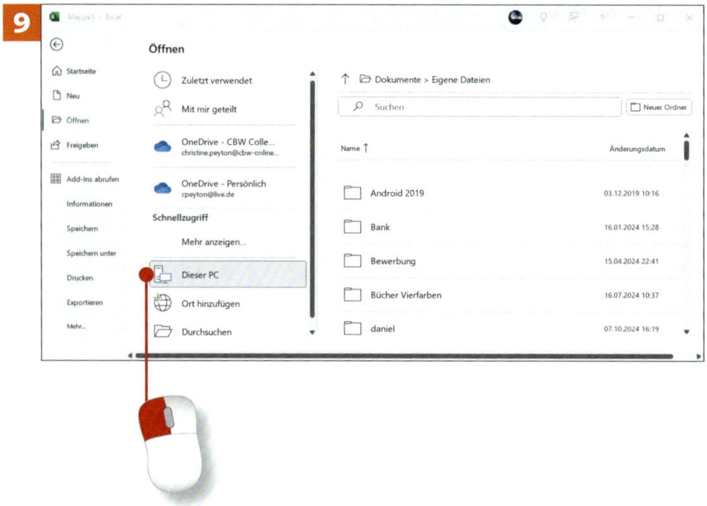

Schritt 9

Ansonsten klicken Sie auf **Dieser PC**. Wandern Sie durch die Ordner, gegebenenfalls mithilfe des Pfeils **Ebene nach oben**. Die Unterordner öffnen Sie einfach per Mausklick.

i

CSV ist nicht gleich CSV

Neben dem Format **CSV (Trennzeichen-getrennt)** gibt es auch **CSV (MS-DOS)**. Dieses Format kann weniger Zeichen darstellen, unter anderem keine Umlaute oder Währungszeichen wie €. Diese Zeichen werden dann durch andere Zeichen ersetzt, das €-Zeichen z. B. durch ein Fragezeichen.

Schritt 10

Wenn Sie den richtigen Ordner geöffnet haben, klicken Sie die Datei an, um sie zu aufzurufen.

Schritt 11

Jetzt sehen Sie die Änderung gegenüber einer »normalen« Excel-Datei deutlich: Die Daten sind alle vorhanden, aber die Formatierungen sind verschwunden.

Schritt 12

Wenn Sie die Datei im Editor öffnen, sehen Sie, dass die Daten jeweils in einer Zeile stehen und die einzelnen Felder durch Semikola getrennt sind. (In Windows 11 finden Sie den Editor in der Liste **Alle**, also einfach unter *E*.)

10

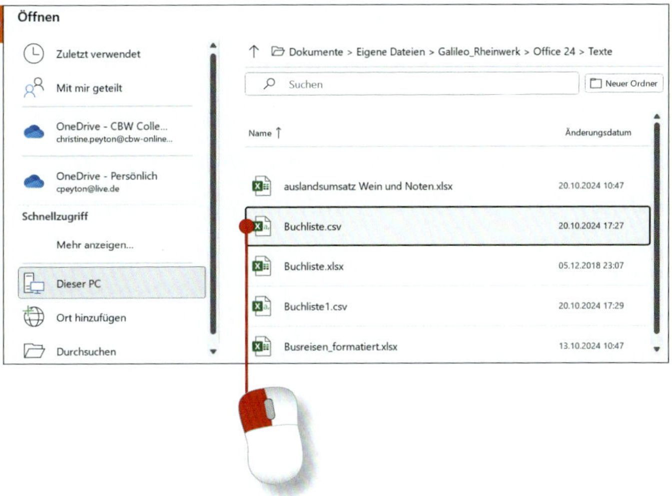

11

	A	B	C	D	E
1	Nachname	Vorname	Buchtitel	Verlag	Erscheinungsjahr
2	Arndt	Erik	Der große Sor	DuMont	2021
3	Erpenbeck	Jenny	Kairos	Penguin Mün	2021
4	Kutscher	Volker	Der nasse Fis	Piper Verlag	2020
5	Menasse	Eva	Dunkelblum	Kiepenheuer	2021
6	Menasse	Eva	Vienna	Hanser Verla	2007
7	Obama	Barack	A promised la	Penguin UK	2020
8	Regener	Swen	Glitterschnee	Kiepenheuer	2021
9	Suter	Martin	Alle sind so e	Diogenes	2021

12

Bücherliste.csv - Editor

Datei Bearbeiten Format Ansicht Hilfe

```
Nachname;Vorname;Buchtitel;Verlag;Erscheinungsjahr
Arenz;Ewald;Der große Sommer;DuMont;2021
Erpenbeck;Jenny;Kairos;Penguin München;2021
Kutscher;Volker;Der nasse Fisch;Piper Verlag;2020
Menasse;Eva;Vienna;Kiepenheuer & Witsch;2007
Menasse;Eva;Dunkelblum;Kiepenheuer & Witsch;2021
Obama;Barack;A promised land;Penguin UK;2020
Regener;Sven;Glitterschnee;Kiepenheuer & Witsch;2021
Suter ;Martin;Alle sind so ernst geworden;Diogenes;2021
```

Zeile 1, Spalte 1 100% Windows (CRLF) ANSI

Welches Dateiformat?

Welches Dateiformat Sie für den Export und Austausch Ihrer Daten verwenden, hängt davon ab, welches Format das Programm unterstützt, in das die Daten importiert werden sollen.

Kapitel 8
E-Mails schreiben mit Outlook

Outlook ist in erster Linie ein E-Mail-Programm. Sobald Sie ein Konto eingerichtet haben, können Sie E-Mails versenden und empfangen, sie bearbeiten, beantworten und weiterleiten.

Mails schreiben und versenden

Im Nachrichtenfenster ❶ geben Sie die E-Mail-Adresse des Empfängers ein und schreiben den Text Ihrer Nachricht. Bevor Sie die E-Mail mit einem Klick auf **Senden** auf den Weg schicken, können Sie einen Anhang einfügen oder die E-Mail z. B. als besonders wichtig kennzeichnen.

Mails lesen, beantworten und löschen

E-Mails, die an Sie geschickt werden, landen im **Posteingang** ❷. Per Doppelklick öffnen Sie die E-Mail. Klicken Sie auf das Symbol **Antworten**, um direkt auf die E-Mail zu reagieren. Mit einem Rechtsklick auf den Ordner **Posteingang** öffnen Sie dessen Kontextmenü und können neue Unterordner anlegen, um Ihre E-Mails zu sortieren. Spam-Mails im Ordner **Junk-E-Mail** löschen Sie im Kontextmenü mit einem Klick auf den Befehl **Ordner leeren** auf einen Schlag.

1 Schreiben Sie Ihre Nachricht, und ergänzen Sie sie um weitere Informationen.

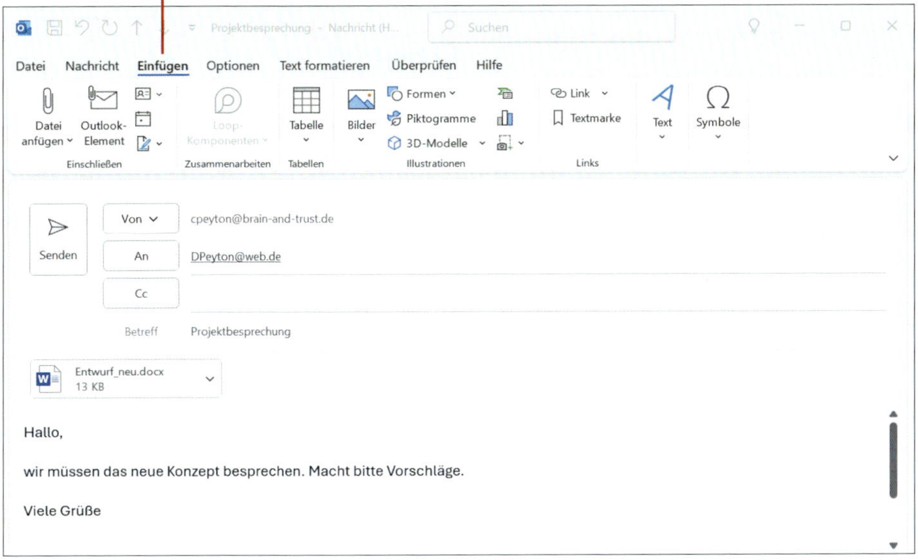

2 Ihre E-Mails werden im **Posteingang** gesammelt.

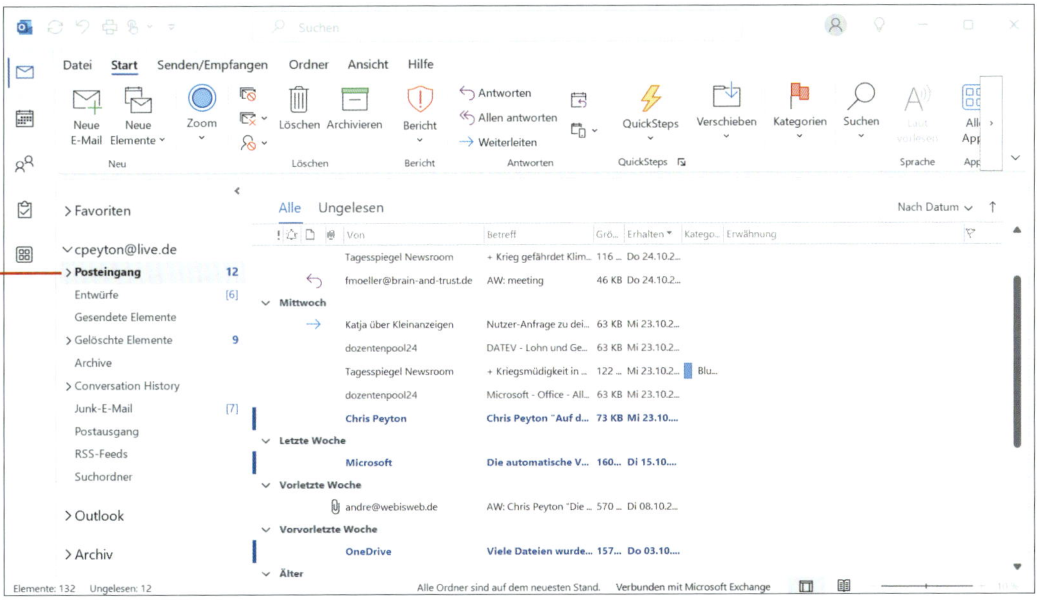

Den Outlook-Bildschirm kennenlernen

1
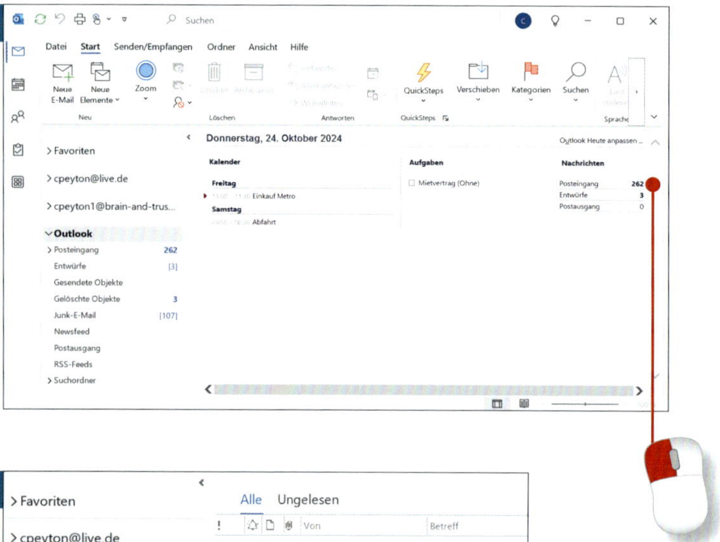

2
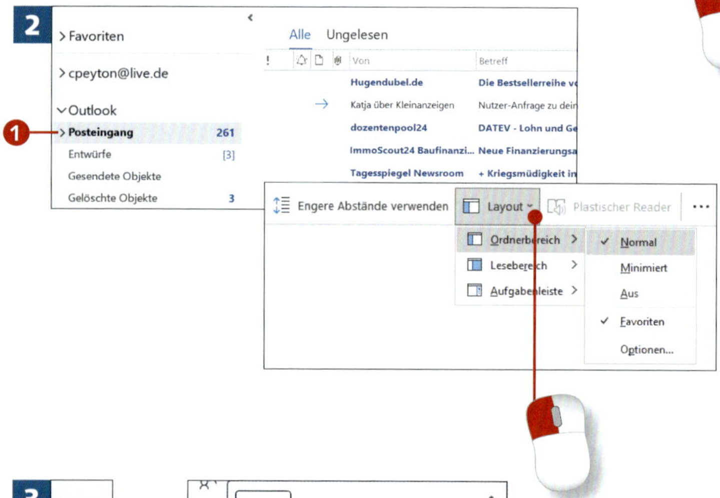

3
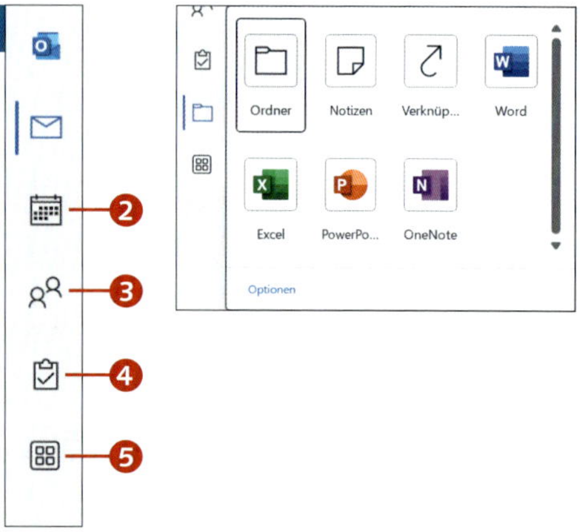

Schauen Sie sich zuerst in Outlook um. Über den Bereich links gelangen Sie zu allen Ordnern.

Schritt 1

Outlook zeigt Ihnen beim Start eine Übersicht von Terminen, Aufgaben und Nachrichten, die Sie per Klick öffnen können.

Schritt 2

Im Ordnerbereich öffnen Sie den **Posteingang** ❶ für Ihre E-Mails. Falls der Ordnerbereich fehlt, aktivieren Sie ihn unter **Ansicht** auf **Layout ▸ Ordnerbereich ▸ Normal**.

Schritt 3

Die linke Leiste ermöglicht den Wechsel zwischen Outlook-Modulen wie **Kalender** ❷, **Personen** ❸ und **Aufgaben** ❹. Über **Weitere Apps** ❺ können zusätzliche Elemente zur Schnellauswahl hinzugefügt werden.

Konto anlegen

Wenn Sie noch kein Outlook-Konto eingerichtet haben, steht diese Aufgabe als Erstes an. Blättern Sie zum Abschnitt »Ein E-Mail-Konto einrichten« auf Seite 216.

Schritt 4

Sie können Outlook so einrichten, dass es in dem Modul geöffnet wird, das Sie regelmäßig verwenden möchten (meistens **Posteingang**). Dazu wählen Sie **Datei ▸ Optionen ▸ Erweitert**. Der Link **Optionen** im Menü **Weitere Apps** führt ebenfalls zu diesem Fenster.

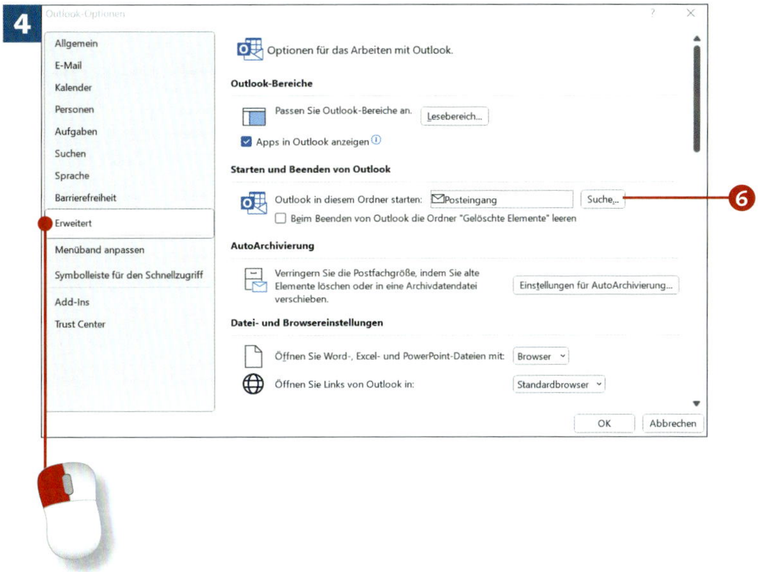

Schritt 5

Klicken Sie neben dem Feld **Outlook in diesem Ordner starten** auf die Schaltfläche **Suche** 6. Im Dialog **Ordner auswählen** markieren Sie **Posteingang** und klicken auf **OK**.

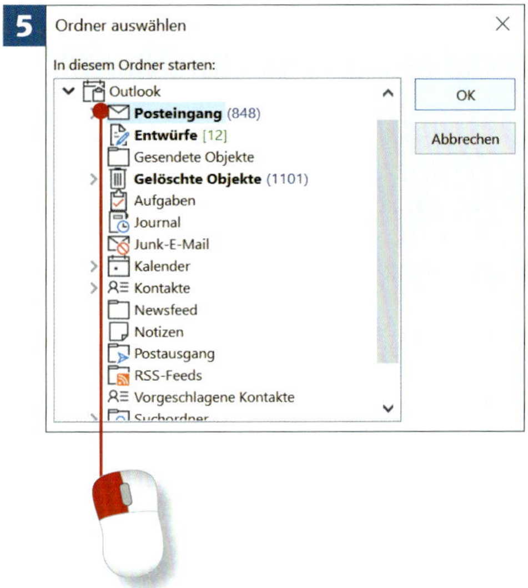

Schritt 6

Auch in Outlook gibt es Registerkarten, allerdings weniger als in den anderen Office-Programmen: **Datei** für den Backstage-Bereich, **Start**, **Senden/Empfangen**, **Ordner**, **Ansicht** und **Hilfe**. Je nach aktivem Modul enthalten sie unterschiedliche Befehle.

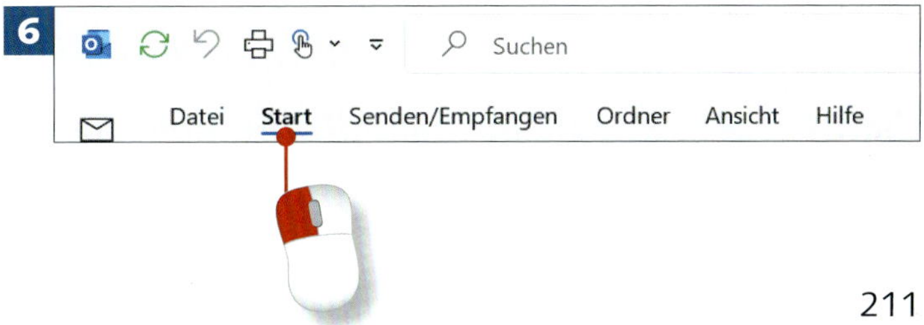

Kalender dauerhaft einblenden

Um dauerhaft einen kleinen Monatskalender eingeblendet zu bekommen, klicken Sie auf der Registerkarte **Ansicht** auf **Layout ▸ Aufgabenleiste ▸ Kalender**.

Die Ordner und Ansichten von Outlook

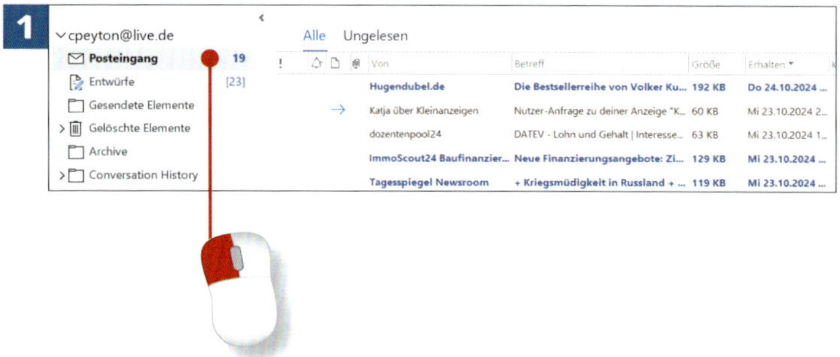

Für die Verwaltung Ihrer E-Mail-Korrespondenz sieht Outlook von Haus aus einige Ordner vor: z. B. »Posteingang«, »Gesendete Elemente«, »Entwürfe«, »Gelöschte Elemente« und »Junk-E-Mail«.

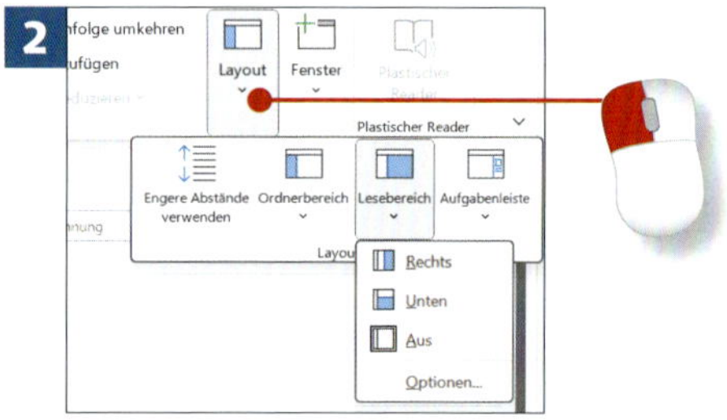

Schritt 1

Klicken Sie im Ordnerbereich auf **Posteingang**. Daraufhin werden alle Mail-Ordner angezeigt. In der Mitte sehen Sie die erhaltenen E-Mails (mit Betreffzeile). Die ungelesenen Mails sind fett und mit blauer Schrift hervorgehoben.

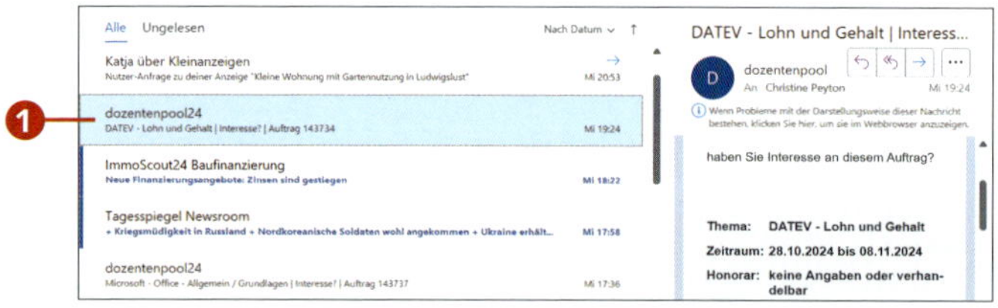

Schritt 2

Um eine E-Mail als Vorschau zu sehen, aktivieren Sie auf der Registerkarte **Ansicht** den Lesebereich über **Layout ▸ Lesebereich ▸ Rechts** oder **Unten**. Ein Doppelklick auf die Mail öffnet sie ❶. Eine gelesene E-Mail wird nicht mehr fett hervorgehoben.

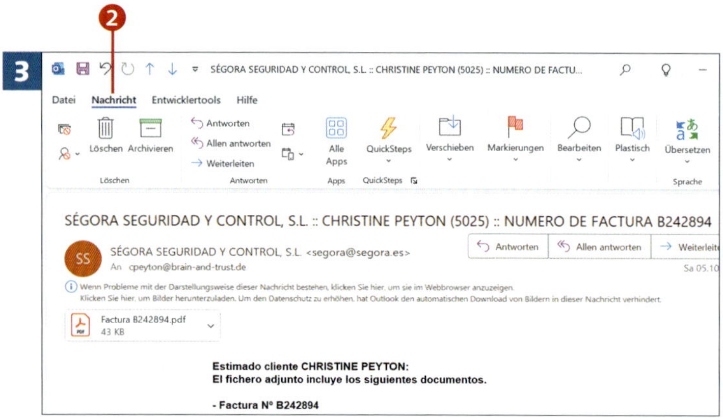

Schritt 3

Eine geöffnete Mail wird in einem neuen Fenster anzeigt (im *Nachrichtenfenster*). Dieses Fenster enthält auf der Registerkarte **Nachricht** ❷ Befehle zur schnellen und bequemen Bearbeitung der E-Mail (**Antworten** etc.).

Schritt 4

Im Ordnerbereich gibt es auch den Ordner **Entwürfe**. Darin speichert Outlook E-Mails, die Sie begonnen, aber noch nicht abgeschickt haben. Per Klick öffnen Sie den Ordner. Die Zahl hinter dem Eintrag zeigt an, wie viele E-Mails sich in einem Ordner befinden.

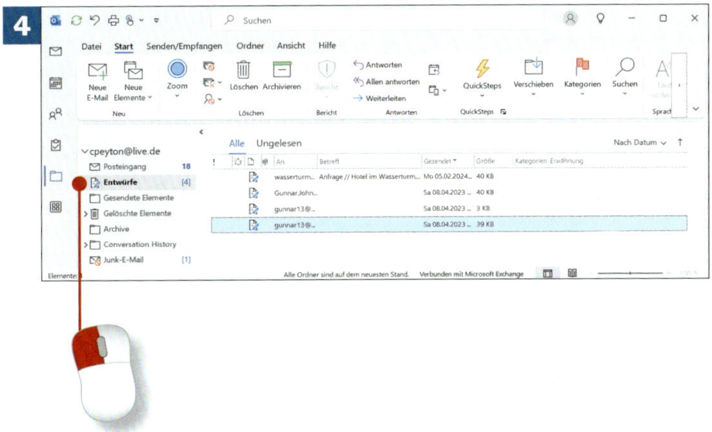

Schritt 5

Klicken Sie auf **Gesendete Elemente**, um – wie der Name sagt – eine Liste aller von Ihnen gesendeten E-Mails zu erhalten. Nach dem Versand werden Mails automatisch in diesem Ordner gespeichert.

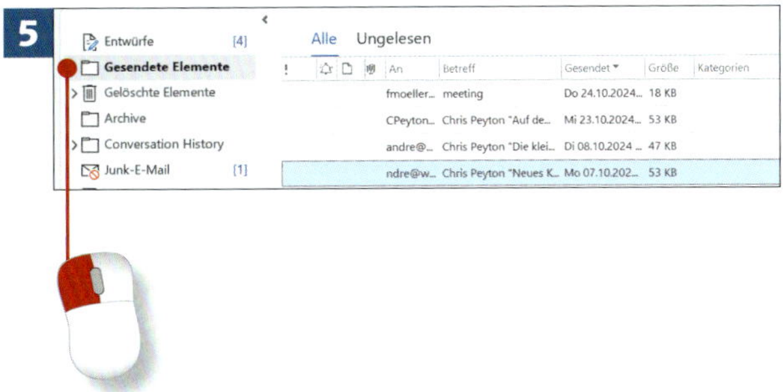

Schritt 6

In den Ordner **Junk-E-Mail** verschiebt Outlook automatisch alle E-Mails, die gewissen Kriterien entsprechen, aufgrund deren Outlook davon ausgeht, dass es sich um Spam-Mails (auch Junk-Mails) handelt. Vermissen Sie also eine Mail, kann es sein, dass Outlook sie als Spam kategorisiert hat.

Der Ordnerbereich

Falls der Ordnerbereich, der sehr praktisch ist, nicht angezeigt wird, aktivieren Sie ihn auf der Registerkarte **Ansicht**. Klicken Sie hier auf **Layout ▸ Ordnerbereich ▸ Normal**.

Die Ordner und Ansichten von Outlook (Forts.)

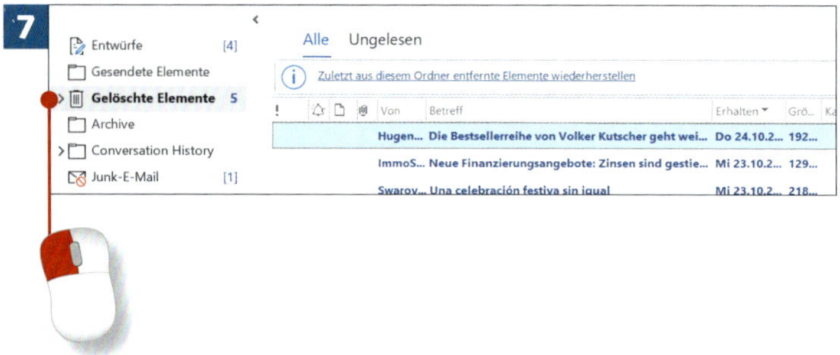

Schritt 7

Es gibt von Haus aus auch noch den Ordner **Gelöschte Elemente**. Hier landen zunächst alle Mails, die Sie gelöscht haben. Um E-Mails tatsächlich zu löschen, müssen Sie sie aber noch aus diesem Ordner entfernen.

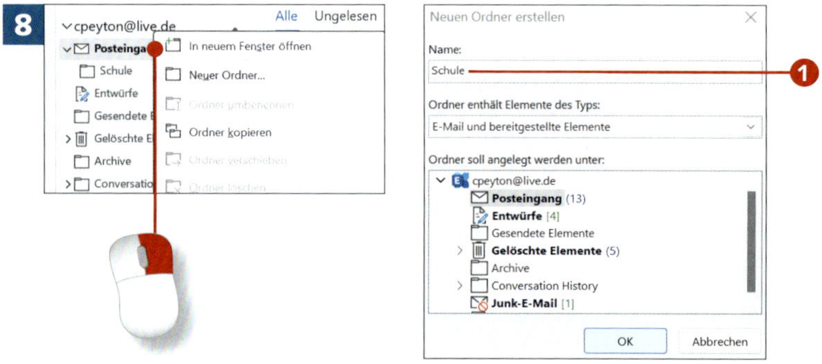

Schritt 8

Sie können auch eigene Ordner anlegen. Dazu klicken Sie den **Posteingang** mit rechts an und wählen **Neuer Ordner**. Im Dialog **Neuen Ordner erstellen** tragen Sie einen Namen ❶ ein und klicken auf **OK**.

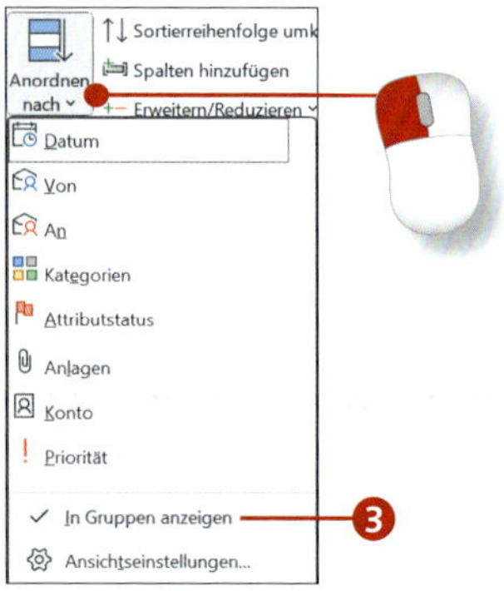

Schritt 9

Outlook kann Mails auch gruppiert nach Tagen (**Heute**, **Gestern** ❷, **Letzte Woche** etc.) anzeigen. Wenn Ihnen diese Einteilung gefällt, öffnen Sie auf der Registerkarte **Ansicht** das Feld **Anordnen nach** und setzen ein Häkchen vor **In Gruppen anzeigen** ❸ (bzw. deaktivieren es, wenn Ihnen die Ansicht nicht zusagt).

Outlook auf die Taskleiste legen

Legen Sie sich Outlook am besten auf die Taskleiste. Dazu klicken Sie das Symbol im Startfenster (oder in der Liste **Alle Apps**) mit der rechten Maustaste an und wählen **An Taskleiste anheften**.

Schritt 10

Wenn Sie schon im **Posteingang** ein bisschen mehr als nur den Betreff sehen möchten, klicken Sie auf der Registerkarte **Ansicht** auf **Nachrichtenvorschau**. Im Menü wählen Sie die Anzahl der Zeilen, die angezeigt werden sollen.

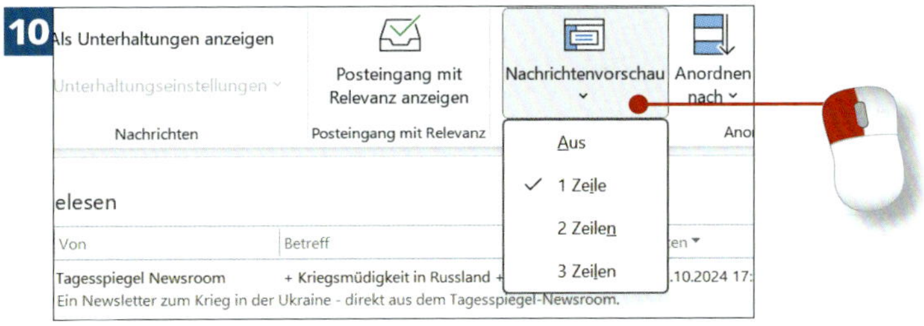

Schritt 11

Ungelesene Mails werden im **Posteingang** fett ❹ dargestellt. Um eine Mail, die Sie bereits geöffnet haben, wieder fett anzuzeigen, klicken Sie auf der Registerkarte **Start** auf die Schaltfläche **Ungelesen/Gelesen**. Im Kontextmenü einer Mail finden Sie diesen Befehl (**Als ungelesen markieren**) ebenfalls.

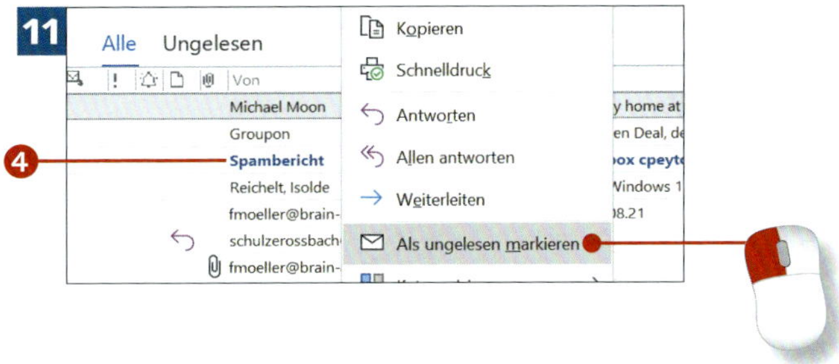

Schritt 12

Sehr übersichtlich wird Ihr **Posteingang** mit Kategorien. Dazu markieren Sie eine Mail und klicken auf der Registerkarte **Start** oder im Kontextmenü auf **Kategorisieren**. Im Untermenü wählen Sie eine Farbe für diese Mail aus. Sie können Kategorien zum Filtern der Anzeige verwenden (mit dem Filter-Symbol auf der Registerkarte **Start**).

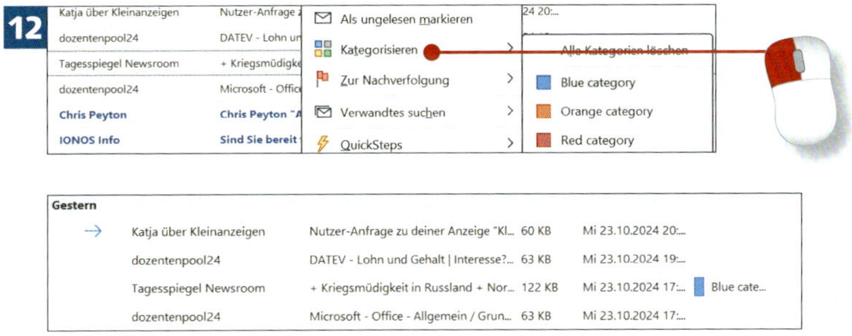

E-Mails mit Kategorien

Die Farbe für eine Kategorie müssen Sie jeder Mail einzeln zuweisen, sie gilt nicht generell für den Absender.

Ein E-Mail-Konto einrichten

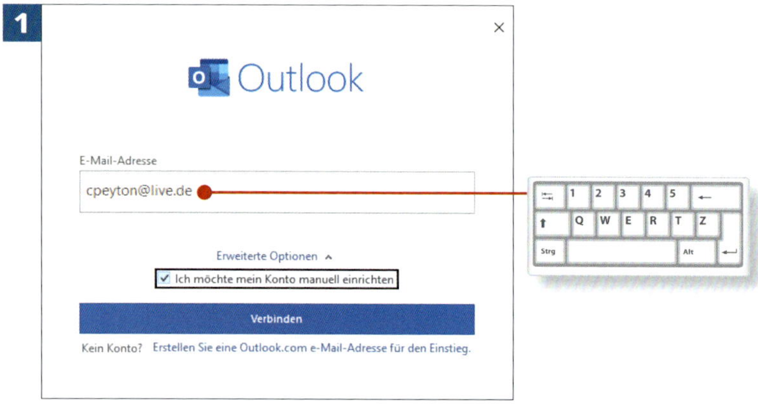

Bevor Sie mit Outlook E-Mails empfangen und versenden können, müssen Sie Ihr E-Mail-Konto konfigurieren. Das klingt komplizierter, als es ist. Ich zeige Ihnen, wie einfach es geht.

Schritt 1

Wenn Sie Outlook noch nicht eingerichtet haben, erscheint ein Fenster, in dem Sie aufgefordert werden, Ihre E-Mail-Adresse einzutragen. Aktivieren Sie die Option, dass Sie das Konto manuell einrichten, und klicken Sie auf **Verbinden**.

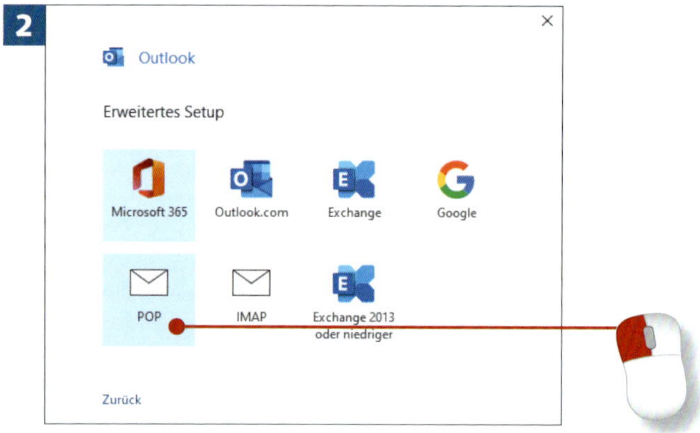

Schritt 2

Im nächsten Fenster wählen Sie den gewünschten Kontotyp (POP3 oder IMAP) aus. Im Beispiel richten wir ein POP3-Konto ein. Klicken Sie hier also auf **POP**.

Schritt 3

Geben Sie nun im Feld **Kennwort** das zum Konto gehörende Kennwort ein, und klicken Sie auf **Verbinden**.

POP oder IMAP?

Bei einem IMAP-Konto bleiben die E-Mails auf dem Server, während sie bei POP3 heruntergeladen werden. Sie können entscheiden, ob Kopien der Mails für eine gewisse Zeit auf dem Server verbleiben.

Schritt 4

Im nächsten Fenster von **POP-Kontoeinstellungen** tragen Sie die Angaben, die Sie von Ihrem Provider erhalten haben, in die Felder **Eingehende E-Mail Server** ❶ und **Ausgehende E-Mail Server** ❷ ein. Dann klicken Sie auf **Weiter**.

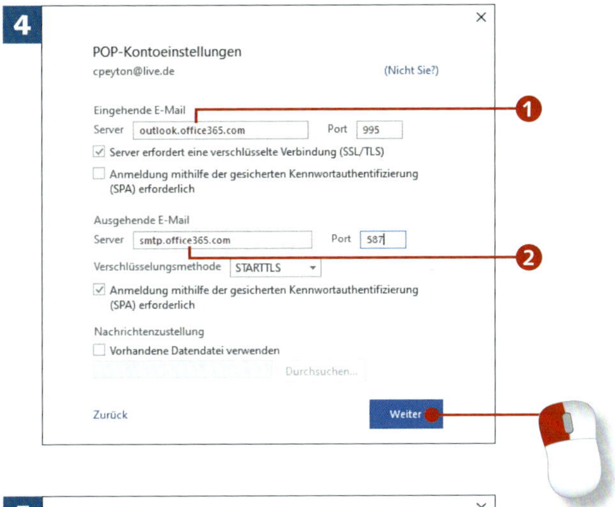

Schritt 5

Nun öffnet sich ein weiteres Fenster, in dem Ihnen mitgeteilt wird, dass das Konto erfolgreich hinzugefügt wurde. Klicken Sie auf **Vorgang abgeschlossen**.

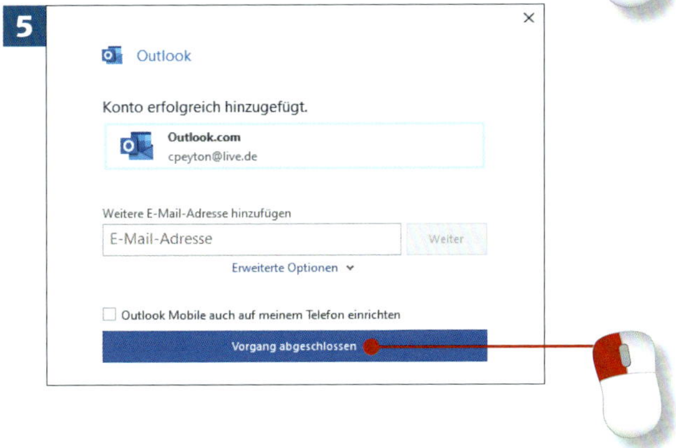

Schritt 6

Um zu überprüfen, ob das Konto vorhanden ist, klicken Sie auf **Datei ▸ Informationen ▸ Kontoeinstellungen ▸ Kontoeinstellungen**. Im nächsten Dialog wird das soeben angelegte Konto aufgelistet ❸. Mit der Schaltfläche **Neu** könnten Sie hier wie eben beschrieben ein weiteres Konto anlegen.

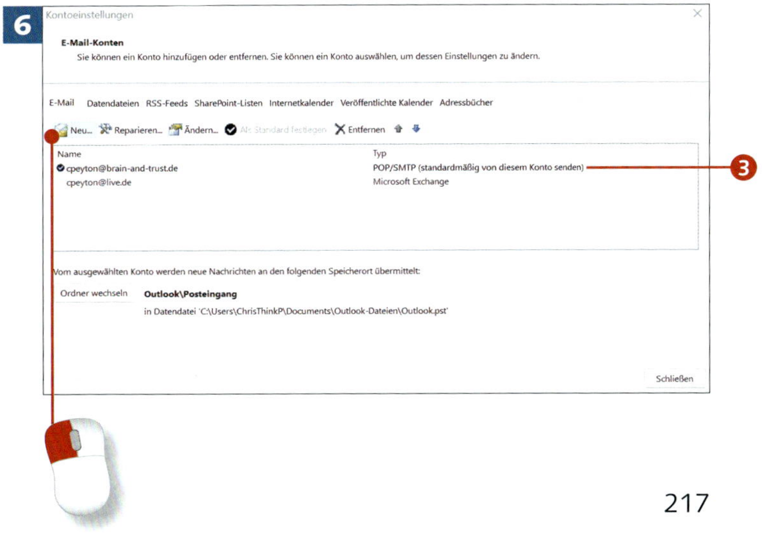

E-Mails lesen – der Posteingang

1

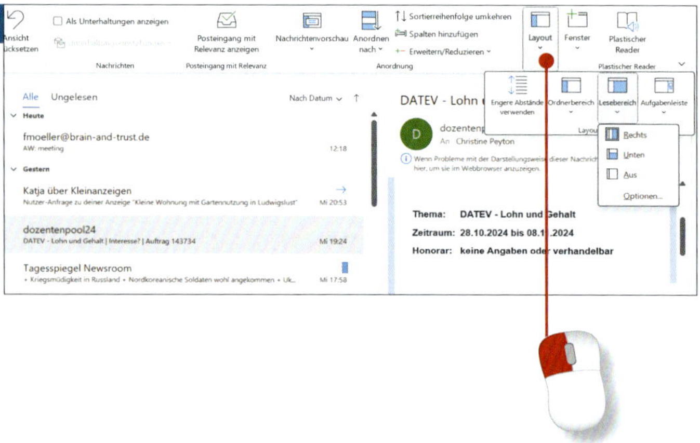

2

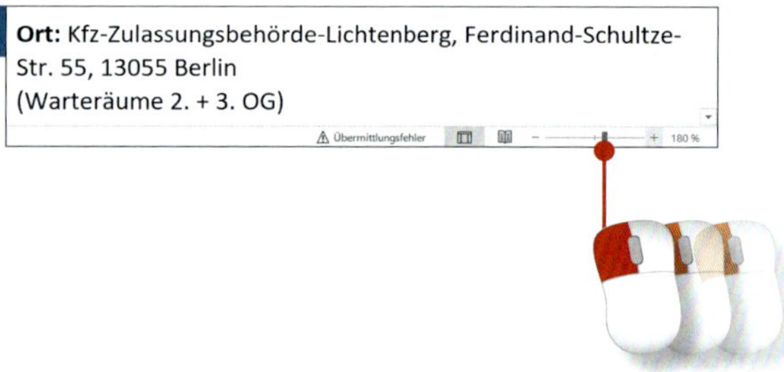

3

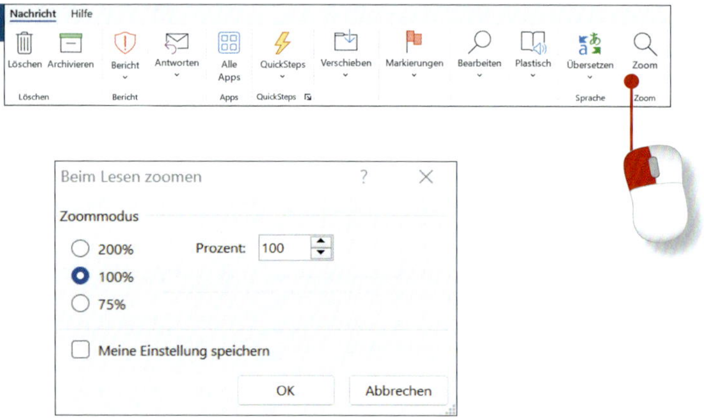

Im »Posteingang« werden alle Ihre Mails gesammelt. Zum Lesen der Mails gibt es einen praktischen Lesebereich.

Schritt 1

Um eine Mail zu lesen, müssen Sie sie nicht per Doppelklick öffnen, sondern können eine Vorschau ansehen. Wenn der Lesebereich nicht eingeschaltet ist, klicken Sie auf der Registerkarte **Ansicht** auf **Layout ▸ Lesebereich** und entscheiden im Menü, wo der Bereich auftauchen soll (rechts oder unten).

Schritt 2

Wenn die Brille nicht zur Hand ist und Sie den Text der Mail nicht richtig lesen können, verändern Sie einfach den Zoom. Unterhalb des Lesebereichs gibt es einen Zoomregler, mit dem Sie die Größe der Anzeige verstellen können. Verschieben Sie ihn mit gedrückter Maustaste.

Schritt 3

In einer geöffneten Mail finden Sie auf der Registerkarte **Nachricht** ganz rechts die Schaltfläche **Zoom**. Mit einem Klick darauf öffnen Sie den Dialog, in dem Sie den Zoom genauer einstellen können.

Schritt 4

Wenn Sie die Mails im **Posteingang** nach Datum gruppieren lassen (siehe Schritt 9 auf Seite 214), können Sie einzelne Tage für einen besseren Überblick ausblenden. Klicken Sie auf den Pfeil an dem Tag oder dem Zeitraum, den Sie ausblenden möchten.

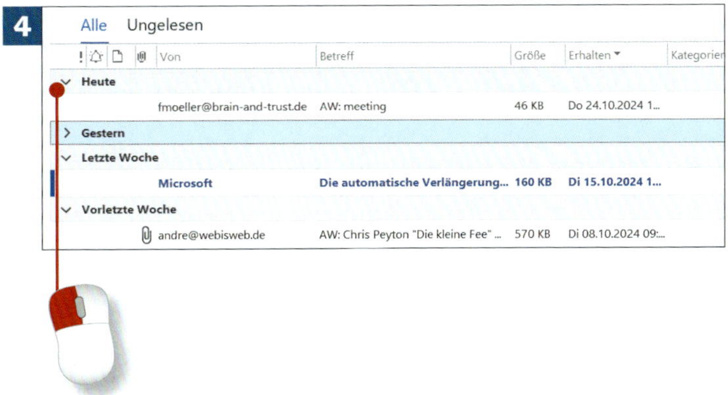

Schritt 5

Beim Lesen einer Mail öffnet sich manchmal ein kleiner Dialog, der Sie auffordert, eine Lesebestätigung zu schicken. Wenn Sie hier auf **Ja** klicken, erfährt der Absender, dass Sie seine Mail gelesen haben.

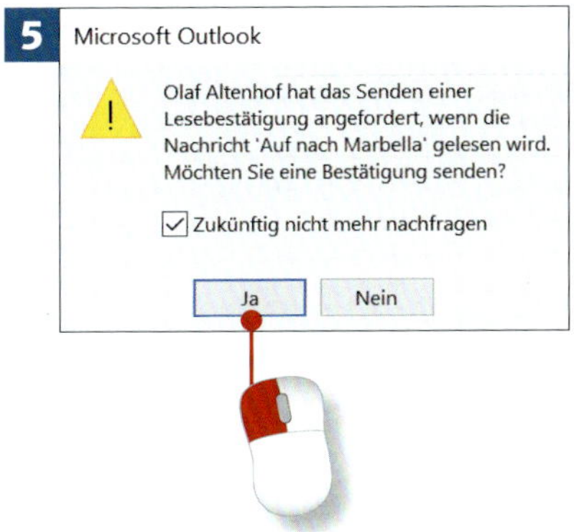

Schritt 6

Wenn Sie eine Mail geöffnet haben und ältere Mails vom selben Absender finden möchten, klicken Sie auf **Bearbeiten**. Im Menü zeigen Sie auf **Verwandt** und klicken dann auf **Nachrichten vom gleichen Absender**. Diese Funktion (**Verwandtes suchen**) finden Sie auch im Kontextmenü einer markierten Mail.

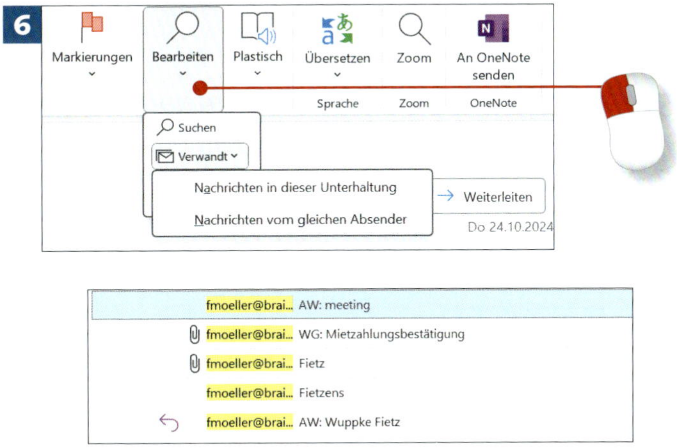

Lesebestätigung anfordern

Um eine Lesebestätigung anzufordern, klicken Sie im Nachrichtenfenster auf **Optionen** und setzen Sie ein Häkchen bei **Lesebestätigung anfordern**.

E-Mails schreiben und versenden

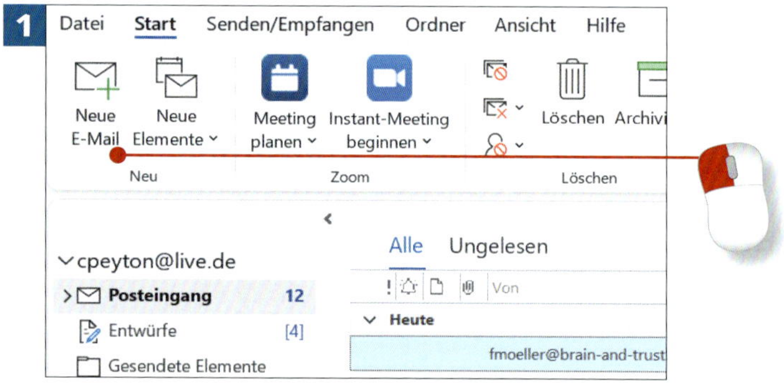

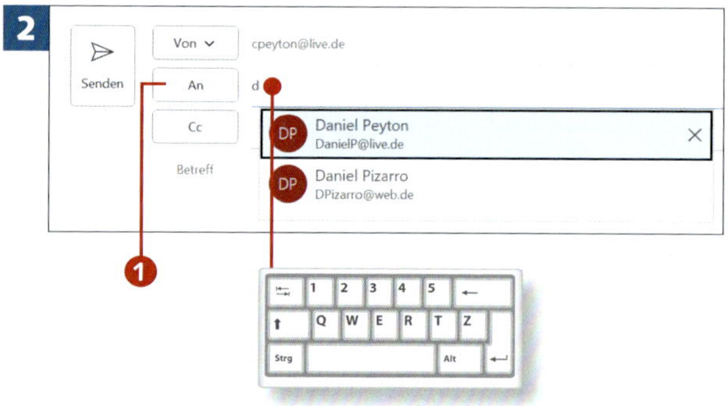

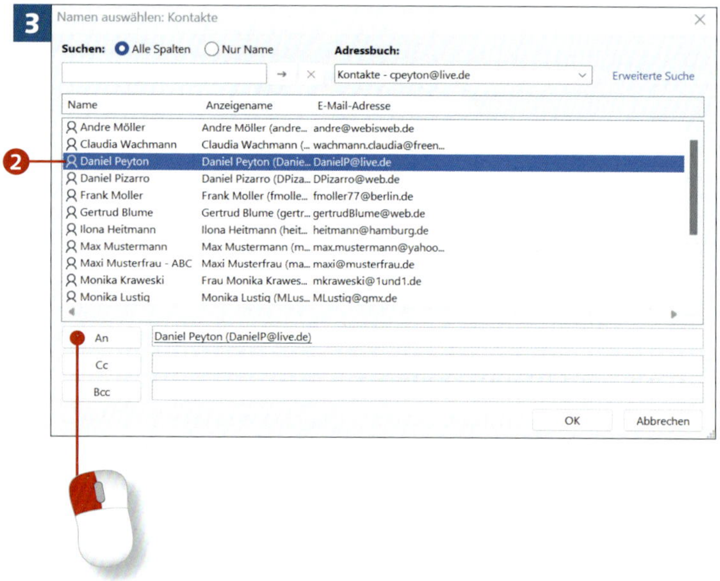

Die wichtigste Funktion eines E-Mail-Programms wie Outlook ist es, E-Mails zu schreiben und zu senden.

Schritt 1

Um eine neue E-Mail zu schreiben, klicken Sie auf der Registerkarte **Start** auf die Schaltfläche **Neue E-Mail**.

Schritt 2

Ein neues Fenster wird geöffnet. Schreiben Sie die Adresse des Empfängers in die Zeile **An**. Wenn Outlook bei den ersten Buchstaben, die Sie eingeben, Adressen findet (z. B. aus den Outlook-Kontakten), werden Vorschläge eingeblendet. Drücken Sie die ↵-Taste oder klicken Sie mit der Maus auf einen Eintrag, um ihn zu übernehmen.

Schritt 3

Sie können auch auf **An** ❶ klicken. Das öffnet einen Dialog, in dem Sie Kontakte per Klick in die Empfängerliste aufnehmen können. Markieren Sie den Kontakt ❷, und klicken Sie auf die Schaltfläche **An**, **Cc** oder **Bcc**, je nachdem, wie Sie die Adresse verwenden wollen.

Schritt 4

Wenn Sie Ihre E-Mail an weitere Personen verschicken möchten (ohne das Adressbuch zu bemühen), schreiben Sie die Adressen in die Zeile **Cc**, jeweils getrennt durch ein Semikolon. Die Empfänger erhalten dann eine Kopie der Mail, ihre Adressen sind für alle Empfänger sichtbar.

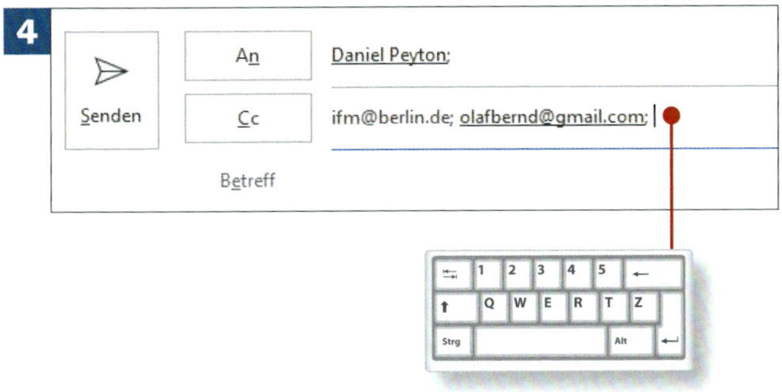

Schritt 5

Um zu verhindern, dass die Adressen der Kopie-Empfänger sichtbar sind, nutzen Sie das **Bcc**-Feld, das standardmäßig nicht eingeblendet wird. Wechseln Sie zur Registerkarte **Optionen**, und klicken Sie hier auf das Symbol **Bcc**.

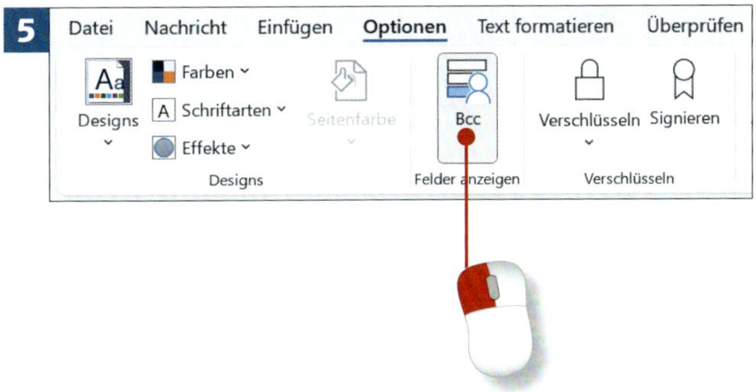

Schritt 6

Im Nachrichtenfenster gibt es nun das zusätzliche Feld **Bcc** ❸. Hier tragen Sie die Adressen der Empfänger ein, die für die anderen Empfänger unsichtbar sein sollen. *Bcc* steht übrigens für *Blind Carbon Copy* (Blindkopie).

Groß- und Kleinschreibung

E-Mail-Adressen müssen zwar präzise eingegeben werden, aber die Groß- und Kleinschreibung spielt keine Rolle. *HansMeier@google.com* funktioniert genauso wie *hansmeier@google.com*.

E-Mails schreiben und versenden (Forts.)

7

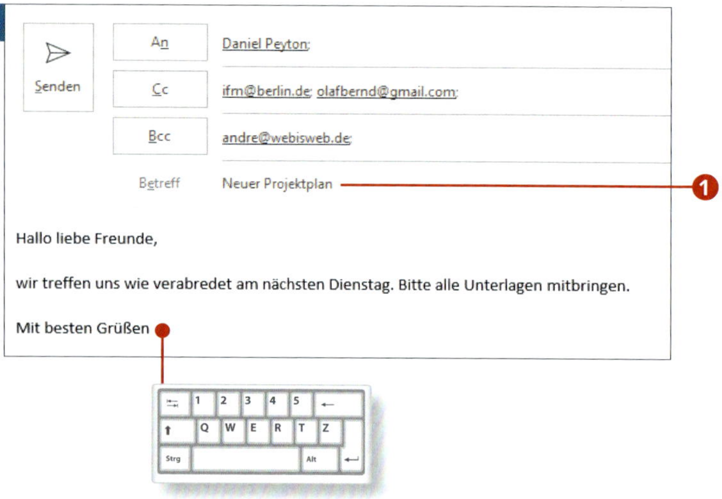

Schritt 7

Geben Sie Ihrer neuen E-Mail einen aussagekräftigen **Betreff** ❶. Anschließend schreiben Sie den Text der E-Mail. Bei HTML-Mails stehen Ihnen die Formatierungen zur Verfügung, die Sie aus Word kennen.

8

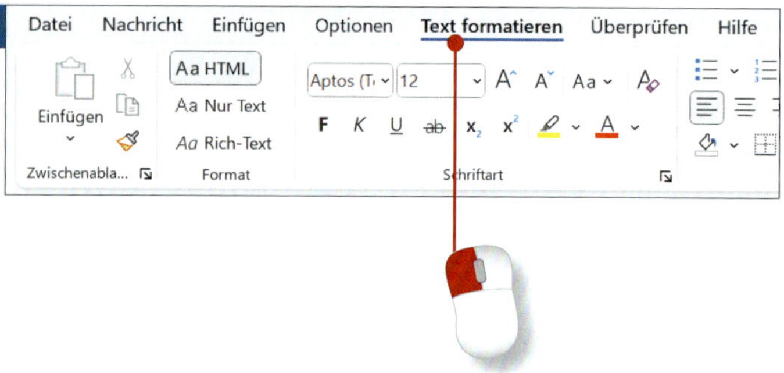

Schritt 8

Sie können auch E-Mails formatieren. Klicken Sie dazu auf **Text formatieren**. Hier stehen Ihnen die bekannten Symbole zur Verfügung.

9

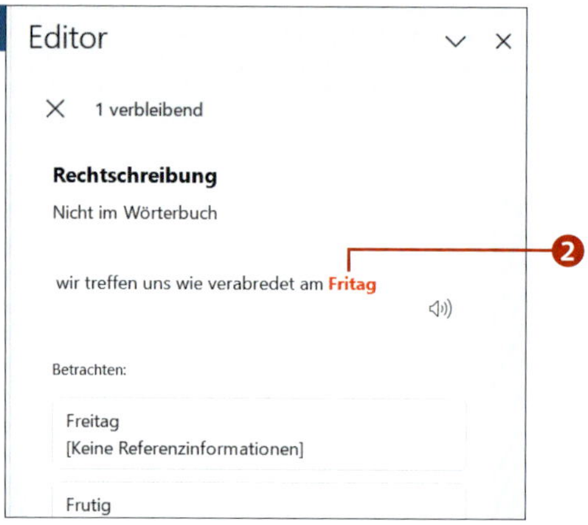

Schritt 9

Sie können auch in Outlook auf die Rechtschreibprüfung zurückgreifen. Wechseln Sie dazu zur Registerkarte **Überprüfen**, und klicken Sie direkt auf die Schaltfläche **Rechtschreibung und Grammatik**. Dann öffnet sich der Editor, in dem Sie falsch geschriebene Wörter ❷ korrigieren können.

Adressen im Adressbuch

Die Adressen im Adressbuch stammen aus den Outlook-Kontakten. Sofern für den Kontakt eine E-Mail-Adresse angegeben wurde, wandert der Eintrag automatisch ins Adressbuch.

Schritt 10

Um den Empfänger auf die Dringlichkeit Ihrer Nachricht hinzuweisen, klicken Sie auf der Registerkarte **Nachricht** auf **Wichtigkeit: hoch**. Eine solche Nachricht wird im **Posteingang** besonders hervorgehoben. Wie das aussieht, hängt vom E-Mail-Programm des Empfängers ab.

10

Schritt 11

Wenn Sie die Arbeit an einer E-Mail unterbrechen und das bisher Geschriebene speichern möchten, klicken Sie auf **Speichern** in der *Symbolleiste für den Schnellzugriff* (oder auf **Datei ▸ Speichern**). Anschließend schließen Sie die Nachricht. Sie finden alle gespeicherten Mails im Ordner **Entwürfe** ❸.

11

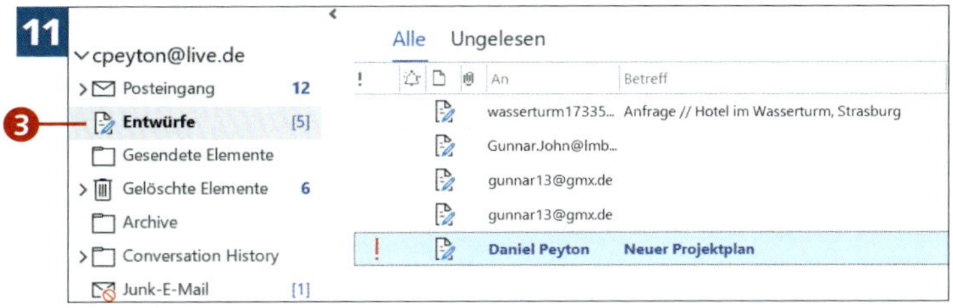

Schritt 12

Zum Abschicken einer Mail klicken Sie einfach auf **Senden**. Zuvor können Sie – sofern Sie mehrere Konten haben – über die Schaltfläche **Von** auswählen, welches Konto für den Versand verwendet wird.

12

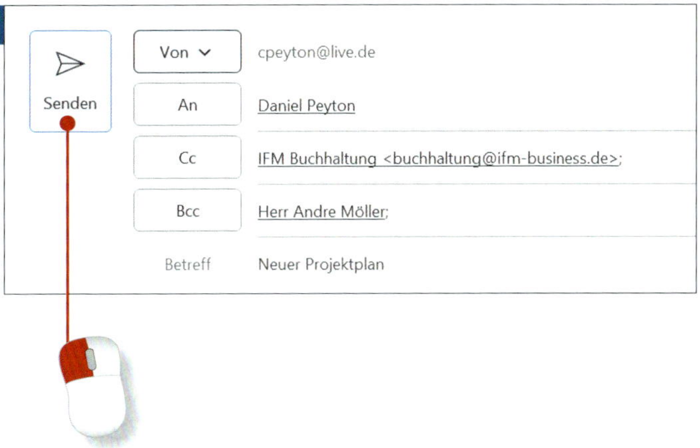

E-Mails mit Anlagen versenden

1

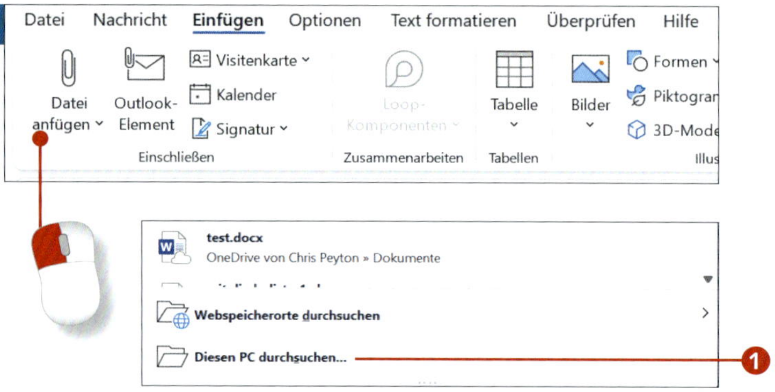

2

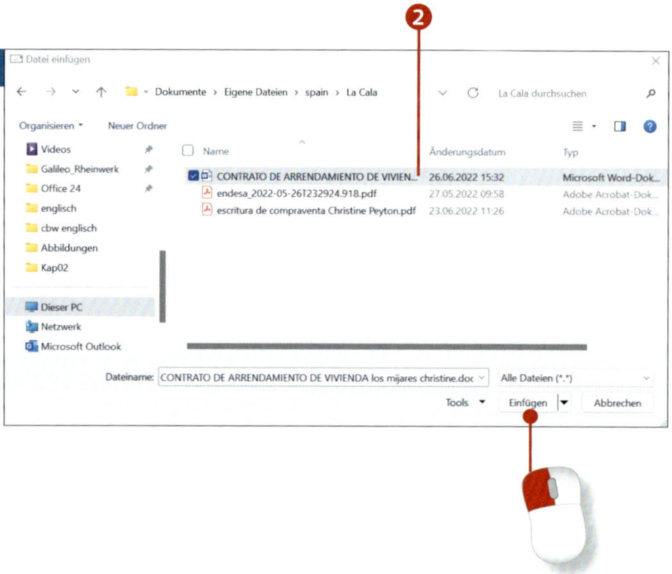

3

Das Praktische an der Kommunikation mit E-Mails ist, dass Sie zusammen mit Ihren Nachrichten auch Dateien verschicken können.

Schritt 1

Wenn Sie eine E-Mail schreiben, an die Sie eine Datei anhängen möchten, klicken Sie auf der Registerkarte **Einfügen** auf **Datei anfügen**. Auch auf der Registerkarte **Nachricht** finden Sie weiter rechts in der Menüleiste diese Funktion.

Schritt 2

In der Auflistung erscheinen die zuletzt verwendeten Dateien. Ist die gewünschte Datei hier nicht dabei, rufen Sie über **Diesen PC durchsuchen** ❶ den Dialog **Datei einfügen** aus und wählen dort die Datei aus ❷. Mit einem Doppelklick oder mit der Schaltfläche **Einfügen** fügen Sie die Datei ein. Sie können auch mehrere Dateien in einem Rutsch markieren und anhängen.

Schritt 3

Wenn Sie eine Datei an Ihre E-Mail anhängen, wird sie unterhalb der Zeile **Betreff** angezeigt. Zusätzlich wird ihre Größe eingeblendet ❸.

Schritt 4

Wenn Sie versehentlich eine falsche Datei angefügt haben, können Sie sie schnell wieder entfernen. Klicken Sie sie mit rechts an, und wählen Sie im Kontextmenü **Anlage entfernen**.

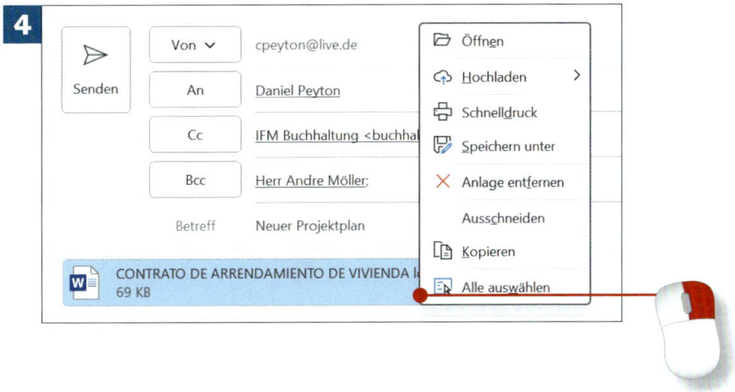

Schritt 5

Sie können nicht nur Dateien anfügen, sondern auch Outlook-Elemente wie z. B. Kontakte. Bedenken Sie aber, dass auch der Empfänger Outlook verwenden muss, um damit umgehen zu können. Klicken Sie auf der Registerkarte **Einfügen** auf **Outlook-Element**.

Schritt 6

Dann wählen Sie das gewünschte Element aus. Klicken Sie z. B. auf **Kontakte** ❹ (oder auf einen Unterordner). Anschließend sehen Sie eine Liste all Ihrer Kontakte. Markieren Sie den gewünschten Kontakt, und klicken Sie auf **OK** ❺. Der Empfänger erhält als Anhang das Element, das er dann öffnen kann.

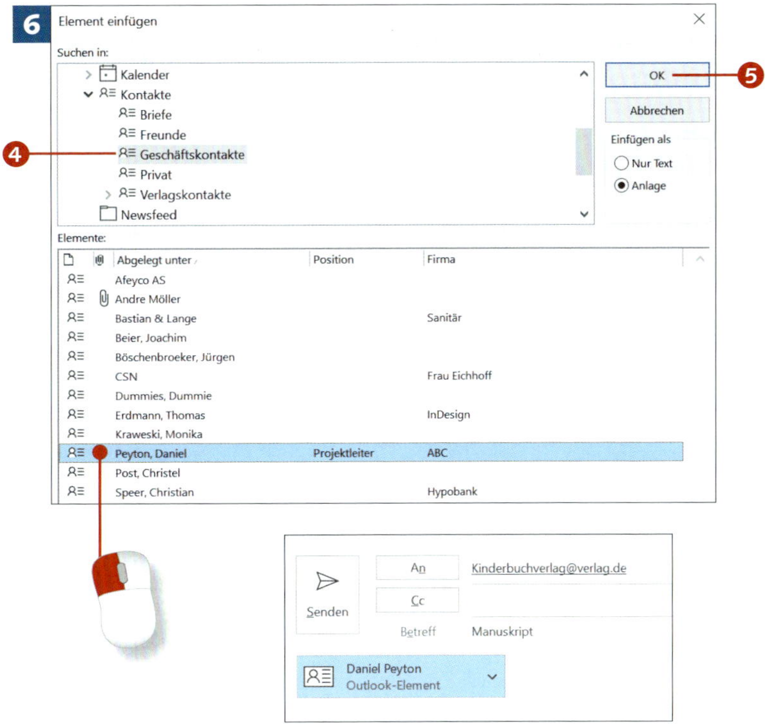

!

Dateigröße

Achten Sie darauf, nicht zu große Dateien anzuhängen (siehe Schritt 3), damit Sie die E-Mail problemlos verschicken können. Ein guter Richtwert sind 2 bis 3 MB.

Neue E-Mails abrufen

Sicher wollen Sie nicht nur E-Mails schreiben, sondern Ihre Post auch lesen.

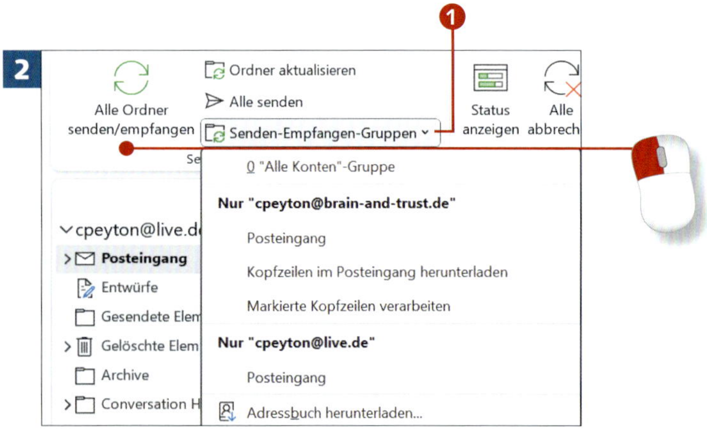

Schritt 1

Bevor Sie Ihre Nachrichten ansehen können, müssen Sie sie vom Mailserver Ihres Providers abholen. Aktivieren Sie dazu im **Posteingang** den Reiter **Senden/Empfangen**.

Schritt 2

Dort klicken Sie auf **Alle Ordner senden/empfangen**. Ihre Mailkonten werden abgerufen und die neuen Nachrichten auf Ihrem Rechner gespeichert. Möchten Sie nur einzelne Konten abrufen, wählen Sie sie über das Menü der Schaltfläche **Senden-Empfangen-Gruppen** ❶ aus.

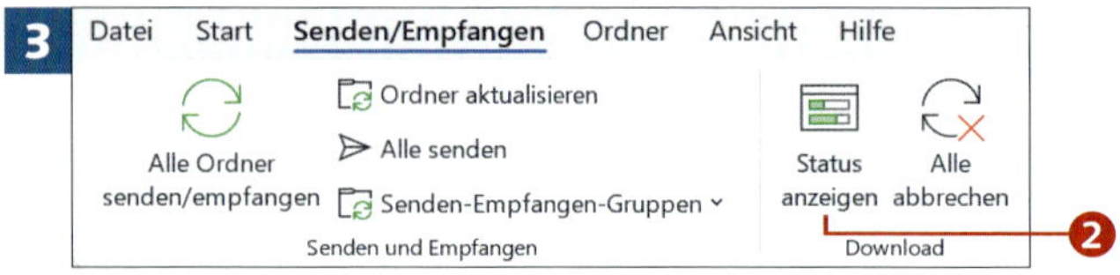

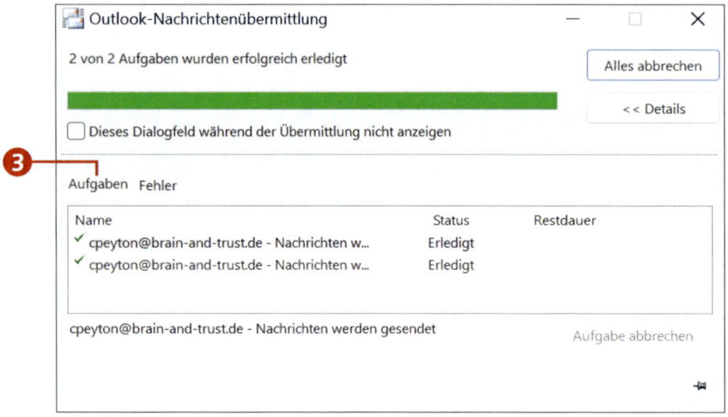

Schritt 3

Um eventuelle Übermittlungsfehler aufzuspüren oder den Fortschritt des Downloads zu verfolgen, klicken Sie auf **Status anzeigen** ❷. Im Dialog **Outlook-Nachrichtenübermittlung** sehen Sie auf der Registerkarte **Aufgaben** ❸, welche Konten erfolgreich abgefragt wurden.

Schritt 4

Empfangene Mails landen im **Posteingang** ❹. E-Mails mit Dateianhang werden mit einer Büroklammer gekennzeichnet. Um eine Mail in einem neuen Fenster zu öffnen, klicken Sie doppelt darauf.

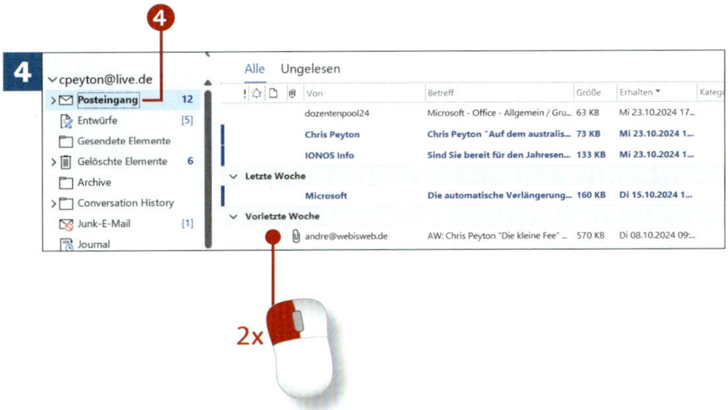

Schritt 5

Einen Dateianhang können Sie auf Ihrem Rechner speichern. Öffnen Sie die Mail per Doppelklick, klicken Sie mit rechts auf den Anhang, und wählen Sie **Speichern unter**.

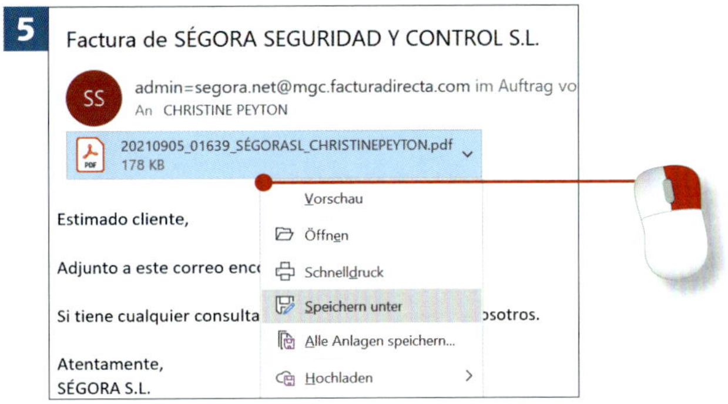

Schritt 6

Im Dialog **Anlage speichern** bestimmen Sie den Speicherort ❺ und legen eventuell einen neuen Dateinamen fest ❻. Anschließend klicken Sie auf die Schaltfläche **Speichern**.

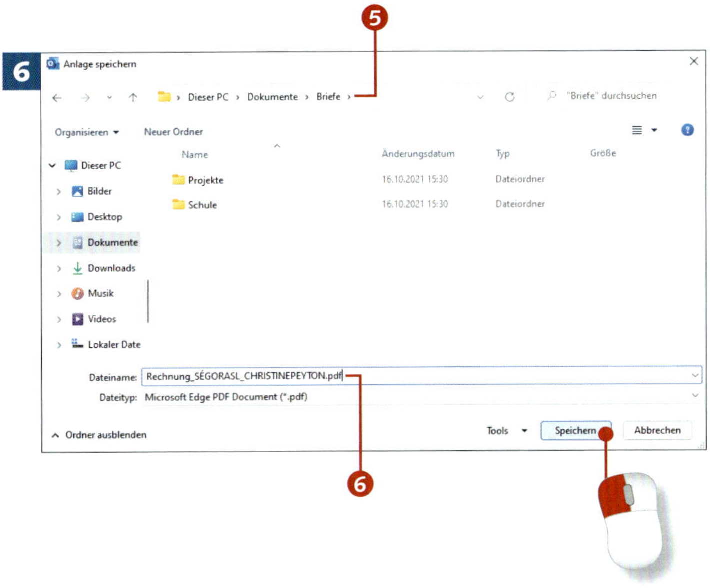

i

E-Mails abholen

Die »klassische« Post bleibt so lange in Ihrem Briefkasten, bis Sie sie hereinholen. Ganz ähnlich bleiben alle E-Mails in Ihrem Postfach bei Ihrem Provider, bis Sie Outlook anweisen, die E-Mails abzuholen (siehe Schritt 2). Bei einem POP3-Account werden die E-Mails dann auf dem Server gelöscht, während bei einem IMAP-Konto die Mails synchronisiert werden und auf dem Server bleiben, bis Sie sie löschen.

E-Mails beantworten

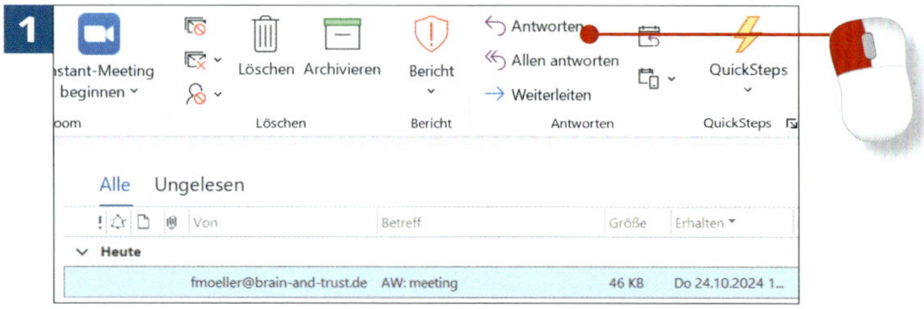

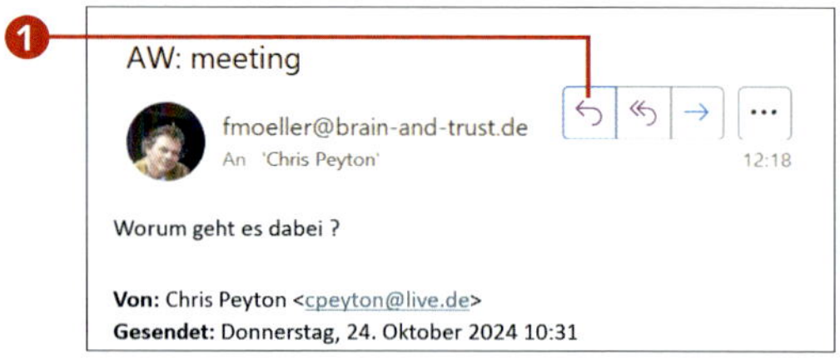

Damit Sie auf E-Mails reagieren können, gibt es die Funktion »Antworten«.

Schritt 1

Zum direkten Beantworten einer E-Mail markieren Sie diese und klicken auf der Registerkarte **Start** auf **Antworten**. Auch in der geöffneten Mail können Sie direkt eine Nachricht beantworten ❶.

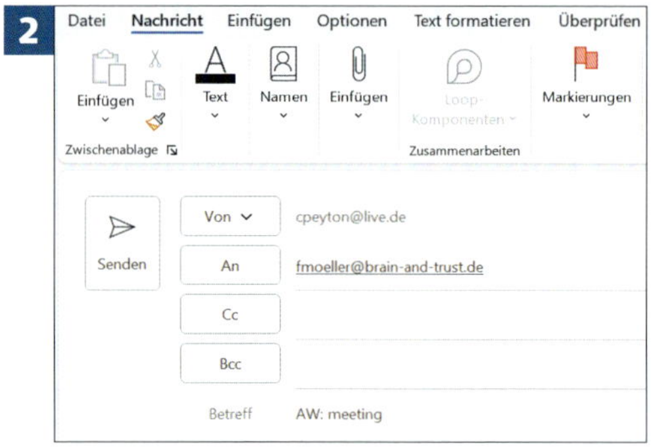

Schritt 2

Es öffnet sich ein Antwortfenster wie beim Verfassen neuer Mails, mit vorausgefüllter Empfängeradresse und Original-Nachricht. Die Darstellung der Original-Nachricht lässt sich anpassen. Dies zeige ich Ihnen ab Schritt 5.

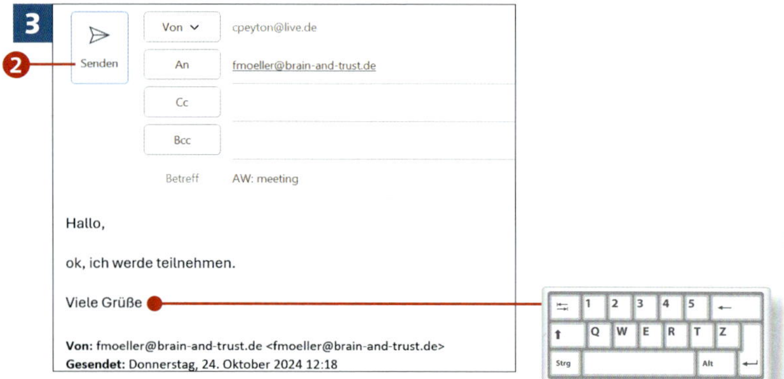

Schritt 3

Schreiben Sie wie gewohnt den Text Ihrer Nachricht. Anschließend können Sie sie entweder gleich versenden ❷ oder sie zunächst speichern und später versenden.

Allen antworten

Wenn die Mail an mehrere Empfänger geschickt wurde und alle Ihre Antwort erhalten sollen, nutzen Sie die Funktion **Allen antworten**.

Schritt 4

Um eine E-Mail an eine andere Person weiterzuleiten, markieren Sie sie im **Posteingang** und klicken auf **Weiterleiten**. Auch hier öffnet sich ein neues Fenster, in dem der Text der alten Nachricht angezeigt wird. Im Betreff steht nicht **AW:** (wie beim Antworten), sondern **WG:** ❸ und Sie müssen die E-Mail-Adresse eintragen.

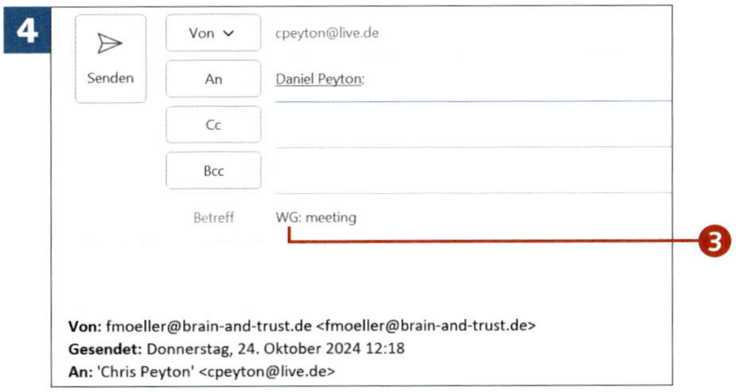

Schritt 5

Wenn Sie bestimmte Einstellungen im Zusammenhang mit dem Antworten oder Weiterleiten von E-Mails ändern möchten, rufen Sie die Outlook-Optionen auf. Klicken Sie dazu auf **Datei ▸ Optionen**. Dies öffnet den Dialog **Outlook-Optionen**.

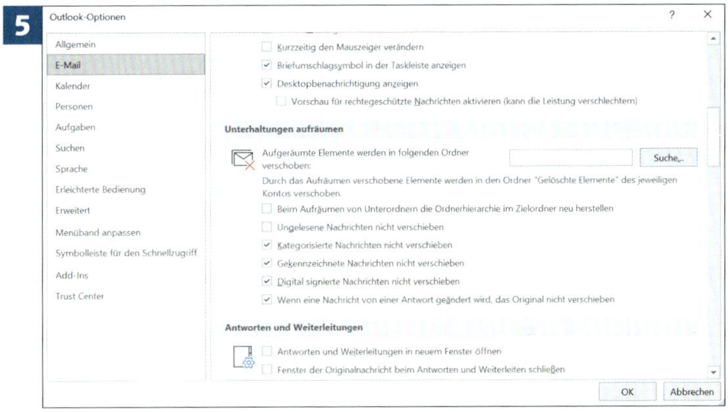

Schritt 6

Im Dialog **Outlook-Optionen** klicken Sie auf **E-Mail** ❹ und navigieren zum Bereich **Antworten und Weiterleitungen**. In den Feldern **Beim Antworten auf Nachrichten** ❺ und **Beim Weiterleiten von Nachrichten** wählen Sie, wie mit der Ursprungsnachricht verfahren wird. Sie können z. B. festlegen, dass sie als Anlage angehängt oder vollkommen ignoriert wird.

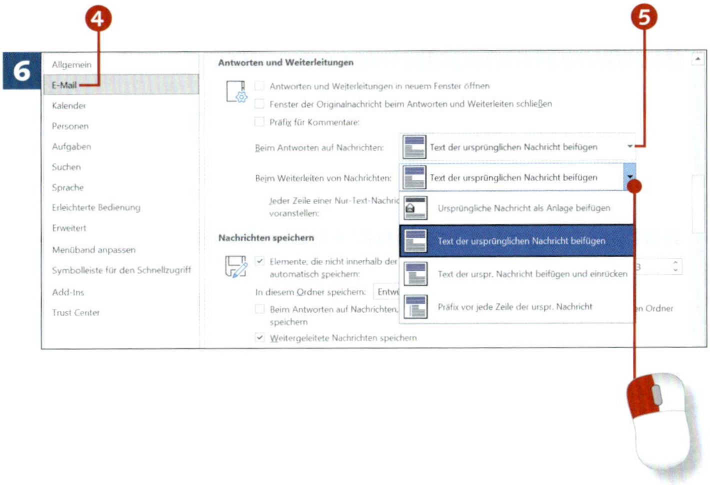

Signaturen einrichten

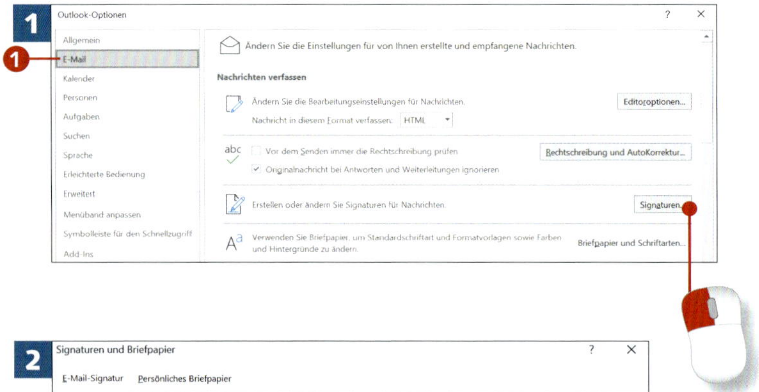

Wenn Sie viele E-Mails schreiben, ist es lästig, unter jeder E-Mail erneut die eigenen Kontaktdaten einzutragen. Für solche Informationen können Sie sich in Outlook eine Signatur einrichten, die Sie per Mausklick unter die E-Mail setzen.

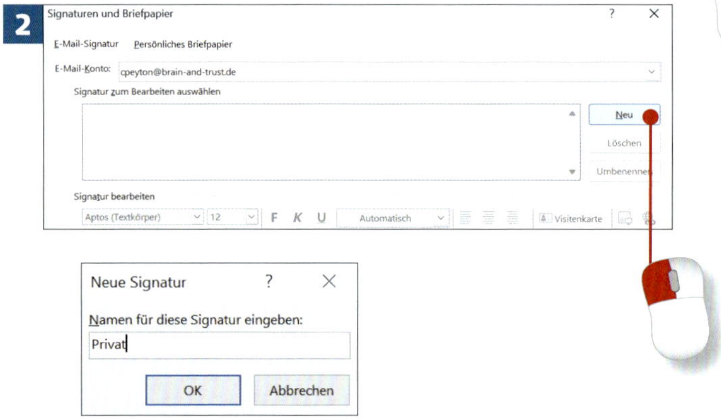

Schritt 1

Um eine neue Signatur anzulegen, rufen Sie über **Datei ▸ Optionen** den Dialog **Outlook-Optionen** auf. Klicken Sie hier auf **E-Mail** ❶ und anschließend auf **Signaturen**.

Schritt 2

Im Dialog **Signaturen und Briefpapier** klicken Sie auf der Registerkarte **E-Mail-Signatur** auf die Schaltfläche **Neu**. Im folgenden Dialog geben Sie Ihrer neuen Signatur einen Namen.

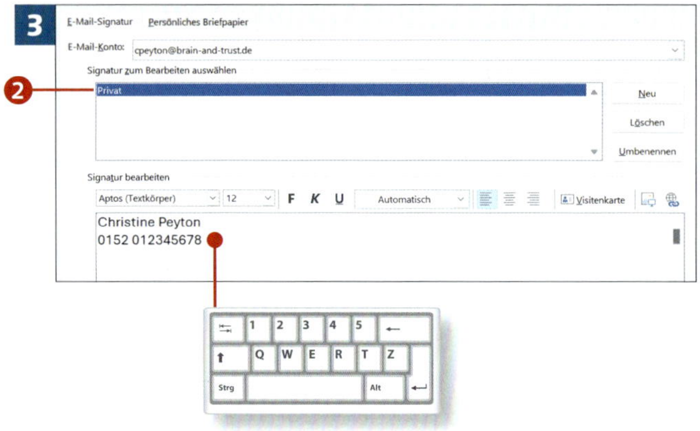

Schritt 3

Daraufhin erscheint dieser Name ❷ in der Liste **Signatur zum Bearbeiten auswählen**. Markieren Sie hier die neue Signatur, und geben Sie den Text für die Signatur im Feld **Signatur bearbeiten** ein. Wie Sie sehen, können Sie den Text auch formatieren, wenn Sie möchten.

Schritt 4

Stellen Sie für diese Signatur noch ein, wann sie verwendet werden soll. Dies legen Sie in den Feldern **Neue Nachrichten** 3 und **Antworten/Weiterleitungen** fest. Klicken Sie nach allen Einstellungen zweimal auf **OK**.

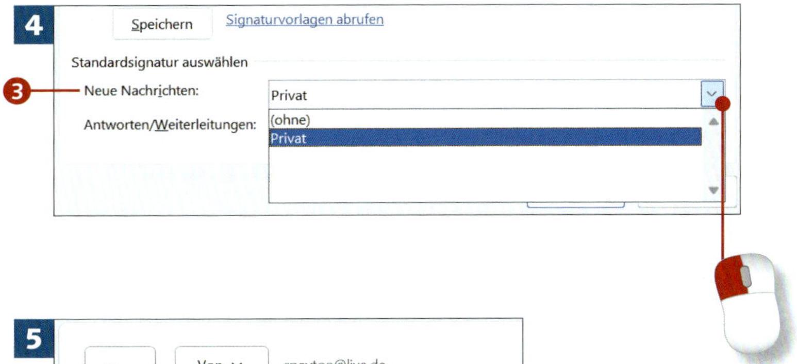

Schritt 5

Wenn Sie nun eine neue E-Mail schreiben, wird die Signatur im Nachrichtenfenster automatisch auftauchen.

Schritt 6

Wenn Sie mehrere Signaturen eingerichtet haben, können Sie beim Schreiben einer Mail jedes Mal entscheiden, welche verwendet wird. Klicken Sie dazu im Nachrichtenfenster auf **Signatur**, und wählen Sie die gewünschte Signatur aus. Eine in der E-Mail vorhandene Signatur wird durch die neue ersetzt.

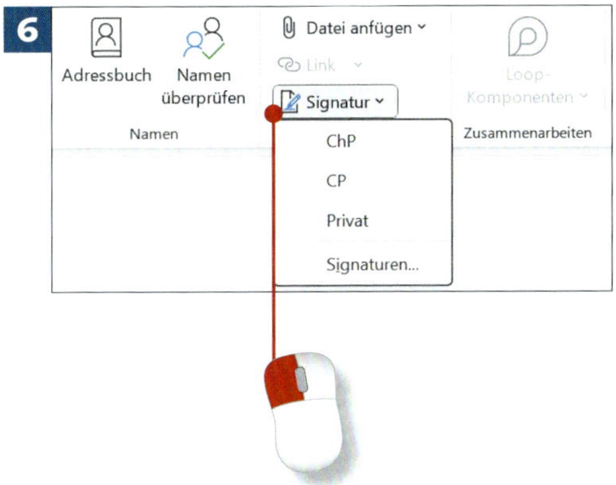

Signatur auswählen

Sie können es in den Feldern **Neue Nachrichten** und **Antworten/Weiterleitungen** auch bei der Einstellung **(ohne)** belassen (Schritt 4) und dann die Signatur für einzelne Nachrichten manuell auswählen (Schritt 6).

Schutz vor Phishing und Spam

Ich möchte Ihnen nun einige Tipps geben, mit denen Sie den Risiken des Internets (wie lästigen Spam-Mails etc.) begegnen können.

1

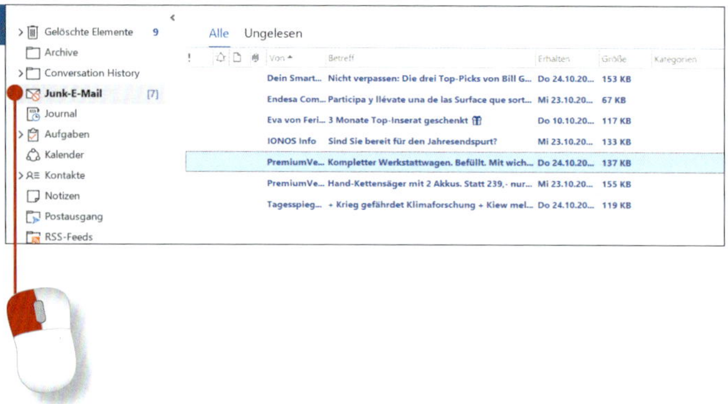

Schritt 1

Damit Ihr Posteingang nicht mit *Spam-* und *Phishing-Mails* (Mails, die z. B. nach Passwörtern oder Bankdaten fragen) zugemüllt wird, stellt Outlook einen gesonderten Ordner dafür bereit und legt viele Mails mithilfe spezieller Filter automatisch dort ab. Klicken Sie auf **Junk-E-Mail**, um sich den Ordnerinhalt anzusehen.

2

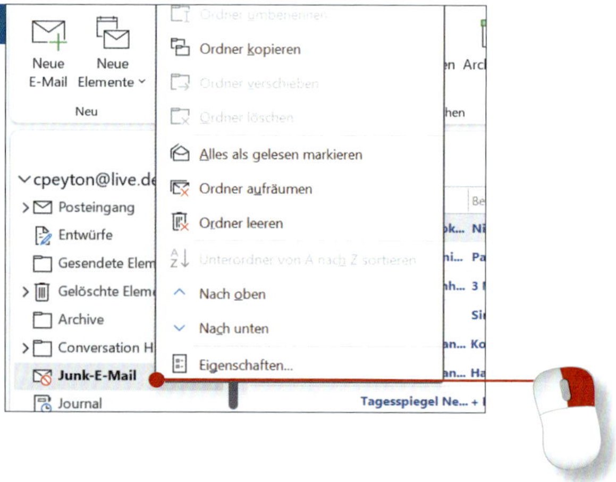

Schritt 2

Wenn Sie sicher sind, dass sich im Junk-E-Mail-Ordner tatsächlich nur Spam-Mails befinden, können Sie alle auf einen Schlag loswerden: Klicken Sie den Ordner mit der rechten Maustaste an, und wählen Sie **Ordner leeren**.

3

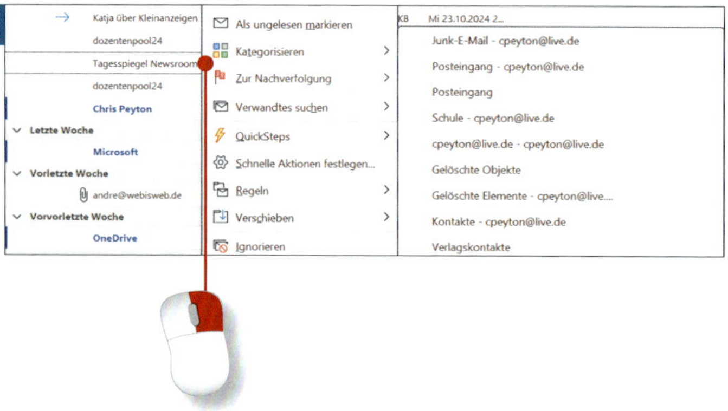

Schritt 3

Wenn Sie aus einem anderen Ordner eine einzelne E-Mail in den Junk-Ordner verbannen möchten, markieren Sie sie und klicken sie mit rechts an. Im Kontextmenü wählen Sie **Verschieben ▸ Junk-E-Mail**.

Schritt 4

Sie können selbst dafür sorgen, dass Mails von einem bestimmten Absender automatisch in den Junk-Ordner verschoben werden. Klicken Sie eine solche Mail mit rechts an, und wählen Sie **Regeln ▸ Nachrichten von <Absender> immer verschieben**.

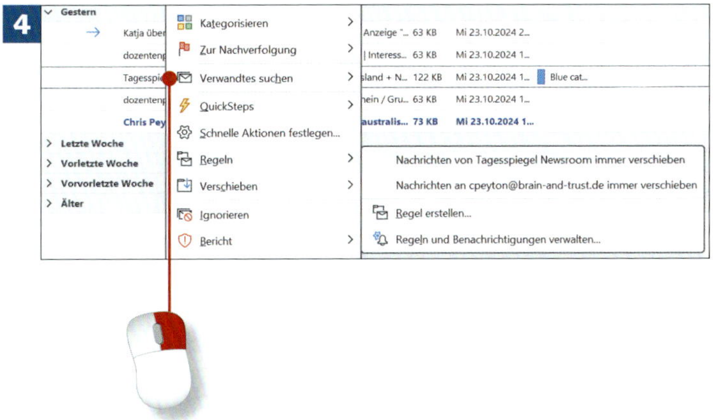

Schritt 5

Im Dialog **Regeln und Benachrichtigungen** markieren Sie den Ordner, in den die Mails in Zukunft automatisch verschoben werden sollen, also **Junk-E-Mail**. Bestätigen Sie Ihre Einstellung mit **OK**.

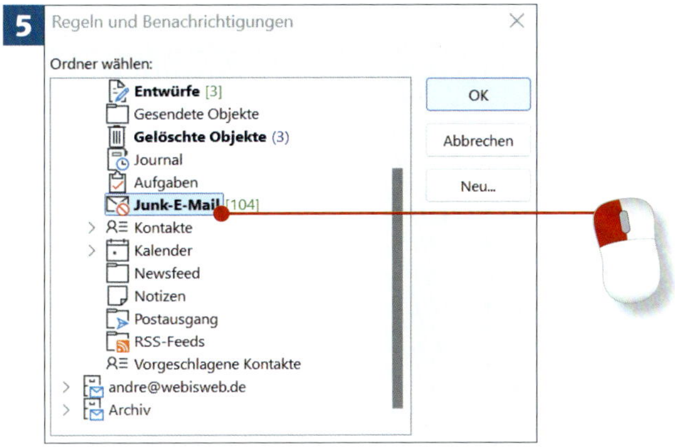

Schritt 6

Wie streng Outlook beim Aussortieren verfährt, können Sie überprüfen und notfalls ändern. Klicken Sie auf der Registerkarte **Start** auf **Junk-E-Mail** und dann auf **Junk-E-Mail-Optionen**.

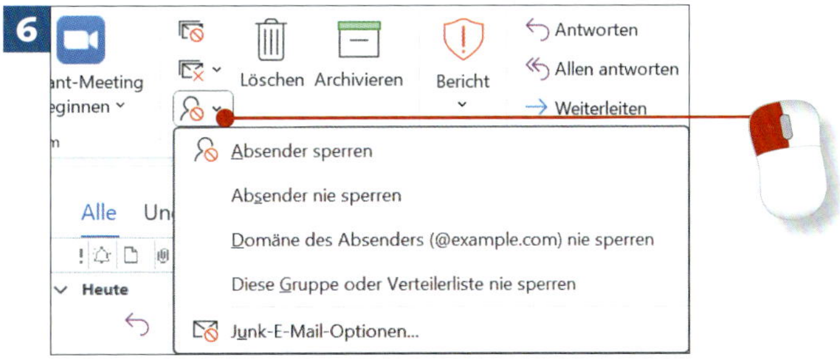

Schutz vor Phishing und Spam (Forts.)

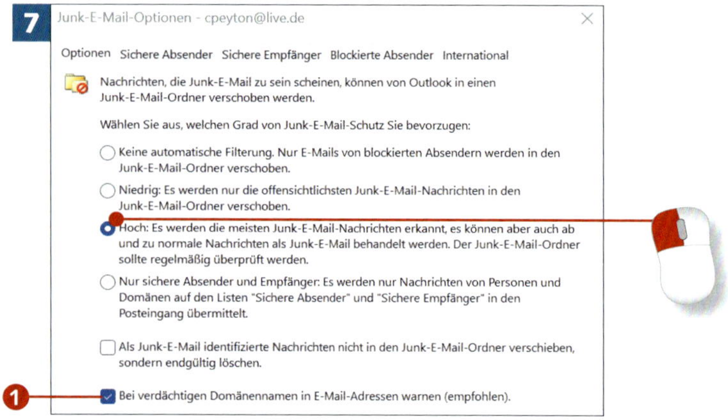

Schritt 7

Im Dialog **Junk-E-Mail-Optionen** stellen Sie auf der Registerkarte **Optionen** die Stärke des Junk-E-Mail-Filters ein. Wenn Sie Junk-Mails nicht erst verschieben, sondern endgültig löschen möchten, aktivieren Sie die entsprechende Option ❶.

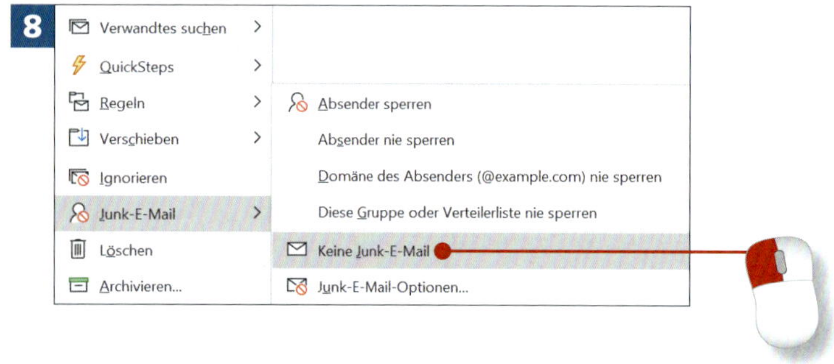

Schritt 8

Wenn eine Mail versehentlich im Ordner **Junk-E-Mail** gelandet ist und Sie sie in den normalen **Posteingang** verschieben möchten, klicken Sie sie mit rechts an und wählen **Junk-E-Mail ▸ Keine Junk-E-Mail**.

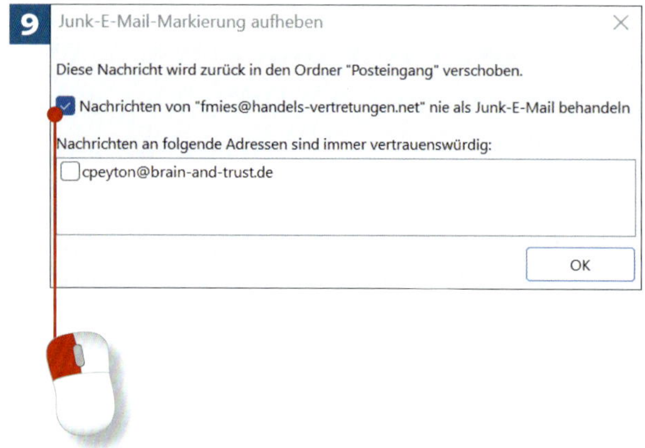

Schritt 9

Im folgenden Dialog können Sie entscheiden, ob zukünftig keine Nachricht dieses Absenders mehr als Spam eingestuft werden soll oder nur diese eine. Deaktivieren Sie gegebenenfalls das Häkchen.

Schritt 10

Wenn Sie eine Mail im Ordner **Junk-E-Mail** entdecken, aber alle weiteren Mails von dieser Domäne zukünftig im **Posteingang** landen sollen, klicken Sie die Mail mit rechts an und wählen im Kontextmenü **Junk-E-Mail ▸ Domäne des Absenders … nie sperren**.

Schritt 11

Ein Dialog öffnet sich, der Ihnen mitteilt, dass die Domäne des Absenders zur Liste der sicheren Absender hinzugefügt wurde. Bestätigen Sie ihn mit **OK**.

Schritt 12

Um zu kontrollieren, welche E-Mail-Adressen/Domänen zur Liste der sicheren Absender gehören, öffnen Sie über **Start ▸ Junk-E-Mail ▸ Junk-E-Mail-Optionen** den gleichnamigen Dialog. Wechseln Sie zur Registerkarte **Sichere Absender**. Hier finden Sie eine Liste aller als sicher eingestuften E-Mail-Adressen und Domänen.

10

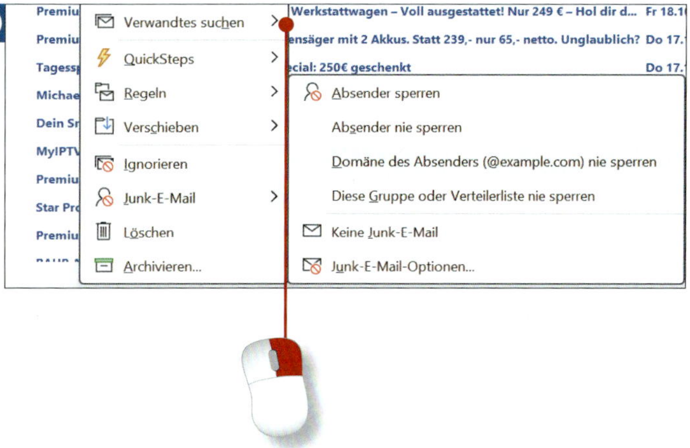

11

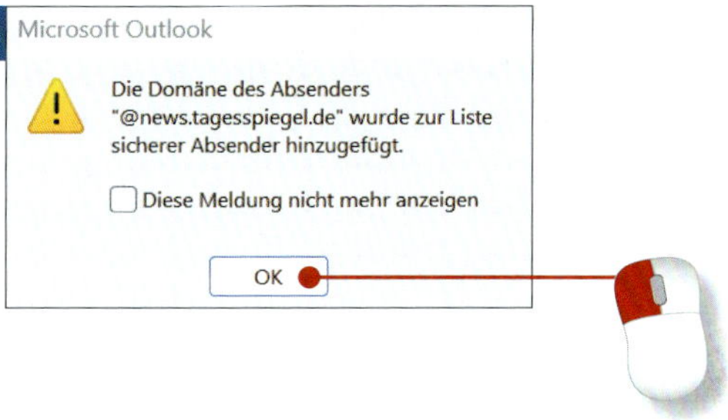

12

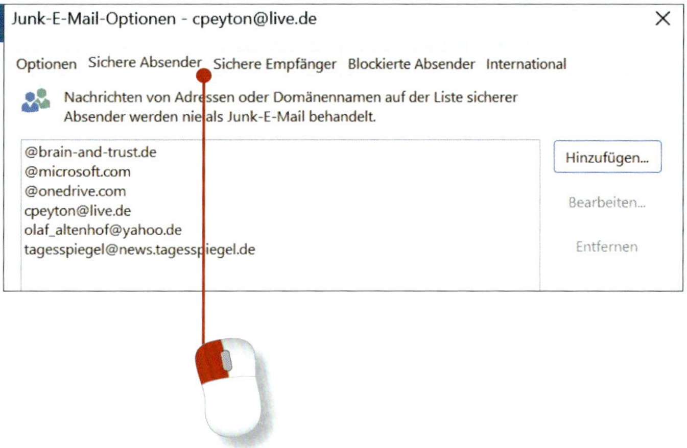

E-Mails archivieren

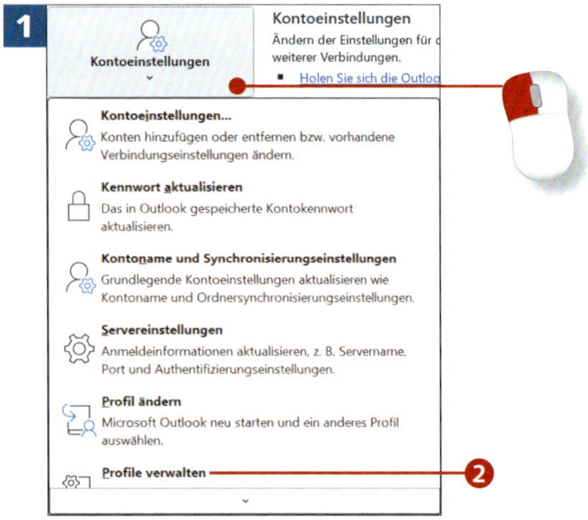

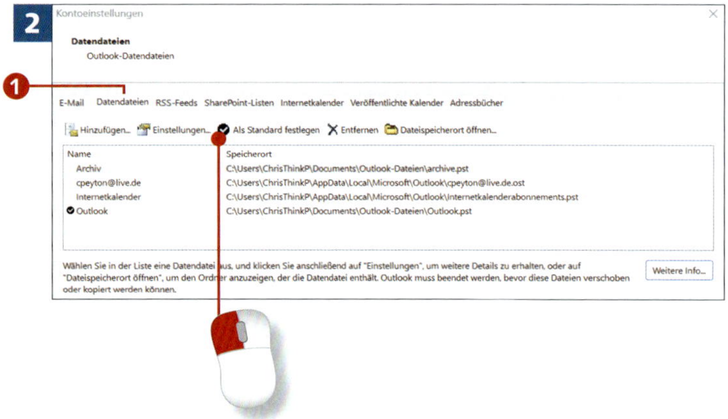

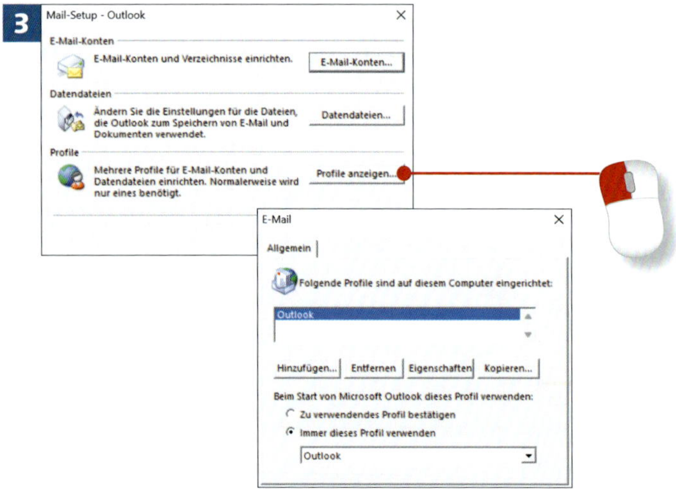

Zur Sicherheit können Ihre Mails archiviert werden – automatisch oder manuell.

Schritt 1

Alle E-Mails eines Kontos werden in einer einzigen Datendatei im *.pst*-Format gesammelt. Wo sie abgelegt wird, sehen Sie unter **Datei ▸ Informationen ▸ Kontoeinstellungen ▸ Kontoeinstellungen**.

Schritt 2

Im Dialog **Kontoeinstellungen** wechseln Sie zur Registerkarte **Datendateien** ❶. Hier sehen Sie den Speicherort Ihrer *.pst*-Datei(en) (POP3-Konto) oder *.ost*-Datei(en) (IMAP-Konto). Wenn es eine zweite Datendatei gibt, können Sie hier eine **Als Standard festlegen**.

Schritt 3

Im Menü der **Kontoeinstellungen** finden Sie auch die Option **Profile verwalten** ❷. Hierüber können Sie neue Profile anlegen (z. B. wenn verschiedene Familienmitglieder Outlook an demselben PC nutzen; mit einem Profil hat jeder sein »eigenes« Outlook) oder auch löschen. Klicken Sie auf **Profile anzeigen ▸ Hinzufügen**.

Schritt 4

Einzelne Ordner lassen sich so archivieren: Klicken Sie z. B. den Ordner **Gesendete Elemente** mit rechts an, und wählen Sie im Kontextmenü **Eigenschaften**. Alternativ aktivieren Sie die Registerkarte **Ordner** und klicken hier auf **Einstellungen für Auto-Archivierung**.

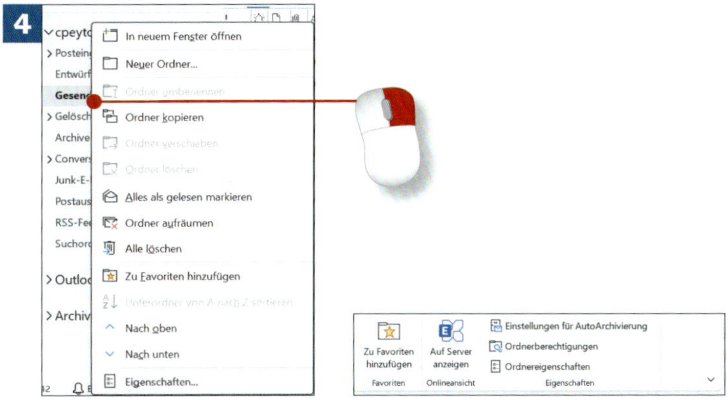

Schritt 5

Wechseln Sie zur Registerkarte **AutoArchivierung**, und bestimmen Sie die gewünschte Einstellung. Haken Sie z. B. die Option **Für diesen Ordner folgende Einstellungen verwenden** an, und legen Sie fest, wie lange die Elemente aufbewahrt werden sollen.

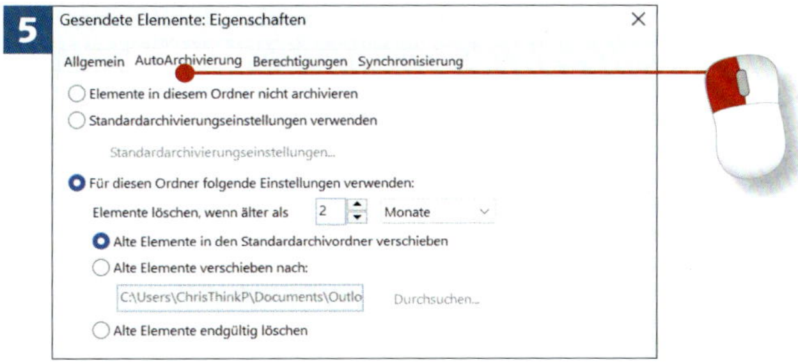

Schritt 6

Um eine Archivierung anzustoßen, können Sie auch diesen Weg gehen: Klicken Sie auf **Datei ▸ Informationen ▸ Tools ▸ Alte Elemente bereinigen**. Im Dialog aktivieren Sie die Option **Diesen Ordner und alle Unterordner archivieren**. Legen Sie ein Datum für die Archivierung fest. Aktivieren Sie auch die Option **Auch Elemente, für die »Keine Auto-Archivierung« aktiviert ist**.

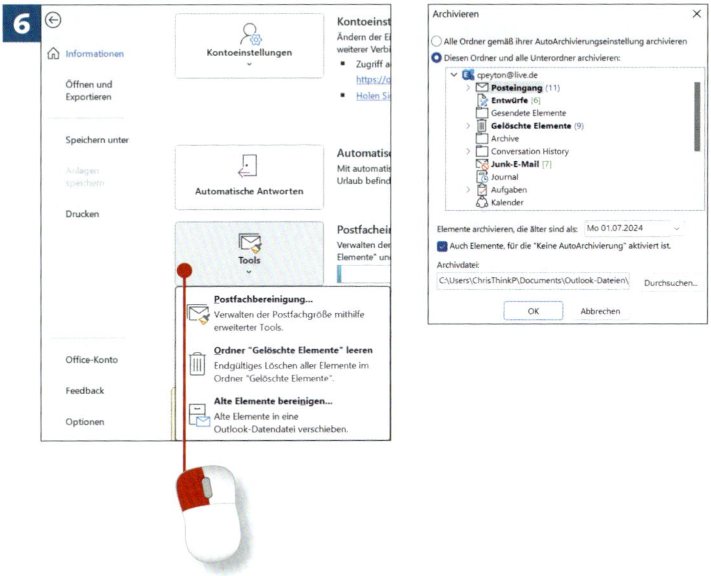

Kapitel 9
Mit Outlook Termine planen

Outlook bietet neben der E-Mail-Funktion einen elektronischen Kalender an. In diesem Kapitel erfahren Sie, wie Sie Ihre Termine mit den Tages-, Wochen- oder Monatsansichten des Kalenders übersichtlich verwalten.

Termine eintragen

Klicken Sie auf die Schaltfläche **Neuer Termin**, und geben Sie die Details Ihres Termins ❶ ein: in der Betreffzeile ein Stichwort, dann den Ort, den Zeitpunkt etc. Nach dem Speichern wird der Termin im Tageskalender angezeigt. Es gibt viele regelmäßige Termine. Sie müssen sie nicht jedes Mal erneut eintragen, sondern legen sie ein einziges Mal als sogenannte *Terminserie* an.

An Termine erinnern lassen

Der Outlook-Kalender wäre nur halb so viel wert ohne die Erinnerungsfunktion: Sie können unter anderem angeben, wie rechtzeitig Sie vor dem Termin erinnert werden wollen ❷. Wir zeigen Ihnen, wie Sie diese Funktion bestmöglich einstellen.

Notizen schreiben

Mit Outlook können Sie sich auch Notizen ❸ machen. Mit einem Klick auf die Schaltfläche **Neue Notiz** wird Ihnen ein kleiner Zettel angezeigt, den Sie füllen können (und den Sie nicht so leicht verlieren wie die echten Zettel, die immer dann verschwunden sind, wenn man auf sie zurückgreifen will).

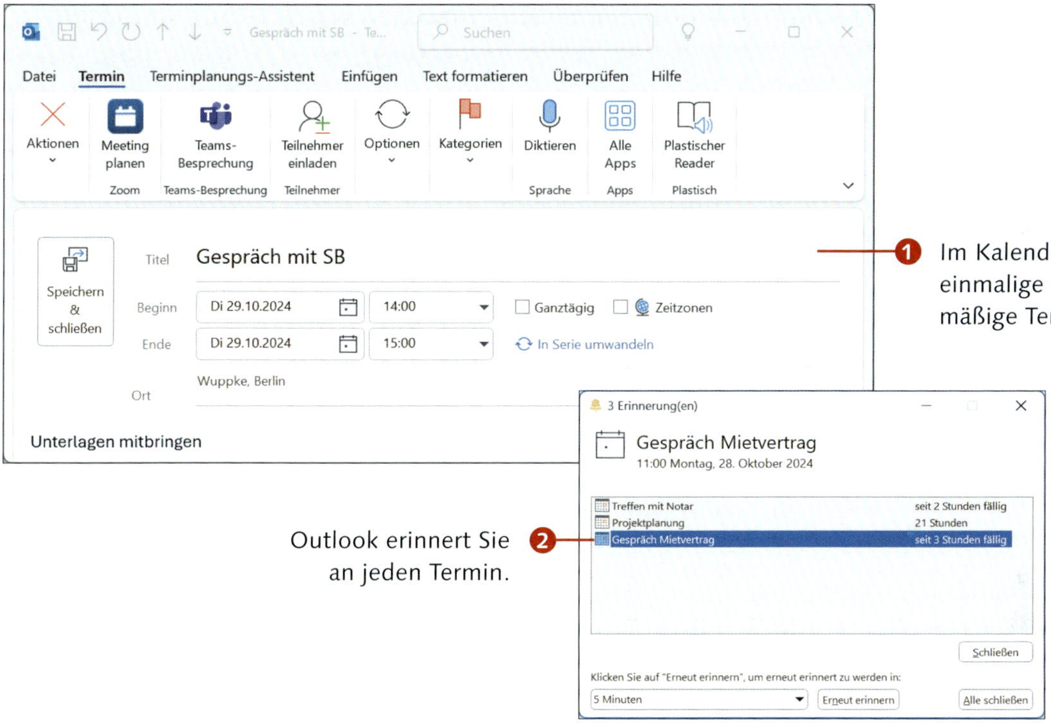

1 Im Kalender tragen Sie einmalige oder regelmäßige Termine ein.

Outlook erinnert Sie an jeden Termin. **2**

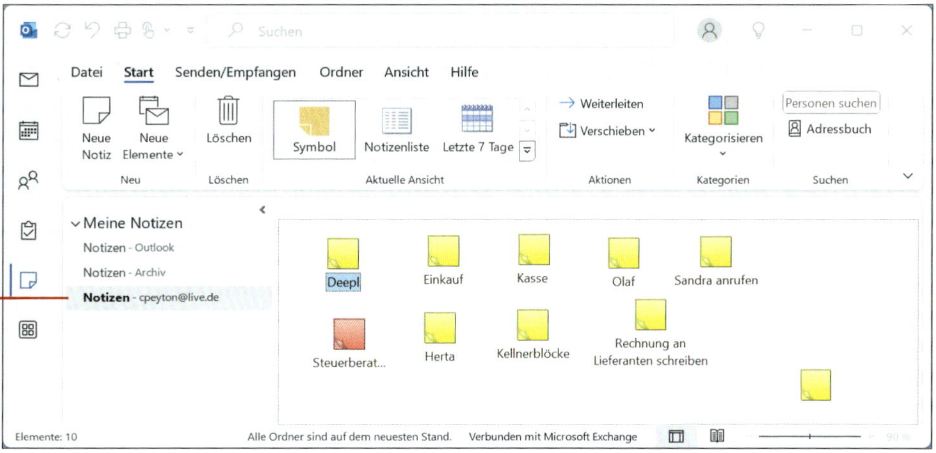

Auch Notizen gehen in Outlook nicht verloren. **3**

Termine eintragen, verschieben und löschen

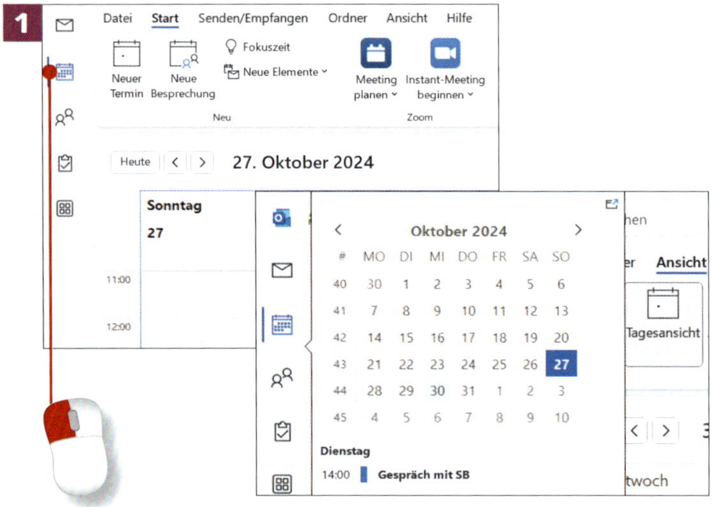

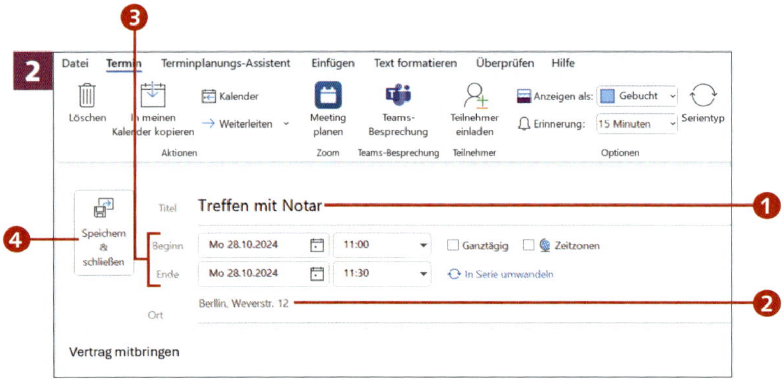

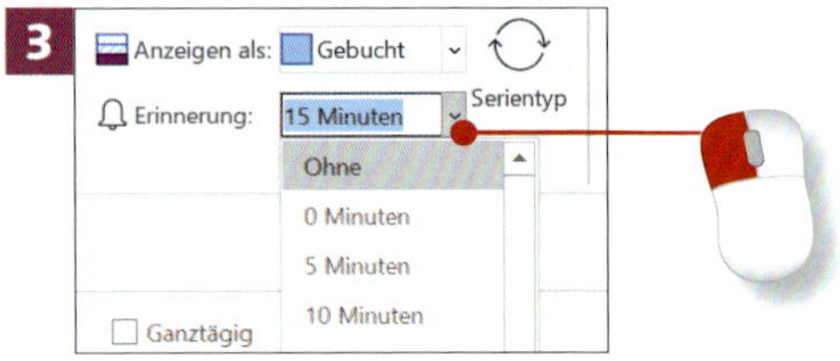

Wenn Sie den Kalender von Outlook nutzen, ist das Eintragen von Terminen natürlich das A und O.

Schritt 1

Öffnen Sie das **Kalender**-Modul. Wählen Sie das gewünschte Datum im Datumsnavigator (erscheint beim Überfahren des Symbols) und klicken Sie unter **Start** oder im Kontextmenü auf **Neuer Termin**.

Schritt 2

Das Fenster **Termin** öffnet sich. Füllen Sie zuerst die Zeilen **Titel** 1 und **Ort** 2 aus. Dann legen Sie über die Felder **Beginn** und **Ende** 3 die Dauer des Termins fest. Im Textbereich können Sie weitere Informationen zu diesem Termin festhalten.

Schritt 3

Brauchen Sie diese Erinnerung nicht, wählen Sie im Menü der Schaltfläche **Erinnerung** die Option **Ohne**. Klicken Sie auf **Speichern & Schließen** 4.

Kalender anzeigen

Sobald Sie auf das Kalender-Symbol zeigen, erscheint der Datumsnavigator. Praktischer ist es, im **Ordnerbereich** unter **Layout ▸ Ordnerbereich ▸ Normal** die Kalenderübersicht dauerhaft anzuzeigen.

Schritt 4

Nach Auswahl des Termintags ❺ erscheint der Eintrag im Kalender (Tagesansicht). Weitere Termine fügen Sie per Doppelklick auf die gewünschte Uhrzeit hinzu.

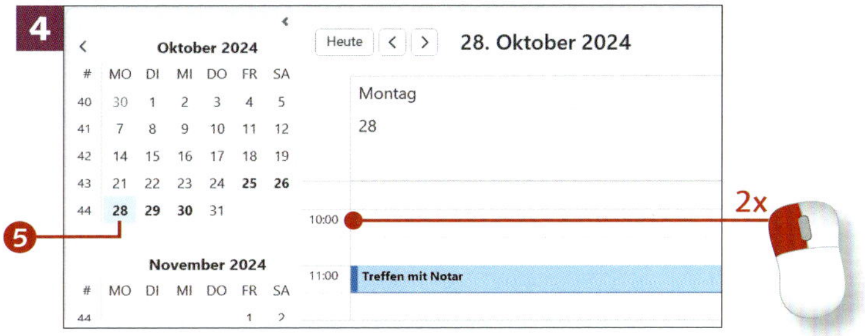

Schritt 5

Geben Sie die Termindaten ein. Überschneidungen werden in den Terminblöcken angezeigt. Termine lassen sich per Drag & Drop auf andere Tage oder Uhrzeiten verschieben.

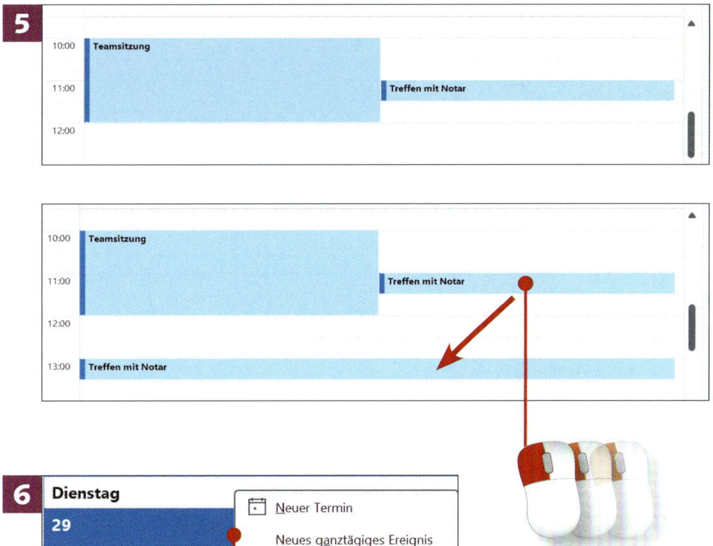

Schritt 6

Für eine langfristige Planung nutzen Sie die Funktion **Gehe zu Datum…** ❻ im Kontextmenü. Im erscheinenden Dialog können Sie direkt das gewünschte Datum und die Ansicht wählen ❼.

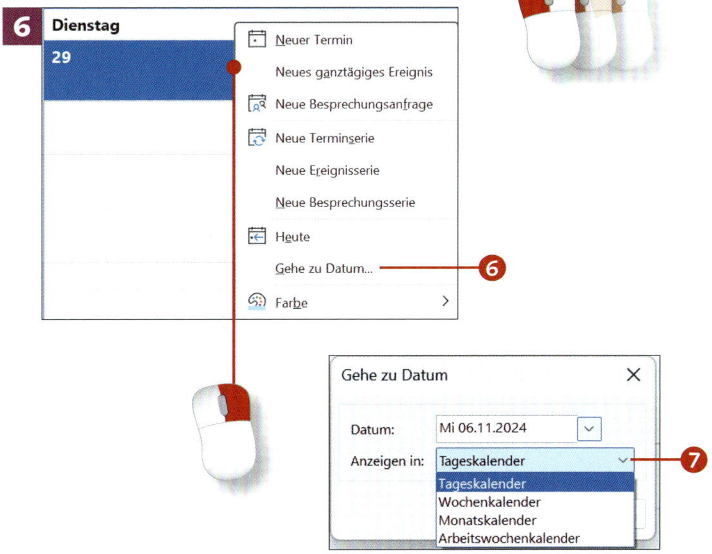

Termine eintragen und löschen

Sie können Termine auch direkt in die Zeile der jeweiligen Uhrzeit eintragen. Und Sie werden einen Termin ganz schnell los: Drücken Sie einfach `Entf`.

Termine nachbearbeiten und weiterleiten

Anders als im klassischen Kalender lassen sich Termine in Outlook einfach bearbeiten.

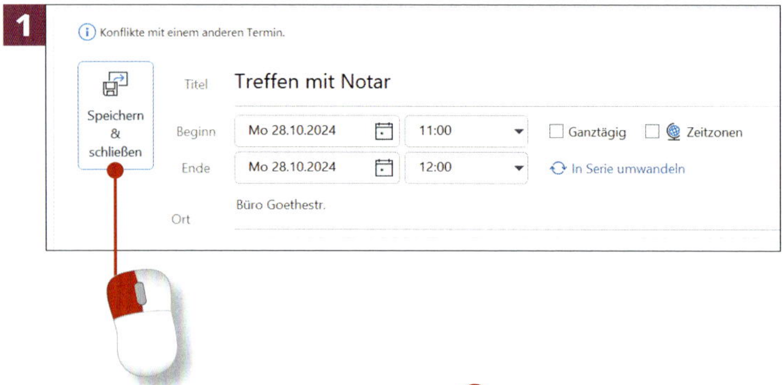

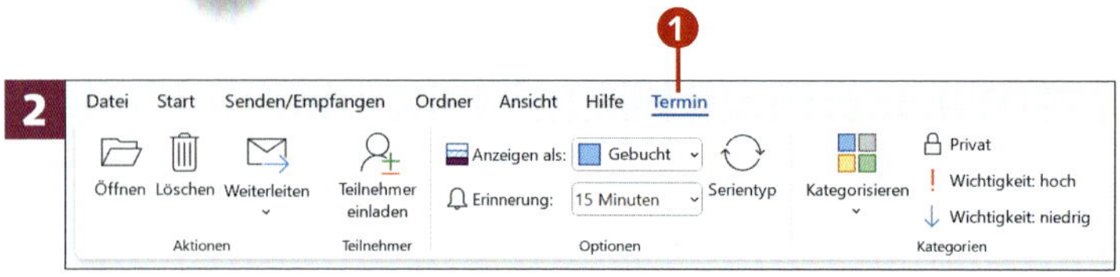

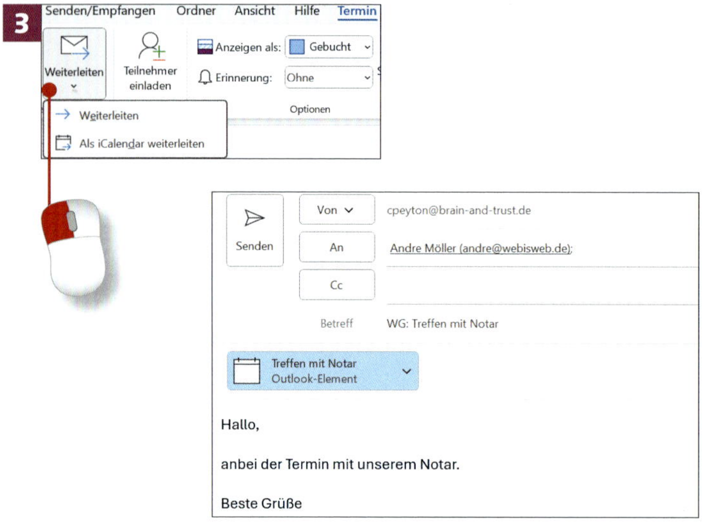

Schritt 1

Um Einträge und Einstellungen eines Termins zu ändern, klicken Sie in der Tagesansicht doppelt auf den Termin und nehmen alle Änderungen in dem bereits bekannten Fenster zur Termineingabe vor. Denken Sie daran, Ihre Änderungen zu speichern.

Schritt 2

Nach Markierung eines Termins erscheint die Registerkarte **Termin** (1) mit verschiedenen Einstellungsoptionen (teilweise auch im Kontextmenü verfügbar).

Schritt 3

Termine können Sie an Kolleg*innen weiterleiten: Wählen Sie unter **Termin ▸ Weiterleiten ▸ Weiterleiten** und versenden Sie den Termin als Mailanhang. Der Empfänger kann alle Details im Terminfenster einsehen.

Tageskalender, Wochenkalender & Co.

Für einen guten Überblick über Ihre Termine bieten sich z. B. die Wochenansicht oder die Monatsansicht an. Sie finden die entsprechenden Symbole auf der Registerkarte **Start** in der Gruppe **Anordnen**.

Schritt 4

Termine lassen sich über **Anzeigen als** mit verschiedenen Status-Markierungen versehen. Ein als **Gebucht** markierter Termin erhält beispielsweise eine blaue Kennzeichnung.

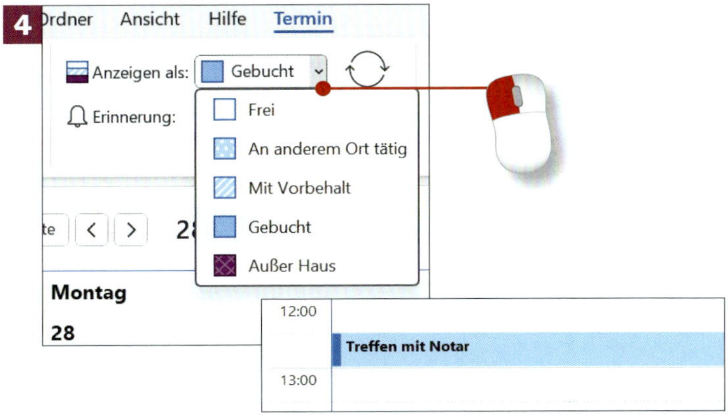

Schritt 5

Bei einem als **Privat** ❸ gekennzeichnetem Termin (sie erhalten in der Übersicht ein kleines Schloss ❹) sind die Details nicht einsehbar, falls Sie Ihren Kalender für andere Personen freigegeben haben.

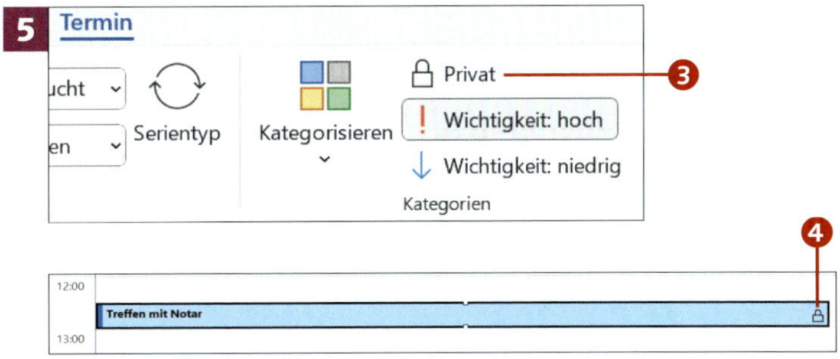

Schritt 6

Termine können kategorisiert werden: Markieren Sie den Termin, wählen Sie **Kategorisieren** und die gewünschte Kategorie. Der Termin erscheint in der entsprechenden Kategoriefarbe.

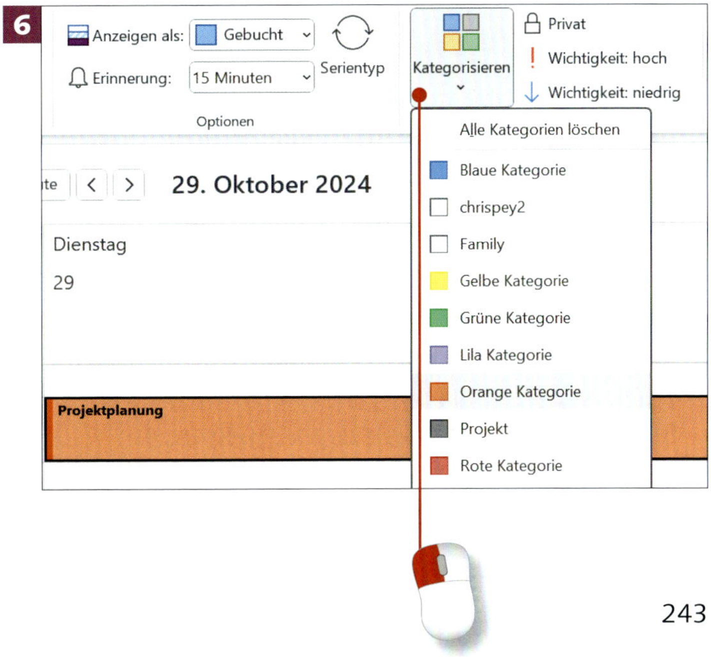

Kategorien

Kategorisierungen zahlen sich besonders aus, wenn Sie eine andere Ansicht wählen (über **Ansicht ändern** auf der Registerkarte **Ansicht**). In der Listenansicht z. B. können Sie die Termineinträge nach Kategorien filtern, d. h. anzeigen lassen oder nicht. Dies schafft mehr Übersichtlichkeit im Terminwust.

Wiederkehrende Termine

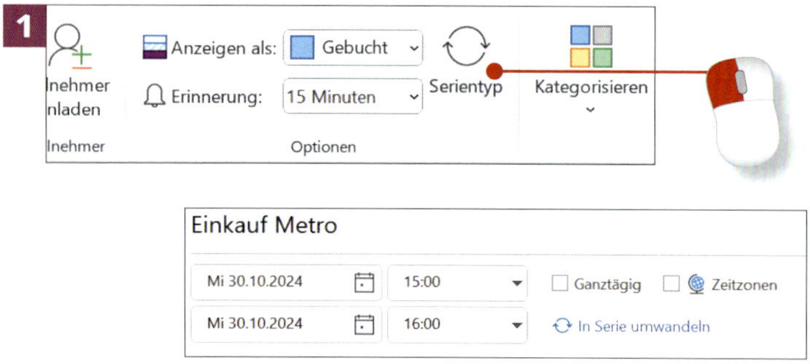

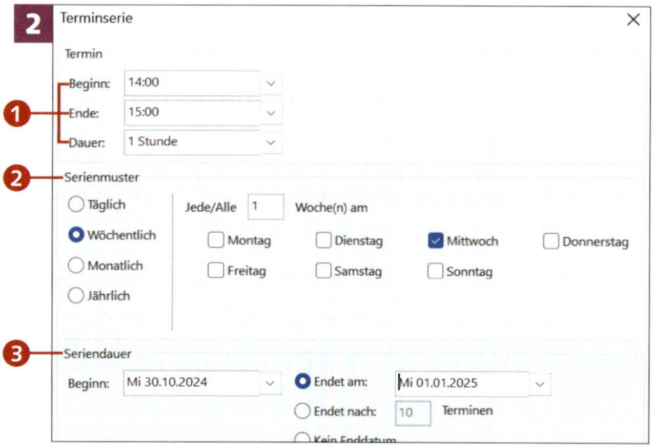

Viele Termine finden regelmäßig statt – auch sie lassen sich leicht festhalten.

Schritt 1

Um eine Terminserie einzurichten, markieren Sie einen bereits existierenden Termin und klicken auf der Registerkarte **Termin** auf **Serientyp**. Bei der Eingabe eines neuen Termins starten Sie wie üblich und klicken dann direkt auf den Link **In Serie umwandeln**.

Schritt 2

Im Dialog **Terminserie** legen Sie die Anfangs- und Endzeit aller Termine fest ❶. Anschließend definieren Sie das **Serienmuster** ❷, z. B., an welchen Tagen der Woche der Termin stattfindet. Unter **Seriendauer** ❸ bestimmen Sie den ersten und den letzten Termin oder die Anzahl der Termine insgesamt.

Schritt 3

Die Termine werden einzeln in den Kalender eingetragen, aber durch einen Kreis aus Pfeilen ❹ gekennzeichnet. Wenn ein einzelner Termin einer Serie verschoben werden muss, klicken Sie ihn doppelt an, um das Terminfenster zu öffnen.

Zeitskala ändern

Wenn der Termin um 15.15 beginnt, ist das ein Fall für die Zeitskala. Aktivieren Sie die Registerkarte **Ansicht** und wählen Sie **Zeitskala**. In der Liste haken Sie z. B. **15 Minuten** an.

Schritt 4

In dem Dialog, der zunächst angezeigt wird, entscheiden Sie sich für die obere Option, da Sie nur den einen Termin ändern möchten. Dann klicken Sie auf **OK**.

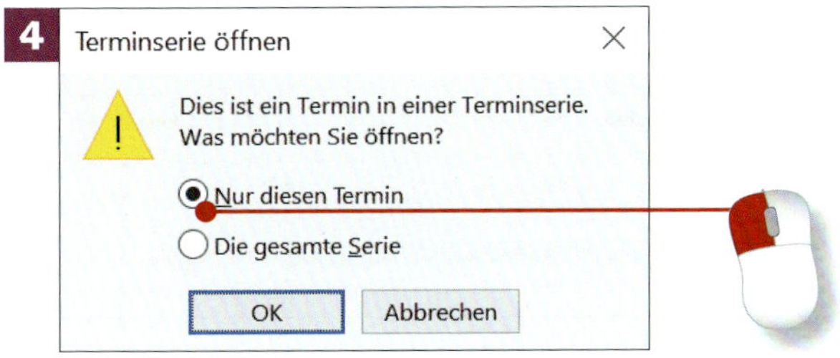

Schritt 5

Anschließend nehmen Sie die Änderungen auf der Registerkarte **Terminserienelement** vor. Ändern Sie z. B. die Anfangszeit ❺, und schreiben Sie eine Notiz in das Textfenster ❻. Vergessen Sie nicht, die Änderungen mit **Speichern & schließen** zu sichern.

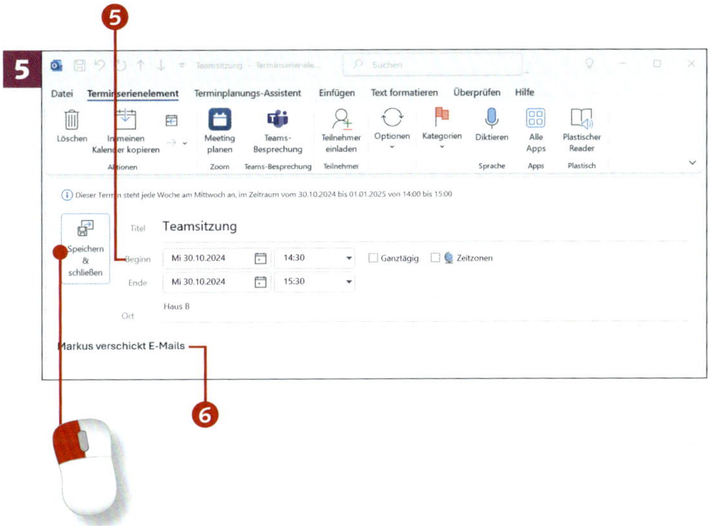

Schritt 6

In der Monatsübersicht (klicken Sie auf der Registerkarte **Start** auf **Monat**) sehen Sie, dass dieser eine Termin jetzt aus der Reihe tanzt ❼. Wenn Sie alle Termine der Serie ändern wollen, verfahren Sie wie beschrieben, nur dass Sie in dem Dialog aus Schritt 4 die untere Option wählen.

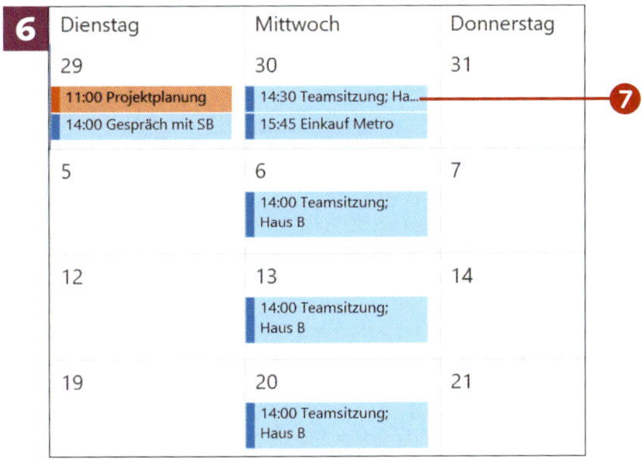

!

Änderungen an der Serie

Wenn Sie einen einzelnen Termin einer Terminserie geändert haben und anschließend eine Änderung an der gesamten Terminserie vornehmen, wird die Änderung des Einzeltermins gelöscht.

Sich an Termine erinnern lassen

Niemand ist davor gefeit, Termine zu vergessen! Outlook hat eine Erinnerungsfunktion, die unserem Gedächtnis auf die Sprünge helfen soll.

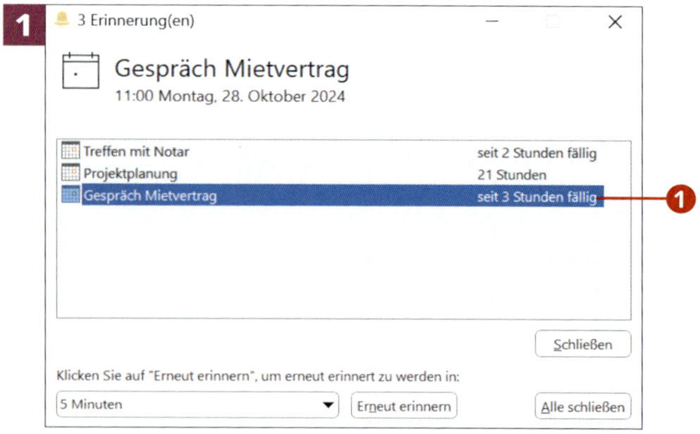

Schritt 1

Wenn Sie Outlook öffnen und Termine mit Erinnerungen vorhanden sind, erscheint ein Dialog, der alle Erinnerungen auflistet. Auch überfällige Termine tauchen hier auf ❶.

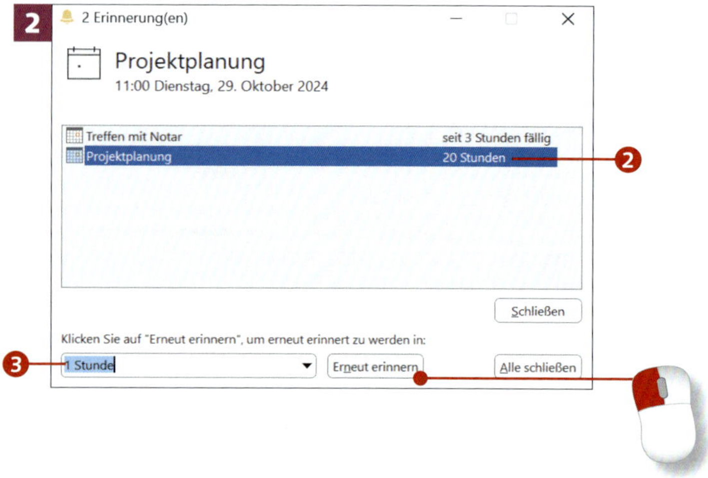

Schritt 2

Wenn Sie sich noch einmal an einen Termin erinnern lassen wollen, markieren Sie ihn in dieser Liste ❷ und entscheiden, wann Outlook Sie wieder erinnern soll ❸. Anschließend klicken Sie auf die Schaltfläche **Erneut erinnern**. Dieser Termin verschwindet vorerst aus der Liste.

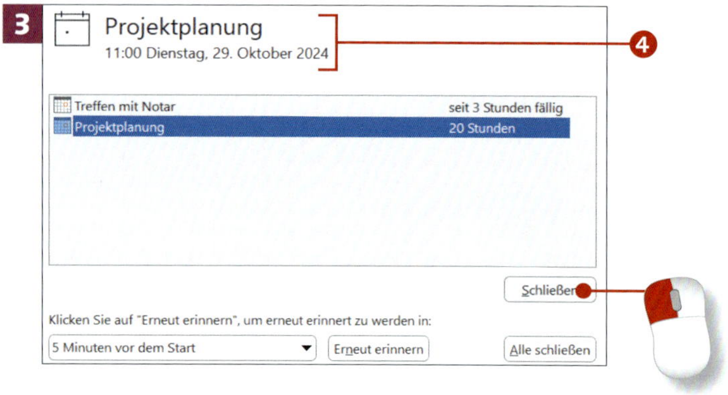

Schritt 3

Wenn Sie nicht erneut an einen Termin erinnert werden möchten, markieren Sie ihn und klicken auf die Schaltfläche **Schließen**. Die Informationen zu dem markierten Termin werden im Kopf des Dialogs ❹ angezeigt.

Schritt 4

Wenn Sie das Terminfenster für eine Erinnerung einsehen möchten, klicken Sie den entsprechenden Termin doppelt an. Anschließend können Sie den Termin bearbeiten; der Eintrag bleibt aber im Erinnerungsfenster bestehen.

Schritt 5

Wenn Sie die Erinnerungen nicht einzeln durchsehen, sondern sie nur loswerden wollen, klicken Sie auf die Schaltfläche **Alle schließen**.

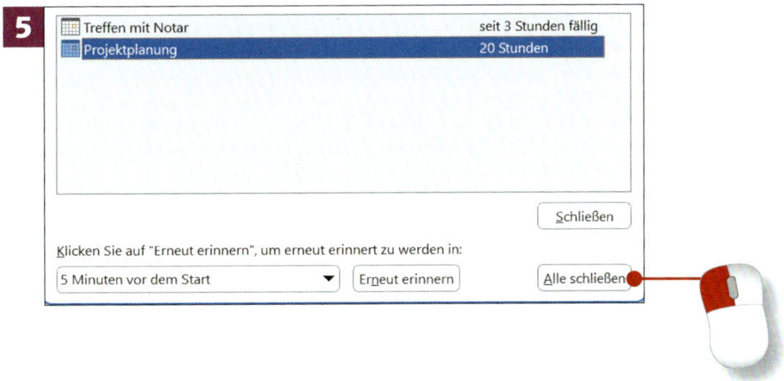

Schritt 6

Falls Sie das Erinnerungsfenster per Schließkreuz versehentlich geschlossen haben, ohne die Erinnerungen geprüft zu haben, können Sie das Fenster erneut aufrufen. Klicken Sie auf der Registerkarte **Start** auf **Fenster** und im Menü auf **Erinnerungsfenster**.

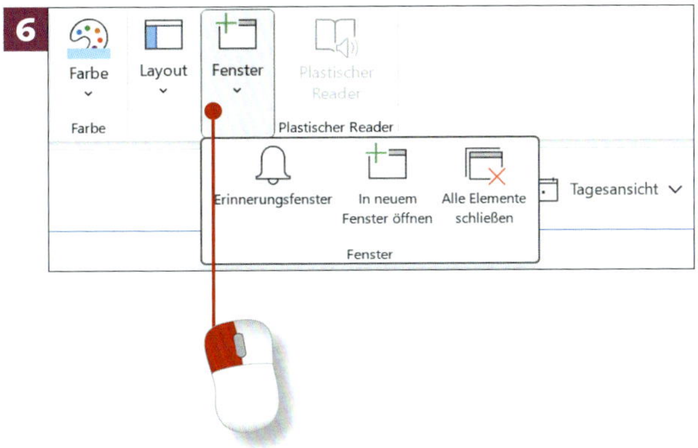

Outlook muss geöffnet sein

Die Erinnerungsfunktion arbeitet natürlich nur, wenn Outlook geöffnet ist!

Sich an Termine erinnern lassen (Forts.)

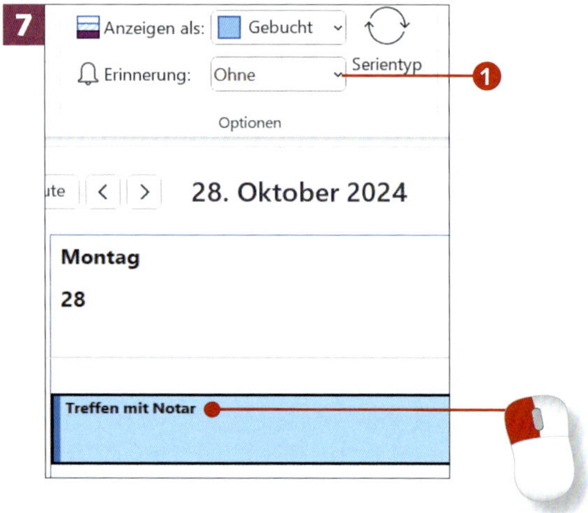

Schritt 7

Eine Terminerinnerung, die Sie versehentlich geschlossen haben, können Sie wieder aktivieren. Markieren Sie den betreffenden Termin. Sie sehen auf der Registerkarte **Termin**, dass die Erinnerung deaktiviert ist (**Ohne** 1).

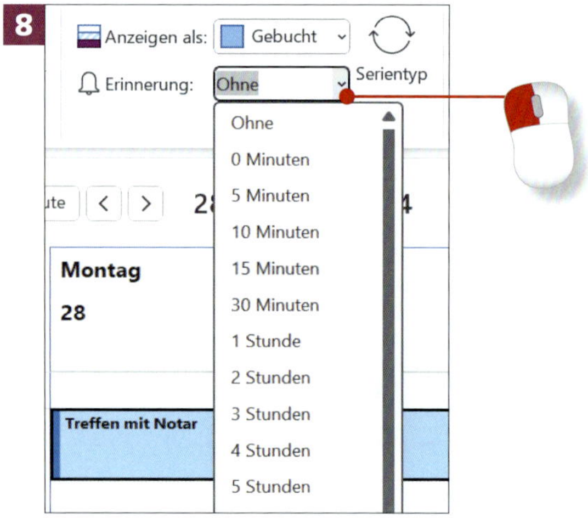

Schritt 8

Stellen Sie in der Auswahlliste der Schaltfläche **Erinnerung** den neuen Erinnerungszeitpunkt ein. Danach wird Outlook Sie wieder auf diesen Termin hinweisen.

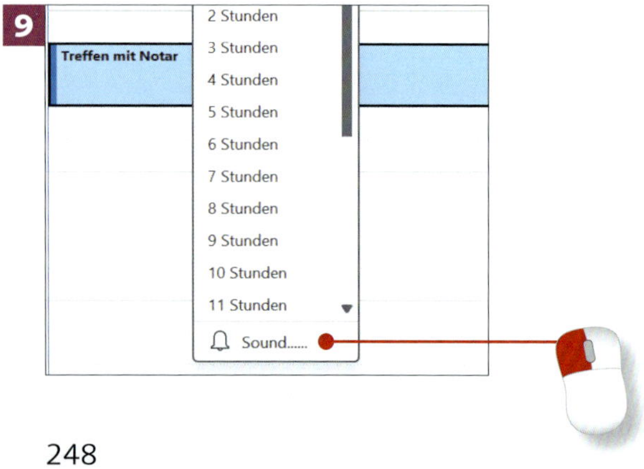

Schritt 9

In der Standardeinstellung spielt Outlook einen kurzen Klang ab. Wenn Sie diesen Sound ändern und z. B. lieber von »Hells Bells« auf einen Termin hingewiesen werden möchten, klicken Sie in der Auswahlliste der Schaltfläche **Erinnerung** auf die letzte Option **Sound**.

Schritt 10

Im Dialog **Erinnerungssound** klicken Sie auf die Schaltfläche **Durchsuchen** und suchen sich im Dialog **Sounddatei zur Erinnerung** eine neue Sounddatei aus.

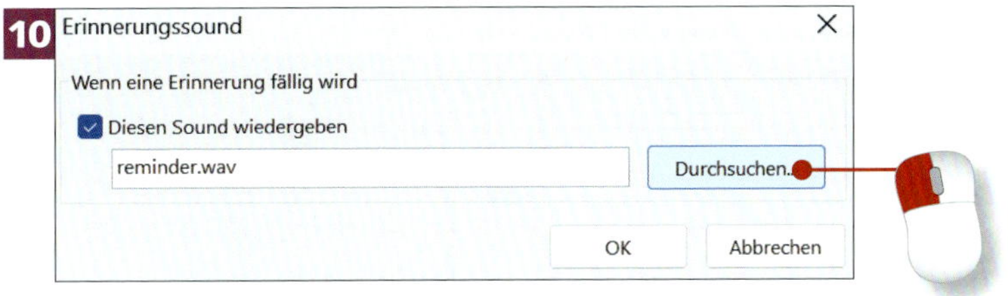

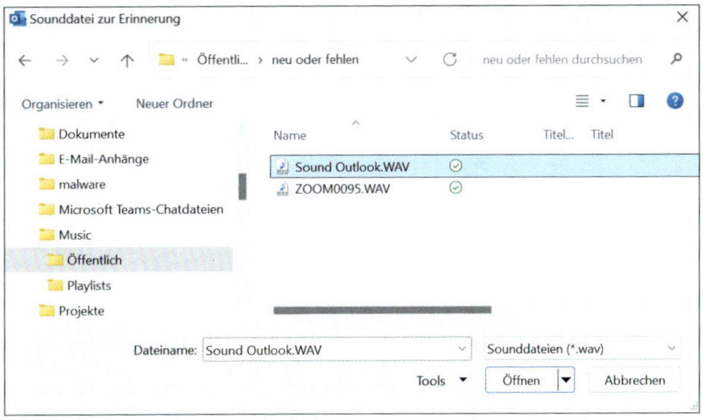

Schritt 11

Für Glockensymbole bei Terminen mit Erinnerung gehen Sie zu **Datei ▸ Optionen ▸ Kalender** und aktivieren **Glockensymbol für Termine und Besprechungen mit Erinnerungen im Kalender anzeigen**.

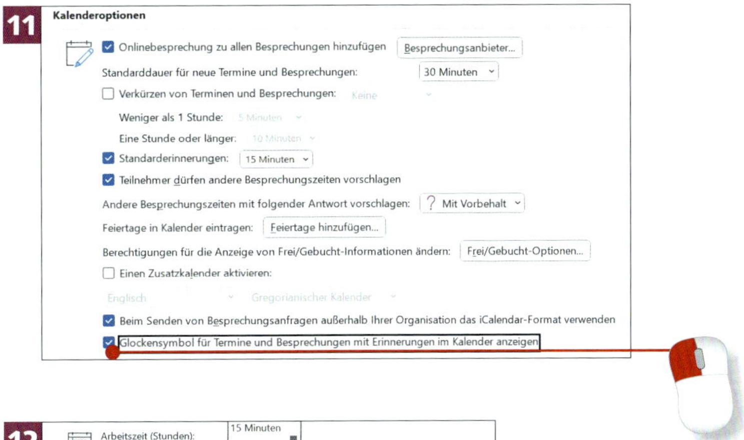

Schritt 12

In der Standardeinstellung werden alle neuen Termine mit einer Erinnerung von 15 Minuten vor Terminbeginn ausgestattet. Möchten Sie diesen Standard ändern, deaktivieren Sie die Option **Standarderinnerungen**, oder wählen Sie im Feld daneben eine andere Zeitspanne.

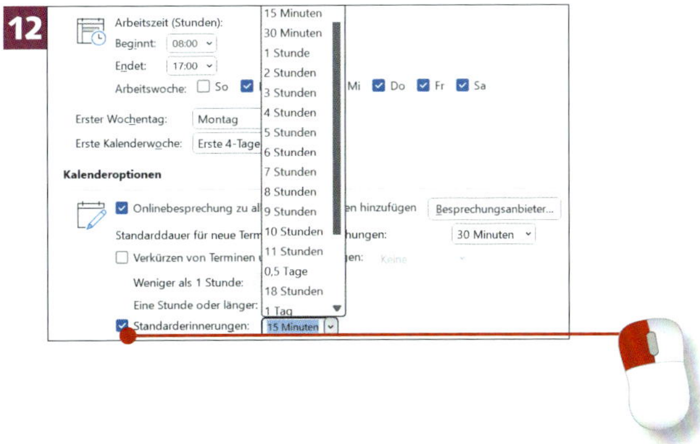

Outlook-Optionen

Generell bieten die Outlook-Optionen in der Kategorie **Kalender** eine Menge Einstellungsmöglichkeiten. Sie finden hier z. B. die Schaltfläche **Feiertage hinzufügen** oder können Wochennummern im Datumsnavigator anzeigen lassen.

Eine Notiz anlegen

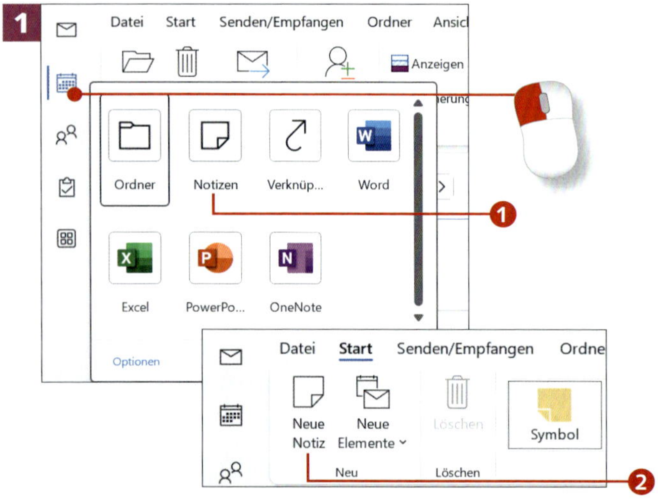

Jeder kennt die kleinen gelben Zettel, die man als Gedächtnisstütze oder Notiz auf dem Schreibtisch verteilen kann. Nutzen Sie sie auch in Outlook!

Schritt 1

Um eine neue Notiz anzulegen, klicken Sie in der linken Leiste auf das Symbol **Weitere Apps** und dann auf **Notizen** ❶. Anschließend klicken Sie auf der Registerkarte **Start** oder im Kontextmenü auf **Neue Notiz** ❷.

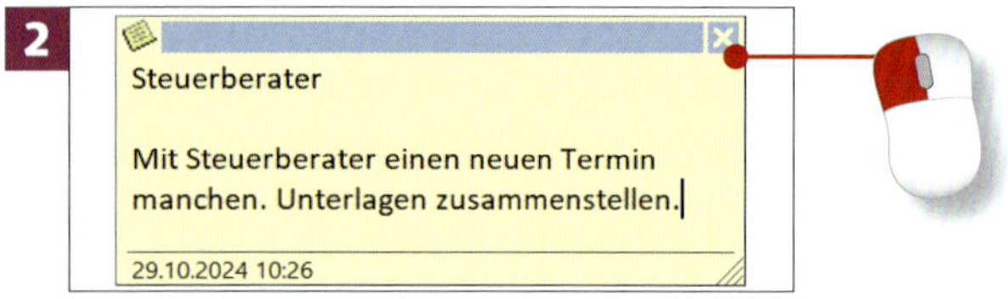

Schritt 2

Ein kleines Notizblatt wird geöffnet. Hier geben Sie einfach den Text Ihrer Notiz ein. Sobald Sie das Fenster mit dem Schließkreuz schließen, wird die Notiz gespeichert.

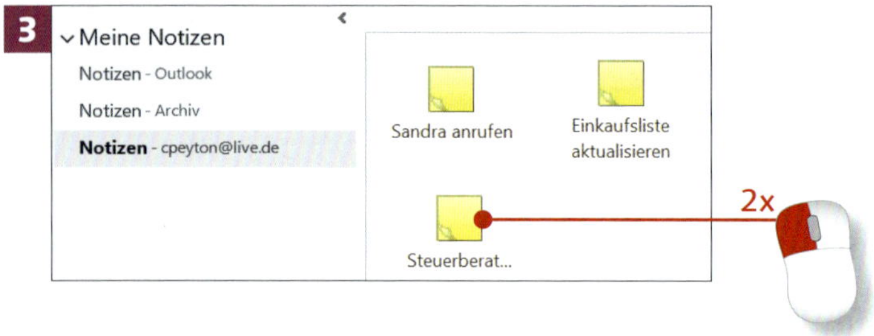

Schritt 3

In der Ansicht **Symbol** werden die Notizen als kleine Bildchen angezeigt. Die erste Zeile der Notiz erscheint unter dem Symbol. Um eine Notiz zu öffnen, klicken Sie sie doppelt an.

Notizzettel verändern/verschieben

Die Notizzettel sind kleine Bildchen, die Sie so bearbeiten können wie Bilder sonst auch. Sie können sie mit gedrückter Maustaste verschieben und geöffnete Notizen in der Größe verändern. (Ziehen Sie dazu an den Rändern oder Ecken.)

Schritt 4

Auch die Notizen können Sie farblich kategorisieren. Markieren Sie dazu die Notiz, klicken Sie sie mit rechts an, und wählen Sie im Untermenü der Option **Kategorisieren** die gewünschte Kategorie.

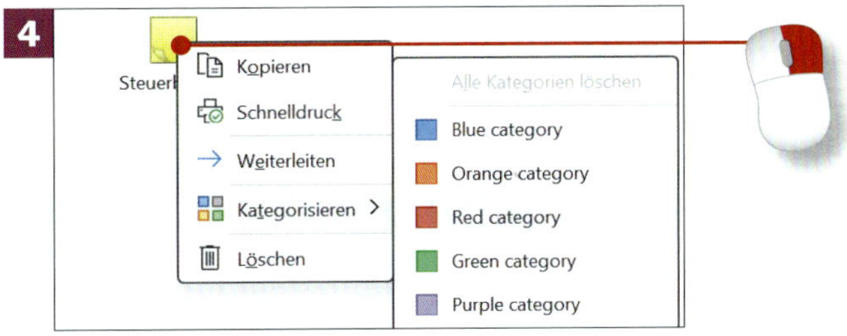

Schritt 5

Klicken Sie auf der Registerkarte **Start** auf **Notizenliste**, um eine tabellarische Übersicht aller Notizen zu erhalten. Die Notizzettel mit Kategorien lassen sich über die Pfeile ein- bzw. ausblenden.

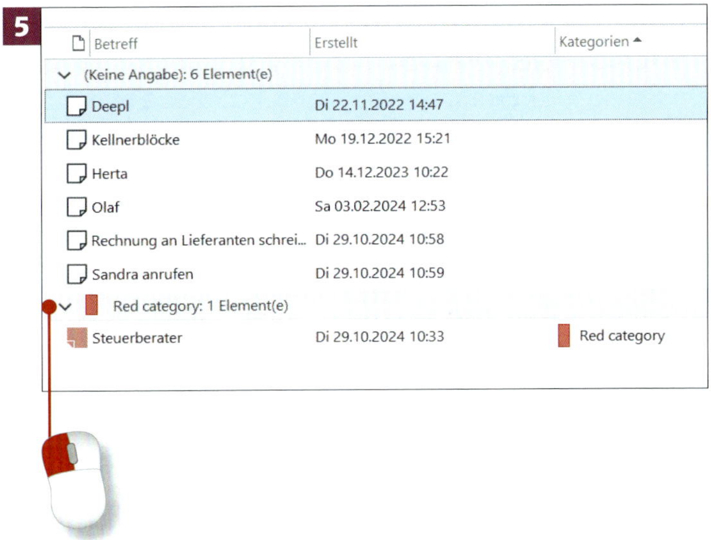

Schritt 6

Wenn Sie eine Menge Notizen angelegt haben, ist die Suchfunktion hilfreich. Geben Sie den Suchbegriff in das Suchfeld ganz oben ein. Schon während der Eingabe werden die ersten Treffer angezeigt, und der Suchbegriff wird in den Notizen hervorgehoben.

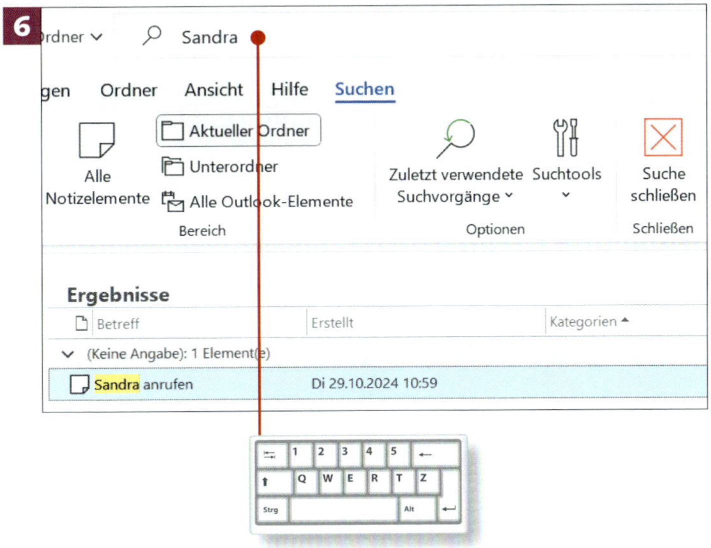

Kapitel 10
Kontakte und Adressen in Outlook verwalten

Outlook bietet neben der E-Mail-Funktion und dem Kalender auch ein Adressbuch für die bequeme Verwaltung all Ihrer Kontaktdaten. Ich beschreibe in diesem Kapitel, wie Sie mit diesem Outlook-Modul umgehen.

Kontaktdaten anlegen

Im Fenster zur Eingabe von Kontaktdaten ❶, das Sie über die Schaltfläche **Personen** öffnen, geben Sie die Details Ihres Kontaktes ein: Name, Adresse, Telefonnummern etc. Auch ein Foto der Person können Sie hinzufügen.

E-Mail an eine Kontaktgruppe

In diesem Abschnitt erfahren Sie, wie Sie eine Kontaktgruppe ❷ anlegen und Mitglieder hinzufügen. Dieser Kontaktgruppe können Sie dann bequem eine E-Mail schicken.

Kontaktdaten ausdrucken

Sie können Ihre Kontaktdaten ausdrucken, sodass Sie sie auch ohne Rechner bei sich haben. Im Dialog **Drucken** ❸ stellen Sie die gewünschten Optionen ein.

Erstellen Sie Ihr Adressbuch bequem in Outlook.

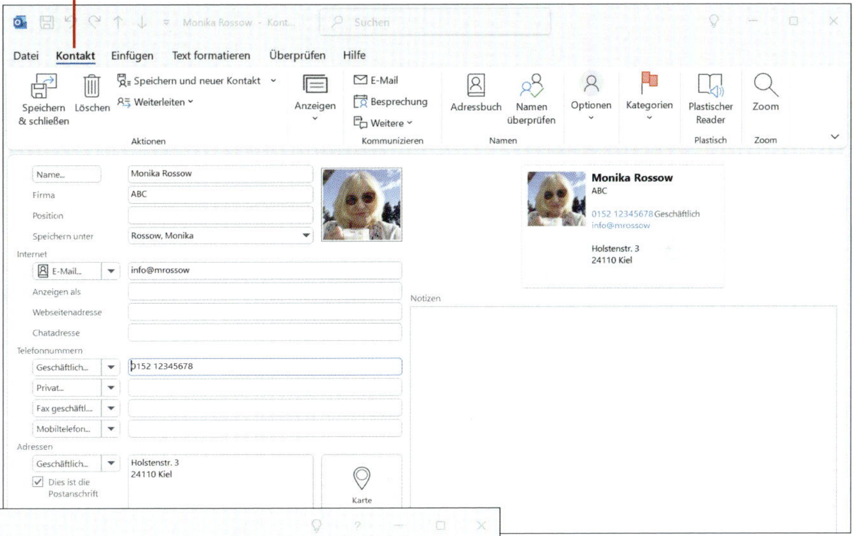

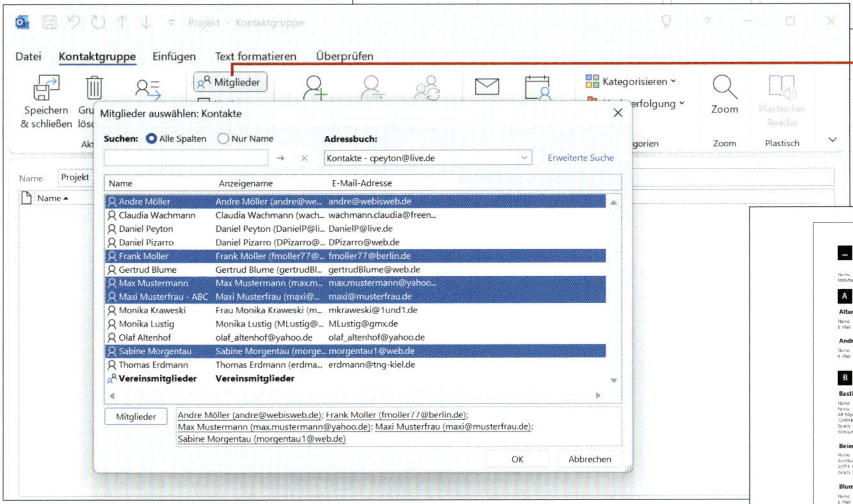

Legen Sie Kontaktgruppen an, und verschicken Sie Ihre E-Mails gleich an mehrere Empfänger.

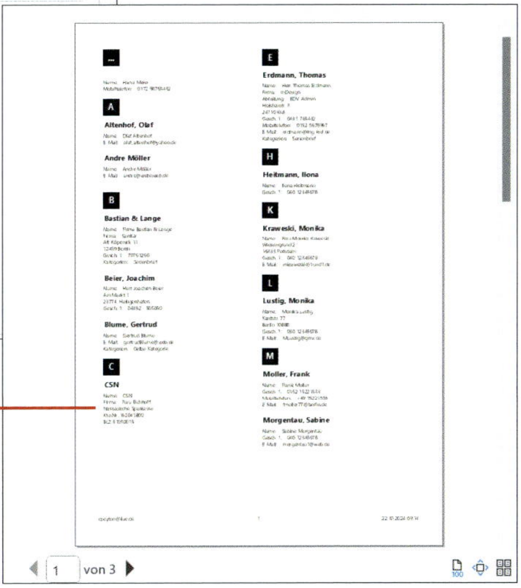

Drucken Sie Ihr Outlook-Adressbuch einfach aus.

Die verschiedenen Ansichten für Kontakte

1

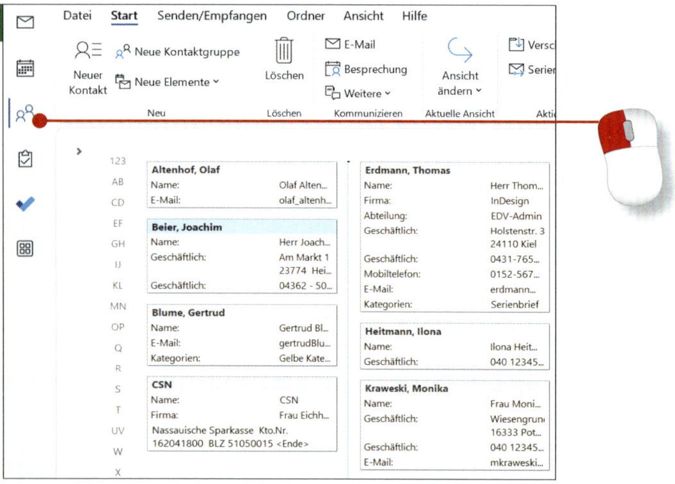

2

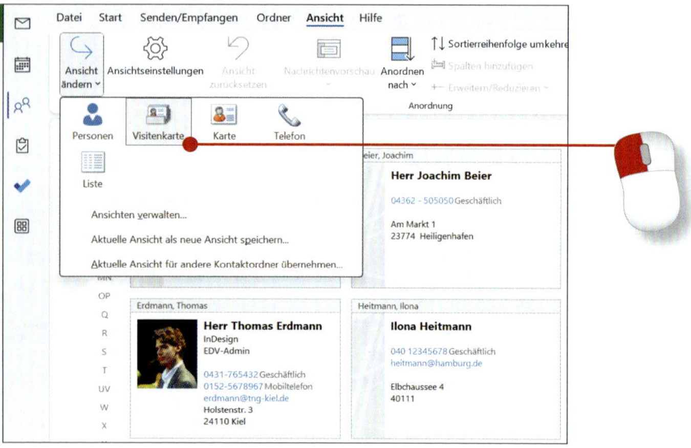

3

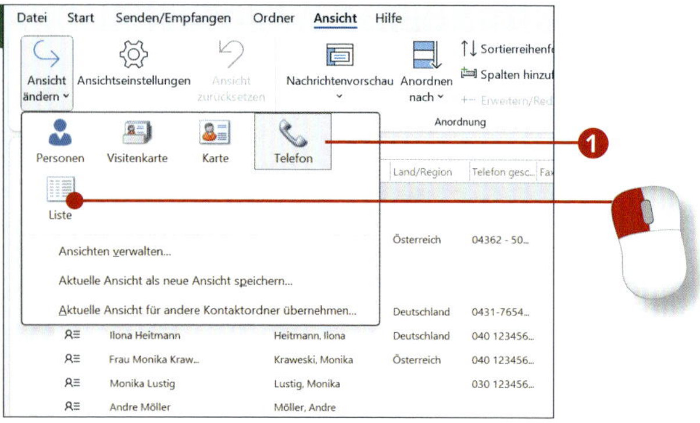

Mit dem Überbegriff »Kontakte« sind in Outlook einfach die Kontaktdaten Ihrer Freunde, Geschäftspartner etc. gemeint. Mit Outlook können Sie diese Daten prima verwalten.

Schritt 1

Sie öffnen das Kontaktfenster mit einem Klick oben links auf das Symbol **Personen**. Im Kontaktfenster tauchen rechts die bisher angelegten Kontaktdaten auf. Die gezeigte Ansicht wird **Karte** genannt.

Schritt 2

Klicken Sie auf der Registerkarte **Ansicht** auf **Ansicht ändern** (oder auf **Ansicht ändern** direkt auf der Registerkarte **Start**). Wählen Sie **Visitenkarte**. Nun werden die Kontaktdaten wie auf Visitenkarten angezeigt. Einige Informationen fehlen hier vielleicht (sie gehören sozusagen nicht auf eine Visitenkarte).

Schritt 3

Klicken Sie im Menü **Ansicht ändern** auf **Liste**. Die Kontaktinformationen werden tabellarisch und gruppiert dargestellt. In der Ansicht **Telefon** 1 werden dagegen einige Adressinformationen ausgeblendet.

Schritt 4

Für einen schnellen Überblick ist die für einen Touchscreen optimierte Ansicht **Personen** passend. Hier werden nur die Namen angezeigt, gegebenenfalls mit einem Bild. (Wie Sie ein Bild ergänzen, erfahren Sie im Abschnitt »Einen neuen Kontakt anlegen« auf Seite 256.)

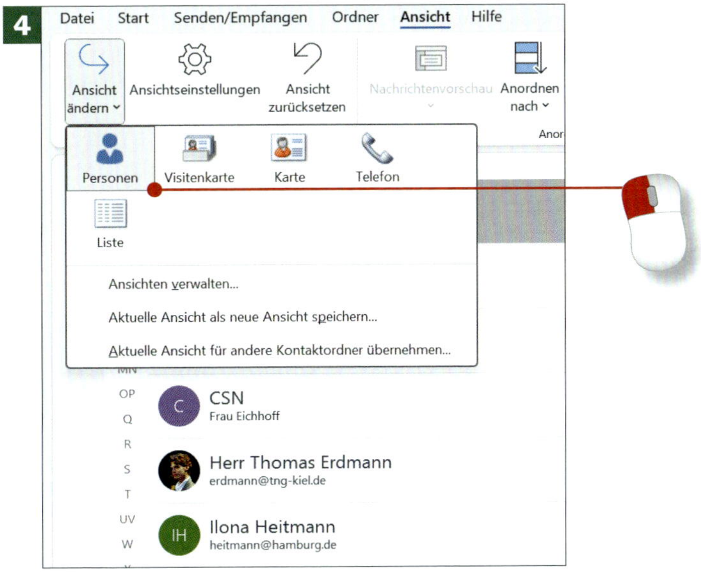

Schritt 5

Sie können die Breite der Spalten in den tabellarischen Ansichten verändern. Setzen Sie den Mauszeiger in der Spaltenüberschrift auf die Trennlinie zwischen den Spalten, und ziehen Sie sie mit gedrückter Maustaste nach rechts oder links.

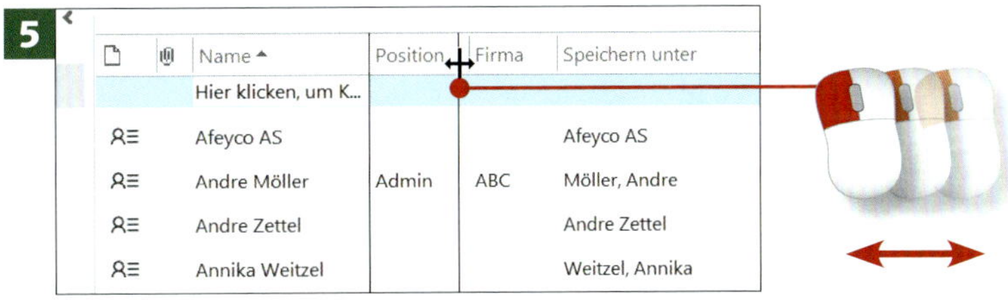

Schritt 6

Wenn Sie den Spaltentitel mit der rechten Maustaste anklicken, öffnet sich das Kontextmenü. Hier finden Sie unter anderem die Befehle zum Entfernen einer Spalte und zur Veränderung der Sortierreihenfolge.

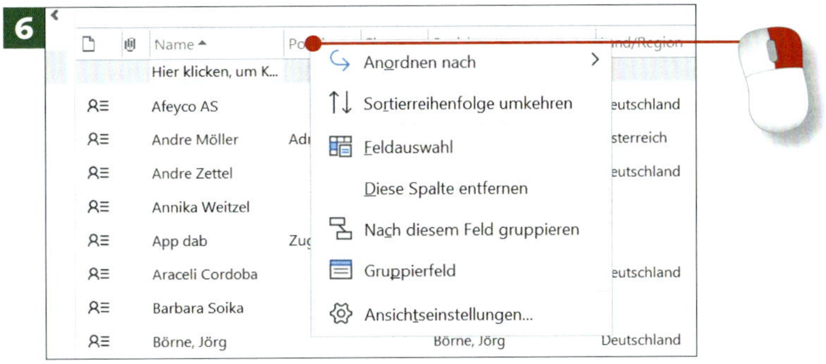

E-Mails an einen Kontakt senden
Sie können direkt aus dem Kontaktmodul heraus E-Mails senden. Dazu markieren Sie den Kontakteintrag und klicken auf der Registerkarte **Start** (je nach Ansicht) auf **Neue Elemente ▸ E-Mail-Nachricht** oder auf das Symbol **E-Mail**.

Einen neuen Kontakt anlegen

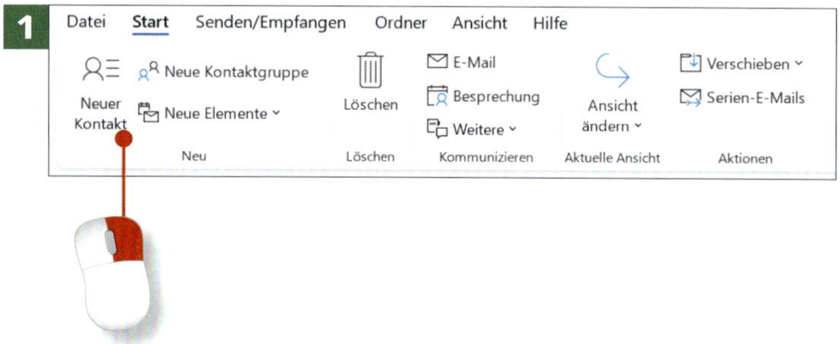

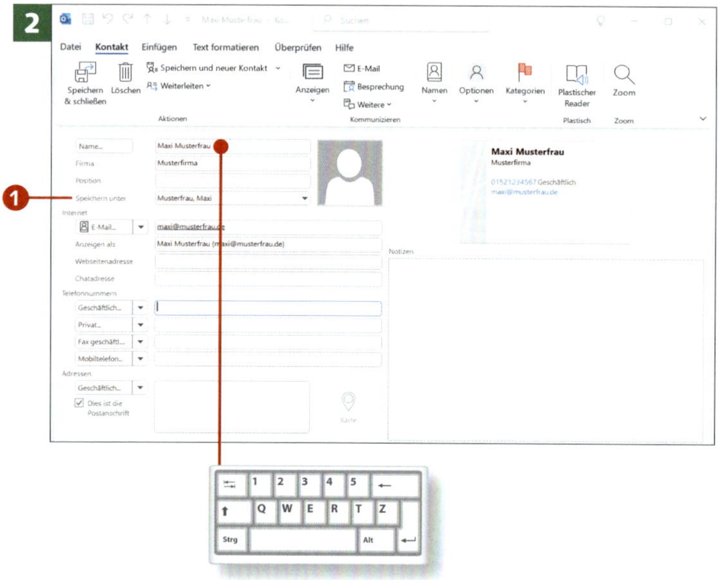

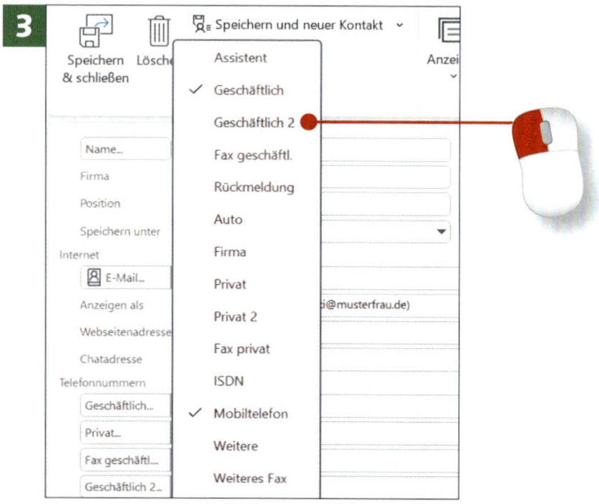

Bevor Sie Outlook-Kontakte sortieren, gruppieren oder durchsuchen können, müssen diese zunächst angelegt werden.

Schritt 1

Klicken Sie im Kontaktmodul auf der Registerkarte **Start** auf **Neuer Kontakt**. Sie können auch mit der rechten Maustaste in das Kontaktfenster klicken und im Kontextmenü **Neuer Kontakt** wählen.

Schritt 2

Ein neues Fenster öffnet sich. Tragen Sie den Namen ein und füllen Sie dann die weiteren Felder aus (natürlich können Sie auch Felder leer lassen). Ob der Kontakt in der alphabetischen Liste unter seinem Vornamen oder Nachnamen gespeichert wird, legen Sie mit dem Pfeil am Feld **Speichern unter** 1 fest.

Schritt 3

Unter **Telefonnummern** können Sie mehrere Nummern eingeben. Um eine zweite Firmennummer einzutragen, klicken Sie auf den Pfeil am Feld **Geschäftlich** und wählen **Geschäftlich 2**. Nun ist das Feld wieder frei, die erste Nummer aber dennoch gespeichert.

Schritt 4

Die eigentliche Adresse geben Sie in dem größeren Feld im Bereich **Adressen** ein. Wenn die eingegebene Adresse auch die klassische Postanschrift ist, haken Sie die entsprechende Option ❷ an.

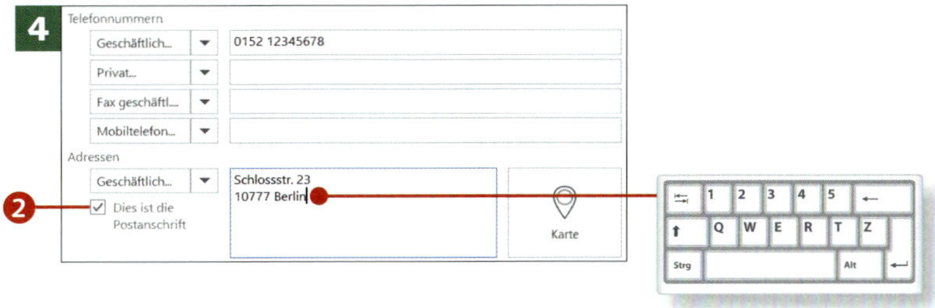

Schritt 5

Sie können ein Foto des Kontakts hinzufügen. Klicken Sie auf den Platzhalter ❸. Daraufhin öffnet sich der Dialog **Kontaktbild hinzufügen**. Wählen Sie das Bild mit einem Doppelklick aus.

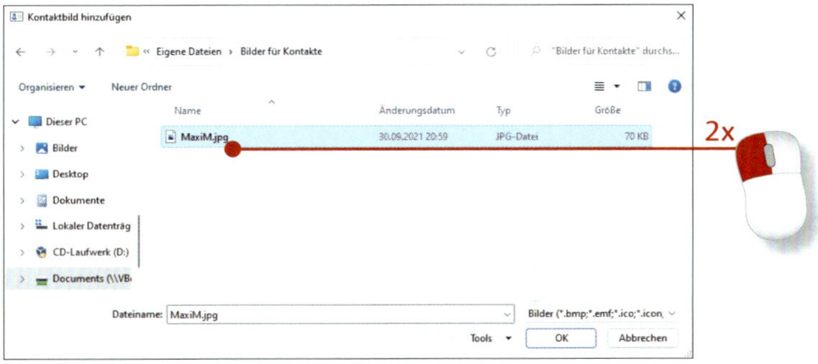

Schritt 6

Das Textfeld rechts eignet sich für weitere Informationen zum Kontakt ❹. Zu guter Letzt speichern Sie Ihre Eingaben. Klicken Sie dazu auf die Schaltfläche **Speichern & schließen**. Nun taucht der neue Kontakt in der Übersicht auf.

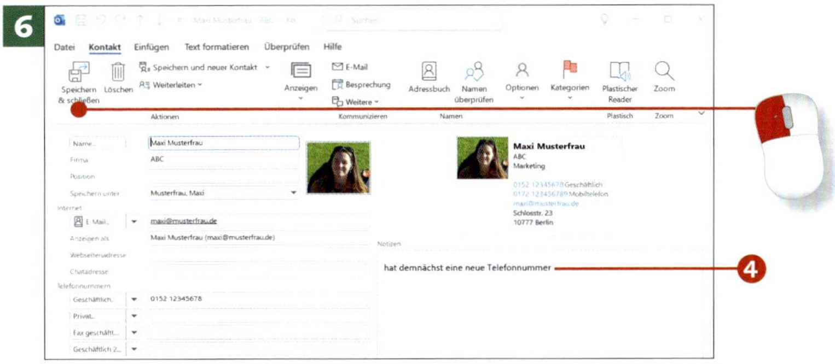

Kontaktangaben weiterleiten

Markierte Kontakte können Sie über **Kontakt weiterleiten** (Registerkarte **Start** oder Kontextmenü) versenden – entweder als universelle Visitenkarte (*.vcf*) oder als Outlook-Kontakt für andere Outlook-Nutzer.

Kontaktdaten ändern

Kontakt- und Adressdaten ändern sich häufig. Veränderungen an den Kontaktinformationen lassen sich aber leicht vornehmen.

1

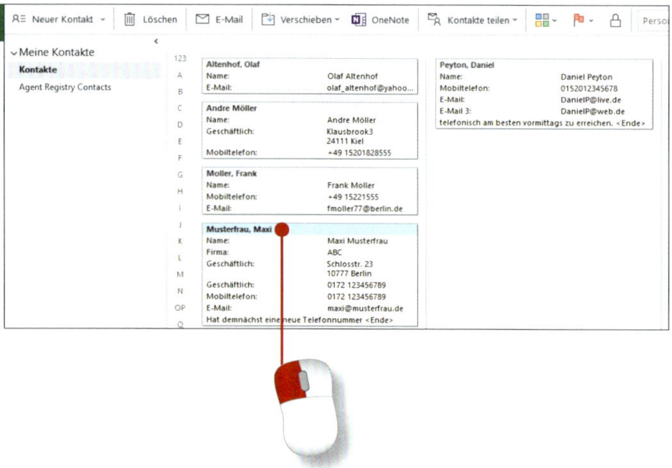

Schritt 1

Um Änderungen an einem Kontakteintrag vorzunehmen, klicken Sie doppelt darauf; dabei ist es nicht relevant, in welcher Ansicht (**Personen**, **Karte**, **Liste**, **Telefon** oder **Visitenkarte**) Sie sich befinden.

2

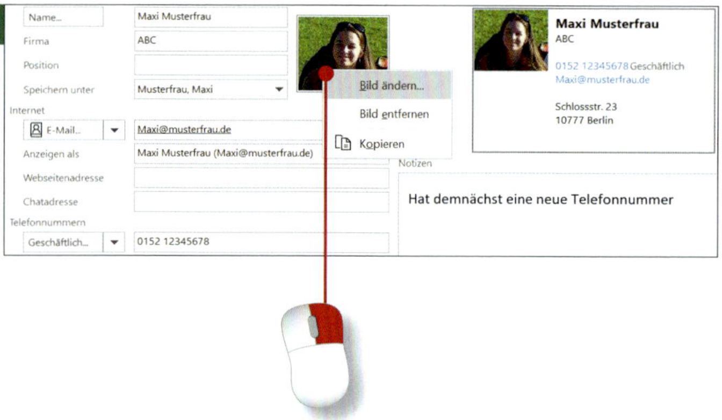

Schritt 2

Das Kontaktfenster wird geöffnet, und Sie können alle Informationen bearbeiten. Wenn Sie z. B. das Bild ändern oder löschen möchten, klicken Sie es mit der rechten Maustaste an und wählen den entsprechenden Befehl aus dem Kontextmenü.

3

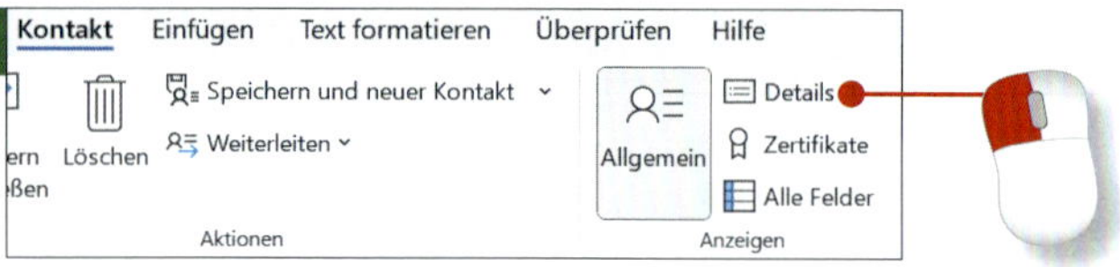

Schritt 3

Um z. B. das Geburtsdatum Ihres Kontakts aufzunehmen, klicken Sie auf der Registerkarte **Kontakt** auf **Details**.

Schritt 4

In der Detailansicht des Kontakts werden zusätzliche Felder angezeigt, auch **Geburtstag**. Sie können das Geburtsdatum eingeben oder es über den kleinen Kalender auswählen.

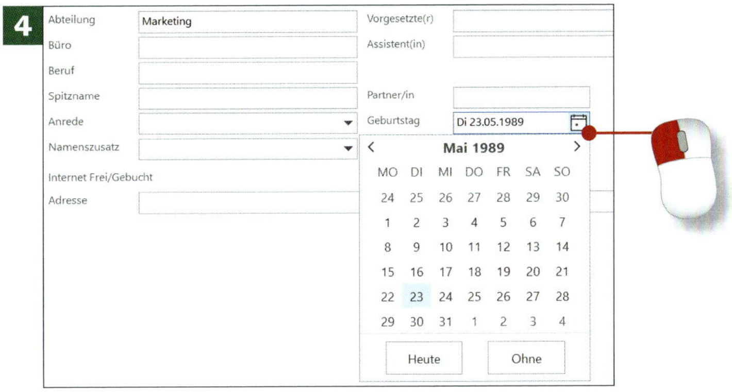

Schritt 5

Hat Ihr Kontakt mittlerweile einen Doktortitel? Dann unterschlagen Sie diesen nicht. Klicken Sie auf den Pfeil am Feld **Anrede**, und wählen Sie hier **Doktor**. Die Anrede wird dann vor dem Namen angezeigt.

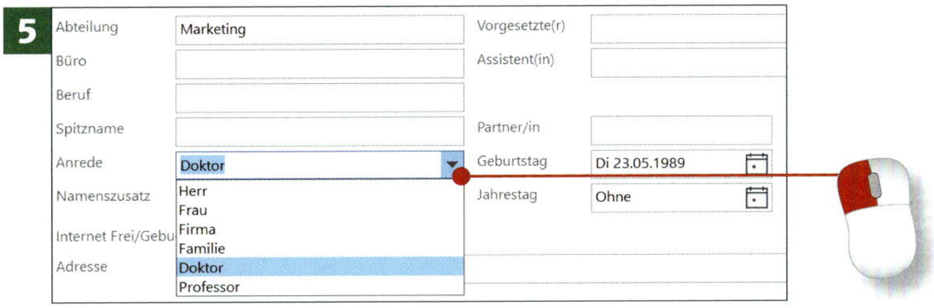

Schritt 6

Von der Detailansicht gelangen Sie zurück zu den primären Informationen, indem Sie auf die Schaltfläche **Allgemein** klicken. Wenn das nicht notwendig ist, können Sie gleich auf **Speichern & schließen** ❶ klicken.

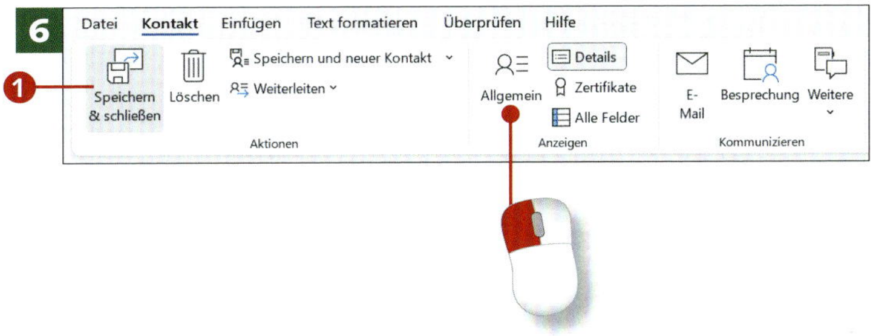

Geburtstage als Ereignis

Alle Geburtstage, die Sie aufnehmen, werden automatisch als ganztägiges Ereignis im Outlook-Kalender angezeigt.

Kontakte sortieren und gruppieren

Je mehr Kontakte Sie sammeln, desto schwieriger wird es, einzelne Kontaktdaten schnell zu finden. Insofern ist es hilfreich, dass Sie die Kontakteinträge in den tabellarischen Ansichten sortieren und gruppieren können.

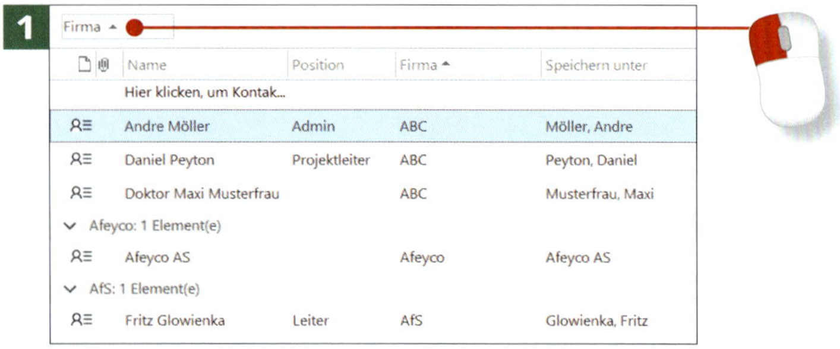

Schritt 1

Wechseln Sie zur Ansicht **Liste**. In der Standardeinstellung sehen Sie hier alle Kontakte gruppiert nach dem Eintrag im Feld **Firma** und dann alphabetisch nach dem Nachnamen sortiert.

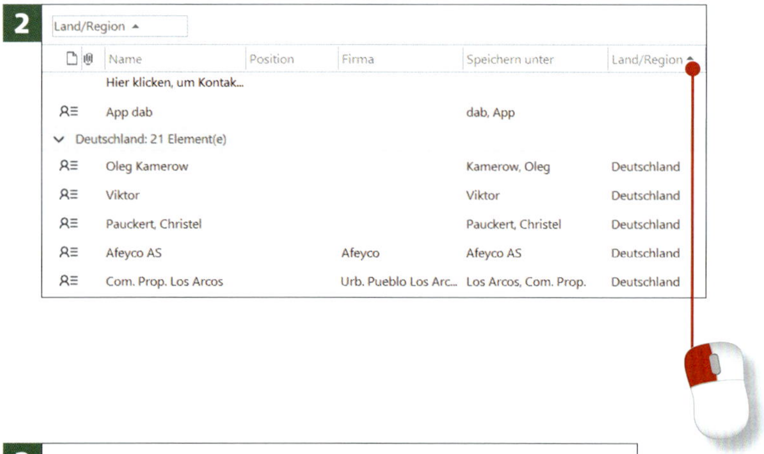

Schritt 2

Wenn Sie die Gruppierung ändern möchten, klicken Sie auf den entsprechenden Spaltenkopf, z. B. auf **Land/Region**. Ein nochmaliger Klick auf den Spaltenkopf kehrt die Reihenfolge innerhalb der Spalte um.

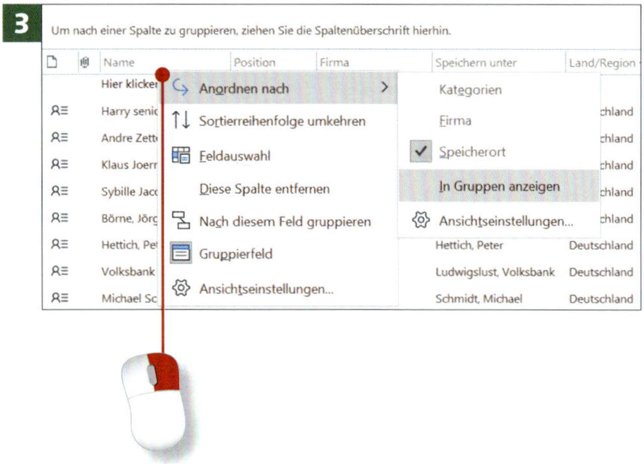

Schritt 3

Um die Unterteilung in Gruppen zu entfernen, klicken Sie mit der rechten Maustaste auf einen der Spaltenköpfe und wählen im Kontextmenü den Eintrag **Anordnen nach**. Im Untermenü deaktivieren Sie die Option **In Gruppen anzeigen**.

Schritt 4

Sie können auch mehrstufige Gruppierungen und Sortierungen durchführen. Klicken Sie dazu mit der rechten Maustaste auf einen Spaltenkopf, und wählen Sie im Kontextmenü den Eintrag **Ansichtseinstellungen**.

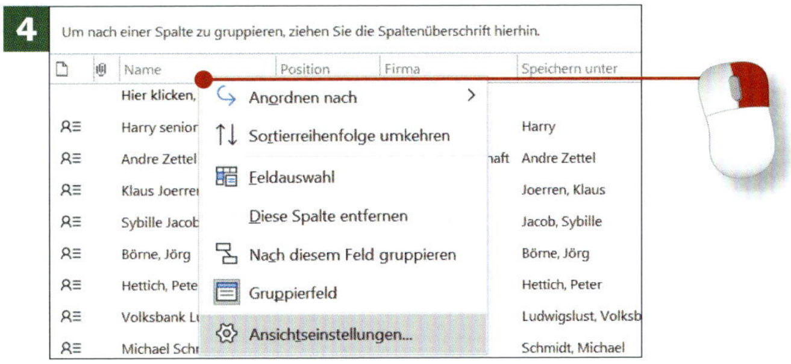

Schritt 5

Im Dialog **Erweiterte Ansichtseinstellungen** klicken Sie auf **Sortieren**. (Wenn Sie anstelle einer Sortierung eine Gruppierung vornehmen möchten, müssten Sie auf **Gruppieren** ❶ klicken.)

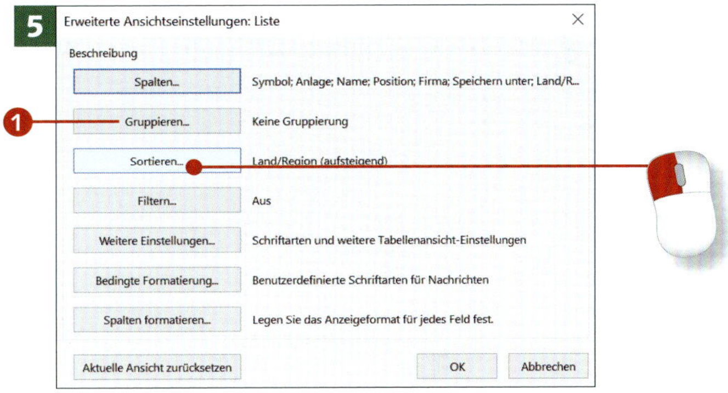

Schritt 6

Im Dialog **Sortieren** wählen Sie die Felder aus, nach denen sortiert werden soll, und legen die Sortierrichtung ❷ fest. Gruppierungen funktionieren analog. Zum Schluss klicken Sie auf **OK**.

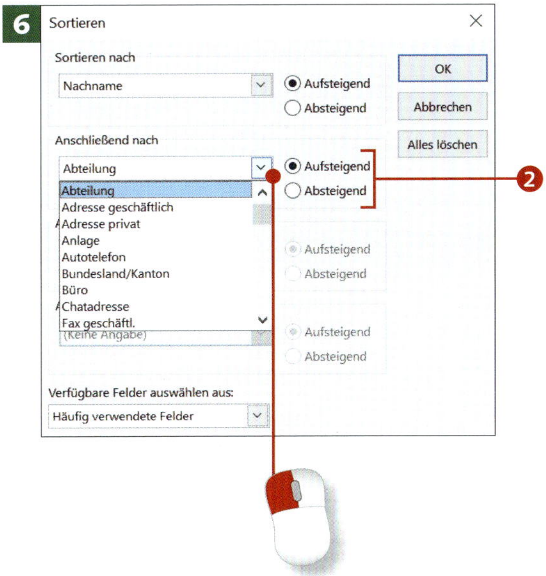

Nach Kontakten suchen

Um schnell Kontakte zu finden, drücken Sie Strg+E (oder klicken direkt in das Suchfeld in der Titelleiste). Die Suche beginnt bereits nach der Eingabe der ersten Zeichen. Um wieder alle Kontakte anzuzeigen, klicken Sie auf das Schließkreuz neben dem Suchfeld.

Eine E-Mail an mehrere Kontakte schreiben

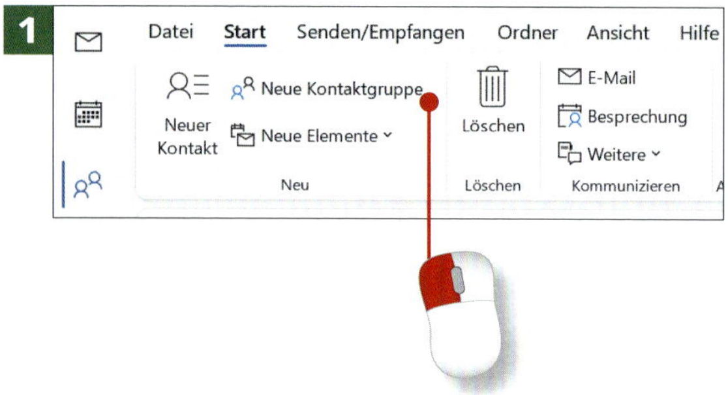

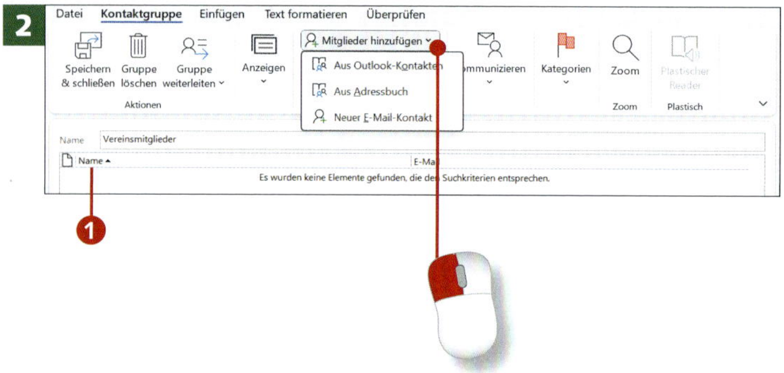

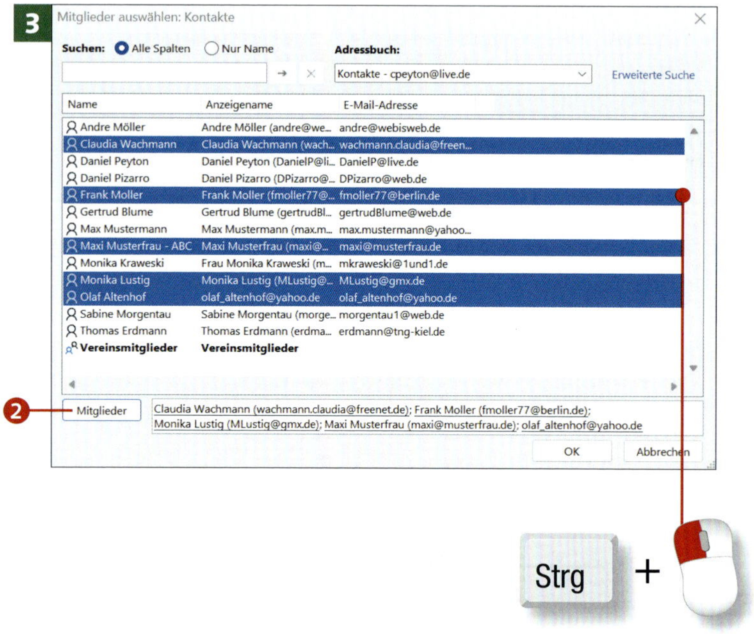

Wenn Sie mehrere Personen zu einer Kontaktgruppe zusammenfassen, genügt ein Mausklick, um alle Empfänger der E-Mail festzulegen.

Schritt 1

Um eine neue Kontaktgruppe anzulegen, klicken Sie auf der Registerkarte **Start** in der Gruppe **Neu** auf **Neue Kontaktgruppe**.

Schritt 2

Im Fenster der Kontaktgruppe geben Sie der Gruppe im Feld **Name** ❶ zunächst einen Namen. Um Mitglieder hinzuzufügen, klicken Sie auf **Mitglieder hinzufügen**. Im Menü wählen Sie den Eintrag **Aus Outlook-Kontakten**.

Schritt 3

Im Dialog **Mitglieder auswählen: Kontakte** sehen Sie alle Kontakte mit E-Mail-Adressen. Markieren Sie alle gewünschten Kontakte mithilfe der Strg-Taste (Mehrfachmarkierung), und klicken Sie dann auf die Schaltfläche **Mitglieder** ❷. Verlassen Sie den Dialog mit **OK**.

Schritt 4

Im Fenster der Kontaktgruppe werden die ausgewählten Mitglieder aufgelistet. Klicken Sie auf **Speichern & schließen**. Die Kontaktgruppen tauchen dann unter den Kontakten auf, in bestimmten Ansichten (z. B. **Karte**) mit einem besonderen Symbol.

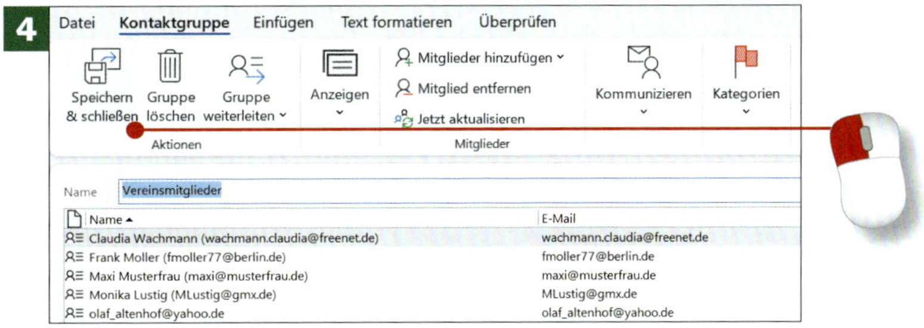

Schritt 5

Um an die Mitglieder dieser Kontaktgruppe eine E-Mail zu schreiben, markieren Sie die Gruppe per Mausklick (egal, in welcher Ansicht) und klicken auf der Registerkarte **Start** auf **E-Mail**.

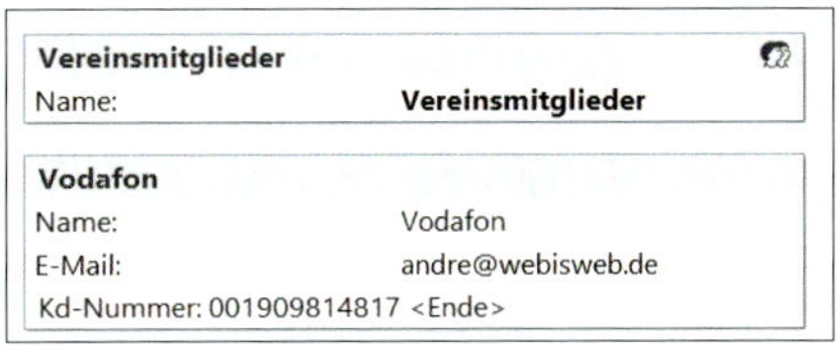

Schritt 6

Das Fenster zum Schreiben von E-Mails wird geöffnet. Im Feld **An** ist die Kontaktgruppe als Empfänger bereits eingetragen. Schreiben Sie Ihren Text, und versenden Sie die E-Mail jetzt wie üblich.

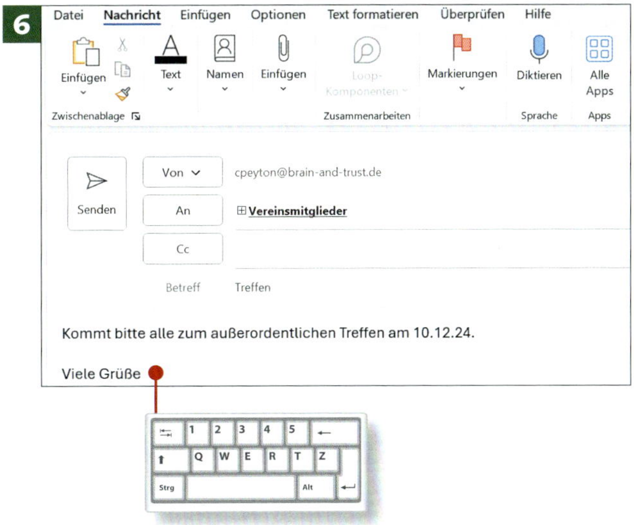

!

Kontaktlisten aktualisieren

Wenn Sie die E-Mail-Adressen der Mitglieder Ihrer Kontaktgruppe ändern, geschieht das nicht automatisch in der Gruppe. Sie müssen die Kontaktgruppe mit einem Klick auf **Jetzt aktualisieren** zunächst auffrischen.

Das Adressbuch ausdrucken

Gelegentlich benötigen Sie Adressen und andere Daten auch auf Papier, etwa wenn Sie ohne Laptop oder andere Kommunikationsmittel unterwegs sind.

1

Schritt 1

Wenn Sie in den Ausdruck des Adressbuchs nicht alle Kontakte aufnehmen wollen, müssten Sie zunächst die gewünschten Kontakte markieren. Denken Sie an die Möglichkeit der Mehrfachmarkierung mithilfe der `Strg`-Taste.

2

Schritt 2

Klicken Sie dann auf **Datei ▸ Drucken**. Im Vorschaubereich des Druckfensters sehen Sie die Auflistung der Kontakte, gruppiert nach Alphabet. (In der Abbildung entspricht die Vorschau der Ansicht **Karte**.)

3
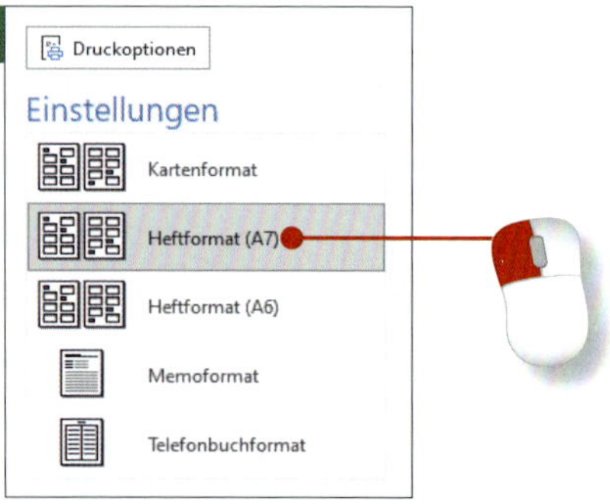

Schritt 3

Wählen Sie im Bereich **Einstellungen** eventuell ein anderes Format aus. In der Ansicht **Karte** stehen fünf Formate zur Verfügung. Im **Heftformat** erhalten Sie einen Ausdruck im Querformat.

Schritt 4

Wenn Ihnen das Layout des Ausdrucks nicht gefällt, ändern Sie zunächst die Ansicht. Gehen Sie also zurück, und wählen Sie beispielsweise als Ansicht **Telefon** (im Menü **Ansicht ändern**). Im Druckfenster steht nun nur das **Tabellenformat** bereit.

4

Schritt 5

Um die Informationen eines einzelnen Kontakts auf Papier parat zu haben, müssen Sie diesen zunächst markieren (egal in welcher Ansicht). Im Druckfenster wählen Sie dann am besten **Memoformat**.

5

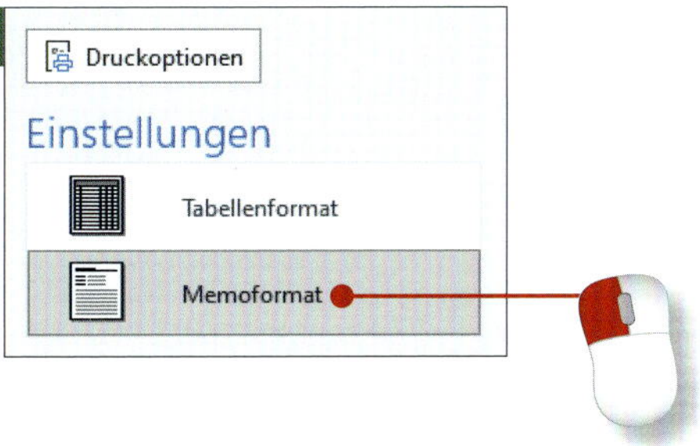

Schritt 6

Achten Sie im Druckfenster auch auf die Schaltfläche **Druckoptionen**. Ein Klick auf sie führt in den Dialog **Drucken**. Hier können Sie auf **Seiten einrichten** klicken, um z. B. die Schriftart zu ändern.

6

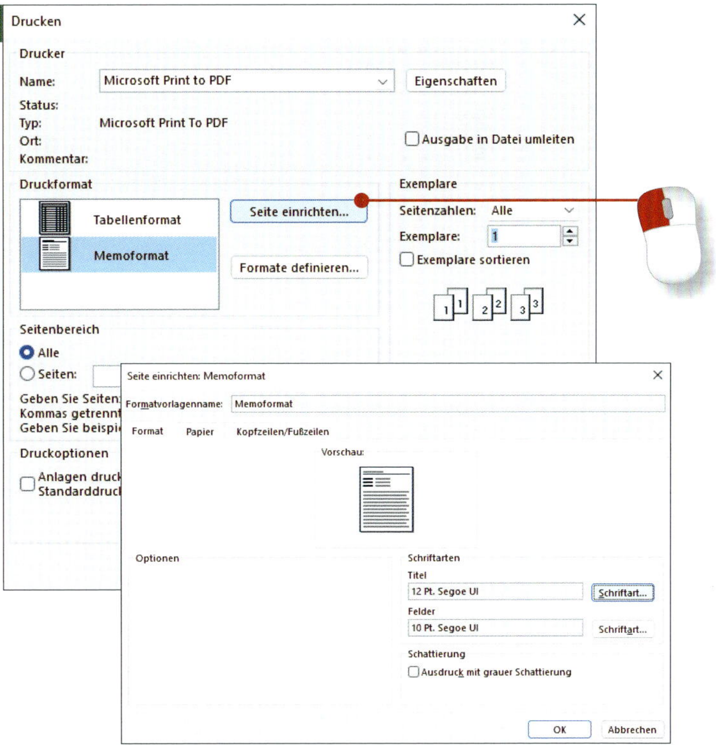

Druckformate

Je nach Ansicht variiert die Auswahl an Druckformaten, die Outlook Ihnen anbietet. Wenn Sie z. B. die Ansicht **Telefon** geöffnet haben, gibt es hier nur **Tabellenformat**.

Adressen exportieren

Sie können Ihre gesammelten Adressen/Kontakte aus Outlook exportieren, sodass sie in einem anderen Format zur Verfügung stehen und weiterverwendet werden können.

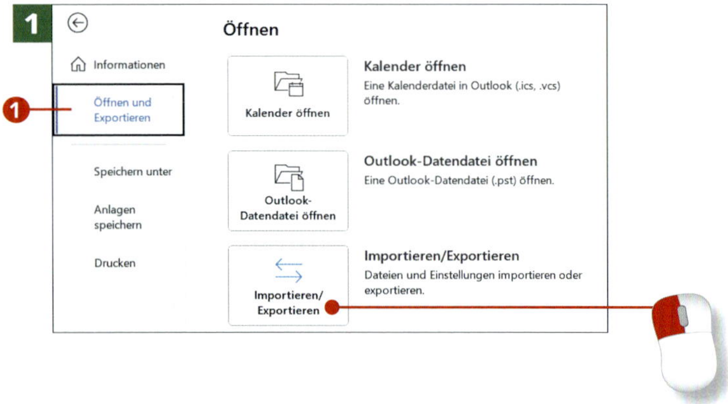

Schritt 1

Öffnen Sie über **Datei** den Backstage-Bereich, und wählen Sie hier **Öffnen und Exportieren** ❶. Klicken Sie auf die Schaltfläche **Importieren/ Exportieren**.

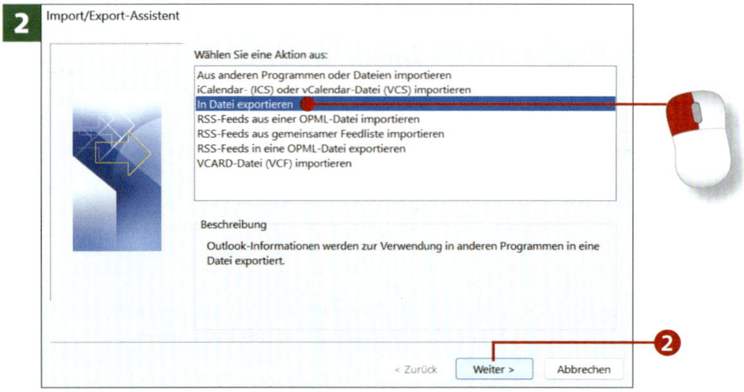

Schritt 2

Im Dialog **Import/Export-Assistent** markieren Sie in der Liste die Auswahl **In Datei exportieren**. Klicken Sie dann auf **Weiter** ❷.

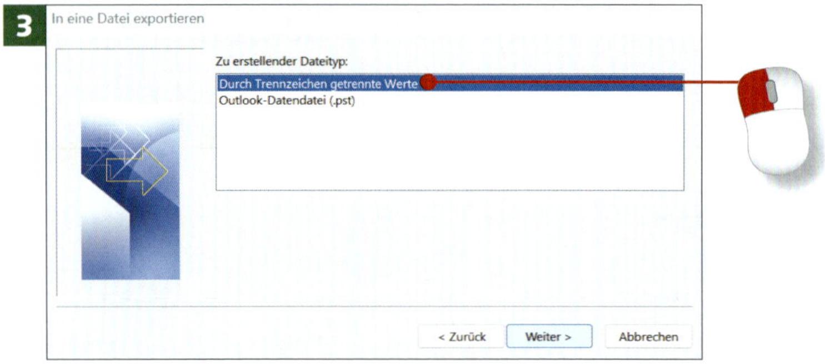

Schritt 3

Wählen Sie im nächsten Dialog den Eintrag **Durch Trennzeichen getrennte Werte**. Klicken Sie dann auf die Schaltfläche **Weiter**.

Schritt 4

Im nächsten Dialog bestimmen Sie, welchen Ordner Sie exportieren möchten. Klicken Sie also auf **Kontakte** und dann auf **Weiter**.

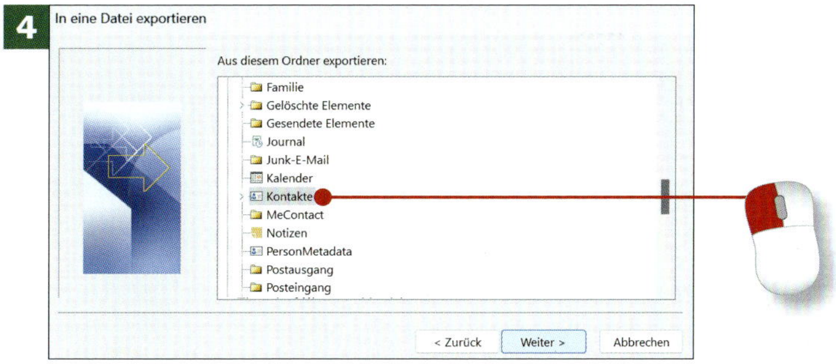

Schritt 5

Legen Sie im letzten Dialog fest, wohin die Daten exportiert werden sollen. Klicken Sie dazu auf die Schaltfläche **Durchsuchen**, sodass Sie den Speicherort und den Namen ❸ für die Exportdatei festlegen und die Datei speichern können. Klicken Sie dann erneut auf **Weiter**.

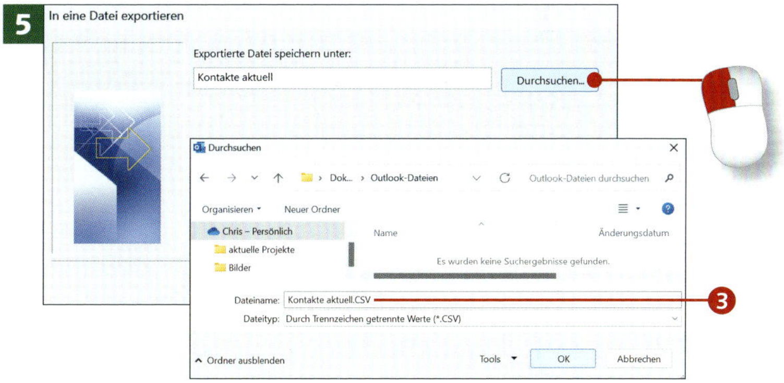

Schritt 6

Zuletzt werden die durchzuführenden Aktionen aufgelistet. Klicken Sie auf **Fertig stellen**. Anschließend wird eine Datei ❹ erzeugt, die Sie z. B. in Excel oder im Editor öffnen können. Erwarten Sie nicht zu viel, es sind eben einfach »durch Trennzeichen getrennte Werte«.

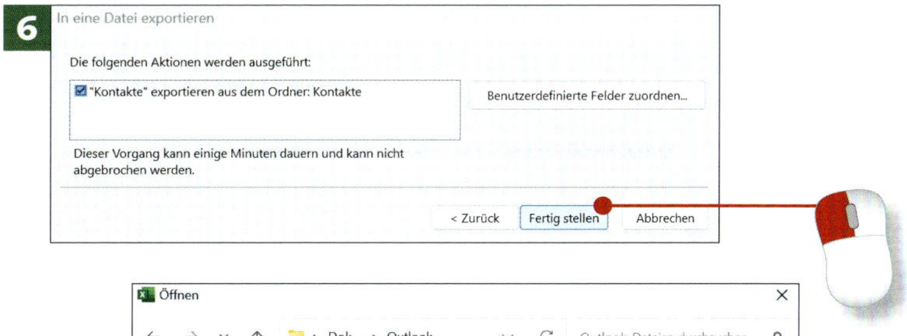

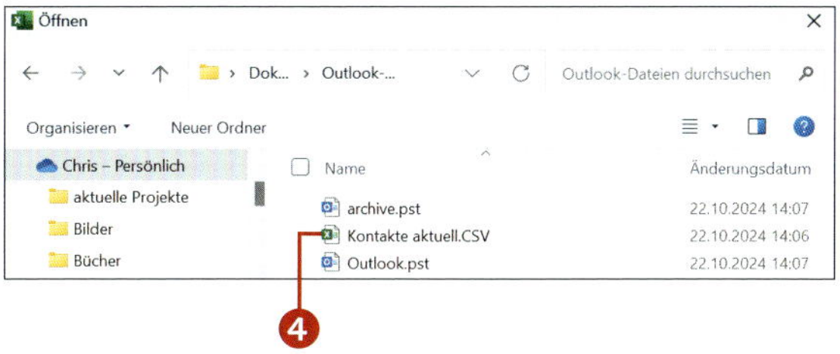

Datei in Excel öffnen

Beim Öffnen der Datei in Excel schaltet sich der *Textkonvertierungs-Assistent* ein. Folgen Sie einfach den Schritten.

Kapitel 11
Mit PowerPoint präsentieren

PowerPoint ist ein Präsentationsprogramm, mit dem Sie Folien erstellen, die in der Regel als Bildschirmpräsentation vorgeführt werden. In diesem Kapitel erfahren Sie unter anderem, wie Sie solche Folien anlegen und bearbeiten, Animationen und Folienübergänge einbinden oder Designs verwenden.

Texte gestalten

Gliedern Sie Ihre Folien, und füllen Sie sie mit Text. Die Textfelder können Sie dann mit den vielen Möglichkeiten der Registerkarte **Format** ❶ gestalten. Weisen Sie z. B. eine Textfüllung, eine Textkontur oder Texteffekte zu.

Folienübergänge

Mit Folienübergängen bestimmen Sie, wie aufeinanderfolgende Folien erscheinen. PowerPoint bietet auf der Registerkarte **Übergänge** ❷ viele Effekte für diese Abfolge, z. B. **Verwehen**, **Schachbrett** oder **Jalousie**.

Schicke Designs für Ihre Folien

Mit den fertigen Designs ❸ können Sie die Folien Ihrer Präsentation im Nu ansprechend gestalten. Der Hintergrund der Designs lässt sich individuell mit den vielen Optionen anpassen, die der Aufgabenbereich **Hintergrund formatieren** anbietet.

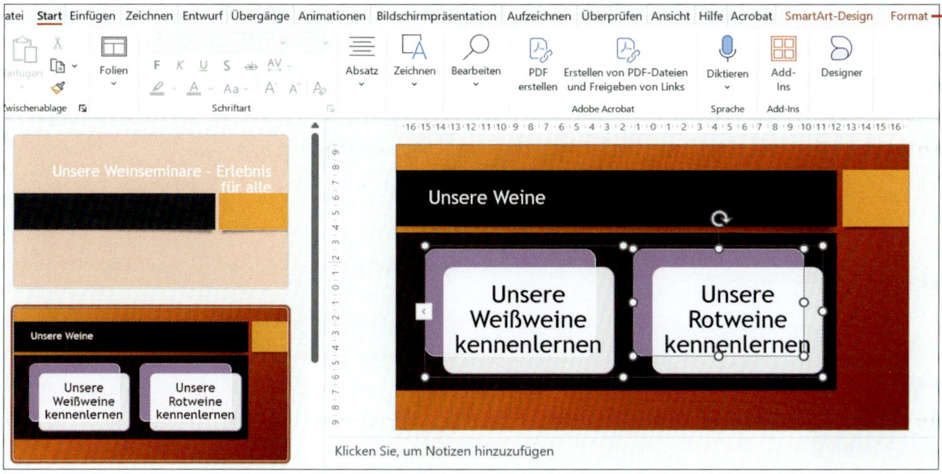

1 Verschönern Sie Ihre Folien mithilfe der Registerkarte **Formformat**. bzw. **Format**.

2 Legen Sie Übergänge für die Folien fest.

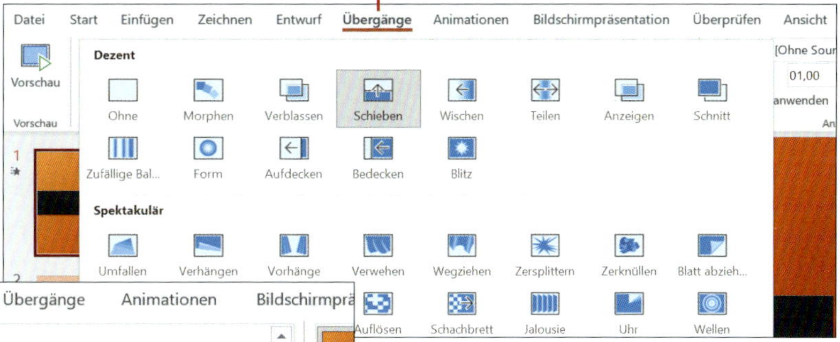

3 Mit Designs gestalten Sie Ihre Folien im Nu.

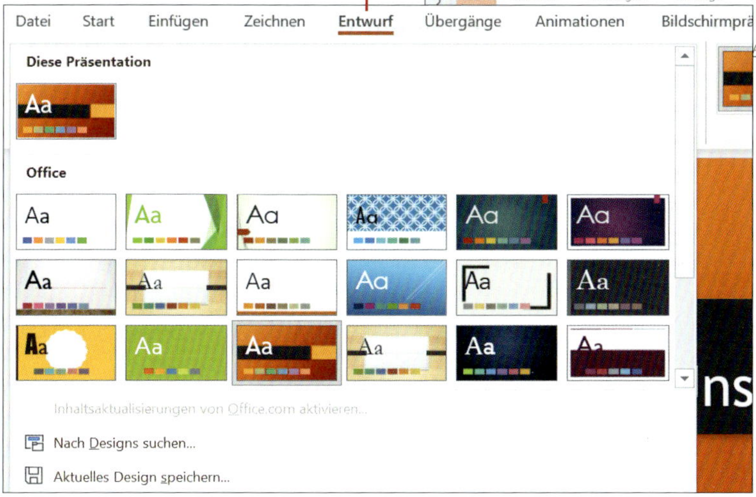

Die schnelle Präsentation per Assistent

Eine Präsentation lässt sich am schnellsten mithilfe von Vorlagen erstellen. PowerPoint bietet viele Vorlagen, die Sie mit Ihren eigenen Inhalten füllen können.

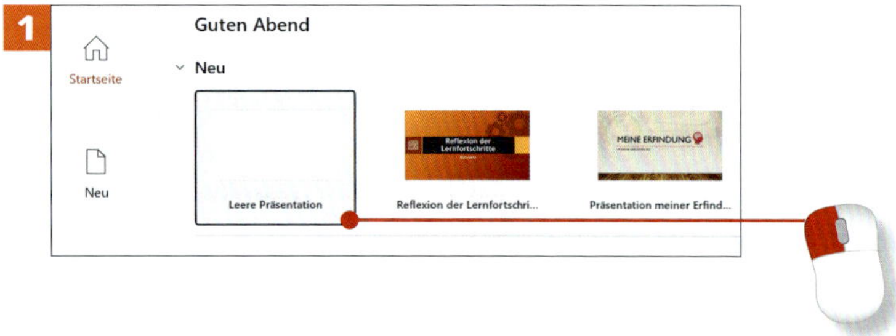

Schritt 1

Nach dem Aufruf von PowerPoint wird ein Fenster angezeigt, das die Möglichkeit bietet, eine **Leere Präsentation** zu starten oder sich eine Vorlage auszusuchen.

Schritt 2

Vorlagen für eine komplette Präsentation erreichen Sie über fertige Designs. Klicken Sie auf **Weitere Designs**, um ein größeres Angebot zu sehen und/oder um sich per Kategorie bzw. Suchbegriff thematisch passende Designvorlagen anzeigen zu lassen. Klicken Sie beispielsweise auf **Ausbildung** ❶.

Schritt 3

Nachdem Sie eine Miniatur angeklickt haben, taucht ein etwas größeres Bild auf. Möchten Sie diese Vorlage verwenden, klicken Sie hier auf **Erstellen**.

Schritt 4

Schon wird Ihnen die erste Folie der Vorlage präsentiert. Im linken Bereich des Bildschirms werden – bei den meisten Vorlagen – weitere Folien der Präsentation als Vorschaubilder angezeigt.

Schritt 5

Sie können nun beginnen, die einzelnen Folien mit Inhalt zu füllen. Klicken Sie z. B. auf den Platzhalter **Kursname** auf der ersten Folie. Das setzt den Cursor in diesen Bereich, und Sie können Ihren Text eingeben.

Schritt 6

Um die nächste Folie zu bearbeiten, aktivieren Sie sie per Klick auf das Minibild ❷. Auch hier klicken Sie wieder auf den/die Platzhalter, um eigene Texte einzugeben.

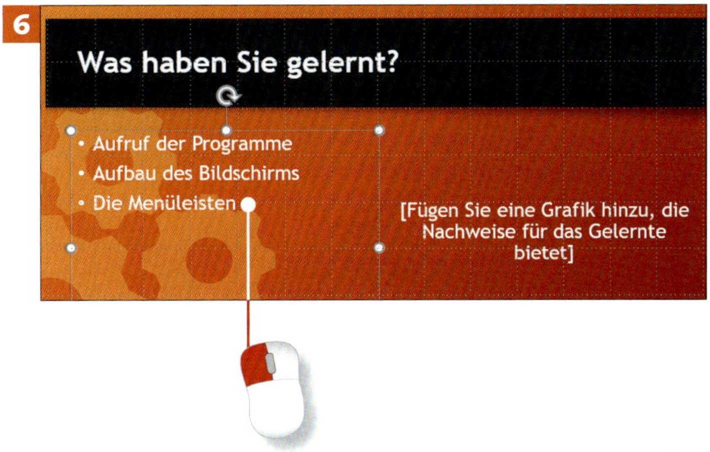

Neue Folie einfügen

Sollten Sie sich ein Design ausgesucht haben, das nur eine Titelfolie einfügt, müssen Sie für eine neue Folie auf der Registerkarte **Start** auf **Neue Folie** klicken (siehe nächsten Abschnitt).

Das passende Layout für eine Folie finden

1

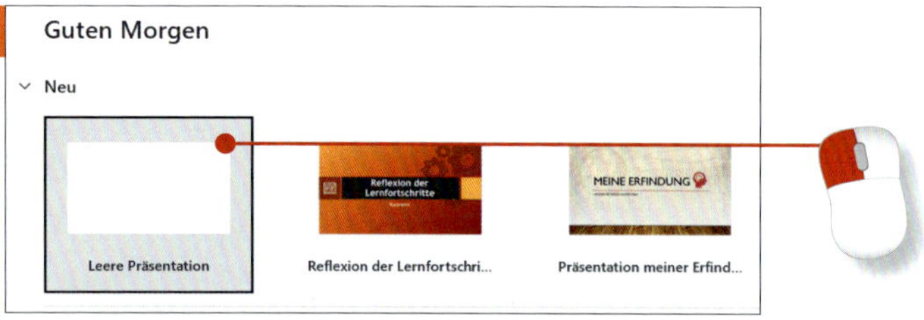

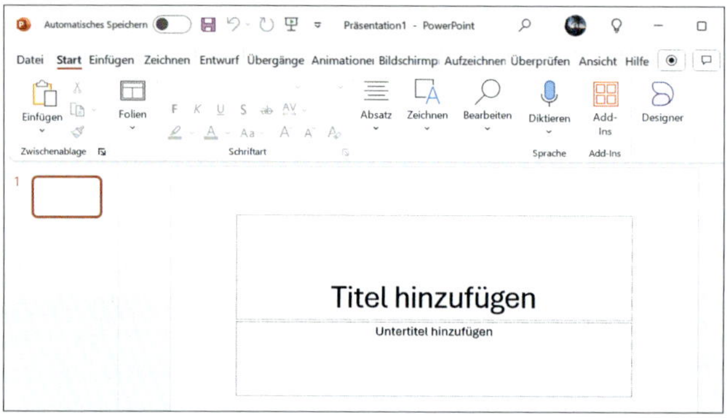

2

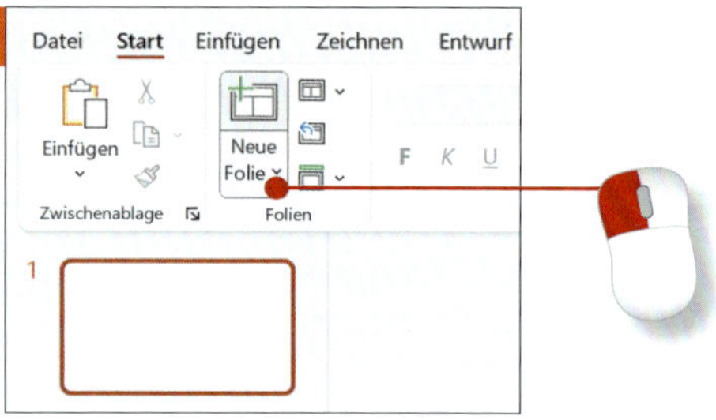

3

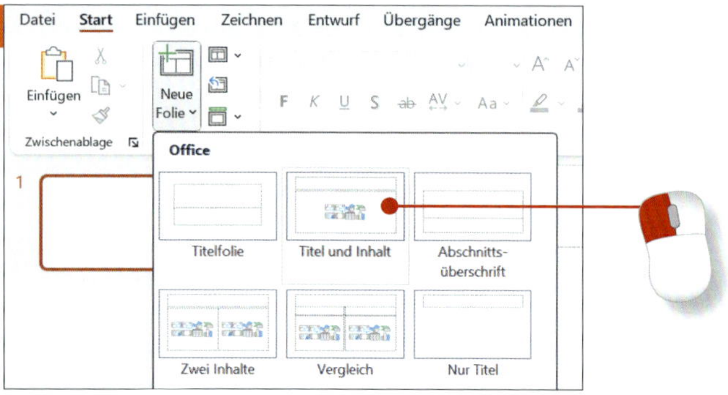

Anders als bei einer Textverarbeitung, in der die Dokumente automatisch verlängert werden, müssen neue Folien extra eingefügt werden. PowerPoint bietet fertige Layouts an.

Schritt 1

Wenn Sie eine neue Präsentation erstellen möchten, klicken Sie auf **Leere Präsentation**. Danach wird Ihnen eine schlichte Titelfolie mit zwei Textfeldern präsentiert, in die Sie hineinschreiben können.

Schritt 2

Um eine Folie hinzuzufügen, klicken Sie auf der Registerkarte **Start** auf die Schaltfläche **Neue Folie**.

Schritt 3

Im Menü **Neue Folie** werden diverse Layouts für die Folie angeboten. Wählen Sie eins, das zur geplanten Gestaltung der neuen Folie passt. Möchten Sie beispielsweise eine Überschrift, etwas Text und ein Bild einfügen, wählen Sie **Titel und Inhalt**.

Textfelder

In PowerPoint können Sie nur in einem Textfeld schreiben; Sie können den Cursor also nicht irgendwo hinsetzen und schreiben.

Schritt 4

Sie sehen die neue Folie im linken Bereich als Vorschaubild; die Folie selbst prangt auf dem Bildschirm. Klicken Sie in die Textfelder, um Text einzugeben. Um z. B. ein Bild einzufügen, klicken Sie auf das Symbol **Bilder** ❶.

Schritt 5

Passt das Layout nicht, wählen Sie im Menü der Schaltfläche **Layout** eine andere Vorlage. Denken Sie aber daran, dass sich Textfelder verkleinern/vergrößern, verschieben und löschen lassen. (Eine Folie löschen Sie mit dem Befehl **Löschen** im Kontextmenü der Miniaturfolie im Navigationsbereich.)

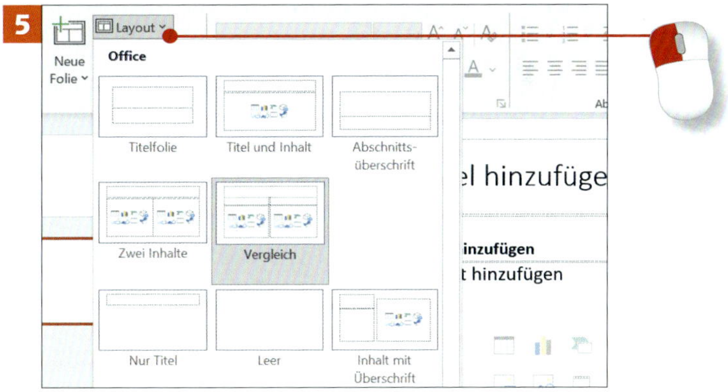

Schritt 6

Sie können auch mit einer ganz leeren Folie arbeiten und alle Elemente, z. B. Textfelder, von Hand einfügen. Dazu klicken Sie auf **Neue Folie ▸ Leer** ❷.

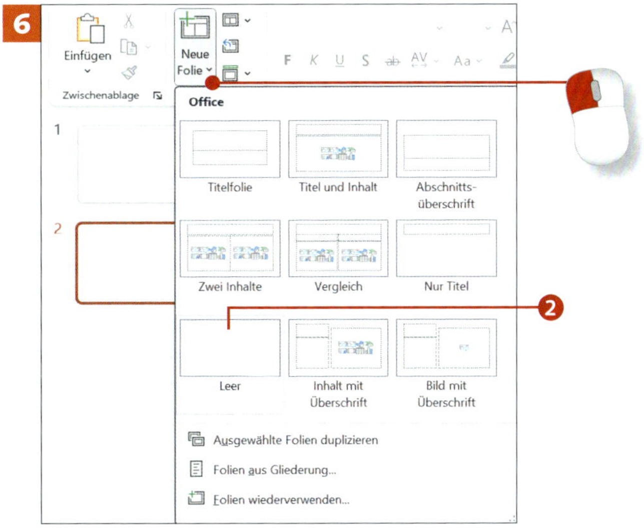

!

Neue Folie oder neues Layout?
Beachten Sie, dass Sie mit **Neue Folie** eine weitere Folie einfügen und mit **Layout** das Layout der aktuellen Folie ändern. Da die Menüs identisch aussehen, passieren hier oft Missgeschicke.

Text einfügen und bearbeiten

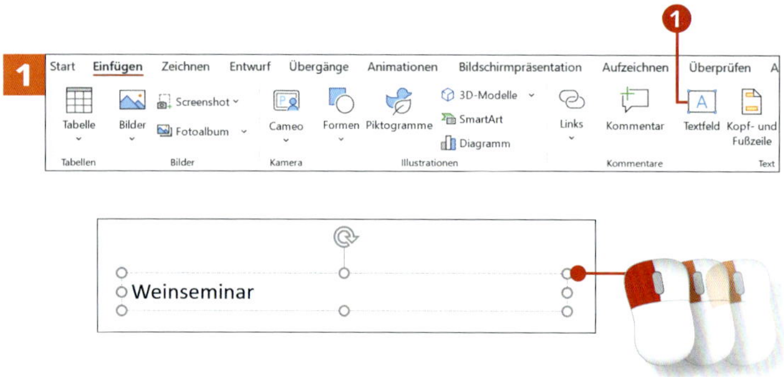

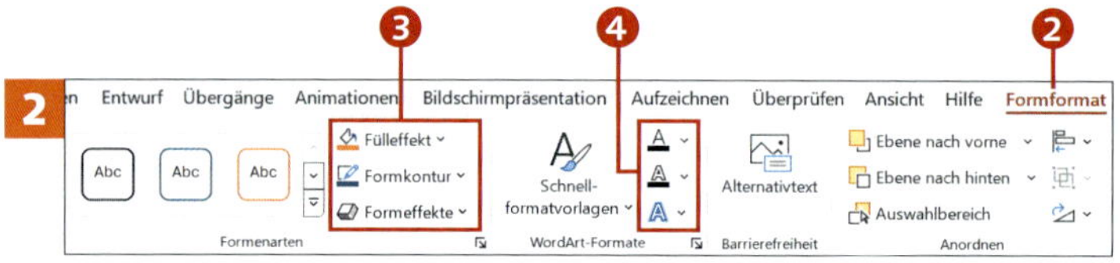

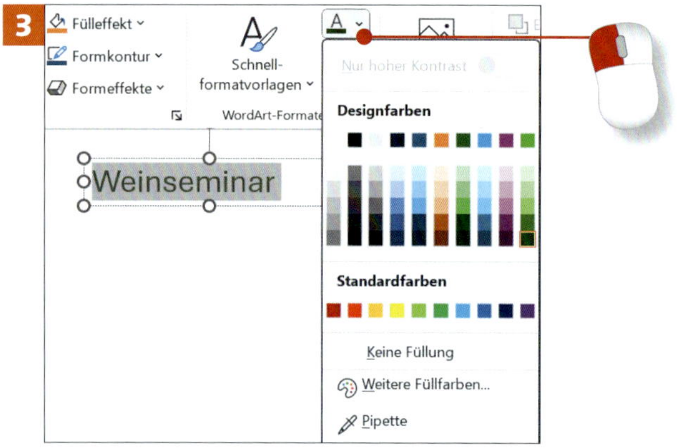

PowerPoint bietet eine Menge Möglichkeiten, den Hintergrund, die Textfelder und den Text zu gestalten.

Schritt 1

Ist Ihre Folie leer oder brauchen Sie ein zusätzliches Textfeld, klicken Sie auf der Registerkarte **Einfügen** auf **Textfeld** ❶. Dann ziehen Sie mit gedrückter Maustaste das Feld auf. In dieses Textfeld tippen Sie, solange es aktiviert ist, Ihren Text ein, da ein Textfeld stets ohne Kontur eingefügt wird.

Schritt 2

Es gibt viele Mittel, um den Text und das Textfeld zu bearbeiten. Neben den üblichen Formatierungen (Schriftart, -farbe etc.) stehen auf der Registerkarte **Formformat** ❷ auch **Formeffekte** und **Formkonturen** ❸ (für das Textfeld) und **Textfüllung**, **Textkontur** und **Texteffekte** ❹ (für den Text) bereit.

Schritt 3

Wenn der Text in einem Textfeld aus mehreren Wörtern besteht, müssen Sie ihn zum Formatieren zunächst markieren. Zum Einfärben klicken Sie auf die Schaltfläche **Textfüllung** und wählen eine Farbe.

Farbiger Folienhintergrund

Um die Folie selbst einzufärben, wechseln Sie zur Registerkarte **Entwurf** und klicken hier auf **Hintergrund formatieren**. Im Aufgabenbereich werden Optionen für die Füllung angeboten.

Schritt 4

Um den Text mit einer Art leuchtendem Umriss zu versehen, klicken Sie auf der Registerkarte **Formformat** auf **Texteffekte** und zeigen im Menü auf **Leuchten**. Im Untermenü suchen Sie sich einen der Leuchteffekte aus.

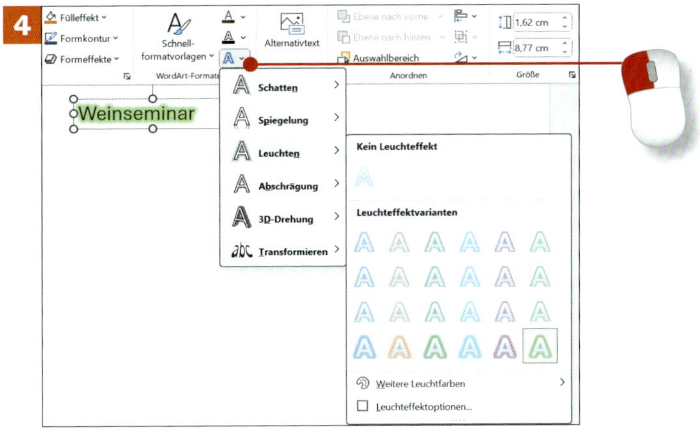

Schritt 5

Um dem Textfeld eine Hintergrundfarbe zu gönnen, nutzen Sie das Menü der Schaltfläche **Fülleffekt**. Wählen Sie hier eine Farbe (oder einen anderen Effekt ❺).

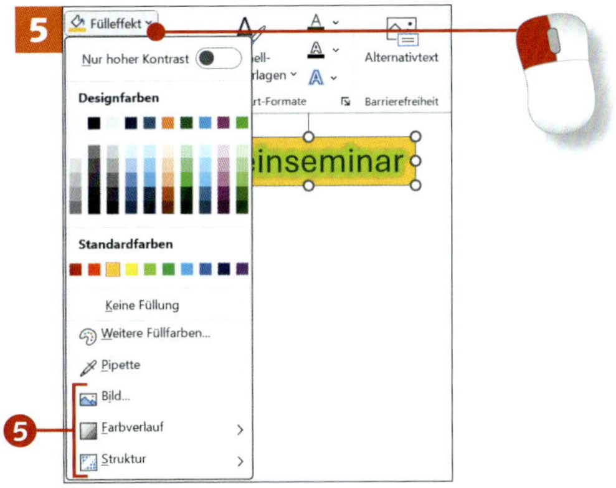

Schritt 6

Der Text lässt sich auch drehen. Setzen Sie den Cursor in das Feld, und klicken Sie auf **Objekte drehen**. Klicken Sie je nach Wunsch auf **Weitere Drehungsoptionen**. Im Aufgabenbereich **Form formatieren** bestimmen Sie im Feld **Drehung** ❻ den Winkel. Selbstverständlich können Sie auch einfach das Drehsymbol am Textfeld selbst nutzen (Bild Schritt 1).

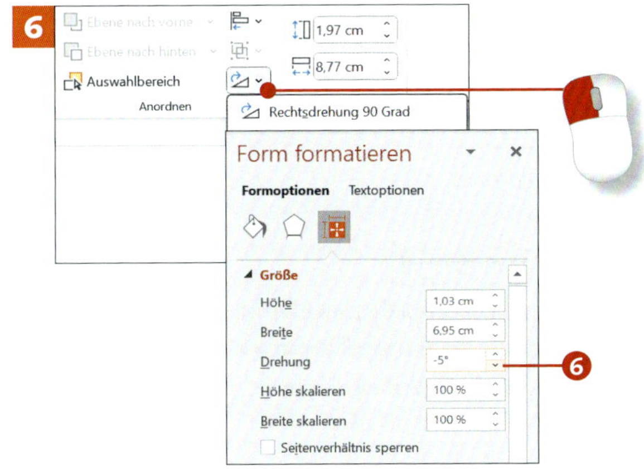

!

Schatten für Text und Rahmen

Wenn das Textfeld einen Rahmen hat, wirkt sich die Zuweisung eines Schatteneffekts aus dem Menü **Formeffekte** sowohl auf den Text als auch auf den Rahmen aus.

Attraktive Folienübergänge erzeugen

Folien werden heutzutage meistens als eine Art Diashow am Bildschirm präsentiert. Mit Folienübergängen stellen Sie ein, wie die jeweils nächste Folie erscheint.

1

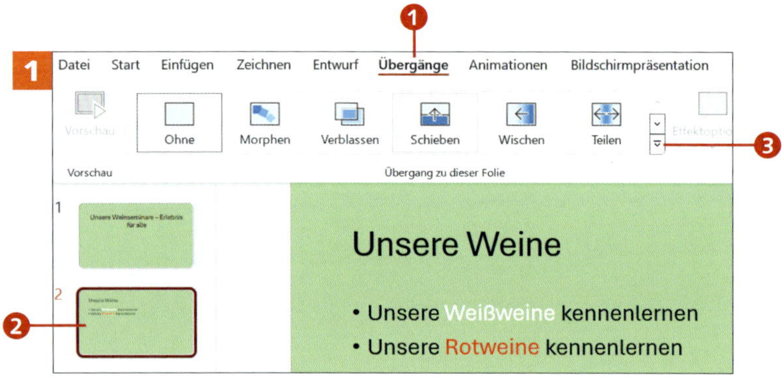

2

3

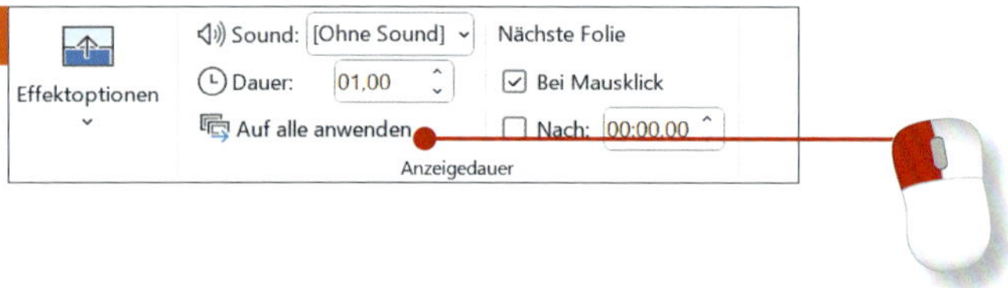

Schritt 1

Aktivieren Sie die Registerkarte **Übergänge** ❶. Markieren Sie links die zweite Folie ❷, und klicken Sie in der Gruppe **Übergang zu dieser Folie** auf einen Effekt. Um alle Effekte zu sehen, klicken Sie auf den Pfeil ❸ an der Auswahl.

Schritt 2

Sobald Sie einen Übergangseffekt ausgewählt haben, wird er automatisch am Bildschirm abgespielt. Per Klick auf die Schaltfläche **Vorschau** können Sie den eingestellten Übergangseffekt jederzeit selbst starten.

Schritt 3

In der Regel sollen Folienübergänge für alle Folien der Präsentation gelten, sodass alle Folien jeweils mit dem gleichen Effekt erscheinen. Klicken Sie dazu auf der Registerkarte **Übergänge** auf **Auf alle anwenden**. Sie können aber natürlich auch für jede Folie einen anderen Übergang festlegen.

Effektoptionen

Beachten Sie auch die Schaltfläche **Effektoptionen** (Bild Schritt 1). Im Menü können Sie die Eigenschaften des Übergangeffekts verändern, z. B. seine Richtung.

Schritt 4

Wenn Sie Folien präsentieren, bestimmen Sie die Anzeigedauer in der Gruppe **Anzeigedauer**. Wechseln Sie Folien mit der Maus oder legen Sie eine feste Dauer im Feld **Nach** fest. Aktivieren Sie auf der Registerkarte **Bildschirmpräsentation** das Häkchen bei **Anzeigedauer verwenden**.

Schritt 5

Im Feld **Sound** können Sie den Folienübergang »vertonen«. Wecken Sie die Zuschauer Ihrer Präsentation z. B. mit dem Effekt **Glocken** auf! Soll der Sound bei jeder Folie abgespielt werden, klicken Sie auf **Auf alle anwenden** (Schritt 3).

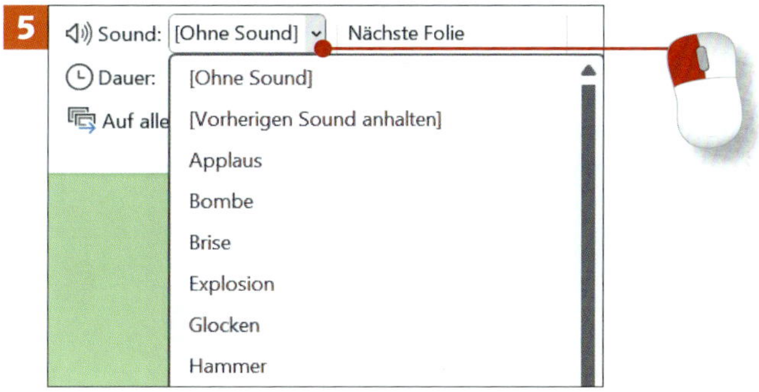

Schritt 6

Wenn bei den Folienübergängen ein eigener Audioeffekt abgespielt werden soll, klicken Sie unten im Menü auf **Anderer Sound**. Im Dialog **Audio hinzufügen** öffnen Sie den Ordner ❹ mit der Audiodatei, markieren sie und klicken auf **OK**. Beachten Sie, dass nur Audiodateien im WAV-Format eingefügt werden können. Im Feld **Dauer** legen Sie die Dauer des gewählten Übergangseffektes fest.

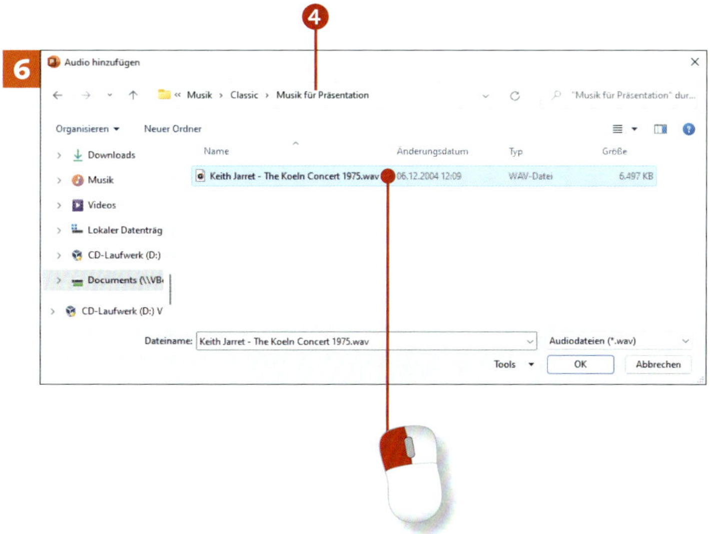

Ein anderes Design auswählen

Mit Designs erhalten Folien ein Aussehen aus einem Guss. Sie lassen sich ganz leicht zuweisen und gelten für die ganze Präsentation.

Schritt 1

Aktivieren Sie die Registerkarte **Entwurf** ①. Klicken Sie dann auf den Pfeil an der Gruppe **Designs**. Wenn Sie mit der Maus auf ein Design zeigen, erhalten Sie eine Vorschau. Klicken Sie auf Ihre Wahl, um das Design auf die Folie zu übertragen.

Schritt 2

Ein Design wird allen Folien der Präsentation zugewiesen. Auch eine neue Folie, die Sie über **Start ▸ Neue Folie** einfügen, hat seine Eigenschaften/Farben etc.

Schritt 3

Farben und Schriften des Designs lassen sich ändern. Öffnen Sie auf der Registerkarte **Entwurf** die Auswahl der Gruppe **Varianten**, und klicken Sie im Menü auf **Farben**. Wenn Sie über die Optionen fahren, sehen Sie die Auswirkungen direkt auf der Folie.

Farbschema

Standardmäßig verwendet PowerPoint als Farbschema **Office**.

Schritt 4

Wenn Sie einzelne Elemente anpassen möchten, wählen Sie **Farben anpassen**. Im Dialog **Neue Designfarben erstellen** können Sie die einzelnen Elemente neu einfärben. Klicken Sie auf den Pfeil des Elements, und wählen Sie die neue Farbe aus.

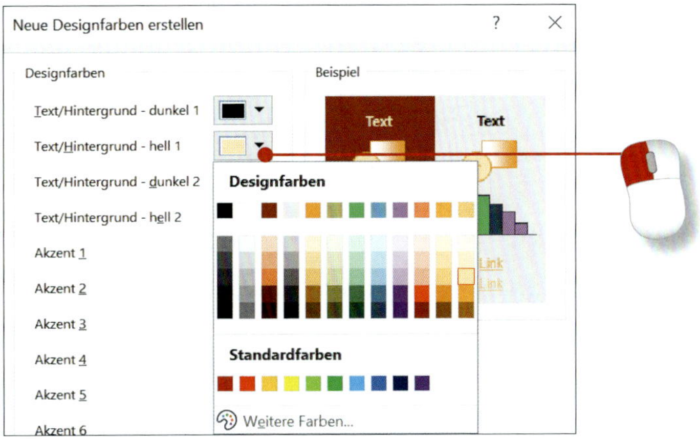

Schritt 5

Um nur den Hintergrund eines Designs zu ändern, klicken Sie auf der Registerkarte **Entwurf** auf **Hintergrund formatieren**. Im gleichnamigen Aufgabenbereich wählen Sie die Füllung (z. B. **Einfarbige Füllung** ❷ oder **Farbverlauf** ❸) und legen über die Kachel **Farbe** eine Farbe fest (bei einem Farbverlauf auch mehrere Farben).

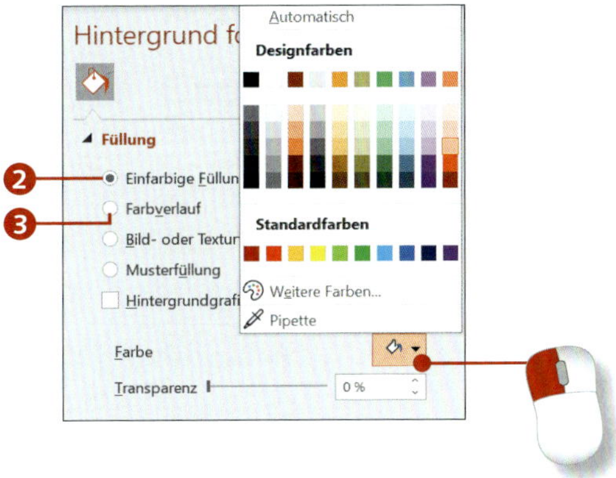

Schritt 6

In einem Rutsch (Farben, Schrift, Effekte) verändern Sie das Design über die Auswahl in der Gruppe **Designs** auf der Registerkarte **Entwurf**. Aber auch über die **Designideen** (Registerkarte **Entwurf**) lässt sich das ausgewählte Design variieren. Klicken Sie dazu im Aufgabenbereich **Designideen** auf **Weitere Designideen anzeigen**.

Von der Gliederung zur Folie

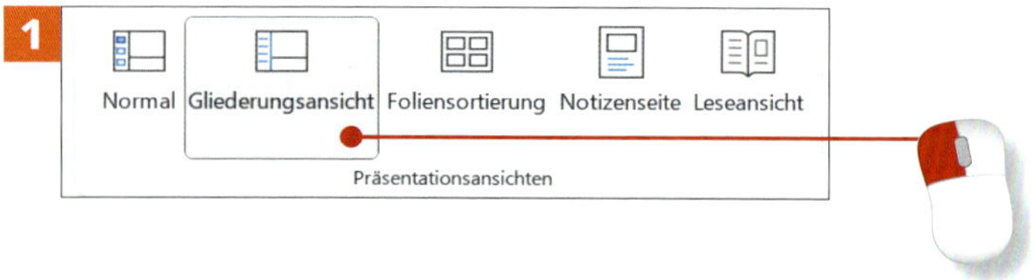

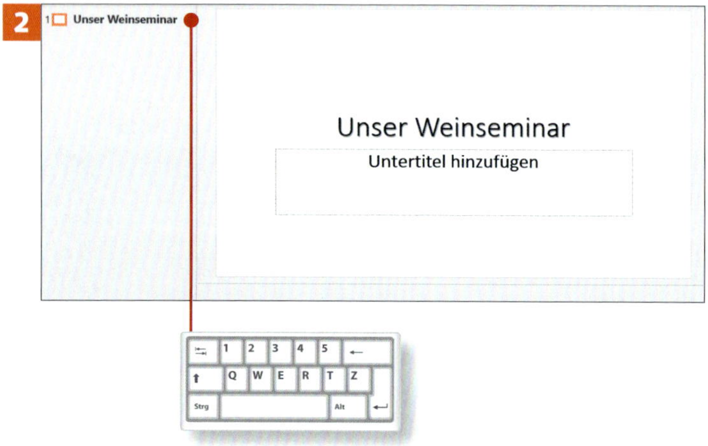

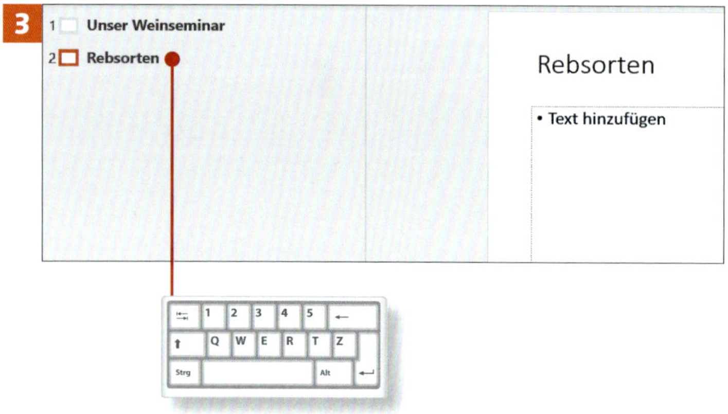

Es gibt verschiedene Wege, eine Präsentation zusammenzustellen. Sie nehmen sich z. B. eine Folie nach der anderen vor und gestalten sie. Sie können aber auch »textlastig« arbeiten und die Folien mithilfe der Gliederung erzeugen.

Schritt 1

Der PowerPoint-Bildschirm zeigt in der Ansicht **Normal** eine leere Folie mit zwei Platzhaltern (*Titelfolie*) und den linken Bereich mit den Miniaturfolien. Klicken Sie auf **Ansicht ▸ Gliederungsansicht**.

Schritt 2

Links taucht ein sehr kleines Symbol für die erste Folie auf. Schreiben Sie hier den Titel, der auf dieser Folie erscheinen soll. Der Text wird in den Platzhalter **Titel** auf der Folie übernommen.

Schritt 3

Sobald Sie ↵ drücken, erscheint ein neues Foliensymbol (also auch eine neue Folie). Schreiben Sie nun Ihren nächsten Text. Er wird zunächst im Kopf der neuen Folie eingefügt.

Gestaltung

Wenn Sie Ihre Präsentation in der Gliederungsansicht vorbereiten, spielt zunächst der Text die Hauptrolle. Die Gestaltung kommt dann später.

Schritt 4

Schreiben Sie alle Texte, die auf den Folien auftauchen sollen, in die Gliederung. Nach jedem Eintrag drücken Sie ↵.

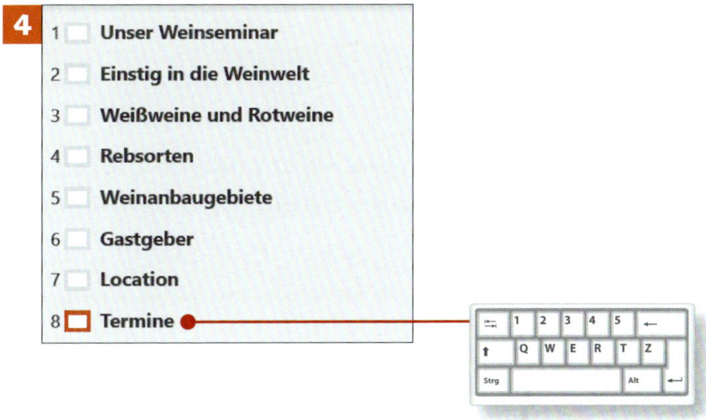

Schritt 5

Dann legen Sie fest, mit welchem Text eine neue Folie beginnt und welcher Text untergeordnet ist (als Untertitel erscheint). Setzen Sie den Cursor (in unserem Beispiel) in die Zeile **Einstieg in die Weinwelt**. Klicken Sie den Eintrag mit rechts an, und wählen Sie **Tiefer stufen** ❶.

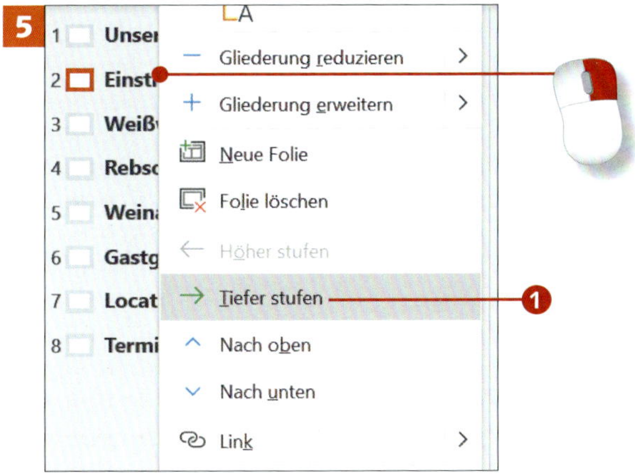

Schritt 6

Der Text »Einstieg in die Weinwelt« ist nun als Untertext auf der Folie »Unser Weinseminar« ❷ gelandet. Strukturieren Sie nun den übrigen Text. Jeden Eintrag, der eine neue Folie einleitet, lassen Sie auf der ersten Ebene stehen. Die übrigen Textzeilen stufen Sie einmal oder mehrmals herunter.

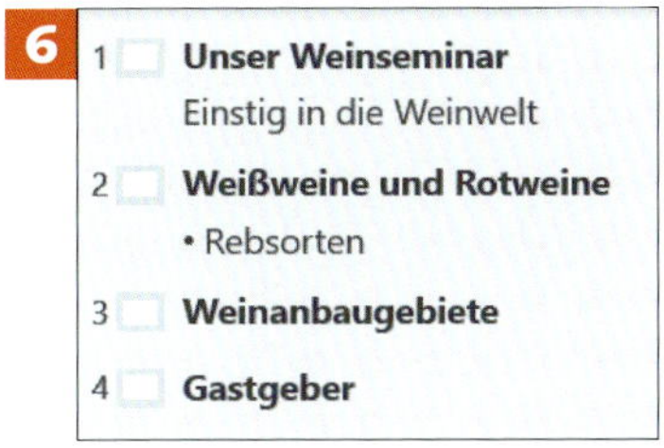

Fortsetzung der Hierarchie

Die jeweilige Hierarchie wird fortgesetzt, wenn Sie die ↵-Taste drücken.

Kapitel 12
Präsentationen kreativ gestalten

In diesem Kapitel lernen Sie unter anderem, wie Sie Bilder, Grafiken, Musik und Videos in PowerPoint-Folien einbinden. Außerdem werden Sie selbst kreativ und erfahren, wie Sie eigene Zeichnungen ganz leicht mithilfe vorgefertigter Formen erstellen können.

Bilder einfügen

Es gibt Folienlayouts, die speziell für Grafiken gedacht sind ❶. Mit diesen Layouts haben Sie im Nu ein Foto eingefügt, das Sie dann mit den üblichen Mitteln der Bildbearbeitung weiterbearbeiten können.

Animationen

Das A und O einer Bildschirmpräsentation sind Animationen ❷ für die einzelnen Folienelemente. Sie erfahren, wie Sie mit wenigen Schritten aus einfachen Folien eine schicke Bildschirmpräsentation machen.

Die Präsentation vorführen

Sie können für Ihre Bildschirmpräsentation festlegen, wie lange die Folien jeweils gezeigt werden sollen. Dies regeln Sie über den Befehl **Anzeigedauern testen** ❸ auf der Registerkarte **Bildschirmpräsentation**. Per Mausklick kann die Präsentation dann beginnen.

❶ Nutzen Sie Fotos zur Gestaltung Ihrer Präsentation.

❷ Animationen lassen Ihre Präsentation zum Hingucker werden.

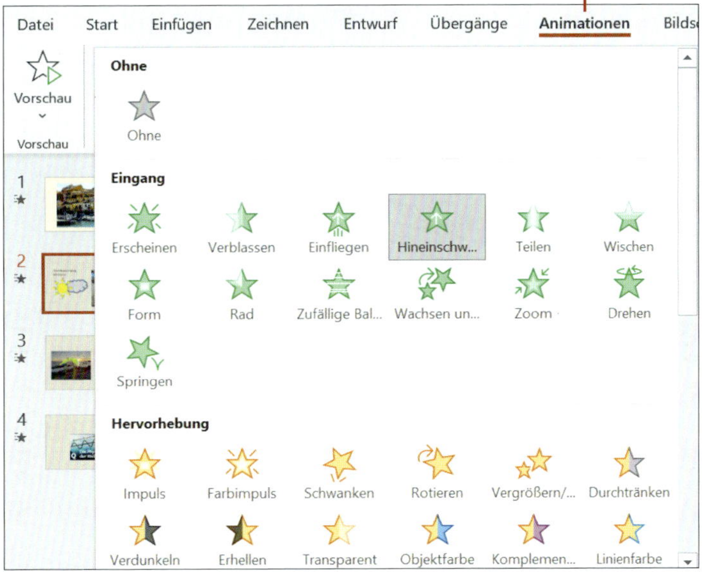

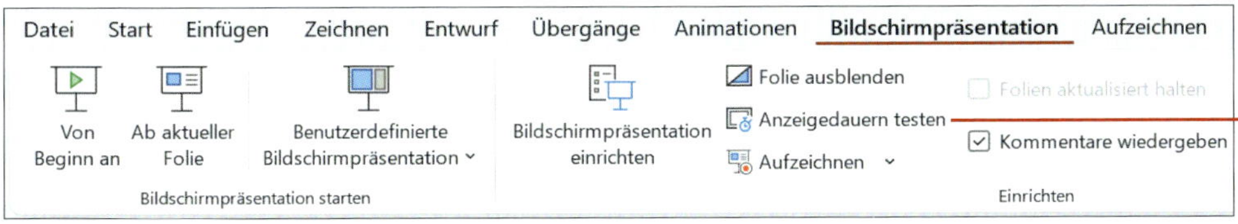

❸ Legen Sie eine Anzeigedauer für die Animationen fest.

Online-Grafiken suchen und einfügen

Präsentationen werden vor allem durch Fotos oder Bilder belebt. Über eine Online-Suche können Sie einen großen Fundus nach passenden Bildern durchstöbern.

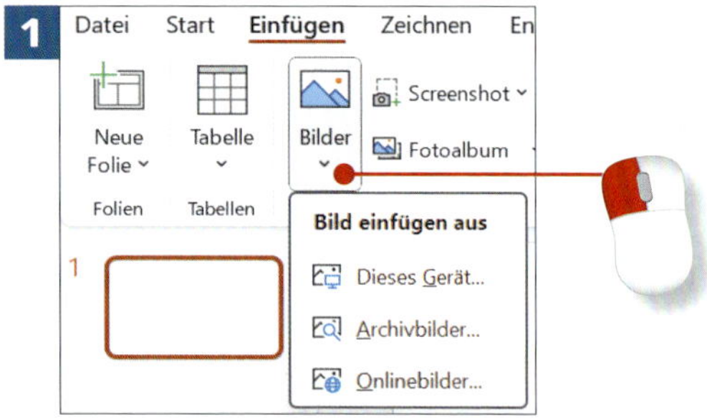

Schritt 1

Aktivieren Sie die Registerkarte **Einfügen**, und klicken Sie auf **Bilder** und im Menü auf **Onlinebilder**.

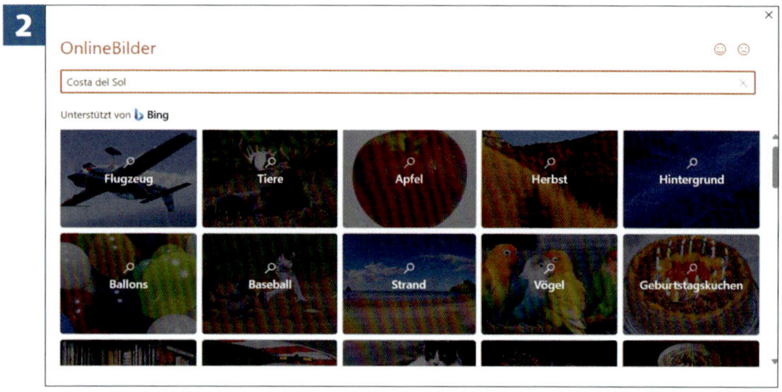

Schritt 2

Im nächsten Fenster können Sie über die von Bing unterstützte Bildersuche nach Bildern suchen. Wählen Sie zunächst eine Kategorie, oder geben Sie den Suchbegriff gleich in das Suchfeld ein. Drücken Sie dann die [↵]-Taste.

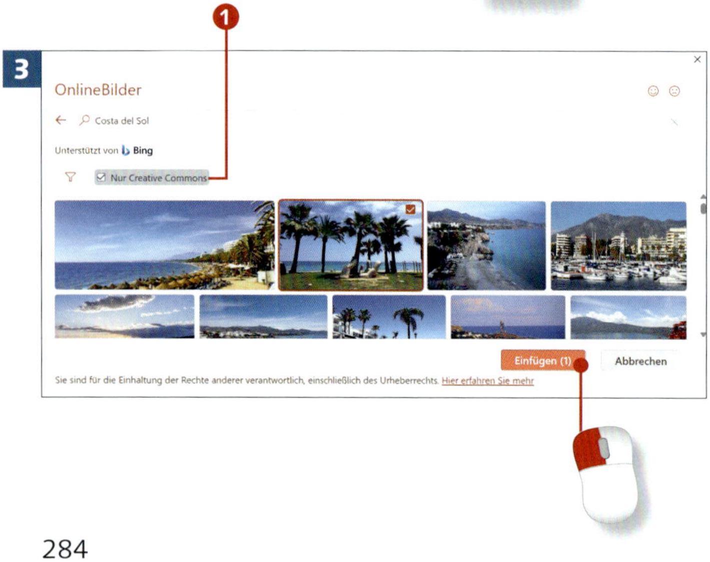

Schritt 3

Daraufhin werden die Treffer präsentiert. Belassen Sie es bei dem Filter **Nur Creative Commons** ❶, da auf diese Weise nur Bilder angezeigt werden, die nach dem CC-Standard lizenziert sind, also benutzt werden dürfen. Wählen Sie ein Bild aus, und klicken Sie auf **Einfügen**.

Schritt 4

Das Bild wird heruntergeladen und landet auf der Folie. Markieren Sie es durch Anklicken. Dann können Sie es mit gedrückter Maustaste verschieben, seine Größe verändern (Sie ziehen mit gedrückter Maustaste an einem der Ziehpunkte ❷) und es mit den vielen Funktionen der Registerkarte **Bildformat** ❸ bearbeiten.

Schritt 5

Mit **Bildformatvorlagen** können Sie ein Bild schnell verändern. Klicken Sie auf den Auswahlpfeil, um verschiedene Looks auszuprobieren. Designer-Vorschläge finden Sie rechts auf der Registerkarte **Start**.

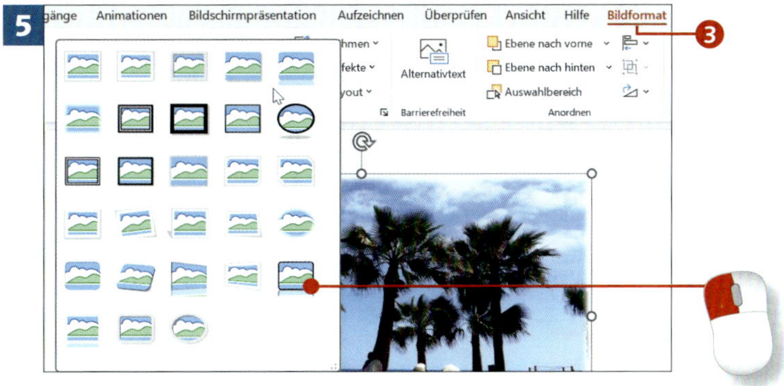

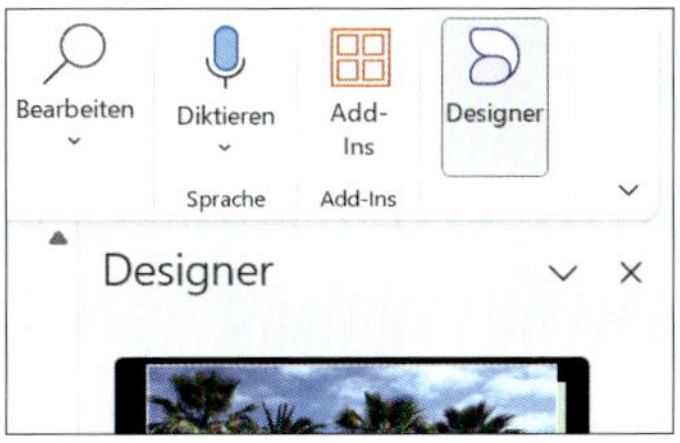

Schritt 6

Um ein Bild zu speichern, klicken Sie es mit der rechten Maustaste an und wählen **Als Grafik speichern**. Im gleichnamigen Dialog wählen Sie den Speicherort aus und geben der Datei gegebenenfalls einen anderen Namen.

Originalzustand

Wenn Ihnen die Bearbeitungen nicht gefallen, können Sie das Bild in den Originalzustand zurücksetzen. Klicken Sie dazu auf **Bild zurücksetzen** (Register **Bildformat**).

Bilddateien einfügen und anordnen

1

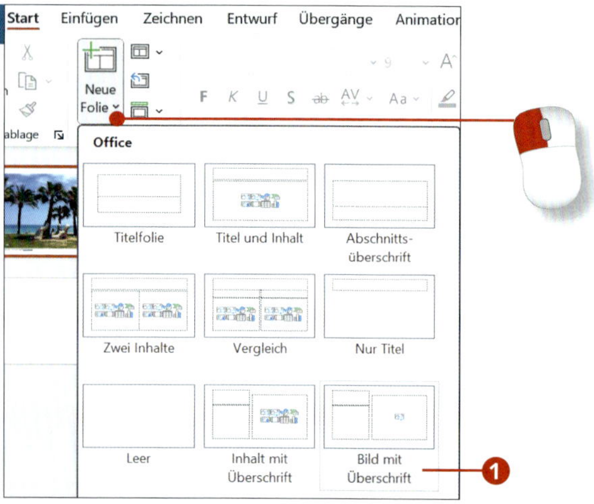

2

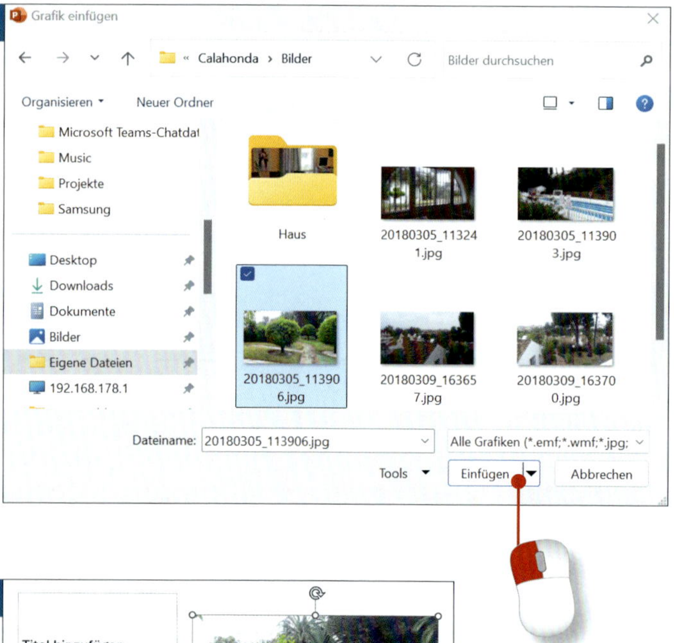

3

Mit den entsprechenden Layouts lassen sich Bilder und Grafiken blitzschnell einfügen und dann weiterbearbeiten.

Schritt 1

Es gibt Folienlayouts, die speziell für Grafiken und Bilder gedacht sind. Klicken Sie auf der Registerkarte **Start** auf **Neue Folie**, und wählen Sie beispielsweise **Bild mit Überschrift** ❶. Denken Sie daran, vorher die Folie zu markieren, nach der Sie die neue Folie einfügen möchten.

Schritt 2

Auf der Folie prangt in der Mitte das Symbol **Bilder**. Klicken Sie darauf. Im Dialog **Grafik einfügen** (siehe z. B. Seite 126) navigieren Sie zu dem Ordner, in dem das Bild liegt. Markieren Sie es, und klicken Sie auf **Einfügen**.

Schritt 3

Das Bild passt sich in den Platzhalter ein, und Sie müssen nichts nachbearbeiten. Sie können aber auch eine leere Folie verwenden und das Bild oder die Bilder nach Gusto einfügen und platzieren.

Schritt 4

Wenn Sie eine leere Folie vor sich haben, klicken Sie auf der Registerkarte **Einfügen** auf **Bilder** und im Menü auf **Dieses Gerät**. Im Dialog **Grafik einfügen** öffnen Sie den Ordner, in dem das Bild liegt, markieren es und klicken auf **Einfügen**.

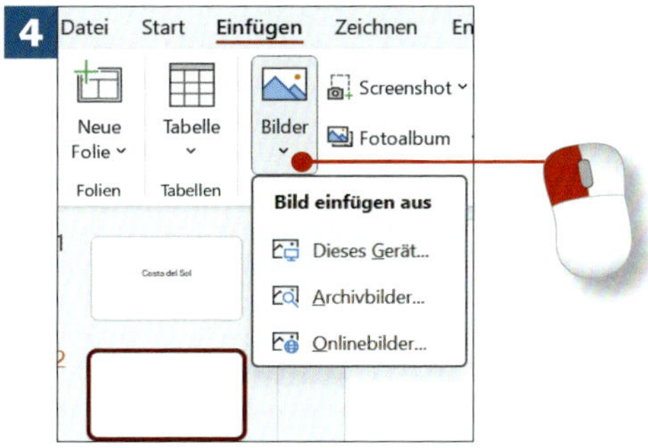

Schritt 5

Das Foto landet auf der Folie. Ziehen Sie es mit gedrückter Maustaste an die richtige Stelle. Mit den acht Ziehpunkten des markierten Bildes bringen Sie es auf die passende Größe. Sie können es auch mit einem Designer-Vorschlag bearbeiten (per Klick auf **Start ▸ Designer**).

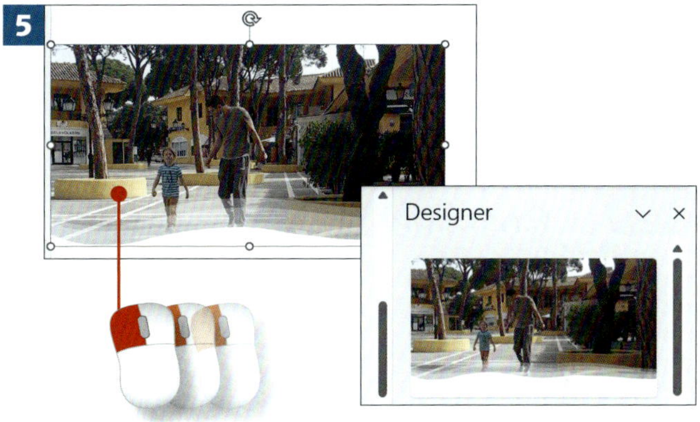

Schritt 6

Hilfreich sind die *Führungslinien*, mit denen Sie die Fotos sauber platzieren können. Sie zeigen an, in welcher Position die Bilder exakt neben- bzw. untereinanderliegen. Aktivieren Sie dazu auch das **Lineal** auf der Registerkarte **Ansicht**.

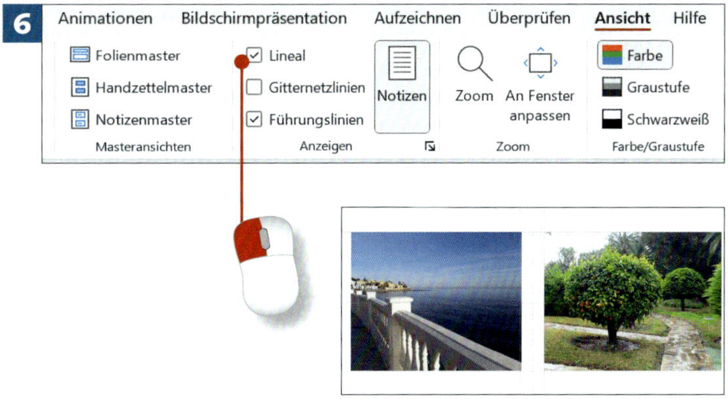

Führungslinien verschieben

Führen Sie den Mauszeiger an die Linie, und verschieben Sie sie mit gedrückter Maustaste. Wenn Sie dabei die Strg-Taste gedrückt halten, fügen Sie weitere Führungslinien ein.

Linien, Rechtecke, Pfeile und andere Formen

Sie können auch selbst kreativ werden und die Folie mit »gezeichneten« Objekten verschönern.

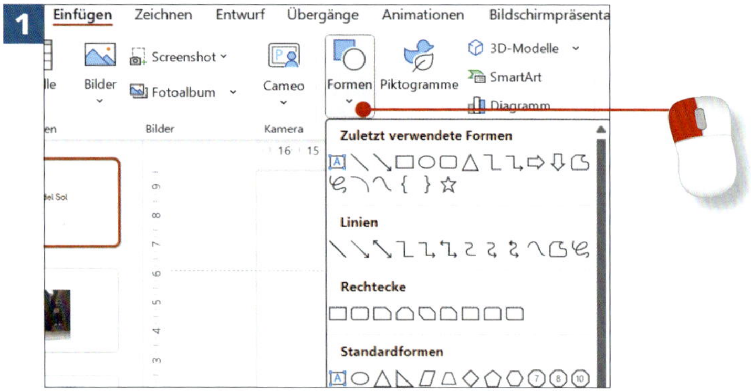

Schritt 1

Aktivieren Sie die Registerkarte **Einfügen**, und klicken Sie auf **Formen**. Im Menü sehen Sie alle Formen, die Sie verwenden können.

Schritt 2

Um eine Form einzufügen, klicken Sie ihr Symbol an. Dann führen Sie den Mauszeiger (der zu einem Fadenkreuz wird) auf die Folie und ziehen die Form mit gedrückter Maustaste auf.

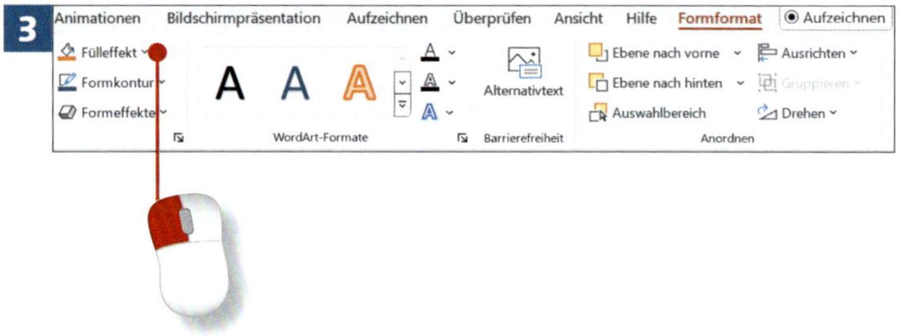

Schritt 3

Die Form wird in der Farbe gezeichnet, die das gewählte Design für Objekte vorsieht. Um sie zu ändern (Symbol **Fülleffekt**) und die Form weiter zu bearbeiten, nutzen Sie die Funktionen auf der Registerkarte **Formformat**.

Farbe aufnehmen

Wenn Sie die Option **Pipette** (im Menü des Symbols **Fülleffekt**) wählen, können Sie mit der Pipette auf eine andere Farbe auf der Folie klicken, um genau diese Farbe auf die Form zu übertragen.

Schritt 4

In der Abbildung wurde die Form mit einem Bild gefüllt (mit der spanischen Nationalflagge). Dazu klicken Sie auf **Fülleffekt** und im Menü auf **Bild**. Im nächsten Fenster wählen Sie **Onlinebilder**, geben einen passenden Suchbegriff ein und fügen das gewünschte Bild ein.

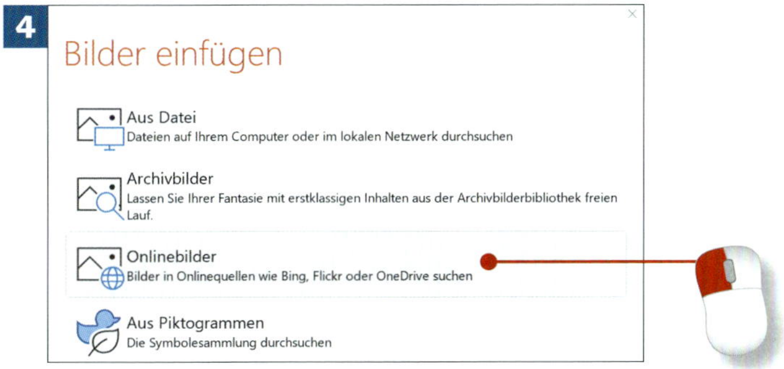

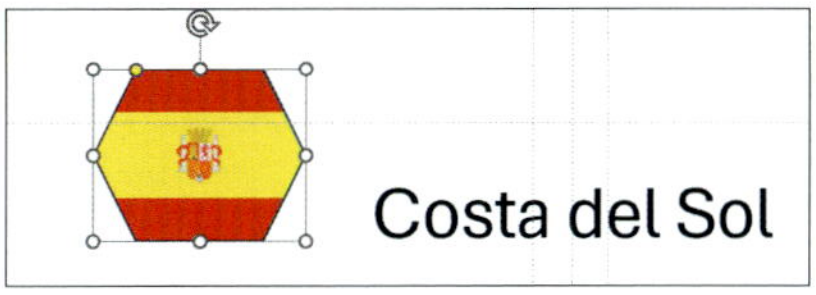

Schritt 5

Immer beeindruckend sind die 3D-Modelle, die sich auf eine Folie einfügen lassen. Klicken Sie auf den Pfeil an der Schaltfläche **3D-Modelle** und im Menü auf **Archiv-3D-Modelle**.

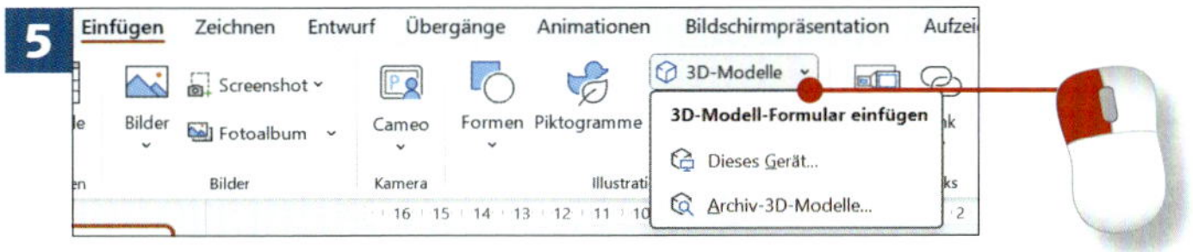

Schritt 6

Im nächsten Fenster geben Sie einen Suchbegriff ein ❶, wählen ein Modell aus und klicken auf **Einfügen**. Mit dem Symbol in der Mitte ❷ können Sie das Objekt nun drehen und wenden und von allen Seiten betrachten.

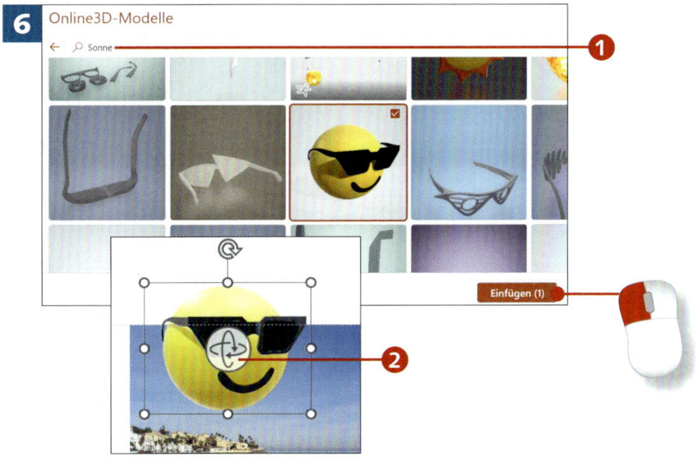

Kein Fülleffekt für Pfeile

Bei Pfeilen oder anderen Linien ist die Schaltfläche **Fülleffekt** nicht aktiv, weil es ja nichts zu füllen gibt!

Objekte färben und füllen

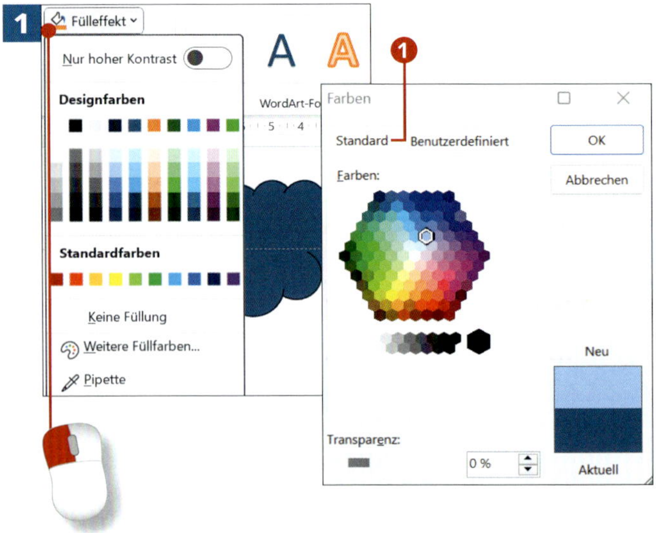

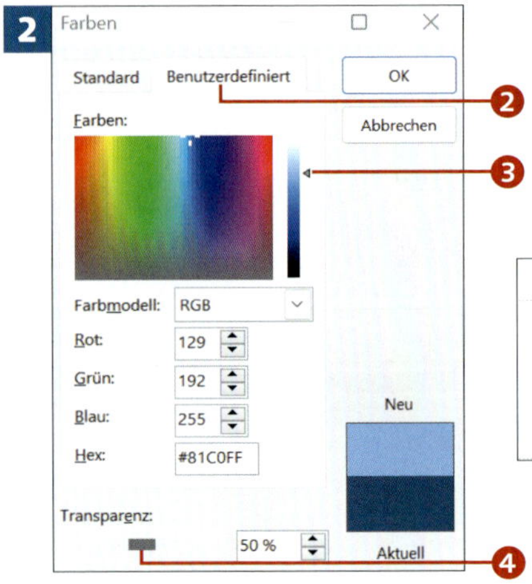

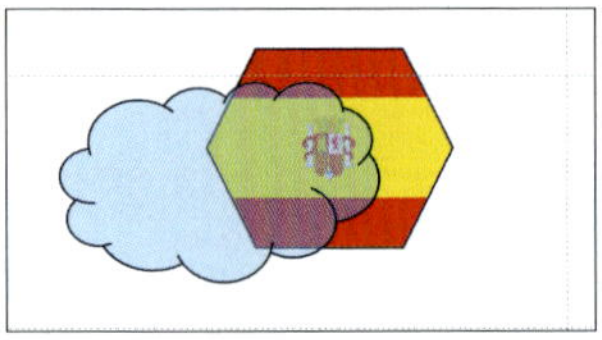

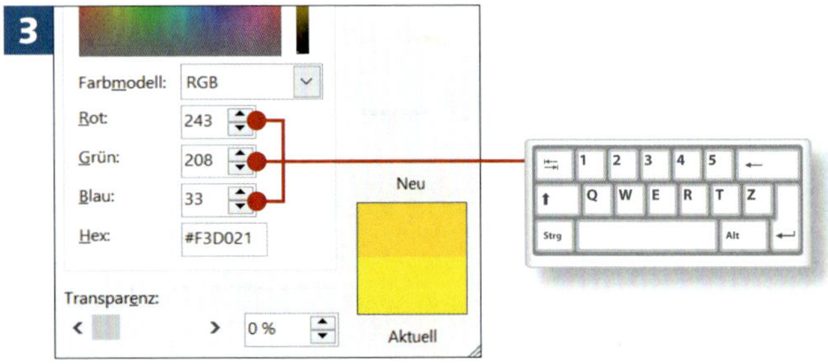

Mit den Fülleffekten können Sie Formen, Objekte oder den Hintergrund auf verschiedene Weise verändern.

Schritt 1

Markieren Sie die Form, und klicken Sie auf der Registerkarte **Formformat** auf **Fülleffekt ▸ Weitere Füllfarben**. Auf der Registerkarte **Standard** ❶ des Dialogs **Farben** finden Sie eine große Auswahl. Zu diesem Dialog gelangen Sie auch über den Befehl **Form formatieren** im Kontextmenü der Form.

Schritt 2

Auf der Registerkarte **Benutzerdefiniert** ❷ können Sie eine Grundfarbe mit dem Schieberegler »feintunen« ❸. Mit dem Schieberegler **Transparenz** ❹ gestalten Sie eine Farbe so, dass andere Objekte durchschimmern.

Schritt 3

Um einen exakten Farbton zu treffen, geben Sie in den Feldern **Rot**, **Grün** und **Blau** die entsprechenden Werte ein.

Formen mit Bild

Sie können Formen auch mit Bildern füllen. Dazu wählen Sie im Menü **Fülleffekt** die Option **Bild**.

Schritt 4

Farbverläufe sind sehr effektvoll, z. B. für den Folienhintergrund. Klicken Sie auf der Registerkarte **Entwurf** ganz rechts auf **Hintergrund formatieren**. Im Aufgabenbereich aktivieren Sie die Option **Farbverlauf** ❺.

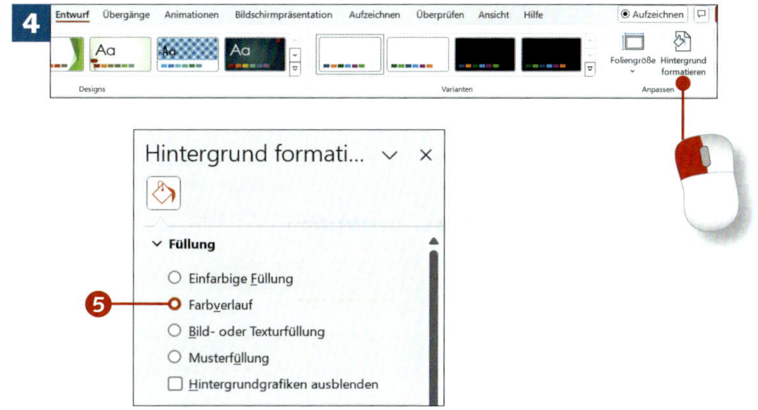

Schritt 5

Markieren Sie einen *Farbverlaufstopp* ❻, und wählen Sie im Feld **Farbe** ❼ eine Farbe. Markieren Sie einen weiteren Stopp, und wählen Sie eine andere Farbe. Dann verschieben Sie die Stopps mit gedrückter Maustaste, um festzulegen, wie die Farben ineinander verlaufen. Nutzen Sie auch die Optionen **Typ** ❽ und **Richtung** ❾.

Schritt 6

Interessant ist auch dies: Aktivieren Sie z. B. **Bild- oder Texturfüllung**. Im Feld **Textur** ❿ können Sie unterschiedliche Hintergrundeffekte wie **Sand** oder **Marmor** auswählen und mit **Einfügen** ⓫ ein Bild als Hintergrund wählen.

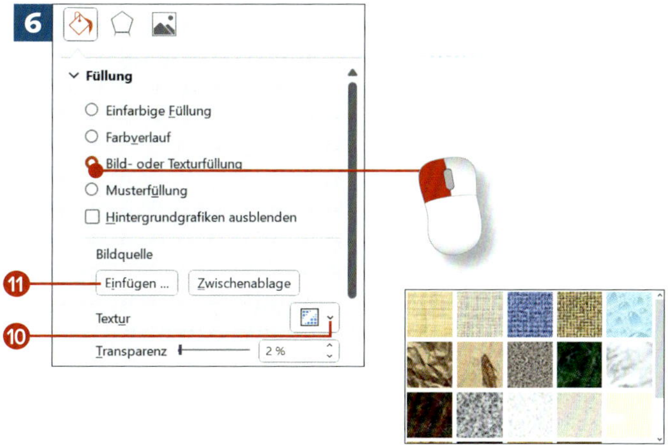

Objekte kopieren und gruppieren

Dass man Grafiken kopieren kann, ist vermutlich nicht neu für Sie. Die praktische Möglichkeit der Gruppierung wird aber oft übersehen.

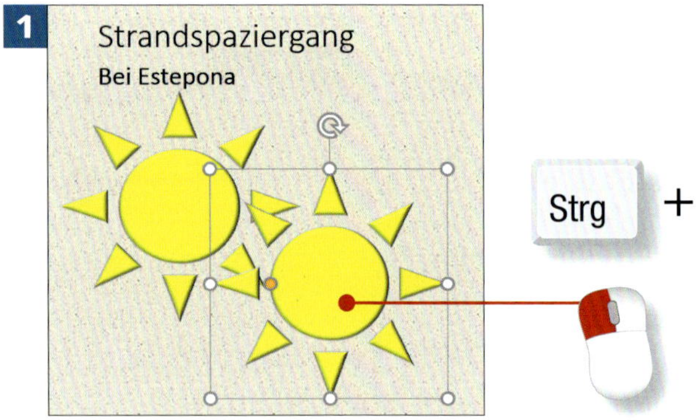

Schritt 1

Um eine Form nochmals einzufügen, können Sie die Befehle **Kopieren** und **Einfügen** im Kontextmenü nutzen oder folgenden Trick anwenden: Markieren Sie das Objekt, halten Sie [Strg] gedrückt, und verschieben Sie es mit gedrückter Maustaste.

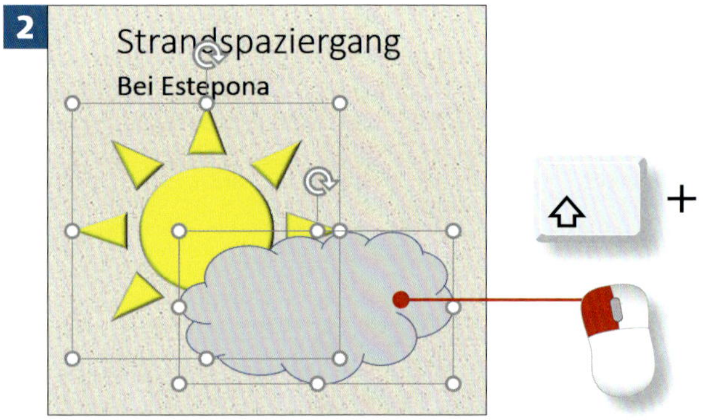

Schritt 2

Bilden mehrere Formen eine Grafik, können sie diese gruppieren. Markieren Sie das erste Objekt, halten Sie die [⇧]-Taste gedrückt, und klicken Sie die übrigen Objekte an.

Schritt 3

Nun sind alle Formen mit einem Rahmen versehen. Rufen Sie per Rechtsklick auf ihn das Kontextmenü auf. Wählen Sie **Gruppieren** und nochmals **Gruppieren**.

Mehrere Formen markieren

Sie markieren mehrere Formen, indem Sie die Maustaste gedrückt halten und einen Rahmen um alle Formen aufziehen.

Schritt 4

Nach der Gruppierung ist aus mehreren Objekten ein einziges Objekt geworden. Dies erkennen Sie daran, dass nur noch ein Rahmen mit Ziehpunkten um die Objekte liegt. Sie können die gruppierte Form jetzt als Ganzes bearbeiten, also beispielsweise verschieben, vergrößern oder verkleinern.

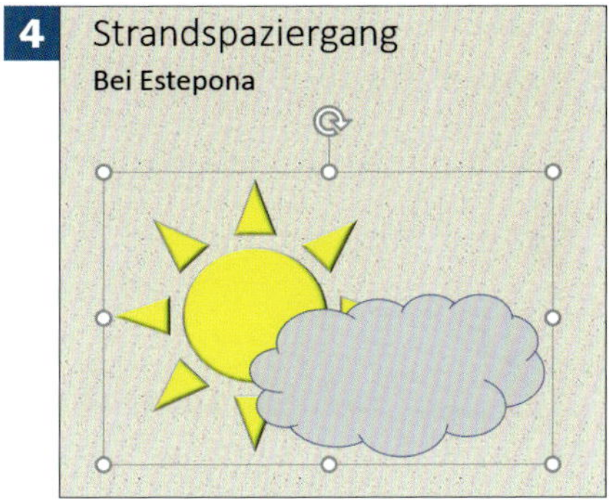

Schritt 5

Eine Gruppierung lässt sich auch wieder aufheben. Klicken Sie die Gruppe mit der rechten Maustaste an, und wählen Sie **Gruppieren ▸ Gruppierung aufheben**. Nun können Sie die Formen wieder einzeln verschieben oder in der Größe verändern.

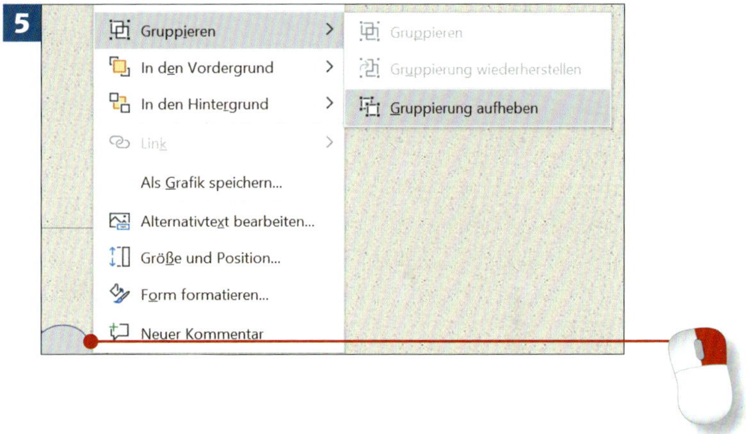

Schritt 6

Auf der Registerkarte **Formformat** regeln Sie über **Ebene nach vorne** und **Ebene nach hinten**, welche Formen im Vordergrund und welche im Hintergrund liegen.

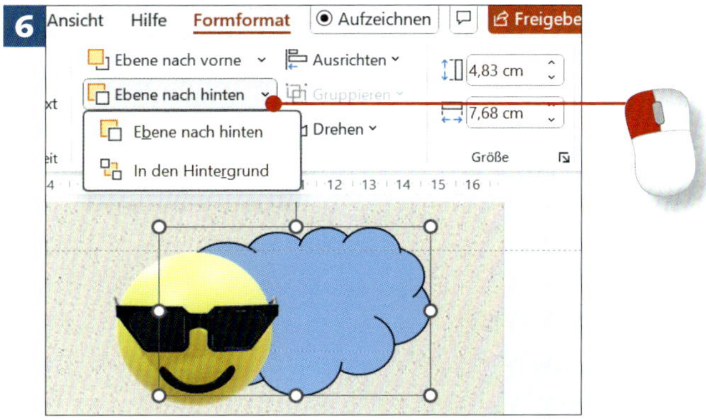

Verstreute Formen gruppieren

Mithilfe der Strg-Taste können Sie beim Gruppieren auch Formen einbeziehen, die von den anderen Grafiken weit entfernt sind.

Schrift- und andere Animationseffekte

Für Präsentationen, die am Bildschirm vorgeführt werden, sind Animationen der eigentliche Clou. In diesem Abschnitt zeige ich Ihnen, wie Sie Folienelemente »beleben«.

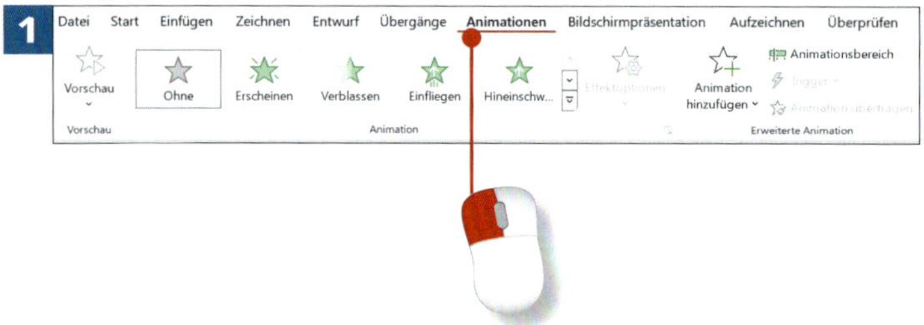

Schritt 1

Sie können Elemente einer Folie animieren. Die Animationseinstellungen und diverse Optionen finden Sie auf der Registerkarte **Animationen**.

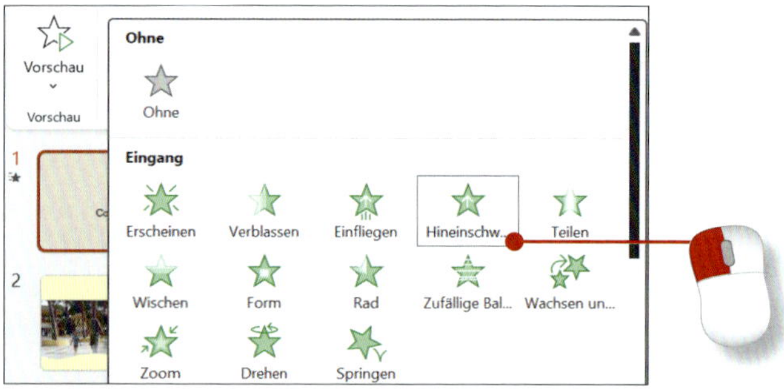

Schritt 2

Markieren Sie das Element auf einer Folie, das als erstes animiert werden soll. Klicken Sie gegebenenfalls auf den Pfeil ❶, um das Auswahlmenü zu öffnen. Wählen Sie einen Effekt für den Eingang, also die Art und Weise, wie ein Element auftaucht, wenn die Folie gezeigt wird, z.B. **Hineinschweben**.

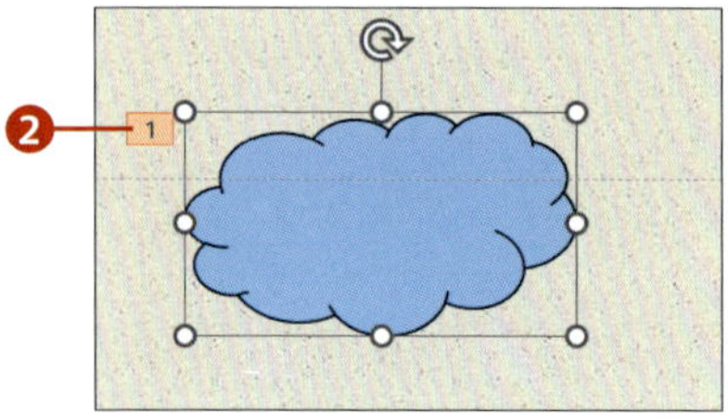

Schritt 3

Die Animation wird unmittelbar nach der Auswahl vorgeführt. Um sie erneut anzuschauen, klicken Sie auf die Schaltfläche **Vorschau**. Links neben dem Element mit der Animation ist eine kleine **1** zu sehen ❷.

Schritt 4

Varianten des eingestellten Effekts bietet das Menü der Schaltfläche **Effektoptionen**. Die Auswahl hängt vom ausgewählten Effekt ab. Der Effekt **Hineinschweben** bietet lediglich die Auswahl **Aufwärts schweben** und **Abwärts schweben**.

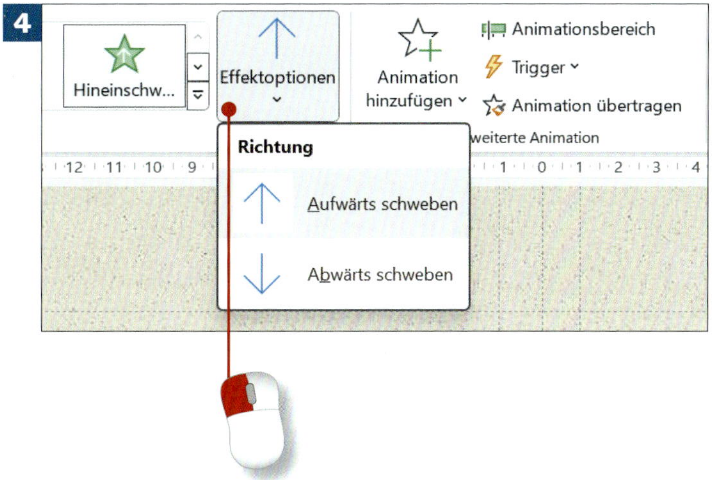

Schritt 5

Sie können weitere Einstellungen für die Animation festlegen, z. B. den **Start** und die **Dauer**. Markieren Sie das animierte Element, und bestimmen Sie im Menü der Schaltfläche **Start**, ob die Animation beim Klicken wiedergegeben wird, gleichzeitig mit der vorherigen Animation oder nach deren Beendigung.

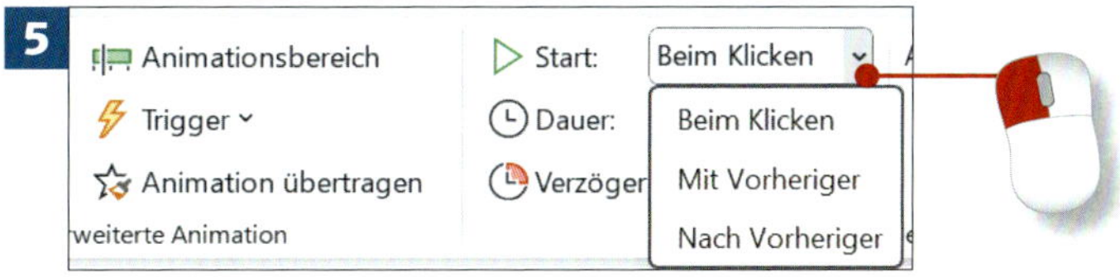

Schritt 6

Wie lange die Animation abgespielt wird (wenn Sie in Schritt 5 nicht die Option **Beim Klicken** festgelegt haben), bestimmen Sie im Feld **Dauer**. Geben Sie hier die Sekunden an. Prüfen Sie die Dauer mithilfe der Vorschau, und korrigieren Sie sie, wenn nötig.

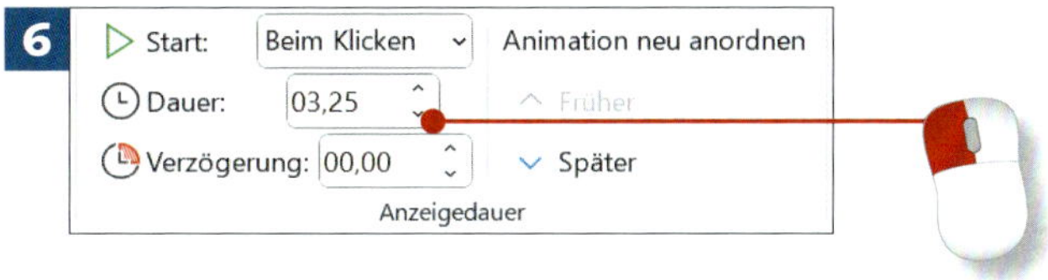

Die Reihenfolge ändern

Wenn ein animiertes Element zu früh oder zu spät erscheint, ändern Sie nachträglich die Reihenfolge. Dazu markieren Sie das animierte Element und klicken ganz rechts auf der Registerkarte **Animationen** auf **Früher** oder **Später**.

Schrift- und andere Animationseffekte (Forts.)

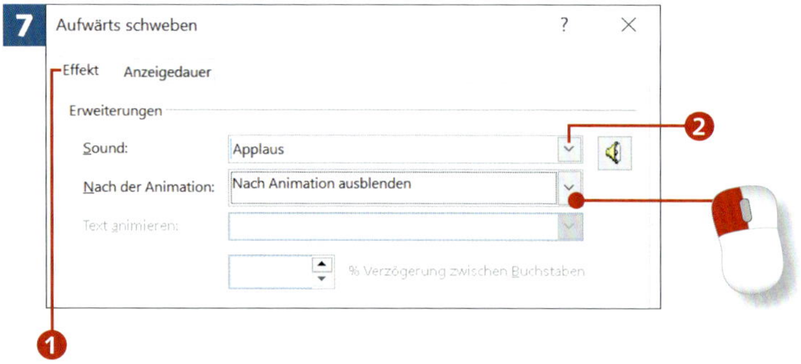

Schritt 7

Klicken Sie auf den Pfeil an der Gruppe **Animation**. Auf der Registerkarte **Effekt** ❶ des zum Effekt passenden Dialogs können Sie einen Sound hinzufügen ❷ (ähnlich wie bei den in Kapitel 11, »Mit PowerPoint präsentieren«, beschriebenen Folienübergängen) und bestimmen, was nach der Animation passieren soll. Mit **Nach Animation ausblenden** geschieht genau das: Das Element verschwindet ganz kurz.

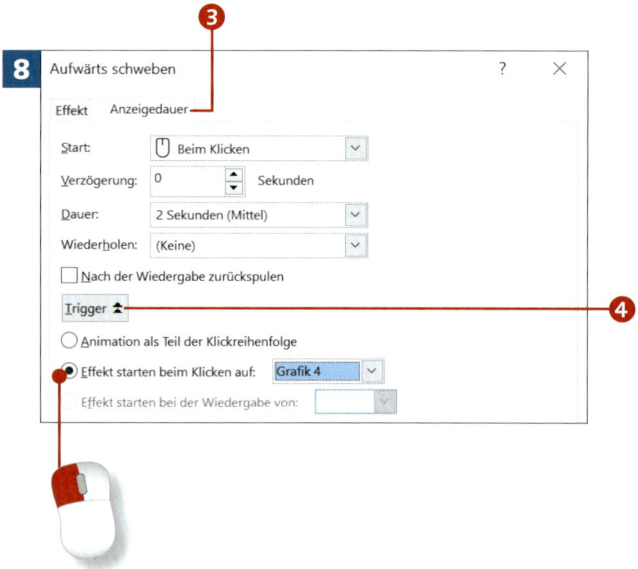

Schritt 8

Auf der Registerkarte **Anzeigedauer** ❸ finden Sie die Option **Trigger**. Mit ihr legen Sie fest, wie und wann die Animation ausgelöst wird. Klicken Sie auf die Schaltfläche ❹, und aktivieren Sie die Option **Effekt starten beim Klicken auf**. Im Feld daneben wählen Sie in der Auswahlliste das passende Element.

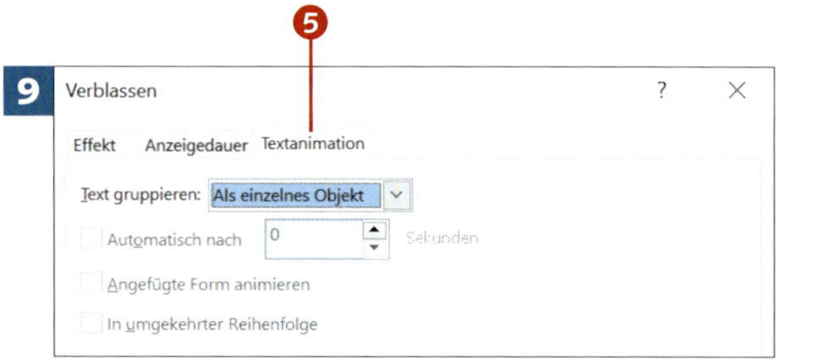

Schritt 9

Eine Textzeile oder ein Textfeld animieren Sie auf die gleiche Art. Der gezeigte Dialog enthält, wenn Text markiert ist, zusätzlich die Registerkarte **Textanimation** ❺.

Schritt 10

Hier können Sie einstellen, wie der Text erscheinen soll: zusammen als Block (alle Absätze auf einmal) oder zeilenweise nacheinander (z. B. mit der Option **Bei 1. Abschnittsebene**).

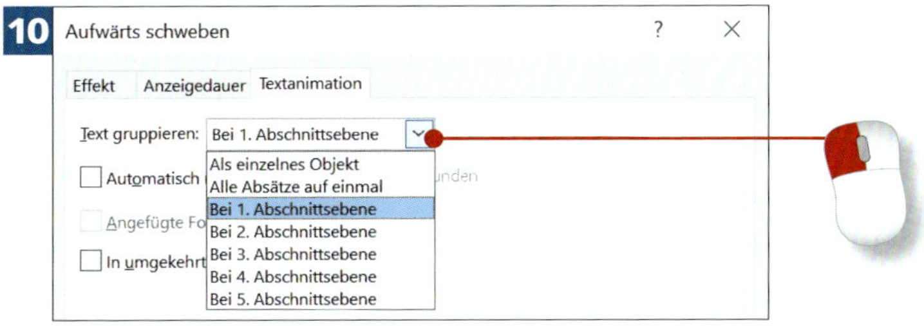

Schritt 11

Praktisch ist auch der **Animationsbereich**, den Sie mit der gleichnamigen Schaltfläche rechts am Bildschirm einblenden. Sie können hier die Dauer, die Verzögerung (mit den kleinen Schiebereglern) und die Reihenfolge der Animationen einstellen.

Schritt 12

Die Einstellungen eines Animationseffekts können Sie auf andere Elemente übertragen. Markieren Sie das erste Element, und klicken Sie auf **Animation übertragen** ❻. Wie bei der Funktion **Format übertragen** wird der Mauszeiger zu einem Pinsel. Klicken Sie dann auf das Element, dem Sie die Einstellung zuweisen möchten.

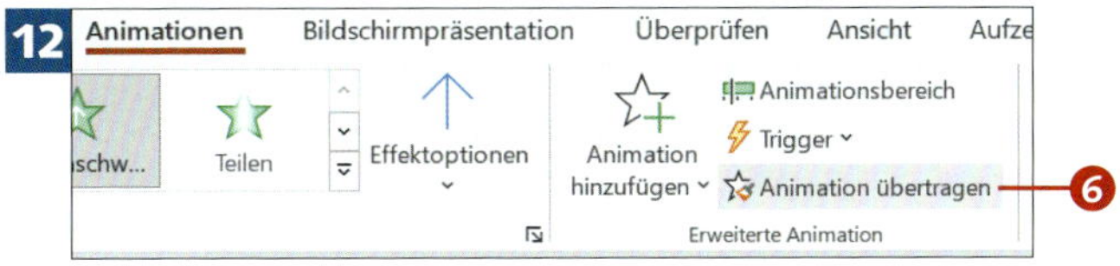

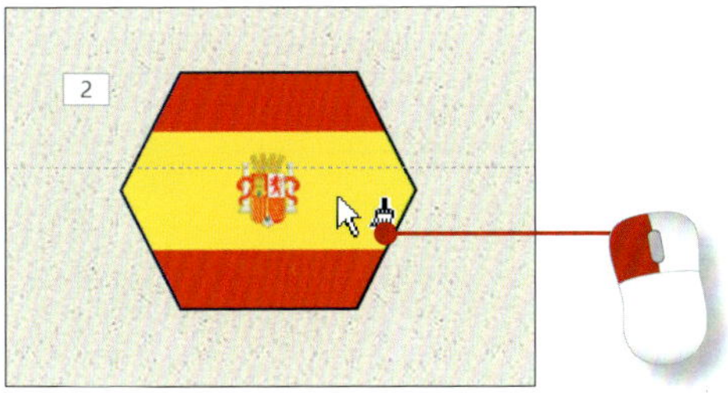

Musik für Ihre Präsentation

1

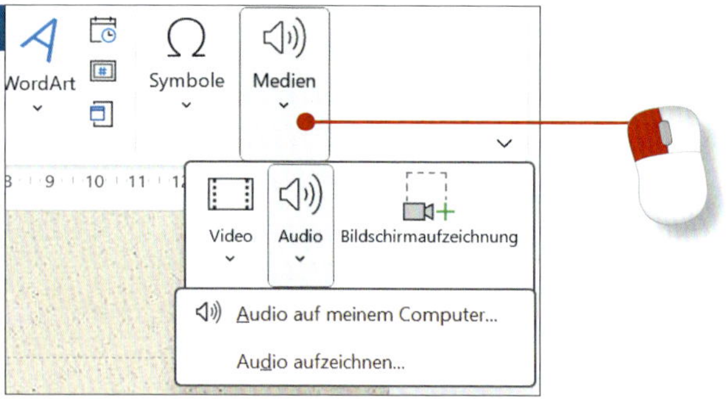

2

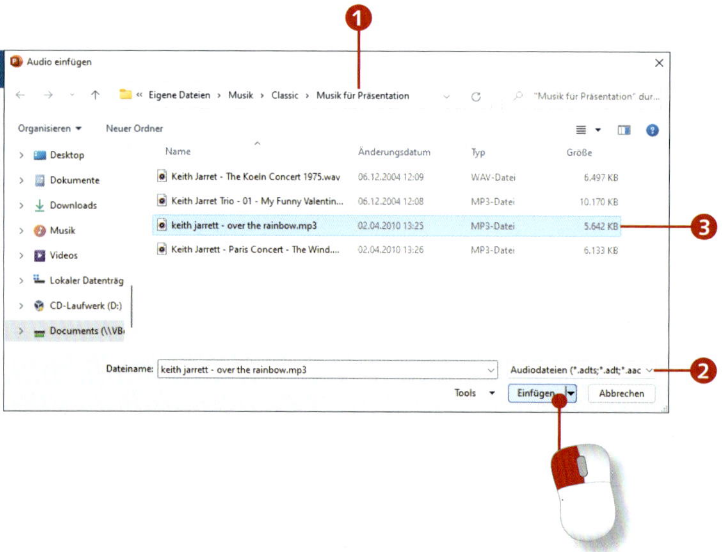

3

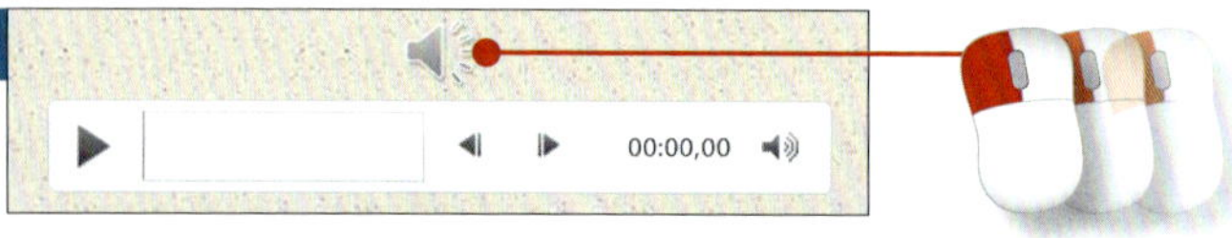

Der passende Sound zum jeweiligen Thema wird dazu beitragen, dass das Publikum Ihrer Präsentation gespannt folgt.

Schritt 1

Klicken Sie auf der Registerkarte **Einfügen** auf die Schaltfläche **Medien** und im Menü auf **Audio**. Im Menü wählen Sie die Option **Audio auf meinem Computer**.

Schritt 2

Im Dialog **Audio einfügen** navigieren Sie zu dem Ordner ❶ mit Musik- und Sounddateien. Als Dateityp ist **Audiodateien** ❷ eingestellt, sodass alle passenden Dateien gelistet werden. Markieren Sie eine Datei ❸, und klicken Sie auf **Einfügen**.

Schritt 3

Auf der Folie erscheint nun ein Lautsprechersymbol. Verschieben Sie es am besten in eine Ecke der Folie. Sobald Sie auf es zeigen, sehen Sie ein Steuerungselement mit Abspielfunktionen (**Wiedergabe**, **rückwärts**, **vorwärts**) und einem Symbol zum Einstellen der Lautstärke.

Schritt 4

Sie können Ihre Audiodatei direkt auf der Folie testen. Klicken Sie auf den Pfeil zur Wiedergabe, und regulieren Sie die Lautstärke ❹. Zum Beenden klicken Sie erneut auf das Wiedergabe-Symbol. (Es zeigt nun den Pfeil für Wiedergabe/Pause.)

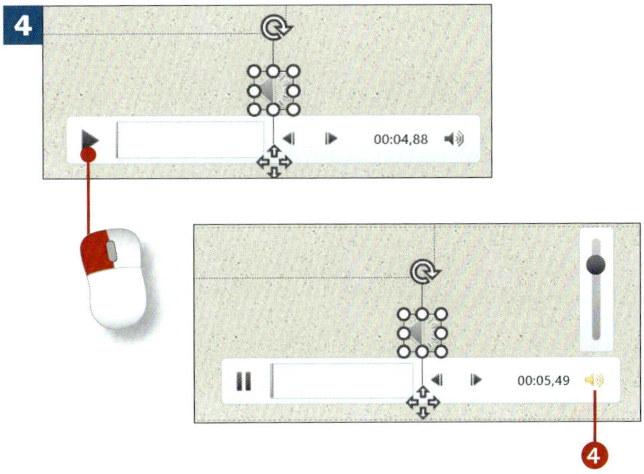

Schritt 5

Viele Einstellungsmöglichkeiten und Optionen für den Sound bzw. die Audiodatei bietet die Registerkarte **Wiedergabe** ❺. Sie wird eingeblendet, wenn das Lautsprechersymbol markiert ist.

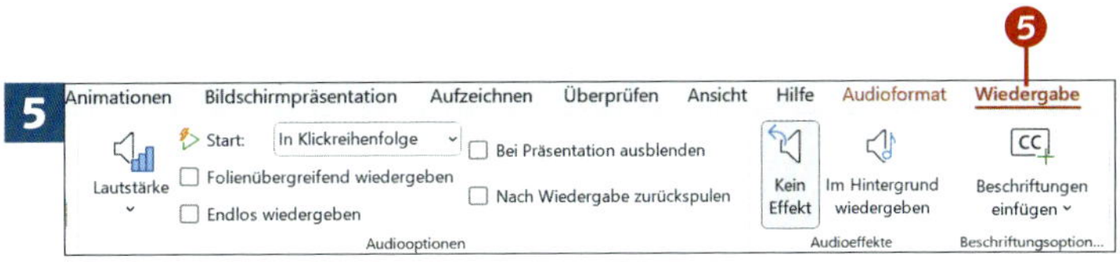

Schritt 6

Wenn die eingefügte Sounddatei die ganze Präsentation begleiten soll, aktivieren Sie die Option **Folienübergreifend wiedergeben**.

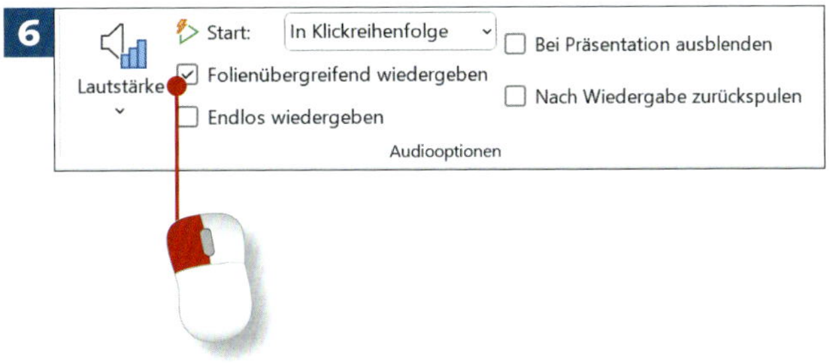

Audiodatei kürzen

Sie können eine Audiodatei beschneiden, indem Sie auf der Registerkarte **Wiedergabe** links auf die Schaltfläche **Audio kürzen** klicken. Im zugehörigen Dialog gibt es einen Schieberegler, mit dem Sie die Start- und Endzeit des Audioclips festlegen.

Ein Video in die Präsentation einbetten

1
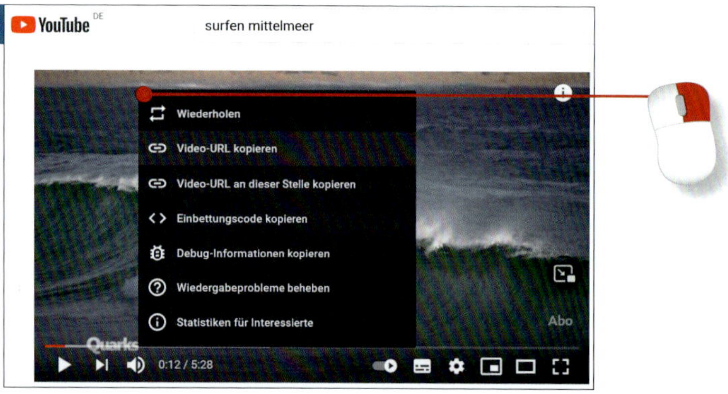

2
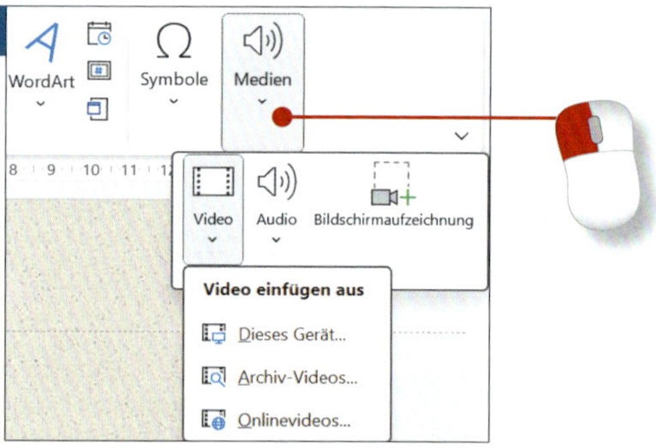

3
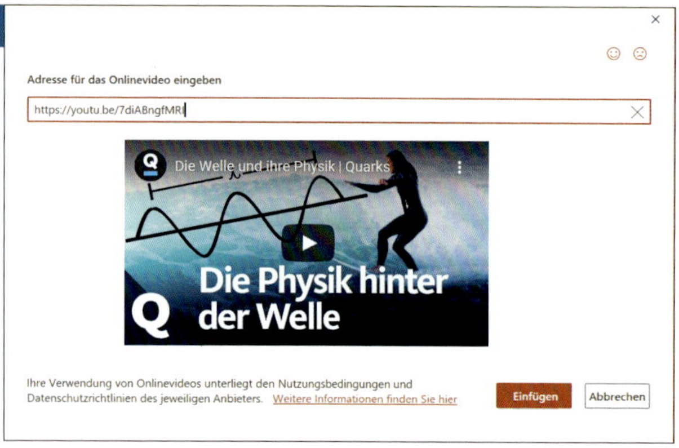

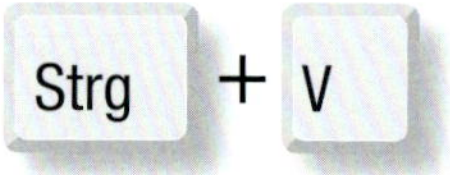

Sie können Videos aus dem Internet in Ihre Präsentation einbetten. Meistens stammen sie von YouTube.

Schritt 1

Um ein Video in die Präsentation einzufügen, brauchen Sie – sofern es aus dem Internet stammt – die URL des Videos. Rufen Sie beispielsweise auf YouTube ein passendes Video auf, und klicken Sie es mit der rechten Maustaste an. Im Menü wählen Sie **Video-URL kopieren**.

Schritt 2

Aktivieren Sie dann (in PowerPoint) die Registerkarte **Einfügen**, und klicken Sie hier auf die Schaltfläche **Medien**. Im Menü wählen Sie **Video** und danach **Onlinevideos**.

Schritt 3

Nun sehen Sie das Fenster mit dem Adressfeld, in das Sie die URL einfügen. Nutzen Sie die Tastenkombination Strg + V. Klicken Sie auf **Einfügen**.

Videos aus dem Internet
Bedenken Sie, dass Sie über den beschriebenen Weg nur den Link zum Video einfügen, nicht die Videodatei. Sie können diese also nur abspielen, wenn eine Internetverbindung besteht.

Schritt 4

Das Video landet mit dem Vorschaubild auf der Folie. Sie können es an eine andere Stelle verschieben, wenn Sie möchten. Die Registerkarte **Videoformat** bietet Bearbeitungsoptionen.

4

Schritt 5

Zum Abspielen klicken Sie auf den Pfeil im Videobild. Das Video startet, und Sie sehen die üblichen Steuerungselemente (die Sie vermutlich vom Abspielen anderer Videos kennen). Klicken Sie auf die zwei Striche, um das Video zu stoppen.

5

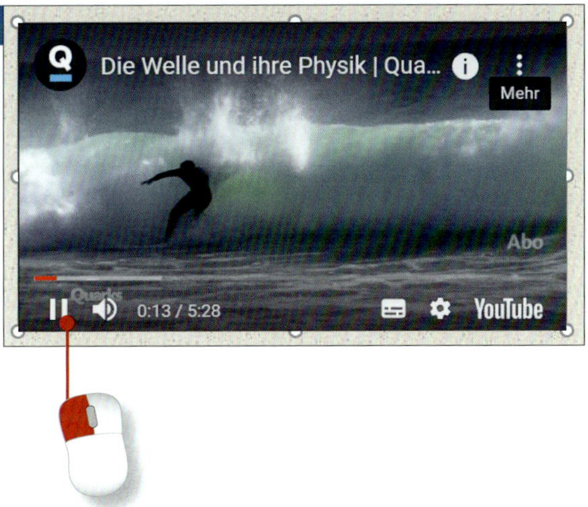

Schritt 6

Den Ton steuern Sie mithilfe des Schiebereglers, der eingeblendet wird, wenn Sie mit der Maus auf das kleine Lautsprechersymbol zeigen.

6

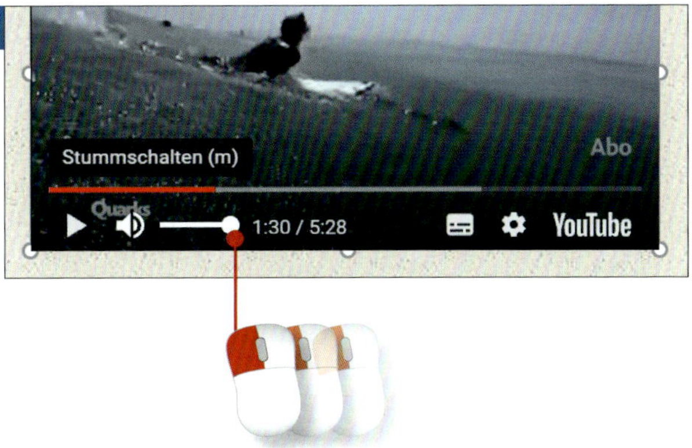

Eigene Videos einbinden
Sie können auch eigene, auf Ihrer Festplatte gespeicherte Videos einbinden. Dazu wählen Sie **Medien ▸ Video ▸ Dieses Gerät**. Achten Sie darauf, welche Formate unterstützt werden; unterstützt werden z. B. MP4 und MPEG.

Präsentationen speichern und drucken

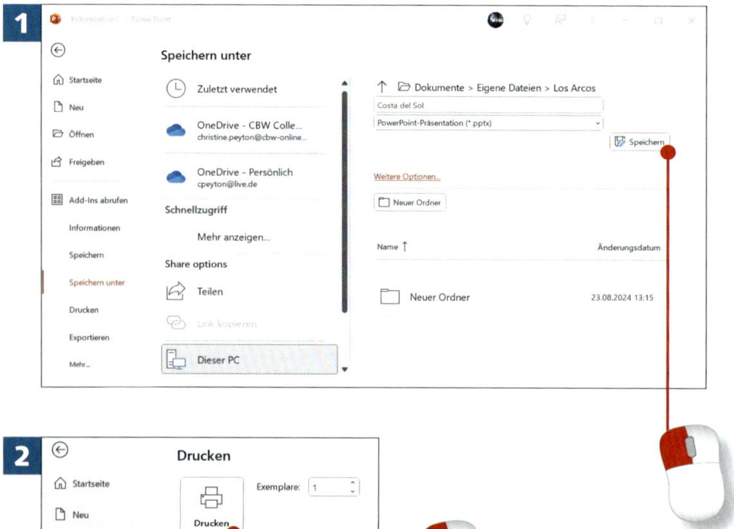

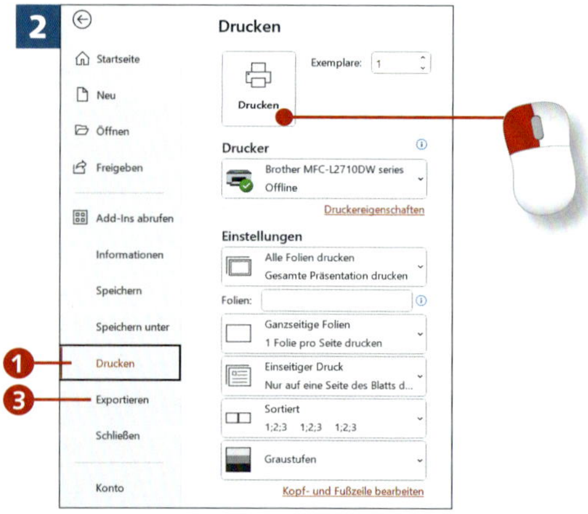

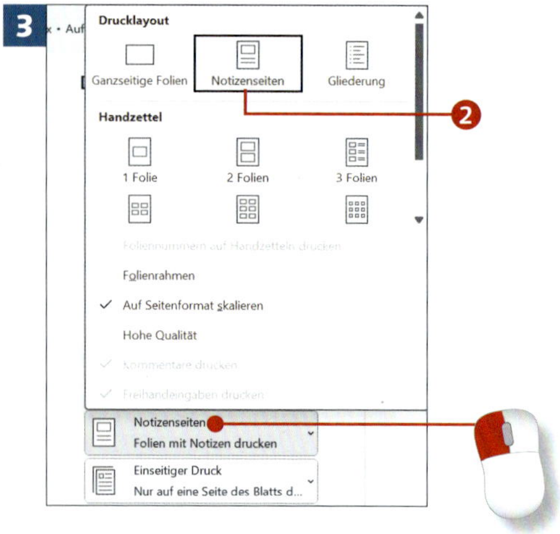

Sie können Folien auch ganz klassisch ausdrucken, bevor Sie sie präsentieren. Für den Ausdruck bietet PowerPoint mehrere Optionen an.

Schritt 1

Im Normalfall speichern Sie Ihre Datei als PowerPoint-Präsentation. Dazu klicken Sie auf **Datei ▸ Speichern unter**. Markieren Sie **Dieser PC**. Wandern Sie gegebenenfalls über den Pfeil **Ebene nach oben** zum gewünschten Ordner und geben Sie der Präsentation einen Namen. Dann klicken Sie auf **Speichern**.

Schritt 2

Die Folien lassen sich auch auf Papier ausdrucken. Klicken Sie auf **Datei ▸ Drucken** ❶. Wenn Sie jede Folie auf einer Seite ausdrucken möchten, belassen Sie es bei der Standardeinstellung und klicken direkt auf **Drucken**.

Schritt 3

Um die Folien verkleinert, aber dafür mit dem Text im Notizbereich auszudrucken, klicken Sie auf den Pfeil an dem Feld, in dem standardmäßig **Ganzseitige Folien** steht. Im Menü wählen Sie **Notizenseiten** ❷.

Schritt 4

Im selben Menü finden Sie die Rubrik **Handzettel**. Wählen Sie hier z. B. die Option **4 Folien horizontal**. In der Vorschau rechts sehen Sie das Resultat des Ausdrucks.

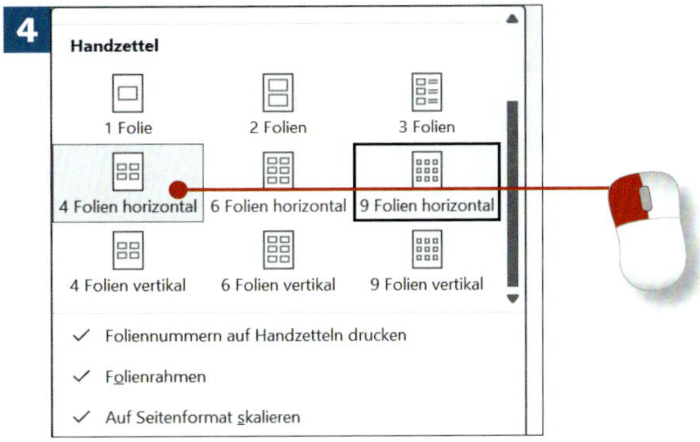

Schritt 5

Kleine Handzettel mit den Folien lassen sich auch in einem Word-Dokument erstellen. Klicken Sie dazu auf **Datei ▸ Exportieren** ❸. Klicken Sie links auf **Handzettel erstellen** ❹ und rechts erneut auf **Handzettel erstellen**.

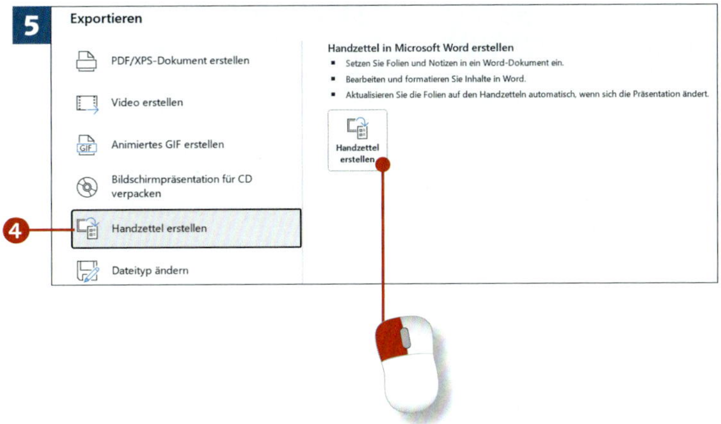

Schritt 6

Im Dialog **An Microsoft Word senden** legen Sie ein Seitenlayout fest. Achten Sie auf die beiden Optionen unten (wenn Sie **Verknüpfung einfügen** wählen, wirken sich Veränderungen an den Folien auf die Handzettel aus). Klicken Sie dann auf **OK**. Das Word-Dokument mit den Folien (in einer Tabelle) wird nun automatisch erstellt. Sie können es auf dem üblichen Weg weiterbearbeiten.

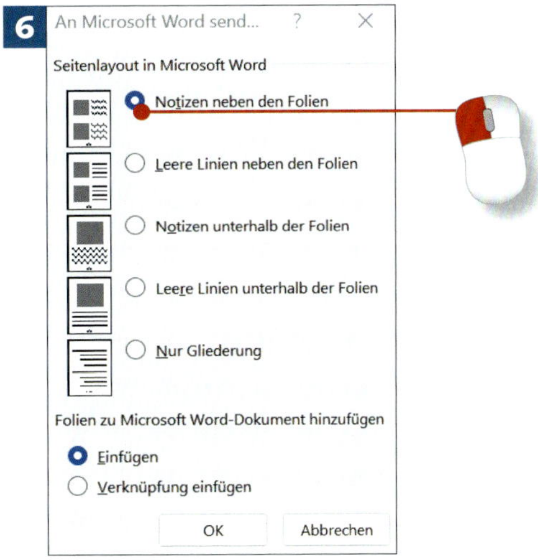

Handzettel im Word-Dokument

Bei der Erstellung von Handzetteln im Word-Format taucht das neue Word-Dokument automatisch in der Taskleiste auf, sodass Sie es per Mausklick öffnen können.

Eine Präsentation erfolgreich vorführen

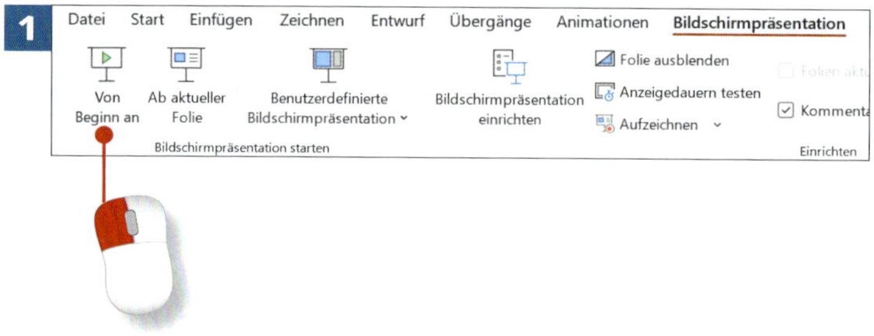

Schauen Sie sich an Ihrem Bildschirm an, wie die Präsentation als Vorführung im Vollbildmodus mit allen Animationen wirkt.

Schritt 1

Aktivieren Sie die Registerkarte **Bildschirmpräsentation**, und klicken Sie für einen ersten Eindruck auf **Von Beginn an**. Wenn als Startpunkt für Animationen/Übergänge die Option **Beim Klicken** bzw. **Bei Mausklick** eingestellt ist (siehe dazu Seite 295), klicken Sie jeweils, um die Präsentation fortzusetzen.

Schritt 2

Drücken Sie Esc, um die Vorführung abzubrechen. Ansonsten erscheint am Ende ein schwarzer Bildschirm. In dem Fall klicken Sie einmal, um die Präsentation zu verlassen.

Schritt 3

Ganz praktisch ist es, Einblendzeiten festzulegen, um die Präsentation danach mit der gespeicherten Anzeigedauer automatisch ablaufen zu lassen. Klicken Sie auf **Anzeigedauern testen**.

Folien ausblenden

Sie können gewisse Folien aus einer Präsentation ausblenden. Aktivieren Sie die betreffende Folie, und klicken Sie auf der Registerkarte **Bildschirmpräsentation** in der Gruppe **Einrichten** auf **Folie ausblenden**.

Schritt 4

Der Test beginnt wie eine normale Vorführung. Klicken Sie jeweils, wenn Sie meinen, dass die Folie oder das Element lange genug zu sehen waren. Zum Schluss werden Sie gefragt, ob Sie die Anzeigedauer speichern möchten. Klicken Sie auf **Ja**.

Schritt 5

Wenn Sie die Bildschirmpräsentation starten, läuft sie nun ohne Ihr Zutun mit den gespeicherten Zeiten ab. Um doch das Zepter in der Hand zu halten, deaktivieren Sie auf der Registerkarte **Bildschirmpräsentation** die Option **Anzeigedauern verwenden**.

Schritt 6

Während der Präsentation können Sie eine Folie mit rechts anklicken und dann eine ganze Reihe von Optionen für die Vorführung nutzen, z. B. **Stift** (um auf der Folie zu malen) oder **Laserpointer**. Beides finden Sie im Untermenü der **Zeigeroptionen** ❶. Mit **Weiter** und **Zurück** ❷ navigieren Sie.

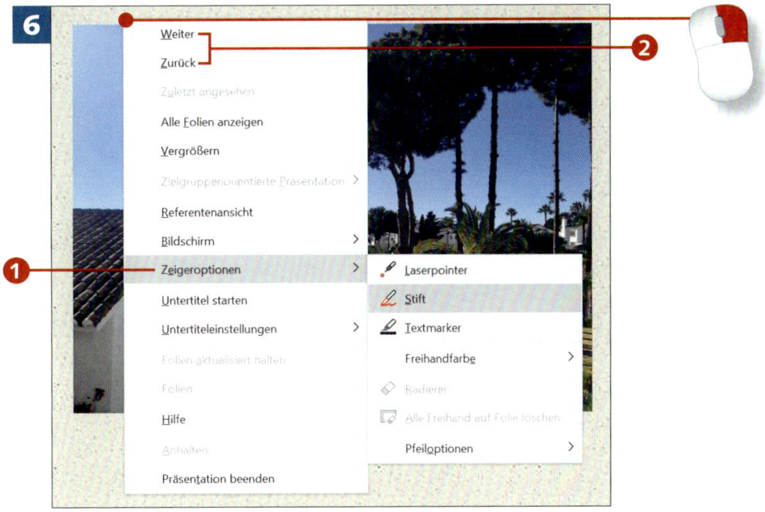

Präsentation als Endlosschleife

Sie können Ihre Präsentation auch immer und immer wieder durchlaufen lassen. Die Einstellung dafür heißt **Ansicht an einem Kiosk** und findet sich auf der Registerkarte **Bildschirmpräsentation** unter **Bildschirmpräsentation einrichten**.

Eine Präsentation als Video erstellen

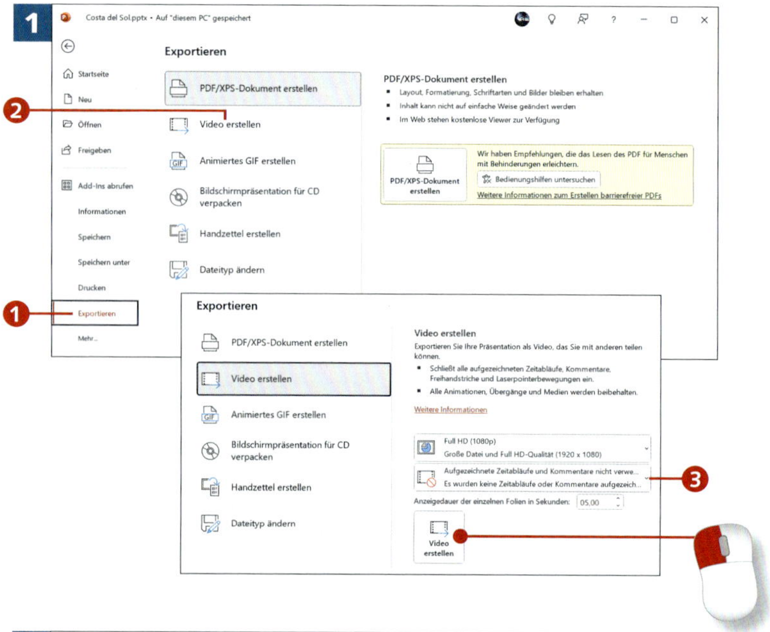

Sie können Ihre PowerPoint-Bildschirmpräsentation als Video speichern, zum Beispiel im MP4-Format.

Schritt 1

Wählen Sie **Datei ▸ Exportieren** ❶. Klicken Sie auf **Video erstellen** ❷. Mit **Aufgezeichnete Zeitabläufe und Kommentare verwenden** ❸ werden eingestellte Zeiten beibehalten. Klicken Sie auf **Video erstellen**.

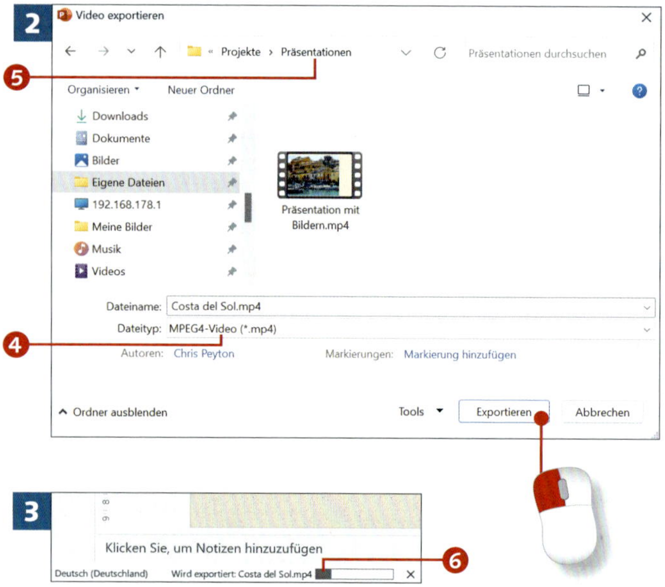

Schritt 2

Im Dialog **Video exportieren** ist als Dateityp **MPEG4-Video** ❹ eingestellt. Wählen Sie den Ordner ❺ aus, in dem Sie das Video speichern möchten, und klicken Sie auf **Exportieren**.

Schritt 3

Das Video wird erstellt und der Fortschritt in der Statusleiste angezeigt ❻. Je nach Präsentationsgröße kann es dauern. Sie erhalten eine Erfolgsmeldung mit einem Link zum Anzeigen oder Teilen des Videos.

Präsentation aufzeichnen

Mit der Schaltfläche **Aufzeichnen** können Sie die Präsentation mit Ihnen selbst als Präsentator*in aufzeichnen.

Schritt 4

Um das Video abzuspielen, öffnen Sie im Datei-Explorer den Ordner, in dem Sie das Video gespeichert haben, und klicken die Datei mit rechts an. Im Kontextmenü zeigen Sie auf **Öffnen mit** und wählen das Programm, mit dem Sie das Video abspielen möchten, z. B. **Filme & TV**.

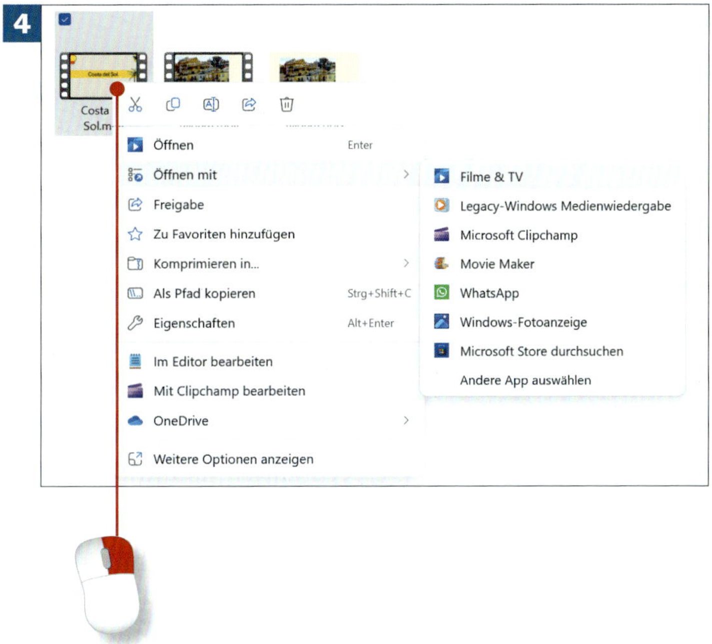

Schritt 5

Das Video wird gestartet. Am unteren Rand finden Sie die üblichen Bedienelemente 8 zum Steuern.

Schritt 6

Sie können das Video ins Internet stellen, z. B. auf YouTube, sofern Sie dort angemeldet sind (klicken Sie dort auf das Symbol **Erstellen** und dann auf **Video hochladen**), oder indem Sie das Video zum Anzeigen auf einer Webseite auf einen Server hochladen.

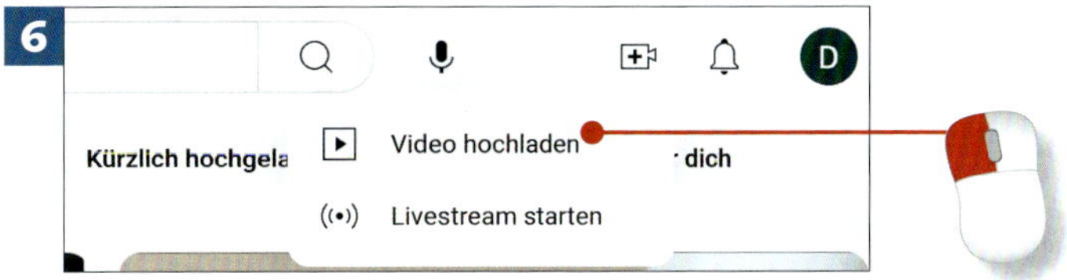

!

Dateigröße

Als Film gespeichert, können Präsentationen eine beachtliche Größe erreichen. Prüfen Sie, ob Sie die Grafiken und Audiodateien, die in die Präsentation eingebunden sind, verkleinern können.

Kapitel 13
Seriendruck in Office

Ob Einladungen, Werbebriefe oder Kundeninformationen – immer dann, wenn viele Empfänger den gleichen Brief erhalten sollen, sind Serienbriefe die richtige Wahl. Ich zeige Ihnen in diesem Kapitel, wie Sie die Seriendruckfunktion von Word richtig nutzen und eine Excel-Liste oder Ihre Outlook-Kontakte als Datenquelle verwenden.

Seriendruck starten und Empfängerliste erstellen

Sie starten den Seriendruck auf der Registerkarte **Sendungen**. Der zweite Schritt besteht darin, die Empfänger zu bestimmen. Sofern Sie nicht auf eine vorhandene Adressliste zurückgreifen, können Sie eine neue Adressliste erstellen, in der Sie alle variablen Daten eingeben. Dann fügen Sie die Seriendruckfelder in das Hauptdokument ein ❶.

Vorhandene Adresslisten nutzen

Anstatt eine neue Adressliste zu erstellen, können Sie für den Serienbrief auch vorhandene Adresslisten ❷ nutzen. Sie wählen im Menü **Empfänger auswählen** entweder die Option **Vorhandene Liste verwenden** oder **Aus Outlook-Kontakten auswählen**. Im Dialog **Datenquelle auswählen** bestimmen Sie dann die Datenquelle, die die gewünschten Namen und Adressen enthält.

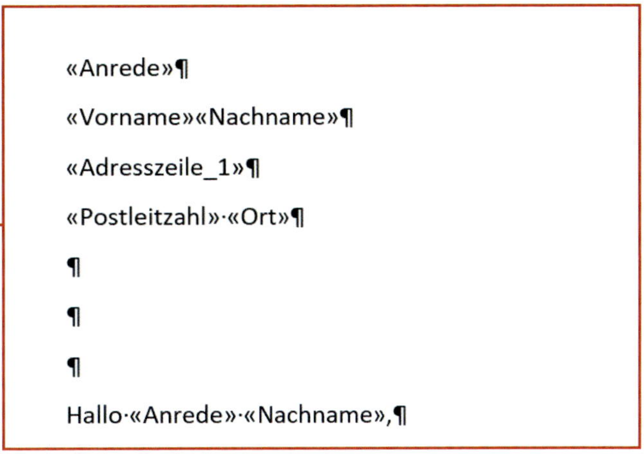

❶ Fügen Sie die Seriendruckfelder in das Hauptdokument ein.

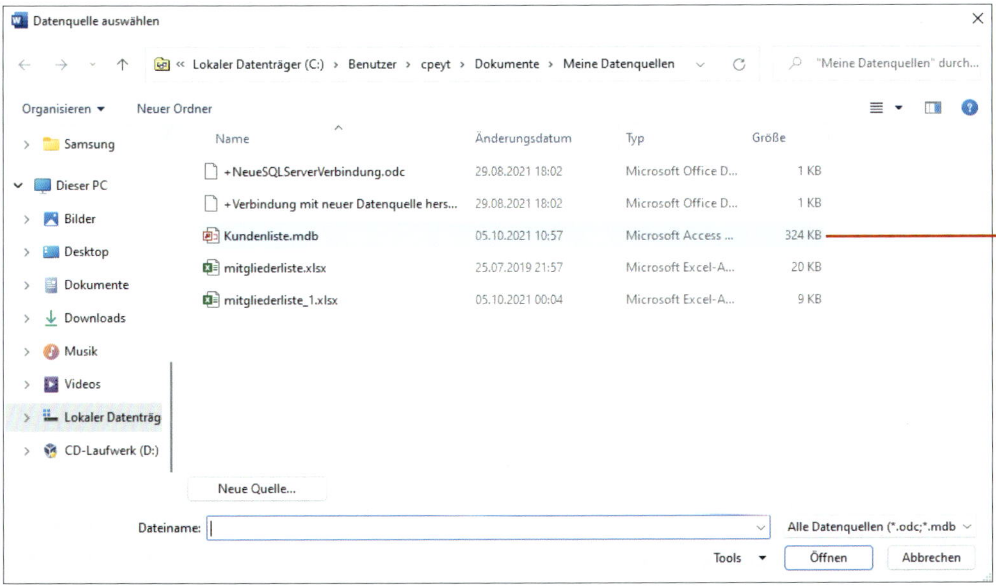

❷ Sie können bereits gespeicherte Adresslisten benutzen.

Die Serienbrieffunktion von Word

Der Umgang mit der Serienbrieffunktion von Word gilt als hohe Kunst der Textverarbeitung. So schwer ist es aber nicht!

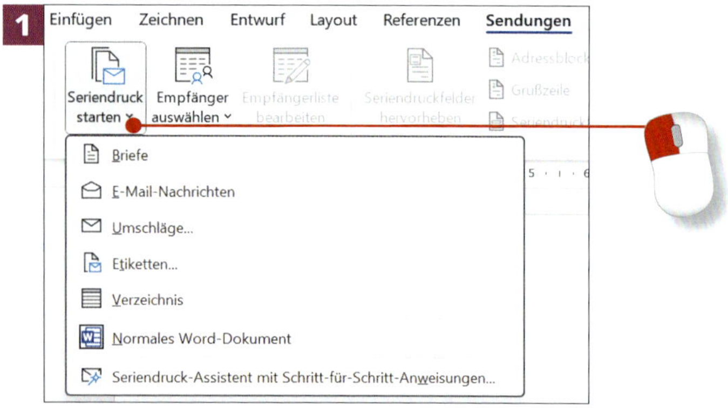

Schritt 1

Um einen Serienbrief zu schreiben, öffnen Sie ein neues Dokument und klicken auf der Registerkarte **Sendungen** auf **Seriendruck starten ▸ Briefe**.

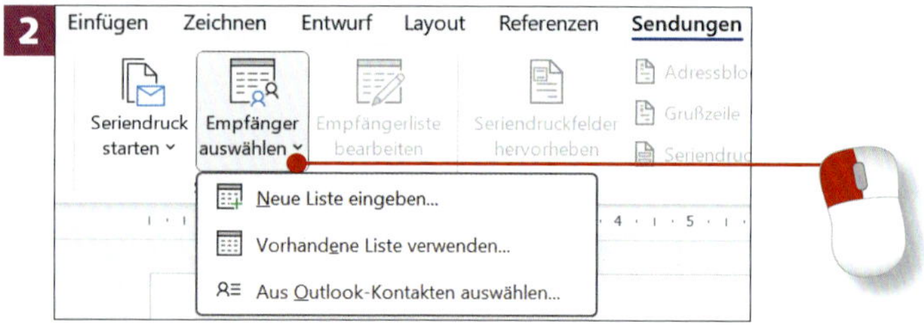

Schritt 2

Bestimmen Sie die Datenquelle. Klicken Sie dazu auf **Empfänger auswählen ▸ Neue Liste eingeben**. Dieser Schritt ist nicht notwendig, wenn Sie auf eine vorhandene Datenquelle zurückgreifen können. (Wie das geht, erfahren Sie ab Seite 316.)

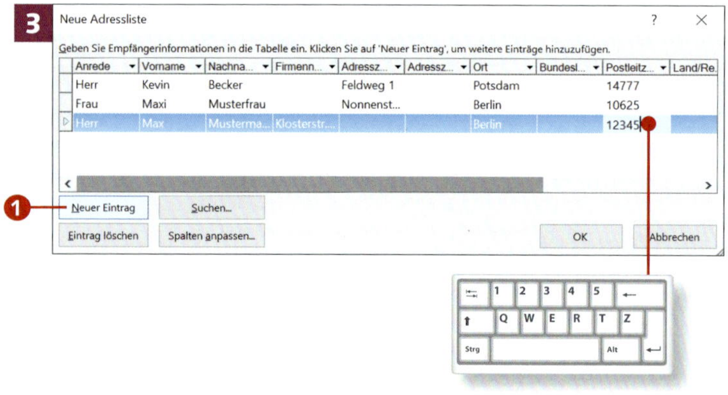

Schritt 3

Im Dialog **Neue Adressliste** tragen Sie in jeder Zeile die Adressdaten eines Empfängers ein (die Datensätze). Sie müssen nicht alle Felder ausfüllen, sondern nur die für eine Anschrift notwendigen. Für eine neue Adresse klicken Sie auf **Neuer Eintrag** ❶. Erst wenn Sie alle Adressen eingegeben haben, klicken Sie auf **OK**.

Briefe per Mail

Falls Sie die Briefe später als Mail verschicken möchten, müssen Sie für jede Adresse eine E-Mail-Adresse eintragen.

Schritt 4

Im Dialog **Adressliste speichern** wählen Sie einen Ordner (Windows schlägt **Meine Datenquellen** ❷ vor). Geben Sie der Datei einen Namen, und belassen Sie den Dateityp bei **Microsoft Office Adresslisten (*.mdb)**. Klicken Sie abschließend auf **Speichern**.

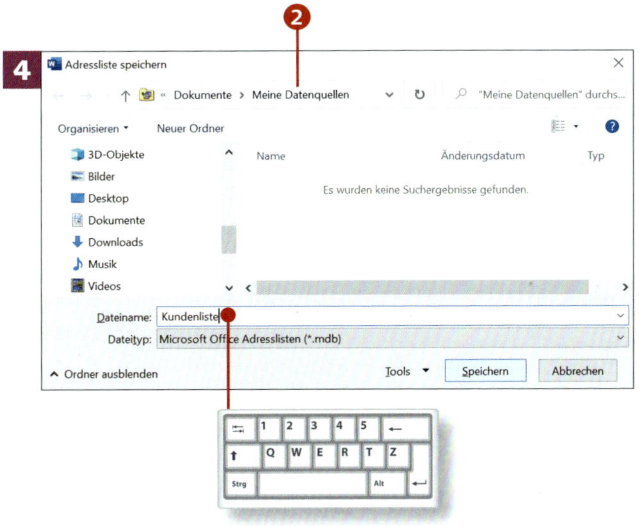

Schritt 5

Um die eingegebenen Daten zu ändern oder zu ergänzen, klicken Sie auf die Schaltfläche **Empfängerliste bearbeiten** ❸. Markieren Sie im zugehörigen Dialog im Bereich **Datenquelle** die soeben gespeicherte Datei ❹, und klicken Sie dann auf **Bearbeiten**.

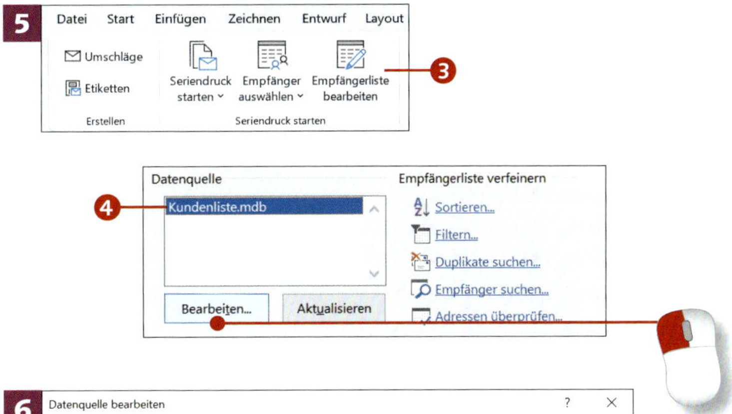

Schritt 6

Im Dialog **Datenquelle bearbeiten** können Sie neue Datensätze anlegen oder vorhandene bearbeiten. Über die Schaltfläche **Spalten anpassen** rufen Sie einen Dialog auf, in dem Sie neue Spalten hinzufügen ❺ oder nicht benutzte Spalten entfernen ❻ können.

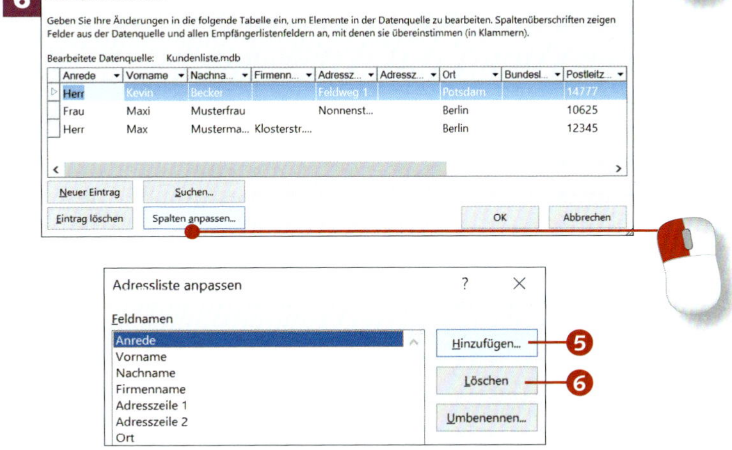

Die Seriendruckfelder einfügen

1

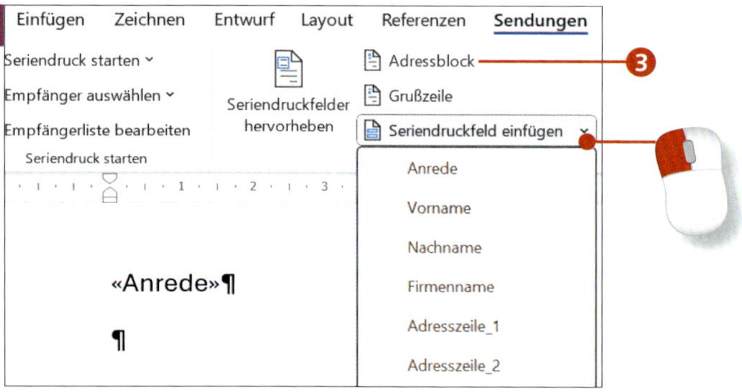

2

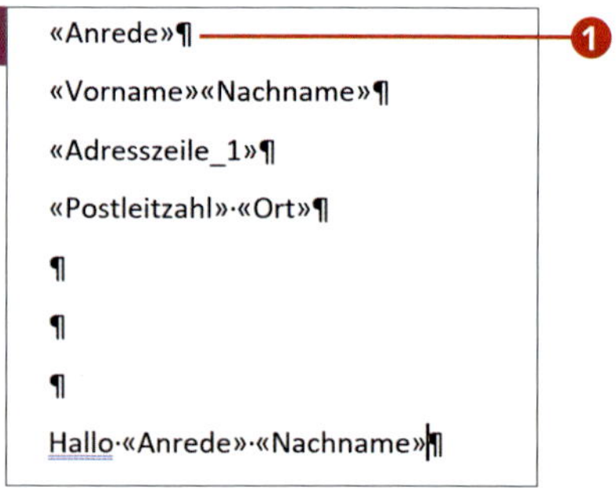

3

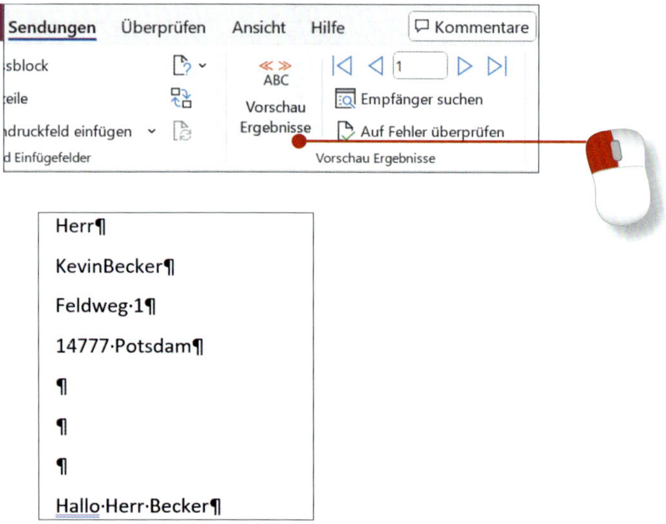

Nachdem Sie den Seriendruck vorbereitet haben, können Sie die Seriendruckfelder einfügen. Den eigentlichen Brieftext müssen Sie natürlich auch noch schreiben, sofern Sie das noch nicht getan haben.

Schritt 1

Setzen Sie den Cursor an die Stelle im Dokument, an der die Adresse beginnen soll. Klicken Sie dann auf der Registerkarte **Sendungen** auf **Seriendruckfeld einfügen**, und fügen Sie als Erstes das Feld **Anrede** (für »Frau« oder »Herr«) ein.

Schritt 2

Das Seriendruckfeld erscheint im Text (1). Auf diese Art und Weise vervollständigen Sie die Adresse. (Verwenden Sie das Feld **Adresszeile_1** als Platzhalter für die Straße.) Auf die gleiche Weise können Sie auch eine einfache Grußzeile zusammenbauen.

Schritt 3

Für eine Vorschau auf den fertigen Serienbrief klicken Sie auf **Vorschau Ergebnisse**. Alle eingefügten Felder werden mit den Werten aus der Datenquelle (Adressliste) gefüllt.

Schritt 4

Mit den Pfeilen ❷ in der Gruppe **Vorschau Ergebnisse** können Sie durch die Briefe navigieren. Um wieder den Text mit den Seriendruckfeldern zu sehen, klicken Sie erneut auf **Vorschau Ergebnisse**.

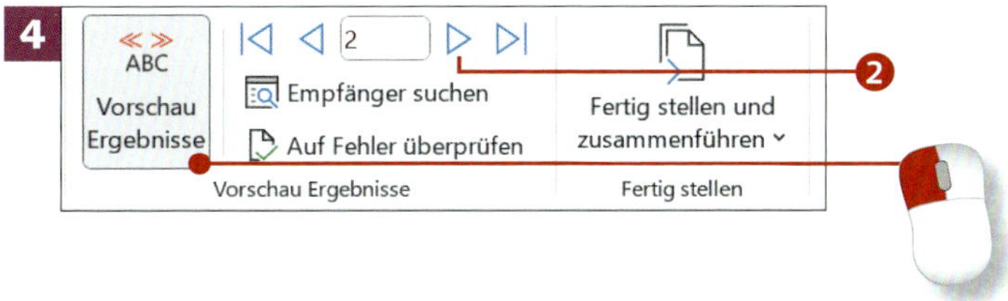

Schritt 5

Statt einzelner Seriendruckfelder können Sie auch einen kompletten Adressblock einfügen. Dazu klicken Sie auf **Adressblock** ❸. Im Dialog **Adressblock einfügen** wählen Sie links unter **Adresselemente festlegen** das Format.

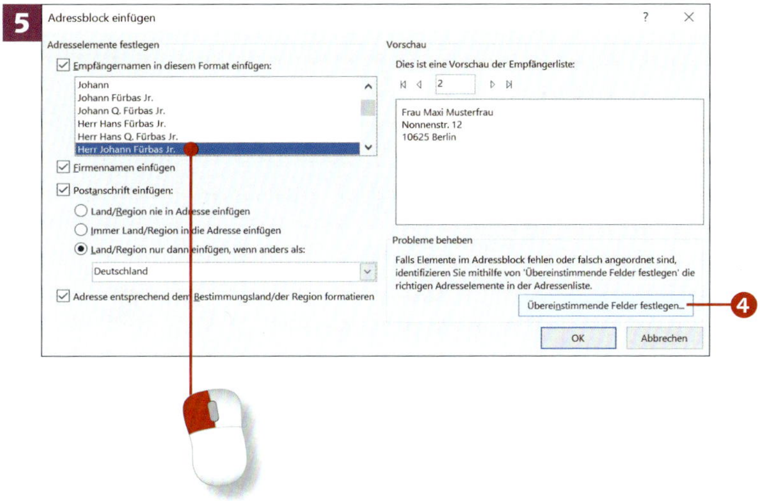

Schritt 6

Um zu überprüfen, ob Ihre Datenliste andere Feldnamen verwendet als Word, öffnen Sie über die gleichnamige Schaltfläche ❹ den Dialog **Übereinstimmende Felder festlegen**. Hier könnten Sie für jedes Feld, das im Adressblock verwendet wird, ein Feld aus der Datenquelle bzw. Adressliste bestimmen.

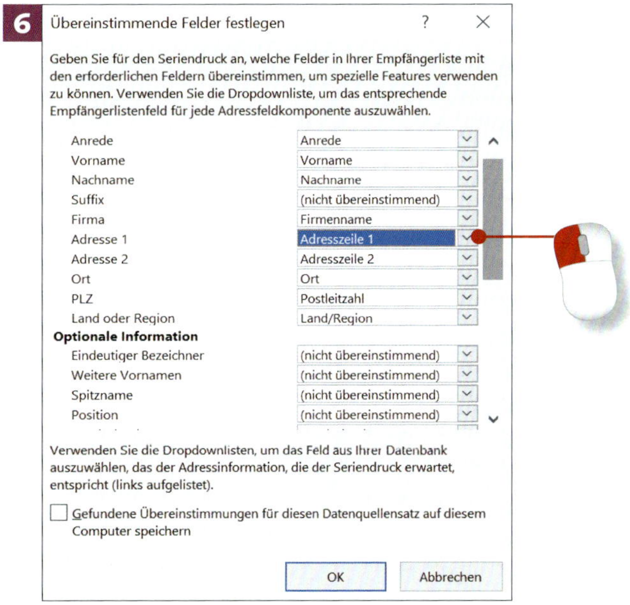

!

Speichern

Denken Sie daran, das Dokument mit den eingefügten Seriendruckfeldern, das sogenannte *Hauptdokument*, zu speichern.

Die Seriendruckfelder einfügen (Forts.)

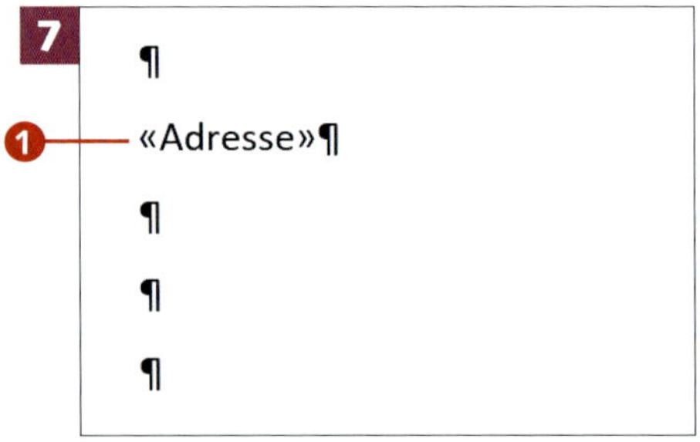

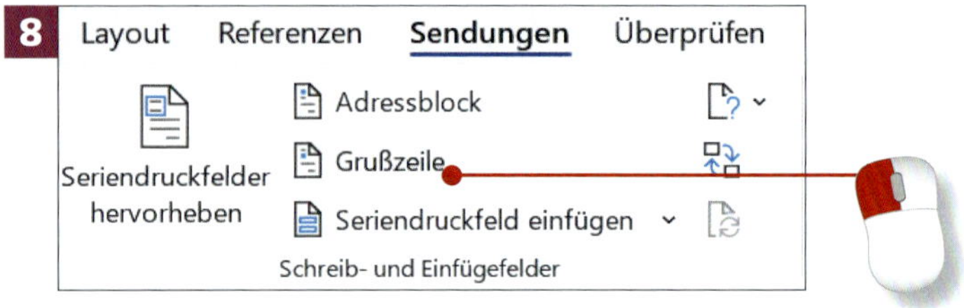

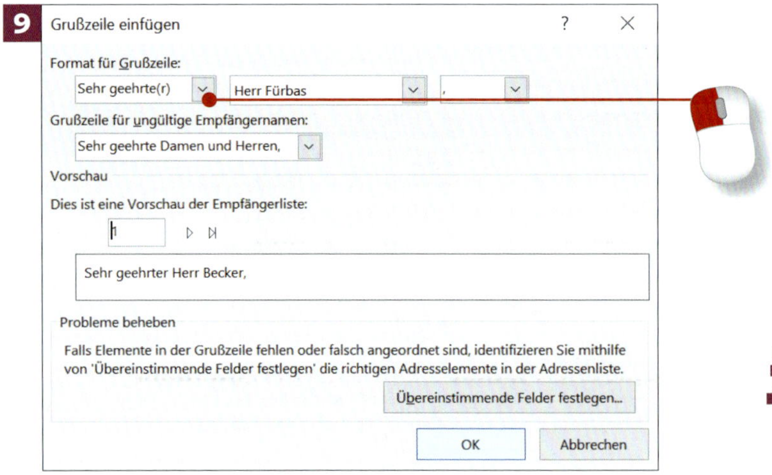

Schritt 7

Wenn Sie einen Adressblock eingefügt haben, wird als Seriendruckfeld lediglich *Adresse* ❶ eingefügt. Auch hier können Sie über die Schaltfläche **Vorschau Ergebnisse** eine Qualitätskontrolle durchführen und prüfen, ob die Ergebnisse in Ordnung sind.

Schritt 8

Ähnlich wie den Adressblock können Sie eine Anrede einfügen. Setzen Sie den Cursor an die betreffende Stelle im Text, und klicken Sie auf die Schaltfläche **Grußzeile**.

Schritt 9

Im Dialog **Grußzeile einfügen** bestimmen Sie zuerst das Format für die Grußzeile. Keine Sorge, auch wenn in der Vorschau »Herr« steht, wird die Anrede in Briefen an Frauen korrekt sein.

Den Brieftext schreiben

Es spielt keine Rolle, wann Sie den nicht variablen Text des Briefes (*Hauptdokument*) schreiben. Sie können das gleich zu Anfang erledigen oder nachdem Sie die Seriendruckfelder eingefügt haben.

Schritt 10

Nachdem Sie den Dialog mit **OK** bestätigt haben, wird das Feld für die Grußzeile eingefügt. In der Zeile steht jetzt schlicht *«Anrede»* ❷. Das Komma am Ende wird übrigens automatisch in die fertigen Serienbriefe eingefügt, tippen Sie also keins.

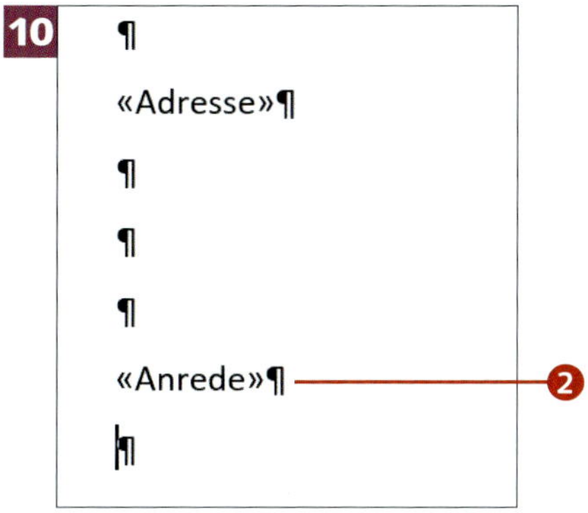

Schritt 11

Auch hier hilft wieder die Vorschau, die Ergebnisse zu kontrollieren. Klicken Sie also auf die Schaltfläche **Vorschau Ergebnisse**. Sie sehen sowohl die Adresse als auch die tatsächliche Anrede.

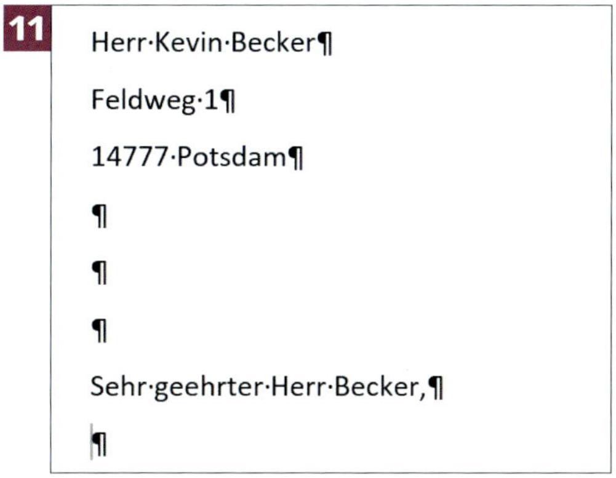

Schritt 12

Sofern ein Element der Adresse oder Grußzeile durch Formatierung (z. B. **fett**) hervorgehoben werden soll, brauchen Sie wie beschrieben einzelne Seriendruckfelder. Markieren Sie das Wort (im Beispiel *«Ort»*) inklusive der Steuerungszeichen.

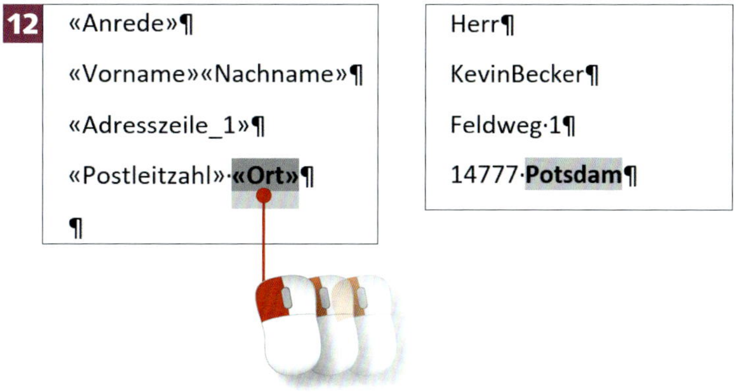

Anrede
Anhand der Einträge in den Feldern **Anrede** (oder **Titel**) ermittelt Word das Geschlecht, um die Grußzeile anzupassen. Leider übernimmt Word dabei nicht auch solche Angaben wie »Dr.« oder »Prof.«, die im Feld **Anrede** bzw. **Titel** gemacht werden.

Das Outlook-Adressbuch als Datenquelle nutzen

1
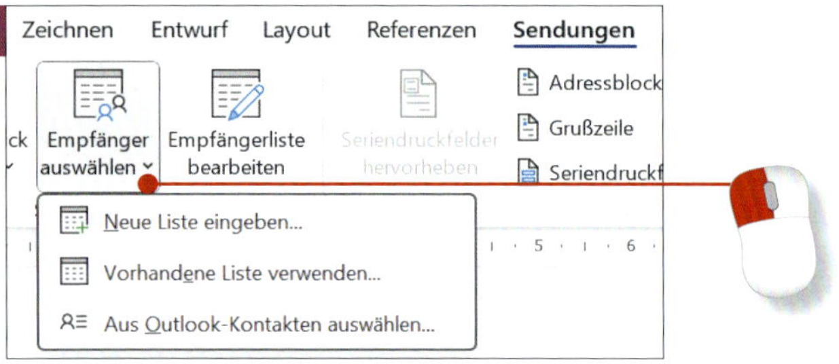

2
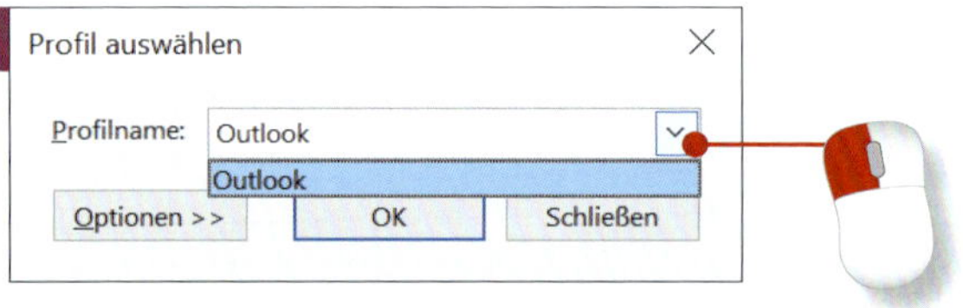

3
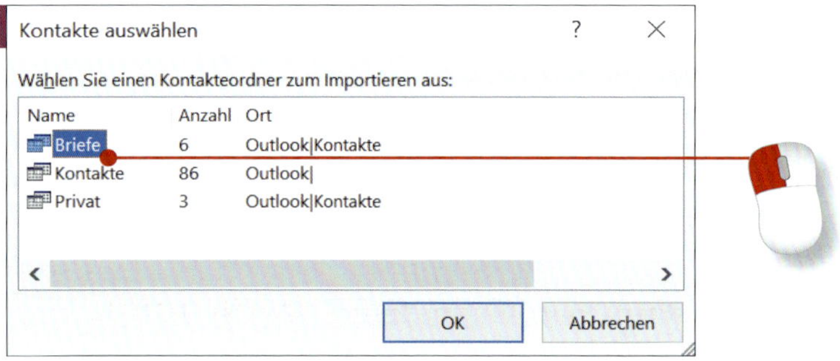

Sie müssen nicht für jeden Serienbrief eine neue Empfängerliste erstellen. Sie können auf eine bereits vorhandene Empfängerliste zurückgreifen oder auf Ihre Adressen, die Sie in Outlook sammeln.

Schritt 1

Beginnen Sie Ihren Serienbrief, wie wir es im ersten Abschnitt dieses Kapitels gezeigt haben. Allerdings wählen Sie im Menü der Schaltfläche **Empfänger auswählen** den Eintrag **Aus Outlook-Kontakten auswählen**.

Schritt 2

Wenn Sie Outlook nicht geöffnet haben, müssen Sie zunächst Ihr Profil auswählen. Sofern Sie nur ein Profil eingerichtet haben (was die Regel sein dürfte), können Sie den voreingestellten Profilnamen mit **OK** übernehmen.

Schritt 3

Im nächsten Dialog wählen Sie den gewünschten Kontakteordner aus (im Beispiel ist es der Ordner **Briefe**). Auch hier dürfte die Auswahl nicht allzu groß sein, da oft/normalerweise nur ein Kontakteordner verwendet wird.

Die Adressdaten vervollständigen

Überprüfen Sie vor der Erstellung des Serienbriefs die Kontaktdaten in Outlook. Geben Sie z. B. fehlende Adressdaten ein, und denken Sie auch an die im Feld **Name** einzugebende Anrede. Die Anschrift muss nach dem Muster *Straße Hausnummer, PLZ Ort* im unteren Adressfeld stehen.

Schritt 4

Im Dialog **Seriendruckempfänger** sehen Sie eine Liste aller Kontakte des Ordners. Hier können Sie bei Bedarf den Kreis der Empfänger einschränken.

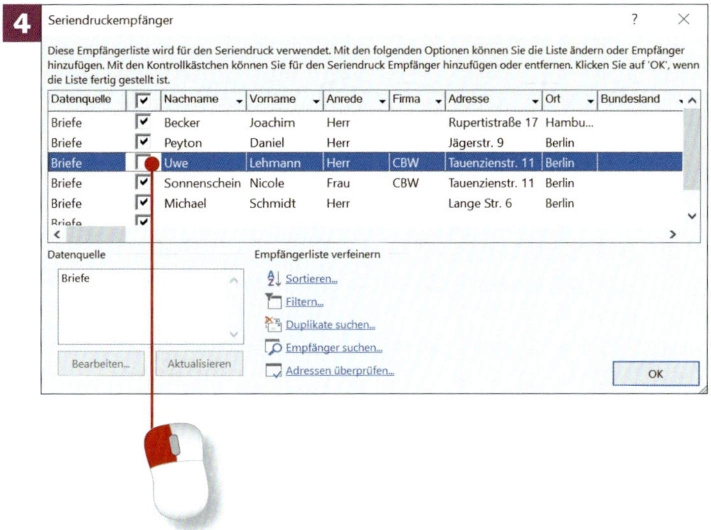

Schritt 5

Deaktivieren Sie die Häkchen bei den Empfängern, die den Serienbrief nicht erhalten sollen. Mit **Aktualisieren** ❶ können Sie die Kontaktdaten aktualisieren, falls Sie Änderungen in den Outlook-Kontakten vorgenommen haben. Verlassen Sie den Dialog dann mit **OK**.

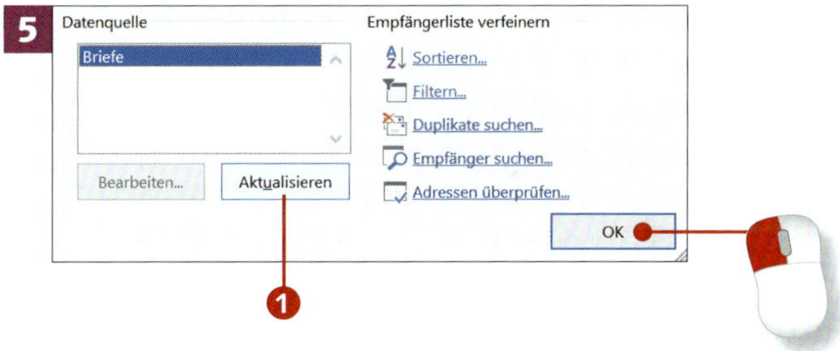

Schritt 6

Anschließend können Sie in Ihrem Serienbrief über die Seriendruckfelder auf alle Kontaktinformationen aus Outlook zugreifen. Fügen Sie die Felder wie ab Seite 312 beschrieben in das Dokument ein. Für die Straße nutzen Sie den Eintrag *Adresse*.

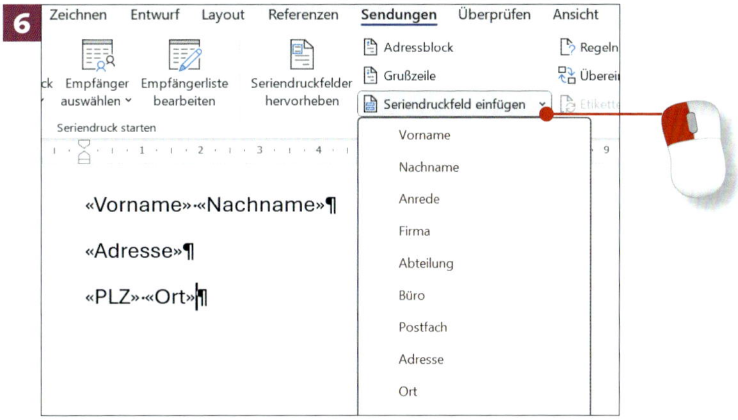

Vorhandene Listen wählen
Auf vorhandene Adresslisten im *.mdb*-Format greifen Sie zu, indem Sie im Menü der Schaltfläche **Empfänger auswählen** die Option **Vorhandene Liste verwenden** markieren. Im Dialog **Datenquelle auswählen** wählen Sie dann die Datei mit den Adressendaten aus.

Eine Excel-Adressliste als Datenquelle nutzen

1
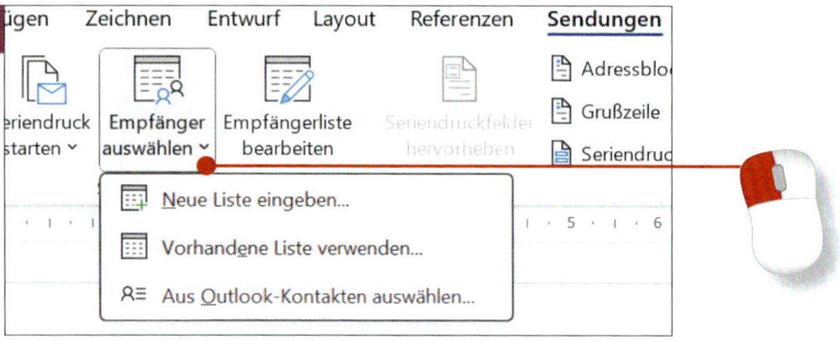

Auch Adressen, die Sie in Excel verwalten, können Sie in Serienbriefen nutzen. Voraussetzung ist, dass Sie die Adressinformationen sinnvoll in Spalten und Zeilen und mit einer Überschrift (Anrede usw.) angelegt haben.

2
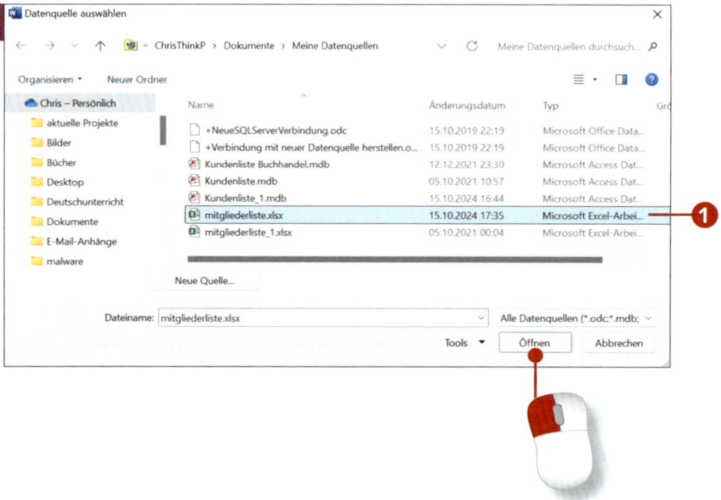

Schritt 1

Beginnen Sie Ihren Serienbrief wie in den vorangegangenen Abschnitten beschrieben. Klicken Sie dann im Menü der Schaltfläche **Empfänger auswählen** auf **Vorhandene Liste verwenden**.

Schritt 2

Im Dialog **Datenquelle auswählen** markieren Sie die Excel-Datei, die die Adressinformationen enthält (1). Anschließend klicken Sie auf die Schaltfläche **Öffnen**.

3
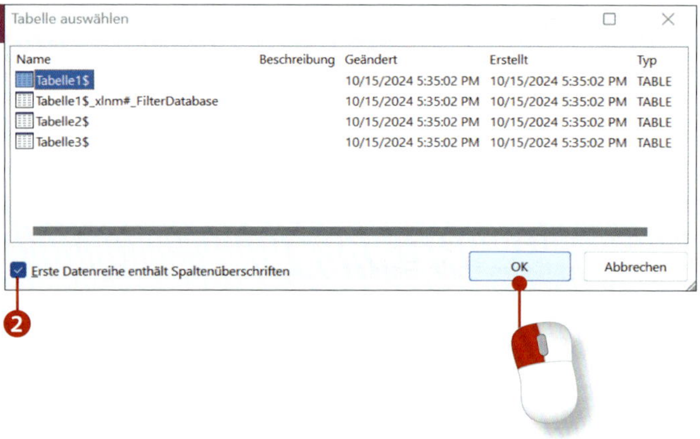

Schritt 3

Jetzt müssen Sie bestimmen, welches Tabellenblatt die Adressinformationen enthält. Markieren Sie also seinen Namen. Im Normalfall stehen in der ersten Zeile die Spaltenüberschriften *Vorname*, *Nachname* etc., daher können Sie die entsprechende Option (2) aktiviert lassen. Klicken Sie dann auf **OK**.

Schritt 4

Nach der Verbindung mit der Excel-Tabelle verfahren Sie wie üblich: Platzieren Sie den Cursor im Dokument, und fügen Sie die Seriendruckfelder ein. In der Liste sehen Sie als Felder die Spaltenüberschriften der Excel-Tabelle.

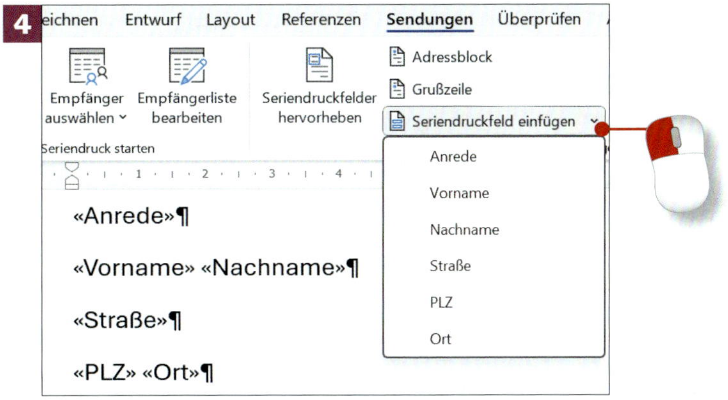

Schritt 5

Rufen Sie gegebenenfalls den Dialog **Übereinstimmende Felder festlegen** auf, indem Sie auf die gleichnamige Schaltfläche klicken (siehe Schritt 6 auf Seite 313), um Felder bzw. Feldnamen anzupassen (siehe dazu auch den Kasten »Übereinstimmende Felder«).

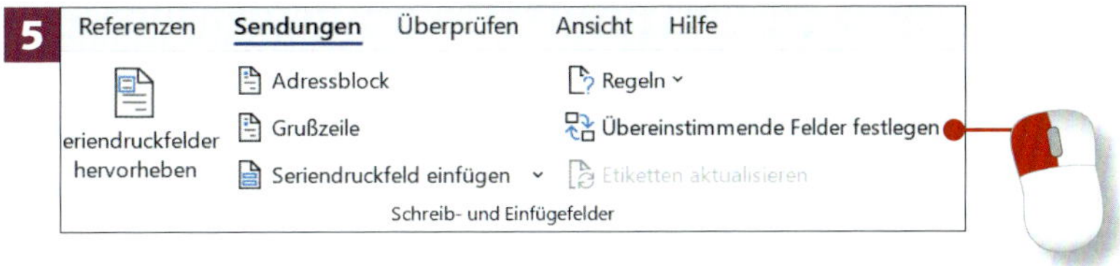

Schritt 6

Betrachten Sie das Ergebnis in der Vorschau. Wandern Sie gegebenenfalls mit den Pfeilen durch die Datensätze, und klicken Sie erneut auf **Vorschau Ergebnisse**, um zum Hauptdokument zurückzukehren (und hier eventuell Korrekturen vorzunehmen).

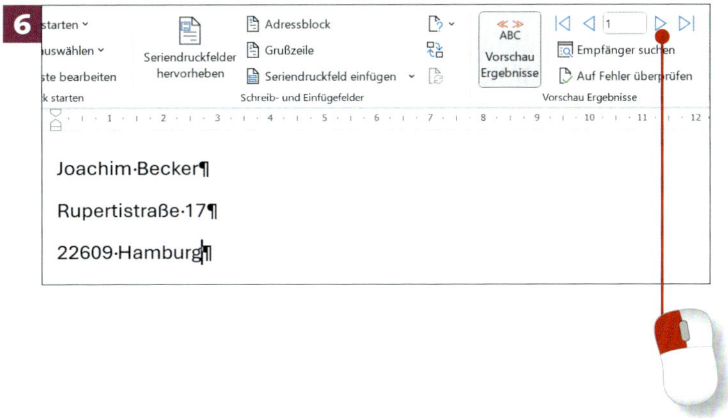

i

Übereinstimmende Felder

Die Zuordnung von Spaltenüberschriften und Feldnamen (Schritt 5) müssen Sie nur vornehmen, wenn Sie die Funktionen **Grußzeile** oder **Adressblock** verwenden wollen.

Daten filtern und sortieren

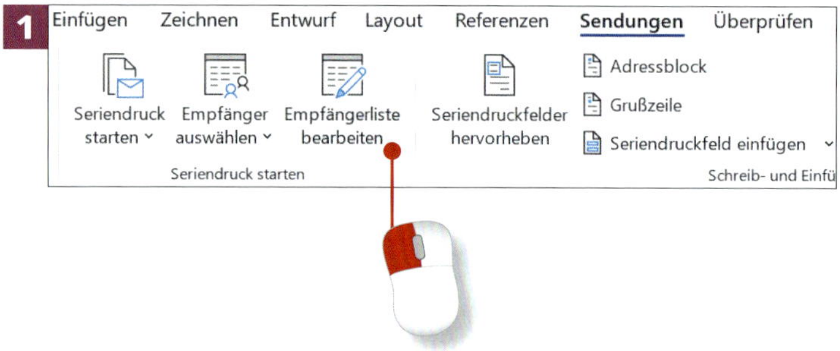

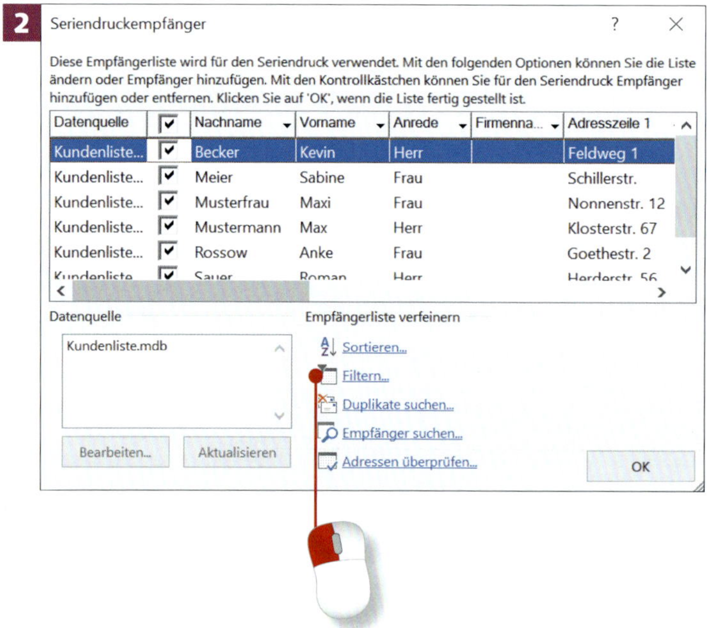

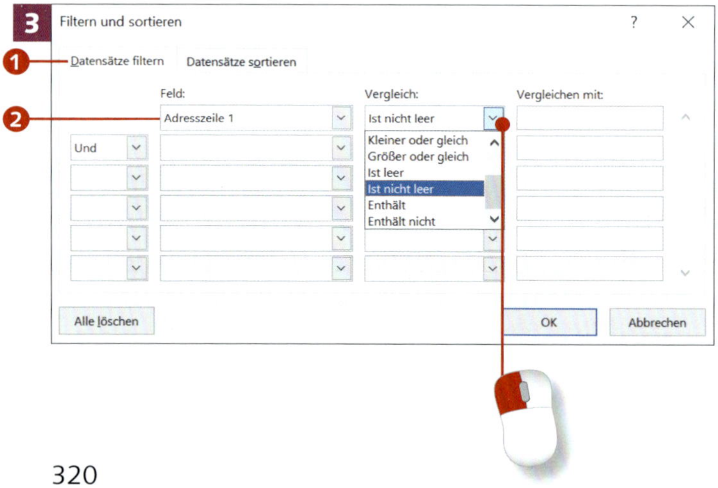

Sie müssen nicht allen Empfängern schreiben, die in Ihrer Empfängerliste enthalten sind. Word bietet einen einfach zu bedienenden Filter an.

Schritt 1

Um eine Sortierung durchzuführen oder bestimmte Adressen aus dem Empfängerkreis herauszufiltern, klicken Sie auf der Registerkarte **Sendungen** auf **Empfängerliste bearbeiten**.

Schritt 2

Im Dialog **Seriendruckempfänger** sind alle Empfänger Ihrer Adressliste aufgelistet. In manchen Fällen sollen aber nicht alle den Serienbrief erhalten. Das ist kein Problem, mit einem Filter lässt sich das regeln. Klicken Sie auf **Filtern**.

Schritt 3

Im Dialog **Filtern und sortieren** wählen Sie auf der Registerkarte **Datensätze filtern** ❶ zunächst das Feld aus, das die Information enthält, nach der Sie die Empfängerliste einschränken möchten. Um z. B. alle Adressen auszuschließen, bei denen die Straßenangabe fehlt, wählen Sie das Feld **Adresszeile 1** ❷ und als Vergleich **Ist nicht leer**.

Schritt 4

Um eine weitere Bedingung hinzuzufügen, legen Sie zunächst die Art der Verknüpfung fest, z. B. **Und** ❸. Um nur Berlinern den Serienbrief zu schicken, stellen Sie als Feld **Ort** ❹ ein, als Vergleich **Gleich** ❺, und in die Spalte **Vergleichen mit** schreiben Sie »Berlin«.

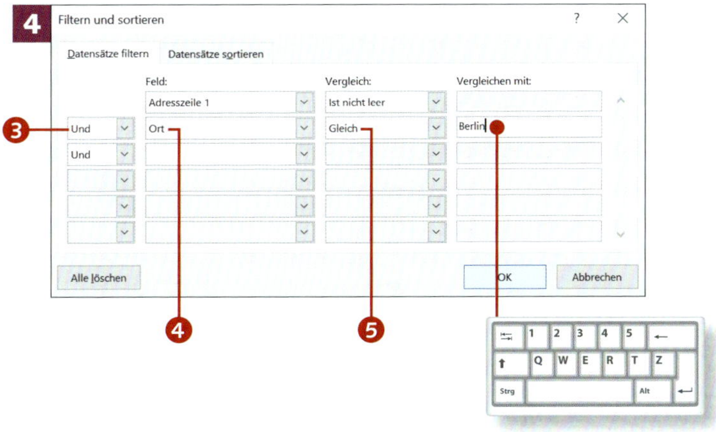

Schritt 5

Wechseln Sie zur Registerkarte **Datensätze sortieren** ❻. Wählen Sie zunächst das Feld aus, z. B. **Nachname**, und legen Sie daneben die Sortierreihenfolge fest ❼.

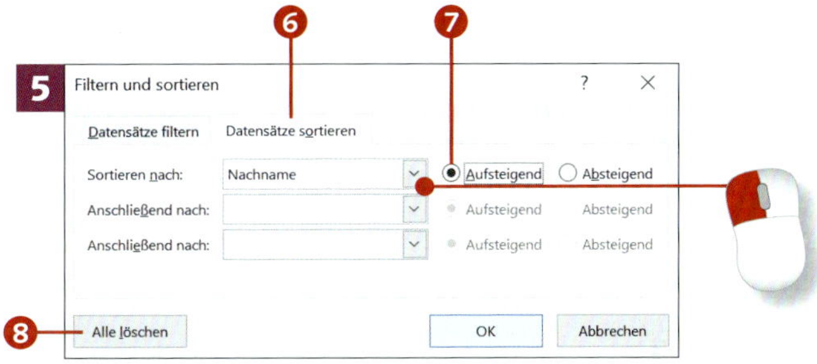

Schritt 6

Nachdem Sie den Dialog **Filtern und sortieren** mit **OK** geschlossen haben, sehen Sie den Erfolg Ihrer Aktion im Dialog **Seriendruckempfänger**. Hier werden nur noch Datensätze aus Berlin angezeigt, die nach dem Nachnamen sortiert sind.

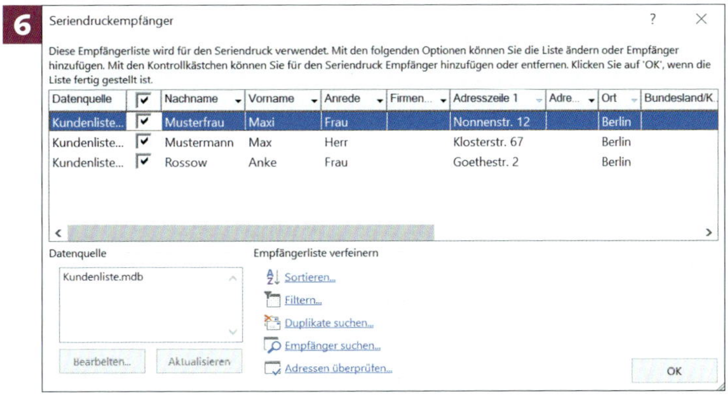

Filter entfernen

Um wieder alle Datensätze aufzunehmen, müssen Sie die Filter entfernen. Dazu klicken Sie im Dialog **Filtern und sortieren** auf **Alle löschen** (❽ in Bild 5).

Den Serienbrief drucken

Bevor Sie Hunderte von Seiten ausdrucken, können Sie sich vorab das Ergebnis des Seriendrucks in einer Word-Datei anschauen.

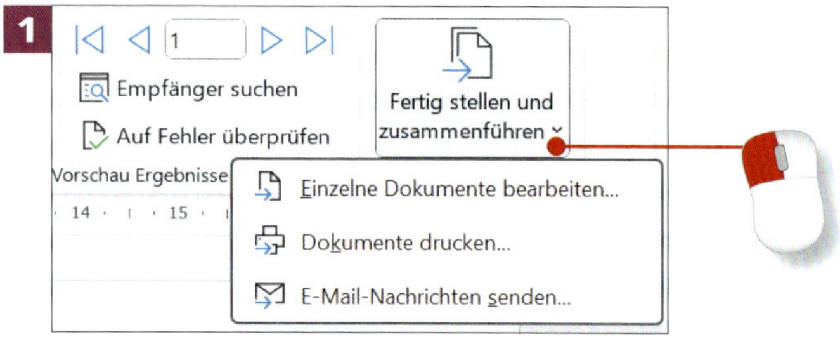

Schritt 1

Nachdem Sie den Serienbrief zusammengestellt haben, können Sie sich alle Briefe in einer Datei anzeigen lassen. Klicken Sie dazu auf der Registerkarte **Sendungen** auf **Fertig stellen und zusammenführen ▸ Einzelne Dokumente bearbeiten**.

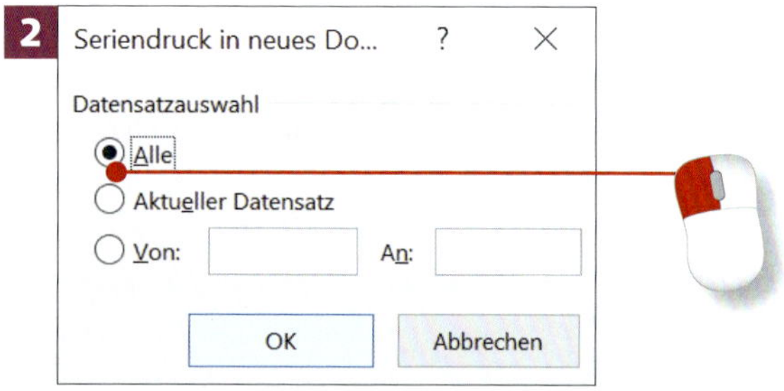

Schritt 2

Im zugehörigen Dialog können Sie nochmals festlegen, welche Datensätze Sie in den Serienbrief aufnehmen wollen. Klicken Sie dann auf **OK**.

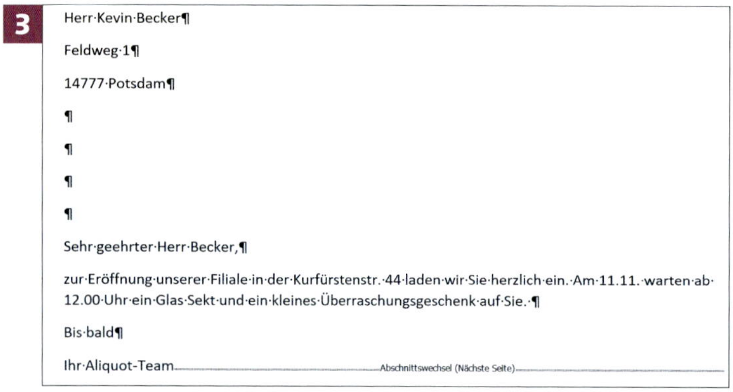
3

Herr·Kevin·Becker¶

Feldweg·1¶

14777·Potsdam¶

¶

¶

¶

¶

Sehr·geehrter·Herr·Becker,¶

zur·Eröffnung·unserer·Filiale·in·der·Kurfürstenstr.·44·laden·wir·Sie·herzlich·ein.·Am·11.11.·warten·ab·12.00·Uhr·ein·Glas·Sekt·und·ein·kleines·Überraschungsgeschenk·auf·Sie.·¶

Bis·bald¶

Ihr·Aliquot-Team Abschnittswechsel (Nächste Seite)

Schritt 3

Word erstellt ein neues Dokument, das alle Briefe enthält und sie jeweils durch einen Abschnittswechsel getrennt anzeigt. Hier könnten Sie, wenn Sie lustig sind, alle Briefe noch einmal einzeln vor dem Ausdruck überprüfen und notfalls korrigieren.

Änderungen und Korrekturen

Natürlich wollen Sie nicht in Hunderten von Briefen Änderungen vornehmen. Gehen Sie zurück in das Hauptdokument (ohne das Dokument mit den Briefen zu speichern), und korrigieren Sie dort. Dann wiederholen Sie die Zusammenführung.

Schritt 4

Wenn Sie den Eindruck haben, dass alles in Ordnung ist, können Sie das Dokument wie jede andere Word-Datei ausdrucken. Klicken Sie dazu auf **Datei ▸ Drucken ▸ Drucken**.

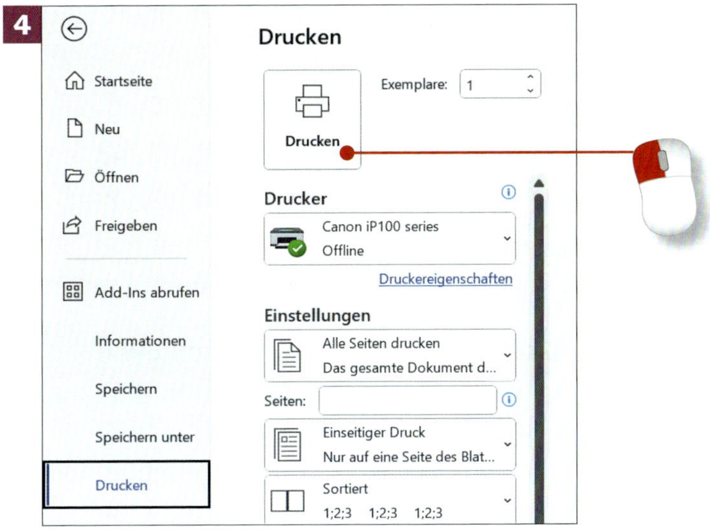

Schritt 5

Sie können die fertigen Dokumente direkt an den Drucker schicken. Klicken Sie dazu im Menü der Schaltfläche **Fertig stellen und zusammenführen** auf den Eintrag **Dokumente drucken**.

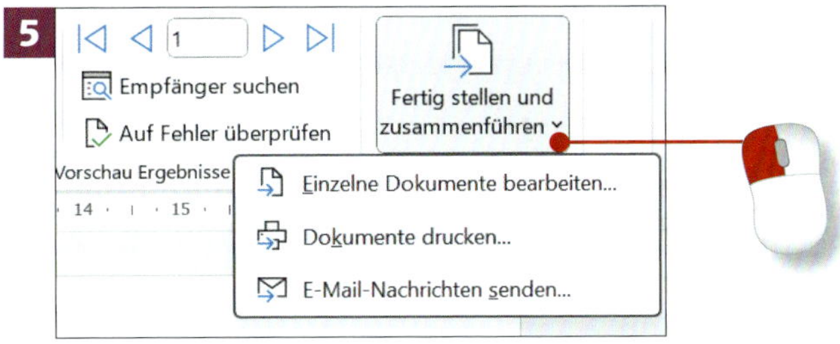

Schritt 6

Eine andere Methode: Sie verschicken die Briefe direkt per Mail. Dies setzt voraus, dass die Datensätze in der Adressliste jeweils eine gültige E-Mail-Adresse enthalten. Die Briefe landen nach dem Absenden direkt als Mail beim Empfänger.

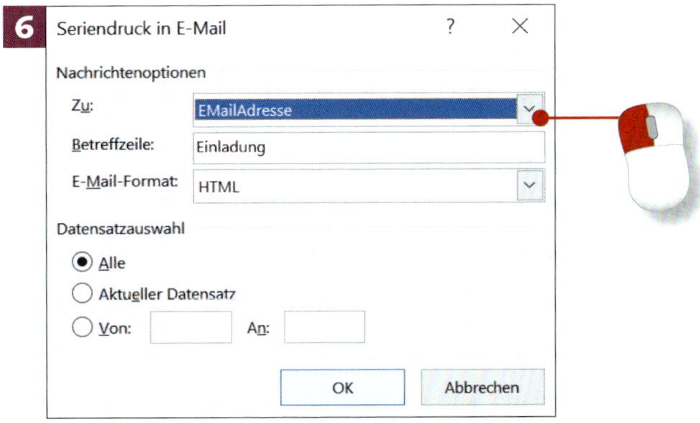

i

Fertige Briefe

Im Regelfall speichern Sie die Datei mit den fertigen Serienbriefen nicht, da sie sich jederzeit neu erstellen lässt. Sie brauchen nur das Hauptdokument und die Datenquelle. Überlegen Sie aber, ob Sie das Dokument archivieren, um später nachvollziehen zu können, wer den Brief erhalten hat.

Kapitel 14
Office und das Internet

In diesem Kapitel erfahren Sie, wie Sie ein Office-Dokument direkt als E-Mail verschicken. Darüber hinaus geht es um die Möglichkeit, Office-Dokumente über Office für das Web online zu bearbeiten.

Ein Office-Dokument als E-Mail verschicken

Sie können ein Dokument direkt aus dem entsprechenden Programm versenden. Diesen Vorgang starten Sie über **Freigeben** ❶.

Dokumente online bearbeiten

Wir zeigen Ihnen in diesem Kapitel außerdem, wie Sie Ihre auf dem OneDrive gespeicherten Dokumente online aufrufen, sie bearbeiten ❷ und für andere Nutzer freigeben.
Für den Online-Zugriff auf die Dokumente müssen Sie sich mit Ihrem Microsoft-Konto anmelden.

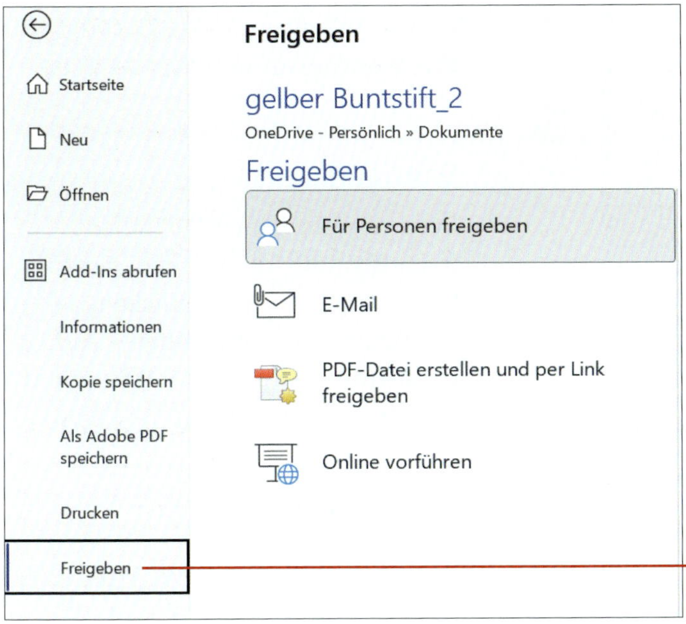

1 Versenden Sie ein Dokument ganz einfach per E-Mail.

2 Auf dem OneDrive abgelegte Dokumente können online bearbeitet werden.

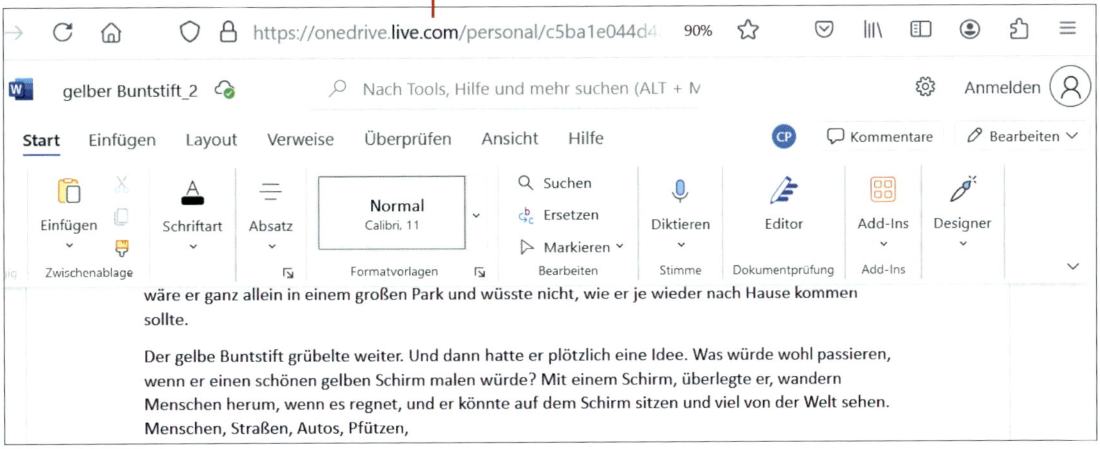

Ein Office-Dokument per E-Mail versenden

1

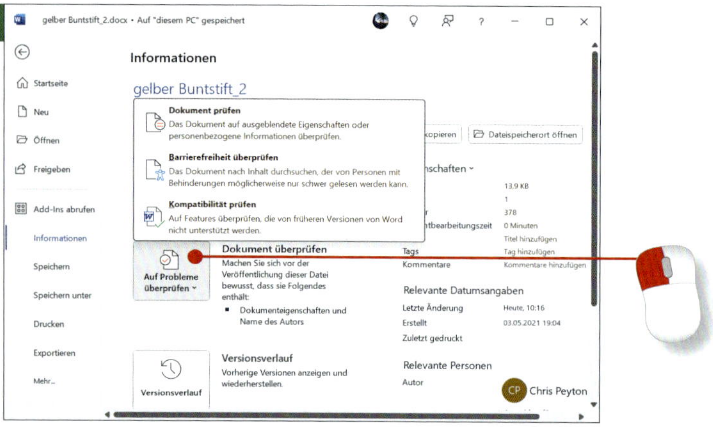

2

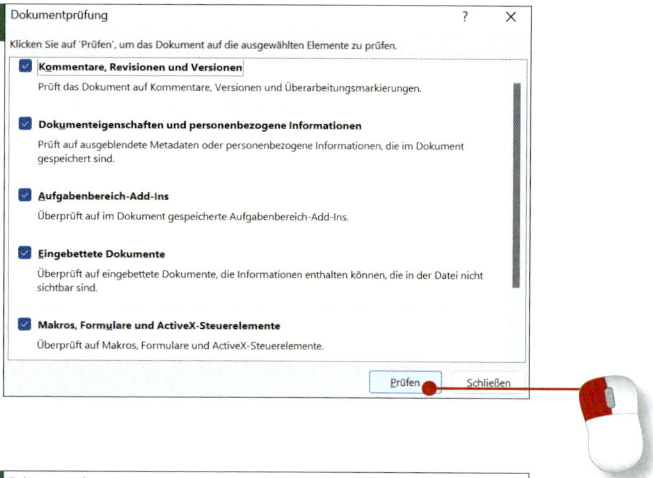

3

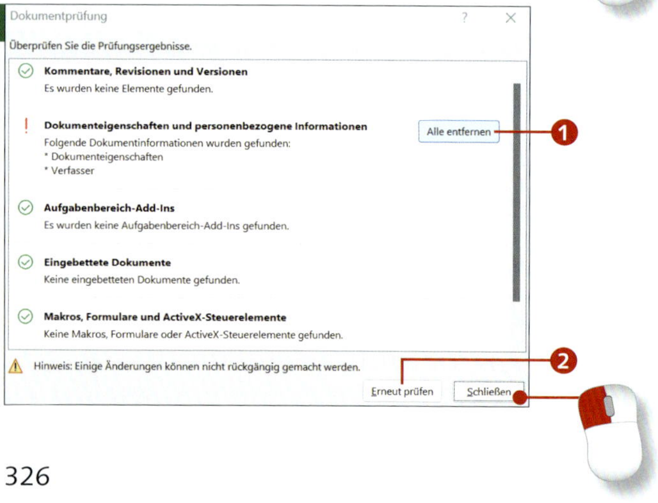

Sie können ein Office-Dokument direkt aus dem entsprechenden Programm verschicken. Zuvor prüfen Sie, dass Sie keine ungewollten Informationen mitschicken. Wir beschreiben den Vorgang am Beispiel von Word.

Schritt 1

Bevor Sie ein Office-Dokument freigeben und verschicken, lassen Sie es durchleuchten. Klicken Sie auf **Datei ▸ Informationen ▸ Auf Probleme überprüfen ▸ Dokument prüfen**.

Schritt 2

Im Dialog **Dokumentprüfung** legen Sie fest, was geprüft werden soll. Nicht nur die Eigenschaften des Dokuments werden untersucht, sondern weitere Elemente, mit denen ungewollt Informationen preisgegeben werden könnten. Klicken Sie dann auf **Prüfen**.

Schritt 3

Im Ergebnis werden »verdächtige« Informationen mit einem Ausrufezeichen hervorgehoben. Um diese Informationen zu löschen, klicken Sie auf **Alle entfernen** ❶. Schließen Sie dann den Dialog, oder beginnen Sie mit **Erneut prüfen** ❷ von vorn.

Schritt 4

Ein vorbereitetes Dokument können Sie bedenkenlos teilen. Klicken Sie oben rechts auf **Freigeben ▸ Freigeben**. Klicken Sie zunächst auf **OneDrive ▸ Persönlich**. Daraufhin erscheint eine kurze Meldung, dass das Dokument hochgeladen wird.

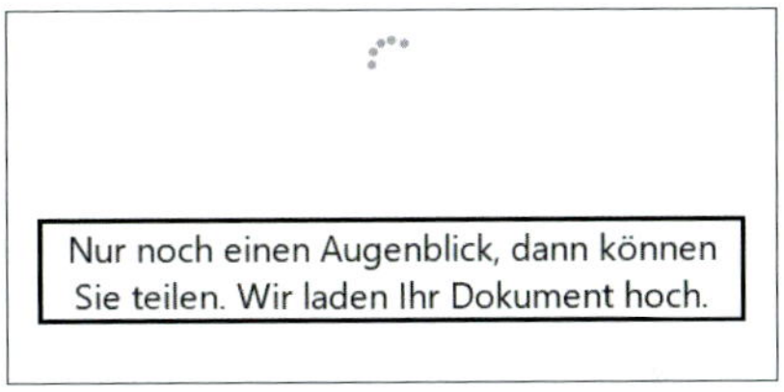

Schritt 5

In dem Dialog, der dann geöffnet wird, tragen Sie die E-Mail-Adresse des Empfängers ein und eventuell einen Text. Mit dem Pfeil neben dem kleinen Stift ❸ können Sie die Bearbeitungsmöglichkeit einschränken, wenn Sie möchten. Dann klicken Sie auf **Senden**.

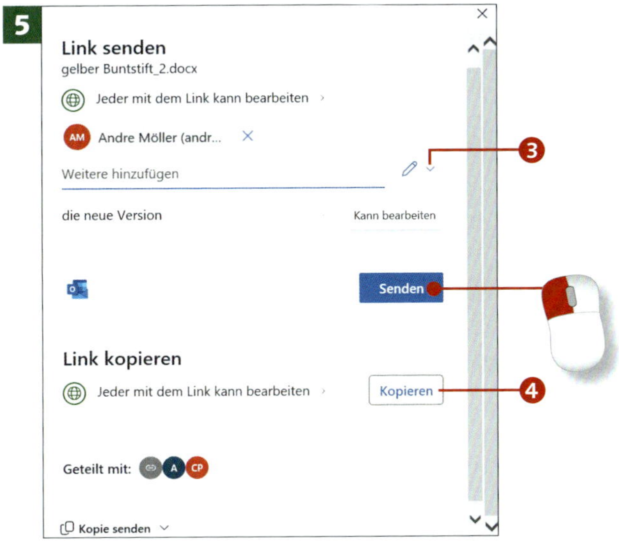

Schritt 6

Mit **Kopieren** ❹ im Bereich **Link kopieren** erzeugen Sie einen Link zu der Datei. Im nächsten Dialog klicken Sie erneut auf **Kopieren**. Diesen Link könnten Sie dann in eine E-Mail einfügen und verschicken.

Link senden/kopieren

Beim Senden eines Links erhält der Empfänger eine E-Mail mit der Schaltfläche **Öffnen**. Ein Klick darauf oder auf den zugesandten Link öffnet die Datei direkt in der Word-Webversion im Browser.

Office-Dokumente online bearbeiten

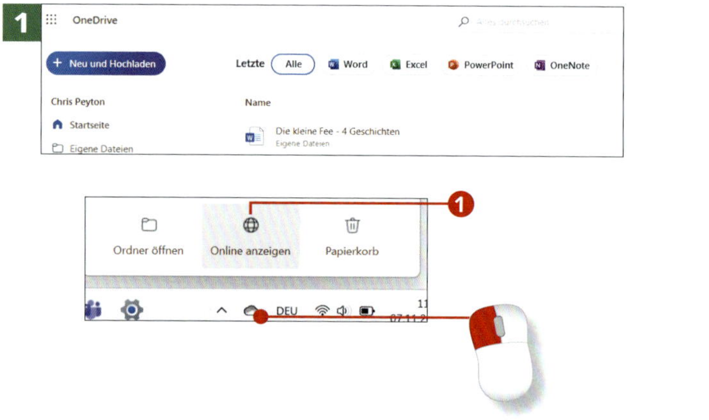

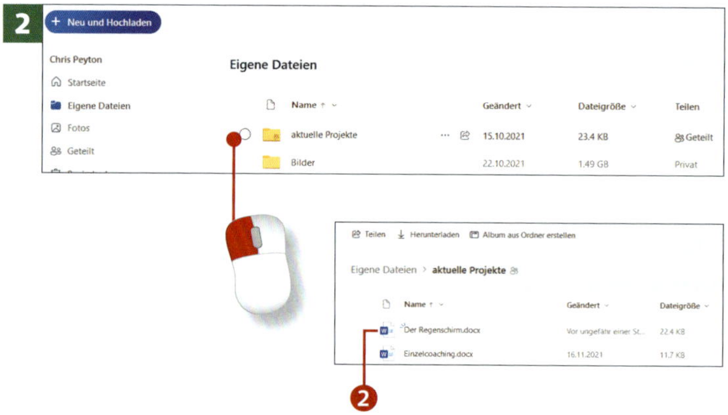

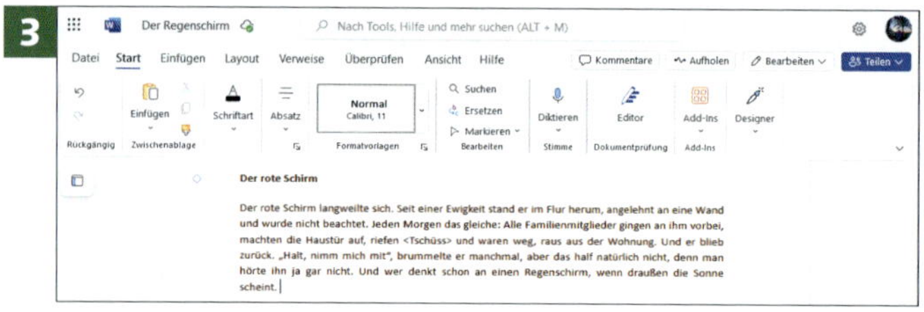

Mit Office für das Web können Sie Ihre Dokumente überall auf der Welt bearbeiten.

Schritt 1

Rufen Sie die Seite *http://onedrive.live*.com auf. Wenn Sie mit Ihrem Microsoft-Konto angemeldet sind, gelangen Sie direkt zu Ihrem persönlichen *OneDrive*. Oder Sie nutzen das OneDrive-Symbol in der Statusleiste und klicken dann auf **Online anzeigen** 1.

Schritt 2

Öffnen Sie per Doppelklick den Ordner, in dem das gewünschte Dokument liegt. Daraufhin wird der Inhalt des Ordners angezeigt. Ein einfacher Klick auf das Dokument 2 reicht, um es online zu öffnen.

Schritt 3

Nun wird das Dokument – sofern es sich um ein Word-Dokument handelt – in *Word Online* angezeigt. Sie finden hier die üblichen Registerkarten und fast alle gängigen Funktionen zum Bearbeiten.

Dokumente erstellen

Sie haben mit OneDrive nicht nur Zugriff auf hochgeladene Dokumente, sondern können auch neue anlegen. Dazu klicken Sie auf **Datei ▸ Neu ▸ Leeres Dokument**.

Schritt 4

Alle Änderungen werden automatisch gespeichert. Ganz kurz nach einer Änderung wird eine Meldung eingeblendet (**...wird gespeichert**), und dann sehen Sie **Gespeichert** ❸ neben dem Wolkensymbol oben am Bildschirm.

Schritt 5

Infos zur Datei erhalten Sie, wenn Sie auf das kleine Wolkensymbol neben dem Dateinamen klicken.

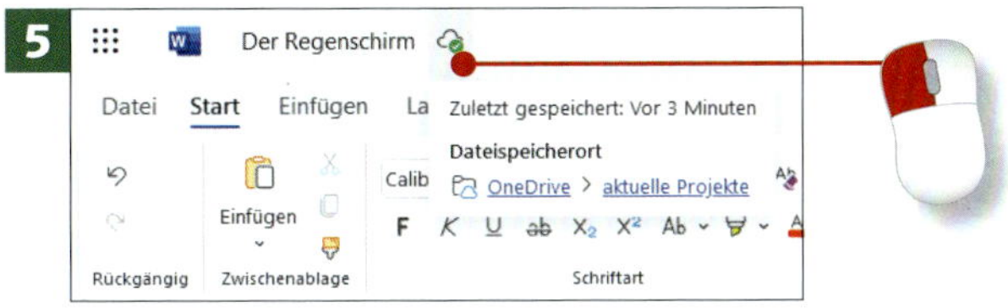

Schritt 6

Sie können Dokumente von OneDrive aus mit anderen teilen. Klicken Sie auf die Schaltfläche **Teilen ▸ Teilen**. Im nächsten Fenster tragen Sie die E-Mail-Adresse ❹ des anderen Bearbeiters (oder die Mail-Adressen der anderen Bearbeiter) ein und klicken auf **Senden** ❺.

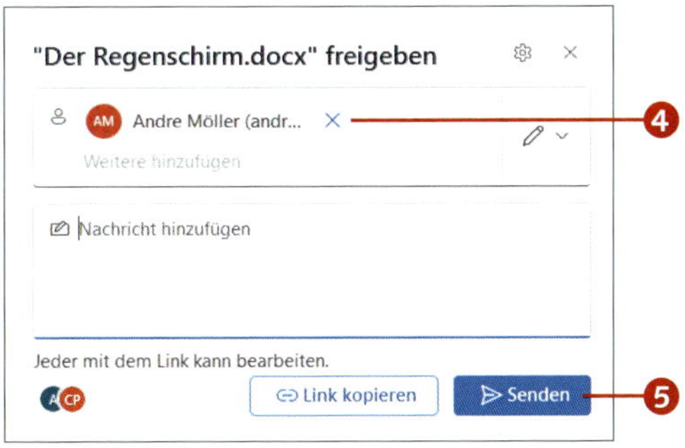

Eine lokale Kopie speichern
Um die bearbeitete Fassung als Kopie auf Ihren lokalen Computer herunterzuladen, wählen Sie **Datei ▸ Eine Kopie erstellen ▸ Kopie herunterladen** und klicken im nächsten Fenster erneut auf **Kopie herunterladen**.

Kapitel 15
Teamarbeit mit Teams

Hunderttausende von Menschen waren wegen der Pandemie im Homeoffice. Daher spielten Videokonferenzen plötzlich eine nie gekannte Rolle im Berufs-, aber auch im Privatleben. Microsoft hat sich diesem Trend angepasst und das Videokonferenz-Tool Teams mit an Bord geholt.

Mit Teams chatten

Teams kann als Chat-App verwendet werden. Nutzen Sie einfach das Modul **Chat** und tauschen Sie Nachrichten mit anderen Menschen aus ❶.

Videokonferenz in Teams

Für eine Video-Konferenz mit mehreren Teilnehmern starten oder planen Sie eine Besprechung. Für Ihr Videobild können Sie sich einen schönen Hintergrund aussuchen, falls Sie nicht in Ihrer normalen Umgebung gesehen werden möchten ❷.

Chatten Sie mit Teams. 1

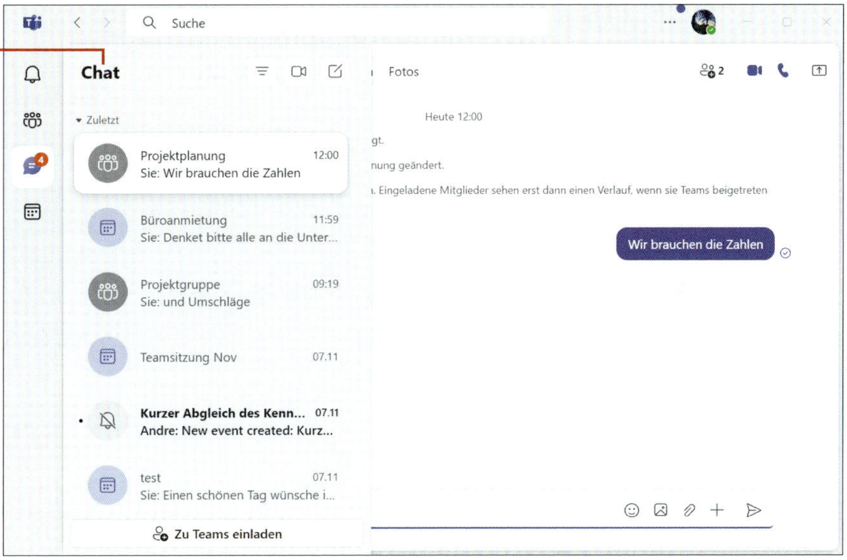

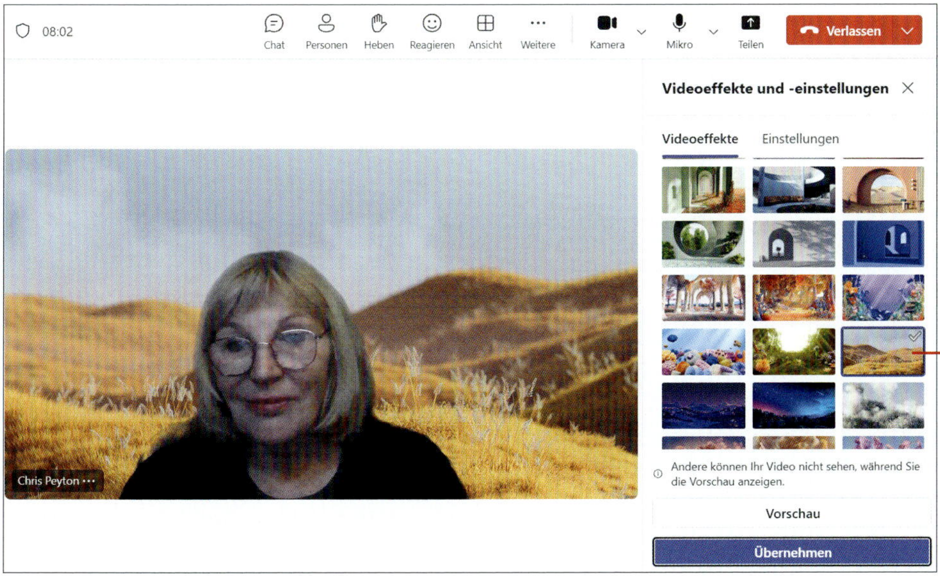

2 Wählen Sie einen schönen Hintergrund für Ihr Videobild.

Mit Teams chatten

1

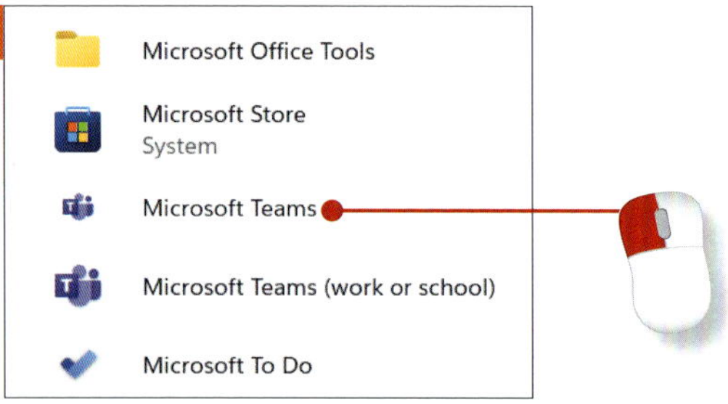

2

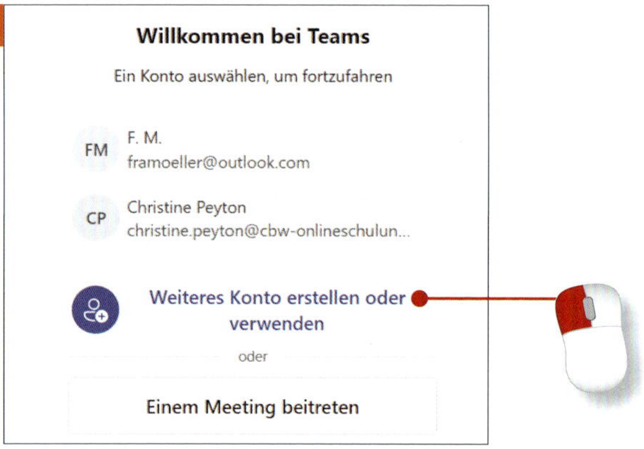

3

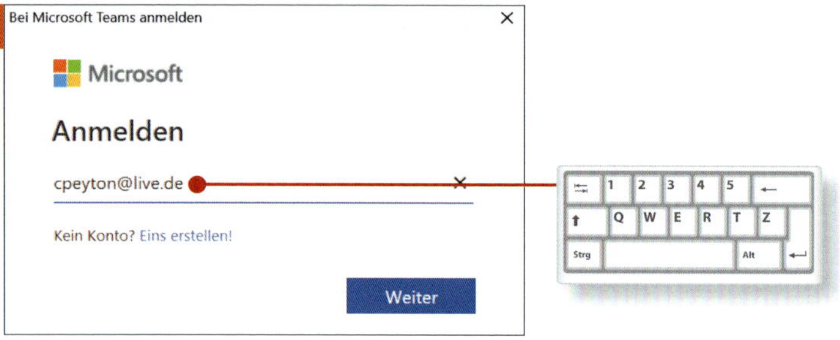

Mit Teams können Sie Besprechungen abhalten und klassisch chatten. Die nächsten Schritte beschreiben dies kurz.

Schritt 1

Mit einem Microsoft-Konto und der installierten App ist es einfach, in Windows 11 eine Teams-Sitzung zu starten. Öffnen Sie das Start-Menü und klicken Sie auf **Microsoft Teams** in der App-Liste.

Schritt 2

Teams begrüßt Sie. Wählen Sie ein Konto aus oder melden Sie sich mit Ihren Microsoft-Konto-Daten an. Klicken Sie auf **Konto erstellen oder verwenden**.

Schritt 3

Geben Sie Ihre Anmeldedaten ein oder klicken Sie auf **Eins erstellen**, um ein neues Microsoft-Konto anzulegen. Klicken Sie auf **Weiter**. Möglicherweise müssen Sie ein Passwort eingeben und weitere Informationen angeben. Bei einem neuen Konto erhalten Sie einen Bestätigungscode per E-Mail.

Teams auf Ihrem Rechner

Sofern *Teams* nicht zu Ihrer Microsoft 365-Suite gehören sollte, gibt es auf der Seite *microsoft.com/de-de/microsoft-teams/* einen kostenlosen Download.

Schritt 4

Nachdem Sie sich angemeldet haben, sehen Sie den ersten Bildschirm von Teams. Klicken Sie hier links in der Leiste auf die Sprechblase (**Chat**). Der Chat-Bereich wird eingeblendet. Klicken Sie auf das Symbol **Neuer Chat** ❶ (rechts oben neben der Kamera).

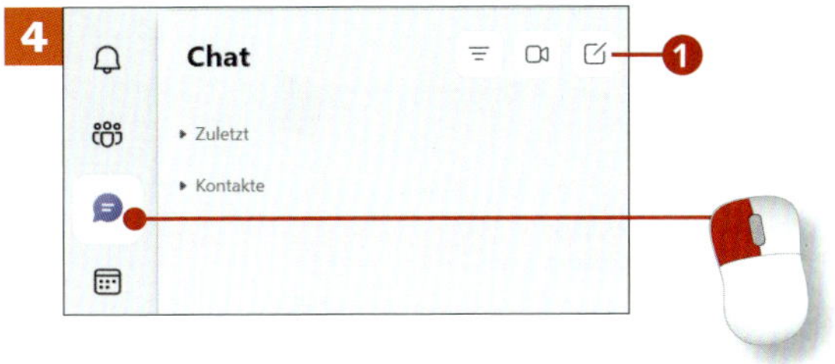

Schritt 5

Um Ihre Chat-Partner einzuladen, geben Sie im Feld **An** deren E-Mail-Adressen ein oder wählen, falls vorhanden, die Personen aus der Liste der vorhandenen Kontakte (Outlook-Kontakte). Anschließend werden Sie aufgefordert, einen Gruppennamen ❷ einzugeben. Dieser Name taucht in der Liste der Chats dann auf.

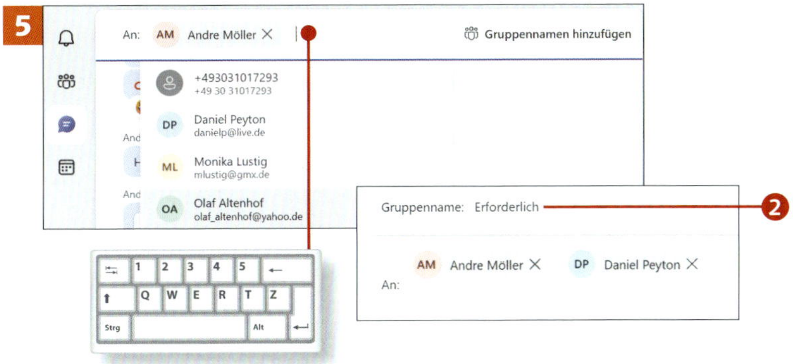

Schritt 6

Nun können Sie Ihre Nachrichten tippen und chatten, wie Sie es aus anderen Chat-Apps gewohnt sind. Schicken Sie Ihre Nachricht mit **Senden** ab (oder einfach über [↵]). Neue, ungelesene Nachrichten werden mit einer Ziffer in einem roten Kreis ❸ am Chat-Symbol angekündigt.

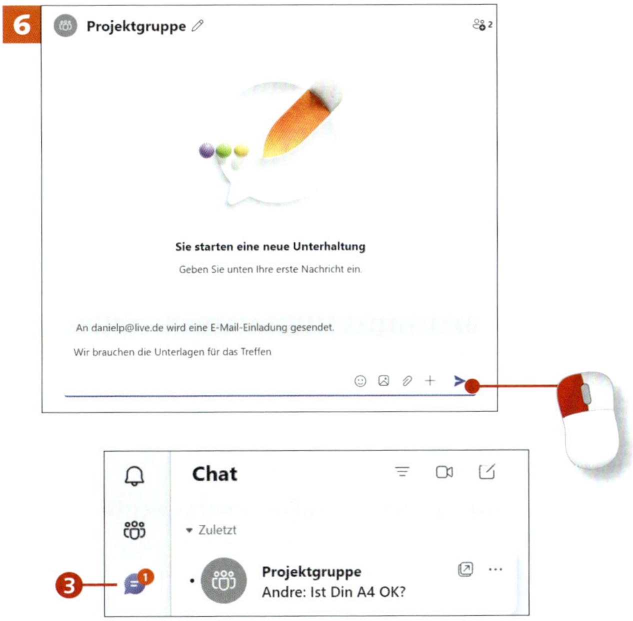

Eine Konferenz mit Teams abhalten

Sofern Sie nicht nur chatten möchten, nutzen Sie die Besprechungsfunktion von Teams. Sie können eine Ad-hoc-Besprechung ins Leben rufen oder eine Besprechung für einen bestimmten Zeitpunkt planen.

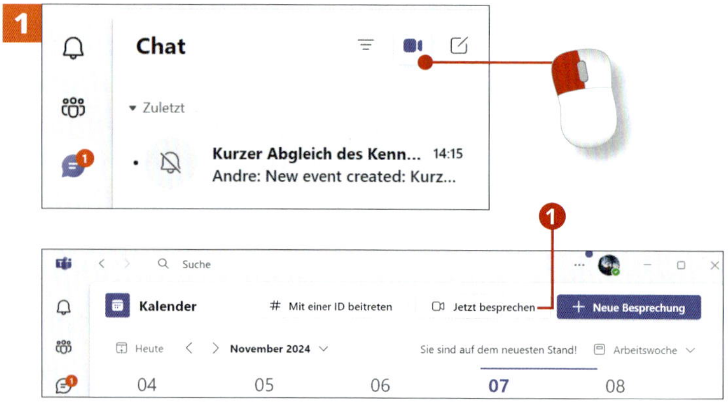

Schritt 1

Sofern die Angelegenheit eilig ist, können Sie direkt eine Videokonferenz beginnen, ohne sie vorher zu planen. Sie klicken entweder auf das Kamera-Symbol im Chatbereich oder aktivieren in der linken Leiste den Kalender (**Calendar**) und klicken hier auf die Schaltfläche **Jetzt besprechen** ❶.

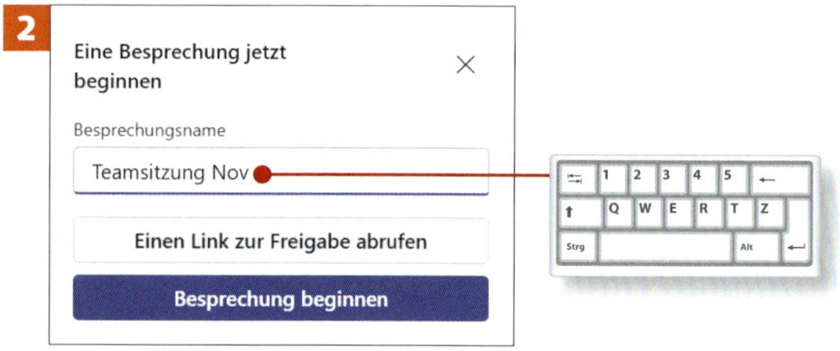

Schritt 2

In dem kleinen Menü geben Sie der Ad-hoc-Besprechung einen Namen und klicken dann auf **Einen Link zur Freigabe abrufen**.

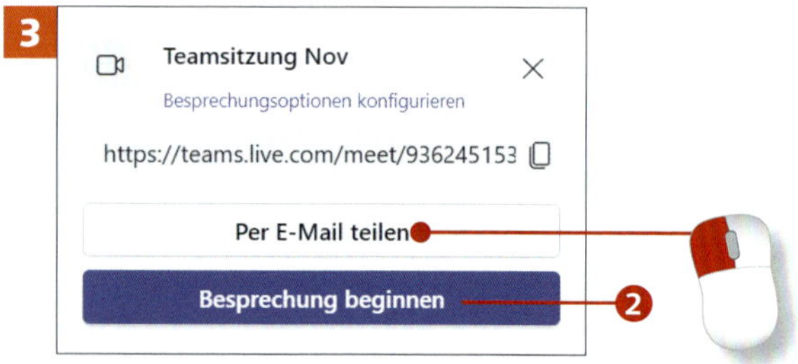

Schritt 3

Jetzt wird ein Link generiert, der in dem Menü angezeigt wird. Mit diesem Link laden Sie die Besprechungsteilnehmer ein. Klicken Sie also auf **Per E-Mail teilen**.

Eine Einladung empfangen
Klicken Sie auf den Einladungslink in der Mail. Wählen Sie, ob Sie Teams im Browser oder mit der App nutzen möchten. Erlauben Sie Kamera- und Mikrofonzugriff, geben Sie Ihren Namen ein und klicken Sie auf **Jetzt teilnehmen**.

Schritt 4

Eine vorbereitete Einladungs-Mail erscheint in Ihrem Standard-E-Mail-Programm, also Outlook. Legen Sie hier den oder die Teilnehmer fest, ändern/ergänzen Sie gegebenenfalls den Text, und versenden Sie die Mail. Ihr E-Mail-Fenster sollte sich dann automatisch schließen, sodass Sie wieder Teams vor Augen haben.

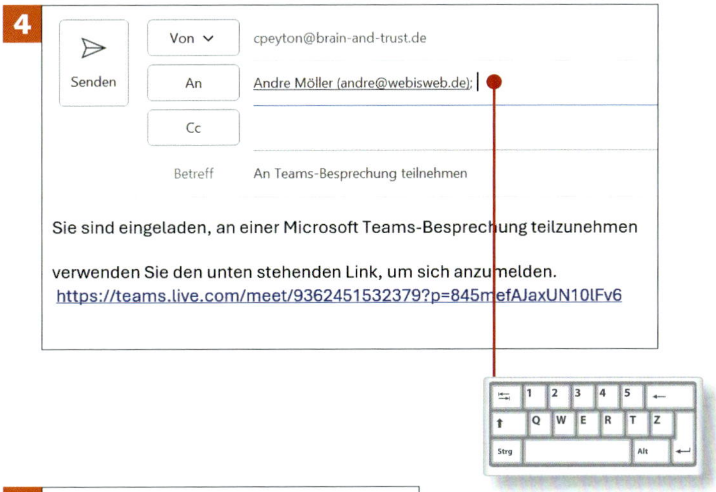

Schritt 5

Klicken Sie nun auf **Besprechung beginnen** ❷. Schließen Sie einfach das folgende Fenster **Personen zur Teilnahme einladen** mit dem Schließkreuz, da Sie ja bereits zur Besprechung eingeladen haben.

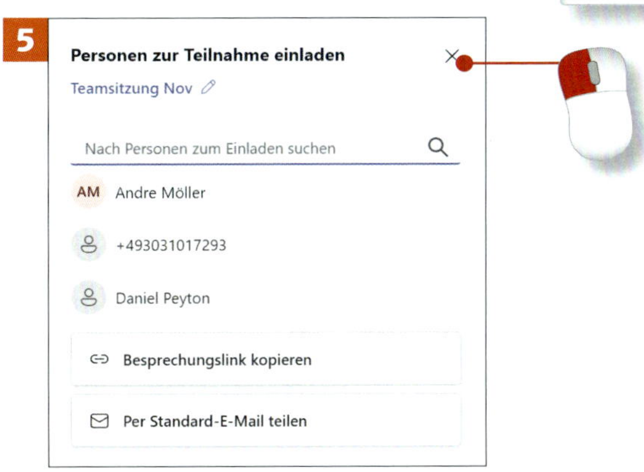

Schritt 6

Nachdem der Empfänger auf den Link geklickt hat, Teams geöffnet wurde und er sich mit der Schaltfläche **Jetzt teilnehmen** zur Teilnahme bereit erklärt hat, gelangt er in den sogenannten *Wartebereich*. Sie müssen ihn eintreten lassen, damit er an der Besprechung teilnehmen darf. Klicken Sie in dem kleinen Fenster also auf **Hineinlassen**.

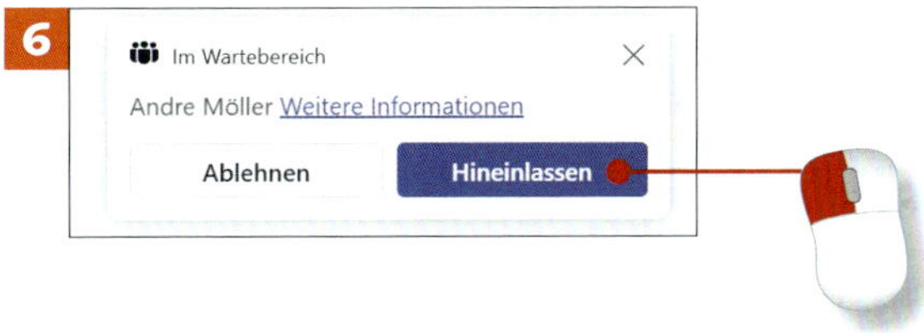

Die Standard-App für den Mail-Versand

In Schritt 4 wird automatisch Outlook geöffnet, da es als Standard-App festgelegt wurde. Sofern dies nicht der Fall ist, müssen Sie Outlook zunächst in einem Menü auswählen.

Eine Konferenz mit Teams abhalten (Forts.)

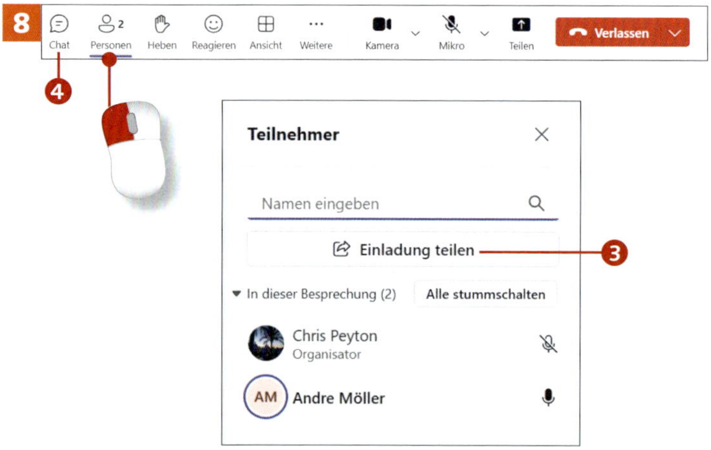

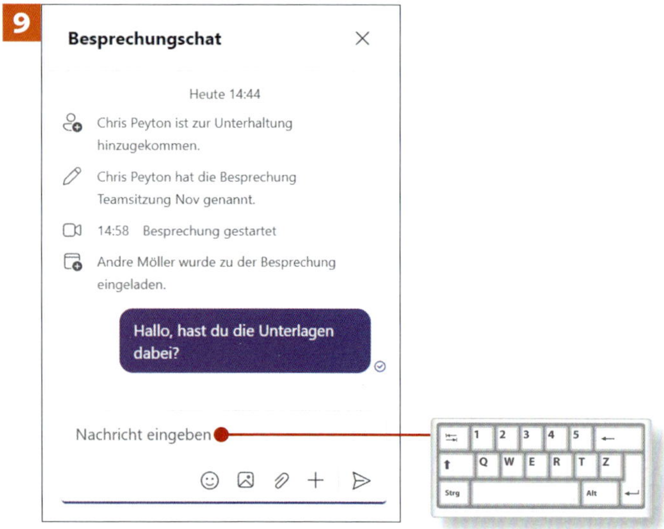

Schritt 7

Damit Sie nun zu sehen und zu hören sind, aktivieren Sie sowohl die Kamera ❶ als auch das Mikrofon ❷, indem Sie auf die jeweiligen Symbole oben am Bildschirm klicken. Je nach Situation können Sie hier schnell hin- und herschalten.

Schritt 8

Rechts im Bildschirm können Sie verschiedene Bereiche einblenden; die entsprechenden Symbole befinden sich oberhalb des Videos. Klicken Sie z. B. auf **Personen** (den Kopf), um in einer Auflistung die Teilnehmer der Besprechung angezeigt zu bekommen. Hier gibt es auch die Möglichkeit, weitere Teilnehmer zur laufenden Besprechung einzuladen ❸.

Schritt 9

Wenn Sie auf das Symbol **Chat** (die Sprechblase, ❹ in Schritt 8) klicken, wird der Chatbereich eingeblendet. Ganz unten in diesem Bereich – Sie lesen dort **Nachricht eingeben** – können Sie Nachrichten an die Teilnehmer schreiben. Klicken Sie nach der Texteingabe auf **Senden**.

Schritt 10

Sie können auch Dateien in den Chatbereich packen. Klicken Sie dazu auf das Symbol **Dateien anfügen** (die Büroklammer, eventuell auch das Plus-Zeichen), und suchen Sie im Dialog **Öffnen** nach der Datei, die Sie teilen möchten. Klicken Sie abschließend auf das Symbol **Senden** ❺. Der Link wird dann im Chat angezeigt. Die anderen Teilnehmer können die Datei ansehen, indem sie auf den Link klicken. Die Datei wird im Internet auf OneDrive angezeigt.

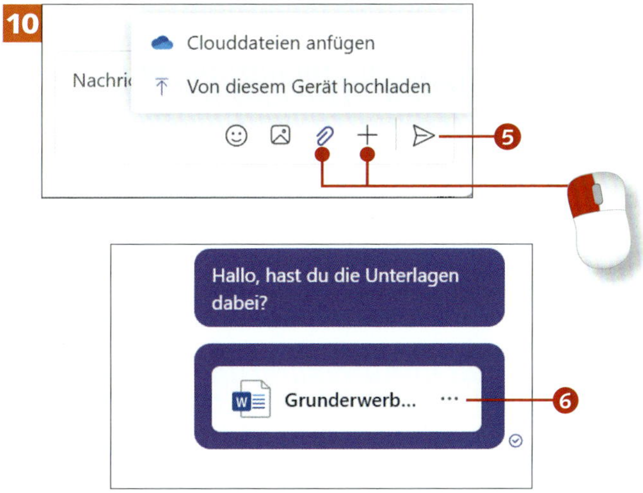

Schritt 11

Wenn ein Teilnehmer die angefügte Datei unmittelbar auf seinen eigenen PC herunterladen möchte, klickt er auf die drei Punkte ❻ neben dem Dateinamen und im Menü auf **Herunterladen**. Die Datei wird automatisch in den *Download*-Ordner gepackt.

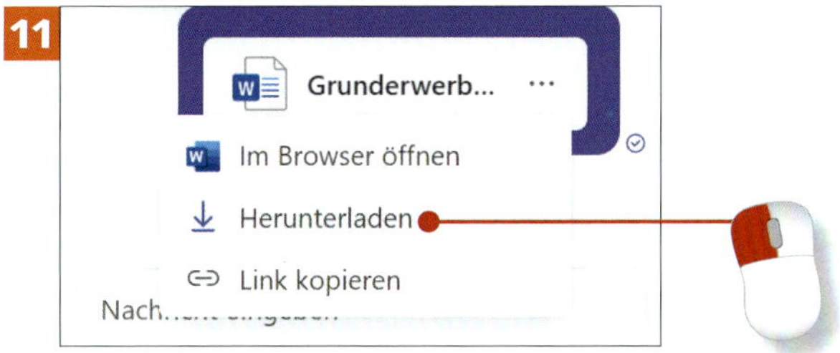

Schritt 12

Neben den Symbolen **Chat** und **Personen** entdecken Sie **Heben** und **Reagieren**. Mit **Heben** erscheint eine Hand; Sie melden sich mit ihr quasi zu Wort, und über **Reagieren** senden Sie Emojis, z. B. ein **Gefällt mir**. In der Regel werden diese Symbole in einer Ecke des Videos eingeblendet.

Eine Konferenz mit Teams abhalten (Forts.)

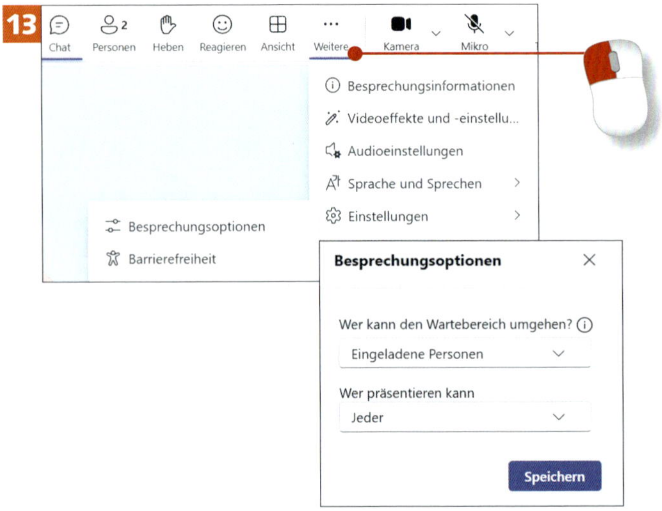

Schritt 13

Im Menü der drei Punkte (**Weitere Aktionen**) finden Sie weitere Einstellungsmöglichkeiten. Wenn Sie hier auf **Einstellungen ▸ Besprechungsoptionen** klicken, können Sie festlegen, wer den Wartebereich umgehen kann und wer präsentieren darf. Ihre Einstellung bestätigen Sie mit **Speichern**.

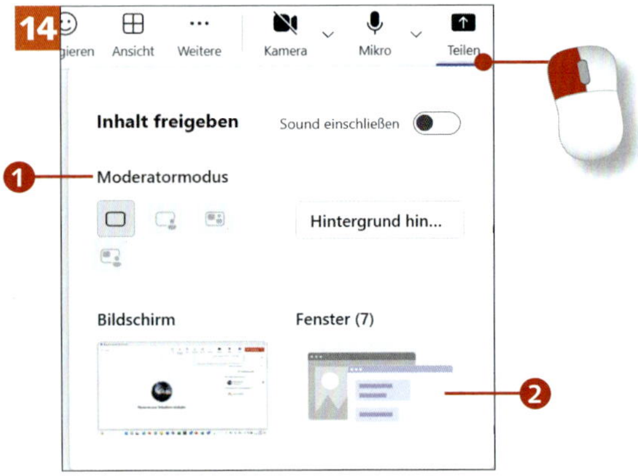

Schritt 14

Wichtig ist auch das Symbol mit dem nach oben zeigenden Pfeil neben dem Mikrofonsymbol: **Teilen**. Diese Funktion nutzen Sie, wenn die Teilnehmer ein Fenster Ihres Bildschirms sehen sollen bzw. dürfen, z. B. eine geöffnete Word-Datei. Mit den Symbolen unter **Moderatormodus** ❶ legen Sie fest, wie das Fenster erscheinen soll, z. B. nur der Inhalt oder mit eingeblendetem Video von Ihnen.

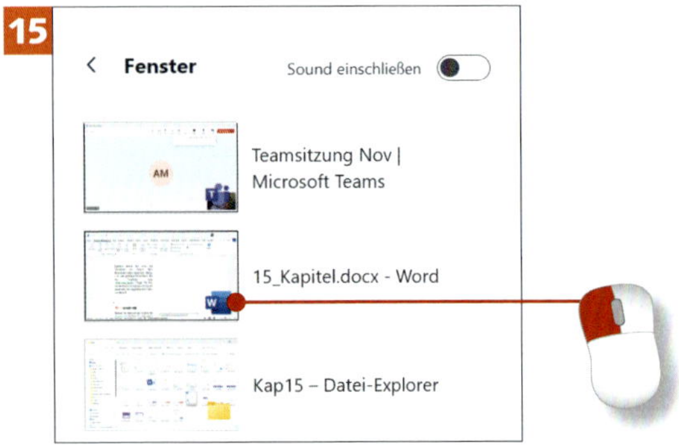

Schritt 15

Klicken Sie dann auf das Symbol für **Fenster** (❷ in Schritt 14), und wählen Sie im Menü das Fenster, das Sie freigeben möchten. Um die Freigabe wieder zu beenden und zur »normalen« Konferenz zurückzukehren, klicken Sie im Teams-Bildschirm auf das kleine Schließkreuz im verkleinerten Besprechungsfenster oder auf die Schaltfläche **Teilen beenden**.

Schritt 16

Sehr beliebt ist es, den Hintergrund des eigenen Videobildes zu manipulieren. Klicken Sie dazu auf **Weitere ▸ Videoeffekte und -einstellungen**.

Schritt 17

Um vorab den Effekt des ausgewählten Hintergrunds zu sehen, klicken Sie auf **Vorschau**. Gefällt Ihnen das Videobild, klicken Sie auf **Anwenden und Video aktivieren** (vielleicht heißt die Schaltfläche bei Ihnen auch **Übernehmen**). Möchten Sie doch lieber in Ihrem normalen Umfeld gesehen werden, klicken Sie auf **Keine**.

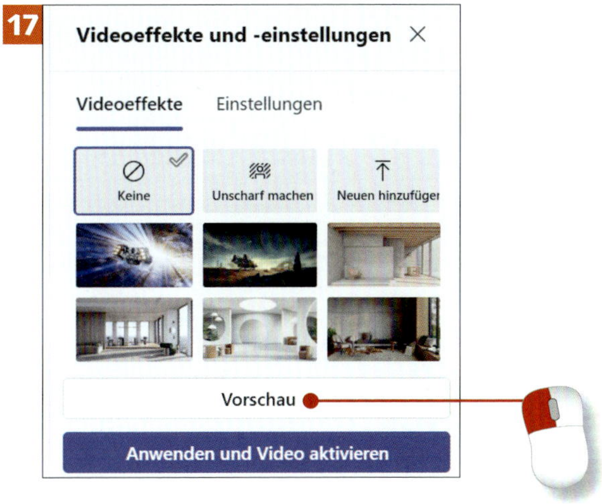

Schritt 18

Wenn Sie die Konferenz glücklich überstanden haben, dürfen Sie sie verlassen bzw. beenden. Klicken Sie dazu auf den Pfeil an der Schaltfläche **Verlassen**. Mit **Besprechung beenden** beenden Sie die Besprechung für alle, mit Verlassen verlassen nur Sie die Besprechung.

Unterschiedliche Ansichten

Mit dem Symbol **Ansicht** können Sie die Darstellung der Teilnehmer wählen. Standardmäßig zeigt **Galerie** alle Teilnehmer in Kacheln. **Sprecher*in** zeigt den aktuellen Sprecher groß und die anderen kleiner im Hintergrund.

Eine Besprechung planen

Damit sich alle Teilnehmer auf eine Besprechung einstellen und Zeit für sie einplanen können, ist es üblich, eine Besprechung vorab anzukündigen. Dies erledigen Sie mit dem Kalender von Teams.

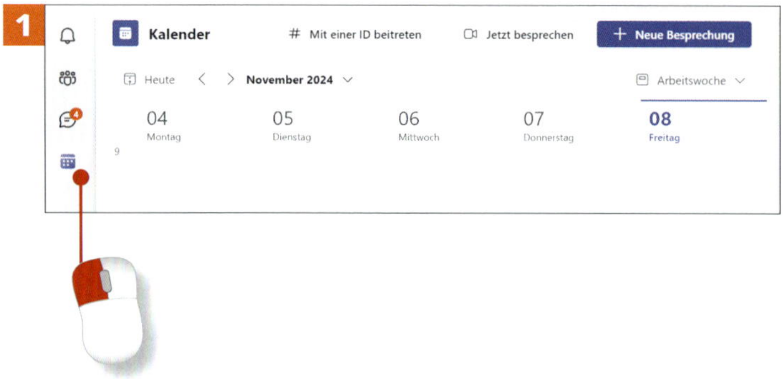

Schritt 1

Aktivieren Sie im Teams-Fenster das Modul **Kalender** (**Calendar**), und klicken Sie in diesem Fenster auf **Neue Besprechung**.

Schritt 2

Nun wird ein Kalender angezeigt, in der Standardeinstellung als **Arbeitswoche**. Über die Monatsanzeige springen Sie zu dem gewünschten Datum.

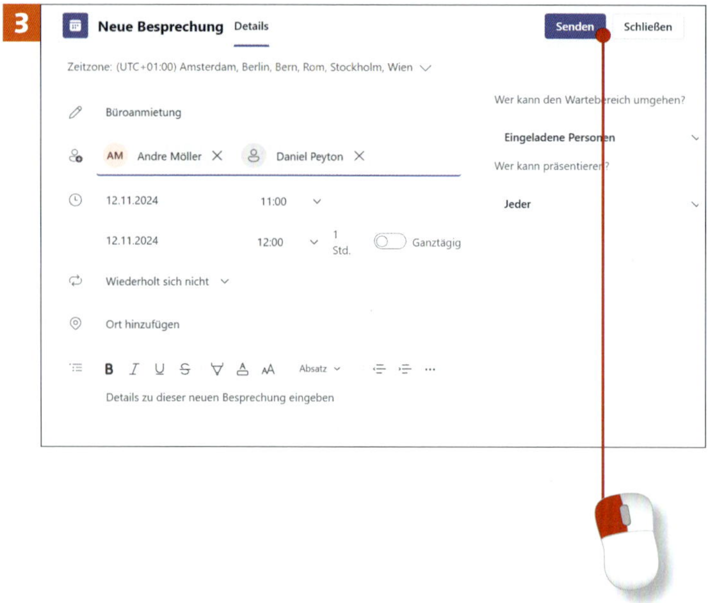

Schritt 3

Klicken Sie nun mit der Maus in das Feld am gewünschten Tag und zur gewünschten Uhrzeit. Daraufhin öffnet sich ein Fenster für die Eingabe der Besprechungsdetails. Füllen Sie die Felder aus. Dann klicken Sie auf **Senden**.

Schritt 4

Daraufhin wird die geplante Besprechung angelegt und ein Link generiert. Klicken Sie in diesem Fenster auf **Kopieren**. Damit haben Sie die Einladungsdetails und den Link in die Zwischenablage gelegt. Schließen Sie das Fenster.

Schritt 5

Um die Einladung zu verschicken, öffnen Sie Ihr E-Mail-Programm und fügen den Link aus der Zwischenablage ein (z. B. mit Strg+V). Sie können ihn aber auch irgendwo anders zwischenspeichern und die Einladung später erledigen.

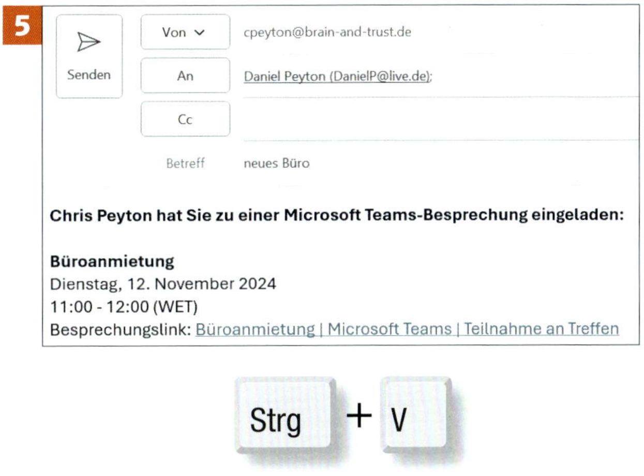

Schritt 6

Im Teams-Kalender erscheint der Besprechungseintrag. Ein Rechtsklick ermöglicht Bearbeiten oder Löschen. Ein Klick öffnet das Teilnahmefenster.

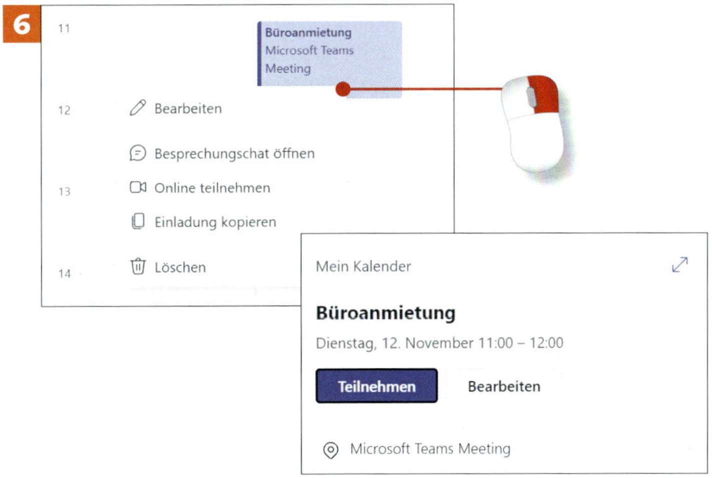

!

Besprechung verschieben

Wenn Sie eine geplante Besprechung verschieben (über **Bearbeiten**), heißt die Schaltfläche **Aktualisierung** senden statt **Senden**. Verlassen Sie sich nicht darauf. Kopieren Sie den Link und senden Sie eine E-Mail mit dem neuen Link.

Glossar

Absatz

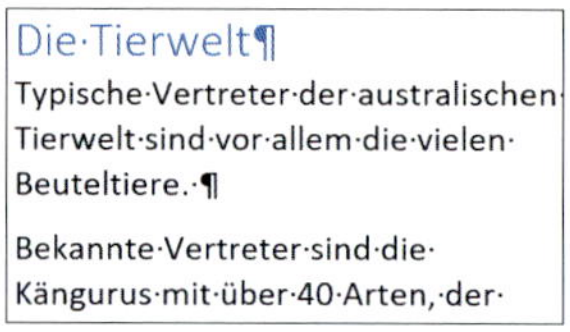

Ein *Absatz* ist der Text zwischen zwei Absatzmarken. Sobald Sie [↵] drücken, erzeugen Sie einen neuen Absatz, der endet, wenn Sie erneut [↵] drücken. Dazwischen steht Fließtext, also fortlaufender Text.

Animation

Mit *Animationen* werden sowohl Texte als auch Objekte auf PowerPoint-Folien in Bewegung versetzt. Es gibt viele unterschiedliche Animationseffekte.

Ansicht

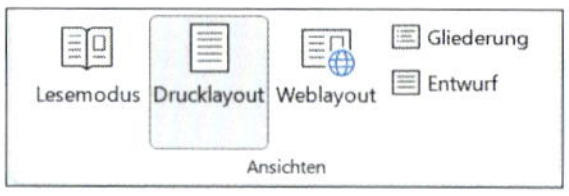

Die Programme bieten auf der Registerkarte **Ansicht** unterschiedliche Möglichkeiten der Bildschirmdarstellung. In Word gibt es z. B. das **Drucklayout** und den **Lesemodus**, in Excel die Ansichten **Normal** oder die **Umbruchvorschau**.

App

App ist die Abkürzung des englischen Begriffs *application*, mit dem jede Art von Software gemeint ist. Im engeren Sinne wird der Begriff für Programme auf Smartphones und Tablet-Computern verwendet.

Ausrichtung

Hierbei geht es um die Anordnung von Absätzen auf einer Seite. Der Standard ist linksbündig (die ersten Zeichen stehen Zeile für Zeile untereinander), Absätze können aber auch zentriert, rechtsbündig oder im Blocksatz ausgerichtet werden. In Excel bezieht sich die Ausrichtung auf die Inhalte innerhalb der Zellen.

AutoText

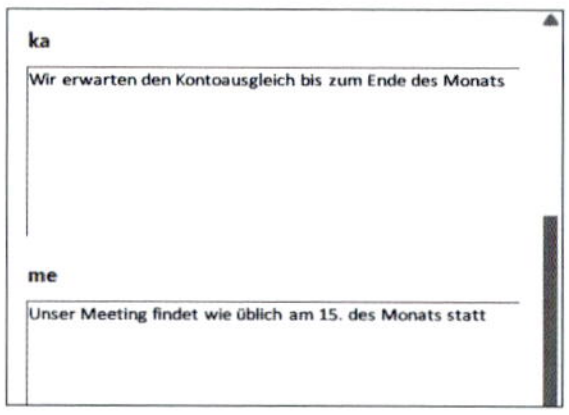

Textpassagen, die Sie regelmäßig verwenden, z. B. die eigene Adresse, können Sie als *AutoText* definieren. Solche AutoTexte lassen sich mithilfe des AutoText-Namens wie ein Textbaustein immer wieder verwenden (siehe auch *Schnellbaustein*).

Glossar

Backstage-Bereich

Das Menü, das über die Registerkarte **Datei** geöffnet wird, wird als *Backstage-Bereich* bezeichnet. Hier sind grundlegende Funktionen gesammelt, z. B. **Speichern**, **Öffnen**, **Drucken** und **Freigeben**.

Bildschirmpräsentation

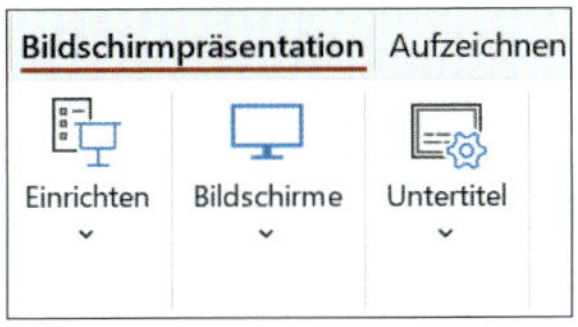

Wenn PowerPoint-Folien am Bildschirm vorgeführt werden, in der Regel mit Animationen und Folienübergängen, spricht man von einer *Bildschirmpräsentation*.

Bildschirmtastatur

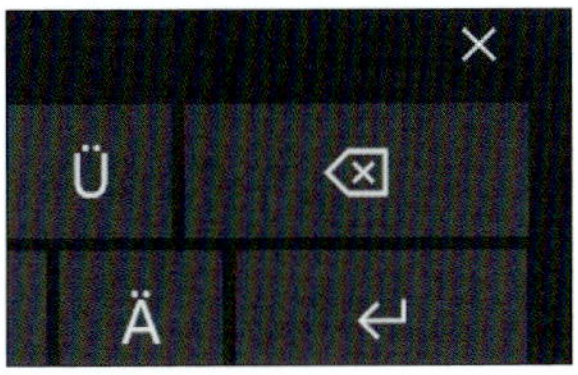

Eine Tastatur, die an einem Touchbildschirm eingeblendet werden kann. Zum Schreiben werden die virtuellen Tasten mit dem Finger angetippt.

Browser

Ein Computerprogramm zur Darstellung von Internetseiten oder Dokumenten im Internet, z. B. Microsoft Edge oder Mozilla Firefox

Datei-Explorer

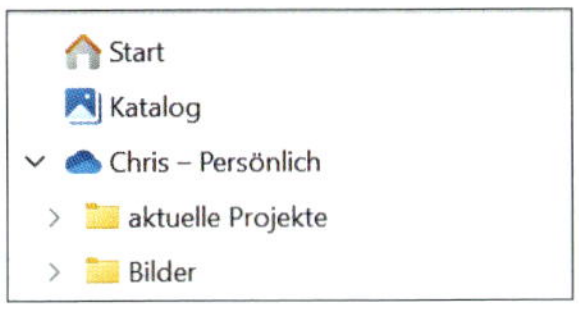

Auch kurz: *Explorer* (oder: Windows-Explorer). Der Standard-Dateimanager von Windows. Hier verwalten Sie Ordner und Dateien, können sie also z. B. löschen, kopieren oder umbenennen.

Design

Das gewählte Design bestimmt das Aussehen des gesamten Dokuments, einschließlich der Schriftarten, -farben oder Texteffekte. Microsoft 365 (Office) bietet zahlreiche Designs an (jedoch nur in den Dateiformaten .docx, .pptx oder .xlsx).

Diagramm

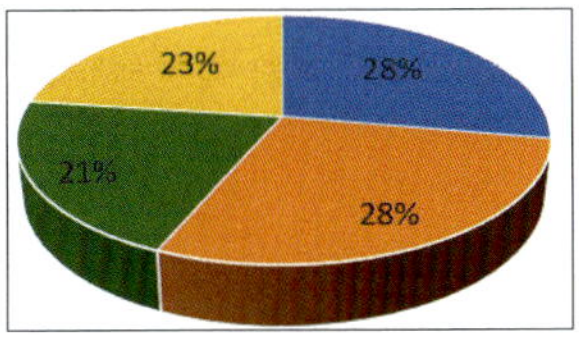

Ein Diagramm stellt Zahlenmaterial grafisch dar. Es gibt verschiedene Diagrammtypen. Klassisch sind Balken-, Säulen-, Kreis- und Liniendiagramme.

Glossar

Dokumentvorlage

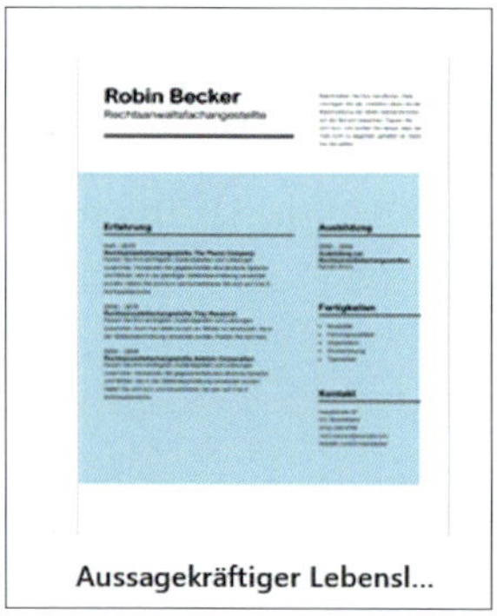

Dokumentvorlagen sind vorgefertigte Dokumente. Sie können Formatierungen, Text und andere Elemente enthalten. Selbst erstellte Dokumentvorlagen werden unter **Persönlich** gesammelt. Word & Co. haben zahlreiche Vorlagen für unterschiedliche Zwecke an Bord.

Drag & Drop

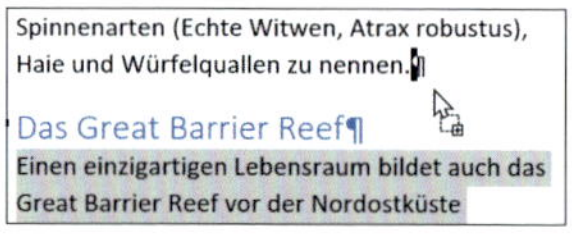

Drag & Drop bezeichnet eine Methode, Text zu kopieren und einzufügen. Sie markieren den Text und ziehen ihn mit gedrückter Maustaste an die gewünschte Stelle im Dokument.

Einzug

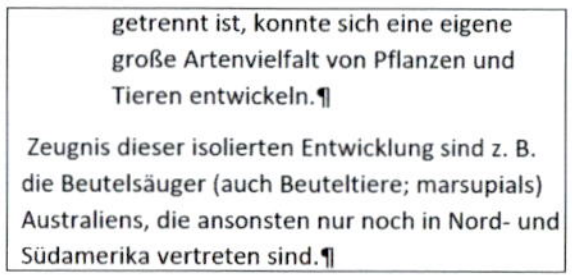

Wenn man Text ein wenig vom eingestellten Seitenrand aus einrückt (meistens vom linken Seitenrand), spricht man von einem *Einzug*. Der Befehl wirkt sich auf den Absatz aus, in dem der Cursor steht, oder, wenn Absätze markiert sind, auf all diese markierten Absätze.

E-Mail-Konto

Um E-Mails mit Outlook versenden und empfangen zu können, müssen Sie mithilfe der Anmeldedaten, die Sie vom Provider erhalten haben, ein E-Mail-Konto einrichten.

Empfängerliste

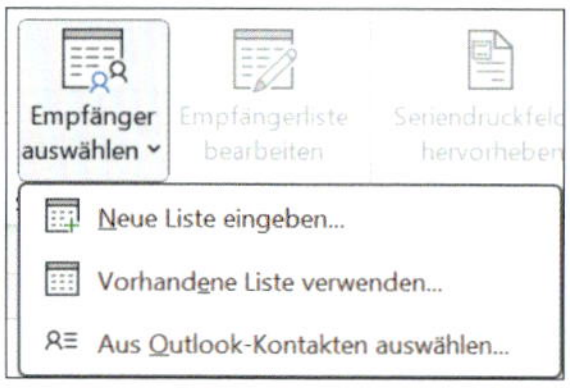

Eine *Empfängerliste* ist (in Word) eine Datei, die die Adressdaten der Empfänger eines Serienbriefes enthält. Solche Dateien werden ansonsten auch als *Datenquelle* bezeichnet.

Entwurfsansicht

Die Ansicht **Entwurf** ist eine der möglichen Ansichten in Word. Im Gegensatz zum **Drucklayout** werden hier keine Ränder, Seitenumbrüche oder Ähnliches angezeigt; das Dokument sieht also nicht so aus wie der Ausdruck.

Glossar

Fingereingabe

Bezeichnet die Möglichkeit, Office bei einem Touchscreen auch über Fingerberührung zu bedienen. Ein spezieller **Fingereingabe**-Modus sorgt für mehr Platz zwischen den Befehlen/Symbolen.

Folie

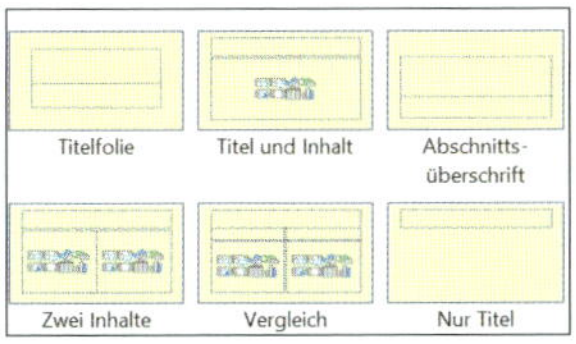

Für eine PowerPoint-Präsentation werden einzelne Folien erstellt. Diese Folien können Text, Grafiken, Zeichnungen und Sound enthalten und als Bildschirmpräsentation vorgeführt werden.

Folienübergang

In einer Bildschirmpräsentation wird eine Folie nach der anderen gezeigt. Mit den Übergängen stellen Sie ein, auf welche Weise dieser Übergang erfolgt.

Form

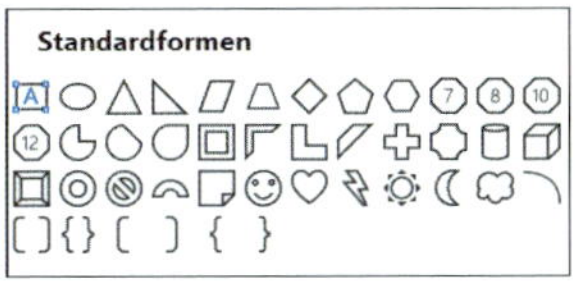

Word, Excel & Co. bieten vorgefertigte Formen (Rechtecke, Ellipsen, Dreiecke etc.), die Sie auf einem Blatt oder einer Folie aufziehen und dann weiterbearbeiten können.

Formatierung

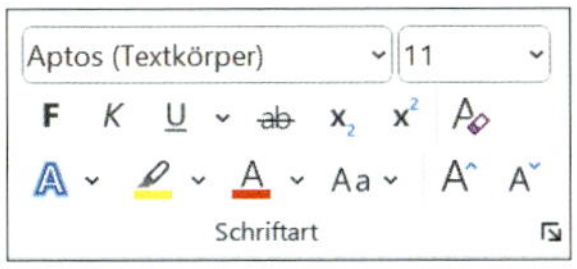

Die optische Bearbeitung eines Textes nennt man *Formatierung*. In Word unterscheidet man zwischen der *Zeichenformatierung* (der Veränderung einzelner Zeichen), der *Absatzformatierung* (der Bearbeitung von Absätzen) und der *Seitenformatierung* (der Bearbeitung des ganzen Dokuments). In Excel werden die markierten Zellbereiche formatiert, in PowerPoint markierter Text oder Textfelder.

Glossar

Formatvorlage

Formatvorlagen sind gebündelte Formatierungen (z. B. eine bestimmte Schriftart, eine Schriftgröße oder eine Farbe), die Sie einem Absatz per Mausklick zuweisen können. Auf diese Weise können Sie Textabschnitte sehr schnell und immer gleichbleibend formatieren. Es gibt fertige Formatvorlagen (z. B. **Überschrift 1**), die sich anpassen lassen.

Funktion

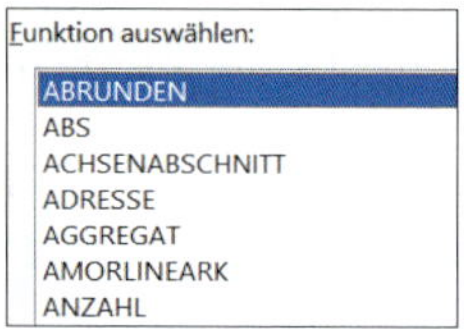

Um Berechnungen in Excel anzustellen, können Sie entsprechende Funktionen verwenden. Excel bietet zahlreiche solcher Funktionen für unterschiedliche Einsatzgebiete und Berechnungen an.

Fußnote

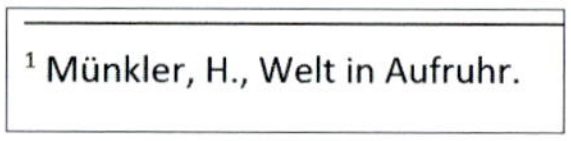

Fußnoten sind Texte, die am Ende einer Seite stehen. Es handelt sich um Ergänzungen, z. B. Literaturhinweise, Quellenangaben oder Kommentare. Fußnotenzeichen – meist Zahlen – im Text verweisen auf die Fußnoten, denen das entsprechende Fußnotenzeichen ebenfalls vorangestellt wird.

Fußzeile

Die Fußzeile am Ende der Seite enthält Text, der auf jeder Seite des Dokuments stehen soll. Die Wiederholung des Textes erfolgt automatisch. Oft stehen im Fußzeilenbereich Angaben zur Bankverbindung, zum Handelsregister und Ähnliches, bei längeren Dokumenten auch die Seitenzahlen.

Hochformat

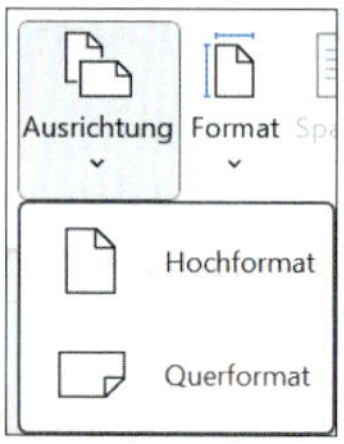

Das *Hochformat* beschreibt eine Seite, bei der sich die schmaleren Blattkanten oben und unten befinden. Öffnen Sie ein neues Dokument in Word, ist standardmäßig das **Hochformat** eingestellt. Das Pendant (mit den längeren Blattkanten oben und unten) ist das **Querformat**.

Junk-E-Mail

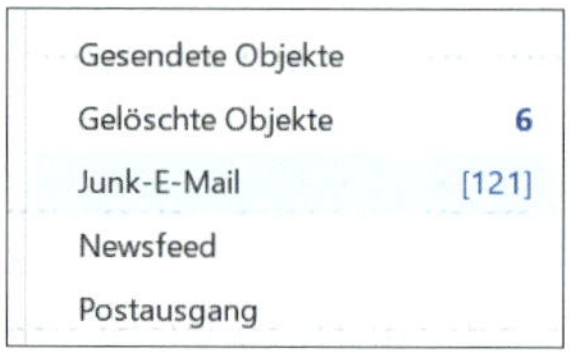

E-Mails, die unerwünscht im Posteingang landen und meistens Werbebotschaften enthalten, werden als *Junk-E-Mail* oder *Spam* bezeichnet. Sie sollten sie vorsichtshalber sofort löschen, ohne sie zu öffnen. Mitunter landen aber auch erwünschte Mails im Junk-Ordner.

Glossar

Kalender (Outlook)

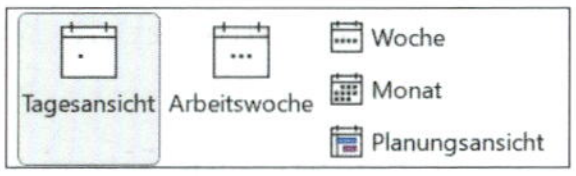

Der **Kalender** ist das Outlook-Modul, mit dem Sie Termine verwalten können. Es gibt hier unter anderem eine Tages-, Monats- und Wochenansicht.

Kommentar

Kommentare lassen sich in Word, Excel und PowerPoint einfügen. In Excel beziehen sie sich auf den Inhalt einer Zelle, in Word und PowerPoint auf die aktive Textstelle.

Kopfzeile

Die *Kopfzeile* ist der Bereich am Kopf der Seite und enthält Text, der auf jeder Seite des Dokuments stehen soll. Wie bei der Fußzeile erfolgt die Wiederholung des Textes automatisch. Oft steht in der Kopfzeile ein Firmenname, die Überschrift des Kapitels oder der Name des Dokuments.

Kopieren

Kopieren bedeutet, dass eine Textpassage (Word) oder der Inhalt von Zellen (Excel) mithilfe des Befehls **Kopieren** dupliziert wird. Der kopierte Text/Inhalt landet in der Zwischenablage und kann dann an anderer Stelle eingefügt werden. Auch Dateien oder Ordner können kopiert und wieder eingefügt werden.

Kursivierung

Dieser Text ist kursiv.

Die *Kursivierung* ist eine Form der Auszeichnung von Schrift. Sie dient zur Hervorhebung von Schrift innerhalb von Texten und Textpassagen. Kursivschrift läuft im Gegensatz zur normalen Schrift schräg (normalerweise nach rechts geneigt).

Lineal

In Word lassen sich Lineale anzeigen (Registerkarte **Ansicht**). Es gibt das horizontale Lineal am oberen Bildschirmrand und das vertikale am linken Rand. Beide sind in Zentimeter gegliedert und zeigen unter anderem die Breite der Seitenränder an.

Link

Allgemein ist mit *Link* (oder *Hyperlink*) eine direkte Weiterleitung zu einer anderen Webseite gemeint. Aber auch in Word, Excel oder PowerPoint lassen sich Links einfügen. Diese können zu anderen Dateien oder auch zu Webseiten führen.

Glossar

Markieren

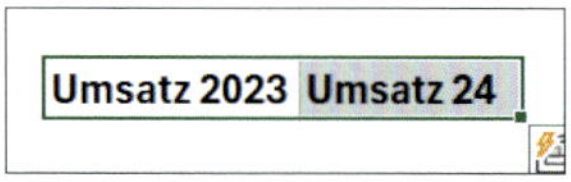

Markieren bedeutet, dass man eine Anzahl von Zeichen oder einen Bereich bzw. ein Element auswählt, um dem Programm »mitzuteilen«, dass sich bestimmte Funktionen, z. B. Formatierungen oder das Kopieren, nur auf diesen Bereich beziehen sollen. Üblicherweise markieren Sie mit der Maus, es gibt aber auch andere Möglichkeiten.

Notiz

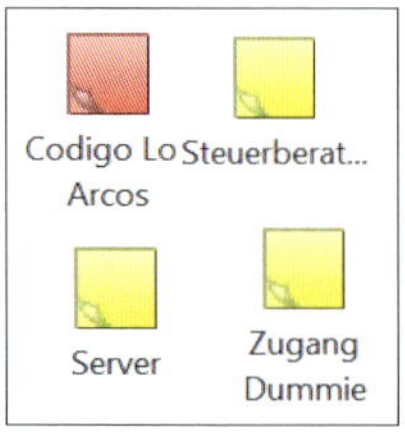

In Outlook gibt es das Modul **Notizen**, das es ermöglicht, wichtige Informationen auf einem »Zettel« festzuhalten.

OneDrive

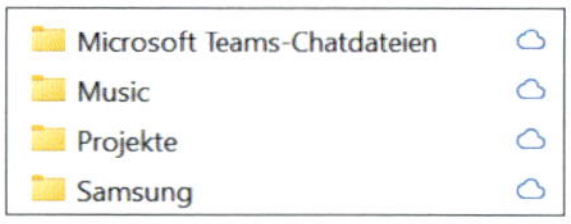

OneDrive ist der Cloud-Speicher von Microsoft. Anderen Nutzern kann der Zugriff auf Dokumente, die hier gespeichert sind, gewährt werden. Der Zugriff erfolgt über einen Webbrowser.

Personen

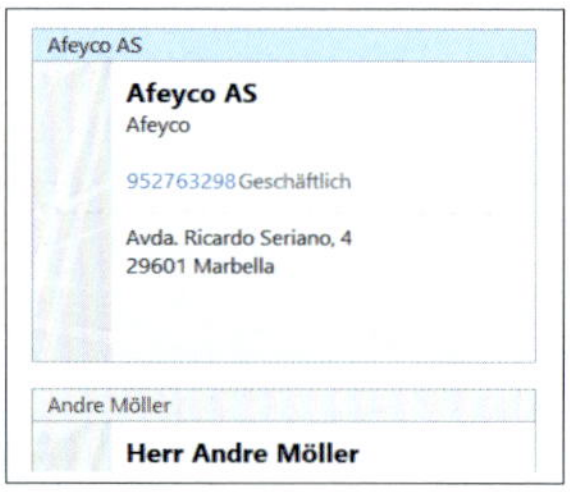

Hinter dem Symbol **Personen** verbirgt sich das Adressbuch von Outlook. Es kann auf unterschiedliche Weise angezeigt werden, z. B. als **Visitenkarte** (wie hier im Bild).

Postausgang

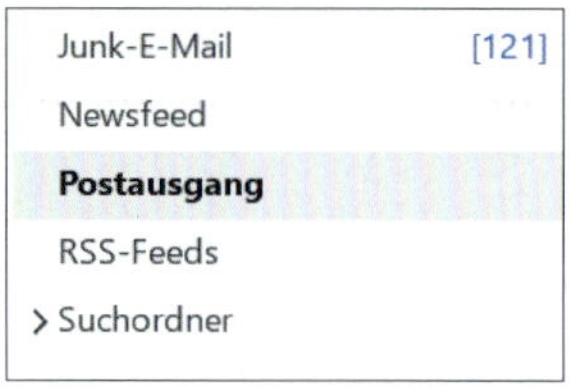

Der **Postausgang** ist der Ordner in Outlook, in dem E-Mails vor dem Versand abgelegt werden. Treten beim Versand Probleme auf (fehlt z. B. eine Internetverbindung), wird die E-Mail erst einmal hier aufbewahrt. Klicken Sie auf der Registerkarte **Senden/Empfangen** auf **Alle senden**, um alle Nachrichten aus dem Postausgang zu verschicken.

Glossar

Posteingang

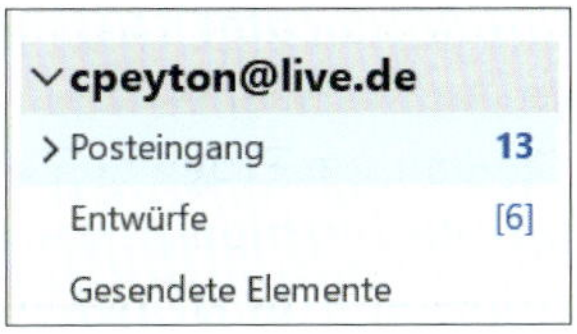

Der **Posteingang** ist der Outlook-Ordner, in dem die empfangenen Mails gesammelt und angezeigt werden.

Querformat

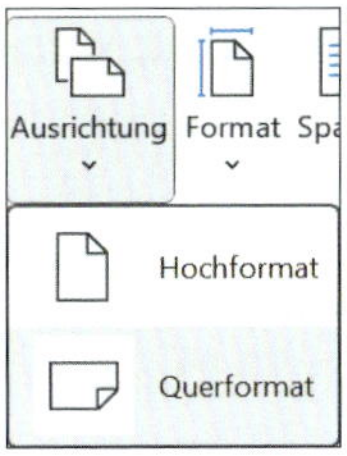

Das *Querformat* beschreibt eine Seite, bei der sich die längeren Blattkanten oben und unten befinden. Es eignet sich beispielsweise für Tabellen mit vielen Spalten.

Rechtschreibprüfung

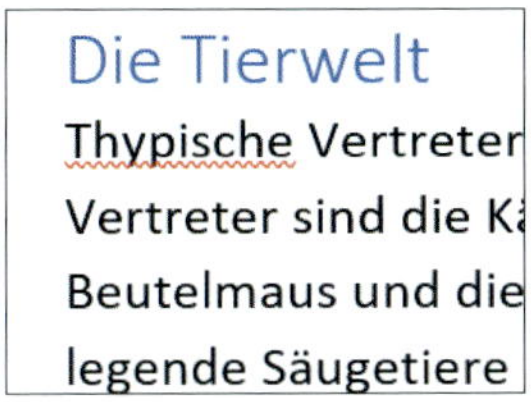

Die Rechtschreibprüfung überprüft den geschriebenen Text anhand eines programmeigenen Wörterbuchs. Wurde ein Wort nicht so geschrieben, wie es im Wörterbuch steht, oder ist der Begriff unbekannt, erscheint unter dem Wort eine rote Wellenlinie.

Registerkarte

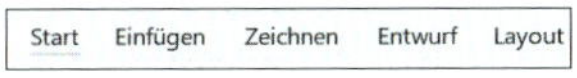

Registerkarten sind die Bereiche auf der Menüleiste, auf denen passende Befehle und Funktionen zu unterschiedlichen Themen gesammelt sind. Mit einem Klick auf den jeweiligen Reiter wechseln Sie zwischen den Registerkarten. Auch Dialogfenster können mehrere Registerkarten enthalten.

Schnellbaustein

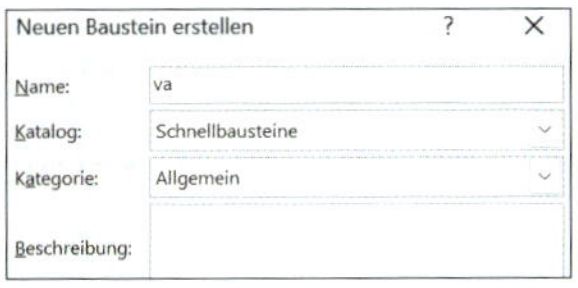

Für Textpassagen, die Sie häufig verwenden, können Sie Schnellbausteine anlegen. Einmal definiert, können Sie sie immer wieder in ein Dokument einfügen. Word bietet auch von Haus aus Schnellbausteine an (siehe auch *Autotext*).

Schriftart

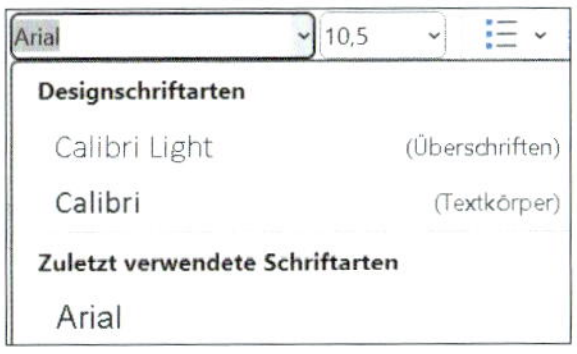

Die *Schriftart* ist die grafische Gestaltung eines Zeichensatzes. Zur Unterscheidung der typografischen Eigenschaften erhalten Schriften Namen, z. B. **Arial**, **Courier** oder **Times New Roman**. Die Microsoft 365-Programme werden standardmäßig mit vielen verschiedenen Schriftarten ausgeliefert.

Glossar

Schriftgrad

Mit *Schriftgrad* bezeichnet man in der Typografie ein Maß für die Größe einer Schrift. In den Microsoft 365-Programmen lassen sich sehr kleine bis sehr große Schriftgrade einstellen.

Schriftschnitt

Zum Schriftschnitt gehören Formatierungen wie **Fett** oder **Kursiv** zur Gestaltung und/oder Hervorhebung von Zeichen oder Textpassagen.

Seitenlayout

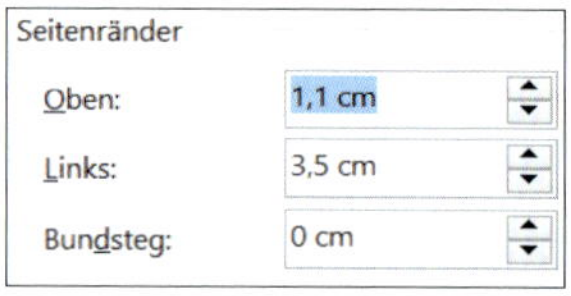

Das *Seitenlayout* betrifft sowohl die eingestellten Seitenränder eines Dokuments als auch die Ausrichtung des Blattes, wobei zwischen *Hochformat* und *Querformat* unterschieden werden kann.

Serienbrief

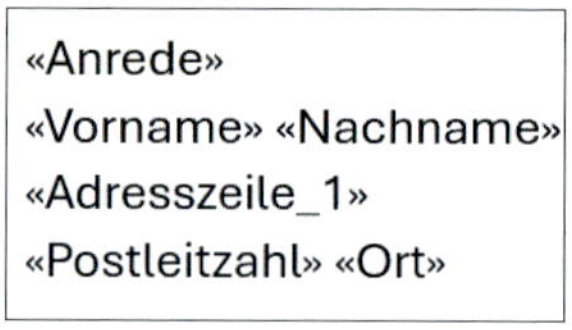

Ein *Serienbrief* ist ein Dokument, das an mehrere Empfänger versendet wird. Eine Datenbank enthält die variablen Elemente, z. B. Namen und Adressen der Empfänger. Diese werden mithilfe von Feldern in die Textvorlage bzw. das Dokument integriert. Durch das Zusammenführen des Dokuments mit der Datenquelle ergeben sich die Serienbriefe.

Spalte

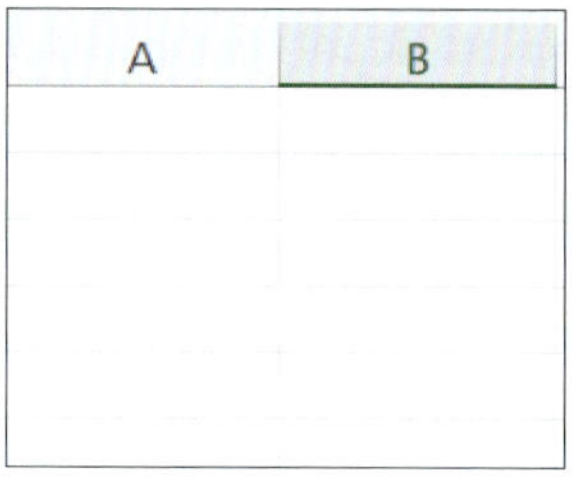

Ein Word-Dokument kann einspaltig geschrieben sein (Standard) oder in mehrere Spalten unterteilt werden. Die Zeilen werden am Ende der Spalte umbrochen. Am Ende einer Spalte springt der Cursor zum Anfang der nächsten Spalte (oder in die erste Spalte der Folgeseite). In Excel ist der Bildschirm in Spalten und Zeilen unterteilt. Die Spalten werden mit **A**, **B**, **C** usw. benannt.

Spam

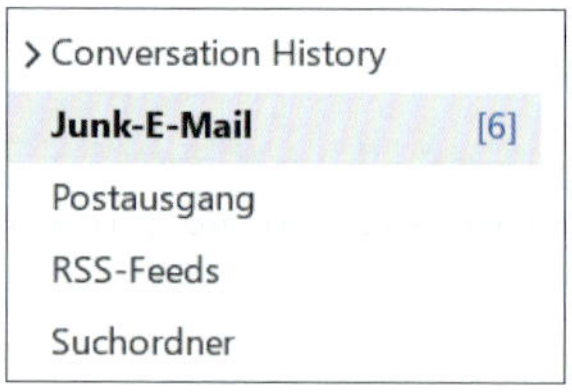

Unerwünschte E-Mails, die in aller Regel von dubiosen Absendern stammen, die per E-Mail bestimmte Produkte bewerben. Sie sollten sie vorsichtshalber sofort löschen, ohne sie zu öffnen (siehe auch *Junk-E-Mail*). Je nach Schutzeinstellung schiebt Outlook bestimmte Mails selbsttätig in den Junk-Ordner.

Glossar

Statusleiste

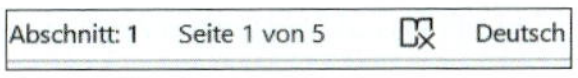

Die Statusleiste befindet sich am unteren Rand des Programmfensters. Hier werden unter anderem Informationen über die Anzahl der Seiten und Wörter angezeigt. Rechts in der Statusleiste können Sie den Zoom einstellen oder die Ansicht ändern.

Summenfunktion

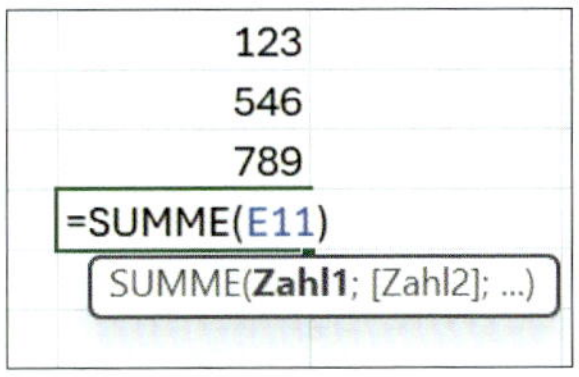

Mithilfe der Summenfunktion lassen sich Werte in einer Excel-Tabelle sehr leicht zusammenzählen.

Tabelle

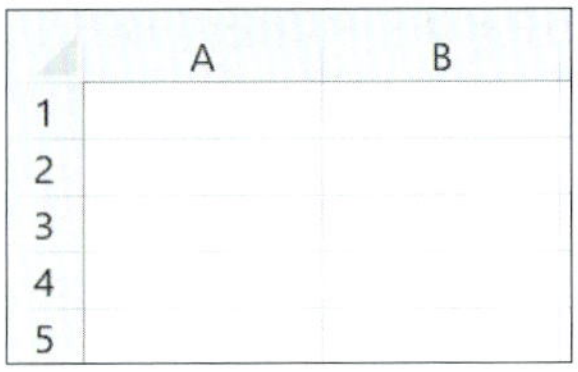

Eine Tabelle ist eine geordnete Zusammenstellung von Texten und/oder Daten. Um in Word mit einer Tabelle zu arbeiten, fügen Sie sie einfach mit der gewünschten Spalten- und Zeilenanzahl in das Dokument ein. Die Bildschirmansicht von Excel hingegen ist standardmäßig in Spalten und Zeilen eingeteilt.

Texteffekt

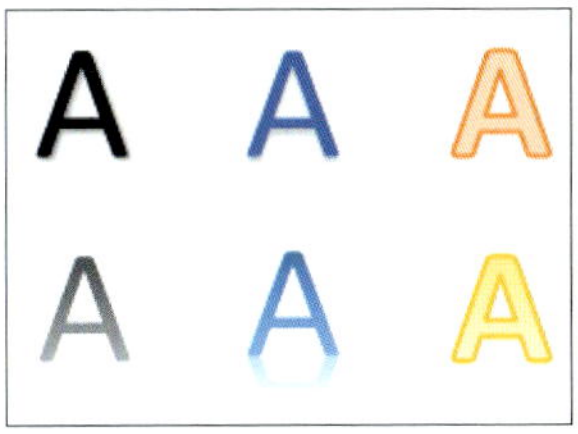

Mithilfe der Texteffekte wenden Sie einen Grafikeffekt auf den markierten Text an. Zu diesen Effekten zählen z. B. **Schatten**, **Spiegelung** oder **Leuchten**.

WordArt

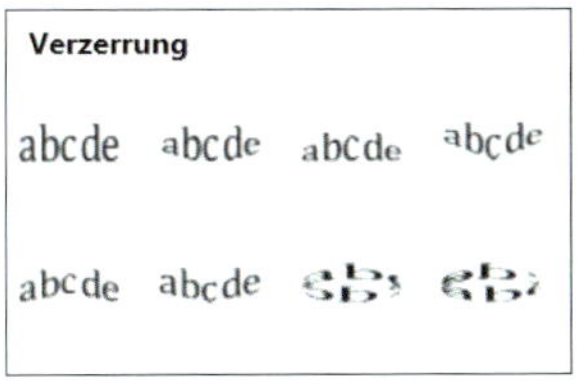

Mit WordArt können Sie Text dekorativ gestalten. So erreichen Sie Effekte, die mit einer »normalen« Formatierung nicht einzustellen wären, z. B. Konturen und unterschiedlichste Verformungen von Schriftzügen (wie Bogen oder Wellen).

Zahlenformat

Zahlen werden in Excel mithilfe der Zahlenformate gestaltet. Weisen Sie z. B. die Anzahl der Dezimalstellen und ein Währungszeichen zu.

Glossar

Zeilenumbruch		Text wird in Word automatisch umbrochen, wenn das Ende der Zeile – also der rechte Seitenrand – erreicht ist. Der Cursor springt dann in die nächste Zeile. [↵] drücken Sie nur, um bewusst einen neuen Absatz zu beginnen. Mit [⇧]+[↵] erzeugen Sie einen *weichen Umbruch*. Dies bedeutet, dass zwar eine neue Zeile angefangen wird, aber in der Word-Definition kein neuer Absatz beginnt. Absatzformatierungen z. B. werden fortgesetzt.
Zelladresse	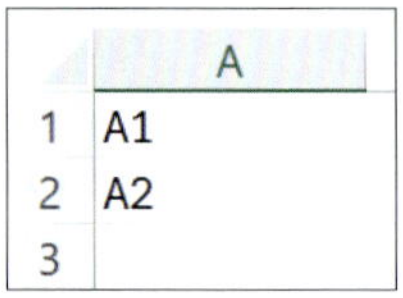	Die *Zelladressen* bilden sich in Excel anhand der Spalten- und Zeilenbezeichnungen, das heißt aus Buchstaben und Zahlen. Die Zelle ganz oben links heißt dementsprechend A1. In Berechnungen nutzen Sie in der Regel Zelladressen und nicht konkrete Zahlen.
Zelle		Die Einteilung von Tabellen in Spalten und Zeilen ergibt die *Zellen*. Dies sind die Bereiche, in die die Werte eingegeben werden. Man spricht sowohl bei Excel- als auch bei Word-Tabellen von Zellen.
Zoom	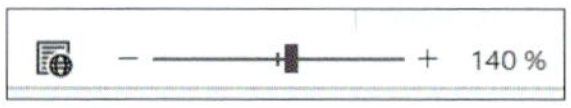	Mit dem *Zoom* wird die Anzeige auf dem Bildschirm gesteuert. Je höher der Zoomwert ist, desto größer wird die Anzeige der Schrift, doch der Ausschnitt verkleinert sich entsprechend.

Stichwortverzeichnis

Stichwortverzeichnis

Stichwortverzeichnis

Stichwortverzeichnis

Stichwortverzeichnis

L

M

N

Stichwortverzeichnis

Stichwortverzeichnis

Q

R

S

Stichwortverzeichnis

Stichwortverzeichnis

U

V

W